扬州大学出版基金资助
扬州大学『文脉工程』项目成果

蒋逸雪文集

上

李昌集敬题

蒋逸雪 著

戴健 编

凤凰出版社

图书在版编目（CIP）数据

蒋逸雪文集 / 蒋逸雪著 ; 戴健编. -- 南京 : 凤凰出版社, 2022.3
ISBN 978-7-5506-3549-4

Ⅰ. ①蒋… Ⅱ. ①蒋… ②戴… Ⅲ. ①蒋逸雪－文集
Ⅳ. ①C53

中国版本图书馆CIP数据核字(2021)第249103号

书　　名	蒋逸雪文集
编 著 者	蒋逸雪 著　戴　健 编
责任编辑	许　勇
装帧设计	徐　慧
出版发行	凤凰出版社(原江苏古籍出版社) 发行部电话025-83223462
出版社地址	江苏省南京市中央路165号,邮编:210009
照　　排	南京凯建文化发展有限公司
印　　刷	江苏凤凰通达印刷有限公司 江苏省南京市六合区冶山镇,邮编:211523
开　　本	652毫米×960毫米　1/16
印　　张	49.25
字　　数	782千字
版　　次	2022年3月第1版
印　　次	2022年3月第1次印刷
标准书号	ISBN 978-7-5506-3549-4
定　　价	180.00元(全二册)

(本书凡印装错误可向承印厂调换,电话:025-57572508)

蒋逸雪先生（1902—1985）

总　目

序

田汉云

蒋逸雪先生原名连城，江苏省盐城市建湖县颜单镇乔家舍人。生于1902年2月12日。六龄受书。15岁，《左传》《史记》《汉书》等皆成诵。23岁毕业于江苏省立第六师范学校（建于淮阴）。继而至南京国学专修馆深造，又考取厦门大学国学研究院通讯研究生，25岁卒业。其后近十年，执教于盐城中学、淮安师范、太仓师范、镇江师范。1937年南京沦陷，次年，应急筹建的江苏省联合中学组织学生自淮阴转移湖北沙市、四川重庆，先生为带队教师。1941年，供职于重庆歌乐山国史馆筹备委员会，初任干事，不久任第一组组长。1943年游历西北，任玉门油矿秘书。次年返蜀中，寓居江津白沙授徒，直至抗战胜利。1946年买舟东归，卜居镇江南郊菊花山，任教镇江师范学校。1956年8月调苏北师专中文科（原扬州师院中文系、今扬州大学文学院前身），讲授中国古典文学。1983年退休。1985年8月7日病故，享寿84岁。

先生从事学术研究六十余年，于经、史、文学皆有精深造诣。治经，勇于在学界囿于成说或聚讼已久的重要议题上深入开掘，考证经传所涉重要史事、基本知识，多有新见。《商代迁都考》梳理群籍所载商代都邑迁徙，自契至纣凡十九次，历十五处。又指出，商代迁都频数，出于"政治势力之消长""游牧习性之未尽革除""经济环境之选择""黄河为灾之逼迫"等复杂原因。张煦侯认为："诸所推定，皆至核至慎，非夫好学深思，眼明手快，岂能为此?"《三代释名》《数字探源》《释四方》《释蚕》等，也是释义精密之文。今、古文两派源流与相互关系，素为治经学史者关注。先生撰《经今古文学述评》，系统考述、评论今古文经学之异同与关联。经今古文学流别区分，一般认为始于西汉中叶，先生则追溯到春秋时期。认为周公监于二代，斟酌损益，更定礼制，文物粲然大备。及周衰，犹有尊奉周公所传文献者，故周公为古文学派鼻祖。孔子删订五经，修《春秋》，而阐发其义。其徒崇尚口义，孔子遂成今文学派之宗师。要之，"昔人论学，往往周、孔并举，但周自为周，孔自为孔，二者诚有交光互映之处，但各具特点，不宜混同。周公制礼作乐，为周初创建文化之伟人；孔子删定修赞，为周末整理经籍之巨擘”。两派后学，说经风格不同：今文家尚义，古文家訾义为空文；古文家重事，今文家以事为粗迹。今文家发挥义理，固有精湛之言，亦多迂怪之说；古文家偏重名物训诂，语必有征，然间亦繁琐而遗失大体。二者互有短长、得失，“斯在学者综观而善择”。辨明今古文经学之分派与儒家经典生成、传播、诠释的深刻联系，是先生对经学史研究的贡献。

先生治史，以学术文化领域为重点。其所考述，多着眼于学术文化兴衰、绝续的关键环节，探索史实，研寻启示。《孔儒辨》提出：早在晚周之世，儒家后学与孔子已有一定差异。故荀子尊孔而诋排思、孟。自汉武帝抑黜百家，崇尚儒术，学者乃以孔子与儒家合一，于是“儒者尊孔子，而孔子小；章句之徒崇儒，而儒道绝”。《荀子·非十二子》所谓“总方略，齐言行，壹统类”，为仲尼之业。故“百家称道六艺，是诸子源出于孔子业。仲尼总汇方略，是孔子兼包乎百家也”。《汉书·艺文志》：“修六艺之术，而观此九家之言，舍短取长，则可以通万方之略矣。”先生申之云：“不倚不偏，昭圣学之全量，暗者使明，郁者使发，教被万邦，德流罔极，以一尊之学，成大国之世，其在今之日乎?”简言之，以孔子之学为统宗，整合百家之学，是为弘扬传统学术文化的康庄大道。近年来，有学者倡经学与诸子学平等论。经学与诸子学的发展史、形成的学术遗产存在巨大差异，在整合优秀传统文化的实践中，又如何保证经、子平等呢？以经学为主、整合百家，才是切合实际、合乎逻辑的路径。从这一意义上说，先生的观点对当前如何发掘、利用传统文化的宏富资源，有重要启发意义。

关于秦始皇焚书坑儒，先生早年即有思考，认为“焚书不始于始皇，始皇所焚为古文”。后来撰《论秦始皇焚书坑儒》，明确指出：“秦人焚书，远起于孝公之世。”“关东焚书，或早于秦，(商)鞅原为卫人，熟见其事，于秦献策，不期而举以为言，这也是可能的事。”秦始皇焚书，“对中国文化曾造成巨大的损失，这是毋庸置疑的”。但应注意到，这主要是由封建制与郡县制的争论所引起的，还有儒法两家争胜的问题。况且，除六国史记外，任何书，秦都没有烧绝，“《诗》《书》、百家语禁在民间流传，至于秘府所藏，则不在此限”。至其所坑，是“为妖言以乱黔首”的燕齐方士及“犯禁获罪”者。先生认为，根据政治需要，对诸种学说“明于取舍”，在思想文化领域掌握主导权，是历史上形成的“行政经验”。问题在于,“知识分子思想复杂,历来执政者常为此感到头痛,秦始皇不事缜密的设计,专用粗暴的压抑,哪里能解决问题”;“秦统一天下经时未久,实际上是有困难的。关于这一点,我们也应该有充分的理解”。抚今追昔,先生持论之通达、深刻,值得我们仔细品味。

1942 年,先生撰《〈心史〉辨伪》一文,以文献考辨为路径,维护承载民族精神的文化遗产。宋遗民郑思肖《心史》,《四库全书总目·别集类存目一》“提要”举五条疑点,断为伪书,先生逐一加以辩驳。《四库全书总目》“提要”作者多长于考据,对《心史》何以疏于按断?先生指出:“清之设四库馆,原欲将中国旧籍足为其政治障者,加以总检查,总毁灭,执事者秉承其旨,于《心史》而加吹求,自居意中之事。”“清朝以满族入主中夏,宁能任斯说之推衍乎?吾独慨夫当日之御用学者,忘天下之是非,徇一姓之好恶,本钦松柏坚贞,又恐霜雪怀惭,持论乃进退失据矣。”先生此篇之命意,实在倡导高尚民族气节与坚忍不拔的斗志。故曰:“当天地翻覆之际,举世昏聩之时,独明大义,守死善道,察现势之不可为,乃将心志移灌后人,绵绵以俟,欲启未来之运,光复固有之物……理苟当于人心,则虽具雷霆万钧之力,终不能使之久屈不伸。执斯机枢,乾坤自转,此君子所以道其常也。吾读有宋遗民郑思肖之著述,益叹心力之伟大,而钦其为民族之巨人!”先生为此文时,抗战局势严峻,激励士气之心志,固可知矣;揭示前贤坚贞不屈的精神,是促进民族复兴的强大力量,这充分体现出先生鉴往知来的历史眼光。先生认为,民族气节植根于传统道德伦理。《陆秀夫年谱》“淳祐十二年”条指出,陆秀夫“笃信理学,尤服膺晦庵”,“读《编正孝经刊误跋》一文,可知其致力之所在矣”。这是说,理学素养是陆秀夫平生志业的根基。《史可法〈复多尔衮书〉的作者问题》列举关于史可法复书执笔者的六种说法,指出:这封信关系重大,拟稿万分审慎。扬幕既人才济济,这紧要任务,史可法不会委付于一人。应是召请群彦,集思广益;推一人起草,再由大家推敲润色,最终由史可法核阅定稿。文献所载盐城王之桢、乐平王纲、桐城何亮工、沔阳黄曰芳、商丘侯方域、新建欧阳五敕、江都强惟良,“是其中的主要参预者”。先生注意到具有高度“文学修养”的文士在抗清活动中所起的独特作用,这也是先生深信民族精神绵绵不绝、辉光日新的依据。

先生早年目击时艰,检视“中国晚近之贫弱”之故,以为“侧重精神研讨,忽视物质究求”是为“痼疾”,故极力主张精神、物质建设“应当并重”。先生所撰《李仪祉传》《孔祥榕传》，记载两位水利专家任治水要职，“莅事精勤”，“持躬清慎”，“积劳病逝”。《张謇拟传》历叙张謇振兴实业的建树，称扬其“愿成一分一毫有用之事，不愿居八命九命可耻之官”的气度，堪称“不世出之杰”。先生不排斥知识分子怀着济世理想从政，但认为“良相”与“良医”的贡献，“轩轾未易判也”。又呼吁更多国人从事科学工艺之研索，勿重弹“得位行道”的老调。《刘鹗年谱·后记》云：“丹徒刘鹗，富有才艺，于版本、碑帖、音律、医药、水利均能涉其藩而通其义，于古器物能鉴别真伪，于古文字亦能粗探其源。世但称其《老残游记》文笔隽永，似未足以尽之也。”由此也可以看出，先生提倡知识分子应养成通博学识，具有鲜明的时代特色。

先生平生从业，以执教为常，以讲授国文居多，特别是长期在扬州师院中文系讲授中国文学，故于文学用力最勤，创获亦较治经、考史为多。先生发表的论文，多为文学史、文学作品教学与科研相结合的成果。如《关于〈孔雀东南飞〉的写作时代问题》据礼俗存废时限，考定诗中“初七及下九，嬉戏莫相忘”二句当是汉人原文。又指出，诗中写太守家操办婚丧之礼，皆“辞义炫烂，流于浮艳，显然是六朝的笔路”；而刘兰芝自叙语，或“直而不野，浅而有致”，或“柔婉而不浮靡，敦厚而不矫饰”，六朝诗无此浑沦气象，亦为汉代原型。从古音分部角度考释诗篇声韵，也可看出部分语句成于汉代；而有些语词的用法，具有晋代特征；据《古今乐录》载《华山畿》为南朝刘宋之作，辨析此篇“华山”之地当在镇江境，转见“这首诗到了刘宋以后，又经过修改”。由此认为：“咏叹仲卿夫妇之死，在汉末已有了不成熟的诗篇在民间传诵，经过魏、晋、宋、齐，不断地加以润色，成了定型的作品。”《谈有关〈阿房宫赋〉的几个问题》认为，《阿房宫赋》“是文赋的开山”。论此篇在当日的现实意义，列举史事充分、确凿。论此篇艺术，指出其渊源与独创性。先生说：“一种文体的革新，看似纯属形式方面的事，其实，也是与内容分不开的。骈赋靠涂抹为工，为当时统治阶级的糜烂生活去推波助澜，文赋则粉碎骈赋的桎梏，发抒真情实感，对当时统治阶级的腐朽昏庸加以嘲讽讥刺，《阿房宫赋》便是实例。所以就文赋对骈赋来说，不仅是形式上的改变，同时在内容上也是一种革新。因此，我们明白：文学上的革命，是包括形式、内容两个方面的，以形式来适应内容，从内容来产生形式，不会是单线独进的。”后来的研究者多参考或认同先生的基本观点。《读诗偶记》存录读诗札记，持论精切。赵翼《瓯北诗话》评杜甫、查慎行诗，许为“深人无浅语”，先生亦足以当之。

桐城、阳湖两文派是先生文学研究的重点。先生撰《谈有关桐城文派的几个问题》，指出：当年钱玄同、鲁迅骂“桐城”，是在文学革命高潮将至，内忧外患交迫的形势下，针对反对新文化、新文学，不合时宜地维护旧文学的守旧文士，是“为当时的具体人、具体事而发”。先生认为，在新的历史条件下，“对桐城文若仍用全盘否定的态度，不加分析，径予排弃，那就未必恰当了”。“前人著述，即使是其中的优秀作品，要想从内容到形式原封不动地完全合乎我们今日之用，这是不可能的事”，“前人所遗留下来的东西，有的，我们要在肯定的基础上来进行个别否定；有的，我们要在否定的基础上来进行个别肯定，哪怕它仅有点滴可取，则对这能起作用的点滴也是不应轻予放弃的”。这些见解，有助于扫除研究桐城派的思想障碍。先生对桐城派的评论，以取精用弘为特色。他认为，方苞的文学倾向，是“以程、朱为内容，以韩、欧为形式”。这种学术文化取向，在思想理论上，与清初尊程朱、抑陆王的学术思潮相应；在艺术上，是受明代文学风尚影响。姚鼐“在方苞成就的基础上而有所补充提高”。姚鼐义理、考据、辞章三者合一的创作理论，“考据”一项是他“增添出来的”。这与乾隆年间汉学大盛，又有直接关系。姚鼐“极明汉学，而且功力很深；不过，他不像汉学家称引繁富，他仅把考证所得的结晶捧出来，如水中撒盐，自有盐味，而不见盐形”。“这是姚氏因时利导，扩展内容，对文学上的贡献之一”。先生还指出，在义理、考据两者之间，姚氏实左袒义理。姚氏选辑《古文辞类纂》的优点，在于合理简化传统的文体分类，“令人感到眉目爽朗”；篇末的为文八字诀，是桐城文由方苞而刘大櫆直到姚鼐的一个总结：“理、格、律三者多袭方说，神、气、声三者多袭刘说，味、色二者出于姚氏个人的心得。方、刘所说的部分也经过姚氏而得到提高，同时，这些文诀也得到条理化。”先生论姚鼐为文，有一条“散文通乎辞赋的路线”，“专从散文中去学散文，容易发生枯淡的现象；学散文而兼取他长，将能推陈出新，光彩无尽”。

先生所撰《论阳湖文派》认为，把桐城视为大国、阳湖为其附庸或别支是不恰当的。桐城虽曾给阳湖一些影响，但只是派系之间的交流，而非主从关系或师弟关系，“阳湖文派是土生土长的，桐城对它来说，是催生剂，而不是种子，只能看成是助力，绝不应说成是主力”。阳湖文派的生成，有其本土渊源，“它的成员与其乡先辈及并世做别种学问的乡贤都有着血肉相连的关系，这是阳湖文派产生的主因”。若是没有本地因素，即不能别张一军。就阳湖派的结构形态而言，阳湖文学家“以文会友，声应气求，亲厚出于自然，思想活跃，没有清规戒律的束缚”。就其学行的主导倾向而言，“阳湖诸人崇尚事功，坐而言，起而行，不是全从笔头上下工夫”；“作官则为循吏，不作官也知重视事功”。从艺术特质上看，“他们的作品是学人之文，而不是文人之文”；“从表面看，阳湖所谓的识，类似桐城所谓的义；阳湖所谓的气，类似桐城所谓的法。两者好像没有什么区别，实则大相径庭。桐城所谓的义，边幅狭仄，邻于僵化；阳湖所谓的识，范围广阔，充满生机。桐城所谓的法与阳湖所谓的气，亦不尽相同。而且，常州文学一贯是以内容（识）为主，他们认为必定先有内容，然后才能谈到形式（气），先能笃实于内，然后才能光辉于外”。先生评价两派的历史地位，认为盘点阵容，“桐城比阳湖要大得多”，“若以对社会的贡献说，道（光）、咸（丰）以后，阳湖所起的作用，则远胜于桐城”。近年来，阳湖文派研究取得很大进展，而先生当年的基本观点多成为学界共识。先生晚年曾有更为深入、系统地研究桐城、阳湖两大文派的规划，惜退处林下，患病怀忧，以致盛业未就。

先生治学六十余年，积累了丰富的经验。择要言之，约有三端：其一，视野闳通，讲求精博。1935 年，先生以历年讲稿为基础，著《国学概论》。分五编三十五子目，介绍中国文化元典或特定领域的学术内容、研究历史。钩玄提要，叙述中国学术梗概。至今仍有研究者推为同类著作之佳制。此书《导言》有云：“治学之道，惟博与精：不博则见狭，不精则识浅；博乃初阶，精为终极。虽然，初阶岂易言耶！水利家言：‘治百里之河者，必具千里眼光。’余谓论学亦犹是也。平凡短制，亦须环络靡遗，采毛及髓，言近旨远。”先生读书、治学范围宽广，所为文，能融会经学、小学、史学、文学，故多独到见解。

其二，去除“私见”，保持“从善服义”的公心。先生早年撰《唐宋诸老抵排释老平议》，其中说：“学者凭着私见，没有从善服义的公心，‘安其所习，毁所不见’，使真理暗郁，后世莫知适从，其影响于学术者至巨。凡遇到这类的事，我们须得加以辨正。”清代汉学家认为，理学混杂着释道二氏之说，非纯正儒学；理学家则极力否认这一点，以维护本派儒家正统地位。先生论唐宋诸老，所不满者，在于他们既诋排释老，又与佛老之徒交往。先生早年从唐大圆先生请益，通佛教哲学。又受梁启超等影响，认为佛教哲学最足与中国原有之哲学相辅佐。读《替曹操恢复名誉要恰如其分》《论秦始皇焚书坑儒》，可以看到先生晚年对于“善”“义”的内涵获得新的认知。他认为，评价历史人物，判断的基本标准是看他们的活动有无历史的进步性，是否符合民众的利益。关于专家学者如何去私见、存公心，先生认为应当本着实事求是原则，力戒片面性、绝对化，尤其不可带主观随意性。先生这一条经验，对于我们今天在学术实践中守正创新，有一定借鉴意义。

其三，借重本地历史文化资源，承续区域学统文脉。先生的学术研究，部分选题与其籍里或讲学之地有一定联系。以撰陆、刘、张三家《年谱》为例，陆氏为楚州盐城人，于先生为乡先贤；刘氏籍标丹徒，而实居淮安，先生则旅食淮壖，移家京口；张氏太仓人，先生亦曾寄寓太仓。先生说，因移家京口，"于鹗之事迹略有所闻"；当年寄寓太仓，"太仓为张氏珂里，流风余韵，沾丐后人，考献征文，便于他邑"，可见择取这三家为研究对象的原因之一，是有搜求文献之便。但更重要的，还是出于接续区域传统，化及一方的考虑。先生曾说："国文一科，具有潜移默化之力，关系匪浅。观乎汉代经师，常持刚劲之节，謇谔之操，有一种清介不可名状之风度。如郑玄、孙期、徐稚之伦，隐居讲学，而化及一方。"并主张从"吾先民于教学之道"汲取"嘉言良法"，"身体力行"。以此，先生在《张溥年谱 · 后记》中极力表彰张溥匡扶正义的气节、谋议国事的才略与"摛翰振藻，照耀人寰"的文学成就。这在二十世纪三十年代，社会意义自不待言。

铭记渊源是承续传统的起点。先生与扬州夙有渊源。童年业师张锡璜为宝应人，先生数十年后犹有诗纪念。撰《国学概论》时，极意推许清代扬州诸名家。1956 年调进苏北师专任教，作《来扬》诗，直抒对扬州历史文化的热爱。先生有心倡导学术史研究。1997 年，祁龙威先生赠我梁启超《清代学术概论》商务印书馆民国十三年四月版复制本。此件大约 1960 年前后制作，封面书名为张旭光先生题写。内页有祁先生 1986 年 1 月手记："此书系据蒋老逸雪藏本复制，书中有墨圈和眉注，皆蒋老手迹。今蒋老已故，展观怆然。"这是先生开创扬州大学中国学术史研究方向的珍贵物证。先生民国年间撰有《张謇拟传》，篇中提及"光绪二十九年春，南通成立师范学堂，为举国先"。四十年后《南谷类稿》收录这篇文章，后学因得景仰先生"史笔"之美，并保持扬州师院源头的记忆。2012 年，扬州大学确定以张謇先生为通州师范所题"坚苦自立，忠实不欺"前句为校训，而此语实取阮元《拟国史儒林传序》"坚苦自持"而稍变其词，以切合青年学子。在历史上，通州曾隶属扬州，两地学术文化交流密切。由此看来，区域传统学术文化的传承是原本校训的固有内涵，这与老一辈学人的高情雅意相契。

从青丝少年到皤皤耆老，先生经历了太多的时代风雨。他主要是从传统文化中寻求、提炼应对世变之道，并笃实践行。先生所把握的国人特有价值理念之一，是“重正义，轻利害”，“唯以求理之无悖，心之所安”。抗战期间，以一介书生慷慨辞家，不畏艰危，陪护青年学生转徙西南；以精悍文字激励士气民风，抨击日寇、汉奸，以及对陪都重庆偏安享乐之风的谴责，充分体现出先生深挚的家国情怀。先生始终认为，学术争鸣极其必要，否则将“使真理暗郁”。从二十世纪五十年代末至十年动乱，学术讨论政治化倾向日趋明显。其间，先生就文史领域热点议题发表研究心得，不惮与权威人士商榷。其学术品格，与趋附者相去不可以道里计。如不具备争鸣条件，宁可保持沉默。1966 年，学术界发生关于史可法评价的激烈争论。李廷先老师在《文汇报》刊文，坚主史可法为民族英雄，在扬州师院引发轩然大波。当年《扬州师院学报》分两期集中发表 20 篇批判文章，多数是针对李先生的。蒋先生作为对史可法有研究的学术名家，保持良知，坚守底线，没有卷进这场风波。真可谓“沉默是金”。1980 年夏，王献唐先生之子赍先人遗稿《炎黄氏族文化考》谒先生，求为整理。先生慨然允诺，邀李坦老师襄助，期年蒇事，然劳瘁致疾。

原扬州师院孙达伍副院长称美先生“不为名利囿，不为外物围，清廉自守，直至最后一息”。读先生 1976 年所作《浣溪沙·渔父词》，感觉这一评价符合先生性情。先生立身处世之道，使得他的人生常常是寂寞的。先生 1943 年有甘肃之行，以纪实文字，叙访古之乐。但这次离开重庆国史馆筹委会，虽云响应“国家开发西北”政策，起因是牵于人事，愤而去职，故“友好爱我，群加沮尼”。这一去，亦即离开大后方的学术中心。所谓“乡音久寂，庾哀日深”，折射出先生的落寞心境。十年动乱期间，先生的经学专长显得不合时宜，故无从发挥。1983 年，先生退休，从校内寓所移家镇江郊区故园。先生原打算息影林下，潜心著书，可叹连遭丧女、丧子之痛，以致一病不起。故旧知交痛惜先生下世，多认为先生不该离开扬州师院。以先生的阅历，大约不至于料想不到回到镇江郊区，日常生活、学术研究条件远逊于住在校内。其所以决意移居，当是“唯以求理之无悖，心之所安”吧。

我于 1977 年初毕业于扬州师院中文系，留古代文学教研室当助教。其后几年，常向先生求教。学习中国学术史，特别是研习经学史，先生有启蒙之恩。先生对青年教师都很关心、爱护，曾在教研室亲切地指着我等八名助教说:“这批人将来如果不散掉，我们教研室的前景很可观!”先生也深受大家爱戴。离开扬州前，古代文学全体助教与先生、师母合影留念。我奉命随车陪侍。途中，先生以祁龙威老师赠别诗示我，可惜没有记下来。多年来，时时感念先生教诲之德。前不久，戴健君辑校先生著述，即将告竣，师友提议，嘱为序言。既不敢以谫陋辞，遂略述先生大德鸿业，以为后学追怀往哲前修、光大学统文脉之助。

2021 年 5 月 12 日于扬州大学文学院

国学概论

目 次

导　言

治学之道，惟博与精：不博则见狭，不精则识浅；博乃初阶，精为终极。虽然，初阶岂易言耶！水利家云："治百里之河者，必具千里之眼光。"余谓论学亦犹是也。平凡短制，亦须环络靡遗，采毛及髓，言近旨远。前贤不轻事著述，夫岂无由！

《国学概论》，为有志于本国学术者初步必读之书，顾坊间善本罕觏。盖国学涵义极广，概论则为简括之称。昔人有言："一部《十七史》，不知从何处说起！"《十七史》，正史也，今正史已二十有四。正史之外，又有编年、纪事本末等类。而史以外，经也，子也，集也，亦统在国学领域之中。千里之景，缩之尺幅，不失繁琐，即病疏漏，并世名著，每蹈此嫌。

本书虽无钩玄之能，颇以遗要为戒。中分五编：曰经学，曰小学，曰史学，曰哲学，曰文学。言尚简赅，事贵佐证，务在去繁辞，屏空说，使学者以短少时日，明晰本国学术梗概。此原卑近，或亦登高行远者之所取资欤？稿经数易，纰谬仍多，纠绳匡益，望在贤达，初无敝帚自珍之意也。

第一编　经学

第一章　经学总论

上古无经名，《礼记》以《经解》名篇，实经名所自始。其记孔子言曰："入其国，其教可知也；其为人也，温柔敦厚，《诗》教也；疏通知远，《书》教也；广博易良，《乐》教也；絜静精微，《易》教也；恭俭庄敬，《礼》教也；属辞比事，《春秋》教也。"篇名《经解》，而孔子口中实未有经字。惟《庄子·天运篇》有"丘治《诗》《书》《礼》《乐》《易》《春秋》六经"之语；然周之书，寓言十之七八，中多假托，未足信据。《汉书·艺文志·六艺略》"《记》百三十一篇"，孟坚自注"七十子后学者所记"。小戴之书，原取于此，是经之名，起于七十子之徒也。

经名立矣，至若经之所以名，则又说各不一：郑玄曰："经者，不易之称。"张华曰："圣人制作曰经。"皇侃曰："经者，常也，法也。"章炳麟曰："经者，竹简成书，编丝缀属之称。"按经与纬并称，纬，织之横丝，经，织之纵丝。简易散落，以丝缀连，即其外形言，而以经名之也。又经有理绪不紊之义，《中庸》云："唯天下至诚，为能经纶天下之大经，立天下之大本。"织之有经，犹木之有本，故《中庸》以"大经""大本"对举，此即其内容而言者也。诸家释经之名，各据一端，未见其全。然虽有出入，实并行而不悖。

《六经》之中，《诗》《书》《礼》《乐》，皆古代之遗文，百家多诵习之。《易》为卜筮之书。《春秋》为鲁国史，孔子以前，其行世不及《诗》《书》《礼》《乐》之广；修赞以后，声价顿隆。《史记·孔子世家》："孔子以《诗》《书》《礼》《乐》教弟子，盖三千焉；身通六艺者，七十有二人。"此六艺即六经，七十子所以度越三千者，仅增习《易》与《春秋》耳。即《诗》《书》《礼》《乐》四书，孔子以后与孔子以前，其内容亦不尽相同。《史记·儒林传》："孔子闵王路废而邪道兴，于是论次《诗》《书》，修起《礼》《乐》。"后儒谓孔子删《诗》《书》，订《礼》《乐》，赞《周易》，修《春秋》，厥功甚伟，洵不诬也。

秦人燔书，《乐》经缺失，汉立博士，只有五经。或配以《论语》《孝经》为七经。唐析《三传》《三礼》，合《易》《书》《诗》谓之九经。宋于《论语》《孝经》外，兼崇《尔雅》《孟子》，上配九经，于是十三经之名以定。本编所研讨者仅此，外此，非所具论矣。

第二章 《周易》

《周礼》太卜掌三易：一曰《连山》，二曰《归藏》，三曰《周易》。《连山》以纯艮为首，《归藏》以纯坤为首，《周易》以纯乾为首。乾为天，天道周普；易则变化之谓。下系之辞曰："《易》之为书也，不可远，为道也屡迁，变动不居，周流六虚。"周易命名之义，数语尽之矣。

《易》之源，起于伏羲，伏羲画八卦，《易》之始也。重之为六十四卦，卦有卦辞；卦积六爻而成，爻有爻辞。重卦之人，计有四说：王弼以为伏羲，郑玄以为神农，孙盛以为夏禹，史迁以为文王。按《系辞传》："作结绳而为罔罟，以佃以渔，盖取诸离。庖牺氏没，神农氏作。……日中为市，致天下之民，聚天下之货，交易而退，各得其所，盖取诸噬嗑。"噬嗑为重卦，则离亦当为已重之卦，词气贯联，不应别异也。《淮南·要略》亦云："八卦可以识吉凶、知祸福矣，然而伏羲为之六十四变。"是伏羲重卦，西汉早有此说，实辅嗣之所本也。卦辞、爻辞，相传均文王作，而爻辞多文王殁后事。明夷六五，"箕子之明夷"，武王观兵之后，箕子始被囚奴，文王不应预言其事。《左传》：韩宣子适鲁，见《易》象云："吾乃今知周公之德。"爻辞作者，当为周公（略见《周易正义》）。孔子晚而好《易》，读之韦编三绝而为之传。传凡十篇：《彖》上下、《象》上下、《系辞》上下、《文言》、《说卦》、《序卦》、《杂卦》也；合之，谓之十翼。惟《文言》《系辞》，中有"子曰"之文，疑间有门弟子追记之辞。

西汉传经，极重师承，而《易》之授受特显。自商瞿子木受《易》于孔子以授桥庇子庸；子庸授馯臂子弓；子弓授周丑子家；子家授孙虞子乘；子乘授田何子庄；子庄授丁宽子襄；子襄授田王孙；王孙授施雠、孟喜及梁丘贺，由是《易》有施、孟、梁丘之学，三家皆今文也。京房受《易》焦赣，赣自谓尝从孟喜问《易》，会喜死，房以赣易即孟氏学；当时学者均不之承也。东汉习《易》者，祖述费（直）、高（相），二家皆古文。费氏以传（十翼）解经，后世说《易》者多因之。

《易》道广溥，说者见仁见智，不一其辞：京、焦言灾异，流于禨祥；王、韩（康伯）尚虚无，比附道旨；邵（雍）、刘（牧）歧谈图书，衍为丹术；杨简阐明心法，邻于禅解。然亦不外“义理”与“象数”二种：汉之今文家及王、杨诸人，均言义理者，第其所谓义理，各有不同耳。汉古文家与今文别派及宋代邵、刘之徒，皆言象数者，所谓象数，亦各自有异也。间尝论之，易本卜筮之书，其言吉凶休咎，深寓戒慎恐惧之意。故孔子云：“加我数年，五十以学《易》，可以无大过矣。”删定垂教，重在庸言庸行之间，不以索隐行怪为高也。

第三章　《尚书》

《书》亦谓之《尚书》，孔子删之，上断于尧，下终秦穆，定为百篇。暴秦禁学，典籍为灰。汉兴，伏生口诵二十八篇，以教于齐鲁之间。其传，后有欧阳（名高）、大小夏侯（一名胜、一名建）三家，所谓《今文尚书》也。

景帝末，鲁共（《隋志》作恭）王发孔子宅，于壁中得《古文尚书》四十五篇，荀悦《汉纪》以为孔鲋所藏者也。汉初，通行隶书，古文已不尽可识。孔安国原受《书》于伏生，乃以今文参互读之，通其二十九篇（伏生所传，其后又益以河内女子所得《太誓》一篇，故安国能通此数），余谓之《逸书》，遂亡于汉魏之间。

东晋梅赜奏上孔传《古文尚书》，析旧有之二十八篇为三十一篇（欧阳本已如此），易《太誓》为《伪泰誓》三篇，又增多伪书二十四篇，共五十八篇，即今所传本是也。唐代独立孔传，朝野信崇。至宋吴棫、朱熹始疑之；盖增多之书，皆文从字顺，非若固有之篇，诘屈聱牙，伏生背文暗诵，乃偏得其所难，此理之不可通者也。清阎若璩出，作《古文尚书疏证》，引经据史，一一陈其矛盾之由，梅本之伪，遂成定案；所谓《伪古文尚书》是也。

然伪书亦魏晋间人搜辑古逸书所成，其言有裨于政治道德，不可废也。其真者，多纪帝王行事及君臣论治之语，实中国三千年来政治道德之渊源，亦中国最古之史也（王国维语）。

第四章　《诗》

《诗》，周代之作品也（或谓《商颂》为商代所遗，非是）。析之，有风、雅、颂之别：风则闾巷风土男女情思之词，雅则燕享朝会之作，颂则宗庙祭祀歌舞之乐。风有《周南》《召南》《邶风》《鄘风》《卫风》《王风》《郑风》《齐风》《魏风》《唐风》《秦风》《陈风》《桧风》《曹风》《豳风》，凡十有五国。雅有《小雅》《大雅》。颂有《周颂》《鲁颂》《商颂》。鲁、宋均诸侯，亦得称颂者，鲁为周公之后，宋为商代之后（故称《商颂》），皆用天子礼乐故也。

《周礼》“大师教六诗”，六诗即六义，风、雅、颂、赋、比、兴是也。孔颖达曰：“风、雅、颂者，诗篇之异体；赋、比、兴者，诗文之异辞。”二者实不相与。朱子云：“赋者，敷陈其事而直言之也；比者，以彼物比此物也；兴者，先言他物，以引其所咏之词也。”《诗》之为教，感人最深，孔子屡令弟子诵习。曰：“小子何莫学夫《诗》！《诗》可以兴，可以观，可以群，可以怨。”又曰：“不学《诗》，无以言！”又曰：“人而不为《周南》《召南》，其犹正墙面而立也与！”故先儒无不记诵，遭秦能全，盖以此也。

汉兴，传《诗》者四家：曰齐，曰鲁，曰韩，曰毛；毛后出而独传。《毛诗》有序，序有大小。论全诗之义者，谓之大序；论一诗之义者，谓之小序。撰序之人，说颇不一：或谓子夏所作（王肃《家语》注）；或谓大序子夏作，小序子夏、毛公合作（郑玄《诗谱》）；或谓卫宏作（《后汉书·儒林传》）；或谓子夏所创，毛、卫又加润益（《隋书·经籍志》）。按《家语》本伪书，《隋志》意主调停，均难置信。所应辨者，《诗谱》与《后汉书》两说为孰是耳！今观诗序，文义平近，不似西汉以上人作，舍卫敬仲其谁欤？

《毛诗故训传》，毛亨作，汉末郑玄为之笺，孤行称尊，殆近千载。宋儒别出心裁，不宗诗序，永叔倡于前，渔仲和于后，至朱子作《诗集传》，因屏序而不录。平心论之，诗序有可信者，有不可信者。如谓《硕人》为悯庄姜，《渭阳》为康公之念母，俱毋庸致疑。然谓《风雨》为思君子，《子衿》为刺学废，明明为淫奔之词，又何可讳饰耶？故《传笺》与《集传》宜参互阅之！

第五章 《礼》

一、《仪礼》 礼创自伏羲，备于姬旦。周室衰微，诸侯僭越，恶其害己，灭其典籍，盖不待祖龙已残缺矣。汉初，高堂生所传者，凡十七篇：曰《士冠礼》，曰《士昏礼》，曰《士相见礼》，曰《乡饮酒礼》，曰《乡射礼》，曰《燕礼》，曰《大射礼》，曰《聘礼》，曰《公食大夫礼》，曰《觐礼》，曰《丧服》，曰《士丧礼》，曰《既夕》，曰《士虞礼》，曰《特牲馈食礼》，曰《少牢馈食礼》，曰《有司彻》。高堂生之传，其后有大小戴氏及庆氏。郑玄以古文校十七篇，择善而从，并为之注。宋人于他经皆有注，于此独仍用郑说。《四库提要·礼类序》："古称议礼如聚讼，然《仪礼》难读，儒者罕通，不能聚讼。"其指此而云乎？

二、《礼记》 礼记有大小《戴》之别，三礼中之《礼记》，则指小戴言也。汉初，有记百三十一篇，大戴传八十五篇，小戴传四十九篇。《隋志》以小戴原传四十六篇，《月令》《明堂位》《乐记》三篇，为马融增足。戴震、钱大昕均非之。戴之言曰："《后汉书·桥玄传》：'七世祖仁，善《礼记章句》四十九篇，号曰"桥君学"。'仁即班固所说小戴授梁人桥仁季卿者也。刘、桥所见篇数，已为四十有九，不待融足三篇甚明。"钱之言曰："《小戴记》四十九篇，《曲礼》《檀弓》《杂记》皆以简策繁重，分为上下，实止四十六篇，合大戴之八十五篇，正协百三十一篇之数。"二氏之说，可谓天衣无缝矣。

《仪礼》为经，《礼记》为传；然《礼记》所涵，实非《仪礼》所能限，中多精粹之作。如《礼运》之讲大同、小康，为今之论政者所征引；《中庸》言心性，《大学》言治学次第，宋儒以之与《论》《孟》并称《四书》。又《仪礼》述节文，《礼记》论通义；通义可以推致，节文势所难赅；故后世礼家转视《礼记》为重。孔氏《五经正义》取《礼记》而屏《仪礼》，此其明证也。

三、《周礼》 《周礼》原称《周官》，为言国家官制之书，与《仪礼》了不相涉。郑玄既注《仪礼》《礼记》二书，复为《周礼》作注，遂有《三礼》之称。书分《天官》《地官》《春官》《夏官》《秋官》《冬官》六篇，秦火后，汉河间献王得之山岩屋壁之中，而失《冬官》一篇，因以《考工记》补之。其在诸经中，与《左氏》皆晚出；所言制度，又与他经不尽合，方苞以为刘歆所伪造。按武帝见《周官》，以为末世渎乱不验之书，摈斥不行。歆尝附新，新去武帝近百年，歆何得伪为之耶？然以为周公作者，亦不足信。《诗》《书》所述周制，与《周礼》不相同，宁不足异，上已言之。或谓周公定而未行，是又不免曲为之说矣。何休断为六国阴谋之书，极具见地。考《周礼》制度与《管子》所述多类似；管子身兼道、法、纵横之术，其学流衍至于战国，习其说者，各为主谋，此则私拟之政书欤？然其组织缜密，井然有条，宜乎后人有奉之若宝典者。

第六章 《春秋》

《春秋》，古史之通称（《墨子》有"百国春秋"之语），鲁之《春秋》，孔子修之，后世遂为专名。孔子之时，周室微，王纲坠，善弗知赏，恶不加罚，孔子慨然取鲁史加以笔削，以寓褒贬，起鲁隐公元年，终哀公十四年，是非二百四十二年之中。春秋本天子之事，故孔子有知我罪我之言也。为之传者五家：左、邹、夹、公羊、谷梁也。邹氏无师，夹氏未有书。

一、《公羊传》 封建之世，文网数密，孔子因记鲁史之旧文，口授微言于后学。子夏传公羊高，高传子平，平传子地，地传子敢，敢传子寿，寿与胡母子都著之竹帛，盖已至汉景帝之世矣。时董仲舒亦治此学，著《春秋繁露》以鬯发其旨，仲舒传嬴公，嬴公传眭孟，孟弟子百余人，唯严彭祖、颜安乐为明，质问疑谊，各持所见。孟曰："《春秋》之意，在二子矣。"由是《公羊》有严、颜之学。《春秋》一书，重义而不重事，孔子云："其事则齐桓、晋文，其文则史，其义则丘窃取之矣。"《三传》之中，《公羊》特详于义，科旨条例，至为烦赜。西汉治《春秋》者均主之。迨至东汉，势犹未衰，何休既为《解诂》，复作《左氏膏肓》《穀梁废疾》《公羊墨守》三书，抑《左》《谷》而扬《公羊》，《公羊》之学，可谓盛矣！然魏晋而后，《左氏》竟代之而兴。

二、《穀梁传》 《穀梁传》，旧题穀梁赤撰，实则非是。相传赤与公羊高俱受业于子夏，以《公羊》成书之晚例之，当为传其学者所作，犹《公羊》至胡母子都始著之竹帛也。且书中引尸子之言，尸佼为商鞅师，其人当在穀梁后，不应预为引据。《穀梁》亦以发明《春秋》义例为主，昔人以之与《公羊》俱称今文，清崔适《春秋复始》独定为古文，与众说异。

三、《左氏传》 《左氏传》，相传左丘明作。或谓其人为鲁之太史；或谓为孔子弟子；或谓左丘其姓，明其名；或谓左其姓，丘明其名。疑义滋多，迄无定说。又《左传》叙宫之奇以其族行，有"虞不腊矣"之语，秦惠王十二年始腊。传文复有"不更""庶长"字样，秦至孝公始立赏级之爵。作者且非春秋时人矣。《汉志》以孔子以《春秋》之义"口授弟子，弟子退而异言。丘明恐弟子各安其意，以失其真，故论本事而作传"。然汉儒多不信《左氏》传《春秋》，以《左氏》传《春秋》，则自刘歆始。《汉书·刘歆传》："初，《左氏传》多古字古言，学者传训故而已；及歆治《左氏》，引传文以解经，转相发明。"是则《左氏传》在刘歆以前，与《春秋》了不相涉。其后贾逵、郑众、马融、服虔等相继为《左氏》学，晋杜预号有《左》癖，为《春秋左传集解》，于是《左氏》大行，而《公》《谷》微矣。《左氏》叙事详赡，后人得知春秋时情况者，端赖此书。且事实尽泯，则微言大义又奚以附丽？故《左氏》之于《春秋》，亦未始无补也。

第七章 《论语》

班固曰:“《论语》者,孔子应答弟子时人及弟子相与言而接闻于夫子之语也。当时弟子各有所记。夫子既卒,门人相与辑而论纂,故谓之《论语》。”而郑君直指为“子游、仲弓、子夏等撰定”,殊未可信。班谓“门人相与论纂”,古于亲受业称弟子,再传称门人,撰定《论语》者,显然非子游之徒也。孔门弟子,子舆最幼,其殁也,旧时共学之徒,存者寡矣,而《论语》载及曾子临终之言。书中于弟子或称名,或称字,惟有曾称子(有若似圣人,同学曾尊以师位,故称子),弟子之于师,例称子而不名,书当为曾子弟子所纂辑。汉代,《论语》有齐、鲁、古三家:《鲁论》二十篇;《齐论》有《问王》(一作玉)、《知道》,多于《鲁论》二篇;《古论》出孔壁中,亦无此二篇,但分《尧曰》后半子张问以下,为篇曰《从政》,凡二十一篇。张禹习《鲁论》,兼采《齐论》,择善而从,号《张侯论》,于是《齐》《鲁》之界混。郑玄用《鲁论》篇章,更考《齐》《古》为之注,于是三家综合,无复有别矣。魏何晏集孔安国、包咸、马融、郑玄、陈群、王肃、周生烈之说,并下己意,为《集解》。正始中上之,由是盛行于世。《论语》多言立身行己之事,较六经之言经世者,尤于人为切近。故章炳麟曰:“书籍之多,数比恒沙,而欲求其简单直接切实扼要者,惟有《论语》一部。”(章氏在苏州平旦学社讲辞,见十五年九月四日《新闻报》)亦可想见此书之价值矣。

第八章 《孝经》

《孝经》者,孔子为曾子说事亲之道,后儒追记而成之书也。昔人以为孔子所作,其书发端云“仲尼居,曾子侍”,安有孔子著书而作此称谓耶?遭秦焚禁,河间人颜芝藏之,汉兴,芝子贞进献,凡十八章,是为今文。古文出孔壁中,析十八章为二十一章,别增《闺门》一章,总二十二章。刘向校书定章从今文。自汉至隋,注家极众。唐初传行者,仅孔、郑二氏注,惟世均疑之。余则简编残阙。玄宗集先儒之说,取义理之允当者,而为之注,颁行天下,即后世所传《石台孝经》也。

宋朱熹取古文《孝经》,分为经一章,传十四章,又删削经文二百二十三字，成《孝经刊误》一书。元吴澄取今文《孝经》，为经一章，传十二章，而又颠倒其次序，成《孝经定本》一书。《孝经》至是，古、今文皆有改本。清毛奇龄撰《孝经问》以驳斥之。故《四库提要》云："汉儒说经以师传，师所不言，则一字不敢更。宋儒说经以理断，理有可据，则《六经》亦可改。然守师传者，其弊不过失之拘；凭理断者，其弊或至于横决而不可制。"于宋儒恣意窜易，有微辞矣。

第九章 《孟子》

孟子挨叙民物，本之性善；所以佐明六艺之文义，崇宣先圣之指务，王制拂邪之檃括，立德、立言之程式也（赵岐《孟子篇叙》）。《汉书・艺文志》："《孟子》十一篇。"其中《性善辩》《文说》《为政》《孝经》四篇，文义浅鄙，与余篇不相似，赵岐作《孟子章句》，指为赝品，故今之《孟子》只有七篇。《史记・孟荀列传》："（孟子）以所如者不合，退而与万章之徒序《诗》《书》，述仲尼之意，作《孟子》七篇。"然书中称时君皆举其谥，称弟子多以子，孟子自著，不应如斯，当为后学所记也。《孟子》本列于诸子，陈振孙《书录解题》始跻诸经部，然汉文时已置《孟子》博士，特未久即废耳。

第十章 《尔雅》

《尔雅》者，所以通训诂之指归，叙诗人之兴咏，总绝代之离词，辩同实而殊号者也（郭璞《尔雅序》）。阮元曰："《尔雅》一书，皆引古今天下之异言以近于正言。夫曰近者，明乎其有异也。正言者，犹今官话也。近正者，各省土音近于官话者也。"（《与郝户部论〈尔雅〉书》）明乎命名之义，则斯书之为用，思过半矣。《释诂》一篇，盖周公所用。《释言》以下，或言仲尼所增，子夏所足，叔孙通所益，梁文所补（张揖说）；要之，此书非成于一时一人也。为之注者，有刘歆、樊光、李巡、孙炎、郭璞诸家，郭氏特为世重，其书传于今。

第十一章 历代之经学

经自孔子修赞删订，私授生徒，其学始显于世。当时传者，类皆以一经名家，然无不兼治他经者。如商瞿之传《易》，子开之传《书》，曾参、子游之传

《礼》,而皆身通六艺。盖诸经互为表里,苟墨守其一,不事纵观博考,义既不周,则难言通贯矣。汉承秦火之后,经学有今古文之分。今文盛于西汉,西汉博士,无一习古文者。古文盛于东汉,马、服、贾、许,号称大师,无一为今文言者。今古之分,非特文字不同,章句互异;即典章制度,亦复彼此乖违。今文专明大义微言,古文详于名物训诂,优劣未易判也。郑君生于桓、灵之际,具博闻洽记之才,兼综古今,沟合为一,于《易》《书》《诗》《三礼》《论语》皆为之注,从学盈门,争相诵习,于是古今二家之学,渐微而亡。继此为经注者,魏有王弼之《易注》,何晏之《论语集解》;晋则有郭璞之《尔雅注》,范宁之《穀梁集解》,杜预之《左传集解》,与郑书并行于世。迨南北朝时,有为此种经注作释者(加皇侃之《论语义疏》、熊安生之《礼记义疏》),敷畅厥旨,谓之正义,或谓之义疏,或简称为疏。唐有天下,诏孔颖达等撰《五经正义》,《易》取王注,《书》取孔传,《左氏》取杜解,《诗》《礼》取毛、郑。其后贾公彦采郑注撰《周礼》《仪礼》二疏;杨士勋采范注为《穀梁疏》;徐彦采何注为《公羊疏》;宋邢昺采郭注为《尔雅疏》,玄宗注为《孝经疏》,何注为《论语疏》;又邵武士人假孙奭名,采赵注而疏《孟子》;即今通行之《十三经注疏》也。赵宋一代,更有以新意说经者,孙(复)、刘(敞)、王(安石)、苏(轼),妄逞胸臆之私,关、闽、濂、洛,独标性命之旨。前儒义疏,束置高阁,途轨别启,新注纷陈;时有创获之言,亦多空疏之说。其末流以不信注疏,驯至疑经;疑经不已,遂至改经、删经、移易经文以就己意,斯真不可为训矣。元明之际,以制义取士,学者认讲章为学术,习类书为博闻,经义之晦,直同长夜。清儒有作,超轶昔贤。于《易》,则有惠栋之《周易述》,张惠言之《周易虞氏义》,姚配中之《周易姚氏学》。于《书》,则有江声之《尚书集注音疏》,孙星衍之《尚书今古文注疏》。于《诗》,则有陈奂之《诗毛氏传疏》。《周官》,则有孙诒让之《周礼正义》。《仪礼》,则有胡承珙之《仪礼今古文疏义》,胡培翚之《仪礼正义》。《左传》,则有刘文淇之《春秋左氏传正义》。《公羊传》,则有陈立之《公羊义疏》。《论语》,则有刘宝楠之《论语正义》。《孝经》,则有皮锡瑞之《孝经郑注疏》。《尔雅》,则有邵晋涵之《尔雅正义》,郝懿行之《尔雅义疏》。《孟子》,则有焦循之《孟子正义》。诸家皆博通精粹,前无古人,唐宋作者,视之殆有愧色焉。

本编参考书

(一)江藩《经解入门》

（二）皮锡瑞《经学历史》《经学通论》
（三）廖平《今古学考》
（四）王国维《经学概论》
（五）姚孟醺师《汉书艺文志注解》
（六）徐畏潜师《国学纂要》
（七）周予同《群经概论》
（八）卫聚贤《中国经学史讲义》
（九）王易《国学概论》

第二编　小学

第一章　小学总论

小学古为经学之附庸，今则蔚为大国矣。《汉书·艺文志》列《史籀》《凡将》等书为一类，名曰小学，此小学之名所由昉也。谓之小学者，周时八岁入小学之所教也。《汉律》："太史试学童，能讽籀书九千字以上，乃得为史。"讽者，读其音；籀者，绎其义；书者，写其形；文字之成，必具此三者。据形研治者，谓之说文之学（《说文》亦讲音义，但所重在形耳）；据音研治者，谓之声韵之学；据义研治者，谓之训诂之学——合此三者，则谓之小学。

第二章　说文学

《说文》，《说文解字》之简称也，汉许慎著。此书重在解析字形，故《说文》学，实即字形学也。独体谓文，合体谓字，文者，物象之本，字者，言孳乳而浸多也。六书之中，象形、指事，造文之法也；会意、形声，造字之法也；至若转注、假借，则为用文字之法。昔人误为亦用以造文字者，实则非是也。兹当分述之。

象形　许君曰："象形者，画成其物，随体诘诎，日月是也。"象形，纯然为一种简单之图画，今之文字，已屡经改易，其形不尽肖物，欲肖物，当求之于古初之文。日，金文作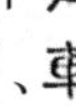，月，甲文作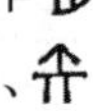，完全肖日月之形。它如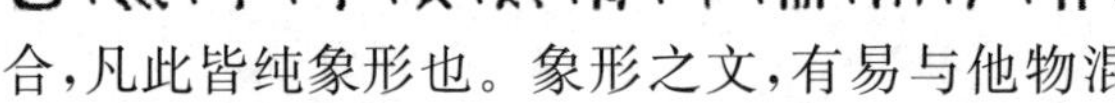之类，字形与物形，极为密合，凡此皆纯象形也。象形之文，有易与他物混者，于是不得不增减其形以显示之。如，木实也，从木，田为果形，言木上此物则为果；，从，口为石形，言厂下此物则为石，此皆形兼意者。，五色金也，从土，左右注，象金在土中形，今声；，口龂骨也，象口齿之形，止声，此皆形兼意及声者。凡此皆谓之合体象形。，舂米臼也，外象臼形，中为米，此增

文象形也。乌，孝鸟也，鸟色纯黑，其睛不显，故不点睛，此减文象形也。凡此皆谓之变体象形。

指事　许君曰："指事者，视而可识，察而见意，二二是也。"天地间，物与事而已，物有形，有形者可象，事无形，无形者惟以意为表识，故象形近图画，指事似符标，虚实不同，作法斯异。王菉友云："上下，本非物也，然视之已识上下之形；两画既皆非字，则几无以为义，然察之已见上下之意。总之，以大物覆小物，以大物载小物，于是以长一或丨况大物，以短一或丨（上下古亦作丄丅）况小物，了然于心目间，而无形之事，竟成为有形之字矣。"又如：丨，上下通也；引而上行，读若囟；引而下行，读若退。八，别也。丩，相纠缭也。入，内也。厶，奸邪也，韩非曰："苍颉作字，自营为厶。"回，转也。丶，有所绝止，丶而止之也。凡此皆纯指事也。𡿧，害也，以一雝川，《春秋传》曰："川雝为泽凶。"曰，词也。从口，乚，象口气出也。旦，明也，从日见一上，一，地也。母，牧也，从女，象褢子形，一曰，象乳子也。此以会意定指事者。寸，十分也，人手却一寸动脉，谓之寸口，从又，一以指之。刃，刀坚也。从刀，一以指之。亦，人之臂亦也，从大，大，人也，八以指其处。此指事而兼象形者。巠，水脉也，从川在一下，一，地也，壬省声。牵，引前也，从牛，玄声，冂象引牛之縻。此指事而兼声者。凡此皆合体指事也。夕，莫也，以月省。匕，变也，从到人。或省文以指事，或到文以指事。凡此皆变体指事也。

会意　许君曰："会意者，比类合谊，以见指㧑，武信是也。"按：合，会也；谊与义通，义与意近；合谊，即会意之正解。㧑，手指也（见《说文·手部》）；指㧑连文，仍为指之意，犹近世"行动""众多"均二字连文，而仍为一字之意也（段氏释"指㧑"为"指向"，说似迂曲）。比附数文，合成一意，以见其所指。如比附止戈二文，合成武意，以指凡能戢兵者为武；比附人言二文，合成信意，以指凡有人格者，其言必信。它如公，平分也，从八，从厶，八，犹背也，韩非曰："背厶为公。"半，物中分也，从八，从牛，牛为物大，可以分也；告，牛触人，角箸横木，所以告人也，从口，从牛；名，自命也，从口，从夕，夕者，冥也，冥不相见，故以口自命；命，使也，从口，从令；古，故也，从十口，识前言者也；音，声也，生于心，有节于外谓之音，从言含一；戒，警也，从廾持戈，以戒不虞；筋，肉之力也，从力，从肉，从竹，竹，物之多筋者；解，判也，从刀判牛角。凡此皆纯会意也。咠,聂语也,从口、从耳;囚,系也,从人在口中;開,张也,从门从开,按,古文开作𨵒,从门,从廾,一,为扃,象以手开门形;爨,炊也,𦥑,象持甑,冂为灶口,廾推林内火;此皆会意兼形者。柬,分别简之也,从束 ,从八,八,分别也,八不在外者,于束中柬择之,不可于束外柬择之也;畫(从段说改,原作畫),介也,从聿,象田四介,聿所以画之;此会意兼事者。害,伤也,从宀,从口,言从家起也,丯声;碧,石之青美者,从玉石,白声,此会意兼声者。凡此皆复式会意也。吅,惊呼也,从二口;磊,众石也,从三石;友,同志为友,从二又,相交友也;㐺,众立也,从三人,此皆叠文会意者。孝,善事父母者,从老省,从子,子,承老也;勞,勮也,从力,从营省,用力经营故劳(此赵古则说也。《说文》原作:“剧也,从力荧省,荧火烧冖,用力者劳”),此省文会意者。凡此皆变体会意也。

形声　许君曰:“形声者,以事为名,取譬相成,江河是也。”朱宗莱云:“形声中有表义之体,有表音之体。以事为名者,指表义之体而言,所谓形也。取譬相成者,指表音之体而言,所谓声也。如江河皆水名,左旁从水,以水为名也。古音读江如工,读河如可,右旁从工从可,取譬其音以成字也。”如謂,报也,从言,胃声;漆,水名,出右扶风杜陵岐山,东入渭,从水,桼声;礫,小石也,从石,乐声;[illegible],欠也,从欠,东声,凡此皆纯形声也。戋,小也;丝缕之小者曰线;竹简之小者曰笺;货币之小者曰钱;水之小者曰浅;价值之小者曰贱,以戋为声,因之均有戋义。青字有清明之义,故日之无障蔽为晴;水之无溷浊者为清;目之能明见者为睛;米之去粗皮者为精,以青为声,因之均有青义。此形声兼意者。所谓复式形声也。旬,目摇也,从目,匀省声;夜,舍也,天下休舍也,从夕,亦省声;宮,室也,从宀,躳省声;耇,老人面冻黎若垢,从老省,句声;屩,屐也,从履省,乔声;歠,歙也,从歙省,叕声;或省声,或省形,要皆省体形声,此形声之变体也。昔人见形声字部位殊异,因分为六类:一曰左形右声,如江河;二曰右形左声,如鸠鸽;三曰上形下声,如草藻;四曰下形上声,如婆娑;五曰外形内声,如圃国;六曰内形外声,如闻问。分析似极纤密,而实无当于宏旨。古人造字,形声之位,随心配合,初无深意寓于其中,此无谓之探求也。惟世每有以已定之字形,而上下左右任意移易者,是则宜戒耳。

转注　许君曰："转注者，建类一首，同意相受，考老是也。"许君此说，笺者派别纷歧，有形转、声转、义转之殊；义转，复有部首、互训之别。著者之意，窃以互训为是。互训创自戴震，震之言曰："转相为注，犹互相为训，老注考，考注老，《尔雅释诂》有多至四十字共一义者，即转注之法。"段玉裁、王筠之伦，承受其说，以"凡字两义相成为转注，其为同部与否，可置勿论"。故许君谓"同意相受"，是也，谓"建类一首"，则窒隘之谈也。考老转注，同在一部，老且为部首，建类之说，似允当矣。然吾尝考之《说文》"觉，悟也"，"悟，觉也"，二字转注也；觉属见部，悟属心部。"寄，托也"，"托，寄也"，二字转注也；寄属宀部，托（託）属言部。苟以建类一首之说绳之，尚复可解乎？或谓"类为声类"，声类一名，最古见于郑玄之《周礼序》，叔重之时，尚无此称。故凡数字共一义而互相训释者，则转注也。其详当观训诂章。

假借　许君曰："假借者，本无其字，依声托事，令长是也。"往古字少，有其事，有其物，而往往无其字，于是不得不借一声同义近之字以用之。如县令之令，本无其字，乃借号令之令用之；长幼之长，本无其字，乃借长久之长用之。故说者谓假借之法，乃以不造字而造字者也。后人为文，多用借义；用借义者，非尽无其本字也，著述时，仓卒不得本字，乃假声同义近之字以用之。此与本无其字而假借者有别矣，不可不知也。

历代字体之变迁　文字始兴，邈焉难考。许君谓："黄帝之史仓颉，初造书契。"世多信之，然实诬罔之谈也。荀子曰："好书者众矣，而仓颉独传者，壹也；好稼者众矣，而后稷独传者，壹也。"（见《解蔽》篇）依此，是仓颉以前，已有造书者，亦犹后稷以前，神农已务稼穑矣。据近世研究社会进化学者言："高级渔猎时期，已有分工之组织，分工之下，相互传达意旨，除语言外，势必借助于文字。"文字由适应需要而起，凡民皆能创作，初无待于圣哲也。《易》下《系》之辞曰："上古结绳而治，后世圣人易之以书契。"不指明文字创自何代何人，其犹愈于许说乎？及周太史籀著大篆十五篇，与古文或异。其后李斯作小篆，于大篆后有省改。秦世官狱事繁，下杜人程邈更作隶书，以趋约易。所谓隶书者，谓可施于徒隶之用也。当时高文典册用篆，简椷用隶，至汉则废篆而统用隶矣。汉末有楷书，《宣和书谱》云："上谷王次仲始以隶字作楷法，所谓楷书，即今之正书也。人既便之，世遂行焉。"草书，莫知谁始，要必起于隶书之后。蔡邕云："昔秦之时，诸侯争长，简椷相传，望烽走驿，以篆隶之难，不能救速；遂作赴急之书，盖今草书是也。”或见《史记·屈原传》有“草稿未上”一语，因指草书由来甚古，殊不知此所谓草，乃草创之意，犹言未定之文，非草书之谓也。草书复分章草、今草、狂草三种。章草捷于隶书，今草捷于章草，狂草则恣意钩连，又视今草为捷焉。更有行书者，后汉刘德升所造也（见张怀瓘《书断》）。狂不类草，拘不如楷，介乎正草之间，后世书牍多便用之。自清中叶以前，言中国字体之变迁，略备于此矣。光绪己亥，河南安阳西北之小屯村，又有甲骨文字之发见。谓之甲骨文字者，殷代卜辞刊于龟甲及牛骨上，故名。其地为殷之故都，因亦称殷虚文字。最先从事研究者，为刘鹗、孙诒让、罗振玉、王国维诸氏，而罗、王所得尤多。其于文字学上之贡献，约具四端：（一）古代文字只有共通条例，而无一定形体。偏旁上下左右，任意移转；表义之文，随情配用。如：昔，甲文作，或作；因作，或作。此偏旁上下左右，可任意移转者。牝，作，作，作；牡，作，作，作；从牛、从羊、从犬，皆足以表意也。（二）彼时字未经整理，笔划繁简不拘。如：羊有、、、、、、之殊形；马有、、、之殊形；豕有、、、、、之殊形；鹿有、、、、、之殊形。羊但象其环角广额；马但象其丰尾长颀；豕但象其竭尾；鹿但象其歧角；第求肖物，不问字画多少也。（三）许书违失，得此可以纠绳。如：夏，小篆作，许谓“象首及两手两足，为中国之人”，一若外国之人首及手足与中国异数者。甲文夏有、、、之异态，并象蝉之矮首翼足；蝉为夏虫，闻其声即知为夏，故先民借以表当时之节候。牢，小篆作，许谓：“闲养牛马圈也。从牛，冬省，取其四周匝也。”其说未餍人意。及甲文出，牢或从牛作，或以羊作，皆以示阑防之状，而平易可解矣。斗，小篆作，许谓：“两士相对，兵杖在后。”甲文作，象两人相对双手争斗之形，其后实无兵杖，故段氏疑非许语也。此种类例，举不胜举。（四）甲文与金文参证，若干文字获得确解。如：为，小篆作，许谓“母猴也，其为禽好爪，爪，母猴象也，下腹为母猴形”，可谓望文生义。甲文作，金文作，皆系牵象工作之状。《吕氏春秋》：“商人服象，为虐于东夷，周公遂以师逐之，至于江南。”《孟子》：“驱虎、豹、犀、象而远之。”旧史亦有舜以象耕于历山之说。可见古代中原有象，牵象而耕，即作为之意也。得，古文作㝵，从见从寸，于义不可通。甲文作，金文作，皆以手持贝，盖贝古为财货也。朋，甲文作，金文作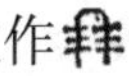，《诗》："锡我百朋。"郑笺："古者货贝，五贝为朋。"释五贝者，举其一系之数。《说文》作，许云："古文凤，象形，凤飞群鸟从以万数，故以为朋党字。"此乃后起附会之说。金文朋友之朋作，从人，从朋，当字所由误也。甲骨出土对于文字学上之贡献，自不仅此，兹特略发其端绪耳。

第三章　声韵学

字音之转变，不外双声、叠韵二者：凡发音相同之字，谓之双声；收音相同之字，谓之叠韵。类聚双声之文，取一字以为标目，谓之纽。类聚叠韵之文，取一字以为标目，谓之韵。二者为构成字音之原素，此声韵学之所以得名也。兹分四项述之：曰古韵，曰今韵，曰等韵，曰国音。

古韵　事物之递变，不外时间与空间二者，韵之有古今之异，犹地之因南北而殊言也。陈第曰："一郡之内，声有不同，系乎地者也；百年之中，语有递转，系乎时者也。"（《读诗拙言》）阎若璩云："人知南北之音系乎地……地隔数十百里音即变易，而谓时历数千百载音犹一律，尚得谓之通人乎？"（《尚书古文疏证》）古韵者，以《说文解字》之谐声为主，遍考之《易》《书》《诗》《骚》及秦汉有韵之文，而论其部居者也。最先治此学者，为宋吴棫才老，才老著《韵补》五卷，就《广韵》之二百六部，注古通某，古转声通某，古通某或转入某，泛取旁搜，无所持择，所引书五十余种，不及欧阳修、苏辙之作，误认今韵为古韵。如谓"江古通阳，或转入东"，不知江韵古近东，今近阳，江从工声，憧从童声，涳从空声，尤属明证。又以音读之异名为叶，朱熹作《诗集传》颇采其说。如《召南·行露》二章之家叶音谷以谐狱，三章家则又另叶各空反以谐讼。至此，宋人注经，不惟改字，且改古人之音矣。焦竑《笔乘》诋之曰："诗有古韵、今韵，古韵久不传，学者于《毛诗》《离骚》皆以今韵读之，其有不合，则强为之音，曰'此叶也'。予意不然！如'驺虞'，一虞也，既音牙而叶葭与豝，又音五红反而叶蓬与豵；'好仇'，一仇也，既音求而叶鸠与洲，又音渠之反而叶逵。如此，则东亦可音西，南亦可音北，上亦可音下，前亦可音后，凡字皆无正呼，凡诗皆无正字矣，岂理也哉？"至清顾炎武氏始于吴书一一为之补正，然因者易为力，创者难为工也。顾氏又有《音学五书》，其中《古音表》析古音为十部。古韵分部，疏密不同，此各家争论之焦点也。江永

《古韵标准》析为十三部，段玉裁《六书音韵表》析为十七部，孔广森《诗声类》析为十八部，江有诰《音学三书》析为二十一部，近人章炳麟《成均图》，更定为二十三部，其弟子黄侃则又分为二十八部。更有阴阳对转之说，肇始于戴震之《声类表》，以古韵有阴阳入之分，阴声不收鼻音，阳声收鼻音，入声则介乎阴阳两者之间。合二平一入为一类，分九类二十五部，以入声为枢纽。孔广森、严可均承用其说，亦间有更革。章氏《成均图》，又有对转、旁转、次旁转、次对转、交纽转、隔越转之说。前修未密，后出转精。然今音可以耳求，古音惟有意会，前人往已，安得起而问证之耶？若夫考定古今声类之异同，则始于钱大昕。钱氏作《舌音类隔之说不可信》及《古无轻唇音》二篇，谓："古无舌头、舌上之分，知、彻、澄三母，以今音读之，与照、穿、床无别也，求之古音，则与端、透、定无异。"又谓："凡轻唇之音，古读皆为重唇。"章氏更有《娘日二纽归泥说》，又谓正齿齿头不分。古音之业，至是渐臻完密矣。

今韵　今韵者，隋唐以来诗人承用之谱也。魏、晋、齐、梁，已有韵书之作，惜皆散佚，无以知其详。其可言者，隋陆法言之《切韵》也。今之《广韵》，分二百六部，系本之孙愐《唐韵》，《唐韵》又本于《切韵》。《切韵》虽亡，然《广韵》仍存其旧目也。自《广韵》而后，代有韵书，以为一代文人用韵之标准，然皆依《广韵》而加以增删合并，故言今韵者，莫不以《广韵》为祖也。宋理宗时，刘渊并二百六韵为百零七韵，渊平水人，故世称为《平水韵》。元阴时夫作《韵府群玉》，复并上声之拯归迥为百零六韵，明清以来，文人多沿用之，即世所谓《阴韵》是也。

等韵　等韵者，综括韵书与字母别成一家之学者也。其事初原于反切。反切之法，合两字为一字之音，上一字与所切之字必为双声，下一字与所切之字必为叠韵。韵有东、冬、钟、江之目，而声无之，唐末沙门守温始标举三十六字谓之字母。

附三十六字母表

喉音	深喉	影	喻	晓	匣	
	浅喉（一称牙音）	见	溪	群	疑	

续表

舌音	舌头	端	透	定	泥	
	舌上	知	彻	澄	娘	
	半舌	来				
齿音	齿头	精	清	从	心	邪
	正齿	照	穿	床	审	禅
	半齿	日				
唇音	重唇	帮	滂	並	明	
	轻唇	非	敷	奉	微	

反切以上一字定所切之字之清浊，以下一字定所切之字之四声。清浊云者，声母不经声带颤动者，谓之清母；经声带颤动者，谓之浊母。四声，则平上去入也。如：东，德红切；同，徒红切，东德皆清，同徒皆浊也。董，睹孔切；屋，乌谷切，董孔皆上声，屋谷皆入声也。又下一字与所切之字复须同等呼也。吾人发音，以唇吻之弇侈，而有开合之分，开口而齐其齿，则又为齐齿呼，合口而撮其唇，则又为撮口呼，是为四呼。如：知，陟离切，离知皆齐齿呼；睡，竹垂切，垂睡皆撮口呼，故下一字与所切之字复须同一等呼也。旧说，音之洪细以合口音最洪，故合口呼为一等；开口音次之，故开口呼为二等；撮口音又次之，故撮口呼为三等；齐齿音最细，故齐齿呼为四等。然合口呼亦有二等，开口呼亦有一等，撮口呼亦有四等，齐齿呼亦有三等者。其说有依违无据之病。故黄侃谓："等韵之弊，在于破碎，音之出口，不过开合，开合两类各有洪细，其大齐唯四而已。而等韵分开口合口各为四等，今试举寒桓类音质之，惟问寒（开洪）、桓（合洪）、贤（开细）、玄（合细）四音之间，尚能更容一音乎？"其论允矣。更表示如次：

声势	开口		合口	
	洪音	细音	洪音	细音
举例	寒	贤	桓	玄

续表

声势	开口		合口	
	洪音	细音	洪音	细音
名称	开	齐	合	撮

反切之法，约如上述，略事究求，非不易知也。然自来文士，童而习焉，或白首不得其解；无它，则以反切之法未臻完密故也。反切本上下二字连读以得一音，上字取声，下字取韵，是两合也；惟每见声中杂韵，韵中杂声者，四合以成一音，虽有能者，亦难准确。黄侃《音略》云："反切……上一字只取发声，去其收韵，下一字只取收韵，去其发声。"如：都，东姑切，东为德红二字之连音，德为东之声；姑为格乌之连音，乌为姑之韵，设易东姑为德乌，则都音易切矣。此反切之弊一也。切字自身读音无一定之标准。古时切语，既不适于今，甲地所定之切语，亦不能通行于乙地。如：行列之行，下孟切，古读下如浒，读孟如芒，设以今音读之，则所切必不合矣。甲地乙地之不同，可以类推。此反切之弊二也。反切既窒碍难行，为学术之阻力，于是国音乃应运而生。

国音　国音，即吾国之标准语音，用极简之汉字为音标，即现时通称之注音符号也。注音符号之发生，约在数十年前。初，西人东来传教，感语言之隔阂，用罗马字拼官话及各地土语，国人因接踵为音标之学。其最著者，北有王照之《京音字母》，南有劳乃宣之《简字》，所见互异，争论断断。民二教部开读音统一会，议定音标三十有九；计声母二十四，介母三，韵母十二；后韵复增一，共四十字母（介母亦称韵母，故韵母计十六；声母中之万今已删去，故声母计二十三；合之，仍为三十九）。字母皆以古有之独体字为蓝本，多不过四画，其与常用之字易混者，则稍变其体，或用篆书写法，以便分别。徐氏《音韵常识》于此列有二表，录之如次：

（1）注音字母第一表（二十四声母）

发音机关	重唇音轻唇音					舌尖音附尖边			
声母	ㄅ	ㄆ	ㄇ	ㄈ	ㄪ	ㄉ	ㄊ	ㄋ	ㄌ
声母所假借的原文及音义	今作包布交切	小击也普木切	今作幂莫狄切	受物之器府良切	同万无贩切	即刀字都劳切	同突字他骨切	即乃字奴亥切	即力字林直切
守温三十六母	帮	並 滂	非 明	敷 奉	微	端	定 透	泥	来
比声读法	如纸窗爆裂	如含物远喷	如老牛鸣	如猫惊怒	如执热护痛	如鸟啄木	如舌吐涎	如投饵卑幼	如唤豕
今读若	薄	泼	墨	弗	物	德	特	讷	勒
发音时的情形	上唇和下唇合着气像半吞半吐的出来	上唇和下唇合着气要完全冲出来	上唇和下唇合着气半从鼻里出来	上齿和下唇合着气冲门齿出来	上齿和下唇轻合着气缓缓而出	舌尖和上牙床贴着气半出	舌尖和上牙床贴着气急出	舌尖和上牙床贴着气从鼻出	舌尖和上牙床轻贴着气从两旁出来

发音机关	腭音				舌上音			
声母	ㄍ	ㄎ	ㄫ	ㄏ	ㄐ	ㄑ	ㄬ	ㄒ
声母所假借的原文及音义	古浍字古外切	气欲舒出有所碍也苦诰切	兀高而上平也五急切	山侧之可居者呼旰切	今作纠居尤切	古畎字苦泫切	因崖为屋也鱼俭切	古下字胡雅切
守温三十六母	见 开合呼	溪 群 开合呼	疑 开合呼	晓 开合呼	见 齐撮呼	溪 群 齐撮呼	疑 齐撮呼	晓 齐撮呼
比声读法	如蛙鸣	如力吐鲠骨	如婴儿啼	如犬热呼吸	如鼠被捕声	如鄙厌背语	如齆鼻欲语	如花炮发火
今读若	格	克	愕	黑	基	欺	腻	希
发音时的情形	舌根和软腭合着抑气半出	舌根和软腭合着气急出	舌根和软腭合着气半从鼻出	舌根和软腭合着气沿舌面出来	舌面抵着硬腭气半出	舌面抵着硬腭气急出	舌面轻轻抵着硬腭气半从鼻出	舌面抵着硬腭使气摩擦牙齿而出

发音机关	舌叶音（附舌叶旁音）				齿头音		
声母	ㄓ	ㄔ	ㄕ	ㄖ	ㄗ	ㄘ	ㄙ
声母所假借的原文及音义	即之字直医切	同踯字丑亦切	即尸字是之切	即日字人质切	古节字子结切	即七字亲吉切	古私字相姿切
守温三十六母	照	床 穿	禅 审	日	精	从 清	心 邪
比声读法	如知了鸣	如逐鸡	如驱鸭阵	如扯铃力旋	如锥尖透物	如铁工淬铁	如细轮疾旋
今读若	之	痴	尸	入	资	疵	私
发音时的情形	舌头抵着硬腭前部气从齿缝里出来	舌头抵着硬腭前部气从齿缝里出来但气更透出些	舌头抵着硬腭前部气从齿缝里出来	舌钩抵着硬腭气从齿缝里出来	舌尖如门齿贴着气半出	舌尖和门齿贴着气直出	舌尖和门齿贴着气满出

(2) 注音字母第二表(十六韵母)

韵母别	介母			独母				复母				附属声母的韵母				东方特有的韵母
韵母	一	ㄨ	ㄩ	ㄚ	ㄛ	ㄜ	ㄝ	ㄞ	ㄟ	ㄠ	ㄡ	ㄢ	ㄣ	ㄤ	ㄥ	ㄦ
韵母所假借的原文和音义	一 即一字于悉切	ㄨ 古五字疑古切	ㄩ 饭器也丘鱼切	ㄚ 物之歧头子加切	ㄛ 古呵字虎何切	係ㄛ字加	ㄝ 即也字羊者切	ㄞ 古亥字胡改切	ㄟ 今作逘余支切	ㄠ 小也于尧切	ㄡ 即又字于救切	ㄢ 嘾也乎感切	ㄣ 古隐字于懂切	ㄤ 同尪字乌光切	ㄥ 古肱字古弘切	ㄦ 同人字而邻切
平水韵目	微	虞	鱼	麻	歌	歌	麻	佳	齐灰	萧肴豪	又	元寒删先覃盐咸	真文侵(痕魂)	江阳	庚青蒸(东冬)	支
切音指南十六摄	止	遇	遇	果	果	果	果	蟹	蟹	效	流	山	臻深	江宕	梗曾通	止
字母切韵十二摄	祴	祴	祴	迦	歌	歌	结	该	傀	高	钩	干	根	冈	庚	祴
比声读法	如骤见秽恶	如风声	比驱驴	如寒鸦声	如含水漱喉	如欲咳声	如惊异声	如叹息声	如呼人警告	如应诺声	如皂役喝道	如形容儿哭	如力春声	如苦力邪许	如私语声	如小犬号痛
今读若	衣	乌	迂	阿	痾	盍	也	哀	危	傲	讴	安	恩	昂	哼	儿
发音时的情形	齐齿呼舌前部上升唇扁而要圆	合口呼舌后部上升唇要圆	撮口呼舌前部上升唇圆而敛	开口呼舌中部下降唇不要圆	开口呼舌后部半升唇不圆	同上独为入声	开口呼舌前部半升平唇	先呼“ㄚ”母后加上“一”的声音	先呼“ㄜ”母后加上“一”的声音	先呼“ㄚ”母后加上“ㄨ”的声音	先呼“ㄜ”母后加上“ㄨ”的声音	先呼“ㄚ”母声从鼻出用“ㄋ”母来收声	先呼“ㄜ”母声从鼻出用“ㄋ”母来收声	先呼“ㄚ”母声从鼻出用“ㄫ”母来收声	先呼“ㄫ”母声从鼻出用“ㄫ”母来收声	齐齿舌卷接近硬腭气从两旁出来

韵母中一ㄨㄩ三母，谓之介母，以之表其他韵母之齐合撮三呼。韵母与一结合者，为齐齿呼，与ㄨ结合者，为合口呼；与ㄩ结合者，为撮口呼。如：安(ㄢ)烟(一ㄢ)湾(ㄨㄢ)渊(ㄩㄢ)，即开齐合撮四呼也。介母与韵母结合，谓之结合韵母。至注音法，则分为五种：单用声母注音，一也；单用韵母注音，二也；用一声母一韵母注音，三也；用结合韵母注音，四也；用声与结合韵母注音，五也。又往日韵书于平上去入分为四声，注音则合而为一，另以点识字之四角，以示阴阳平上去入五声之别(阴平不加点)。法简易习，视反切利便多矣。

第四章　训诂学

训诂者，随字之所施，而说其义也。古初字义单纯，览者自喻，不烦诠释。厥后人事日繁，称谓或异。同一物也，古今之名有殊；同一事也，齐秦之说各别。故孟子述学校之名："夏曰校，殷曰序，周曰庠。"扬雄《方言》："虔，儇，慧也。秦谓之谩，晋谓之䜌，宋、楚之间谓之倢，楚或谓之䜧，自关而东，赵、魏之间谓之黠，或谓之鬼。"欲汇通同义异形之字，于是不得不有训诂之法。兹分七类述之。

音训　古者未有文字，先有语言，事物名称，往往定于造字之先，诚明其语原，斯字义益著，音训之法，盖自此起(朱宗莱语)。故音相近者，其义常相通。如：日，实也；月，阙也；仁者，人也；义者，宜也，皆其例也。又有合音为训者。沈括云："古语有二声合为一字者，如不可为叵，何不为盍，如是为尔，而已为耳，之乎为诸。"又《尔雅》："不聿为笔。"《方言》："鸡，陈、楚、宋、魏之间谓之鸊鸱。"此亦音训之类也。

形训　形训者，即以字形释字义，以义存于形，故也。《说文》及诸子中，颇多此例。如：推十合一为士，一贯三为王，止戈为武，自环为私，背厶为公，均是也。

义训　义训为训诂之常法，或直言其义，或陈说其事，或以狭义释广义，或以虚义释实义，或数字递相为训，或增字为训，或偏旁为训，或比喻为训。《说文》："祖，始庙也。"《春秋公羊传》："京师者何？天子之居也。京者何？大也。师者何？众也。天子之居，必以大众言之。"此直言其义者也。《尔雅》："善父母为孝；善兄弟为友。"孔氏《论语注》："阿党为比。"此陈说其事者也。郑玄《礼记注》:“述,谓述其义也。”又:“道,谓仁义也。”又:“欲,为邪淫也。”此以狭义释广义者也。《诗序》:“风者,风也。”《礼记》:“齐之为言齐也,齐不齐以致齐也。”此以虚义释实义者也。《庄子》:“庸也者,用也;用也者,通也;通也者,得也。”《尚书大传》:“征伐必因蒐狩以闲之。闲之者何?贯之;贯之者何?习之。”此数字递相为训者也。《诗·关雎》:“窈窕淑女,君子好逑。”《毛传》:“窈窕,幽闲也;淑,善;逑,匹也。言后妃有关雎之德,是幽闲贞专之善女,宜为君子之好匹。”《周礼》:“辨方正位。”郑众曰:“别四方,正君臣之位,君南面,臣北面之属。”此增字为训者也。《易》曰:“夬者,决也。”《论语》曰:“政者,正也。”此以偏旁为训者也。《诗》“维天之命”,郑玄云:“命,犹道也。”《周礼》“体国经野”,郑玄云:“体,由分也。”此以比喻为训者也。

以共名释别名　荀子云:“物也者,大共名也。……鸟兽也者,大别名也。”别名虽异于共名,然共名实能兼包别名,故凡事物有非他语所可诠释者,即以共名为训。或虑其义之不昭晰也,则并言其德业事状以确定其为何物。《说文》:“兰,香草也。”“薇,菜也,似藿。”“玉,石之美有五德:润泽以温,仁之方也;鰓理自外,可以知中,义之方也;其声舒扬,专以远闻,智之方也;不挠而折,勇之方也;锐廉而不忮,洁之方也。”凡此皆以共名释别名者也。

以雅言释方言　方言,乃一地之语;雅言,乃通行之话。甲地之人,欲明乙地之语,则不得不以雅言释之。《说文》:“杇,所以涂也;秦谓之杇,关东谓之槾。”《方言》:“党,晓,哲,知也;楚谓之党,或曰晓;齐、宋之间,谓之哲。”此皆以雅言释方言者也。

以今释古　古语与今语不同,犹甲地之言与乙地之言之有别也。《说文》:“诂,训故言也。”故言即古言,训古言者即解释古言,于是有以今释古之例。《论语》:“必也,正名乎!”郑玄曰:“正名,谓正书字也;古者曰名,今世曰字。”《孟子》:“《书》曰:‘洚水警余。’洚水者,洪水也。”此皆以今释古者也。

反训　反训者,与字之本义绝对违牾者也。乱,治也。《书·皋陶谟》“乱而敬”,《伪孔传》:“有治而能敬谨。”加,减也。魏文《典论·论文》:“不以隐约而弗务,不以康乐而加思。”加思与弗务同意。他若臭训香(见《礼》郑《注》),废训置(《左传》“废六关”实即置六关也),徂训存(见《尔雅》),皆此类也。

本编参考书

（一）王筠《说文释例》

（二）徐中舒《中国文字学》

（三）叶玉森《殷契钩沉》《说契》《研契枝谭》

（四）陈夕康《龟甲文字概论》

（五）朱宗莱《文字学形义篇》

（六）何仲英《中国文字学大纲》

（七）胡朴安《国学汇编》

（八）钱玄同《文字学音篇》

（九）张世禄《中国声韵学概要》《中国古音学》

（十）刘赜《声韵学表解》

第三编　史学

第一章　史学总论

史之肇始，当在文字既兴之后。口耳相传，古有其事(《说文》："古，故也。从十、口，识前言者也。"徐锴曰："古者无文字，口相传也。")，惟辗转宣播，稽考无凭，悠谬之言，充乎宇内，史云乎哉？文字之用，至黄帝而大著，仓颉、沮诵，即彼时之史官，此中消息，可以参详，盖简编之记注有方，则文献之征寻匪妄矣。虽然，史公谓"百家言黄帝，其文不雅驯"，孔子删《书》，断自唐虞，中国之有信史，其在尧以后乎？至周分科任职，有大史、小史、内史、外史(见《周礼・春官》)、左史、右史(《礼记・玉藻》)之别。王朝以外，诸侯之国，亦置史官(楚史倚相，晋史董狐，均见《左传》)。史官既众，史籍自繁，晋之《乘》，楚之《梼杌》，鲁之《春秋》，皆史也。墨子言"见百国春秋"，益证当时史籍之富矣。唐刘知几著《史通》，析史之流为六：一曰《尚书》家，二曰《春秋》家，三曰《左传》家，四曰《国语》家，五曰《史记》家，六曰《汉书》家。而归之二体：一为"纪传"，一为"编年"。清《四库全书提要》则分为十五类：正史，一也；编年，二也；纪事本末，三也；别史，四也；杂史，五也；诏令、奏议，六也；传记，七也；史钞，八也；载记，九也；时令，十也；地理，十一也；职官，十二也；政书，十三也；目录，十四也；史评，十五也。十五类中，正史、编年、纪事本末、别史、杂史及史评，为用尤溥。近今治史者，于前世事迹，深置疑义；而笃信好古者，则谓古人秉笔谨严，不容妄持异议。两者争辩至烈，因亦另为一章，以觇近日治史者之风气。

第二章　正史

"正史"之名，最先见于《隋志》(《隋书・经籍志》："自是有著述，皆拟班、马，以为正史。")。载籍入此者，计二十有四：

书名		史记	前汉书	后汉书	三国志	晋书	宋书	南齐书	梁书	陈书	后魏书	北齐书	周书	隋书	南史	北史	旧唐书	新唐书	旧五代史	新五代史	宋史	辽史	金史	元史	明史
例目	帝纪	一二	一二	一〇	四	一〇	一〇	八	六	六	一二	八	八	五	一〇	一二	二〇	一〇	六一	一二	四七	三〇	一九	四七	二四
	年表	一〇	八															一五			三二	八	四	六	一三
	书志	八	一〇	三〇		二〇	三〇	一一			一〇			三〇			三〇	五〇	一二		一六二	三一	三九	五三	七五
	世家	三〇																		一〇					
	列传	七〇	七〇	八〇	六一	七〇	六〇	四〇	五〇	三〇	九二	四二	四二	五〇	七〇	八八	一五〇	一五〇	七七	四五	二五五	四六	七三	九七	二二〇
	载记					三十																			
	考																			三					
	年谱																			一					
	附录																			三					
总卷数		一三〇	一二〇	一二〇	六五	一三〇	一〇〇	五九	五六	三六	一一四	五〇	五〇	八五	八〇	一〇〇	二〇〇	二二五	一五〇	七四	四九六	一一六	一三五	二一〇	三三二
撰述人名		（汉）司马迁	（后汉）班固	（宋）范晔	（晋）陈寿	（唐）房玄龄	（梁）沈约	（梁）萧子显	（唐）姚思廉	（唐）姚思廉	（北齐）魏收	（唐）李百药	（唐）令狐德棻	（唐）魏徵	（唐）李延寿	（唐）李延寿	（后晋）刘昫	（宋）欧阳修	（宋）薛居正	（宋）欧阳修	（元）脱脱	（元）脱脱	（元）脱脱	（明）宋濂	（清）张廷玉
备注			书中一类或分子卷		魏传二六蜀传一五吴传二〇						今本作一百卅卷											书中多国语解一卷故成一一六卷		书中一类或分子卷	别附目录四卷共三三六卷

正史，皆纪传体也。纪传体创始于司马子长之《史记》。《史记》分本纪、世家、列传、书、表诸类：本纪以述皇王，列传以总侯伯（《汉书》混世家、列传而为一），书以铺政体，表以谱年爵，共百三十篇。其中十篇，有录无书，褚先生为补其阙，故《日者》《龟策》二传有“褚先生曰”云云也。刘子政、杨子云号为博雅，皆称迁有良史才，服其善序事理，辩而不华，质而不俚，其文直，其事核，不虚美，不隐恶，谓之实录。然子长网罗旧闻，贯串今古，亦难免不有一二疵缪之处。如《李陵传》，兵矢既尽，尚杀匈奴万余人；《功臣表》，汉九年，吕泽已死，而《留侯世家》，汉十一年，又有吕泽。千虑一失，本为智者所不免也。至孟坚谓其是非谬于圣人：“论大道，则先黄、老而后《六经》；序游侠，则退处士而进奸雄；述货殖，则崇势利而羞贫贱。”不知迁被奇冤，抑郁无诉，《游侠》《货殖》，系孤愤之辞，有弦外之音，其文则史，其情则骚。晁公武云：“当武帝之世，表章儒术而罢黜百家，宜乎大治，而穷奢极侈，海内凋弊，反不若文、景尚黄、老时人主恭俭，天下饶给；此其论大道所以先黄、老而后《六经》也。武帝用法刻深，群臣一言忤旨，辄下吏诛，而当刑者得以货自赎，迁之遭李陵之祸，家贫无财贿自赎，交游莫救，卒陷腐刑，其序游侠，退处士而进奸雄者，盖迁叹时无朱家之伦，不能脱己于祸，故曰：‘士穷窘得委命，此岂非人所谓贤豪者邪。’其述货殖，崇势利而羞贫贱者，盖迁自伤特以贫故，不能自免于刑戮，故曰：‘千金之子，不死于市，非空言也。’固不察其心而骤讥之，过矣！”（《郡斋读书志》）可谓能体迁之身世矣。且纪传之体，创自子长，后世正史，守而勿失，虽地迁陵谷，时变质文，而此道常行，终莫之能易也。班彪才高，专心史籍，见《史记》自太初以后，阙而不录，乃继采遗事，旁贯异闻，作后传数篇。彪卒，子固赓其业，以为《汉书》。起元高皇，终于王莽（《八表》及《天文志》，皆固妹昭踵成之），“断代纪传”，此为最古（世称《史纪》为通古纪传）。孟坚而后，记述后汉事者，有谢承、薛莹、刘义、华峤、谢沈等二十余家，范晔删取众书，为一家之言，曰《后汉书》。书志未成，至梁刘昭取司马彪《续汉书》八篇，注以补之。晔字蔚宗，以谋反族诛，狱中尝与诸甥侄书云：“吾杂传论，皆有精意深旨，既有裁味，故约其词句。至于《循吏》以下，及《六夷》诸序论，笔势纵放，实天下之奇作！其中合者，往往不减《过秦》篇。尝共比方班氏所作，非但不愧之而已。”又云：“赞自是吾文之杰思，殆无一字空设，奇变不穷，同合异体，乃自不知所以称之。此书行，故应有赏音者。”蔚宗自许过甚，未见其能超乎班氏也。然孟坚而下，当推独步矣。陈寿著《三国志》，夏侯湛见之，便毁自撰之《魏书》。寿书以魏为正统，与习凿齿之《汉晋春秋》帝蜀不同，寿遂成众矢之鹄。钱大昕云："陈承祚《三国志》创前人未有之例，悬诸日月而不刊者也。魏氏据中原日久，而晋承其禅，当时中原人士知有魏不知有蜀、吴也。自承祚书出，始正三国之名，且先蜀而后吴。又于《杨戏传》末载《季汉辅臣赞》，亹亹数百言，所以尊蜀殊于魏、吴也。存季汉之名者，明夫蜀之实汉也。习凿齿作《汉晋春秋》，不过因其意而推阐之。而后之论史者，辄右习而左陈，毋乃好为议论，而未审乎时势之难易与？夫晋之祖宗所北面而事者，魏也，蜀之灭，晋实为之。吴、蜀既亡，群然一词，指为伪朝；乃承祚不惟不伪之，且引魏以匹二国，其秉笔之公，视南、董何多让焉？而晋武不以为忤，张茂先且欲以《晋书》付之，其君臣度量之宏，高出唐、宋万万，岂非去古未远，三代之直道犹存，故承祚得以行其志乎？厥后琅玡纂统，即仿汉中承制之局，凿齿建议祧魏而承汉，直易易耳。考亭生于南宋，世势与蜀汉相同，以蜀为正，固其宜也。"(《三国志辨疑序》)可谓据事立论，不类泛谈者矣。刘勰称其"文质辨洽"，世又以之与子长、孟坚、蔚宗并举，合其书曰"《四史》"。《四史》者，正史中之菁英，后之作者，莫能逮也。《晋书》之成，非一手一足之烈；总其事者，房玄龄、褚遂良也；志则李淳风、于志宁等为之；传则颜师古、孔颖达等为之；太宗亦间有撰著，如陆机、王羲之传，是也。其所褒贬，略实行而奖浮华；其所采择，忽正典而取小说，议者訾之。惟史书由众手编修者，实始于此。《宋书》，沈约撰。书禅代之际，多所避讳。其八志则义例颇善，惟追述前代，疏于限断。《南齐书》，萧子显撰。曾巩谓："子显之于斯史，喜自驰骋，其更改破析刻雕藻缋之变尤多。"然其褚渊、王晏、萧坦之诸传，皆不着一议，而人品自见。《高祖十二王传》，引陈思之表、曹冏之论，其感怀宗国之处，深得史家言外之意，宜刘知几以"义为优长"许之也。《梁书》《陈书》，皆姚思廉撰。《梁书》是非矛盾：《侯景传》，上云"张彪起义"，下云"彪寇钱塘"，数行之间，书法乖舛；《江革传》中斥何敬容"掌选序用，多非其人"，于《敬容传》中则称其"铨序明审，号为称职"。《陈书》记传年月亦间有抵牾。思廉又举其父察与江总合传，尤为后世所讥。惟唐时所修诸史，罕用散文，惟思廉以古文行之，劲气锐笔，一洗芜冗之习，论文者或尚之。魏收恃才轻薄，有"惊蛱蝶"之称。修《北魏书》百一十四卷，每言："何物小子，敢共魏收作色，举之则使上天，按之当使入地。”于是众口喧然，号为“秽史”。死后冢被发，骨暴于外，盖缘史笔结怨于人也。李延寿《北史·魏收传》称其书“婉而有章，繁而不芜”，则纯以才论也。《北齐书》五十卷，李百药撰。中有三十八篇为其父德林稿。《北齐书》自宋以后，散佚不全，今所存者，系后人取北史补之，冗杂重复，原帙当不如是也。令狐德棻撰《周书》。今之《周书》，为北宋林希、王安国所刊削，已非德棻之旧。《隋书》八十五卷，《本纪》五、《列传》五十，魏徵等撰；《志》三十，长孙无忌等撰。此书之成，非出一手，故语多歧异。李延寿禀承其父大师遗业，熟精南北朝掌故。始宋终陈，为《南史》八十卷。始魏终隋，为《北史》一百卷。司马光赞为佳史，谓其“叙事简径，比于南北正史，无繁冗芜秽之辞……陈寿之后，惟延寿可以亚之”。惟无书志，致数代制度之沿革，泯灭而不见，斯乃美中不足。《旧唐书》《旧五代史》，一为刘昫撰，一为薛居正撰，皆流于繁猥。欧阳修重为删定，事增于前，文省于旧，特加”新”字以别之。惟《新唐书》有宋祁、范镇等协修，《新五代史》则永叔一人为之，视《新唐书》为胜。《宋》《辽》《金》三史，皆脱脱（一作托克托）作。《宋史》失之繁，《辽史》失之略，《金史》约而不疏，赡而不芜，迥出二史之上。《元史》，宋濂等撰。仓卒成编，致多疏漏，廿四史中，此为最下。柯劭忞著《新元史》，自拟于《新唐书》《新五代史》之列，新增事实既多，于《旧元史》亦颇有删改，今之言元史者多所取资焉。然可议之处，仍属不免。李思纯云：“《旧元史·赡思传》中，叙其先世，有一语云‘其先大食国人’，而柯氏《新元史》本传中，则改为其先西域人，吾窃以为怪。盖大食为专名，西域为通名，吾人可改通名为专名，而不可改专名为通名。”又云：“回教于元代颇为盛行，尤以中亚诸国，如伊儿汗国及奇卜察克汗国为甚。柯氏《新元史》中，每以行文之便，漫无定名，或曰回回教，或曰天方教，或曰谟罕默德之教，一篇之中，诸名杂出。”又云《新元史·历志》：“谓回历纪元为中历之隋文帝开皇十九年己未，实则回历纪元之年，乃唐高祖武德五年壬午也。”（《元史学》）李氏所指摘，自具卓见，然皆微细之点，不足为柯氏病也。《明史》，康熙十七年用博学鸿词诸臣分别纂修，而以张玉书、叶方蔼两人总裁其事。至雍正元年，始行脱稿，世宗复选词臣，再加订正，直至乾隆时，方正式进呈，综计前后，阅时约六十年，自来修史，未有如此之久且慎也。民国以来，赵尔巽等修《清史》，近虽脱稿，而其可议之处正多：清帝退位以后，安能再颁大典，而陆润庠谥文端，王国维谥忠悫。断代为书，满清旧臣卒于民国者，例不叙入，而盛宣怀、瑞澄、冯煦、严复皆有传。若谓诸氏怀念前朝，便应如此，何以黄宗羲、顾炎武、王夫之诸贤又均入《清史》耶？宜乎当局禁其印行。故今之列入正史者，仍二十有四也。

第三章　编年

纪传为横的叙写，编年为纵的记述，各有短长，相互为用。《史通》于此曾有论列。其评纪传曰："纪以包举大端，传以委曲细事，表以谱列年爵，志以总括遗漏，逮于天文地理，国典朝章，显隐必该，洪纤靡失，此其所以为长也。若乃同为一事，分在数篇，断续相离，前后互出；又编次同类，不求年月，后生而擢居首秩，先辈而抑归末章，此其所以为短也。"其评编年曰："系日月而为次，列世岁以相续，中国外夷，同年共世，莫不备载，其事形于目前；理尽一言，语无重出。此其所以为长也。至于贤士贞女，高才俊德，事当冲要者，必盱衡而备言，迹在沉冥者，不枉道而详说。……故论其细也，则纤芥无遗；语其粗也，则丘山是弃；此其所以为异也。"又综合为说曰："班（班固有《汉书》，为纪传体）荀（荀悦有《汉纪》，为编年体）二体，角力争先，欲废其一，固亦难矣。"自来言编年者，多以《左氏传》为宗。惟此书是否为左氏本来面目，殊属疑问（参看第一编）。《琐语》《竹书》，体例虽合，恐为赝品。故为求真起见，实不如谓其始于荀悦之《汉纪》也。汉代史书，以迁、固为主，而文字过烦，颇难周览，献帝命荀悦撮其书为编年体，著《汉纪》三十篇。其后张璠之《后汉纪》，孙盛之《魏氏春秋》，干宝之《晋纪》，裴子野之《宋略》，吴均之《齐春秋》，何之元之《梁典》，王邵之《北齐志》。纪、略、典、志，名虽有殊，要皆依荀著为准的。然皆断代之书，无以观其会通。至宋司马光出，为《资治通鉴》，上起战国，下终五代，按年记载，一气衔接，实编年史中之巨著也。初，光以载籍烦多，人主不能遍览，先约战国至秦二世为《通志》八卷上之，英宗命续其事，治平中，辟官属编纂，前后汉任刘贡父，三国至隋任刘道原，唐迄五代任范纯甫。光更删削冗长，举撮机要，关国家兴衰，生民休戚，善可为法，恶可为戒者为一书。凡一千一百六十二年，计二百九十四卷，《资治通鉴》之名，则神宗所赐也。其所采用之书，正史之外，杂史至三百二十二种，其残稿在洛阳者，尚盈两屋，阅时则十有九年，宜其自谓"精力尽于此"也。

朱熹《通鉴纲目》，表岁以首年，因年以著统，大书以提要，分注以备言，纲举目张，诚如其命名之义。亦编年史也。其后继温公而作者，清毕沅有《续通鉴》，上起宋初，下终明代，与原作相衔无间。举清代三百年事，赓续前作者，今尚无闻焉。

第四章　纪事本末

自汉以来，不过"纪传""编年"两法，乘除互用。然纪传之法，或一事而复见数篇，宾主莫辨；编年之法，或一事而隔越数卷，首尾难稽。袁枢乃自出新意，因司马光《资治通鉴》，区别门目，以类排纂。每事各详起讫，自为标题；每篇各编年月，自为首尾。始于三家之分晋，终于周世宗之征淮南，包括数千年事迹，经纬明晰，节目详具，前后始末，一览了然（《四库提要》）。其书名《通鉴纪事本末》。"纪事本末体"，亦即缘是得名。夫纪传以人为主，编年以时为主，纪事本末以事为主；自此书出，史学中遂成一鼎立之势。三者为大本，余皆枝条耳。明陈邦瞻撰《宋史纪事本末》二十六卷、《元史纪事本末》四卷，后者不如前者之精。诸史之中，《宋史》最芜秽，此书部列区分，使一一就绪，或谓其寻绎之功，视枢为倍焉。惟书中纪事兼及辽、金两朝，当时南北分疆，未能统一，以称"宋辽金三史纪事本末"为是。清谷应泰撰《明史纪事本末》八十卷，应泰为此书时，《明史》尚未刊定，无所折衷，故有驳而不纯之处。其余马骕之《绎史》，蓝鼎元之《平台纪》，亦准此体而作者也。

第五章　别史

别史者，上不能比于正史，下亦不至侪于杂史，犹大宗之有别子，故以为名也。史学中创立此门，则自宋陈振孙《直斋书录解题》始。别史之于正史，有可供其参证者，有可补其不逮者，有持论殊异，而待后人之研求论断者。或谓别史远出正史下，则不免有贸然估价之嫌矣。《逸周书》，旧以为晋太康二年得于魏安釐王冢者。杜预《春秋集解后序》备载汲冢书目，于此独阙而弗道，足征旧说之非是。《汉书·艺文志·六艺略》尚书类著录有《周书》七十一篇；今本七十篇，合目为七十一篇，正符此数。此盖孔子所论百篇之余，故或又冠以“逸”字也。司马迁《史记》所记事迹，多与吻合。马融、许慎、郑玄说经，亦每加以引据。惟载武王、周公私计东伐，俘馘殷遗，暴殄原兽，辇括宝玉，动至亿万，前儒均斥其诬圣。实则《尚书》何尝无“血流漂杵”之言耶?《建康实录》，唐许嵩著，中记六朝事迹。六朝均都建康，故以为名。前后体例不一，且多重复抵牾之处。惟载记广博，欲详考六朝遗事，则亦不能废也。郑樵《通志》，网罗前闻，参以新意，为略二十，宋人高谈义理，忽出此博洽之儒，所言虽间有未审，已足多矣。宜世以之与杜佑《通典》、马端临《通考》并称“三通”也。王偁《东都事略》，记北宋事，约而能赅，且具史识，元修《宋史》，多所取资。偁闭户著述，无当时士大夫标榜声援之习，坐是见诋于人，何足病哉！罗泌《路史》，厚自期许。路者，大也，路史者，大史也，言其书将驾一切史籍而上之也。始于三皇，终于汉末。远古之事，年久难稽，泌非得特异之史料，仅据荒诞之纬书与玄虚之道家言以述作，事虽新奇，情似不实。第以文采瑰丽，故词人乐称焉。《藏书》，明李贽撰。上起战国，下迄于元，其论议不同于故常，别立褒贬，世多斥之。贽亦自知，故名藏书，言但可私自怡悦，不愿示人也。当时焦竑诸人，以博雅称，咸折服之，似此书不尽无说也。别史类所包宏富，兹但论其要者。

第六章　杂史

杂史者，官失其守，事迹湮晦，博达之士，愍其废绝，各记闻见，以备采摭，兼包众体，宏括殊名，故以杂为称。推其所自，则昉于《隋志》。《国语》，作自何人？迄无定说，多以为出诸左丘之手也。康有为以为《左传》割裂《国语》而成，其遗而未取者，则仍存原名。唐刘知几著《史通》，列《国语》为一家，称为国别体；兹入杂史，从《四库提要》说。此书有吴韦昭注，《三国志》作韦曜，盖避晋司马昭之名也。《战国策》，一名《长短书》，以中多纵横之说也。刘向《战国策序》：“战国之时，君德浅薄，为之谋策者，不得不因势而为资，据时而为画。故其谋扶急持倾为一切之权，虽不可以临教化，兵革救急之势也。皆高才秀士，度时君之所能行，出奇策异智，转危为安，运亡为存。亦可喜，皆可观。”故有以之入子部纵横家者（晁公武《郡斋读书志》）。然凡所谓子者，必为一家言；此书苏秦、张仪、公孙衍、陈轸等人之说兼具，则究以何人为名乎？为之注音，汉有高诱，宋有鲍彪，元有吴师道，得失互见。《松漠纪闻》，宋洪皓著，记金国事迹。皓使金，金迫之仕，皓不从，流转冷山，而作此书。冷山为唐松漠都督府地，故以名书。目睹胜于耳闻，固自可贵也。惟今之所存，已非完本矣。《五代史补》，宋陶岳撰。薛居正等《五代史》成，岳病其阙略，更取诸国载籍，以补所不及，叙事首尾详具，率得其实。欧阳修《新五代史》，司马光《通鉴》，多采用之。然间有事涉稗官，未加剪剔，亦其失也。《钱塘遗事》，元刘一清撰。其书虽以钱塘为名，实述南宋一代轶事。高、孝、光、宁四朝，所载颇略；理宗以后，叙录至详。于宋末军国大政，贤奸进退，条分缕晰，多为正史所不及者。惟采掇前人作品，削其书名，而不改其书中称谓，殊觉未合。《弇山堂别集》，明王世贞撰。明自永乐而后，史多不实，而民间野史竞出，又多好恶凭心，诞妄失伦。世贞承世家文献，熟悉朝章，视当时诸家为卓异。然事疏考证，语涉谈谐，亦间于史体有乖。总之，杂史疏芜难免，有待高识之择别矣。

第七章　史评

史评分两类：一为批评史事，一为批评史法。评史事者，有明张溥之《历代史论》，清王夫之之《读通鉴论》。评史法者，有唐刘知几之《史通》，清章学诚之《文史通义》。溥之书，议论凡近，笔力又弱，殊无可取。夫之之书，所见超远，迥异流俗，惟易导学者入奋臆空谈之路。故治史者多重史法之批评，而忽史事之论议也。子元之书，于史学义例，多所发明，又能独抒己见，不拾前人唾余。彼尝自道其书内容云："《史通》之为书也，盖伤当时载笔之士，其义不纯，思欲辨其指归，殚其体统。"又云："其为义也：有与夺焉，有褒贬焉，有鉴诫焉，有讽刺焉；其为贯穿者深矣，其为网罗者密矣，其所商略者远矣，其所发明者多矣。谈经者恶闻服、杜之嗤，论史者憎言班、马之失，而此书多讥往哲，喜述前非。"故或赞其为王充以后第一人，信非溢美也。实斋之书，非仅论史也，而言史之处特多，且亦特精。自云："拙撰《文史通义》，中间议论开辟，实有不得已而发挥，为千古史学辟其榛芜。"彼倡"六经皆史"之说，直认史可以包经。彼与刘子元所见微有不同：刘言史法，章言史意；刘议馆局纂修，章议一家著述。截然两途，各不相入，而其著称于史学界则一。梁启超云："自有左丘、司马迁、班固、荀悦、杜佑、司马光、袁枢诸人，然后中国始有史。自有刘知几、郑樵、章学诚，然后中国始有史学。”亦可见其在史学界之位置矣。

第八章　近日治史者之风气

疑古之事，启于子贡、孟子，至刘知几始著，迄于今日，此风益张。子贡曰：“纣之不善，不如是之甚也。”孟子曰：“尽信书，则不如无书，吾于《武成》，取二三策而已矣。”此实疑古之先声也。刘氏《史通》有《疑古》篇，其举史事之可疑者凡十，而以舜之死于苍梧为最显。其言曰：案苍梧者，地总百越，山连五岭，人风婐划，地气歊瘴，虽使百金之子，犹惮经履其途，况以万乘之君，而堪巡幸其国！且舜必以精华既竭，形神告劳，舍兹宝位，如释重负；何得以垂殁之年，更践不毛之地。兼复二妃不从，怨旷生离，万里无依，孤魂溘尽，让王高蹈，岂其若是者乎？历观自古人君废逐，若夏桀放于南巢，赵嘉迁于房陵，周王流彘，楚帝徙郴，语其艰棘，未有若是之甚者也？斯则陟方之死，其殆文命之志乎！根情以判事，岂凿空之谈哉？自宋以来，地不爱宝，钟鼎、竹简、甲骨，后先出土，据之以考史事者，不乏其人，而以王国维氏所得为多。其据“盂鼎”“梁伯戈”“兮甲盘”“虢季子白盘”诸器，考证鬼方、昆夷之事迹及玁狁寇周之路线，发前人所未发。其据甲文以考商代之继统，以弟及为主，而以子继辅之，无弟然后传子。盖周时以嫡庶长幼为贵贱之制，商无有也。故兄弟之中有未立而死者，其祀之也与已立者同。若论其世系，《史记·殷本纪》《三代世表》及《汉书·古今人表》所记，君数虽同，而世数则互相违异。兹将殷世数异同表列于后：

帝名	殷本纪	三代世表	古今人表	卜辞
汤	主癸子	主癸子	主癸子	主癸子(一世)
大丁	汤子	汤子	汤子	汤子(二世)
外丙	大丁弟	大丁弟	大丁弟	
中壬	外丙弟	外丙弟	外丙弟	
大甲	大丁子	大丁子	大丁子	大丁子(三世)
沃丁	大甲子	大甲子	大甲子	
大庚	沃丁弟	沃丁弟	沃丁弟	大甲子(四世)
小甲	大庚子	大庚弟	大庚子	
雍己	小甲弟	小甲弟	小甲弟	
大戊	雍己弟	雍己弟	雍己弟	大庚子(五世)
中丁	大戊子	大戊子	大戊子	大戊子(六世)
外壬	中丁弟	中丁弟	中丁弟	
河亶甲	外壬弟	外壬弟	外壬弟	
祖乙	河亶甲子	河亶甲子	河亶甲子	中丁子(七世)
祖辛	祖乙子	祖乙子	祖乙子	祖乙子(八世)
沃甲	祖辛弟	祖辛弟	祖辛弟	
祖丁	祖辛子	祖辛子	祖辛子	祖辛子(九世)
南庚	沃甲子	沃甲子	沃甲子	
阳甲	祖丁子	祖丁子	祖丁子	祖丁子(十世)
盘庚	阳甲弟	阳甲弟	阳甲弟	阳甲弟(十世)
小辛	盘庚弟	盘庚弟	盘庚子	盘庚弟(十世)
小乙	小辛弟	小辛弟	小辛弟	小辛弟(十世)
武丁	小乙子	小乙子	小乙子	小乙子(十一世)
祖庚	武丁子	武丁子	武丁子	武丁子(十二世)
祖甲	祖庚弟	祖庚弟	祖庚弟	祖庚弟(十二世)
廪辛	祖甲子	祖甲子	祖甲子	
庚丁	廪辛弟	廪辛弟	廪辛弟	祖甲子(十三世)
武乙	庚丁子	庚丁子	庚丁子	庚丁子(十四世)
大丁	武乙子	武乙子	武乙子	
帝乙	大丁子	大丁子	大丁子	
帝辛	帝乙子	帝乙子	帝乙子	

王氏博极群书，每一说出，必具若干之佐证，绝非轻易立论者所可比拟也。踵其说者，疑古之色彩益重，直认鲧、禹为鱼虫，而古无其人；实则甲文中亦以禹为古之帝王也。宁非“想入非非，任情臆断”者耶？柳诒徵揭“笃信好古之帜”，其言曰：“孔子曰：‘吾犹及史之阙文也。’故信以传信，疑以传疑……不妄有所增损，此吾国史家之美德。今人读古史，动辄怀疑，以为此为某某作伪，此为某某增窜，嚣然以求真号于众；不知古人以信为鹄，初未尝造作语言以欺后世。”又曰：“史书无一字无来历，其小有出入，乃一时之疏，非故意以误后人，不得执一以疑百也。”（《正史之史料》）平心论之，中国史籍之富，甲于天下，讹误之处，自属不免。加之古物出土，足资取证，从事考订，讵可厚非。然若专逞胸臆，立异为高，又岂求真者所应尔耶？

本编参考书

（一）永瑢等《四库全书总目提要》

（二）梁启超《中国历史研究法》及其《补编》

（三）柳诒徵《正史之史料》

（四）陈汉章《史学通论》

（五）何炳松《历史研究法》

（六）卫聚贤《中国史学史》《考古学小史》

（七）曹聚仁《中国史学》

（八）朱芳圃《述先师王静安先生治学之方法及国学上之贡献》（《东方杂志》二十四卷十九号）

（九）萧炳实《殷墟甲骨文之发现及其著录与研究》（《东方杂志》二十五卷十五号）

第四编　哲学

第一章　哲学总论

哲学范围，至为广溥，况中国立国悠久，号为文盛之邦，硕彦代有其人，理智每多阐发。周、秦之际，世变正亟，人才亦应运而生，无不殚精竭虑，探奇显幽，云蒸蛛起，蔚为大观。汉、魏而降，佛教西来，老庄亦起与之抗，激荡观摩，致呈异彩。迨及李唐，奘公远适天竺，究音训之原，穷法相之奥，释氏之学，于焉益宏。赵宋以还，通人辈出，绍洙、泗之传，染释、老之泽，阐明性道，以正人心，下逮元、明，流风未沫。呜呼，可谓盛矣！今兹所论，择要以言，其目凡三：曰诸子之学，曰玄学与佛学，曰理学。

第二章　诸子之学

子名释谊　子者，男子之美称也。古者，门弟子之于师，亦称之曰子。故周、秦以前，儒者之撰述，未必尽出己手；往往由门弟子述其师说，缀辑而成，是以尊其师而称之曰子。后世即以其人之名名其书，此子部之书所由成也（江瑔语）。

诸子流别　子学之兴，由来已久，论其流别，肇始庄、荀。庄子《天下篇》所列：（一）墨翟、禽滑釐；（二）宋钘、尹文；（三）彭蒙、田骈、慎到；（四）关尹、老聃；（五）庄周（自表其学）；（六）惠施。荀子《非十二子篇》所列：（一）它嚣、魏牟；（二）陈仲、史鳝；（三）墨翟、宋钘；（四）慎到、田骈；（五）惠施、邓析；（六）子思、孟轲。惟分合间有未当，列举诸人，而又未以家名。至司马谈乃有六家之说，刘子骏而有九流之称。六家者，阴阳、儒、墨、名、法、道德也。九流视六家增纵横、农、杂三家（加小说亦称十家）。《四库提要》于子部则分为十四类：曰儒家类，曰兵家类，曰法家类，曰农家类，曰天文算法类，曰医家类，曰术数类，曰艺术类，曰谱录类，曰杂家类，曰类书类，曰小说家类，曰释家类，曰道家类。夫艺术谱录，涉于玩好；类书剿袭相因，事近钞胥，而皆厕于诸子之列，何其滥耶？故论诸子之流别者，多以刘说为宗也。

诸家旨义各别，持论不同，然其末端，亦常有交辉互映之处。伯阳倡导无为，而韩非有《解老》之篇；墨家尚俭兼爱，而儒家有节用爱人之言。是以后世著录，有一书而入数家者：《管子》二十二篇，《汉志》入道家，《隋志》则入于法家；《慎子》四十二篇，《汉志》入法家，清《四库》则入于杂家。更即其师事言之：孔子，儒家也，问礼于老氏；韩非，法家也，受业于荀卿。然论其要旨，则各有独立精卓之见，与它家绝不相侔，学者切勿比附而为之说也。

诸子之学之起源　诸子之学之起源，旧有二说：王室衰微，官失其职，散在四方，流为诸子。故儒家出于司徒之官，道家出于史官，阴阳家出于羲和之官，法家出于理官，名家出于礼官，墨家出于清庙之守，纵横家出于行人之官，杂家出于议官，农家出于农稷之官，小说家出于稗官，此《七略》“诸子出于王官”之说也。《淮南要略》则以诸子之学，起于救世之弊。有殷、周之争，而太公之谋生；有周公之遗风，而儒者之学兴；有儒学之敝，礼文之烦扰，而后墨者之教起；有齐国之地势，桓公之霸业，而后《管子》之书作；有战国之兵祸，而后纵横修短之术出；有韩国之法令，“新故相反，前后相缪”，而后申子刑名之书生；有孝公之图治，而后商鞅之法兴。此言诸子来源之又一说也。诸子起源，为诸子之根本问题，亦为治子学者争论之要点。或宗《七略》而斥《淮南》；或是安说而非歆论。辩难之繁，几若昔人之解《尧典》——殊不知两说相反而实相成也。夫天下无无根之物，文化进步，以渐不以急，后人之学，常依凭前人之所遗，洪荒之世，纵有杰出之才，亦未必遽具高深之学理。况古代学在官府，舍吏无所得师。谓诸子之学，出于王官，讵容过事致疑乎？天下亦无无缘之事，苟非世变日亟，何能有适应需要之学说产生。善乎墨子答魏越之语曰：“凡入国，必择务而从事焉。国家昏乱，则语之尚贤尚同；国家贫，则语之节用节葬；国家熹音沉湎，则语之非乐非命；国家淫僻无礼，则语之尊天事鬼；国家务夺侵凌，则语之兼受非攻。”故凡学者立说，必上有所禀承，下复察时代之需求，然后因事制宜，举所知以与天下人共见。谓诸子之学，起于救世之弊，又谁得而非之耶？故吾谓两说相反而相成，未宜偏执而论也。

儒家　儒家言治，纯尚伦理，以以情感人，较理为易入也。故其学重在躬行实践，不为恢扩无度之谈。中国数千年来社会上之礼教习俗，受其影响独多。《汉志》许其“于道最为高”，诚笃论也。然辟者为之，“不顾其本，苟欲哗众，多设问难，便辞巧说，乱其大体，致令学者难晓”(《隋书·经籍志》)。宜乎司马谈谓其博而寡要，劳而少功也。儒家之祖，群推孔子，孔子之道，大而难名，说者亦罕窥其奥。不肖之徒，且往往拾单辞只句，断章取义，诬圣以便己，殊可慨也！孔子学说，崇尚进化。其言治道，由拨乱而小康，由小康而升平，由升平而大同。能得小康，已沾沾足喜，今世距大同，尚不知几何年月也。论政主民权而排专制。“大道之行也，天下为公；选贤与能，讲信修睦。”何尝为君权张目耶！间有尊王之言，环境囿人，不得不尔，此正所谓“时中”也。重入世而轻山林。故曰：“天下有道，丘不与易。”又曰：“吾非斯之徒与而谁与?”救世婆心，昭然若揭。尚实际不为玄谈。如《论语》所载：“子不语怪力乱神。”“子罕言利，与命与仁。”“季路问事鬼神，子曰：‘未能事人，焉能事鬼！’敢问事死。曰：‘未知生，焉知死！’”“夫子之言性与天道，不可得闻也。”总之，孔子学说，能善加抉择，可谓推诸四海皆准，质之百世不惑者也。孔子以后，儒说纷歧，离而为八：有子张之儒，有子思之儒，有颜氏之儒，有孟氏之儒，有漆雕氏之儒，有仲良氏之儒，有孙氏(按即荀子)之儒，有乐正氏之儒。其中卓然能自树立，居今日而犹有统绪之可寻者，当推孟、荀二子。二子虽同属一家，学说则极端违异：孟言性善，荀言性恶；孟法先王，荀法后王；孟讲仁义，荀讲礼乐；孟主自尊，令人自动的扩大人格，荀主自立，令人凡事依礼而行。其治世之方法不同，而欲化民成俗则一也。

道家　道家之祖，群推老子。按《汉书·艺文志·诸子略》道家类著录：《伊尹》五十一篇，《太公》二百三十七篇，《辛甲》二十九篇，《鬻子》二十二篇，其人均先于老子。足证其学不始于老子，特至老子而始著耳。老子以犹龙之资，读藏室之富，著论五千言，出关西隐。其著使人扫除人类后起之知识情欲，以栖神于真一之境，清虚自守，卑弱自持；视世之沉迷于禄利荣名者，直同梦幻。故其言治，崇尚无为。所谓无为，非无所事事也，屏财货位望之争，唯素朴醇贞之是务，故曰“无为而无不为”也。及妄人为之，不推其本，苟以异俗为高，狂放为尚，迂诞谲怪，而失其真。

杨朱、列御寇、庄周诸人，均承老子之绪以立说，有时亦稍异其趣，特仍未离于宗耳。

杨朱无书，其言行散见于《庄》《列》《韩》《孟》，《列子·杨朱篇》言之较详。所倡为“为我主义”，其言曰：“古之人，损一毫，利天下，不与也；悉天下，奉一身，不取也；人人不损一毫，人人不利天下，天下治矣。”又曰：“智之所贵，存我为贵；力之所贱，侵物为贱。”存我而不侵物，此杨子之旨也。盖杨子生当春秋之世，兼并之祸已作，当世之君，阳标济世之名，阴怀攘夺之实，杨子乃举为我主义以对治之，所谓“伤心人别有怀抱”也。孟子断章取义，有故入人罪之嫌。

《列子》，人多疑其伪，甚或并其人而疑之，予谓其书为后人增窜则有之，疑其尽伪，则太甚之见也。庄子于《列》言，屡引不一引，岂造《列》者，并《庄》而伪为之耶？其言多与佛氏之旨合：如“言天地坏者亦谬，言天地不坏者亦谬”（《天瑞》），颇与破空破有之义近；“生者不能不生，化者不能不化，故常生常化”（《天瑞》），颇与轮回之说近。至若谓人与物徒以智力以相制食，并无天帝之主宰（见《说符》），则又与老子“天地不仁，以万物为刍狗”之义近，而与释氏因果之说远矣。

中国哲学，偏重应用，而轻纯理，固以此免欧洲、印度哲学不周人用之诮，而亦以此乏究极玄眇之观。先秦诸子中，而具纯理哲学之意者，则莫庄子若矣（《经子解题》）。老子持论虽高，然间含处世之道（如“人皆求福，已独曲全。曰：苟免于咎”，见《天下篇》评老一节），庄子则一尘不染，惟抱“出世主义”。一死生，齐彭殇，依乎天理，因其固然，丝毫不牵就现实社会，独与天地精神往来。故其自述曰：“上与造物者游，下与外死生无终始者为友。”可谓能自道其学矣。

阴阳家　阴阳家历象日月星辰，敬授民时，此其所长。及拘者为之，则牵于禁忌，泥于小数，舍人事而任鬼神。此《汉志》评阴阳家语，其论允矣。惟吾以阴阳家可供研讨者，当推邹衍之言大小九州。太史公于《孟荀列传》中述邹子之言曰：“儒者所谓中国者，于天下乃八十一分居其一耳。中国名曰赤县神州，赤县神州内，自有九州，禹之序九州是也，不得为州数。中国外，如赤县神州者九，乃所谓九州也，于是有裨海环之……如一区中者，乃为一州。如此者九，乃有大瀛海环其外，天地之际焉。”居数千载之上，不为境域所囿，而能推知天下之大，谓为中国之哥仑布，可也。

法家　当春秋战国之际，宗法社会已渐倾坏，因袭之礼教，既不足为经国治民之具，于是有所谓法家者流，倡为法治主义（唐敬杲《韩非子叙》）。胡适《中国哲学史大纲》谓古时有两法字：一是佱，是模范之法；二是灋，是刑罚之法，考佱字从亼从正。亼即合字之古文，字从亼从正，谓合于正者也，是即模范之义。就器而论，则为铸器之型法；就人事而论，则为行事之礼法。一言以蔽之，则凡以之为标准法度者皆佥也。及至佥既不足为标准法度，于是乃以瀍济之(陈柱《诸子概论》)。按此即昔人所谓礼禁未然之先，法施已然之后，出乎礼则入于法者也。法家有三派：一重势，一重术，一重法。至韩非而集其大成。慎到、管仲重势者也。到之言曰："尧为匹夫，不能治三人；而桀为天子，能乱天下。吾以此知势位之足恃，而贤智之不足慕也。"(《韩非子·难势篇》)仲之言曰："群臣之不敢欺主者，非爱主也，以畏主之威势也。百姓之争用，非以爱主也，以畏主之法令也。"(《管子·明法解》)皆重势之说也。申不害重术，商鞅重法。《韩非子·定法篇》："今申不害言术，公孙鞅为法。……君无术则弊于上，臣无法则乱于下。此不可一无，皆帝王之具也。"韩非兼收并容，以成其大，非洵法家之巨子哉。非之言曰："法者，编著之图籍，设之于官府，而布之于百姓者也。"(《韩非子·难三篇》)又曰："赏存乎慎法，而罚加乎奸令。"(《韩非子·定法篇》)法家尚客观，凡与法违迕者，不论亲疏贵贱，一治之罪，论者谓其伤恩薄厚。然韩子于此未尝不有以自解。《显学篇》："严家无悍虏，而慈母有败子。"《有度篇》："法不阿贵，绳不挠曲。……刑过不避大臣，赏善不遗匹夫。"法律之前，人人平等，颇合于近代之法治精神。以形式言，法家固具严冷面目，类秋霜之肃杀。以精神言，法家则怀满腔热血，有似春晖之仁和。故管子谓"不为爱民亏其法，法爱于民"(《管子·法法篇》)；诸葛公谓"示之以法，法行则知恩"是也。若孔子道德齐礼之说，持论固高，惜不适于衰世之用。然使衰世并政刑而无之，吏奸民悖，罔绳以法，则国之不亡幸也。

名家　惠施、公孙龙，名家之代表也，或列之于别墨。以古无有无名学之家，故名家不成为一家之言。斯说也，容有讨论之余地，请以粗浅之理为喻。衣与食，人资以为生者，无家不有造食制衣之人，造食制衣，宜不足为职业矣。然世之善烹调者，谓之厨师；工针黹者，谓之衣匠；精于名学者，独不可以专家称乎？夫循名以责实，儒、法所同尠；若名家则考名实之原，为进一步的研讨，浅深固自有殊也。公孙龙"白马非马"一说，世俗闻之，无不骇怪，然亦岂可尽非。"求马，黄、黑马皆可致；求白马，黄、黑马不可致。"(《公孙龙子·白马论》)马与白马，固不同也。惠子多方，为名家中之通博省，有惊人之见，散见《庄》《列》诸子中。如云："我知天下之中央，燕之北，越之南，是也。"又云："今日适越而昔来。"皆隐合地圆之说。其本书不传，一鳞一爪，弥足珍异矣。惟其末流，多辞胜于理，巧移人意，有诡辩之谥。

墨家　《韩非子·显学篇》："世之显学，儒墨也。"《孟子·滕文公篇》："处士横议，杨朱、墨翟之言盈天下。"于此见战国之时，墨家之显赫矣。墨家远绍大禹之苦行，其开创之祖为墨翟。墨其姓，翟其名，数千年来无异辞。清江瑔《读子卮言》独谓墨非姓，所论八端，而其要则为："称家则不能系姓……墨之为姓，墨子一人外，更无所见。"按《吕览·有度篇》："孔墨之弟子徒属充满天下。"《孟子》："杨氏为我，是无君也。墨氏兼爱，是无父也。"孔、杨皆姓也，则对举之墨亦当为姓。古人之姓不见于第二人者颇多，如传《易》之馯臂子弓，与孟子论性之告子，及《墨子》中之公输盘，皆是也，不仅墨子一人为然。事有例外，宁容执一以求！近人胡怀琛更谓"墨子为印度人"：（一）墨翟者，墨狄也，因面黑或衣黑而称墨，因外国人而称狄；（二）兼爱节用，皆佛学也；（三）天志明鬼，皆佛教也；（四）名学，因明也；（五）无父，出家也；（六）摩顶放踵，秃头赤足之僧装也（《东方杂志》二十五卷八号《墨翟为印度人辨》）。古今中外学说之类似者，往往而有，未可捕风捉影，牵传而论。《韩非子》："墨子为木鸢，三年而成，蜚一日而败。"《鸿书》："公输盘为木鸢，以窥宋城。"吾人将即此推定今之飞机原出于中国古代乎？《三国志》：蜀诸葛亮伐魏，以木牛流马运粮。吾人将即此推定今之火车原出于中国古代乎？《墨子·贵义篇》："子墨子南游于楚。"《吕览·爱类篇》："墨子见荆王曰：'臣北方之鄙人也。'"印度方位，居楚之南耶？居楚之北耶？不辩可知墨子非印度产矣。墨家中心之思想为"兼爱"，"非攻""节用""薄葬""非乐""非命""尚同""尚贤""天志""明鬼"，皆缘此而生者也。儒家言仁，自亲及疏；墨家则爱无差等。彼以若使天下兼相爱，视人之室若其室，谁窃？视人之身若其身，谁贼？视人之家若其家，谁乱？视人之国若其国，谁攻（《墨子·兼爱上》）？"兼爱"主义既树，"非攻"之说自生。孟子息兵，与墨子非攻，旨义无殊，惟孟为理想家，墨则实行家也。《公输篇》："公输盘为楚造云梯之械成，将以攻宋。子墨子闻之，自鲁往，裂裳裹足，日夜不休，行十日十夜而至于郢，见公输盘。……子墨子解带为城，以牒为械，公输盘九设攻城之机变，子墨子九距之。公输盘之攻械尽，子墨子之守圉有余。"于是楚不复攻宋。战争多起于不足，故主"节用"。节用之道，凡为此物，必加用而为之。故又主"薄葬""非乐"。墨子摩顶放踵以利天下，任天委命之说，与之抵牾，故主"非命"。又天下之交相怨恶，常起于政见之不一，故"尚同"。统一政见之人（即政治领袖），必推圣智者任之，故“尚贤”。墨家自苦利人，违于本性，更言“天”（天志）、“鬼”（明鬼）以资警劝。故曰：“天欲人之相爱相利，而不欲人之相恶相贼也。”（《墨子·兼爱上》）“使天下之人，偕信鬼神之能赏贤而罚暴也，则夫天下岂乱哉？”（《墨子·明鬼下》）综观墨子之学，“以利人为本，以自苦为极”，逆性而行，违乎常情。然其誓愿之宏，牺牲之巨，释、耶而外，殆无其选。故庄子评之曰：“其生也勤，其死也薄，其道大觳。使人忧，使人悲，其行难为也。恐不可以为圣人之道。反天下之心，天下不堪，墨子虽独能任，奈天下何？离于天下，其去王也，远矣。”旋又曰：“虽然！墨子真天下之好也！将求之不得也，虽枯槁不舍也，才士也夫！”（《庄子·天下篇》）墨子殁后，其学离而为三：曰相里氏之墨，曰相夫氏之墨，曰邓陵氏之墨。俞樾曰：“今观《尚贤》《尚同》《兼爱》《非攻》《节用》《节葬》《天志》《明鬼》《非乐》《非命》，皆分上中下三篇，字句小异，而大旨无殊。意者此乃相里、相夫、邓陵三家相传之本不同，后人合以成书，故一篇而有三乎？”（《墨子间诂序》）墨家救世，尚苦行，其后流而为游侠。两汉以降，此风亦绝矣。

纵横家　纵横家以审察时势、游说动人为务，其名定于战国。衰乱之世，国际往还，每以使者辞令之得失，而关系国之荣辱，事之成败，盖亦未可忽视也。然苏、张之徒，惟顾一己之禄位，而不知有国族，有是非，宜史公谓为“倾危之士”也。间尝考之，孔门亦有言语之科，《史记·仲尼弟子列传》：“田常欲作乱于齐，惮高国鲍晏，故移其兵欲以伐鲁。孔子闻之，谓门弟子曰：‘夫鲁，坟墓所处，父母之国，国危如此，二三子何为莫出？’……子贡请行，孔子许之。……子贡一出，存鲁，乱齐，破吴，强晋而霸越。子贡一使，使势相破，十年之中，五国各有变。”此亦纵横家之所为也。然衡其为人，与苏、张有别矣。故同一学也，君子得之以存国，小人得之以乱世。苏、张所师事者，为鬼谷先生，夫以术授人，亦不可不慎也！

农家　农家勤耕桑，以足衣食，生民之本也。其于政治，亦有其独到之思想。如《孟子》所载许行之言：“滕君，则诚贤君也。虽然，未闻道也。贤者与民并耕而食，饔飧而治；今也，滕有仓廪府库，则是厉民而以自养也，恶得贤？”许行之说，使人人自食其力，人人以享自身劳作所获为限，颇与近世无治主义相似。惟不明分工合作之道，孟子尝斥之。

杂家　杂家兼儒墨，合名法，综揽众说之长，而不为一家之见所囿，可谓通博者矣。然此亦谈何容易。予观《汉志》所载杂家书，现存者，仅《吕氏春秋》与《淮南子》(《淮南》外篇已亡,今存内篇)而已;两书皆宾客所集,非出诸一人之手,于此,可见杂家之不易为。《汉志》谓“荡者为之,则漫羡而无所归心”,吾恐流于此者,众矣。

第三章　玄学与佛学

春秋战国之际,中国哲学之黄金时代也。过此以往,则有秦皇之坑焚,汉武之罢黜,先民之学,惨焉中斩。华夏学术之重心,转为天竺传入之教理所占,固有之学,仅余道家之绪余耳。

玄学　玄学之起,计有三因:汉人治经,笃信师说,汩没性灵,毫无生气,久而人心厌恶,不得不向另一方面发展,此其一;党锢之祸,贞介罹难者不知凡几,或寄身囹圄,或授首市朝,有识之士,乃遁入虚无以自全,此其二;魏、晋之得天下也,均由篡攘,而复引尧、舜揖让之事以自文,当时思想家因感礼教之虚伪,而群入于放诞之途,此其三。有此三因,玄风遂盛,而流弊亦因以滋生焉。

开魏晋之玄风者,何晏、王弼也;祖述老、庄,其立论以为:“天地万物皆以‘无’为本,‘无’也者,开物成务,无往不存者也。阴阳恃以化生,万物恃以成形,贤者恃以成德,不肖恃以免身。故‘无’之为用,无爵而贵矣。”(见《晋书·王衍传》)其后如阮籍、刘伶、嵇康、阮咸、向秀、王戎、山涛、乐广、卫玠、郭象、王衍之流,皆以谈玄有名于时。籍作《大人先生传》,比绳墨之人,犹“虱处于裈中”;伶著《酒德颂》,礼赞曲蘖,嗤笑礼法之士;康撰《释私论》,主“越名任心”,不措意于是非之际。皆托意虚无,蔑贱名检。驯至父兄之劝戒,师友之讲求,莫不以推究老、庄为首务(何尚之为丹阳尹,立宅南郊外,置玄学,聚生徒。见《宋书》)。当时《六经》之中,除《易》理外,尽皆阁束。诸传中称人学问者,皆谓为“研精老易”(时称《老》《庄》《易》为三玄)。此风流行既久,遂养成“清谈派”一流人物。身在廊庙之上,心游江湖之中,终日挥麈清谈,无所事事。甚至如阮瞻、王澄之徒,“脱衣服,露丑恶”,放逸自喜;道德伦理破坏殆尽,直同人道于牛马。故裴頠著《崇有论》以矫之,曰:“谈者深列有形之累,盛称空无之美,遂薄综世之务,贱功利之用,高浮游之业,卑经实之贤。……处官不亲所职,谓之雅远;奉身散其廉操,谓之旷达。故悖吉凶之礼,忽容止之表,渎长幼之序,混贵贱之级,无所不至!”然风气已成,卒难挽救。迨东晋之末，孙绰著《喻道论》，发挥老、庄之旨，间引释氏之言，盖其时佛学日盛，玄风已渐颓矣。

更有葛洪倡为神仙之说。汉末魏伯阳著《参同契》，假借《易》之爻象，以论丹法，中言坎离水火龙虎铅汞之要，以阴阳五行昏旦时刻为进退持行之候，后来言炉火者，以此书为鼻祖。秦皇时之侯生、卢生，汉武时之李少君、栾大，虽有飞升之谈，尚无统绪之述作也。洪著《抱朴子》，集斯学之大成。其自叙云："洪期于守常，不随世变，言则率实，杜绝嘲戏，不得其人，终日默然，故邦人咸称之为抱朴之士，是以洪著书因以自号焉。"书分内外篇：内篇二十卷，论神仙吐纳符箓克治之术，纯为道家言；外篇五十卷（今本亦有五十二卷），论时政得失人事臧否，兼包儒说。故其言曰："欲求仙者，要当以忠孝和顺仁信为本，若德行不修，而但务求玄道……无益也。"（《抱朴子·对俗》）虽语涉玄虚，间亦有裨世教也。

与洪并世者，有鲍敬言，据老子无为之说，作无君之论。其言曰："儒者曰：'天生烝民，而树之君。'岂其皇天谆谆言，亦将欲之者为辞哉？夫强者凌弱，则弱者服之矣；智者诈愚，则愚者事之矣。服之，故君臣之道起焉；事之，故力寡之民制焉。然则隶属役御，由乎争强弱而校愚智。彼苍天果无事也！"又曰："曩古之世，无君无臣，穿井而饮，耕田而食，日出而作，日入而息。泛然不系，恢尔自得，不竞不营，无荣无辱。……势利不萌，祸乱不作。干戈不用，城池不设。万物玄同，相忘于道。疫疠不流，民获考终。纯白在胸，机心不生。含哺而熙，鼓腹而游。其言不华，其行不饰。安得聚敛以夺民财，安得严刑以为坑阱？"又曰："去古日远，背朴弥增。尚贤则民争名，贵货则盗贼起，见可欲则真正之心乱，势利陈则劫夺之途开。造剡锐之器，长侵割之患，弩恐不劲，甲恐不坚，矛恐不利，盾恐不厚。若无凌暴，此皆可弃也。"又曰："使夫桀、纣之徒，得燔人，辜谏者，脯诸侯，菹方伯，剖人心，破人胫，穷骄淫之恶，用炮烙之虐。若令斯人并为匹夫，性虽凶奢，安得施之？使彼肆酷恣欲，屠割天下，由于为君，故得纵意也。"言虽偏激，亦可代表一时一派之思想。鲍著不传，此皆《抱朴子·诘鲍篇》中所征引者。

佛学祛惑　佛陀之学，以理智导人入于正轨，故明慧者多信受之。俗士不察，以寻常宗教视之，迷惑甚矣。凡一宗教，必崇奉一神或多神及其开创之教主，佛法则异于是。佛入涅槃时，以四依教弟子，有"依法不依人"之言。所谓依法不依人者，学者但当循持正法，苟于正法不合，虽佛亦不应依从。

此佛法与寻常宗教不同之点，一也。凡一宗教，必有其所守之经典，此种经典，例禁讨论，佛法又异于是。四依中有云："依义不依语……依了义经，不依不了义经。"实有其事曰义，但有言说曰语，无义之语，是为虚语，故不依之。了有二解：一明了为了；二了尽为了。不了义经者，权语略语；了义经者，实语尽语。不必凡是佛说皆可执为究竟语。是故盲从者非是，善简择而从其胜者，佛所赞叹也。其容人思想之自由如此。此佛法与寻常宗教不同之点，二也。宗教家多尚感情的服从，而具依赖性，佛法亦异于是。无上圣智，须由自证得来，依自力，不纯仗他力（即净土宗亦不纯尚他力）。依人说话，三世佛冤，盲从迷信，是乃不可度者。《瑜伽师·地论》论四力发心，"自力因力难退，他力方便力易退"，是也。此佛法与寻常宗教不同之点，三也。此三者，一则卑己尊人，一则平等无二；一则思想陋劣，一则理性自由；一则懒惰依他，一则奋发自立。此其不同，有若黑白，明眼人当能辨之（此节取资于欧阳竟无先生《佛法非宗教非哲学》）。

佛陀略传　印度无史，往事难稽，夫圣云遥，说益失实。故后世诸佛传，用以赞美佛陀则有余，写佛陀之真面目则不足。佛之教化，虽博大精深，然不以神妙出于常情为贵。敢本此义，缀为简篇。

佛陀，梵语也；华言觉者，有觉自、觉他、觉满三义。印度之称佛陀，犹中国之称圣人也。佛陀诞生，约在西纪前第六世纪中叶，父中印迦毗罗国主，名净饭王，母摩耶夫人。夫人晚而孕，育佛七日而殁，母妹波阇波提抚之。幼不好弄，严毅弘厚，王以其英发颖悟，遍延名师教之。闻一知十，遽穷蕴邃，德慧似若天赋者。年十七，娶妃耶输陀罗，益以姬媵，三时易处，日夕清歌，人世欢娱，悉备于一身。妃贤淑，举一子，曰罗睺罗。佛虽居富贵声色场中，而深惟人生之真义。每念日月流迈，岁时变移，老至如电，身安足恃！遁世之思，因是而挚。年二十九（一说十九），一夕遁去，至阿代弥河畔，林深喧绝，欣然惬怀。引刃断发，舍弃饰好，命御者持归。御者呜咽，意不忍舍，佛顾谓之曰："世间之法，独生独死，岂复有伴！"时印土婆罗门教盛行，外道至众，或习苦行，或事拜物，佛与谈，知皆非究竟法。决意反求诸内，专精六载，后于菩提树下，深入三昧，了澈一切，成大觉者；昔为一国之储君，兹作人天依信之师表矣。相传是岁佛年三十有五（一说三十岁）。自此四出说法，相机作教，根器浅薄者为说小乘，根器深厚者为说大乘，行化四十五载（一说四十九年）。度人无量。年八十，示寂于婆罗林。佛初名悉达多，慈悲为教，幽默其行，故人又呼之为释迦牟尼（“释迦”义为能仁，“牟尼”义为寂默）云（此节多取材于吕澂《印度佛教史》）。

佛典之结集　居今日欲究佛之学，将以何者为依据乎？曰“三藏”。何为三藏？经、律、论是也。初，凡佛所说，概称为经；其后以说法之部曰经，说戒之部曰律。佛未灭时，弟子奉持佛言，义无二致；佛示寂后，异说蜂起，于是不得不有结集之举（佛灭后六百年中，凡四次结集）。结集云者，会聚多人，推举上座；首由上座指定素谙法律者，问某法某律之因缘起讫，一一答已；再问余众，众云无误，遂成定法定律。法之一部成为阿含，律之一部成为毗奈耶，佛弟子解释毗奈耶之作，曰阿毗毗奈耶；解释阿含之作，曰阿毗达磨（即论）。阿毗达磨之量渐增，遂离阿含而独立，于是三藏以成。更表示如次：

佛教东来　佛教流入中土，向以始于汉明之世。其说云：“明帝夜梦金人，身长丈六，顶有白光，飞行殿庭，乃询群臣；傅毅始以天竺之佛对。帝遣中郎将蔡愔，博士秦景、王遵等十八人使天竺，写浮屠遗范，乃与沙门迦叶摩腾、竺法兰东还洛阳。”按此说出西晋王浮之《老子化胡经》，浮为妖道，指佛为老子弟子，其书经六朝、李唐数次禁毁，稍有识者皆知其妄，而佛徒独于其述求法一节信以为实，真怪事也！据予探究所知：佛教初来，当在汉武以前；有迹可稽，在西汉之季，东汉之初；至真正佛学之来华，则在桓、灵之际也。自来言佛教东流，俱分南北两路，北路由西域遵陆而来，南路由锡兰航海而至，北路又先于南路而通。予谓尚有自蜀而滇而缅抵印之一路，三路之中，以此为最早。《汉书·张骞传》：“骞曰：臣在大夏时，见邛竹杖、蜀布，问安得此？大夏国人曰：吾贾人往市之身毒国。”前武帝数十年，正当印度孔雀王朝，彼土以国力推行佛教。商贾之所至，弘法者独不能涉其地乎（汉武征西南夷，而未能通印，与此情形不同。商贾、僧侣之往还，无政治作用，各地或不加禁阻。武帝欲通印，完全征服性质，非将由蜀至印沿途各小国灭尽，不能通也）？惟史籍于佛教由此时此路传来，无明白记载，然亦间有可说者。滇俗相传，其地古为阿育旧封；清吴梅村诗，“洱水与苍山，佛教之齐鲁”，似非向壁之语。又《后汉书·西南夷传》，冉駹夷“死则烧其尸”，此显然染佛教火葬之习。俗之成，非一朝一夕可几，其来必旧矣。其后刘宋时僧慧叡之礼天竺，亦即遵此路而往者也（梁《高僧传》，慧叡游方而学，经行蜀之西界，游历诸国，乃至南天竺）。西汉之季，秦景宪口受佛经（见鱼豢《魏略·西戎传》）；东汉之初，楚王英祠浮屠（见《后汉书·楚王英传》）；佛教流入中土之迹始显。迨桓、灵之际，安世高自安息来，支娄迦谶自月支来，各译经数十部，至此，中国始有真正之佛学可言。

翻译事业　翻译之业，约分三期：梵客华僧，听言揣意，方圆共凿，金石难和，此第一期情形（汉末至西晋），安世高、支娄迦谶、支谦乃其代表也。彼晓汉谈，我知梵说，十得八九，时有差违，此第二期情形（东晋至北朝），鸠摩罗什、觉贤、真谛乃其代表也。轻生逾险，适彼探源，印印皆同，声声不别，此第三期情形（隋唐以后），玄奘、义净、不空乃其代表也。后胜于前，原因至众：一者，所采之原书不同，前据胡本，后据梵本，胡本间接，讹误滋多，梵本直接，理义无间。二者意译用字之进步，兹仅举五蕴之名为证，以例其余。

五蕴

Rupa	（物态）	色	色	色
Vedana	（感觉）	痛痒	痛	受
Sanna	（意念）	思想	想	想
Sanhhara	（业缘）	生死	行	行
Vinnana	（心灵）	认识	识	识

初译五名，或以一字，或以两字，参差不齐；且“痛痒”未足以包“感觉”，“生死”不能以尽“业缘”；一名移译，只字推敲，几经盘旋，方告确定，其惨淡经营可想也。三者译法渐臻完备。初私人对译，颇病简陋；后则改为国家事业，乃极隆重。自隋立译经院，置官司，延之唐宋，此制大备，译人乃有九类焉。首由“译主”读文，“证文者”听其误否。次则译主说义，“证义者”与之评其是非。此三者最为重要，故皆上座。其次，“书字者”写证文者之音；“笔受者”录证义者之义；“缀文者”改顺其文；“参译者”参订其义；“刊定者”刊正句法短长；“润文者”由国家派大臣充任，以润色其文。手续完密，所译自视曩昔为精。据近人统计，自汉桓帝建和而后，至元代至元年间，译者凡百九十四人，所译千四百四十部，五千五百八十六卷（但其中间有重复或伪作），可谓巨观矣。而其中奘公所译竟达七十三部，千三百三十卷。一人述作之富如此，古今中外所仅见也（此节多据梁启超《翻译文学与佛典》及吕澂《佛典泛论》）。

诸宗述略　佛学本出一源，后学演为流派，各家所宗不同，旨义则一，所谓“归元无二路，方便有多门”也。宗有十：曰成实宗，曰俱舍宗，曰律宗，曰法相宗，曰三论宗，曰华严宗，曰天台宗，曰真言宗，曰禅宗，曰净土宗。宗分大小乘，成实、俱舍两宗属小乘，律宗兼乎大小（或称权大乘教），余尽属大乘（梁任公指法相宗为权大乘，兹不从），兹更分述之。

成实宗　佛灭后九百年，诃梨跋摩取诸部所长，作《成实论》，说三藏中之实义，此宗缘是得名。姚秦、鸠摩罗什译出，震旦诸师多造章疏。自晋末至唐初，二百年间，浸淫一世，后则式微矣。

俱舍宗　世亲菩萨依《四阿含经》（《增一阿含经》五十一卷，《中阿含经》六十卷，《长阿含经》二十二卷，《杂阿含经》五十卷，皆小乘经也）造《俱舍论》，实为本宗之嚆矢。陈直谛三藏译之，佚失不传，此所谓《旧俱舍》也。唐玄奘法师重译三十卷，所谓《新俱舍》也。门人普光作记，法宝作疏，盛行于世。至五代后，学者竞习禅宗，俱舍一门，置之高阁矣。

律宗　律，首以束身，次以摄心，身心朗利，即证圆通矣。中土译律者，始于曹魏时昙摩诃罗。开此宗者，则唐道宣律师也。宣师居终南，后人因称为南山宗。其时与之并起者，复有两派：一曰相部宗，法砺律师所创；二曰东塔宗，怀素律师所创。合南山宗称律家三宗。惟彼两宗不光大，独南山律至元代，犹保持宗势不衰。

法相宗　此宗一名唯识宗，以大意明唯识；又名慈恩宗，以开祖为慈恩。初弥勒慈尊应无著菩萨之请，说五部大论。五部大论者，《瑜珈师地论》《分别瑜伽论》《大庄严论》《辨中边论》《金刚般若论》是也。无著复造《显扬论》《对法论》，同时有世亲菩萨造《五蕴论》《百法明门论》《唯识三十颂论》，大弘斯旨。唐初印度有戒贤论师，深究瑜伽、唯识、因明之蕴奥，奘公往依之，以其学加惠于震旦。窥基，奘公之高足也，号慈恩法师，悉受微言，妙达玄旨，将《成唯识论》西竺十家所说，撷其精华，糅成一部，更以平日所闻于师者，多西竺口授之义，作为《述记》，本宗由是确立。本宗以为宇宙万有，悉识所变，三界唯心，心外无法，一切现象，都是心影，故曰："相不自相，全从识变，识不自识，全依性起；相识俱空，是谓显真。"显真，本宗之极诣也。

三论宗　本宗以龙树所著之《中论》《十二门论》与提婆所著之《百论》而立名（若加《大智度论》即为《四论》）。《中论》，破二边之见，显中道之理。《十二门论》，破小乘之妄执，显大乘深义。《百论》，正破外道，傍破自余。鸠摩罗什，提婆三传弟子也；传法东来，专弘此宗，《四论》翻译，均出其手。其弟子道生、僧肇、道融、僧叡、昙影、惠观、道恒、昙济，并习此宗。昙济授道朗，道朗授道诠，道诠授法明，法明授嘉祥（杨仁山居士谓嘉祥为道生五传弟子，存参）；至嘉祥大师（名吉藏），而此宗全盛。其后慈恩更受宗义于地婆伽罗，而著《十二门论宗致义记》，本宗至是大成。

华严宗　《华严》为诸经之王，无尽教海，皆从此经流出。佛灭五百年，马鸣作《大乘起信论》，演真如缘起法门，即本此经。次七百年，龙树造《大不思议论》，以解释之。次九百年，天亲复造《华严十地论》。此三师者，本宗印度之列祖也。其在中土，东晋跋陀罗始译《华严经》六十卷。陈、隋间，杜顺著《华严法界观门》及《五教止观十玄章》等，大畅妙旨，是为本宗初祖。后智俨、法藏、澄观、宗密继起，合称华严五祖。华严分四法界，十玄门。四法界者：一事法界，谓诸众生色心等法，一一差别，各有分齐故；二理法界，谓诸众生色心等法，虽有差别，而同一体性故；三理事无碍法界，谓理由事显，事揽理成，理事互融故；四事事无碍法界，谓一切分齐事法，称性融通，一多相即，大小互容，重重无尽故。十玄门者：一同时具足相应门，如海之一滴，具百川味；二广狭自在无碍门，如一尺之镜，见千里影；三一多相容不同门，如一室千灯，光光涉入；四诸法相即自在门，如金与金色，不相舍离；五秘密隐显俱成门，如秋空片月，晦明相并；六微细相容安立门，如瑠琉之瓶，盛多芥子；七因陀罗网境界门，如两镜互照，传曜相写；八托事显法生解门，如擎拳竖臂，触目皆道；九十世隔法异成门，如一夕之梦，翱翔百年；十主伴圆明具德门，如北辰所居，众星皆拱。分门别类，妙谛无穷，洵一乘最极之法门也。

天台宗　本宗亦名法华宗，以依《法华经》立宗故。此宗不上承印度，创始实由我支那，则智者大师其人也。师名智𫖮，陈、隋间人，以居天台山，此宗缘是得名。初，南岳慧思禅师悟入《法华》三昧，著《大乘止观》，智者往师事之，其教乃宏。天台止观法门，本于佛言定慧；以止为定因，慧为观果。止观二门，析之又为空、假、中三观。空观顺真谛，假观顺俗谛，中观顺第一义谛。或用次第三观：从假入空，从空入假，从空假入中道。或用通相三观：一空一切空，假中皆空；一假一切假；空中皆假；一中一切中，空假皆中。或用一心三观：一念心中，三观具足。此三种，后后胜于前前。此宗宗势，今犹称盛焉。

真言宗　此宗亦名密宗，以佛教有显密之别，此宗所谓密教也。唐开元四年，中印善无畏三藏来华，一行禅师受灌顶法，尽得其传，神异显著。善无畏译《大毗卢遮那成佛神变加持经》七卷，一行笔受，密宗称为《大日经》，一行作疏二十卷，又作释十四卷，共六十万言，皆从三藏口授之义，而纂集成文者也。后之学密教者，皆以《大日经疏释》为宗，凡称《神变疏钞》者，即此本也。后南印金刚智、北印不空，接踵东来，各译密典多部，真言宗至此始显。至明，习此宗者，间流于邪辟，特申禁令，不准传授，恐非其人，反有害于法门也。

禅宗　此宗虽传说释尊拈花示众，迦叶悟旨微笑，以为起源，但其事不见经传。宋王安石云“尝见此事载于密府《大梵王问佛决疑经》”，顾今考藏经中，乃并此经而无之。故此宗全不依经教为根据，号教外别传；传佛心印，不立文字，唯证相应，正名为佛心宗，通称禅宗，以禅那为宗故。梵语禅那，此云静虑，由净妄凝念以穷明心源故。要之，此宗以直指本心，俾见性成佛为主旨，而脱然无所留滞于名言义相之间者也。梁大通元年，达摩自印泛海至广州，帝迎之问法，不契，遂渡江往魏，止嵩山少林寺，终日面壁而坐，九年，得慧可传以心印，旋即示寂，是为吾华禅宗之开祖，即印度大乘传证之二十八祖也。其后慧可传僧璨，璨传道信，信传弘忍，忍传惠能。达摩初授慧可，尝传衣表信，至能祖止不传，以门下得法心印者，各为一方师匠，非止一人故。怀让、行思，号称优越。让传道一，一传怀海，海下分二家：一为希运，运传义玄，是为临济宗之开祖；二为灵佑，佑传慧寂，是为沩仰宗之开祖。思传希迁，迁后有道悟及惟俨，俨之法孙名良价，价之法子名本寂，是为曹洞宗。而道悟后有崇信，信传宣鉴，鉴传义存，存下又分二家：一文偃，是为云门宗；二师备，备之法孙文益，是为法眼宗。此即临济、沩仰、曹洞、云门、法眼五家是也。至宋时，临济复分二派，曰杨岐派，曰黄龙派，合前五家，号为七派。但晚明来，沩仰、云门、法眼皆失传，而临济下黄龙一派，亦数传即绝，仍复临济旧称。故递传及今，只有临济及曹洞二家尔。

净土宗　此宗以求生阿弥陀佛之极乐净土得名。所宗依者则曹魏康僧铠所译之《无量寿经》，刘宋畺良耶舍所译之《观无量寿经》，姚秦、鸠摩罗什所译之《佛说阿弥陀经》，及菩提流支所译之《往生净土论》，号称此宗之三经一论。此宗开祖，推庐山慧远大师，结莲社专修习之。至唐贞观间，善导师出，益认此为入佛之津要，作《观经四贴疏》及《净土法要》等，道俗并从其化。天台、法相、华严诸宗，教理甚深微妙，非钝根浅学所能领解，故信奉者仅在士大夫。独净土宗，以他力教义，披靡全国，善导大师在日，屠肆几无人过问，其力量可见一斑矣。虽然，净土有带业往生之说，不肖者断章取义，勇于为恶，专恃一声弥陀以湔拔之，忏罪犯罪，举以并行，殊非吾人所敢知矣（此章多取资于太虚法师《各宗源流》、杨文会居士《十宗略论》、梁启超《论中国学术思想变迁之大势》中之“佛学时代”）。

中国佛学之特色　我国不受外学则已，苟受之，则必能发挥光大，而自现一种特色，吾于佛学见之矣。兹分四点言之：（一）自唐以后，印度无佛学，其传皆在中国。自唐奘师西游，遍礼戒贤诸论师，受法而归，于是印土千余年之心传，尽归于中国。自此以往，印度教徒，徒事论战，怠于布教。而婆罗门诸外道，复有有力者起，佛徒益不支，其后再蹂躏于回教，三侵蚀于景教，而佛学遂长已矣。转视中国，则自唐以来，数百年间，大师踵起，新宗屡建。禅宗既行，举国硕学皆参圆理，其余波复披靡以开日本。佛教之不灭，皆中国诸贤之功也。（二）诸国所传佛学，皆小乘，惟中国独传大乘。佛教之行，西讫波斯，北尽鲜卑（即西伯利亚），南至暹罗，东极日本，凡亚洲中大小百数十国，无不遍被。虽然，彼所传，皆小乘耳（日本佛学以中国为母，不在此论）。盖当马鸣初兴时，而印度本教中人，固已纷纷集矢，谓大乘非佛说；大乘之行于印，实几希耳。故其流衍于外国者，无不贪乐偏义，谤毁圆乘。独中国虽魏、晋以前，象法萌芽，未达精蕴；迨罗什以后，流风一播，全国景从，三家齐兴，别传崛起。隋、唐之交，小乘影迹，几全绝矣。（三）中国之诸宗派，多由中国自创，非尽袭印度之唾余者。试以所列论之：俱舍宗惟世亲造一论，印度未尝确然立一宗名也，其宗派之成，实自中国。成实宗则自诃梨跋摩以后，竺国故书雅记，无一道及，其流独盛于中国。至于华严，其本经之在印度，已沉没于若明若昧之域，而宗门更何有焉？若夫天台三昧，止观法门，特创于智者大师，前无所考，旁无所受，此又其彰明较著者也。（四）中国之佛学，以宗教而兼有哲学之长。中国人迷信宗教之心，素称薄弱。佛、耶两教，并以外教入中国，而佛氏大盛，耶教不能大盛者，何也？耶教惟以迷信为主，其哲理浅薄，不足以餍中国士君子之心也。佛说本有宗教与哲学两方面，其证道之究竟也在觉悟，其入道之法门也在智慧，其修道之得力也在自力。佛教者，实不能与寻常宗教同视者也。中国人惟不蔽于迷信也，故所受者多在其哲学之方面，而佛学之哲学，又最足与中国原有之哲学相辅佐也。自佛学入震旦，然后中国哲学乃放一异彩。宋、明后学问复兴，实食隋、唐间诸古德之赐也（节录梁启超《中国学术思想变迁史》）。

第四章　理学

理学之渊源　秦以降学术衰，汉以降世道敝，乘隙而入者，惟佛学，发人天之秘，拯盗杀之迷，而吾国思想高尚之人，亦遂研精其学以为范。披六朝、隋、唐历史，凡墨守儒教者，殆无大思想家，盖以此也。隋、唐外竞虽力，而风俗日即于奢淫，士习日趋于卑陋，皇纲一坠，藩镇朋兴，悍将骄兵，宦官盗贼，充斥于唐季。五代之史籍，人群棼乱极矣。物极则反，有宋诸帝崇尚文治，而研穷心性，笃于践履之诸儒，乃勃兴于是时。推诸儒所以勃兴之源，约有数端：一则鉴于已往社会之堕落，而思以道义矫正之也。一则鉴于从来之学者，专治训诂词章，不足以淑人群也。一则韩、李之学，以开其端，至宋而盛行古文，遂因文而见道也。一则书籍之流通，盛于前代，其传授鼓吹，极易广被也。而其尤大之原因，则沟通佛、老以治儒书，发前人之所未发，遂别成为一时代之学术（柳诒徵《中国文化史》）。然宋儒于此点多不之承。而周、程著书，多本禅意，且用佛经语，如《易传序》云“体用一源，显微无间”，出《华严经》;《太极图说》“无极之真,妙合而凝”,出《法界观》。而朱子书注,亦多引佛语,如“虚灵不昧”,出《大智慧论》;“不可限量”,出《大集经》;“能知觉所知觉”,出《楞严经》。濂溪曾随克文禅师结青松社,亦间本陈希夷以立说。晦庵曾问道于大慧禅师,其作《参同契考异跋》,自署空同道士邹沂。其由释老蜕化之迹至显,虽力事讳饰,而终不可掩也。

宋代理学　周敦颐,字茂叔,道州营道人,居近濂溪,人因称之为濂溪先生。其学以诚为本,以欲为戒。其说云:“孟子曰:‘养心莫善于寡欲。其为人也寡欲,虽有不存焉者寡矣;其为人也多欲,虽有存焉者寡矣。’予谓:‘养心不止于寡焉而存尔。盖寡焉以至于无,无则诚立明通。’”尝令学者寻孔、颜乐处,故程明道云:“自再见周茂叔后,吟风弄月以归,有‘吾与点也’之意。”黄庭坚亦谓“茂叔人品甚高,胸怀洒落,如光风霁月”,后人谓为知德之言。所著有《太极图说》《通书》,明天理之根源,究万物之终始,心性义理之精微,阐发几尽焉。

程颢、程颐,兄弟也,河南洛阳人;均受学濂溪,而所见不同。明道(颢)之学,主于识仁定性。伊川(颐)之学,主于用敬致知。明道以事有善恶皆天理,中节为善,过、不及为恶。伊川解孔子“性相近也,习相远也”两句,则谓:“此言气质之性,非言性之本也;若言其本,则性即是理,理无不善,孟子之言性善是也,何相近之有哉?”明道以综合为体,伊川以分析立说,刘宗周谓“伊川大而未化,而发明则有过其兄”,可谓知言矣。

张载,字子厚,长安人。其学以《易》为宗,以《中庸》为体。所著《正蒙》《西铭》两书。《正蒙》论性,谓天命之所流行,赋与万物而纯粹之善者,曰天地之性;气聚成形,其气质有纯驳偏正之异者,曰气质之性。若能变化气质,则天地之性不失其初。故其教人,以变化气质为先。《西铭》言天地万物与吾一体,以启发学者求仁之心。故薛文清云:“读《西铭》,有天下为一家,中国为一人之气象。”载居横渠镇,人因称之为横渠先生。

朱熹,字元晦,一字仲晦,又号晦庵,徽州婺源人。其学大抵穷理以致其知,反躬以践其实,而以居敬为主。晦庵尝云:“学者工夫,惟在居敬、穷理二事,此二事互相发,能穷理则居敬工夫日益进,能居敬则穷理工夫日益密。譬如人之两足,左足行则右足止,右足行则左足止……其实只是一事。”其说似本于伊川“涵养须用敬,进学则在致知”之言。其论理气,谓“有是理,便有是气”;又谓“理未尝离乎气”;又谓“未有天地之先,毕竟是先有此理”。其所谓理，即濂溪所谓太极也。其论性，则谓“论天地之性，则专指理言；论气质之性，则以理与气杂而言之。未有此气，已有此性，气有不存，而性却常在。虽其方在气中，然气自是气，性自是性，亦不相夹杂”。则又融合伊川、横渠之说，而又参以己见矣。故朱子之学，实集濂、洛、关三学之大成。

陆九渊，字子静，晚号象山翁，学者称象山先生，金溪人。其治学途径，与晦庵相反。幼闻人诵伊川语，自觉若伤我者。尝曰：“伊川之言，奚为与孔子、孟子之言不类。”他日读古书，至宇宙二字，解者曰：“四方上下曰宇，往古来今曰宙。”忽大省曰：“宇宙内事，乃己分内事；己分内事，乃宇宙内事。”故其论心体也，谓“心即理”。其说曰：“心一理也，理一理也，至当归一，精义无二，此心此理，实不容有二。”又曰：“万物森然于方寸之间，满心而发，充塞宇宙，无非此理。”故其教人，终日静坐，以存本心。晦庵道问学，由博返约，自外以及内。象山尊德性，执简驭繁，从内以及外。晦庵肆力著述，以格物穷理示后学。象山则以“学苟知道，则六经皆我注脚”。后人于此，宗朱则诋陆为狂禅，宗陆则斥朱为俗学，两派相持，势成冰炭。不知晦庵与象山初会于鹅湖，持论虽有不合；及朱子守南康时，请象山于白鹿洞讲君子喻于义一章，晦庵亦叹其切中学者隐微深痼之病。则二家非甚乖刺，特取径有不同耳。

元代理学　当宋之世，辽、金驰骋于朔方，理学未由被其地。入元以后，赵江汉（复）始以南冠之囚，讲程朱之学于燕，闻风兴起者，实繁有徒。究其内容，可分三派：许鲁斋（衡），河内人。学务实用，不为高远之谈，家贫，躬耕而食，处之泰然。教人以小学之洒扫应对，为进德之基。刘静修（因），容城人。初治训诂疏释之学，辄叹曰：“圣人精义殆不止此。”后得周、程、张、朱之书，始曰：“我固谓当有是也！”此朱学派也。陈静明（苑），上饶人。少业儒，无所得，即读象山书，喜曰：“此岂不足以致吾知邪？又岂不足以力吾行邪？而他求邪？”时朱学盛行，或病其违世所尚，答曰：“理则然耳。”赵宝峰（偕），慈溪人。少习举业，曰：“是富贵之梯，非身心之益也。”弃不治。及读《慈湖遗书》（杨简著），恭默自省，有见于万象森罗浑为一体吾道一贯之意。曰：“道在是矣，何他求为！”故其学以虚静为宗。此陆学派也。吴草庐（澄），抚州崇仁人。官国子监司业，尝谓学者曰：“朱子于道问学之功居多，而陆子以尊德性为主；问学不本于德性，则其弊必偏于语言训释之末。”郑师山（玉），徽州歙县人。其论学之语曰：“陆子之质高明，故好简易。朱子之质笃实，故好邃密。各因其质之所近，故所入之途不同。及其至也，仁义道德，岂有不同者?”此朱、陆调和派也。综括以论,元代理学,殊鲜发明,仅承宋代理学之绪余耳。

明代理学　明代理学,大都守宋人之成言,惟姚江一派能推陈出新,蹊径另辟。此派创自王守仁,守仁字伯安,学者称为阳明先生,余姚人也。阳明之学,始泛滥于词章,继读考亭书,了无所得,于是出入于老、佛者久之。及居夷处困,忽悟格物致知之旨(阳明以格物即是格去物欲,与程朱之意不同),以为圣人之道,吾性自足,不假外求。自是尽去枝叶,一意本原,以默坐澄心为方法,以“致良知”“知行合一”为宗旨。默坐澄心之法,与象山无殊,故陆、王并称。其言致良知也:“不思善,不思恶,认本来面目。此释氏为未识本来面目者。设此方便;本来面目,即吾圣门所谓良知。”又:“良知而行,即合天理。”其言知行合一也:知之真切笃实处,便是行。行之明觉精察处,便是知。又:“知是行的主意,行是知的工夫。知是行之始,行是知之成。若会得时,只说一个知,已自有行在。只说一个行,已自有知在。”阳明之学之最有益于世道者,即在主张“知行合一”之一语。自宋以来,书册日多,著述日富,讲求讨论,虽进于前,而人之立身行事,反与书册所言分而为二。充其弊,必有学术日昌、人心日坏之象。阳明着眼此点,故劝人“即知即行”。使知不但徒腾口说无益,即冥心妙悟而不验之实事亦无益。此正当时科举中人口孔、孟而心跖、蹻之对症妙药(柳诒徵《中国文化史》)。宜日人得之,以兴其国也。然其末流,荡轶礼法,蔑视伦常。甚至如李贽谓:“酒色财气,不碍菩提路。”知见不正,而犹自许为良心,恣行无忌,病世祸国,害未有已,又岂阳明所及料哉!

清代理学　清代理学,主程、朱者,有陆世仪、陆陇其;主陆、王者,有李绂、李中孚;主调和者,有孙奇逢。类袭前人陈规,无特异之见地。所可述者,顾炎武、黄宗羲、张履祥、颜元、罗有高、彭绍升也。

顾炎武,字宁人,又号亭林,江苏昆山人。亭林虽宗程、朱,而非程、朱所能限。彼揭“经学即理学”之帜,言行则尚“知耻”。其言曰:“安得别有所谓学者,经学即理学也。自有舍经学以言理学者,而邪说以起。”又《与友人论学书》:“愚所谓圣人之道者如之何? 曰‘博学于文’,曰‘行己有耻’。自一身以至于天下国家,皆学之事也;自子臣弟友以至出入、往来、辞受、取与之间,皆有耻之事也。耻之于人大矣! 不耻恶衣恶食,而耻匹夫匹妇之不被其泽,故曰:‘万物皆备于我矣,反身而诚。’呜呼! 士而不先言耻,则为无本之人;

非好古而多闻，则为空虚之学。以无本之人，而讲空虚之学，吾见其日从事于圣人而去之弥远也。”黄宗羲，字太冲，号梨洲，又号南雷，浙江余姚人。梨洲学出蕺山，师门所自，远溯姚江。然彼尝云：“明人讲学，袭语录之糟粕，不以《六经》为根柢。”又云：“读书不多，无以证斯理之变化。多而不求诸心，则为俗学。”亭林宗程、朱，梨洲师陆、王，而其主于经学中求理学，所见则一。此可谓清代经学派之理学。

张履祥，字考父，学者称杨园先生，桐乡人。其学主力稼穑以兴廉让。居乡躬耕，习于农事，著《补农书》。以为“学者舍稼穑，别无治生之道。能稼穑，则无求于人，而廉耻立；知稼穑之艰难，则不敢妄取于人，而礼让兴。廉耻立，礼让兴，而世道可以复古矣”。颜元，字易直，又字浑然，其居曰习斋，人亦以此称之，直隶博野人。其学以事物为归，不以空言立教。尝曰：“必有事焉，学之要也。心有事则存，身有事则修，家之齐，国之治，皆有事也。无事则道与治俱废。故正德、利用、厚生曰事，不见诸事，非德、非用、非生也。德行艺曰物，不征诸物，非德、非行、非艺也。”又：“著书立说，乃圣贤之大不得已，奈何以章句为儒！举圣人参赞化育经纶天地之实事，一归于章句，而徒以读书纂注为功乎？”其教弟子行孝弟，存忠信，习礼、习乐、习射、习书数，究兵农水火诸学。杨园宗程、朱；习斋初好陆、王，后亦从事程、朱，其学皆以事物为归。此可谓清代实用派之理学。

罗有高，字台山，瑞金人。彭绍升，字允初，号尺木，又号知归子，长洲人。二人相友善。台山初从宋道元游，后又师事雷鋐，晚交尺木，遂长斋读佛乘。尝言：“东西二圣人，权实互用，门庭迥别。其归宿，名相离，言思绝，一且不立，二复何有？惟自证者知之，非可以口舌争也。”尺木《读古本〈大学〉一首》曰：“外观其物，物无其物；物无其物，是谓物格。内观其意，意无其意；意无其意，是谓意诚。进观其心，心如其心；心如其心，是谓正心。由是以身还身，以家还家，以国还国，以天下还天下。不役其心，不动于意，不淆于物，是谓身修家齐国治天下平。”所言俱极近于禅。盖台山、尺木，直欲撤儒佛之樊矣。此可谓清代佛学派之理学。

本编参考书

陈钟凡《诸子通谊》

陈柱《诸子概论》

刘汝霖《周秦诸子考》

梁启超《论中国学术思想变迁之大势》(《分类饮冰室文集》卷八)、《梁任公近著第一辑》(中卷)、《先秦政治思想史》

胡适《中国哲学史大纲》(卷上)

柳诒徵《中国文化史》

杨东莼《本国文化史大纲》

太虚《太虚法师文钞》

唐大圆师《唯识新著》

吕澂《印度佛教史》《佛典泛论》

李石岑《人生哲学》

缪天绶《宋元学案选注》《明儒学案选注》

第五编 文学

第一章 文学总论

文学在中国学术中，古无独立地位。一以文学与经史杂糅，一以学者耻为文士。孔门四科，文学虽居其一，惟彼与今之所论，名同而实殊。至魏文《典论》出（“文章经国之大业，不朽之盛事。”《论文》），始擢佐吏而任方面，中国文学之得有独立地位，不能不归功于子桓矣。其后昭明辑《文选》，屏经、史、子于文学之外。必“事出于沉思，义归乎翰藻”，始名之曰文，始以入选，于是文学之疆域又定。今兹所述，以篇幅所限，但分散文、骈文、辞赋、诗、词、曲、小说七类；每类复择其要点加以研讨，一枝一叶，不暇详也。

第二章 散文

散文与骈文对立，未有骈文之前，但称曰文，无以散为名者。先秦有作，或论道，或论治，其意不专于文，兹姑不述。西汉之世，董（仲舒）、贾（谊）、匡（衡）、刘（向）理醇气正，一代之宗也。东汉之世，崔（骃及子瑗）、王（逸）、赵（壹）、蔡（邕），整洁安雅；究中以伯喈为之魁硕。伯喈工为碑文，虽寻常酬应，不尽出于衷诚，而词特妍美有度。铭刻之辞，衍之数百，亦古作者所未有也。孔融、王粲、徐干、陈琳、阮瑀、应玚、刘桢，此七子者，虽为魏武所引用，而皆没于建安之世，则其人仍汉人（建安七子），其文仍汉文也。文举体气高妙，伟长辞义典雅，孔璋章表殊健，元瑜书记翩翩，此七子中散文之能手也。魏晋文又分两派：一为王弼、何晏之文，清峻简约；一为嵇康、阮籍（合山涛、向秀、刘伶、阮咸、王戎，是谓竹林七贤）之文，总采骋词。二者虽各有所偏，而阐发道家之绪则一也。及其末叶，仅一陶潜。潜为文若不经意，然不可以学而几，非文之难，有其胸次为难也。下迨北朝，郦道元撰《水经注》四十卷，此书虽属地志，而其叙景隽美，古今珍玩，子厚游记，实本于斯。颜之推撰

《家训》二十篇，文词雅正。《文章篇》衡量艺林，陈义极允，尤脍炙人口。其在南朝，则有刘勰之著《文心》，弥纶群言，抑扬尽致，品藻之士，所不废也。陈叔宝虽亡国之君，吾观其书札，立言有度，似亦不失为作者。南北朝文，此外几尽入骈俪之途矣。隋文践祚，斫雕为朴。李谔更上书请遏浮绮，其言曰："遗理存异，寻虚逐微。竞一韵之奇，争一字之巧。连篇累牍，不出月露之形；积案盈箱，唯是风云之状。"其言是矣，然自坠繁缛而不知，亦可征骈俪中人之深也！迨李唐韩（愈）、柳（宗元）之徒出，举排偶襞积，一概除之；恐名号不高，自称曰古文。言古文者，犹言散文也。韩行峻言厉，心醇气雄，自立门庭，广延气类，皇甫湜、李翱、张籍，皆出其推挽者也。柳性聪警，体裁密致，迁永以后，穷而益工，故旧存问之书，山水宴游之记，昌黎几有愧色焉。宋世欧阳（修）、曾（巩）、王（安石）及苏氏父子（洵及二子轼、辙），均步武韩、柳。永叔纡徐多姿；子固衍裕雅重；介甫瘦硬通神，精悍无匹；老泉孤峭；颍滨冲夷；东坡初则才气纵横，晚复学养兼至，自谓为文如行云流水，初无定质，但常行于所当行，止于所不可不止，其体浑涵，雄视百代，未可以浅近测之也。洎乎明代，文分"秦汉""唐宋"两派，两者手段固不同，而其目的皆在于规仿。言秦汉者为李梦阳、何景明，而边贡、康海、徐祯卿、王九思、王廷相应之，号弘正七子（亦称前七子）。其后王世贞、李攀龙祖述其说，谢榛、宗臣、梁有誉、徐中行、吴国伦复和之，号嘉靖七子（亦称后七子）。风靡一世。惟其为文务钩章棘句，至不可句读，但袭秦、汉之面貌，而遗其精神。王慎中、唐顺之、归有光、茅坤等起而矫之，文宗唐、宋，力抵李、何。有光斥世贞为庸妄，世贞久亦心折焉。此外，初期有宋（濂）、刘（基），晚运有张（溥）、陈（子龙），亦各有可观。清初文学，魏禧、汪琬、侯方域，号称三大家。冰叔宗法老泉，凌厉雄杰；尧峰根柢《六经》，轨辙纯正；朝宗豪迈自喜，超轶不群。所诣不同，而皆未臻极。朝宗才可大成，惜乎其早逝也。方苞上绍震川，论文益严于义法。海峰（刘大櫆）承之，以其所得授姚鼐。鼐辞迈于望溪，理深于海峰，蔚然为一代宗匠，世称之曰桐城派。当海峰之世，有钱鲁思从受其业。以师说称诵于阳湖恽子居（敬）、武进张皋文（惠言），子居、皋文遂弃其声韵考订之学，而为古文，世称之曰阳湖派。嗣起者，仅秦瀛、陆继辂数人；而桐城之传独广。管同、梅曾亮、方东树、姚莹，四人称为高弟，各以其学传授徒友，往往不绝。末流流为庸肤，但习为控抑纵送之势，才气薄弱，不能振起，世亦病之。曾国藩文气刚劲，声响宏远，名宗韩、欧，实法《史》《汉》。一时游其门者，有薛福成、张裕钊、黎庶昌、吴汝纶辈，皆有可称。当文正之世，姚氏弟子遍天下，文正惮其势，诡称私淑桐城，其与南屏（吴敏树）书曰：“尊缄有曰：‘果以姚氏为宗，桐城为派，则侍郎之心，殊未必然。’斯实搔着痒处。”亦可见曾氏之为权术矣。洎乎末造，严复以翻译文学著，自谓：“一名之立，旬月踟蹰。”所译《天演论》《群学肆言》诸书，为吴汝纶所激赏，以为“骎骎与晚周诸子相上下”。梁启超于戊戌政变后，亡命海外，主办《新民业报》，为文汪洋自恣，间杂以俚语、韵语、排比语及外国语法，自谓文体得一解放，后生竞起效之，而老辈则抵之为狐禅。然今之报章及社会上一般论政之文，大半皆受其影响，不能不谓其魔力之伟也。章炳麟文法魏、晋，而必以学植其基，简古精醇，清文之夕照乎？民国而还，胡适高唱文学革命，既冶文语于一炉，复訾道德为腐旧。其友陈独秀、周作人、钱玄同等，并起而张其军，后生便之，景附唯恐不先，故近今白话文风行宇内。或谓吾国文字障，即此可除，学者能以全力究求实用之学科矣。而耆宿则愁然忧之，以为斯文之绪，将缘是而斩。优胜劣败，天演公例，文也、语也，孰可久远，来日自有事实昭示。著者并世，不愿遽加评断，以蹈于抨击或阿谀之嫌也。

第三章　骈文

骈文与散文对立，散文辞句长短不齐，可以随意抒写；骈文则辞句排比整齐，字义虚实相对。其句或三言五言组合，或四字六字缀成（《文心雕龙·章句》：“笔句无常，而字有条数，四字密而不促，六字格而非缓，或变之以三五，盖应变之权节也。”），而以四六为常式，故又有“四六”之称。中国字单音孤立，便于对偶，故骈文乃吾国之特产也。骈文肇始于汉、魏，昌炽于南北朝，其名则自唐人命之。王褒为文，多用偶语；敬通（冯衍字）著论，喜事衍排。其后曹植、陆机，皆嘘王、冯之烬，文尚藻丽，句好精工。士衡《连珠》五十，直开四六之门。骈俪至此，几如驰骐骥而下峻阪，不可控勒矣。至南北朝，声韵之学大行，骈文益增助力，上而朝廷诏诰，下而私人笺启，无不以偶俪出之，已视骈文为文学之正宗矣。至后周庾子山（信）出，遂集斯学之大成，而导唐初四杰之先路。所作华实相扶，情文兼至，于抽黄俪白之中，仍能灏气舒卷，变化自如。当时虽徐、庾并称，孝穆（徐陵）实瞠乎后尘也。陆敬舆（贽）奏议，虽偶行之文，而晓畅动人，悍将骄兵，读之泣下。李商隐繁征故实，务为僻奥，或以“獭祭”讥之，然四六之名，则自彼而立（义山文集，有《樊南四六》之名）。赵宋迄明，散文称盛。至清始有续其余绪者：迦陵（陈维崧）富健；稚威（胡天游）渊茂；荀慈（邵齐焘）清刚；稚存（洪亮吉）淳朴；渊如（孙星衍）通确；抑约（孔广森）轶丽；宾谷（曾燠）隽永；圣征（吴锡麒）澄洁；随园（袁枚）浮佻，而江湖之士艳称之。别有阮元、汪中，皆以经生而治骈文，汪尤神秀天擢，高谢群伦，清代作者，斯为冠冕。更有李兆洛欲通骈散之界，上法东京，力争崔、蔡，亦未可湮弃也。对联为骈文之余波，而其用极广。官署、园林，无处不可张挂；庆祝、哀挽，无事不可应用。盖已成社会上一种必需作用，因附论焉。

第四章　辞赋

辞赋一名，实为二物：辞导源于使命；赋浚发于宣扬。司马迁谓“宋玉、景差之徒，皆好辞而以赋见称”，则似辞可包赋。自来言辞者祖屈（原），言赋者祖宗宋（玉）。屈作兼六义之旨，宋惟敷陈事物而已。惟后世习辞者不广，为赋者独多，兹亦但据赋论。赋分骚赋、古赋、俳赋、律赋、文赋五类，分述于左。

骚赋　屈宋之作，骚赋之代表也。原著，《汉志》称其有二十五篇，其中不少伪作，仅《离骚》《天问》及《九章》中之《涉江》《哀郢》《抽思》《怀沙》《橘颂》七篇，真确无疑。原遭谗被放，怆怏难怀，然托陈引喻，点染幽芬，于烦乱瞀扰之中，具悃款悱恻之旨。战国之时，才智之士，但有功名思想，而无国家观念，原宁自沉，不适他邦，人格之高洁，迥出寻常万万，岂仅以辞增重耶！玉之所作，有《九辩》《招魂》，《文选》《古文苑》所载他篇，未可置信。其表情极回荡之致，体物尽描写之能，朗词清音，久而弥贵，屈原以后，当推独步矣。与原同时者，有荀卿，作《礼》《知》《云》《蚕》《箴》五赋，然语平词质，远非原之敌也。

古赋　古赋，或亦称为“汉赋”，以其为汉人之赋也。汉赋以贾谊、枚乘、司马相如、扬雄、班固、张衡、王延寿、王粲最著。谊所为有《惜誓》《鹏鸟》，乘有《七发》，相如有《上林》《子虚》，雄有《甘泉》《羽猎》，固有《两都》，衡有《两京》，延寿有《灵光》，粲有《登楼》《征思》。究中以长沙、长卿为魁杰。扬雄云：“长卿赋不似从人间来，其神化所至耶？”又云：“如孔氏之门人用赋也，则贾谊升堂，相如入室矣。”然汉人之赋，往往为文造情，流于淫滥，藻采虽工，而真感杀矣。

俳赋　俳赋或称“骈赋”，六朝人之所作也。命题琐屑，涉于嬉戏，故曰“俳”；铸辞整练，力求妍美，故曰“骈”。刘彦和所谓“繁华损枝，膏腴害骨，无贵风轨，莫益劝戒”者也。曹植有《幽思》《洛神》，鲍照有《芜城》《舞鹤》，谢惠连有《雪赋》，谢希逸有《月赋》，木华有《海赋》，郭璞有《江赋》，陆机有《文赋》，潘岳有《笙赋》，左思有《三都赋》，江淹有《恨赋》《别赋》，庾信有《春赋》《小园赋》《枯树赋》《哀江南赋》。信以南人，老留北地，位虽通显，常有乡关之思，故《哀江南》一赋，尤凄惋动人。杜甫诗“庾信平生最萧瑟，暮年诗赋动江关”，即指此赋而言也。左思为《三都》，十年乃成，门庭藩溷，皆著纸笔，赋出，豪贵之家，竞相传写，洛阳为之纸贵。其人虽生于晋世，其赋实东京班、张之流也。

律赋　自沈约四声八病之说起，至唐而有律诗，赋亦由骈体而入于律体。唐与宋均以是取士。新巧以制题，险难以立韵（当时有限韵制度），铢量寸度，与帖括同科，通人于此不道也。

文赋　文赋，乃散文之有韵者，宋世行此，实律赋之反动也。欧阳修之《秋声赋》，苏轼之《赤壁赋》，皆此类也。

第五章　诗

人禀七情，应物斯感，感物吟志，莫非自然（刘彦和语），此诗之所起也。析其内容，则分古体、近体两类。古体又分四言、五言、七言、歌行（即乐府），近体又分律诗、绝句。古体行于隋以前，近体行于唐以后。古体中之四言，盛于姬周；五七言及歌行，盛于汉、魏、六朝。唐之近体主抒情；宋之近体兼说理；元、明迄清，均循唐、宋之故辙。此中国诗学之大较也。诗之类别，更图示如次：

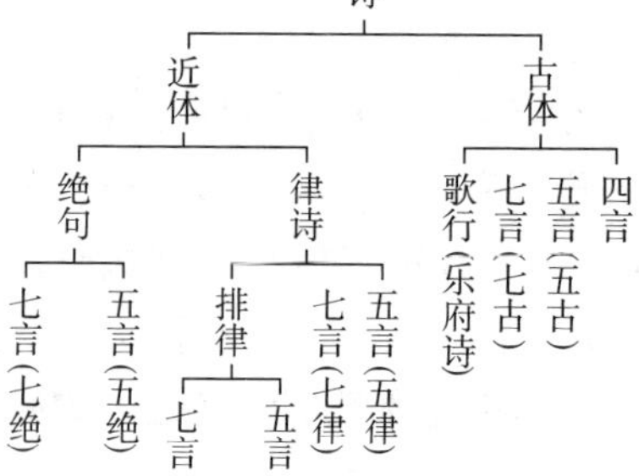

周诗　《诗经》,周代之作品,四言诗之总集也。其句用字虽繁寡不一,而最习见者为四言,故言四言诗者,必首推《诗经》。《诗经》所载,皆可入乐(《史记》:"三百五篇,孔子皆弦歌之。"),孔子编定分为四类:曰南,曰风,曰雅,曰颂。南,合乐也;风,徒歌也;雅,正乐也;颂,舞乐也(此与第一编第四章所论不同,学者可互参之);故《诗经》一书,实古代之歌集也。其在文学上之价值,前人论之綦详。刘勰云:"诗人感物,联类不穷……故灼灼状桃花之鲜,依依尽杨柳之貌,杲杲为出日之容,瀌瀌拟雨雪之状,喈喈逐黄鸟之声,喓喓学草虫之韵。皎日、嘒星,一言穷理;参差、沃若,两字穷形。并以少总多,情貌无遗矣。虽复思经千载,将何易夺?"(《文心雕龙·物色篇》)王士祯云:"诗三百篇,真如化工之肖物。如《燕燕》之伤别,'籊籊竹竿'之思归,'蒹葭苍苍'之怀人,《小戎》之典制。《硕人》次章,写美人之姚冶。《七月》次章,写春阳之明丽,而终以'女心伤悲,殆及公子同归'。《东山》之三章'我来自东,零雨其蒙,鹳鸣于垤,妇叹于室',四章之'其新孔嘉,其旧如之何',写闺阁之致,远归之情,遂为六朝、唐人之祖。《无羊》之'或降于阿,或饮于池,或寝或讹。尔牧来思,何蓑何笠,或负其糇,麾之以肱,毕来既升',字字写生,恐史道硕、戴嵩画手,未能如此极妍尽态也。"(《渔洋诗话》)彦和、阮亭,所论精尽,毋俟赘述矣。

汉魏六朝诗　四言诗句,用字上二下二,过于整齐,而乏变化之妙。五言则上二下三,七言则上四下三,易致流动之趣。昔人以五言诗始于苏(武)、李(陵)之《河梁赠答》,七言诗始于汉武之《柏梁联吟》(见梁任昉《文章缘起》),读其原作,令人疑窦滋生。苏赠李有"俯观江汉流"之句,武与陵别于匈奴,匈奴在今长城外,其去江汉不知其几千里,岂可俯首而观耶?李答苏有"携手上河梁"之句,诗中以"河梁"为惜别处,起于齐、梁(参看徐中舒《五言诗发生时期的讨论》),汉代无此习也。且大漠南北,不见川流,既无川流,梁于何有?《柏梁诗》中,有非臣下所应言者:盛宣"三辅盗贼天下危",柏梁初成之日,竟敢作此不祥语耶!郭舍人"啮妃女唇甘如饴",猥亵至此,宁不畏罪!且以诗学发达之历程言:五言之起,后于四言;七言之起,后于五言。彼时五言未兴,七言乃从天而降,斯又说之不可通者也!予谓五言之起,当在建安之前(建安之世,五言已盛,起源必在其前);七言之起,当在曹魏之初(魏文之《燕歌行》,即纯粹之七言诗)。若必欲指其始于何人何篇,恐不免蹈韩非愚诬之诫矣(《韩非子·显学篇》:"无参验而必之者,愚也。弗能必而据之者,诬也。”)。综观此期之诗,为五言者,十之八九;为七言者,仅什之一二耳。

周室之衰,诗亡乐废;后世踵作,诗乐分途。汉武设立乐府,采赵、代之讴,秦、楚之风,以李延年为协律都尉,复举司马相如等造为诗赋,略论律吕,以合八音之调。于是诗但止于吟咏,乐府(乐府,初为官署之名,后为一种诗歌之称)则专被于管弦,诗乐分途之迹益显。然后世诗人,兴之所至,于题上随意贯一”行”字或”吟”字,实不能入乐,而亦以乐府名。内容繁复,爰表析如次:

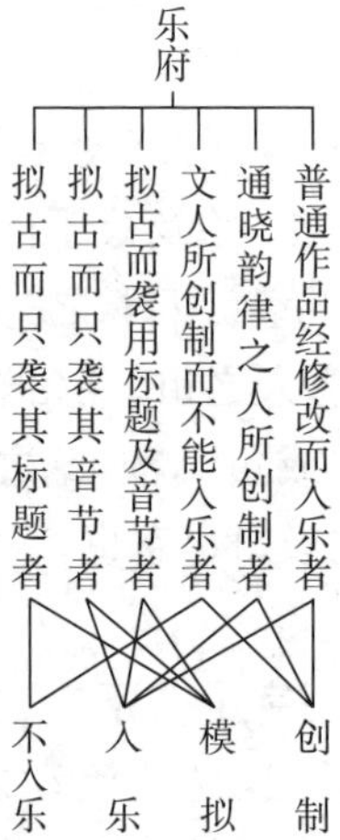

汉、魏、六朝之诗,以五言及乐府为主干。曹氏父子,操工乐府,气韵沉雄;丕善五言,美赡可玩。陈思兼长二者,五色相宣,八音朗鬯,诗界之随、和也。王粲遭乱流寓,发愀怆之词。刘桢卓荦偏人,具劲拔之气。此数子者,造怀指事,不求纤密之巧;驱辞逐貌,唯取昭晰之能。情以纬文,文以被质,古诗之极则也。阮籍《咏怀》,兴寄无端,和愉哀怨,杂集于中。钟嵘称之,以为“洋洋乎会于风雅”。嵇康过为峻切,不容于物,《幽愤》之篇,孤高峭直。《酒会》之章,又何其澹远也!晋世群才,三张二陆,两潘一左,比肩诗衢。三张,载、协、亢,而协居其首。二陆,则机优于云。两潘,则尼不逮岳。一左,则思也。协守道不竞,屏居草泽,故所作《七命杂诗》,皆以恬退闲适见长。机天才秀逸,藻采宏丽,张华尝谓之曰:“人患才少,子患才多。”斯语也,褒贬互见矣。盖机辞务于索广,而识不能窥深。然其所拟古诗十四首,钟嵘谓为

“文温以丽，意悲而远，惊心动魄，一字千金”，识者均叹为知言。潘岳工于写情，《顾内》《悼亡》，哀感顽艳，为世传诵。左思胸次高旷，笔力雄迈，陶冶汉魏，自铸伟词。《咏史》尤为人所称颂。建武以后，刘琨、郭璞，齐名江左。越石抱匡时之志，而才为境厄，英雄失路，万绪悲凉，尽情一吐，满纸哀音。景纯《游仙》，有托而作，栖遁之言，隐寓除残去秽之意，与越石意趣无殊，识曲宜听其真，未容皮相以谈也。渊明晚出，而作古今隐逸诗人之宗。风致孤迈，蹈厉淳深，一片天机，笔随意下，不烦绳削而自合于规矩。苏子瞻恃才傲物，目无余子，而独心折陶诗，至和其全集，盖亦非偶然也。终宋之世，以诗名者，莫过于谢灵运、颜延之、鲍照三人。谢耽游放，其诗全为刻画山水之作。灵运以前，以诗记山水之胜者，均为短篇，至灵运而始有巨制。故刘勰云：“宋初文运，老庄告退，而山水方滋。”其《游名山志自序》：“夫衣食人生之所资，山水性分之所适。”于此可见其山水之情深也。延年与灵运齐名，延年尝问己与谢之优劣于鲍照，照答之曰：“谢五言如初发芙蓉，自然可爱；君诗如铺锦列绣，亦雕缋满眼。”延年终身病之。然其《五君咏》《秋胡行》，皆清真高逸，视谢何多让焉！鲍照诗辞遒丽，拟古乐府尤见特长。严羽云：“颜不如鲍，鲍不如谢。”故人谓照立于颜、谢之间。终齐之世，以诗名者，莫过于竟陵八友。八友为萧衍、王融、谢朓、任昉、沈约、陆倕、范云、萧琛，谢、沈尤为杰出。朓诗声价之高，后人稀及。梁武云：“三日不读（指谢朓诗言），即觉口臭。”沈约云：“二百年来无此诗。”唐时李白于朓诗尤颂赞不去口：“明发新林浦，空吟谢朓诗。”“玄晖难再得，洒酒气填膺。”“解道‘澄江静如练’，令人长忆谢玄晖。”宜王渔洋谓其“一生低首谢宣城”也。约于诗学最大之贡献，为发明“四声”“八病”。使“一简之内，音韵尽殊；两句之中，轻重悉异”。然使后世“文多拘忌，伤其真美”者，亦未始不由约启之也。降及梁代，武帝与子统、纲、绎俱以诗名，而武帝之《河中之水歌》《东飞伯劳歌》为尤著。以普通字句，谐适腔调，描写深刻之情绪，是能跳脱前人之窠臼者。臣下则有江淹、何逊、钟嵘。江以摹拟见长，何以精炼称妙。钟虽不自为诗，而其所著《诗品》，列古今五言诗，自汉、魏以来百有三人，论其优劣，分为上中下三品，自来谈诗者奉为圭臬。陈祚短促，可称者，仅阴铿、徐陵。铿尚整饬，为唐人律句之型范，杜甫极推重之。陵辑《玉台新咏》十卷，抒情诗之总集也。后主所为《玉树后庭花》《临春乐》等曲，虽薄具才华，然乃亡国之音也。其在北朝，则有庾信。信少尚清绮，晚而苍健。杜甫云“清新庾开府”，又云“庾信文章老更成”，盖实录也。

唐诗　诗至唐而众体悉备，亦诸法毕该，故称诗者，必视唐人为标准（《全唐诗序》）。清高宗《钦定全唐诗》九百卷，二千二百余家，四万八千九百余首，想见其一时之盛矣。自来言唐诗者，分为四期：高宗至武后，约九十年，名曰“初唐”；玄宗至肃宗，约五十年，名曰“盛唐”；代宗至武宗，约八十年，名曰“中唐”；宣宗至昭宗，约六十年，名曰“晚唐”。四杰（王勃、杨炯、卢照邻、骆宾王）初兴，体沿江左。陈（子昂）、张（九龄）并作，扫洗绮靡。迨沈（铨期）、宋（之问）出，章句整对，音调叶和，言之中伦，歌之成声，律诗至是始行确定。此初唐也。李（白）、杜（甫）并称，而诗境不同：李之才高，杜之学富；李之气盛，杜之情深；李尚理想，杜重实际；李染道旨，杜被儒说；李多吟咏自然，杜每感慨时事。内容虽异，然皆光芒万丈，同有千秋。至其遗于后世之影响，则李不如杜。盖李为神品，故嗣响无闻；杜为能品，故流风特盛也。王维高浑疏秀，王渔洋以之与李、杜并行，比之仙、圣、佛（李为诗仙，杜为诗圣，王为诗佛）。此盛唐也。韦应物闲澹简远，人比之陶潜。刘长卿工为五言，有“五言长城”之号。卢纶、吉中孚、韩翃、钱起、司空曙、苗发、崔峒、耿湋、夏侯审、李端，号大历十才子，然远非韦、刘之匹也。孟郊、贾岛，坎坷不遇，因事苦吟。郊尤穷窘凄凉，其作品完全为泪之结晶。而苏子瞻目之为“寒虫”，元遗山谥之为“诗囚”，不亦过乎？元稹、白居易，辞尚通俗，不矜奇奥，或称之为“白话诗人”。所写多为民间之疾苦，或又称之为“社会诗人”。夫代匹夫匹妇语最难，盖饥寒劳困之苦，纵告人，人亦难深知。元、白不惟如亲入闾阎，直与疾痛之在身者无异，故其语警切感人。白诗“篇篇无空文……惟歌生民病”（《寄唐生诗》），洵自道之言。此中唐也。李商隐、温庭筠，所为皆绮丽绵密，然李有风骨，温只浮华，貌似而中殊。杜牧情致豪迈，时有警醒之句。杜荀鹤用浅淡之语句，写深透之世情。其余，许浑工对偶，韩偓著《香奁》，拳石细流，无与山川之大。此晚唐也。唐诗在中国诗中居于首席，盛唐在唐诗中复号冠军，李、杜为其中之特出。故李、杜者，乃中国之大诗人也。

宋诗　宋为理胜时代，诗亦受其影响，与唐之尚言情者有别。且唐人铸辞，间事藻饰；宋人则据事直书，不避俗字俚语，而自有朴茂之气。此近体诗所以分“唐”“宋”两大宗也。宋人学唐者为数极少：初期，仅杨（亿）、刘（筠）之宗义山（义山，李商隐字，此派名西昆体）；晚运，只四灵之法姚（合）、贾

（岛），余则皆现宋人之本色也。北宋有欧阳（修）、苏（轼）、黄（庭坚）；南宋有尤（袤）、杨（万里）、范（成大）、陆（游）。永叔之前，有苏舜钦、梅尧臣：一则气雄，如狂飙之吹万窍；一则清切，若石齿之漱寒流。永叔承之，益事恢扩，顿改晚唐之调，而启宋时之基。东坡天才超妙，地负海涵，仪态万方，不可限制。然其诗得力于陶、李及释典者至显。“春江渌未波，人卧船自流。我本无所适，泛泛随鸣鸥”，绝似陶公。“小语辄响答，空山白云惊”，句类太白。“浮云时事改，孤月此心明”，极近禅语。王渔洋论东坡诗亦云：“淋漓大笔千秋在，字字《华严》法界来。”沈德潜、赵翼评前人诗，以峻刻著，然于苏髯无贬辞。沈云：“苏子瞻胸有洪炉，金银铅锡，皆归镕铸。其笔之超旷，等于天马脱羁，飞仙游戏；穷极变幻，而适如意中所欲出。”赵云：子瞻“才思横溢，触处生春。胸中书卷繁富，又足以供其左旋右抽，无不如志。其尤不可及者，天生健笔一枝，爽如哀梨，快如并剪，有必达之隐，无难显之情，此所以继李、杜后为一大家也”。虽推崇备至，然非溢美之谈也。黄庭坚初与张耒、晁补之、秦观俱游苏门，人称为苏门四学士。庭坚诗工于用事，剪裁镕铸，点化无痕，轼亦叹服，尝曰：“鲁直诗文如蝤蛑、江瑶柱，格韵高绝，盘餐尽废。”又曰：“读鲁直诗，如见鲁仲连、李太白，不敢复论鄙事。”（并见《仇池笔记》）故天下亦称苏、黄。黄之诗，其后流衍极广，吕本中作《江西宗派图》，列陈师道等二十五人，以为皆渊源于山谷。虽不可尽信，而习尚可知矣。尤、杨、范、陆，称南宋四大家。尤诗端雅（全集不传，今仅剩残编耳），杨诗奇峭，范诗闲适，究皆不及放翁之寄慨遥深。放翁诗最大价值，在有民族思想。生当偏安之世，目睹中原胡骑纵横，故常有激烈豪宕之什。其绝笔之作，犹殷殷以北定中原为念，爱国之心，无间死生，宜梁任公以“亘古男儿”称之也。

明清诗　金元之际，诗界仅一元好问。其诗奇崛而绝雕刿，巧缛而谢绮丽，兵后故老皆尽，好问蔚为一代宗匠，惟承其学者均无可称。明诗分“盛唐”“性灵”两派：言盛唐者，为李梦阳、何景明等，与其文必秦、汉相应。李、何才力富健，诚足笼罩一时，惟摹拟有痕，刻画过甚，末流竟流于剽窃。及万历间，“公安”“竟陵”两派兴，主力性灵，倡导妙悟。公安派者，袁宗道与其弟宏道、中道倡之，袁公安人，因以其籍名其诗。竟陵派者，钟惺、谭元春倡之，钟、谭皆竟陵人，其诗因名竟陵派。公安之长在清真，其失浅率；竟陵之长在幽峭，其失僻涩。其愈于盛唐派者，亦无几矣。此外，则有高启。启才气超迈，音节响亮，学唐而不为唐所囿，与李、何辈袭其面貌者迥殊。综观明诗，似应推此公居首矣。清代诗人,最早者,为钱谦益、吴伟业。一称才思之雄,一具芊眠之致。二人均仕新朝,为清议所不满。惟梅村被逼出山,原非本志,视牧斋有别矣。继有施(闰章)、宋(琬),二子以所生之地不同,性质因有刚柔之异,施以温厚胜,宋以雄健胜,当时有南施北宋之目。稍后有王(士祯)、朱(彝尊),王枕葄唐音,独嗜神韵;朱记诵博洽,根柢盘深,所谓"朱贪多,王爱好"也。王宏奖后进,提倡风雅,学者争归之。故尔时几于人人《精华》(《渔洋精华录》),家家《三昧》(《唐贤三昧集》),渔洋主诗坛之盟者计五十年。赵执信作《谈龙录》与之龃龉,然未能易其风尚也。迨沈德潜起,论诗主格律,学者宗之,而渔洋之说始衰。乾隆中,袁枚、蒋士铨、赵翼称江左三大家。子才主性灵,不守前人矩矱,往往流于轻浅,其品最下,而得名最盛。心余为人,深于情,勇于义,常以扶植末俗纲常为己任。其诗咏忠孝节义事,凄怆激楚,令人雪涕。惟有时火气未除,未能跻于深淳之境,洪亮吉谓其如剑侠入道,尚余杀机,诚确论也。瓯北为诗,不守一家之说,当梓其全集时,或谓之曰:"虽不能为杜子美,于杨诚斋则有过之无不及。"瓯北傲然曰:"吾诗自为赵诗,何知唐、宋!"其才气横溢,诙谐中而寓讽刺,大有睥睨一世游戏人间之概。或病其时带谑浪,有失大方。见仁见智,两不相谋,亦各从其所好而已矣。更后,有黄遵宪,于诗学有新奇见解,其《杂感》诗中有云:"我手写我口,古岂能拘牵。即今流俗语,我若登简编。五千年后人,惊为古斓斑。"洵诗歌革命之先导也。晚清诗分三宗:王闿运、邓辅纶倡为古体,力追魏、晋;樊增祥、易顺鼎究心中晚唐,吐语尚新颖;陈三立、郑孝胥均习宋诗,而所诣不同,郑则清苍幽峭,陈则生涩奥衍,以其为穆宗、德宗以后人,故称为"同光体",其人至今犹存。

第六章　词

词滥觞于中唐,滋衍于五代,而造极于两宋。词为乐府之变体,故名"诗余",亦名"长短句"。中唐之世,韦应物有《三台令》,白居易有《忆江南》,刘禹锡有《春去也》,张志和有《渔歌子》,多与诗之格调不相远。至晚唐温庭筠出,逐弦吹之音,为侧艳之词,词学始卓然昭著于世。五代词人,如南唐中主、后主及冯延巳,皆言简意深,情韵弗匮,究中尤以后主为健者。其词应分两期:初则婉而多情,备极艳丽;失国以后,则凄凉哀怨,句句成血,字字是泪。其集中如《相见欢》《浪淘沙》《虞美人》诸词，均令人不忍卒读。蜀则有韦庄，庄词昔人以“初日芙蓉春日柳”相目，与温、李齐名。周济云：“王嫱、西施，天下之美妇人也。严妆佳，淡妆亦佳；粗服乱头，不掩国色。飞卿，严妆也。端己，淡妆也。后主，则粗服乱头也。”（《论词杂著》）淡妆浓抹，固自有异，而其同为国色则一。牛峤、毛文锡、牛希济、薛昭蕴亦称蜀中能手，赵宗祚均选之入《花间集》。《花间》为词集之始，其语多浓艳而隐秀，不似后来畅发无余，盖词之初体本如此也。宋代公卿乃至闺秀，皆好倚声。范文正、欧阳文忠皆立朝正色，刚介无敢犯，然其词亦婉约风流，令读者回肠荡气，风会使然欤？宋词以体格神思论，南北又显然有别：北宋争气骨，南宋讲声律，词至北宋始大，至南宋始深，而为之枢纽者，为周邦彦。北宋作者，以晏殊为最先。其词端重，而时露富贵气，因为高人所深屏。几道迥异乃父，黄庭坚称其“清壮顿挫，能动摇人心”。秦观词境如画，晁补之云：“近来作者，皆不及少游，如‘斜阳外，寒鸦数点，流水绕孤村’，虽不识字人，亦知是天生好言语。”柳永善写旅思闺情，风行一时，相传有“凡有井水饮处，即能歌柳词”之语，可想见其流传之盛也。苏轼豪放自喜，与永之细腻香艳不同。《吹剑续录》云：“东坡在玉堂日，有幕士善歌，因问：‘我词何如柳七？’对曰：‘柳郎中词只合十七八女郎执红牙板，歌杨柳岸晓风残月；学士词须关西大汉执铁绰板，唱大江东去。’”要之，北宋之词，以苏、柳为极则矣。周邦彦摹写物态，曲尽其妙，舒发所怀，圆美流转，故以善于铺叙名。神宗时，提举大晟乐府，小令中调之外，复增长调数十，而后繁情短思，各有依归。又主严音律，不独平仄宜分，即上去入亦不容相混。论者谓其“为北宋变其宗风，为南宋先其道路也”。南宋作者，史（达祖）词丰赡，吴（文英）词雕绘，张（炎）词清圆，周（密）词绵丽，语其大家，当推辛（弃疾）、姜（夔），诸子似应居次座矣。稼轩作深情之语，而出之以奔放之笔，才气横溢，极类东坡，故有苏、辛之称。白石洞晓音律，善于度曲，其诗云：“自琢新词韵最娇，小红低唱我吹箫。”其词首首能被诸管弦，选字练句，亦复不苟。范石湖谓：“白石有裁云缝月之妙手，敲金戛玉之奇声。”赵子固谓：“白石，词家之申、韩也。”夫词之为用，原付歌者，舍律以言词，则殊失初意，此白石词之所以可贵也。白石与美成极近，故人称周、姜。其在闺阁，则有李清照、朱淑贞。清照兼擅诗文各体，而尤长于词，有《漱玉集》行世。其夫赵明诚亦能词，而名为清照所掩。清照尝以《重阳醉花阴词》函致明诚，明诚思胜之，谢绝一切，废寝忘食者三日夜，得五十余阕，杂清照作以示友人陆德夫。德夫玩诵再三，曰：“有三句乃绝佳。”明诚诘之，曰：“莫道不消魂，帘卷西风，人比黄花瘦。”正清照作也。明诚歿后，则多凄凉之调，才人运蹇，盖自古然也。淑真才色清丽，而所偶非伦，所著有《断肠词》，哀怨之音，溢乎纸上。世人每以其《生查子》一词，为白璧微瑕。《四库全书提要》则以此词见之欧阳集中，非淑真所作，至今仍为悬案。元、明两代，词家无闻。洎乎清初，朱彝尊、陈其年，比肩词坛，《朱陈村词》，流遍宇内。朱才多不免于碎，陈气盛不免于率，故末流有纤巧粗厉之病。乾嘉之际，作词者分“浙西”“常州”两派。浙西派始于厉鹗，常州派始于张惠言。厉宗竹垞，而数用新事，世多未见，后生效之，每以掯摭为工。惠言起而振之，与弟琦选唐宋词，四十四家，为《词选》一书，阐意内言外之旨，推文微事著之原。周济和之，常州词派之基础益固。此外满州人纳兰性德有《饮水词》《侧帽词》，王国维谓其“以自然之眼观物，以自然之舌言情，为北宋以来第一人”，推崇可谓至矣。

第七章　曲

曲，一名“词余”。析其内容，约分三种：曰散曲，曰杂剧，曰传奇。散曲又分小令与套数。小令只用一曲，与词略同。合一宫调中诸曲以成套数（一称散套）。套数组合而成杂剧。传奇则又为杂剧之繁衍。考戏剧之兴，远在春秋之世。优孟假为孙叔敖，著其衣冠，作歌以感楚庄，可谓中国戏剧之始。李唐戏剧已有大面、拨头、踏谣娘、参军戏等名（见《旧唐书·音乐志》）。至金董解元有《弦索西厢》，与曲已不相远。至元，始完全成立焉。语其结构，约分四点：(一) 每剧四折，四折不足时，则加一楔子。亦有五折或六折者，究属少数，是乃例外。(二) 每折一人独唱，独唱者，限于正末或正旦；其他杂角，只有说白。(三) 每剧由科、白、曲三者组合而成。科为动作，白为对话，曲为唱辞。(四) 角色共分九种：曰正末（正生），曰副末，曰狚（正旦），曰孤（外），曰靓（净），曰鸨（老旦），曰猱（贴旦），曰捷讥（丑），曰引戏（杂脚）。其在文学上之价值，王国维论之详允，其言曰：“元曲之佳处何在？一言以蔽之，曰：‘自然而已矣。’古今之大文学无不以自然胜，而莫著于元曲。”又曰：写情沁人心脾，写景在人耳目，述事如其口出，古诗词之佳者无不如此，元曲亦然。元代诗文、词赋俱无可称，可称者为曲，此亦他代所不及也。语其作家，则有关（汉卿）、白（朴）、马（致远）、郑（光祖）。关作“一空依傍，自铸伟辞，其言曲尽人情，字字本色，故当为元人第一”（王国维语）。《窦娥怨》《救风尘》，乃其杰作也。白著今存者，仅《墙头马上》《梧桐雨》二种，《梧桐雨》尤脍炙人口，其内容系本陈鸿《长恨歌传》，叙明皇与杨妃恋爱故事。论者以“高华雄浑”许之。马著以《汉宫秋》最有名，典雅清丽，情深文明，明宁献王极激赏之。郑著以《倩女离魂》最著，本唐人陈玄佑《离魂记》为之。其词“出语不凡，若咳唾落乎九天，临风而生珠玉”（宁献王语）。更有王实甫以《西厢》见称于世，其事系据元稹之《会真记》，复参以《董西厢》之曲文而成。其词“铺叙委婉，深得骚人之趣，极有佳句，若玉环之出浴华清，绿珠之采莲洛浦”（宁献王语）。元之季，明之初，又有“南曲”者出。南曲即“传奇”，因称杂剧为“北曲”。王世贞云：“词不快北耳而后有北曲，北曲不谐南耳而后有南曲。”（《艺苑卮言》）北曲悲壮沉雄，南曲清柔曲折。南曲结构与北曲亦不尽相同：（一）杂剧限于四折，传奇则不限制出数（一出即一折），可以多至数十出。（二）杂剧全曲由一人独唱，传奇则凡登场之剧中人皆可唱。（三）元剧多用楔子，传奇则无楔子；但将第一出命名曰“开场”，或“家开”，以说明全曲之大意。明初有《四大传奇》，即《荆钗记》（朱权作）、《刘知远》（佚名）、《拜月亭》（施惠作）、《杀狗记》（徐畛作）也。或简称为“荆刘拜杀”。又有高明之《琵琶记》，与四者并行，中以《拜月》与《琵琶》为最工。其后汤显祖有《牡丹亭》，传诵一时。相传当日女子俞二娘，酷爱其词，断肠而死。冯小青亦有“冷雨幽窗不可听，挑灯闲看《牡丹亭》。人间亦有痴于我，岂独伤心是小青”之句，可见其感人之深矣。阮大铖行无可取，然其所写《燕子笺》，文笔隽永，当时扮演无虚日，揆诸“君子不以人废言”之义，似亦未可弃置也。清代传奇，以孔尚任《桃花扇》、洪昇《长生殿》、蒋士铨《九种》、李渔《十种》为最著。《桃花扇》演侯方域与李香君恋爱事，而串以史实，隐寓亡国之痛，非仅写儿女柔情也。《长生殿》系据白乐天《长恨歌》而作，全书五十出，以《闻铃》感人最深。《九种曲》者，《香祖楼》《空谷香》《桂林霜》《一片石》《第二碑》《临川梦》《雪中人》《冬青树》《四弦秋》也。大抵取料史实，典丽婉雅，不以矜才使气为能，曲中之别开生面者。《十种曲》者，《风筝误》《蜃中楼》《凤求凰》《意中缘》《比目鱼》《玉搔头》《慎鸾交》《巧团圆》《奈何天》《怜香伴》也。词彩平易，老妪都解，又概属喜剧，尤为创格。其所为《笠翁曲话》，于剧曲一道别有会心，亦治此学者所宜取资也。近人王国维、吴梅于此亦有著述：王有《戏曲考源》《宋元戏曲史》。吴有《顾曲麈谈》《词余讲义》《奢摩他室曲丛》，吴工度曲，教授南北，尤名噪一时。另有所谓“昆曲”者，明梁伯龙、魏良辅就南曲更变而成。南北曲歌时，皆用弦索，昆曲则众乐翕鸣。梁，昆山人，故称“昆曲”。至近世所演之“京剧”，其名起于乾隆之世。高宗嗜戏曲，召江南名优于京师，命为内廷供奉，是即四大徽班之起源。现今流行之腔调，有二黄与西皮二种。二黄为湖广调，起于黄冈、黄陂二县，故名。西皮为山陕调，自为别腔。二黄调缓，西皮调急。二黄圆稳，宜于文戏；西皮豪壮，适于武戏，此其内容之大较也。此种流行虽广，然于文艺上则无甚关系也。

第八章　小说

中国小说，以《山海经》为最古，其说涉于神怪，盖亦初民之思想也。《汉志》载小说十五家，千三百八十篇，惜亡佚无有存者。中有虞初《周说》九百四十三篇，张衡云：“小说九百，本自虞初。”此公可谓小说之祖矣。汉代小说，以武帝时为最盛，作品有《神异经》《海内十洲记》（两书旧题均东方朔撰）、《飞燕外传》（伶玄）等书。武帝好色而信神仙，作者多投其所好，其内容亦狭矣。六朝之世，仙佛杂糅，故尔时小说，除神怪荒诞之言外，更有轮回因果之说。干宝之《搜神记》，王嘉之《拾遗记》，刘敬叔之《异苑》，颜子推之《还魂志》，皆其代表也。刘义庆《世说新语》，载汉、魏、两晋之嘉言轶事，分为三十八门，叙述名隽，为清言之渊薮，艺苑珍之。至唐为小说家之言者益众：写艳情，则有元稹之《会真记》，白行简之《李娃传》，皇甫枚之《步非烟传》，陈玄佑之《离魂记》，蒋防之《霍小玉传》；写义侠，则有张说之《虬髯客传》（或云杜光庭作），段成式之《剑侠传》，杨巨源之《红线传》（或题袁郊撰），薛调之《刘无双传》；写神怪，则有李泌之《枕中记》，李公佐之《南柯记》，谷神子之《博异志》，牛僧孺之《玄怪录》。所记大都为一人一事，文辞典雅而饶风韵。洪容斋云：“唐人小说，不可不熟，小小情事，凄惋欲绝，洵有神遇而不自知者，与律诗可称一代之奇。”虽然，若以作意言，则唐人笔札，仍沿六朝习径而来，仙鬼之谈，通乎各体，而能以人生为基桢，作忠悫之描写者，则罕见焉。迄宋语录兴，而平话出。仁宗，以天下无事，令群臣日进一故事以为娱，头回之后，继以话说，小说之章回体，因之而起。其词浅近明白，谓之平话。《宣和遗事》即用此白话体，而此书亦即现存章回小说之最古者。闻宥云：“文字之立，至宋已极久远，唇吻所宣，与楮墨所载，已无术可以相合，则求真求易之结果，自不得不创为新体。此固不第小说为然，而小说以描写为职志，则需求自愈亟矣。”惟文辞虽改，而结构仍疏，其能为长篇而有系统之记事，虽千百万言，而如绳之贯，如丝之牵，首尾相衔，不可混乱者，则当推元代之《水浒传》与《三国演义》矣。《水浒》，施耐庵作。中写宋江等百有八人，声音笑貌，各不相袭。胡适谓其足与《左传》《史记》争美。《三国演义》，相传罗贯中作（或谓罗系明人）。文语相参，所记不尽按据陈《志》。自此书出，拥蜀反魏之心理，为举国上下所同具，亦可见其入人之深也。明代说部，以《西游记》《金瓶梅》称最。《西游记》，吴承恩作。中写玄奘往印取经事，铺张描写，构思奇幻，集中国神怪故事之大成。若以史事求之，则惑矣。《金瓶梅》，相传王世贞作，用以毒严世蕃者。取材于《水浒传》西门庆与潘金莲一段故事，用笔婉曲尖刻，自有其长。然淫亵鄙陋，足为风俗人心之害。世以之与《水浒》《三国》及《西游记》，合称为四大奇书。而訾之者则又斥为奸盗邪淫之代表。二者抑扬过情，似未为公允之论也。清人有作，以《儒林外史》《红楼梦》为杰出。《儒林外史》，吴敬梓作。清初士流，尚存明季遗风，制艺而外，百不经意，但为矫饰，云希圣贤。敬梓目见耳闻，秉笔直书，烛幽索隐，物无遁形。惟全书无主干，前后乏连络，虽云长篇，实同短制，是其小疵也。《红楼梦》，一名《金玉缘》，又名《石头记》，曹雪芹作。以穿云镂月之笔，成花团锦簇之文，叙儿女柔情，而兼具玄妙之想，解者因亦不一其辞。有谓记清相明珠家事者（参看俞樾《小浮梅闲话》），有谓记清世祖与董小宛故事者（参看王梦阮《红楼梦索隐》），有谓影射康熙朝政事者（参看蔡元培《石头记索隐》），有谓曹雪芹自述其生平者（参看胡适《红楼梦考证》），有谓专演清世宗与诸兄弟争立之事者（参看寿鹏飞《红楼梦本事辨证》），迄未能确定其谁是也。余如李汝珍之《镜花缘》，蒲松龄之《聊斋志异》，刘鹗之《老残游记》，李宝嘉之《官场现形记》，吴沃尧之《二十年目睹之怪现状》，苏曼殊之《断鸿零雁记》及林纾所译之《茶花女遗事》等书，俱有可称，兹不详述云。

本编参考书

刘熙载《艺概》

王国维《宋元戏曲史》

吴梅《元剧研究》

闻宥《文学小史》
曾毅《中国文学史》
胡小石《中国文学史》
钱基博《现代中国文学史长编》
陈彬龢译《中国文学概论》(日本盐谷温原著)
刘麟生《中国文学》
陆侃如《乐府古辞考》
刘毓盘《词史》
胡云翼《新著中国文学史》
张之纯《中国文学史》
欧阳溥存《中国文学史纲》
郑振铎《中国文学研究》

陆秀夫年谱

目　次

序

甲子春，偶行京师小市中，得于露摊上见《陆丞相全集》，盖清咸、同间盐城王梦熊先生所搜集也，亟购之归，读之，则所收丞相遗作，不过寥寥数篇，余皆追挽赞颂之辞而已，意颇不怿。越丙寅春，复见蒋子逸雪所为《陆秀夫年谱》。自云取材于江南图书馆，而于王氏所搜集者，又未之见，意益为之惘然；乃驰书告蒋子，并媵以前集，供其参稽。蒋子既勤于搜讨，乃就原稿补缀之，复自郡城远邮寄示。且曰："王氏《丞相集》，本刻于郡城丁氏，今不百年，遍寻之书肆及藏书家皆不获。"以此知余之所得为海内孤本，益以见文字流传，其保存之不易也。而余以为文字者，特古人尘影之余耳。自来国家柱石之臣，勤劳王事，尽瘁匪躬，本不欲以文字增重。若忠烈之孤忠大节，日月争光，即便寸楮无存，而其精光浩气之发扬于天地间者，固自无穷也。观蒋子是编，盖不胜先正典型之思矣。泗阳张相文。

《宋史》本传

陆秀夫，字君实，楚州盐城人。生三岁，其父徙家镇江。稍长，从其乡二孟先生学。孟之徒恒百余，独指秀夫曰："此非凡儿也！"景定元年，登进士第。李庭芝镇淮南，闻其名，辟至幕中。时天下称得士多者，以淮南为第一，号小朝廷。秀夫才思清丽，一时文人少能及之。性沉静，不苟求人知，每僚吏至阁，宾主交欢，秀夫独敛焉无一语。或时宴集府中，坐尊俎间，矜庄终日，未尝少有希合。至察其事，皆治，庭芝益器之，虽改官不使去己，就幕三迁至主管机宜文字。咸淳十年，庭芝制置淮东，擢参议官。德祐元年，边事急，诸僚属多亡者，惟秀夫数人不去。庭芝上其名，除司农寺丞，累擢至宗正少卿兼权起居舍人。二年正月，以礼部侍郎使军前请和，不就而反。二王走温州，秀夫与苏刘义追从之，使人召陈宜中、张世杰等皆至，遂相与立益王于福州。进端明殿学士、签书枢密院事。宜中以秀夫久在兵间，知军务，每事咨访始行，秀夫亦悉心赞之，无不自尽。旋与宜中议不合，宜中使言者劾罢之。张世杰让宜中曰："此如何时，动以台谏论人！"宜中皇恐，亟召秀夫还。时君臣播越海滨，庶事疏略，杨太妃垂帘，与群臣语犹自称奴。每时节朝会，秀夫俨然正笏立，如治朝，或时在行中，凄然泣下，以朝衣拭泪，衣尽浥，左右无不悲动者。属井澳风，王以惊疾殂，群臣皆欲散去。秀夫曰："度宗皇帝一子尚在，将焉置之？古人有以一旅一成中兴者，今百官有司皆具，士卒数万，天若未欲绝宋，此岂不可为国邪！"乃与众共立卫王。时陈宜中往占城，以与世杰不协，屡召不至，乃以秀夫为左丞相，与世杰共秉政。时世杰驻兵崖山，秀夫外筹军旅，内调工役，凡有所述作，又尽出其手。虽匆遽流离中，犹日书《大学章句》以劝讲。至元十六年二月，崖山破，秀夫走卫王舟，而世杰、刘义各断维去，秀夫度不可脱，乃杖剑驱妻子入海，即负王赴海死，年四十四。翰林学士刘鼎孙亦驱家属并辎重沉海，不死被执，搒掠无完肤，一夕得脱，卒蹈海。鼎孙字伯镇，江陵人，进士也。方秀夫海上时，记二王事为一书甚悉，以授礼部侍郎邓光荐曰："君后死，幸传之。"其后崖山平，光荐以其书还庐陵。大德初，光荐卒，其书存亡无从知，故海上之事，世莫得其详云。

陆秀夫年谱

宋理宗嘉熙二年，戊戌(1238)。十月初八日寅时，公生于盐城长建乡之长建里。

公姓陆氏，名秀夫，字君实，一字实翁，别号江东，盖世家原始江东派也。高大父某为淮安管勾，遂籍淮安州盐城县。曾大父荣，祖大有，父芳春，母赵氏，生二子：长清夫，字君明；次则公也。

《宋史》谓公得年四十有四，此说果信，则公之生当在丙申端平三年(1236)。案陆清夫《家谱自序》，公十九岁登文天祥榜进士；《宋史》云公成进士在景定元年(1260)，蹈海在祥兴二年(1279)；据是以计，则公得年仅三十有八，其说前后显然不符。龚开《陆君实传》，谓公己卯四十二岁蹈海，丙辰用乡书登乙科；由丙辰逆推至戊戌为十九年，己卯逆推至戊戌为四十二年，故知公之生，为是年也。

是年为朱熹卒后三十七年；谢枋得生十三岁，文天祥三岁。

嘉熙三年，己亥(1239)。公二岁。

嘉熙四年，庚子(1240)。公三岁。

是年，芳春公徙家京口。

龚《传》："生三岁，父母携抱避地南来，居京口。"案盐城于南宋为边疆，是年蒙古张柔等分道入寇，且《志》称："理宗初年，射阳湖浮居者数万家，家有兵仗，侵掠难制。"是则内忧外患，其势不得不迁矣。

淳祐元年，辛丑(1241)。公四岁。

淳祐二年，壬寅(1242)。公五岁。

淳祐三年，癸卯(1243)。公六岁。

是年入塾。

《宋史》本传："稍长，从其乡二孟先生学。孟之徒恒百余，独指秀夫曰：'此非凡儿也！'"

淳祐四年，甲辰(1244)。公七岁。

淳祐五年，乙巳(1245)。公八岁。

淳祐六年，丙午(1246)。公九岁。

是年，蒙古主贵由立。

淳祐七年，丁未(1247)。公十岁。

淳祐八年，戊申(1248)。公十一岁。

是年，蒙主贵由卒，后斡兀立海迷失听政。

淳祐九年，己酉(1249)。公十二岁。

淳祐十年，庚戌(1250)。公十三岁。

淳祐十一年，辛亥(1251)。公十四岁。

是年，蒙主蒙哥立。

淳祐十二年，壬子(1252)。公十五岁。

是年，应乡举，得贡补太学牒，非其好也。

公虽有声科第，然举子业非所好也；笃信理学，尤服膺晦庵。说者谓："公设不以节烈著，则定属《道学传》中人也。"读《编正孝经刊误跋》一文，可知其致力之所在矣。

《孝经》一书，古文不可得而考见矣，所可考者，汉世《艺文志》颜氏、刘氏、司马氏编次之文而已，要之，皆古文之旧也。秀夫幼而读之，莫觉其非，长而疑焉。涉猎载籍，罔非类是，莫敢有所与。既入仕，滥次西藏勾当，得朱元晦《刊误》一编而玩味之，夫然后心目开朗，欣欣然若有所得。于是与在馆诸同志因元晦之议，从而删削次第之。然而敢以粟丝己意妄有所参涉于其间，以得罪于先正，庶几是经灿然可复，而元晦刊正之功不泯，圣世以孝治天下之化或不能无少助云。

宝祐元年，癸丑(1253)。公十六岁。

是年，读书鹤林寺，有诗：

岁月未可尽，朝昏屡不眠。山前多古木，床下半残编。放犊饮溪水，助僧耕稻田。寺门久断扫，分食愧农贤。

案沈光宸《吊公诗》，有云："知是正心功有素，鹤林秋夜一灯残。"徐燧诗亦有"鹤林灯火传心学，粤岭衣冠即首丘"之句。

宝祐二年，甲寅(1254)。公十七岁。

宝祐三年，乙卯(1255)。公十八岁。

是年，魁省元。

陆清夫《家谱自序》："君实自幼颖悟，文章英迈，年十八，魁省元。"

宝祐四年，丙辰(1256)。公十九岁。

是年，成进士，与文、谢同榜。

《陆氏家乘·忠烈全传》："公登宝祐丙辰科二甲第二十七名进士，与文天祥同榜。"又云："及拜黄甲，叙同年于礼部贡院，出谓镇江旧契同年王良臣、本邑同年刘幼发曰：'今日皇恩渥重，吾侪当思报国，相勉为天下第一等人物，方为不负此举！'时考官王应麟闻之，召而谓之曰：'阅卷得文天祥，予不胜喜；今闻贤论，何让天祥，可贺！可贺！'"《四库全书简明目录》："《宝祐四年登科录》一卷，宋文天祥榜进士题名也。宋登科录存者二本：绍兴十八年榜，以朱子名列第五甲九十人，故讲学家宝而传之；此录状元为文天祥，二甲第一人为谢枋得，第二十七人为陆秀夫，并孤忠劲节，照映百世，其精神亦自不朽也。"又此书清叶封观跋云："右《宋理宗宝祐四年丙辰登科录》，计六百一人，而宋亡死事之臣，若文天祥、谢枋得、陆秀夫三公，皆出是榜，不綦盛与！秀夫于祥兴己卯抱帝赴海死，宋乃以亡，其情事有足悲者。越三年，天祥尽节死柴市；又七年，枋得以不食死悯忠寺中，虽时迹先后不齐，要其授命，则一也。”又云：“如三公者，诚无负国家求士之典，而国家之科名，岂不亦以若人为重哉？”

章琰以兄之孙子妻公。

《年表》谓“十八岁，赘婿京口章”，似不确。龚《传》：“年十五，应乡举，得贡补太学牒，非其好也；后三年，岁在丙辰，用乡书登乙科，是时殿撰章子美琰居京口，负时望，以兄之孙子妻之。”案十五又三年，为十八岁；而丙辰年，公又实系十九岁。龚特著丙辰，则三年当是四年之误。科名显达，联以婚姻，固人之情也。

沈俨《陆丞相世系考》：“端宗立，进公端明殿学士，签书枢密院，旋谪潮州，公乃奉太夫人就养于潮，兄清夫亦为潮州管勾，夫人赵氏，侧室倪氏，长子繇，年十五，次子七郎，年十一，三子八郎，年七岁，四子九郎，年五岁，家人端儿、正儿皆从于潮。”又自注云：“案《家谱》太夫人赵氏，夫人亦赵氏，但龚《传》又云：‘公居京口，章殿撰子美琰以兄之孙子妻之。’则夫人又系章氏。或先娶于章，继室于赵耶？并载之，以待考。”陶性坚又云：“公夫人之为章为赵，几难辨别，但龚翠岩先生既言之凿凿，公孙海亦云祖母赵氏，又非属无稽。大抵元配章氏夫人，继配赵氏夫人。龚《传》言章不言赵，从其朔而言之；《家谱》言赵不言章，要其终而纪之，是亦理之可信者欤？如是，则仗剑以驱者，殆赵氏夫人也。若诸子之所从出，或皆赵氏夫人，或兼章氏夫人，或并出于倪氏，则不可晓，姑阙之。”案沈、陶之说元配章氏，继配赵氏，是也。至陶氏谓诸子所从出不可考，窃疑诸子或出赵氏，或出倪氏，章氏似无出，盖公之泽绵延于后者，只长子繇一脉，《家谱》但称赵氏，设繇为章氏出，岂有人子摈其生母而不载者乎？

宝祐五年，丁巳(1257)。公二十岁。

是年，贾似道知枢密院事。

宝祐六年，戊午(1258)。公二十一岁。

是年，贾似道兼两淮宣抚使。

开庆元年，己未(1259)。公二十二岁。

八月，忽必烈将兵渡淮。九月，渡江围鄂州。十月，拜贾似道右丞相兼枢密使，军汉阳以援鄂。闰十一月，吕文德知鄂州，贾似道乞和于蒙古，鄂州围解。

景定元年，庚申(1260)。公二十三岁。

是年，入李庭芝幕。

《宋史》本传："景定元年……李庭芝镇淮南，闻其名，辟至幕中。时天下称得士多者，以淮南为第一，号小朝廷。秀夫才思清丽，一时文人少能及之。性沉静，不苟求人知，每僚吏至阁，宾主交欢，秀夫独敛焉无一语。或时宴集府中，坐尊俎间，矜庄终日，未尝少有希合。至察其事，皆治，庭芝益器之。"

四月，蒙主忽必烈立。六月，立忠王禥为太子。

蒙古李璮寇淮安，李庭芝击败之。

景定二年，辛酉(1261)。公二十四岁。

景定三年，壬戌(1262)。公二十五岁。

长子繇生(据沈俨《陆丞相世系考》推计，下次子、三子、四子生年，同)。

沈俨《陆丞相世系考》："公全家俱赴海，惟长子繇以好渔猎放迹海岛，居潮奉太夫人。太夫人闻公变，亦惊愀以死。繇生三子：曰海，曰道，曰浩。散居潮之海阳城东城南，并移居饶平、揭阳、澄海等处，皆繇裔也。"案四子九郎亦留潮，未赴海，后以病夭，说详咸淳八年。

蒙古以阿术为征南都元帅。

景定四年，癸亥(1263)。公二十六岁。

景定五年，蒙古至元元年。甲子(1264)。公二十七岁。

八月，蒙古入都于燕。十月，帝崩，太子禥即位。

度宗咸淳元年,乙丑(1265)。公二十八岁。

咸淳二年,丙寅(1266)。公二十九岁。

次子七郎生。

咸淳三年,丁卯(1267)。公三十岁。

咸淳四年,戊辰(1268)。公三十一岁。

是年,阿术围襄阳。

咸淳五年,己巳(1269)。公三十二岁。

正月,李庭芝为两淮制置大使,兼知扬州。二月,蒙军围樊城。十二月,吕文德卒。

是年,成《广陵牡丹诗卷》。

宋林霁山有《白石山人樵唱稿》,中有题陆大参秀夫《广陵牡丹诗卷》,云:"南海英魂叫不醒,旧题重展墨香凝。当时京洛花无主,犹有春风寄广陵。"明孝宗、武宗年间,叶元玉为潮州郡守,时潮有高士陆大策者,公之裔孙也。元玉访征丞相遗闻轶事,犹得见其家藏《广陵牡丹诗卷》,惟破烂已甚耳。

咸淳六年,庚午(1270)。公三十三岁。

正月,李庭芝为京湖制置大使,督师援襄、樊,公随参军机。

龚《传》:"京湖制使吕少傅薨,诏李制使改镇江陵,君实仍以机宜在行。"

是年,三子八郎生。

咸淳七年,辛未(1271)。公三十四岁。

作《丹阳馆记》。

丹阳馆之所始,无可考。按《郡志》,绍兴十四年,朝廷命守臣邓滋建之,于时和议计成,馆是用作。中门南向,接送伴使在东馆,客使在西馆，厥后凡奉法衔命者皆馆焉，部使者亦如之，在郡国诸邑为特钜。屋与岁陈，廪廪将压，于是百二十有六年矣。咸淳五年冬，长沙赵公以外司农典刑，顾谓是邦，江、淮、闽、浙之所交也，四海宾客之所合也，轺车驿骑之所会也，而舍于隶人，不亦羞当世之士乎？七年春，乃一大修之，悉撤其旧，而新是图，木甓瓦石，厥材孔良，孔惠孔时，役不告劳。暨讫工，功与创略等，而其钜也加于昔。落成，驰书秀夫曰："子之居是邦也，盍记诸！"窃尝稽之《周官》，里有市，市有候馆，馆有积。嗟夫！此王者之政也。晋文公崇大诸侯之馆，犹汲汲焉缮修是务，褒城驿甲天下，才几何时，庭除芜，堂庑残，过者太息。今州县皆驿，夫以古人则视馆如寝，后世则视州县如驿，盖学之不讲，而吏道之衰也久矣！公共工于兹，能以达之，廉以奉之，心休而力有余，兹馆固举废之一事。於乎！古之所以创，中之所以弊，今之所以修，其可以弗记！公名潜，字元晋，忠靖公之子，忠肃公之孙。忠肃师张宣公，渊源所渐，有自来矣。

十一月，蒙古改国号曰元。

咸淳八年，壬申(1272)。公三十五岁。

四子九郎生。

元至元十七年，潮州总管丁聚碑记云："九郎俊秀能文，予爱之，不幸继卒，附于大母之侧。"

咸淳九年，癸酉(1273)。公三十六岁。

正月，樊城失。二月，吕文焕以襄阳降元。

是年，李庭芝投闲，公乃出幕，著《庄子评》。

《续资治通鉴》：范文虎大败于元军，及闻庭芝至，贻书贾似道曰："吾将兵数万入襄阳，一战可平，但愿无使听命于京阃，事成则功归恩相矣。"似道即命文虎之兵从中制之。庭芝屡约进兵，文虎但与妓妾嬖幸击鞠饮宴为乐，以取旨未至为辞。以是公虽参赞戎机，而卒不得展其智谋。龚《传》："襄阳失守，李制使投闲，君实与亲友朝暮见，日从事诗酒，如在山林间也。"间读《庄子》自遣，有所见，随手记录，成《庄子评》一书。

陶镶《陆公故里记》云："镶考吾盐颜不愚先生编《丞相后记》，谓：'丞相雅好《南华经》，每篇俱有评论，其书久佚，无传之者。'以愚所见，惟归震川先生批阅《庄子》书，间载丞相语，虽仅寥寥数则，皆足以提其要而蔽其全，故评《庄》者不啻数十家，而震川独有取乎丞相之言，则丞相之独具手眼、特出心裁者，于此益见之矣。"

咸淳十年，甲戌(1274)。公三十七岁。

七月，帝崩，子嘉国公㬎即位。封兄昰为吉王，弟昺为信王。八月，元丞相伯颜大举入寇。

是年，李庭芝为淮东制使，公为参议官。

《宋史》本传："咸淳十年，庭芝制置淮东，擢参议官。"而《续通鉴纲目》谓："是年李庭芝在淮东，闻秀夫名，辟置幕下。"实则公之随庭芝，最初在景定元年，此则再起已。

恭帝德祐元年，乙亥(1275)。公三十八岁。

是年，郑虎臣杀贾似道于漳州。元兵围扬州，李庭芝力战御之。

公除司农寺丞，累擢至宗正少卿，兼权起居舍人。

《宋史》本传："德祐元年，边事急，诸僚属多亡者，惟秀夫数人不去。庭芝上其名，除司农寺丞，累擢至宗正少卿兼权起居舍人。"

元军渡江，取临安。文天祥起兵勤王。

德祐二年，五月以后，端宗景炎元年。丙子(1276)。公三十九岁。

正月，进封吉王昰为益王、信王昺为广王。元伯颜军皋亭山。遣文天祥至北营讲解。二月，文天祥亡入真州。三月，伯颜入临安，以帝及皇太后全氏北去。益王、广王同走温州。

公至温州，奉益王为都元帅。

《宋史·瀛国公本纪》附二王云：二王走温州，"陆秀夫、苏刘义继追及于道。遣人召陈宜中于清澳，宜中来谒，复召张世杰于定海，世杰亦以所部兵来温之江天寺"。旧有高宗南奔御座，"众相率哭座下，奉昰为天下兵马都元帅，昺副之"。

四月，文天祥浮海如温州。

五月，益王即位福州，遥上帝尊号(孝恭懿圣皇帝)，改元景炎。进封广王为卫王。公为直学士院。

授文天祥右丞相兼枢密使，都督诸路军马，诏出公手。(《宋史》本传："凡有所述作，尽出其手。")

> 帝王之立，中国惟修政所以攘夷；辅相之重，朝廷惟用儒所以无斁。朕作其即位，图厥敉功。介臣不二心，历险夷而一致；咨汝宅百揆，赖文武之全才。亟归右揆之班，并授元戎之柄。肆扬大号，旹告群工。具官某，骨鲠魁落之英，股肱忠力之佐。仁不忧，勇不惧，坎维心之亨；国忘家，公忘私，蹇匪躬之故。适裔虏之猾夏，率义旅以勤王。慷慨施给铠之资，豪杰雷动；感激洒登舟之泪，忠赤天知。虽成败利钝，逆睹之未能；然险阻艰难，备尝之已熟。独简慈元之爱，爰升次辅之联。方单骑以行，惊破夷虏之胆；及免胄而入，大慰国人之心。天地之所扶持，鬼神亦为感泣。今职方虽非周邦之旧，而关辅未忘汉室之思。伊欲闯輂毂而追三宫，复钟簴而妥九庙。非内治饬，何以实元气；非外威振，何以折遐冲。披荆棘于灵武之初，予未知济；收桑榆于渑池之后，事尚可为。思昔元勋，有如臣浚，在思陵已登乎亚相，更孝庙乃复于旧班。式同今日之中兴，罔俾前修之专美。况同列崇皋陶之逊，而初政俟公旦之来。庸再秉于国钧，仍惠长于枢密。优督府琱戈之赐，峻文阶黄伞之除。申拓赋畬，式隆宠数。於戏！《春秋》以归季子为喜，朕方循于私情；晋人谓见夷吾何忧，尔共扶于衰运。尚坚忠孝，大布公忱。迄图社稷之安，茂纪山河之绩，其祇予命，永弼于彝。

元主忽必烈废恭帝为瀛国公。

六月，公罢直学士院，谪居于潮，友人陈经国等为治产讲学，周裕并以女妻公长子繇。

龚《传》："陈宜中既得政，兼将相权，知君实久在兵间，历谙戎事，引以自近，多所咨访，君实亦倾心赞助之，期于能济。未几，政论不合，宜中使言者劾罢之，谪居于潮。"《陆丞相世系考》："潮之海阳年友陈经国、许君辅、周裕、方宝印为公择地沙冈港口。立学士馆以讲学，旁有荒田百亩，垦成收租赡口。周又以女妻繇。”

七月，扬州陷，李庭芝死之。十一月，元军入建宁府邵武军，陈宜中、张世杰奉帝航海至泉州，又走潮州，复次惠州。

景炎二年，丁丑(1277)。公四十岁。

正月，公致陈文龙书。

> 秀夫诚不自揆，冒言远寄前直院，不越月贬潮。迂戆无补，分所宜甘。第因潮以韩子过褒，非所与闻。韩处唐中叶，盛时也，衰朽送残，仅此忧耳。今车马蒙尘，中原荆棘，淮东、江西、闽、广诸路俱败陷，北向长望，无寸土干净，秀夫岂敢游逸此土哉！十数年来，贤者、朝者、退野者，隐如黄元仲、陈瞩、郑献翁、郑钺、吴子纯、陈子修、方公权材器，宣抚每诵不辍口，竟亦落落遁去，不出一谋佐军事于台下。《诗》曰：“人之云亡，邦国殄瘁。”非必死而为亡也，隐去亦为亡。忠臣义士痛哭流涕亦何及！曹澄孙、方应发辈彘行，今当不胜诛戮。宣抚被执，不降亦不死，比复何如？想身不足惜，国事不可为，为可恨也。周粟虽佳，夷、齐耻食，毋令首阳独孤洁。罪人数千里远祝，临风怅怅，涕泗交流而已。

案《书》首尚有“景炎二年春正月二十日，寓潮州罪人陆秀夫谨具启大宣抚陈相公阁下”云云，《续通鉴纲目》谓：丙子十二月，元人入兴化军，陈文龙死。与此书时日不合。史载文龙被执，不屈，乃械送杭州，其后不食死。则当公致书时，文龙犹未死也。《书》末云：“周粟虽佳，夷、齐耻食，毋令首阳独孤洁。”文龙之不食而死，公有以感之矣！

二月元军入广州。九月，帝迁潮州之浅湾。

十月，公由潮还同签书枢密院事。

龚《传》：“君实之谪潮也，大将张世杰谓陈宜中曰：‘大业未济，人才有限，动辄令台谏排论人，世杰若不可，相公意亦当如此。’宜中惶恐，即日召还迁海上，君实遂执政事，海滨诛茅捧土为殿陛，时节朝会，君实端笏盛服，如立太古班，未尝少怠。既罢，则望海山凄然，至以朝衣揾泪，悲动左右。草莽中百种疏略，君实随宜裨补，尽心力而为之。”

十一月，元军袭浅湾，帝奔井澳。十二月，元袭井澳，帝奔谢女峡，陈宜中逃之占城。

景炎三年，五月，帝昺祥兴元年。戊寅(1278)。公四十一岁。

二月，元兵陷潮州。三月，帝迁硇州。

四月，帝崩，公立卫王为帝。

《续资治通鉴》：端宗以惊疾崩，“群臣多欲散去，陆秀夫曰：‘度宗皇帝一子尚在，将焉置之？古人有以一旅一成中兴者，今百官有司皆具，士卒数万，天若未欲绝宋，此岂不可以为国耶！’乃与众共立卫王昺，年八岁矣”。并草《景炎皇帝遗诏》及《祥兴皇帝登宝位诏》，昭示天下，以安人心。《诏书》载《全集》中。

朕以冲幼之资，当艰危（传抄本亦作艰难）之会。方太皇命之南服，黾勉于行；及三宫胥而北迁，悲忧（亦作忧悲）欲死。卧薪之愤，饭麦不忘，奈何乎人，犹托于我。涉瓯而肇霸府，次闽而拟行都。吾无乐乎为君，天未释于有宋，强膺推戴，深抱惧惭。而敌志（亦作夷虏）无厌，氛祲甚恶。海桴浮避，澳（亦作隩）岸栖存。虽国步之如斯，意时机之有待。乃季冬之月，忽大雾以风，舟楫为之一摧，神明拔于既溺。事而至此，夫复何言。矧惊魂之未安，奄北哨其已及。赖师之武，荷天之灵，连滨于危，以相所往。沙洲何所，垂阅十旬，气候不齐，积成今疾。念众心之巩固，忍万苦（亦作古）以违离。药非不良，命（亦作数）不可逭。惟此一发千钧之重（亦作托），幸哉连枝同气之依。卫王某（传抄本作昺），聪明夙成，仁孝天赋。相从险阻，久系本根。可于柩前即皇帝位，传玺绶。丧制以日易月，内廷不用过哀，梓宫毋得辄置金玉，一切务从简约，安便（亦作妥便）州郡，权暂奉陵寝。呜呼！穷山极川（传抄本作穷凶极冤），古所未尝之患难；凉德薄祚，我乃有负于臣民。尚竭至忠，共扶新运。故兹诏示，想宜知悉。《景炎皇帝遗诏》。

朕勉承丕绪，祗若令猷。皇天付中国民，既勤用德；圣人居大宝位，曰守以仁。藐兹眇冲，适际危急。惟我朝之圣神继统，而家法以忠厚传心。渗漉在人，亿万年其未泯；遭逢多事，百六数之相承。先皇帝聪明出乎群伦，孝友根于天性。痛愤三宫之北，未尝一日而忘。遗大投艰，丕应徯志；除凶刷耻，惟怀永图。托于神明，辱在草莽。上雾下潦之所偃薄，洪涛巨浪之所震惊。谓多难以殷忧，宜祈天而永命。胡宁忍我，而不其延？日月为之无光，社稷凛乎如发。攀髯何及，继志其谁？以赵孤犹幸仅存，盍使为宗祧之主；以汉贼不容两立，庶将复君父之仇。大义攸关，舆情交迫。闵予小子，遭家不造。而况斯今，于前宁人，图功攸终，其难莫甚。尚赖元勋宿将、义士忠臣，合志而并谋，协心而毕力。敌王所忾，扞我于艰。兹用大布宽恩，率循彝典，于以导迎和气，于以迓续洪休。可大赦天下。於戏！人心有感则必通，世运无往而不复。成诵虽幼，有周不后于四征；少康之兴，祀夏实基于一旅。往求攸济，咸与维新。十七、十八、十九日，文武百官诣大行皇帝几筵殿早晚临，二十日卒哭行香，以二十一登极。《祥兴皇帝登宝位诏》。

六月，帝迁崖山。

崖山在新会县南八十里钜海中，与奇石山对峙，张世杰以为天险，可扼以自固，乃奉帝移驻于此。《新会县志》云："宋故行宫在崖山，祥兴初，帝昺南迁时建，凡三十间，环以军屋千余，又有行朝草市。祥兴二年，丞相陆秀夫负帝沉海死之，其地遂墟。"

公为左丞相，政余，日书《大学章句》以劝讲。

《宋史》本传："时陈宜中往占城，以与世杰不协，屡召不至，乃以秀夫为左丞相，与世杰共秉政。时世杰驻兵崖山，秀夫外筹军旅，内调工役，凡有所著述，又尽出其手。虽匆遽流离中，犹日书《大学章句》以劝讲。"

文天祥兵败，上表自劾，朝廷下诏勉谕之。

敕天祥：才非盘错，不足以别利器；时非板荡，不足以识忱臣。昔闻斯言，乃见今日。卿早以魁彦，受知穆陵，历事四朝，始终一节。敌氛正恶，鞠旅勤王；皇路已倾，捐躯殉国。脱危机于虎口，涉远道于鲸波。去桀就汤，可观伊尹之任；归周避纣，咸喜伯夷之来。方先皇侧席以需贤，乃累疏请身而督战。精神鼓动，志气慨慷。以匈奴未灭为心，弃家弗顾；当王事靡盬之日，将母承行。忠孝两全，神明对越。虽成败利钝非能逆睹，而险阻艰难亦既备尝。如精钢之金百炼而弥劲，如朝宗之水万折而必东。尚迟赤舄之归，已抱乌号之痛。朕当继绍，未有知思，政兹图任旧人，克勘多难，倏来候吏，叠览封章。岿然灵光之固存，此殆造物者阴相。胡然引咎，益见劳谦。至如谂问之勤，悉备悃忱之至。朕今吉日既届，六月于征，倚卿爱君忧国之忠，成我刷志除凶之志。缅怀耆俊，深切叹嘉。

案天祥奉诏，谦逊不遑，曾移书于公云："天子幼冲，宰相遁荒，诏令皆出诸公之手，岂得以游词相拒！"

闰十一月，文天祥被执。

十二月，著《二帝信录》。

《宋史》本传："方秀夫海上时，记二王事为一书，甚悉，以授礼部侍郎邓光荐曰：'君后死，幸传之。'其后崖山平，光荐以其书还庐陵，大德初，光荐卒，其书存亡无从知，故海上之事，世莫得其详云。"

祥兴二年，己卯(1279)。公四十二岁。

二月六日癸未，崖山陷，公负帝赴海死，宋亡。

《宋史纪事本末》："元张弘范由潮阳港乘舟入海，至甲子门，获斥候将刘青、顾凯，知帝所在，乃至崖山。或谓张世杰曰：'北兵以舟师塞海口，则我不能进退。盍往据之，幸而胜，国之福也；不胜，犹可西走。'世杰恐久在海中，士卒离心，动则必散，乃曰：'频年航海，何时已乎？今须与决胜负！'遂焚行朝草市，结大舶千余，作一字阵，碇海中，中舻外舳，贯以大索，四周起楼棚如城堞，奉帝君其间，为死计，人皆危之。崖山北浅，舟胶不可进，弘范由山东转而南，入大洋，与世杰之师相遇，薄之，且出奇兵断官军汲路。世杰舟坚不能动，弘范乃舟载茅茨，沃以膏脂，乘风纵火焚之。世杰战舰皆涂泥缚长木以拒火，舟不爇，弘范无如之何。……(二月)癸未，元张弘范乃四分其军，自将一军，相去里许。令诸将曰：'宋舟西舣崖山，潮至必东，急攻之，闻吾乐作乃战。违令者斩！'时黑气出山西。李恒乘早潮退攻其北，张世杰以淮兵殊死战。至午，潮上，元军乐作，世杰以为且懈，不设备。弘范以舟攻其南，世杰南北受敌，兵士皆疲，不能复战。俄有一舟樯旗仆，诸舟之樯旗皆仆。世杰知事去，乃抽精兵入中军。诸军大溃，翟国秀、凌震等皆解甲降元。

元军薄中军，会日暮风雨，昏雾四塞，咫尺不相辨。世杰遣小舟至帝所，欲取帝至其舟中，旋谋遁去。秀夫恐来舟不得免，又虑为人所卖，或被俘辱，执不肯赴。秀夫因帝舟大，且诸舟环结，度不得出走，乃先驱其妻子入海，谓帝曰：'国事至此，陛下当为国死。德祐皇帝辱已甚，陛下不可再辱！'即负帝同溺。"

龚《传》："两军相见于崖山，南军大舟三百舵，分前后中三部，以对敌者为前锋，而以中部居宸扆，中坚反居其后。前锋失利，波涛掀舞，旌旗交错，部伍为之混乱。君实出仓卒，仗剑驱妻子先入海，哭号拜幼君，'陛下不可再辱'。拜起，抱幼君，以匹练束如一体，用黄金硾腰间，君臣赴水而死。"旋张世杰海陵舟覆，宋亡。

吾家子正《山房随笔》云："'曾闻海上铁斗胆，犹见云中金甲神'，乃陆枢密君实挽张郢州世杰诗。张公拥德祐、景炎、祥兴于海上，各拥兵南北岸，一夕大风雨，皆不利。张公覆舟而薨。翌早获尸，棺殓焚化，其胆如斗大，而焚不化，诸军感恸。忽云中现金甲神人，且云：'今天亡我，关系不轻，后身当出恢复矣。'此诗全篇不传。忠诚义烈，虽亡，犹耿耿也。"案郢州死在公后，且崖山舟覆，鲸海沸腾，乌有吟咏之暇，诗必误传也。

朱国桢《涌幢小品》："崖山旧有石勒云：'元大将张弘范灭宋于此。'嘉靖中，督学陈垲磨去之，改曰：'宋少帝及其臣陆秀夫死国于此。'……区海目诗有云：'崖无灭宋字，涛有撼胡声。'"

《新会县志》："丞相陆秀夫墓在二城村，故人指二城为忠臣山。"《潮州旧志》云："宋丞相陆秀夫墓在郡城南海中屿上，石碑尚存。"《新志》云："闻海上有侍郎屿，秀夫墓在焉，碑已不存，莫能得其处。"案崖山之去潮州，海程且千里，大兵未息，交通阻梗，归葬势所难能。墓在新会二城村，似较可信。吾盐今有公衣冠墓，在县城西南五十余里之大陆庄，疑在潮者，亦衣冠墓也。

文信国有挽公诗（集杜），序云："君实文笔英妙，自维扬幕入朝，京师陷，永嘉推戴有力，及驻崖山，兼丞相，凡朝廷事，皆秀夫润色纲纪之，崖山陷，与全家赴水死。"文彩珊瑚钩《奉同郭给事灵湫作》，淑气含公鼎《张九龄》。炯炯一心在《严武》，天水相与永（《渼陂西南台》）！

案此诗作时，信国已被执，壬午，信国成仁，与公可谓后先辉映者已。

胡夺汉祚，前代忠义之士，俱湮没不彰。至明万历四十七年，始谥公忠烈，盖上去宋之亡，已三百四十载矣。

明王纪《请谥陆秀夫忠烈疏》："题为宋室死节忠臣，久缺谥典，伏乞敕部议补，以慰忠魂，以励臣节事。万历四十七年五月内准礼部咨，据直隶淮安府山阳县籍盐城县人陆应袍，系宋左丞相陆秀夫后裔，原任湖广黄州府蕲水县典史告前事内称'先祖宋丞相陆秀夫，孤忠大节，久无谥典，蒙盐城知县陈美通详申请到部，备咨到院，行查'等因。臣自早岁受书，读史至陆丞相负帝赴海事，未尝不掩卷太息，喜其节而悲其志也。自行都航海，如泉如广，亡君立君，遗蘖弱息，寄命于茫茫大海中，即三尺童子，亦知宋祚将绝，断断不可为矣。秀夫犹且间关南澨，百折不回，庶几乎一旅一成之再奋。迨崖山破，度不可脱，乃仗剑驱妻子先入海。奏曰：'德祐皇帝已辱，陛下不可再辱！'遂负帝赴海死。嗟夫！当宋季颠危之时，奸臣卖国降敌，甘受万世之唾骂者，无论已。即平日所号为须眉男子，一遇祸难，全躯保妻子之念，横结胸中，往往散去。甚且有缒城匿影，屈膝请命，偷息于人间者，卒之身死名灭，与粪土无异。乃丞相遭古今未尝有之大变，而能全天地无所逃之大伦，忠魄浩气，炳炳琅琅，照映宇宙，千载而下，读其传，犹凛凛有生气，谓丞相为不死，可也。文天祥所云'人生自古谁无死，留取丹心照汗青'，正秀夫之谓矣。以彼精忠大节，何减于文、谢二公，乃文、谢二公，景泰俱被有美谥，而丞相独遗，岂非缺典？《崖山录·文献志》及《盐城邑乘》，虽有'忠贞'二字，说者疑其为后人私谥。臣不揣固陋，敢以臆断：丞相亡时，宋亦亡矣，元未必谥也，忠贞二字，为公谥，为私谥，皆不可知；就令谥出国朝，亦殊不类丞相之为人。试观仗剑驱妻子负帝入海光景，真有视死生同昼夜，弃血肉如泥沙者。正昔人所谓杀身成仁，舍生取义，临大节而不可夺者也。宋亡死节忠臣，此非其最苦最烈者耶？窃谓必以"忠烈"易名，始足快千古之公评矣。伏乞敕下礼部，再加查覆议上，请早为补谥，庶忠魂得慰于九泉，而圣朝亦可无阙事也。"

案旋奉旨依议，故今称陆忠烈公云。

附后儒吊公诗

题《陆秀夫抱帝入海图》

（元）姚　燧

紫宸黄阁共楼船，海气昏昏日月偏。赤县已无行在所，丹心犹数中兴年。身藏鱼腹不见水，手挽龙髯直上天。板荡纯臣有如此，流芳千古更无前。

吊陆丞相

（明）宋　濂

身抱龙髯兮眼不见水，凤阙虽遐兮龙堂则迩。玉雪皎如兮肯污泥滓，赤帝出海兮尔心不死！

大忠祠

（明）陈献章

天地神祠此大忠，百年舟楫更谁同？苍崖不是无春色，吹尽斜阳一笛中。

游崖山泊舟奇石下风雨夜作

（明）陈献章

千寻铁索锁江云，南北当年一水分。晚泊孤舟奇石下，两崖风雨夜深闻。

与李世卿同游崖山

(明)陈献章

海风昼号山木折,黑浪夜撼苍崖裂。有庙于此昭臣节,吾昔大书吾脑热。天冠地履华夷别,万古不使纲常灭。角声呜呜旗猎猎,楼船将军过击楫。楚客旁观嘿无说,肝肠里有三公铁。南山老人红玉颊,笑坐松根待明月。

吊陆公祠

(明)陈献章

伤心欲写崖山事,惟有东流去不回。草木暗随忠魄吊,江淮长为节臣哀!精神贯日华夷见,气脉凌霜天地开。耿耿圣旌何处是,英灵抱帝海涛隈。

吊陆公祠

(明)李东阳

国亡不废君臣义,莫道祥兴是靖康!奔走耻随燕道路,死生惟着宋冠裳。天南星斗空沦落,水底鱼龙欲奋扬。此恨到今犹不极,崖山东下海茫茫。

汴城杭国总丘墟,三百年来此卜居。海外河山非汉有,岭南人物是周余。行宫草草慈元殿,讲幄勤勤《大学》书。辛苦相臣经国念,有才无命欲何如!

北风吹浪覆龙舟,溺尽江南二百州。东海未填精卫死,西川无路杜鹃愁。君臣忠愤三朝共,夷夏兴亡万古仇。若遣素王生此世,也须重纪宋春秋。

题陆公祠

(明)吴国伦

双崖悬作势,一水怒排空。国难身何惜,亲征气尚雄。鱼龙吞玉玺,麋鹿卧行宫。举目都遗恨，萧萧起飓风。

题陆公祠

（明）宋　曹

北斗南迁王气迷，潮鸣瘴海雨凄凄。天穷宋室龙为遁，地尽崖门马不嘶。一代君臣归社稷，全家妻子逐鲸鲵。寒山每堕千岩泪，明月飞鸟空夜啼。

飓风吹腊指危冠，千古忠魂泪未干。战血久涵南海碧，石烨高烛一天寒。鲛宫不辍朝参夜，鱼腹仍尊讲学坛。漠漠孤崖一卷石，至今犹为赵家看。

吊陆丞相

（清）潘　耒

崖山尚住宋遗民，文陆当年事苦辛。穷海不春犹正朔，孤航无土自君臣。忠魂郁作潮头怒，浩气蒸成蜃阙新。异代流风多感激，草间时有纳肝人。

题陆公祠

（清）夏之蓉

丞相大义星日光，身逐沧海蛟龙翔。维桑与梓召魂魄，褒衣大冠千载藏（盐邑大陆庄有衣冠墓）。荒祠岉屼峙道侧，古柏苍藤团野色。试看先轸面如生，只恐苌宏血犹碧。我来亲奠几筵前，一拜再拜心拳拳。文山叠山并科目，得人之盛非偶然。

本书参考书籍

（一）《宋史》

（二）《南宋书》

（三）《续资治通鉴》

（四）《宋史纪事本末》

（五）《昭忠录》

（六）《宝祐四年登科录》

（七）《陆丞相蹈海录》

（八）《陆丞相全集》

（九）《陆氏家乘》

（十）《淮安府艺文志》

（十一）《盐城县志》

（十二）《京口耆旧传》

（十三）《潮州府志》

（十四）《新会县志》

张溥年谱

目　次

张溥年谱

明神宗万历三十年，壬寅（1602），三月二十三日，生于太仓。

张氏名溥，初字乾度，改字天如，号西铭，苏之太仓州人也。曾祖鲸。祖仲，娶于方，生三子：长辅之，南京工部尚书；次相之，夭；又次翼之，字尔谟，号虚宇，溥之父也。娶陆，继潘。侧室三：叶、汪、金。溥，金出。兄弟十人，溥居八。门房称为十者，以尚书诸子亦列入雁行也。

附世系表：

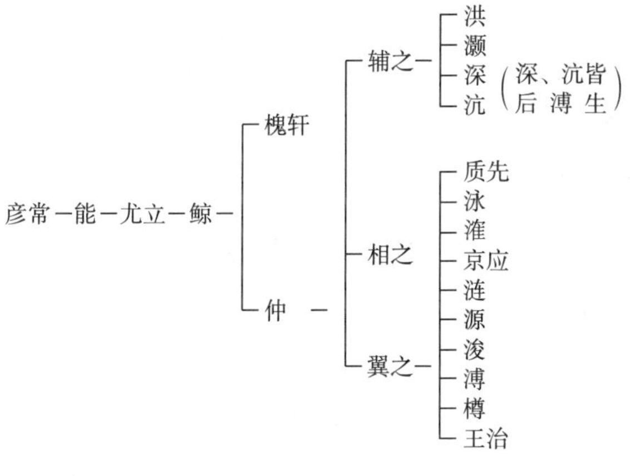

是年，王世贞卒已十三年。

世贞，太仓人。文宗秦汉，诗法盛唐，人虽云亡，而流风未沫，溥之诗文受其影响甚巨。

《七录斋诗文合集·王文肃课孙稿序》："嘉靖之季，文尚弘邈，吾娄相国（王锡爵）起而昌大其事，观斯备矣。当时称述大家者，咸云：'琅邪（王世贞）探放六艺，太原（锡爵）综切义理。'两家岳岳儒林间，四方车盖辐凑其乡，童子歌谣，丈人播说，未能先也。"又《王子彦稿序》："予生时晚，不及从琅邪王氏两先生游，则闻之长老云：'元美（世贞）先生广大，敬美(名世懋,世贞弟)先生方严。'辄私心想见之。"

友人张采已七岁。

采字受先,与溥同里,溥居西郊,采居南郊,人称西张、南张,合称两张先生。溥平生友好,推采为最。《明史·张溥传》,采附。

杨廷枢已八岁。

廷枢,长洲人,字维斗,与溥共倡复社,契合无间。《七录斋近集·杨年伯母侯太孺人六十序》:"溥自丙寅以迄庚午,出入必与维斗俱,明经、贤书二录,亦幸同列名,驰驱江浒,徘徊京国,风雨鸡鸣,论议不倦。"

吴应箕已九岁。

《明史》:"吴应箕,字次尾,贵池人。善今古文,意气横厉一世。阮大铖以附珰削籍,侨居南京,联络南北附珰失职诸人,劫持当道。应箕与无锡顾杲、桐城左国材、芜湖沈士柱、余姚黄宗羲、长洲杨廷枢等为《留都防乱公揭》讨之,列名者百四十余人,皆复社诸生也。"《楼山堂全集》有《感事赠天如虎丘》诗。

黄道周已十八岁。

道周曾为溥撰墓志,中有"公之退,退而死,则亦维余之故也"之语。

姚希孟已二十四岁。
文震孟已二十九岁。

《合集》有《寿文湛持先生六十序》。

高攀龙已四十一岁,顾宪成已五十三岁。

万历三十一年,癸卯(1603)。二岁。

万历三十二年,甲辰(1604)。三岁。

十月,顾宪成讲学东林书院。

《明亡述略》(作者佚名):"顾泾阳、高景逸讲学东林,海内士大夫多从之游,故魏忠贤诬为东林党;而复社则杨维斗、张天如倡之,以踵东林者也。”

万历三十三年，乙巳(1605)。四岁。

万历三十四年，丙午(1606)。五岁。

门人吴继善生。

吴伟业《志衍传》：“予年十四，识志衍，志衍长于予三岁。”伟业生己酉，故知志衍生丙午。志衍，继善字也。伟业《哭志衍诗》中有“煌煌张夫子，斯文绍濂洛。五经叩钟镛，百家垂矩矱。海内走其门，鞍马填城郭”之句，想见门墙之盛。

万历三十五年，丁未(1607)。六岁。

从刘振溪学。

张采《庶常天如张公行状》：“蒙师刘振溪死，公操文哭祭，约管子士琬，卜地成葬，岁恤其妻若子。”入塾似初从振溪也。

是年，宋玫生。

玫字文玉，别号九青，莱阳人，诗文与溥齐名，郑澹石诗云：“剖斗折衡为文章，天下娄东与莱阳。”

万历三十六年，戊申(1608)。七岁。

日诵数千言。

《行状》：“公六七岁，奇慧，不逐童戏，兄弟中间童戏，独正目视，亡预。晨佩管遭，从师受读，日可数千言。暮反，揖虚宇公所，或呼问：‘今日何书？’琅琅诵不休，虚宇公绝怜爱。”

六月，友人陈子龙生。

万历三十七年，己酉(1609)。八岁。

门人吴伟业生。

伟业字骏公，号梅村，与张氏同里，门墙之中，此为高弟。

万历三十八年，庚戌(1610)。九岁。

万历三十九年，辛亥(1611)。十岁。

万历四十年，壬子(1612)。十一岁。

受业于张露生。

《合集》卷三《张露生师稿》："予年十一，从先生学文字，时粗解把笔，先生谓为可教，时称述于先子。"《行状》："我自遇露生张师，始获黄童誉，师弟亦佩知己哉！"

五月，顾宪成卒。

万历四十一年，癸丑(1613)。十二岁。

万历四十二年，甲寅(1614)。十三岁。

万历四十三年，乙卯(1615)。十四岁。

万历四十四年，丙辰(1616)。十五岁。

家庭间多隐痛，虚宇唯望子之有成，溥刻励承志。

虚宇长兄辅之，官工部尚书，位虽显，而无裨于弟，且时有凌夺事，后更纵其门客豪奴与虚宇讼争，虚宇郁郁而死，溥每痛心焉。《合集》卷六《先考虚宇府君行状》："先君尝择地为首丘计，已墨食矣，形家言其善，司空闻之，欲而不言，先君知之，即推予，曰：'兄胡不言？子孙一也。何彼此为！'同里张某，敖宕坏产，售地于先君，先予二百金，司空美其上腴，先君即裂契归之，亦不征所予。……门下客某者，能星家言，晓筝歌。初贫无家，夜止佛寺中，隆冬不能具茧絮。先君见之心动，召与语，给以衣食，葺数椽居之。引与司空游，司空喜其滑柔，置诸座客，得日亲近。某复请于先君，愿治生产为长久，先君与司空各贷以五百金。既而司空征五百金，某尽输之，独欲负先君以自肥，即诳先君曰：'某既洗室归大人，所余止妇筐中麻尔！'先君笑而听之。某终不自安，惧日后无以应，与大奴某某谋所以中先君，遂日夜短先君于司空，微伺声色，谬播扬于人，于是诐人曹、韩、二陆之伦稍稍出矣。曹固旧家，又饶于贸聚，三十年前，曾鬻水田百余亩于先君，田故苐，弗治。先君伐材缮屋，募农市牛种，更十余年始易，计耕植之费，视田值三倍，难于设辞。韩为先君故人子，韩父没而不殓，先君多予之金，仅偿地一亩，欲言不得其端。陆游公卿门，父子皆州诸生，有瘠下田五十亩，无所售，陆强先君之友劝售，得高值，券书粲新，不可以讼。某与二奴啖之，曰：'若第言，当为内助，即不得胜，可获大利。"诐人摇于利，即登先君门，攘袂求斗，先君敛容下之。诐人计穷，即诬讼于州大夫。""先君少历忧患，老而弥酷，日延师傅，躬教挞，以望子之有成。""然先君摧辱之时，子虽多，大者二十余岁，少者仅八九岁，无一人奋声激昂，稍借爵位气势援先君于祸患，遂至症结著心，闭眏横涕，溘然长往，良可恸也！"陆士仪《复社纪略》："翼之子十人，溥以婢出，不为宗党上下所重，辅之家人遇之尤无礼，尝造事倾陷翼之。溥洒血书壁，曰：'不报仇奴，非人子也！'奴闻而笑曰：'塌蒲屦儿何能为！'溥饮泣，乃刻苦读书，无分昼夜。尝雪夜已就寝，复兴，露顶坐而晓，因病衄。"

万历四十五年，丁巳(1617)。十六岁。

四月，丧父。

《先考虚宇府君行状》："先君生于嘉靖丙辰之四月三日，没于万历丁巳之四月四日，享年六十有二。"张采谓溥"十五岁丧父"，当以自述者为信。

是年，奉母金出居西郭，颜其室曰七录斋。

万斯同《明史稿》："溥幼嗜学，所读书必手钞，钞已，朗诵一过，即焚之，又钞，如是者六七，始已。或问：'何勤苦乃尔？'曰：'聊用强记，何留滞心目为！'用是，右手握管处，指掌咸成茧，数日辄割去。冬月手皲，日沃汤数次。其勤学若是。后名读书之斋曰七录，以此也。"（卷286下）按王祖畬《太仓州志》，谓七录斋在今西门内兴福桥东。

万历四十六年，戊午(1618)。十七岁。

友人侯方域生。

方域，商丘人，字朝宗，甲申以后，居于南都，与桐城方以智、如皋冒襄、宜兴陈贞慧称四公子，以清议自持，作复社之嗣响。《壮悔堂文集》有《答张天如书》。

万历四十七年，己未(1619)。十八岁。

光宗泰昌元年，庚申(1620)。十九岁。

补博士弟子。

《行状》：“十九，补博士弟子，声闻籍甚，交一时名贤，志为大儒。”

是年，始与张采定交。

张采《祭天如兄文》：“忆弟友兄，始庚申。”

熹宗天启元年，辛酉(1621)。二十岁。

与邑人顾梦麟游。

《近集·寿顾岫云先生七十叙》：“麟士结茆凤里，室仅盈丈，题曰织帘，粪除洁清，花木四植，余每登临其堂，旬日忘返。”

天启二年，壬戌(1622)。二十一岁。

吴伟业入弟子籍。

陈廷敬《吴梅村先生墓表》：“少聪敏，年十四，能属文，里中张西铭先生以文章提倡后学，四方走其门，必投文为贽，不当意，即谢弗内。有嘉定富人子窃先生塾中稿数十篇投西铭，西铭读之大惊，后知为先生作，因延至家。”顾湄《吴梅村先生行状》：“下笔顷刻数千言，时经生家崇尚俗学，先生独好三史，西铭张公溥见而叹曰：‘文章正印，其在子矣！’因留受业，相率为通经博古之学。”又《太仓州志》引吴梅村之言曰：“余初第时，不知诗，而多求赠者，因转乞吾师西铭，西铭一日漫题云：‘半夜挑灯梦伏羲。’异而问之。西铭曰：‘尔不知诗，何用索解！’因退而讲声韵之学。”案梅村一生之成就在诗，其来盖有自矣。

天启三年，癸亥(1623)。二十二岁。

张采至七录斋共学。

张采《祭天如兄文》："岁既癸亥，延我七录斋，逮丁卯，凡五年中，兄每辰出，夜分或过子刻入。两人形影相依，声息相接，乐善规过，互推畏友。时设疑难，必尔我畅怀，归于大理。金母从窗户窥听，每称：'二子不但勤学，乃从未见惰容嬉色。'嗟夫！两人而同乳，亦可不愧友于也。"

访周钟于金沙。

《复社纪略》："介生(周钟字)敏颖绝伦，负逸才，角丱时，五车万卷无留牍矣，诗文缅缅万言，有倚马之目。……时三吴盛文社，人人自炫，溥一不省之，而独与张采订交。……闻周介生倡教金沙，负笈造谒，三人一见，相得甚欢，若故旧，辨难五昼夜，订盟乃别。"《近集·陈母应太夫人七十寿序》："介生十八九岁即提挈文坛，法言法行，远迩从风。"《合集·房稿表经序》："去介生居五百里，动静语言，若与之应。"足征契合之深矣。吴伟业《复社纪事》："先生初以少，长兄事介生，既显贵，倾介生客，顾修旧节唯谨，于事必先介生，而己为之下，介生亦不以贫贱故，少有所抑损，世称友道，以周张为难。"案周氏为金沙大族，钟兄铨，字简臣，从兄镳，字仲驭，与钟并有才名。李自成入北京，其相牛金星与钟有旧，钟往尝设教中州侯恪家。金星，卢氏人，常与过从，钦其文采，至是，《劝进表》《下江南檄》，一以委之。往士多以是丑钟，而兼病张氏无知人之鉴。但清人计东祇侪钟于王维、郑虔(见其《上吴伟业书》)，近人朱倓且谓其贤于龚鼎孳、梁清标、孙承泽、陈名夏诸人远甚(见《明季南应社考》)，今则更无论矣。观点不同，是非岂易判定，以此病张氏，毋乃近于深文。

天启四年，甲子(1624)。二十三岁。

创应社于苏。

朱彝尊《静志居诗话》："文社始天启甲子，合吴郡、金沙、槜李仅十有一人：张溥天如、张采来章、杨廷枢维斗、杨彝子常、顾梦麟麟士、朱隗云子、王启荣惠常、周铨简臣、周钟介生、吴昌时来之、钱栴彦林，分主五经文字之选。"《合集·五经征文序》："应社之始立也，所以志于尊经复古者，盖其志也。是以《五经》之选，义各有托：子常、麟士主《诗》，维斗、来之、彦林主《书》，简臣、介生主《春秋》，受先、惠常主《礼》，溥与云子则主《易》，振振然白其意于天下。”案明以制艺取士，士子咸思厚自濯磨，以求副功令，师友研讨，结为文社。万历、天启间，文章之归，豫章、莱阳、吴中称鼎峙。豫章为陈大士际泰、罗文止万藻、章大力世纯、艾千子南英辈；莱阳则宋玫九青父子兄弟；吴中则溥与周钟、张采诸人也。吴伟业云：“余幼执经张西铭先生门，即知莱阳之文章，与东吴、豫章埙篪应和。”(《梅村文集》卷一《宋玉叔诗文集序》)应社为吴中文社之雄，张氏倡之，以气节为重，衡艺论文，实余事耳。《合集·正风俗议》：“风俗之不古也，士子为甚。逆珰之乱，献谄造祠者，倡于松江；奴酋之横，开城乞降者，见于永平。于是天下争言士子之变，沦胥已极，几甚于尧时之洪水，周初之猛兽。要之，此其人不足以谓之士子也。其人虽含气之属，久绝于生民之理。名之以人，而人不与；归之于地，而地不受。苟欲列而谓之士子，则天下之为士者惧矣。”《诗经应社序》：“应社之始立也，盖其难哉！成于数人之志，而后渐广以天下之意。……此数人者，度德考行，未尝急于求世之知，而世多予之。其所以予之者，何也？则以其诚也。无意于名，而有其实，不婴念于富贵贫贱，当其既至，皆有以不乱。是故先与乎其人，后与乎其文，为人之道，有一不及于正者，则辞之而不敢就。既与其人，而文或有未至者，则必申之以正，因其材之所命而乐其有成，是以邪辟之意无所形之于文，而四方之欲交此数人者，尝观其文而即知其人之无伪，则定社之大指也。”《房书艺志序》：“予素不乐观时文，近益畏之，间以文质难者，读未尽三四义，辄欠伸欲睡。”综观上文，当知社固以文会友，然张氏所重，则在彼而不在此。

《明季南应社考》：“应社之初起，颇以读书为事，如张溥、朱隗主《易》，杨廷枢、钱栴主《书》，杨彝、顾梦麟主《诗》，张采、王启荣主《礼记》，周铨、周钟主《春秋》。其后推广而为复社，其法传于浙江，余姚黄宗羲讲学于鄞，有五经会，又名讲经会，万斯大、斯同兄弟皆预焉。斯大有言：‘非通诸经，不能通一经；非悟传注之失，则不能通经；非以经释经，则无由悟传注之失。’(黄宗羲《南雷文约》卷一《万充宗墓志铭》)故一人专一经，而月为会讲，各出所长，以相灌输切磨，则五经皆通，而所专之经，更能精深独到，此清代经学所以发达也。追溯其源，则五经应社虽以评骘五经制义为主，然张溥、张采、杨廷枢、杨彝、顾梦麟等皆有经注（张采有《周礼合解》18卷，杨廷枢有《易论》1卷，杨彝有《四书大全节要》及《四书说约》20卷[《说约》与顾梦麟合撰]，顾梦麟有《诗经说约》28卷、《四书十一经通考》20卷、《重订说约》20卷。张氏经注多种，见后），则其提倡风气之功不可没也。"又曰："应社之人，多明夷夏之防。夏允彝、陈子龙、吴应箕皆举兵抗清，事败而死，而应箕之死犹烈。杨廷枢因门人戴之俊佐吴胜兆军抗清，事败，连廷枢，巡抚重其人，命之剃发，廷枢曰：'砍头事小，剃发事大。'临刑大声曰：'生为大明人！'首坠地，复曰：'死为大明鬼！'（逸雪案：首坠则不能作声，当系刀已加颈之际，犹复大声疾呼，首落，余音犹未散也）此非临大节而不可夺者耶！徐汧以清兵渡江，自沉于虎丘之后河，语人曰：'留此不屈膝不剃头之身，以见先人于地下。'一老仆随之同死。钱栴与陈子龙交最厚，卒同其祸，与其婿夏完淳（允彝子）同死江宁。沈士柱古冠大带，不遵虏服制，被杀，藁葬凤台门外，妻妾三人同殉。蒋德璟以清兵至泉州，不食卒，或曰吞金死。陈元纶于福京破后，从容不食死。此九公者，其死难不同，要其不臣异族，其死皆可与日月争光焉。杨彝于明亡之后，杜门不出，终身力学不仕。顾梦麟桑海以后，断迹城市。朱隗晚岁当贡，隐居不出。吴有涯于南都破，浙东兵溃后，削发为僧，隐邓尉山；久之返故里，当事请一见，不可，幽忧发病，不言不出，十余年卒。刘城于鼎革后，隐于峡川，完发以卒。万应隆于鼎革后，尝一赴会试，未终场而出，筑玉屏园以居。故交多达官，屡劝之仕，弗应，茹蔬衣褐，又三十余年而卒。沈寿民避阮大铖党狱，变姓名，入金华山中，国亡，遂不返，采薇藿充食。故交陈名夏仕清入阁，将特疏荐寿民，使人寓书，寿民对使焚之，答书曰：'凡今欲征仆荐仆者，直欲死仆者也。'名夏乃止。黎元宽于明亡之后，绝意不仕，有荐之者，以母老固辞，年八十以寿终。此八子虽未尝殉国，然义不臣虏，其志节亦有足多者。其他或前死，或隐没无闻。要之，应社中殆无一降虏者，此可为应社生色者也。"（见北京大学《国学季刊》2卷3号）案有清学术之盛，超越前代，人皆以倡导之功归诸亭林、梨洲。《静志居诗话》："复社诸君多以文章经济自负，韵语不甚专心，若桐城之方密之、钱幼光、周农父，华亭之陈卧子，吴江之吴日生，长洲之陈玉立，昆山之顾宁人，是皆媲群雅而继国风者与？"梨洲与溥过从，见本谱崇祯七年。然集体治学，分工互助之法，明季应社实为先河，故张氏亦百世之师也。应社初仅十一人，其后请入者日众。《复社纪略》："贵池吴应箕，吴门徐鸣时，合七郡十三子之文为匡社，行世已久，后合于应社。"周钟《应社社目》并将徐浅汧、荆良、吴有涯、夏允彝、陈子龙、陈元纶、蒋德璟等人列入，声应气求，主持清议，俨然成一政党，其后更广而为复社，旗帜益鲜明矣。诸人于鼎革之际，或杀身以成仁，或采薇而高隐，亮节清风，照耀异代，其人因学养深淳，各有所守，而当时张氏激扬、倡导，尤有重要之关系焉。

天启五年，乙丑(1625)。二十四岁。

治学益力。

《近集·顾麟士四书说约序》："予口诵笔记，笺满篱壁。暑月，置大甕，纳两足，漏尽毕读。或讥为迂阔，塞耳若不闻者。"张采所为《行状》："公同余读书时，见公解粽设饧，误渍墨，口辅尽黑，余笑，公终不觉。夜深灯尽，窗照如白日，疑天遂明，视庭中，则雪深一尺。"

七月，吏科都给事魏大中卒于狱。

《合集》卷五有《祭魏廓园先生文》。

十月，收抚友人沈承之遗孤。

王家桢《研堂见闻杂录》："吾娄前故有沈君烈者，名承，亦才士，试辄高等，三居第一，声价蔚起，四方高才皆与结社，竟于甲子下第死，年四十余。未几，妻薄氏(少君)死，一子襁褓，天如张公时为诸生，怜而育之。"按承有《即山集》，溥曾序之，中云："甲子孟冬，吾友君烈大别……孺人(薄氏)昼夜擗摽，甘心灰没。赋悼亡诗百首，愁怨悲栗，痛逾柳下之诔，侵染成疾，竟殒身躬，计其去君烈之亡，裁余一岁有一日耳。"张三光《沈君烈轶事》："君烈为畸人，少君为畸配，天如为畸友。"

十二月，阉人榜示东林姓名于天下。

天启六年，丙寅(1626)。二十五岁。

与徐汧订交。

《近集·祭徐伯母文》:“溥于丙寅之春,交太史。”

宁远围解,作诗。

集中有《辽师大捷凯歌四章》。

三月,原任左都御史高攀龙自沉。

《近集·题赠吴峦稚之光州司》:“高景宪先生从容止水,遗表纳忠,不动声色,情倍哭泣。”《合集》有《吊高景逸先生诗》。

前吏部主事周顺昌被逮,吴民不平。

天启七年,丁卯(1627)。二十六岁。

张采以女字溥所抚子忱。

张采《祭天如兄文》:“丁卯,我第三女许兄所抚子,称姻家。”所抚,按即沈承之子。

八月,思宗即位。

十一月,放魏忠贤于凤阳,道死,诏磔其尸。

作《五人墓碑记》。

文曰:“五人者,盖当蓼洲周公之被逮,激于义而死焉者也。至于今,郡之贤士大夫请于当道,即除魏阉废祠之址以葬之,且立石于其墓之门,以旌其所为。呜呼,亦盛矣哉!夫五人之死,去今之墓而葬焉,其为时止十有一月耳。夫十有一月之中,富贵之子,慷慨得志之徒,其疾病而死,死而湮没不足道者,亦已众矣,况草野之无闻者欤!独五人之皦皦,何也?予犹记周公之被逮,在丁卯(逸雪案:丁卯当作丙寅,盖传钞之误)三月之望,吾社之行为士先者,为之声义敛赀财以送其行,哭声震动天地。缇骑按剑而前,问:‘谁为哀者?’众不能堪,抶而仆之。是时,以大中丞抚吴者,为魏之私人,周公之逮所由使也,吴之民方痛心焉,于是乘其厉声以呵,则噪而相逐,中丞匿于溷藩以免。既而以吴民之乱请于朝,按诛五人,曰:颜佩韦、杨念如、马杰、沈扬、周文元,即今之傫然在墓者也。然五人之当刑也,意气扬扬,呼中丞之名而詈之,谈笑而死,断头置城上,颜色不少变。有贤士大夫发五十金,买五人之脰而函之,卒与尸合,故今之墓中,全乎为五人也。嗟夫!大阉之乱,缙绅而能不易其志者，四海之大，有几人欤？而五人生于编伍之间，素不闻诗书之训，激昂大义，蹈死不顾，亦曷故哉？且矫诏纷出，钩党之捕，遍于天下；卒以吾郡之发愤一击，不敢复有株治，大阉亦逡巡畏义，非常之谋，难于猝发，待圣人之出，而投缳道路，不可谓非五人之力也。由是观之，则今之高爵显位，一旦抵罪，或脱身以逃，不能容于远近，而又有翦发杜门，佯狂不知所之者，其辱人贱行，视五人之死，轻重固何如哉！是以蓼洲周公忠义暴于朝廷，赠谥美显，荣于身后；而五人亦得以加其土封，列其姓名于大堤之上，凡四方之士，无有不过而拜且泣者，斯固百世之遇也。不然，令五人者，保其首领，以老死于户牖之下，则尽其天年，人皆得以隶使之；安能屈豪杰之流，扼腕墓道，发其志士之悲哉！故予与同社诸君子哀斯墓之徒有其石也，而为之记，亦以明死生之大，匹夫之有重于社稷也。贤士大夫者，冏卿因之吴公、太史文起文公、孟长姚公也。"温睿临《南疆逸史》："杨廷枢，字维斗，吴县人。为诸生，以气节自任。天启丙寅，逆阉矫诏，逮吏部周顺昌，廷枢倡率士民数千人谒巡抚，欲令上书申救，巡抚不可，哭声震地，校尉呵问，即击杀之。已而逮御史黄尊素者，又至驿中，市民共出阊门，焚其舟，毁其驾帖。巡抚毛一鹭惧祸，根究乱民，杀五人以谢阉，苏人义以表其墓，所谓五人之墓也。"《明史·徐汧传》："周顺昌被逮，缇骑横索钱，汧与廷枢敛财经理之，当是时，汧、廷枢名闻天下。"案当日阉势熏天，天下被其毒，而莫可如何，吴民一击，可谓惊人之举。而倡率为杨、徐，二人皆在应社，故记有"吾社之行为士先者，为之声义敛赀财以送其行"之语也。此文风神摇曳，直逼史公，早为艺林所赏；而其发扬正义，彰阐幽潜，激劝之功，尤不可没也。

张采举于乡。

十二月，张采入京，溥送之浒墅。

张采《祭天如兄文》："丁卯……腊月，北上，兄送浒墅，弟泣托老母，兄泣应。"

是岁，始交陈子龙。

陈子龙《自撰年谱》："天启七年，丁卯，是岁作《梅花赋》《蚊赋》，始交娄江张受先、张天如。"

思宗崇祯元年，戊辰(1628)。二十七岁。

春，张采成进士，溥以覃恩选贡入太学，为成均大会，并结燕台社。

张采所为《行状》："戊辰，以覃恩选贡入太学。是年，适余先成进士，公策款段至京师，托余邸。会所贡天下士暨公卿雅流咸愿获交公，幸一望见，公则循墙谢不敏。"《复社纪略》："戊辰，溥以覃恩选贡入京。受先联第第三，九一（徐汧）、八公（蒋德璟）皆告捷；江西黎左严（元宽）已冠礼闱，为主试抑，置第二，皆社中才杰也。溥廷对高等，诸贡士入太学者俱愿交欢溥，争识颜面，溥因集诸多士为成均大会。是时宇内名卿硕儒，前为崔、魏摧折，投荒削逐者，崇祯新政，后先起废任用，闻知溥名，皆愿折节交欢，骚坛文酒，笺筐车骑，日不暇给，溥由是名满京都。"

《复社纪事》："先生以贡入京师，纵观郊庙辟雍之盛，喟然太息，曰：'我国家以经义取天下士，垂三百载，学者宜思有以表彰微言，润色鸿业。今公卿不通六艺，后进小生剽耳佣目，幸弋获于有司，无怪乎椓人持柄，而折枝舐痔，半出于诵法孔子之徒。无他，诗书之道亏，而廉耻之途塞也。新天子即位，临雍讲学，丕变斯民，生当其时者，图仰赞万一，庶几尊遗经，砭俗学，俾盛明著作，比隆三代，其在吾党乎？'乃与燕、赵、鲁、卫之贤者为文言志，申要约而后去。"

案溥于此时亦曾结燕台社，郭绍虞《明代的文人集团》："燕台社亦称燕台十子社，是张溥赴京时所组织。杜登春《社事始末》云：'是时娄东张天如先生溥、金沙周介生先生钟，并以明经贡入国学，而先君子（杜麟征）登辛酉贤书，夏彝仲先生允彝亦以戊午乡荐偕游燕市，获缔兰交。目击丑类猖狂，正绪衰息，慨然结纳，计立坛坫，于是先君子与都门王敬哉先生崇简，倡燕台十子之盟，稍稍至二十余人。宛平米吉士先生寿都，闽中陈昌箕先生肇曾，吴门杨维斗先生廷枢、徐勿斋先生汧，江右罗文止先生万藻、艾千子先生南英、章大力先生世纯、朱子逊先生健、朱子美先生徽，娄东张受先先生采，吾松宋尚木先生存楠，后改名征璧者，皆与焉。'则是燕台社组织之动机，已是对于污浊政治之反抗。此后的牵涉政治问题，无宁谓为当然的了。"

与严渡订交。

计东《上太仓吴祭酒书》："西泠严氏与金沙娄东吴门及江右之艾

氏，皆鼎立不相下，迨戊辰，西铭先生至京师，始与严子岸定交最欢。子岸归，始大合两浙同社于吴门。”子岸名渡，调御子也（溥曾为严调御作传），调御与弟武顺、敕倡立小筑社，时称三严。《余杭县志·严武顺传》：“兄弟自相师友，力追正始，择都人士，订业小筑山居，武林社事之盛，实自此始。”其后小筑社广而为读书社，黄宗羲《郑玄子先生述》：“崇祯间，武林有读书社，以文章风节相期许，如张秀初（岐然）之力学，江道闇（浩）之洁净，虞大赤（宗玫）、仲镐（虞仲瑶）之孝友，冯俨公（悰）之深沉，郑玄子（铉）之卓荦；而前此小筑社之闻子将（启祥）、严印持（调御）亦合并其间。”明年，复社出，读书社并入，子岸与有力焉。

与张采先后归。

《行状》：“戊辰……拜瞻宫殿，访南北郊制，问辟雍石鼓文，上下齐鲁，伏谒阙里，气益优裕，两人先后归。”

阉党顾秉谦匿娄，溥为檄文逐之。

《复社纪略》：“（溥）矜重名义，采尚节概，言论丰采，目光射人，两人相砥濯自励。时魏珰败，鹿城顾秉谦为邑人所逐，避处娄中，溥、采鼓诸生驱之，檄文脍炙人口。”按顾秉谦曾为首辅，凡魏阉倾害忠良，皆属其票拟，《三朝要典》之作，秉谦实为总裁。《明史》入《阉党传》。

秋，艾南英来娄论学，不合。

张鉴《冬青馆甲集·书复社姓氏录后二》：“当社之初起，东南坛坫不一，苏州、松江、金沙、皖江、浙西、江右无不立社，而东乡艾氏与同郡章世纯、罗万藻、陈际泰以兴起斯文为己任，四方翕然归之。其来娄东之七录斋也，名流无不在座，千子与西铭论朱陆异同，不合。”陈子龙《自撰年谱》：“崇祯元年，戊辰，秋，豫章孝廉艾千子有时名，甚矜诞，挟谖诈以恫喝时流，人多畏之。与予晤于娄江之弇园，妄谓‘秦汉文不足学，而曹、刘、李、杜之诗皆无可取’。予年少，在末座，摄衣与争，颇折其角。”《复社纪事》：“天下争传其文，而艾千子独出其所为书相訾謷。千子之学，雅自命大家，熟于其乡南丰、临川两公之言，未尝无依据，顾为人褊狭矜愎，不能虚公以求是。尝燕集弇州山园，卧子年十九，诗歌古文倾一世，艾旁睨之，谓此年少何所知！酒酣论文，仗气骂座，卧子不能忍，直前殴之,乃嘿而逃去。……先生既笃志五经诸史,不复用制艺与千子争长短。"案千子与溥所论,重在文派之争,此与时代、地理均有关系。明文主要分两派:一主秦汉,一主唐宋。主秦汉者,为王世贞、李攀龙,取法《左》《史》。主唐宋者,为归有光、唐顺之,步趋欧、曾、昌黎。溥绍王、李之绪(详见《近集·刘宗斋先生诗集序》),千子则宗归、唐而上溯欧、曾(艾南英《天佣子集·再答夏彝仲论文书》:"震川留心《史记》,摹神摹境,假道于欧。欧者,《史记》之嫡子,而此老则欧之高足也。"《答陈人中论文书》:"足下谈古文,辄诋毁欧、曾诸大家,而独姝姝守一李于鳞、王元美之文,以为便足千古。不佞方由韩、欧以师秦、汉,足下乃谓不当舍秦、汉而师韩、欧;不佞方以得秦、汉之神气者尊韩、欧,而足下乃以窃秦、汉之字句者尊王、李,不亦左乎?")。欧、曾均籍豫章,艾适产其地,世贞则为张氏之乡先辈,因地域之不同,而文章遂异其趣,初不以此判优劣也。而千子必欲伸一己之说,其《房选删定序》尤极诋毁之能事,宜卧子之不能平也。

初识王志庆。

王志庆《祭张天如文》:"忆自戊辰岁,得交天如,时天如声气已通海内,乃谬进予,而勉以道德之归、文章之事,自此情好日密。天如每西,指予为家,枯鱼浊酒,流连晨夕。自其举于乡,以至今,如一日也。"(《娄水文征》卷36)按志庆字损岳,号与游,天启丁卯举人,卒祀昆山乡贤祠。

十一月,张采作临川令,送至钱塘而别。

张采《祭天如兄文》:"冬十一月,弟将老母之临川,兄送我武陵萧寺,临岐一恸,左右掩涕。嗟夫!此如邛邛岠虚,难可刻离,临川不在天上,作此酸塞!"按《合集》卷二有《西湖夜对》《吊岳武穆祠》《登放鹤亭》《过严先生钓台》《桐江遇罗吴皋》《次孟朴富春道中》《新安道中》诸诗,其下《咏鹿城烈妇》,跋云:'五月五日后,同孟朴、君伟、孟宏自新安归,舟中刺论节妇事。'疑溥别张受先后,尝与孙淳等遨游杭州近地诸胜,至明年五月始归。溥至杭,可考者计两次:一为此次送张受先,一为崇祯六年癸酉与受先至杭晤黎元宽。卷末《江雨怀受先》:"别君几两月,草草待江浔。"似非癸酉事也。许豸《春及堂遗稿·与张天如、吴骏公、杨维斗泛舟西湖》,有"十里晴明嫩柳斜,同登孤棹赏春华"之句,游时当为春日,然非在本年也。豸字玉斧,侯官人,崇祯辛未进士,与溥谊属同年,官至浙江提学副使。溥与梅村、维斗往游之日,或在玉斧居杭作官之时,本年春,玉斧春闱犹未捷。癸酉,溥与受先赴杭,时提学副使为黎元宽。更观《夜泊斜村》"浙江正是门前路"之句,则是溥赴浙又非仅两次矣。

崇祯二年,己巳(1629)。二十八岁。

合诸文社而一之,名曰复社,声势动朝野。

《行状》:"公既别钱塘,归果踽踽,颇不聊,又念友生若参昴,古学罔攸明,因集吴越间俊造,凡经明行修一辈,定规模,要计程课。既集,公飏言于众曰:'不殖将落,毋陷匪彝,毋读非圣书,毋违老成人,毋矜厥长,毋以辨言乱政,毋干进丧乃身。嗣今往犯者,小用谏,大则摈勿与。世教衰,此其复起,名社曰复,共勗诸!'众咸曰'诺'。于是复社之名震天下,由吴越以及四方,凡其地俊造,经明行修者,以不与为耻。"

《复社纪略》:"吴江令楚人熊鱼山(开元)以文章经术为治,知人下士,慕天如名,迎致邑馆,巨室吴氏沈氏诸弟子俱从之游学。于是为尹山大会,苕霅之间,名彦毕至。未几,臭味翕集,远自楚之蕲黄,豫之梁宋,上江之宣城、宁国,浙东之山阴、四明,轮蹄日至。比年而后,秦、晋、闽、广多有以文邮致者。是时,江北匡社、中州端社、松江几社、莱阳邑社、浙东超社、浙西庄社、黄州质社与江南应社,各分坛坫。天如乃合诸社为一,而为之立规条,定程课。曰:'自世教衰,士子不通经术,但剽耳侩目,几幸弋获于有司。登明堂不能致君,长郡邑不知泽民,人材日下,吏治日偷,皆由于此。溥不度德,不量力,期与四方多士共兴复古学,将使异日者务为有用。'因名曰复社。……又于各郡邑中推择一人为长,司纠弹要约,往来传置。天如于是裒十五国之文而诠次之,目其集为《国表》,受先作序冠弁首。集中详列姓氏,以示门墙之峻;分注郡邑,以见声气之广云。"

《静志居诗话》:"崇祯之初,嘉鱼熊开元宰吴江,进诸生而讲艺,于时孙淳孟朴结吴翻扶九、吴允夏去盈、沈应瑞圣符等肇举复社。时云间有几社,浙西有闻社,江北有南社,江西有则社,又有历亭席社,昆阳云簪社，而吴门别有羽朋社、匡社，武林有读书社，山左有大社，佥会于吴，统合于复社。复社始于戊辰，成于己巳。……是役也，孟朴渡淮泗，历齐鲁，以达于京师，贤士大夫必审择而定衿契，然后进之于社。故天如之言曰：‘忘其身为取友是急，义不辞难，而千里必应。三年之间，若无孟朴，则其道几废。’盖先后大会者三，复社之名动朝野，孟朴劳居多。”朱倓云：“吴之有复社，吴翻之力居多。翻家饶于赀，喜结客，复社初起，四方造访者，舟楫相蔽而下，客既登堂供具，从者或在舟中作食，烟火四五里相接，如此十余年无倦色。尝出白金二十镒，家谷三百斛，资孙淳效奔走，事结合。先后大会者三，四方以舟车至者数千人。有草檄以声复社十罪者，中有句云：‘传檄则星驰电发，宴会则酒池肉林。’非吴财力充盈，人怀慷慨，何以致此！”(《明季读书社考》)案孙氏效力，吴氏输财，均有功于复社，不容隐没；然苟无溥之通才硕望，又何足以感召之耶？孙氏有《梅绾居存草》，朱竹垞采其《别天如》《哭天如》以入《诗话》，当不如陆桴亭讥为“孙铺司”，专事奔走，而别无所长也。又考有明一代，严禁生员干政。(洪武二年，命礼部传谕：“天下利病，诸人皆许直言，惟生员不许！”)祖训煌煌，谁敢撄犯！一语之不合，一字之嫌疑，因而及祸者，盖比比也。处此艰危之境，而欲于时政有所主张，且集天下俊秀而共论之，势不得不务为通变。溥本瑰奇之士，守经之下，间以行权，原属可谅，而指玼摘瑕者遂有词矣。观过知仁，斯在明达。

诸社统归复社表	社址	云间	浙西	江北	江西	历亭	昆阳	吴门	吴门	武林	山左	中州	莱阳	浙东	浙西	黄州	江南
	社名	几社	闻社	南社	则社	席社	云簪社	羽朋社	匡社	读书社	大社	端社	邑社	超社	庄社	质社	应社
		复社															

张采第二女殇。

张采《祭天如兄文》：“临上时，第三女殇，弟哭几绝，非哭女，哭我许兄家一念尔。”

崇祯三年，庚午(1630)。二十九岁。

六月，温体仁入阁。

秋，乡试，先生为经魁，社友中式多人，为金陵大会。

《复社纪略》：“崇祯三年岁庚午，乡试，诸宾兴者咸集，天如又为金陵大会。是科主裁为江右姜居之(曰广)。榜发，解元为杨廷枢，而张溥、吴伟业皆魁选，陈子龙、吴昌时俱入彀……其他同盟列荐者复数十余人。”案杜登春《社事始末》，言“娄东声气至辛未益广”，则本年白下之会启之也。

张采自临川归，溥妻王以所抚女字采长男于临。

张采《祭天如兄文》：“庚午，弟病归，舟至奔牛，得兄乡捷信，喜告我母。及归，则王嫂复抚侄女许临儿，再称姻家。噫！两家交不系姻，然成姻亦自密也。”

冬，入京。

《合集·许年伯母诸太孺人寿序》：“庚午冬既，孟宏计偕同平仲、与游前发，予于德州道上遇维斗，要之并驱，及商家林，与三子相见。”

是年，曾游江阴。

黄与坚《吕石香先生墓志铭》：“庚午，西铭先生于澄语予(指吕)曰：‘子今者其遇乎？遇，则我担子荷矣。’”似溥应省试，或入京，买舟江行，路过澄江也。石香名云孚，好作古文奇字，亦张门高第。熊开元令吴江，以文章饰吏治，曾引云孚为都讲。

崇祯四年，辛未(1631)。三十岁。

春，会试：溥为会魁，吴伟业为会元，刻稿由溥鉴定。

《复社纪略》：“辛未会试，伟业中会元，溥与曰瑚又联第。江西杨以任，武进马世奇、成德，长洲管正传，闽福周之夔，粤东刘士斗并中式。……故事：新进士刻稿皆房师作序。……是时，天如名噪甚，会元稿竟以天如先生鉴定出名。”案张氏新成进士，即鉴定刻稿，一破往例，而并无声闻过情之诮，此自才德之征。然疏于谦尊而光之道，温体仁、蔡奕琛固忮刻成性，若房师李明睿之加督过，似缘溥之未善处也。

殿试，吴伟业中榜眼；溥授庶吉士，守正不阿，权贵嫉之。

《行状》："庚午、辛未，连举成进士，廷推善文章任翰林选者，无出公右，选翰林院庶吉士。公生平谓：'大丈夫贵有志，昔人称三不朽，要各有类。如德，则修身及家，均平天下；否者，备顾问，奏对三雍，为国家作述礼乐，昭宣教化。功，则为社稷臣，勒名旗常；否者，表章六经，裁量子史，俾后学有所依仿，稽勋亦不在挞伐下。言，则冠豸螭陛，屈轶指佞，言行道亦行；否者，著成一家，藏诸名山，使千万世知有其人，比于龙门、扶风。'又每恨无鞅掌才，不任奔奏，以此让人。同志知其寄托有在。及官翰林，思一有所表见，即口语不能无予夺；又性淳古，所不可，辄面赤不应，谗言遂孔张，执政要人耽耽视，公赋青蝇。"案嫉溥者，乃温体仁、蔡奕琛、李明睿诸人也。

受教徐光启。

《近集·徐文定公农政全书序》："予生也晚，犹获侍先师徐文定公，盖岁辛未之季春也。溥时以春官尚书守詹次，当读卷，亟赏予廷对一策，予因得以谒公京邸。公进予而前，勉以读书经世大义，若谓孺子可教者。予退而矢感，早夜惕励，闻公方究泰西历学，予邀同年徐退谷往问所疑。"

周之夔授苏州府推官。
刘士斗授太仓州知州。

《合集》卷一有《送刘瞻甫父母之任娄东》诗。

母金入京就养。

张采《祭天如兄文》："辛未，兄成进士，选庶吉士，弟送金母之北，拜河下，自谓犹子。"溥《哭苏太母文》："予母入都，受先复为具舟楫，慎防卫，使之百无所虑而后行。"

七月，张采母苏逝世，溥为文祭之，复有唁张受先诗。

《哭苏太母文》："太母亡于七月之十有二日。"集中更有《寄张受先》诗，题下有"时闻其内艰"五字。

熊开元归楚，作诗送之。

《明史·熊开元传》：崇祯四年，外调不赴。《合集》卷二有《送熊鱼山给谏归楚》诗。

崇祯五年，壬申(1632)。三十一岁。

正月，黄道周削籍归，为诗送之。

黄道周《翰林院庶吉士西铭张公墓志铭》："方壬申岁，公在馆选甫一载，余以宫允削籍归，公投余二诗。"案《合集》卷一有《送黄石斋先生》诗。

冬，所抚子忱殁于京。

张采有《张殇童圹铭》。《行状》："忱随公，死京师。"案溥将去京所为《先考虚宇府君行状》，末犹言孙男忱。忱之死，必为溥去京前数日事也。《合集》卷二有《哀薄少君兼感忱儿赋痛》："百律鹃红烛已灰，贞心夜夜变风雷。灵归何处看儿死，诗到于今似古哀。此日碧镂知断绝，十年绣褓幸招来。横悲只逐东流水，梁孟坟边思子台。"

假归葬父。

《近集·祭徐伯母文》："壬申……冬将尽，溥母子始旋。"《行状》："壬申，请假归，营卜宅兆，葬其父虚宇公。手自卒瘖，未尝屑屑问诸兄弟。"

家居肆力著述，学者争及门，人益忌之。

《复社纪略》："伟业以溥门人联第会元鼎甲，钦赐归娶，天下荣之。远近谓士之出天如门者必速售，大江南北群相争传以为然。以溥尚在京师，不及亲炙，相率过娄，造庭陈币，南面设位，四叩，定师弟礼，谓之遥拜，浼掌籍者登名社录，人人得意而去。比溥告假归，途中鷁首所至，挟策者无虚日。及抵里，四远学徒群集。"

《行状》："读书，日高起，漏下四鼓息，起坐书舍，呼侍史缮录，口占手注，旁侍史六七辈不给。固切友声，书生故人子挟册问，无用剥啄，辄通坐，坐恒满。四方尺牍又咄咄应，而公俯仰浩浩，所著述可一间屋，岂中材之子能万一几及乎?”又云:“发所度书,不下数万卷,丹黄细绎,无寒暑间。海内学者争及门,屦满户。当是时,要人方伺间不,与其党谋曰:‘若聚徒何为?是可指而蘖也。’欲发,犹未有名。而往之耻不与复社者,心衔其事,献谋曰:‘故时若立复社,名甚著,今加娄东,指为党人,曰娄东复社,即可不必有踪迹,将一网尽。’”

案周同谷《霜猿集》有诗云:“娄东月旦品时贤,社谱门生有七千。天子徒劳分座主,两闱名姓已成编。”自注:“娄东张庶常溥,举复社附东林,一时奔竞者多归之,门生有七千人焉。春秋两闱,天子徒然分遣座主,而孰元孰魁,孰先孰后,庶常已编定无遗人矣。座主房师,非门下士,即东林党人,待庶常以揭榜,大为孤寒之患。童生府录一名,值银一百二十两,皆为党人壅塞也。”又案《复社纪事》:“先生性好士,穷乡末学粗知好古攻文,辄许与不置口,赖其奖擢成名者数十百人。台使者视所言以为取舍,以此附丽益众;或稍乘其气凌藉于人,而士之不见齿录者多褊心,不能无望。”溥既负名望,远近士子归仰,未容非议;惟揄扬过情,甚或形诸荐牍,则不免有操纵选场之嫌,虽亲厚如梅村,亦不能为之解辩也。溥本以文章道义为海内倡,而热中科名者乃乘而杂处其中,太丘道广,导致良莠不齐,此殆势所必然;然疏于鉴别,习于矜盛,亦殊难为贤者讳。至谓“童生府录一名,值银一百二十两”,稍知自好者所不屑为,而谓溥为之耶?

崇祯六年,癸酉(1633)。三十二岁。

正月,弟王治入京应试。

《合集·无近弟稿序》:“昨予客燕,无近弟日念予,欲予归;予归不两月,弟车且北矣。昔者,二苏相念,各有《逍遥堂两绝句》。子由诗序谓:‘感于韦苏州风雨对床之句,恻然久之。’子瞻亦云:‘读弟书,不可为怀。’予远不敢望子瞻,顾弟之才,加以年力,似追子由无难者。且予即才劣,兄弟之情则同,不能不同翔低首也。”

三月,虎丘大会,溥为主盟。

《复社纪略》:“癸酉春,溥约集社长为虎丘大会。先数月前传单四出……至日,山左、江右、晋、楚、闽、浙以舟车至者数千余人,大雄宝殿不能容，生公台、千人石，鳞次布席皆满……往来如织。游人聚观，无不诧叹，以为三百年来未尝有也。”案复社集会非一次，而以本年虎丘之会为极盛，治党社史者每艳称之。观复社成员之众，足证张氏声气之广。记载复社姓氏之书，今尚存多种，但其间众寡不一，名籍间存支歧。愚往曾加以比勘，指其讹误，名为《复社姓氏考订》。取附谱末，聊供参证，兹不赘述。

交吴钟峦。

《复社纪略》：“中州名宿吴钟峦，字峦稚，与文姚齐名。宜兴周挹斋诸生时授业之师，钟峦为之延誉于四方，宜兴之登巍科，得师友奖借之功为多。钟峦狷介有守，宜兴贵为首揆，未尝有所干请。……癸酉春，钟峦游吴，谒文湛持，天如与之邂逅席次，言论丰采，迥异时流，天如心重之。询及宜兴，曰：‘挹斋座客，非声色之徒即货利之辈，绝无一文士，吾不乐近之。’……天如憬然益重其为人，力为引掖。”其后钟峦亦引溥为知己。《近集·题赠吴峦稚之光州司》：“峦稚门弟子半天下，余儿时已闻之，粗解笔，即喜读李仲幸侍御文，侍御年虽少，官历三朝，卒死阉祸。峦稚齿稍过壮，神不损騳，近对策，名动京邑。两人遇合迟速各有期，此岂人意所及乎？峦稚虽作客，门多长者车辙，然独语予，谓：‘知我者，子与君常尔！’嗟呼！孝标广论，痛绝名利；赞皇择交，志气为主。观诸峦稚，应无前人矣。”按钟峦为顾泾阳、高景逸之入室弟子，东林、复社原自一脉相通。其后鲁王起兵，以钟峦为礼部尚书。清兵至宁波，钟峦渡海入昌国卫，自焚死。张氏礼重之，非偶然也。

六月，周延儒罢，温体仁为首辅。

温育仁为《绿牡丹传奇》诮复社，溥与张采赴浙晤学臣黎元宽，毁刊本，执育仁家人下于狱。

《研堂见闻杂录》：“天如张公，倡为复社，一时主名，如维斗杨公、勒卣周公、卧子陈公、彝仲夏公，其余皆海内人望，文章为天下冠冕。燕、赵、豫章，声气毕达，所牢笼天下士，率取其魁杰。以故仰其盟者，如泰山北斗，而士一如登龙门。若纨袴子弟富家世裔不以文鸣者，虽费千金，莫能雁行。”张鉴《复社姓氏传略序》：“时相子弟欲入社，不可，因……演为《绿牡丹传奇》。”案此书出诸宜兴吴炳之手，而温育仁所指使也。炳字石渠，于曲著有《粲花五种》，《绿牡丹》盖五种之一也。吴梅《曲选》评《绿牡丹》云："此书情节，记谢英、顾文玉二生事，而柳五柳、车尚公皆不知文字者也。吴兴沈重，投闲家居，有一女及笄矣，雅负文誉，庭有绿牡丹，重尝命女作一绝句，诗颇可颂。时重欲为之择婿，而难得其选，因举文社，邀集旧家子弟，考其殿最，为择配地，柳五柳、车尚公、顾文玉皆与焉。顾亦有文誉；惟柳、车二子恐不成文，心中惴惴不自安，柳因倩谢英捉刀，车则求其妹静芳代笔。及试之日，题即绿牡丹。柳、车二子得人代作，巍然前列，顾列第三，柳、车乃目空一切，几忘却文非己出矣。车注意沈女，柳则注意静芳。静芳逆料柳非能文者，且诇知柳之试作为谢英代草，心颇属意。及柳来订婚，静芳云须面考文字，柳仍属谢代稿，谢故作打油诗以绝其望。此《帘试》一出所由来也。其后，沈重再举社集，严加防范，柳、车二子皆托疾未终卷而去，于是重即以己女许文玉，而以静芳许谢生云。余按石渠此书为乌程相国攻讦复社之端。当天如之创兴复社也，湖州孙孟朴实为司邮，介绍两浙子弟。时乌程相国弟育仁欲入社，不许，因请石渠作此词诮之。"书成，并命梨园搬演，浙士之在社者以为耻病，飞书于溥，求为洗刷，溥遂与张采莅浙，晤学臣黎元宽，令书肆毁刊本，究作传主名。执育仁家人下于狱，自是娄江与乌程开隙矣。张鉴《书绿牡丹传奇后》："此吾乡温氏启衅于复社之原，近日读而知其故者鲜矣。书中以管邑为乌有亡是之辞，其实柳五柳、车尚公、范思诃，据《复社纪略》各有指斥，其于越人，疑亦王元趾、陈章侯一流；而吴兴沈重者，以在朝则影黎愧庵、倪三兰，在野则影张天如、杨子常、周介生辈。大致如《风筝误》《燕子笺》，亦明季文学风气所趋，而语语讥切社长，极嬉笑怒骂之致，宜愧庵当日按试，械时相阍人，究及书肆贾友，而毁版厉禁之……盖时相子弟育仁暨二子伾、伉雇人为之。谢英、顾粲，直用自况，惜乎名字湮没，世苟有钟丑斋，不又取以入《录鬼簿》欤?"某氏笔记载觉阿开士《题壮悔堂集》有句云："传奇最爱《桃花扇》，谁唱温家《绿牡丹》。"可见公道自在人心矣。

秋，太仓岁歉，张采为《军储说》以救荒，溥作跋语，苏理刑周之夔据此陷之。

周之夔原亦社中人，与溥雅相善，徒以《国表》二集选之夔文仅一首，而又评无褒称，遂奋身作难。《复社纪略》："大风杀稼，斗米千钱，太仓漕无输，士斗念切民瘼，与两张谋救荒之策。采广咨博访，得府胥宋文杰言：'吴郡属县八邑，而太仓、镇海两卫独隶娄卫军，军储四万九千石，分支长、吴、昆、嘉、吴江、太仓、常熟七邑。考军储旧制：其初二卫之军，原在本地支粮，后来分支各邑。诚能使支独归太仓军储，越岁而收，又无增耗，即可减漕粮十之七，此目前救荒之善策也。'采大喜，即著《军储说》……溥阅之称善，为作跋语于其后，因共谒士斗而详言之。……士斗遂据以申文两院。……时之夔署府篆，职监兑，得士斗申文，欲借此陷士斗，并倾二张。乘溥公谒，谬言未知军储原委，欲得《军储说》一观。溥信之，归以语采，采即手疏封进之，之夔遂坐溥、采悖违祖制，紊乱漕规，指士斗申文为行媚乡绅。"故采遗书让之曰："《军储说》者，弟叨辑州志，因旧记载向为编成，要西铭跋语。适西铭入郡，老公祖向之取索；遂于公函中附进者，所以复台命也。……乃干戈横起，梦想不到！西铭生平隐恶扬善，老公祖亦称其诚厚，今倏首指，又何心乎？"

十二月，刘士斗改署昆山县事，旋又去职，溥深惜之。

《研堂见闻杂录》："刘公士斗，广东南海人，任吾娄二年，廉明仁恕，为立州以来第一人。失意于郡，推官周之夔讦之，罢官。解任日，州民为之罢市，有愁叹者，有涕泣者，有愤愤不平者。其去也，千万人以石塞门，攀号不得出。"《复社纪略》："十二月，士斗署昆山县事，运丁勒加增耗，军民相殴；泗洲卫指挥张景文诬揭士斗减运米脚价，致激军变。巡漕万好善疏劾士斗，追论之夔前揭，言太仓州官不宜洒兑。得旨：'刘士斗违紊漕规，致有嚣变，着降四级调用。'……两张于公会日，面责之夔，之夔几无所容。"

崇祯七年，甲戌(1634)。三十三岁。

春，侯峒曾入都，作诗送之。

诗云："春气吴山早，风来水国徐。社村今日酒，床笏旧时书。燕子迎新舫，桃花奉板舆。尚持司马节，矜重佩金鱼。"(《送侯豫瞻北上》)峒曾，字豫瞻，嘉定县人，天启五年成进士，授南京武选司主事，丁父忧。崇祯七年，复入都(见《明史·侯峒曾传》)。溥诗盖作于此时。陈田《明诗纪事》选录溥诗一首,即此也。邹漪《启祯野乘》:“天如为文,融洽经史,诗皆三唐风格。”

夏,黄宗羲来访。

黄宗羲《郑玄子先生述》:“癸酉秋冬,余至杭,沈昆铜(士柱)、沈眉生(寿民)至自江上,皆寓湖头,社中诸子皆来相就。……明年,余过湖上,昆铜又在。……其夏,余自太仓返,与君(郑铉)宿于仲皜(虞宗瑶)水阁,谈至夜分。”(《南雷续文案》卷四)梨州至太仓,遇何人,论何事,未尝明言。然昆铜、眉生、玄子、仲皜皆列名复社,往还尽社友,谓其至太仓与张氏商量社事,非无据也。

崇祯八年,乙亥(1635)。三十四岁。

七月,周之夔作《复社或问》。

之夔既藉故谋陷两张,为清议所不满,旋署吴江篆,又为士子所噪逐;后复任苏州理刑,莅任匝月,郡绅无一投刺谒见者,之夔知人情不与,延至秋初,乃托病赋归欤。濒行,草《复社或问》以泄愤。张鉴《书复社姓氏录后三》云,之夔操戈,为吴江潘凯作《复社或问》。是则此书之作,尝托名潘凯。案凯亦著籍复社,其妇翁德清章日炌来知吴江,凯深自晦匿,惟言民间利害,雪人冤抑,一无所私,固亦端人,何致与周之夔合流耶?倘于社事有所不满,凯著有《平望志》《本草类方》及诗文若干卷,乃博学能文之士,更何须假手于周!吾闻顾炎武亦曾入社,后见流品不齐,不过为诗隐约致慨而已(有“我无人伦鉴,焉能希林宗”之句),凯岂愿操戈同室耶?周之夔叛社,声名狼藉,乃欲借凯之清望,托名以期取信耳。

崇祯九年,丙子(1636)。三十五岁。

二月,陈启新以建言为给事中。

温体仁觇知朝意,必有辟门特达之典,乃令陈启新上书言事,立致省垣,将借以搏击善类,溥乃有忧谗之嗟。

张汉儒疏讦钱谦益、瞿式耜。

《复社纪事》:“乌程窃国柄,阴鸷惨核,谋于其党刑部侍郎蔡奕琛、兵部给事中薛国观,思所以剸刃东南诸君子。溥扼腕太息,蚤夜呼愤。其门弟子从苕霅间来者,具得相温阴事,名为廉洁奉法,实纵子弟暴横乡里,招权利,通金钱,溥引满听之,以为笑谑,语稍稍流闻。相温时修郄虞山,思一举并中之,未得间也。会上忧耳目壅阏,诏吏民极陈时政阙失,山阳一妄庸武生上书言事,躐拜吏给事中。海内轻躁险诐之徒,竞思钩奇抵巇,以封事得官。相温阴计此便,遂钩致陈履谦、张汉儒与谋。履谦、汉儒者,故虞山胥吏,有罪亡命入京师,而政府遣腹心延之东第,密受记告牧斋及其门人瞿公式耜所为不法。相温从中下其章,锒铛逮治,而复社之狱并起。”

五月,陆文声疏论复社。

文秉《烈皇小识》:“太仓民陆文声疏言:‘风俗之弊,皆起于士子。’因参庶吉士张溥,前任临川知县张采,倡立复社以乱天下。有旨:‘提学御史倪元珙核奏。’既而元珙回奏,极斥文声之妄。……先是张汉儒疏奏虞山,以致逮问,故一时谗小得意,告讦四起。”案陆文声原仅有憾于受先,见虞山逮问,乃乘机至京密揭,先以疏稿面进蔡奕琛,奕琛即袖示体仁,体仁不知有受先,且素无嫌怨,乃曰:“谁为张采,不过三家村兔园学究耳,乌足渎圣听!今朝廷所急者,张溥耳!能并弹治溥,当授官如启新也。”奕琛出,为文声述体仁语,于是溥为主名矣。《明史·本传》言陆文声求入社,不许,因诣阙密揭,似犹未得其实也。

六月,《七录斋诗文合集》刊布。

陈子龙《陈忠裕集》卷二十五有《七录斋集序》,为今本所无,附载于后:

士顾不当自重乎?天下事固非一,而能言之家恒绌,有以也夫!方其属辞比事,戛戛乎难之矣;而奋功之士则非之,是贤于博奕耳,何益,壮夫不为也。儒者犹以其辞伤朴破道,乌用是洋洋者。二者交讥,盖其深哉,要之已甚,然亦作者之过也。夫七十子之伦,独游、夏为文学,然皆笃实哀雅,不背于大道,夫子称之不衰。由此观之,不可以一二论也。鲁有左丘明,汉有司马迁,唐有韩愈,三子者,所谓能言之家非耶?然左氏所序论必自号君子,迁书比《春秋》,愈曰我孟轲也,岂真许之哉,要其志不苟矣。其他委靡不振，或失名亏身。当涂之士，程其功实；儒者訾不纯备不为，求全之事也。然文辞亦略可概见，欲绳诸无倍要难。呜乎，世无圣人，遂难折衷乎？余不敏，然有友数人皆天下贤士，有张天如溥者，其一也。夫天如之文章，天下莫不知其能，余独疑其所由者异。观夫文贵不羁之体，而道符和平之旨，故文之工者，必振荡咤嗟，挟其不平之心，而穷于所往，然必以为违弃精神，观其要妙憔悴，未尝不谓离道也。及夫心安意弛，恺悌仁人之言，发而条直淡薄，难为工美，修辞者所不道。是二体者立，故文士则骋其放轶，荐绅则乐其便近，文章日衰，而道亦以散。今观天如之书，正不掩文，逸不逾道，彬彬乎释争午之论，取则当世，不其然乎？彼其命志良不虚者，要亦乘时鼓运之事也。国家景命累叶，文且三盛：敬皇帝时，李献吉起北地为盛；肃皇帝时，王元美起吴又盛；今五六十年矣，有能继大雅，修微言，绍明古绪，意在斯乎？天如勉乎哉！我闻献吉陵厉近傲，元美博泛近通，然要皆贤者。天如处二者之间，以投世用，自为过之，免于交讥。虽然，天如虽贤，得位而名益彰。夫士伏处下贱，修行不出于家，折枝之功，其道无由，为此欲为名声，而又不屑以文士自见，不可得也。世有奇伟之士，而仅号曰文士者，岂独古之人不幸乎？

八月，蔡奕琛嗾周之夔具呈应天府。

《复社纪略》："陆文声后选湖广永州府道州吏目以去。……奕琛计无所出，左右有言前泗州卫弁李应寔以逋运负罪，居户部系，奕琛使人授之指，借条陈漕政利弊，为周之夔辨冤，通政司奏闻。有旨：'周之夔是否因病乞养？着该抚按确实具奏，不许徇饰取咎！'抚臣张国维，按臣路振飞，下道臣查报。道臣冯元飚覆言：'李应寔假借言事，代人游说，妄引祖制，与漕例不合。'乃引红牌例，坐应寔说谎欺君，罪在不赦。应寔惧及祸，挟奕琛手书至闽，令之夔赴阙解白，原官可复得，且有不次升擢。之夔母服未终，应命。九年八月，之夔具呈应天府按。"

九月，出游苏、锡、江阴，十月始归。

《近集》卷二有《吊五人墓》《锡山道中买泉》《洛社晚泊》《游观鹅亭》及《澄江夜行忆韩芹城》诸诗，游踪历历可辨。"菊花初酿宜尝旨，蟹眼方烹欲问津。"(《锡山道中买泉》)故知其时正当九月。同卷紧接便为

《丙子十月横塘送葬展现李长蘅画扇》，中云："正逢阳月枫红少，偏叹遗文宿草凋。"则是十月又由澄而苏矣。

是年，姚希孟、文震孟先后卒。

崇祯十年，丁丑(1637)。三十六岁。

二月，周之夔具《复社首恶紊乱漕规逐官杀弁朋党蔑旨疏》。

陈子龙《自撰年谱》："崇祯十年，丁丑，无赖恶少年蜂起飚发，纵横长安中，俱以附会时相，矜夸旦夕得大官矣。闽人周之夔者，旧司李于吴，险人也，有宿嫌于二张，以病去官，寻丧母家居，揣时宰意，缞绖走七千里，入都门告密，云二张且反。天子疑之，下其事抚按。……之夔既上书，因石斋师比之人枭，憾甚。又疑予辈为二张道地，则以黄纸大书石斋师及予与彝仲、骏公数人之名，云二张挚金数万，数人者为之囊橐投之东厂。又负书于背，躄躠行长安街，见贵人舆马过，则举以诉之，蜚语且上闻，人皆为予危之。"据是，之夔微特讦溥，且毁及其所亲矣。

日处危疑震惊中。

王志庆《祭张天如文》："丙子、丁丑之间，鬼蜮鸱张，蜚语毒螫，天如与受先惴惴几蹈不测。"

张采《祭天如兄文》："方子丑间，两人几上肉，弋人眈视，外传缇骑且至，一日数惊。"杜登春《社事始末》："西铭批读经史，为千秋事业，而中夜不安，唯恐朝廷尚以党人目之也。彼为小人者，即无吹求之端，而窃窃自疑。"

秋，闻温体仁罢，与社友吴应箕等晤于虎丘，始一展眉。

夏燮《吴次尾先生年谱》："崇祯十年，丁丑，八月，抵苏，寓虎丘之竹亭僧舍，与张天如同寓。集中《感事赠天如虎丘》'寥落相逢处，金阊气正秋'，时正中秋八月也。又云'自古论忧患，贤人受独苛'，谓天如方罹狱祸也。按乌程构复社之狱，先后钩致周之夔、陆文声、陈履谦、张汉儒等告讦，其后奸状泄，上始悟体仁从中主其谋，命枷死汉儒等，乌程以病免，复社之狱始稍稍解。一时社中诸君子，朋簪毕集：杨维斗本吴人，自张天如自娄东外，若周仲驭自金沙来，沈眉生自宣州来，方密之自龙眠来，沈昆铜自芜湖来，而陈定生、顾子方亦自阳美、梁溪来，于是复社之会，交游文物，照耀江左。”

陈贞慧、周镳、梅朗中至娄。

陈贞慧《山阳录》：“天如文，丰蔚典赡，兼家丞、庶子之长。崇祯丁丑，余与仲驭、朗三诗酒娄上，见其宾客辐辏，幨帷如云，口授吟谣，手校坟典，筝歌赏笑，五官并应，绝叹为二刘更生。”案夏燮《吴次尾先生年谱》谓本年八月虎丘之集，周仲驭自金沙来，陈定生自阳美来，意张氏虎丘返棹，陈、周等随行，同至娄上论学也。朗三名朗中，宣城人，鼎祚之孙，有《书带园集》。

崇祯十一年，戊寅(1638)。三十七岁。

八月，复社顾杲等为《留都防乱公揭》。

魏阉余党阮大铖窜伏南都，潜谋不轨，复社顾杲、黄宗羲等百四十二人乃为公揭以逐之。文曰：“为捐躯捋虎，为国投豺，留都可立清乱萌，逆珰庶不遗余孽，撞钟伐鼓，以答升平事。杲等伏见皇上御极以来，躬戮珰凶，亲定逆案，则凡身在案中幸宽斧钺者，宜闭门不通水火，以庶几腰领苟全，足矣。矧迩来四方多故，圣明宵旰于上，诸百职惕励于下，犹未即睹治平；而乃有幸乱乐祸，图度非常，造立语言，招来党类，上以把持官府，下以摇通都耳目，如逆党阮大铖者可骇也！大铖之献策魏珰，倾残善类，此义士同悲，忠臣共愤，所不必更述矣。乃自逆案既定之后，愈肆凶恶，增置爪牙，而又每骄语人曰：‘吾将翻案矣！吾将起用矣！’所在有司信为实然，凡大铖所关说情分，无不立应。弥月之内，多则巨万，少亦数千，以至地方激变，有‘杀了阮大铖，安庆始得宁’之谣。意谓大铖此时亦可稍惧祸矣。乃逃住南京，其恶愈甚，其焰愈张。歌儿舞女，充溢后庭；广厦高轩，照耀街衢。日与南北在案诸逆，交通不绝，恐喝多端。而留都文武大吏半为摇惑；即有贤者，亦噤不敢发声。又假借意气，多散金钱，以至四方有才无识之士，贪其馈赠，倚其荐扬，不出门下者盖寡矣。大铖所以怵人者：曰翻案也，曰起用也。及见皇上明断，超绝千古，以张捷荐吕纯如而败，唐世济荐霍维华而败，于是三窟俱穷，五技莫展，则益阳为撇泼，阴设凶谋，其诪张变幻，至有不可究诘者，姑以所闻数事证之，谓大铖尚可一日容于圣世哉！丙子之有警也，南中羽书偶断，大铖遂为飞语播扬，使人心惶惑，摇易其事，至不忍言。夫人臣挟邪行私，幸国家有难以为愉快，此其意欲何为也？且皇上何如主也？春秋鼎盛，日月方新，而大铖以圣明在上，逆案必不能翻，常招求术士，妄谈星相，推测禄命，此其意欲何为也？杲等即伏在草莽，窃见皇上手挽魁柄，在旁无敢为炀灶丛神之奸者，而大铖每欺人曰：'涿州能通内也，在中在外，吾两人无不朝发夕闻。'其所以恃劫恫喝欲使人畏而从之者皆此类。至其所作传奇，无不诽谤圣明，讥刺当世。如《牟尼合》以马小二通内，《春灯谜》指父子兄弟为错，中为隐谤，有娘娘济君子滩，末诋钦案，有饶他清算，到底糊涂。甚至假口□□为'呪蹋天关''拢住山河''饮马曲江波''鼾睡朝元阁'等语，此其意抑又何为也！夫威福，皇上之威福也，大铖于大臣之被罪获释者，辄攘为己功。至于巡方之有荐劾，提学之有升黜，无不以为线索在己，呼吸立应。即如乙亥庐江之变，知县吴光龙纵饮宛监生家，贼遂乘隙破城，杀数十万生灵，光龙奉旨处分，大铖得其银六千两，致书淮抚，巧有脱卸，只拟杖罪，庐江人心至今抱恨。又如建德何知县两袖清风，乡绅士民戴之如父母，大铖使徐监生索银二千两，于当事开荐。何知县穷无以应，大铖遂暗属当事列参褫职。致令朝廷功罪淆乱，而南国之吏治日偷。至于挟骗，居民万金之家，不尽不止，其赃私数十万，通国共能道之，此不可以枚举也。夫陪京乃祖宗根本重地，而使枭獍之人，日聚无赖，招纳亡命，昼夜赌博。目前闯献作乱，万一伏间于内，酿祸肖墙，天下事将未可知，此不可不急为豫防也。迹大铖之阴险叵测，猖狂无忌，罄竹莫穷。举此数端，而人臣之不轨，无过是矣。当事者视为死灰不燃，深虑者且谓伏鹰欲击。若不先行驱逐，早为扫除，恐种类日盛，计画渐成，其为国患必矣。夫孔子，大圣人也，闻人必诛，恐其乱治。况阮逆之行事，具作乱之志，负坚诡之才，惑众诬民，有甚焉者。而陪京之名公巨卿，岂无怀忠报国，志在防乱，以折衷于《春秋》之义者乎？杲等读圣人之书，附讨贼之义，志动义慨，言与祸俱。但知为国除奸，不惜以身贯祸。若使大铖罪状得以上闻，必将重膏斧锧，轻投魑魅。即不然，而大铖果有力障天，威能杀士，杲亦请以一身当之，以存此一段公论，以寒天下乱臣贼子之胆，而况乱贼之必不容于圣世哉！谨以公揭布闻，伏维戮力同心是幸。崇祯十一年八月某日具。”案《明史》列大铖《奸臣传》，附马士英下。有云：“大铖避居南京，颇招纳游侠，为谈兵说剑，觊以边才召。无锡顾杲、吴县杨廷枢、芜湖沈士柱、余姚黄宗羲、鄞县万泰等皆复社中名士，方聚讲南京，恶大铖甚，作《留都防乱揭》逐之。大铖惧，乃闭门谢客。”大铖附阉败后，仍纠众蠢蠢思动，居安庆组“中江社”，居金陵又组“群社”，《公揭》中所谓“四方有才无识之士，贪其馈赠，倚其荐扬，不其门下者盖寡者”，当指此也。百四十二人中并无溥名，然溥必预闻其事。徒以佥壬犹诬讦谋乱，不得不暂示缄默耳。

九月，谪少詹事黄道周为江西布政司都事。

十月，应天巡按张国维奏覆周之夔疏讦案。奏文：

为直陈漕储无误之实，理官去任之由，明公道以析圣鉴事。吏部咨，原任苏州府推官今致仕周之夔奏：“为复社首恶，擅作威福，紊乱漕储，逐官杀弁事。”奉旨：“该部严查具奏！”咨查。崇祯九年八月，户部为新运伊迩，漕政可虞事，蒙部覆，奉旨：“周之夔去任情由，是否因疾乞养？着抚按确查，据实具奏，不许徇饰取咎！”职时身在行间，未遑会覆，且以周之夔蓄疑逞臆，久当自悔；不意其母服未终，赴京上疏，复奉旨严查。夫周之夔之去任，谓由争漕也，臣请先言漕储之无误，以破其借端，可乎？苏郡兑漕之外，复输仓粮以养本地之军，名曰军储。漕兑苦于横军勒索，耗赠日增；而军储则在地方交纳，绝无耗赠，小民利之。崇祯六年，太仓值风潮伤稼，知州刘士斗请将他邑轻军储归之州额，以本邑漕运扣还各邑，此在州言州，出于救荒之迫念。前抚臣庄祖海有“漕储两项，岂得交易互兑”之批；前按臣祁彪佳有“漕运届期，作速料理，毋使州民借口观望”之批；事遂不行。至士斗署昆山，为运弁张景文逞凶殴辱，与太仓军储之议，原系两事，迥不相涉。漕储之无误已较然矣。无所误而何必有争？无所争而何以求去？则因有私揭一事，为公论所摈，乃借题以相陷也。之夔与士斗同年同事，然怀有夙隙，暗将士斗恤灾详文指为献媚乡绅，具揭于总漕巡漕两臣，而按抚不知。迨总漕巡漕两臣因昆山县运军狂逞，并纠士斗引军储一节，指出之夔私揭，于是都中訾议之夔者藉藉，臣时叨有抚吴之命，实稔闻之。之夔见士民吁留士斗，自知无所容于公论，而去志从此决矣。其详文有曰：“总漕巡漕采职言入告，致士斗为法受过，职独何心，安位苟容。”似此数语，真心未泯，深惭私揭之非，可为去位之铁证。所云误漕争漕，皆蛇足也。初次具详，即以终养为词，又辗转求去，臣惜其才，冀以善全其终，就累详所请归养，代为具题，谁为强勒之乎？迨蒙恩复任，臣等交相慰藉，人情绝无龃龉，之夔可以相安矣。忽而成病，一卧数月，舆疾竟归，此固国人所共见闻，非有他端，臣又不得不为题具矣。夫前之求去，由私揭发露，有漕臣之疏可稽；后之决去，由真病缠绵，有道府勘详可据。乃暧昧之情，欲掩覆于己；阴阳之患，反委咎于人。揣其意不过从一官起见，然不妨徐为申理，胡为当陆文声、张汉儒高张之时，奔驰赴阙，拾其唾余！但知好莠自口，不顾衰服在躬，士类鄙之，臣又乌能曲庇之乎？至于疏中摭拾，语语张大其词，似乎张溥、张采有紊乱把持之事，宜动圣明诘究。臣等为朝廷执法，如果坏漕干纪，敢后鹰鹯之逐？但年来漕兑如故，军储如故，旗军与百姓相安如故；其相生端者，独有之夔与欠漕之奸弁李应实耳。然之夔即百端借讦，张溥、张采无片语相干，又国人所共见闻也。若仍旧而坐以紊乱，则漕运之功令无凭；若静听而坐以把持，则绅民之耳目俱乱。臣正为漕政虑，为地方虑，不能增无事而为有事也。臣会同巡抚王志举合词据实上奏，仰圣鉴施行。

是年，徐孚远、陈子龙、宋存楠辑《皇明经世文编》成。计五百四卷，溥尝助其成，且为之序。

崇祯十二年，己卯(1639)。三十八岁。

是年生子(见《行状》)。

嫡母潘亡。

吴伟业《张母潘孺人墓志铭》：“崇祯己卯，孺人亡。”(《梅村文集》卷十五)《复社纪事》：“先生葬母，门下士以古文书志表，误‘配’为‘妃’，寻手自窜定，其本已有流传者，佥壬遂大书之，讦为僭端。”按妃与配本通。《左传》：“天有三辰，地有五行，体有左右，各有妃耦。”故夫妇称妃耦，亦作配偶(见《后汉书·邓训传注》)。或以此讦难，不惟无碍，转增其陋耳。张鉴《书复社姓氏录后二》：“西铭妻金之丧，会吊者不下万人，周之夔奋身作难，遽以变上告，以天如为名号比天，以张(谊)、王(家颖)、赵

（自新）、蔡（申）四友为四配，以门人吴伟业、孙以敬、许焕、穆云桂、周肇、吴国杰、金达盛及其昆弟张源、张浚、张王治为十哲，以复社为欲倾覆宗社，而祸几不可问矣。”案溥母金，配王氏，侧室董氏，均殁于溥后。秋水所谓妻金之丧，殆嫡母潘亡之讹也。

崇祯十三年，庚辰（1640）。三十九岁。

四月，黄道周下狱。

有托名徐怀丹者制《复社十大罪檄》。

杨彝《复社事实》：“苏州推官周之夔希阁臣意，墨绖诣阙，讦奏溥等树党挟持，案久未结，谗言罔极，至有草檄以伸复社十罪者。”仲尼谓“观过知仁”，又谓“知者不惑”，檄文附录于后，读者其明辨之。

复社之主为张溥，佐为张采，下乱群情，上摇国是，祸变日深，愚衷哀痛。尝著其论于数年之前，而因循莫悟；今复举其十罪，开诉四方，共祈鸣鼓焉。

一曰僭拟天王。《春秋》之法，诛心为烈；素王之政，正名为先。惟天王至尊，称天以临之，莫有配也。今张溥何人，敢僭号天如？其心之妄肆可知矣！且世有鹿马之指，而溥公然任之。张王治、张源、张质光、张浚等十人，时称十常侍，谚呼十大王，挟以江南小天子之威，聚财纳叛，隐姓埋名（一名李楢、一名沈景应），意欲何为？此罪之一也。

一曰妄称先圣。夫仲尼万世莫京，而溥、采何人，窃其位号。并以赵、张、王、蔡名四配，孚、肇、敬、焕等称十哲（逸雪案：四配、十哲，已见上年“嫡母潘亡”下引文，原注从略），其诞妄如此！罪之二也。

一曰煽聚朋党。夫大道为公，而溥、采惟私声气。至于千里赴会，万艘停桡，僧道优倡，俱入社中，医卜星相，莫非友人，其品行如此！罪之三也。

一曰妨贤树权。夫赏罚为君柄，今溥、采擅之，入其社者功名可操，在社外者摈逐迭加，使人俱震其权。罪之四也。

一曰招集匪人。夫实行之士，杜门自守。今溥、采社中，或号神行太保（孙孟朴），或称智多学究（曾同远），种种奸匪，聚匿为群，有司莫敢过问。罪之五也。

一曰伤风败俗。夫圣王首重彝伦，今则托名士子，熏心利欲：富贵是图，子可以逐其父；名势相轧，弟可以倾其兄。其余长幼朋友，以及君臣，又何知乎？习以成风，恬不知怪。其罪六也。

一曰谤讪横议。夫有言者自当建议，今复社同己者则亲之，异己者即谤之：遭其诋毁，虽公侯可骤失贵；邀其盼睐，虽寒畯可立致身。嘻，盟社如此，使人有履霜之警矣。罪之七也。

一曰污坏品行。夫士为四民之首，今社中游博马吊之戏，老传而童习；中冓贾竖之言，途诵而口占。夸豪举于一掷，锱铢动兴诟詈；买欢笑于千觞，别袂已见睚眦。其劣薄如此！罪之八也。

一曰窃位失节。夫有才干者必建功名，今复社自称名士者几数万人，未见文追管、乐之猷，武比颇、牧之绩，以致有志之士，不肯与社中人同应制科，盖羞与为伍也。其为人所摈如此！罪之九也。

一曰召寇致灾。夫灾盗贵夫能弭，今社党布结，横于朝野，主司无非社友，道府多是社朋，苞苴所遗，不问而收；拳勇之徒，不呼而集，大则肆其愤毒，小则开其衅端，故愆阴伏阳之变，有召而来，近日风蝗，亦由其所感。罪之十也。

呜乎！牛、李兴而唐不振，蜀、洛甬而宋以衰，朋党之祸，自古有之。实因族类太别，则好恶恒僻；志气既乖，则争斗必纷，积轻成重，羽可覆舟，上误君父，下悖物情。况以越州逾郡之众，诸教杂流之技，诬罔骄狠之习，险诈谄鄙之谋，相率推戴此狂妄之溥、采，闭贤路，绝公道，布爪牙，恣贪诡，靡入不有，靡凶不为，虽社稷灵长之福，万代无穷，亦岂堪此辈朘削乎？是真当痛哭流涕而急以上闻者也。某等草昧疏贱，忠愤自矢。伏读制书严切，仰望锄奸诛叛，激浊扬清，不得更容敌党永长乱源！如其有此，则君子之道终消，治理殆不可复，非志士裂冠毁冕之日，即忠臣忘身厉节之秋，当不惮君门万里，要斧锧而鸣其罪矣！特此露布，以彰公讨。至于贪婪武断，耗弊乡曲，又道行之恶，非贼国之原，无重爰书，何堪毫举者！嘉定徐怀丹布。

案徐怀丹本无其人，当为讦者所捏造。其所论十款：第一款就溥之名号作翻腾，望文生义，全无理由。第二款所谓四配十哲，此乃好事者所为，岂有自拟之理。三、四两款足征复社声气之广，威望之重，毁转似誉。第五款以《水浒》中人物绰号加诸孙淳等，便指斥为匪人，其为诬罔，殆不足辩。六、七两款，捏词诋毁，毫无佐证。八、九两款，信口雌黄，复社流品纵有不齐，然以学行显者不乏其人，史册俱在，乌容一笔抹杀。第十款竟以风蝗之灾，谓由复社所招致，更属怪诞不经。

六月，给事中袁恺疏参贪官受贿，首辅薛国观回籍，冢臣傅永淳、少司寇蔡奕琛俱下狱。国观寻被逮入都，赐死。

七月，谋解黄道周于难。

陈子龙《自撰年谱》："崇祯十三年，庚辰，七月，南还，遇石斋师于邵伯驿，询京师近事，缇帅促行颇迫，须臾别去，师意甚慷慨，而予不胜欷歔矣。至鹿城，夜遇天如，议急石斋师之难，天如将倾身家以图之，真有贾彪之风，予甚愧焉。"《太仓州志》："溥与朋友周笃，闻正人患难，如身受。"《复社纪略》："社事以文章气谊为重，尤以奖进后学为务，其于先达所崇为宗主者，皆宇内名宿：南直则文震孟、姚希孟、顾锡畴、钱谦益、郑三俊、瞿式耜、侯峒曾、金声、陈仁锡、吴甡等；两浙则刘宗周、钱士升、徐石麒、倪元璐、祁彪佳等；河南则侯恂、侯恪、乔允升、吕维祺等；江西则姜曰广、李邦华、熊明遇、李日宣等；湖广则梅之焕、刘弘化、沈维炳、程注等；山东则范景文、张凤翔、高弘图、宋玫等；陕西则李遇知、惠世扬等；福建则黄道周、黄景昉、蒋德璟、刘麟等；广东则陈子壮、黄公辅。诸公职任在外，则代之谋方面；在内，则为之谋爰立，皆阴为之地而不使之知，事后彼人自悟乃心感之，不假结纳而四海盟心。门墙之所以日广，呼应之所以日灵，皆由乎此。"案《年谱》《州志》于溥皆为褒词，纪略则微含贬意。扶植正人，何可讥议；纵带机权，仍属瑕不掩瑜。况如石斋者，久托知己，为之纾难效力，更不容有所非薄矣。

九月，过吴江沈氏。

叶绍袁《年谱别记》，庚辰九月："沈君张家，有女乐七八人，俱十四五女子，演杂剧及玉茗堂诸本，声容双美。观者，其二三兄弟外，惟余与周安期两人耳。安期，儿女姻也。然必曲房深室，仆辈俱扃外厢，寂若无人，红妆方出。九月，张天如太史偶至江干，阿之者与共造君张，委刺焉。君张修刺往报，阿者传会君张，临别耳语曰：'天如意在君家女乐也。'君张归而谋之君善、君晦，无策。时天如名重天下，拒之恐或开罪，从之适所不欲。适余在，闻之，曰：'岂未曾识荆，初作相会，挟木天之势，强视人闺阁中之遗簪堕珥者乎？君张世族，又中丞公子，非白屋佣菜辈，可以无礼也。天如君子，必非其意，阿者过耳。’咸曰：‘然则奈何？’余曰：‘治筵以招之，而别召伶人以侑之，何能尤我！’遂从余指。天如至，犹以为女也。余曰：‘内弟家有小鬟能歌，将使献笑；太史方在读礼，君子爱人以德，故不敢也。’天如面发赪，入座剧饮，尽欢而散。其阿者既恨且愧，酒未及行，先遁去，盖其于天如前已夸语君张惟命是从，而言卒不应也。君张固德余，诸人亦共称快心云。”溥不矜细行，不必为讳。

与孙淳别于昆山。

孙淳《玉峰塔下别天如》：“经过便听塔铃声，谁能销魂此日情？客为谭深催别暮，船随潮便报帆轻。偶因怀友重凭槛，悔不看山再入城。二十余年芳草寺，隔查相望水盈盈。”

是年，子殇。

《行状》：“公一子，才二岁，先公一年殇。”

崇祯十四年，辛巳（1641）。四十岁。

二月，黄道周戍辰州卫。

诏起周延儒。

《明史·周延儒传》：“始延儒里居，颇从东林游，善姚希孟、罗喻义，既陷钱谦益，遂仇东林。及主会试，所取士张溥、马世奇等，又皆东林也。至是归，失势，心内惭，而体仁益横，越五年始去，去而张至发、薛国观相继当国，与杨嗣昌等并以媢疾称。一时正人郑三俊、刘宗周、黄道周等，皆得罪。溥等忧之，说延儒曰：‘公若再相，易前辙，可重得贤声。’延儒以为然。……十四年二月，诏起延儒。……延儒被召，溥以数事要之。延儒慨然曰：‘吾当锐意行之，以谢诸公。’既入朝，悉反体仁辈弊政。首请释漕粮白粮欠户，蠲民间积逋，凡兵残岁荒地，减见年两税。苏、松、常、嘉、湖诸府大水，许以明年夏麦代漕粮。宥戍罪以下，皆得还家。复硅误举人，广取士类及召还言事迁谪诸臣李清等。帝皆忻然从之。延儒又言：‘老成名德，不可轻弃。’于是郑三俊长吏部，刘宗周长都察院，范景文长工部，倪元璐佐兵部，皆起自废籍。其他李邦华、张国维、徐石麒、张玮、金光辰等，布满九列。释在狱傅宗龙等，赠已故文震孟、姚希孟等官。中外翕然称贺。"据是，宜兴再起，朝政一新，则又溥之意也。其后宜兴乱政，不克令终，人皆谓由于溥已前逝，不复闻正言之故。蒋平阶《东林始末》："初延儒再召，时庶吉士张溥、马世奇以公论感动之，故其所举措，尽反其事，向之所排，更援而进之。上亦虚己以听。溥既殁，世奇远权势，不入都，延儒左右皆昌时辈，以至于败。"所记殆实况也。《明季南应社考》："假使天假以年，以溥之才力经济，而辅之以东林之正人君子，复社之英俊少年，则或可以使周延儒、吴昌时辈不得不出于正道，所谓'蓬生麻中，不扶自直'，朝政整乎内，兵政肃乎外，则或可以苟延明祚，未必遽至于亡。"虽系悬想，而语亦中理。张采祭溥文，谓"兄死系治乱，使不得见治平，则为国家哭"，非私言也。周同谷《霜猿集》于宜兴再起有诗三首，而皆涉及于溥，其一："新来艳质可怜身，绣幕留香别作春。再召东山为国计，画船箫鼓闹江津。"自注："洞庭山富家娶妇，少而美，夫死，妇独居。一日，闻街头鼓乐声，谓侍儿曰：'谁家娶妇耶？试往观之。'遂出门坐花轿中，下太湖去。富家讼之县，县申道，下檄缉捕甚急。娶亲者惧事泄，以其妇盛妆送宜兴，大见宠悦。诗曰：'新来艳质可怜身，绣幕留香别作春。'指其事也。太仓张溥为门户计，纠金二十万赂要津，宜兴得再召。然无行意，曰：'不如在家乐。'溥乃见张道台，令以朱单捕妇，而语侵相国。溥见宜兴，出单于袖中，宜兴大怒。溥曰：'此小事，不足怒，公今高卧不起，将来更有大于此者。'宜兴恍然，谓溥曰：'非公，吾见不及此。'遂行。坐楼船，树大纛，纛上绣'东山再召'四字，祭江神，酣歌弥月，不知天子召己盖为国家大计也。诗曰'再召东山为国计，画船箫鼓闹江津'，深讥之也。"其二："二册书成注复删，莫防灯下鬼神环。西铭夫子酆都主，生死荣枯一笔间。"自注有云："延儒再召，溥欲尽用其党人，而杀异己者，书二册以进，延儒秘而藏之。"其三："月堕西江歌舞阑，中原一片血流丹。故人昨夜魂游岱，相国方言好作官。"自注有云："张西铭讣音至，延儒惊起曰：'天如奈何遽死！'既而曰：'天如死，吾方好作官。'客曰：'庶常吾道干城，公何为出此言？'延儒乃出一册以示客曰：'此皆天如所欲杀之人也，我如何能杀尽？'溥还娄东，一夕暴死，亦天意也。溥死无后。"案同谷，常熟人，常熟与太仓为邻邑，观其语带怨诽，似有私憾。宜兴再起，上则出于宸衷，下则缘于奔竞。《东林始末》谓丹阳贺顺敛金嘱太监曹化淳等为延儒营再相。窃疑"贺顺"为"盛顺"之讹,盛顺,丹阳人,名见《复社姓氏录》。张氏品第时流,延儒非在推许之列,竟又望其再起者,时宵类环攻复社,意更有所专注,临深履薄,乘思宗之属意宜兴,乃顺势助其成,藉求脱祸,论情可原,而取径似未慎择。章炳麟谓:"东林之汪文言,复社之张溥,皆以善行贿赂为党人所依赖。此汉、唐、宋党人所不为者。若其内行点污,瞑瞒声色,则又前世清流之所未有。"(见《名实篇》)章氏不满于其并世之孙逸仙、黄克强诸人,乃借题发挥,不免有抑扬任情之处,未可据为确论。至于恩仇畛域之严,是诚有之。初则论是非,继则辨门户,终则伐异党同,务为矫激,或置大局利害于不顾。东林如此,复社亦如此。近人孟森论史,于朋党无恕词,然其论东林、复社有云:"党中颇多君子,而仇党者几尽为小人,则固当时之实情也。"(见《霜猿集校订补注》)倘亦持平之论欤?

四月,与张采重订共读之约。

张采《祭天如兄文》:"兄命驾南郭……一月不过一二至,至则谈平生,考古今,亦何减七录斋时。乃前旬有有七日(按祭文作于五月,则前二十有七日必指四月而言),兄远归,薄暮抵我俭斋,酒行甚欢,弟见兄担荷颇重,因语:'汉侯庙将落成,拟购旁隙地数楹,为潜修计;兄抱樸被,两人寒窗拥炉,仍修旧业。'兄唯唯。"

《七录斋近集》成。

张采《西铭近集序》:"此我亡友张子遗集也。不名遗集者,先是张子裒其古文辞,比次连类,名曰《近集》,授诸书史矣。殁前二日,犹手执雠校,则后死者不忍有芟益,故仍其自名。"

五月初八日丑时,卒(见《行状》),神志朗澈。

《陈忠裕公全集》卷十九:"天如临殁,尚讲《易》,谓侍者曰:'月甚明,我将行矣!'遂逝。"计六奇《明季北略》:"宜兴再召,通内而赀币帛者,冯涿州(铨)也;奔走而为线索者,太仓张溥、嘉兴吴昌时也。擘画两年,纶綍始下……昌时于是事权在手,呼吸通天,为所欲为矣。昌时与张溥同为画策建功人,淮安道上张溥破腹,昌时以一剂送入九泉,忌延儒密室有二人也,其忍心如此!"案溥拥宜兴再起,确为事实,盖温体仁、张至发、薛国观相继当国，轘轹忠良，正士不引退，则遭谪降，小人乘之，讼诼繁兴，君子自危，溥其尤著者也。宜兴往仇东林，既知惭悔，可与为善，且朝廷又思念之，此溥所以乐其复出也。昌时墨傲，是诚小人，然谓其毒毙张氏，不免有众恶皆归之嫌，纣之不善，不若是之甚也。张采祭文谓四月二十七日与溥酒行甚欢，重订共读之约，其时去溥之殁，仅十一二日耳，设如计氏所记，昌时既以一剂送之入九原，则药性必猛，早当毙于途矣。陈子龙挽诗："君到九京无别恨，独怜夜哭有高堂。"亦不似死于非命者。溥自任以天下之重，而惮于讥谗，坐是促其年算，虽宜兴再起，而病根已深，不可治矣。

无子，明年，钱谦益等为立嗣。

张采《祭天如兄文》后《附言》："遗腹举女，复殇。今年（崇祯十五年）夏五，始得邀同人定嗣，因梓牧斋先生《嗣说》告海内。"

天如馆丈之殁也，诸执友议立后焉。论宗法，以次及次房之应立者，又于应立之中，推择其稚齿便于抚育者。天如之母夫人暨其夫人，咸以为允。诸昆弟皆曰诺。呜呼！天如之殁，而耿耿视不受含者，独念母夫人耳。自今以往，庭户依然，田庐如故，夫人甘衣美食，僮奴指使，久而忘天如之亡也。天如之魂魄，晨夕于母夫人之侧，久而自忘其亡也。季札有言："苟先君无废祀，民人无废主，吾谁敢怨？"吾辈庶可慰天如于地下乎？嗣子生十龄，未有名字，诸公以狗马之齿属余。余为命其名曰永锡，而字之曰式似。《诗》有之："孝子不匮，永锡尔类。"又有之："教诲尔子，式谷似之。"是子也，推"孝子不匮"之思，应"螟蠃类我"之祝，善视其大母及母，天如犹不死也，岂必属毛离里，而后使人曰幸哉有子也哉？崇祯十五年壬午月朔日己巳，虞山通家钱谦益再拜书于娄江舟中。

女一，张采初为许字嘉定侯檠（见《行状》），后嫁吴孙祥。

按《太仓州志·艺文》有张在贞、王静纨《月窗合稿》，注云："张氏，溥女，吴孙祥室。王氏，溥女，张在上室。"在上即采长子于临，溥以所抚外家之女嫁之。溥生女二，一存，一殇，存者即在贞，州志云吴孙祥室，疑初字于侯，侯氏子或早夭，终嫁于吴也。遗书万卷，尽归在贞，在贞喜临《十三行》，人以为献之复生。

葬昆山三十保。

《行状》:“嗣定,即卜地西门外娄江西馆南岸昆山之三十保,以崇祯十五年十月二十七日成葬。”

《静志居诗话》:“崇祯间,文社四起,执牛耳者,娄江张吉士溥也。岁辛巳,吉士卒,丽京束刍絮酒往会葬,赋五言长律,一时传钞,以为杰作。”丽京姓陆氏,名圻,钱塘贡生,有《从同集》。杭有西陵十子,圻裦然冠首。

私谥曰仁学先生。

《复社纪事》:“先生前十日属疾,卒于家,千里内外皆会哭,私谥曰仁学先生。”

溥既殁,仍有攻讦者,张采具疏剖白。

疏曰:“复社一案,责张溥及臣回奏,惜溥已死,臣谨斋沐陈之。我朝制科取士,因重时文,凡选乡会中式文曰程墨,选进士文曰房书,选举人文曰行卷,其诸生征文汇选曰社稿,从来已久。若复社之起,臣已为县令,不预诸生事。张溥时犹未第,故选社文,以臣向同砚席,代臣作序。及溥成进士,而臣已病废矣。岂意里中奸人私隙中伤,有复社一款下苏松提学。前学臣倪元珙曾经具覆,奉旨再察。既学臣丌玮以丁忧去,张凤翮以外转去,悬案未结,事会致然,罪不在溥与臣也。乃夏五月初八日,溥病身死,惟臣仅生。谓复社是臣事,则出处年月不符;谓复社非臣事,则溥实臣至交,生同砥砺,死避罗弋,负义图全,臣不出此。窃维文者,昭代之所重;社者,古义所不废,推广溥志,不过欲楷模文体,羽翼经传耳,未尝有一毫出位跃冶之思也。至于《或问》及《罪檄》,此忌溥者罗织虚无,假名巧诋,不惟臣生者不闻,亦溥死者不知。若使徐怀丹果有其人,臣愿剖心与质;倘其人乌有,则事必诬构。独念溥日夜解经论史,矢心报称,曾未一日服官,怀忠入地;即今严纶之下,并不得泣血自明,良足哀悼。臣虽与世隔越,孤立杜门,而兢兢勉学,颇知省察,不欲一字自欺,岂敢一字欺皇上!谨据实回奏,臣无任战兢待罪之至。”

《行状》:“公死后,复有攻公希跳狱者,再得严旨,责公及采各自陈。采谨斋沐具疏,备述复社端倪……既草疏,焚一炉香,向公木主呼曰:‘天乎!公固无罪,我杜门惜不与社事,痛公一生汲引,乃加罪我,不敢逃死已。任天子圣明，可无他者；赫然怒，相见黄泉矣。'疏上，上亦鉴书生文社不足究，旋得公素行，心怜之，有旨勿问。"案当日处于专制淫威之下，臣下不容干政，溥以天下为己任，为清望所归，一言一动，众所瞻依，实一在野政党之魁杰也。采所言乃避嫌远祸之说，时势使然也。

诏征遗著。

《明史·本传》："御史刘熙祚、给事中姜埰交章言溥砥行博闻，所纂述经史，有功圣学，宜取备乙夜观。帝御经筵，问及二人，延儒对曰：'读书好秀才。'帝曰：'溥已卒，采小臣，言官为何荐之？'延儒曰：'二人好读书，能文章，言官为举子时读其文，又以其用未竟，故惜之耳。'帝曰：'亦未免偏。'延儒曰：'诚如圣谕，溥与黄道周皆偏，因善读书……故惜之者众。'帝颔之，遂有诏征溥遗书……有司先后录上三千余卷，帝悉留览。"按溥才思敏捷，著述繁富，惟卷数今则间有不可考者：《周易注疏大全合纂》六十八卷，《尚书注疏大全合纂》，《诗经注疏大全合纂》三十四卷。

三书杂取《注疏》及《大全》合纂而成，所以纠科举之士之株守残匮者，不足尽溥之所学也。张氏原拟自周迄唐，有见必书，有言必存。盖古人说经，源流尚近，文旨并茂，得其一言，如宝元龟。即或解异时王，初指自在，所谓过而废之，宁过而立之，名曰《经学古解》。宋、元诸儒，解经最详，然师门相因，语言不休，复说枝谭，往往而有，不得不稍辨得失，郑重去取，名曰《经学通解》。明以经学取士，流为科举，其学遂荒。然山泽之中，岩廊之上，亦间有其人，采其最长者著之，名曰《皇明经学》（略见《五经注疏大全合纂序》）。然忧患频遭，强仕而殁，有志未逮，经术之不幸也。

《春秋三书》三十二卷。

《四库存目》云：是书第一编曰《列国论》，凡二十四卷；第二编曰《四传断》，凡七卷；第三编曰《书法解》，凡一卷。徐汧、张采均为之序。采又有《例言》，称列国论中尚缺《杂国》一题。《四传断》中，僖公缺十余年，文公全缺，襄公以下亦全缺。采间为补之。《书法解》为目多端，仅成一则。

《四书注疏大全合纂》三十七卷。《十三经诂释》。《宋史纪事本末》

一百九卷。《元史纪事本末》二十七卷。《通鉴纪事本末》。《南北史同异》。《历代史论一编》。《历代史论二编》十卷。《论略》。《读史管见》。《皇明经济书》。《历代名臣奏议》三百五十卷。《七录斋诗文合集》十六卷。《七录斋近集》十六卷(案合集、近集篇目有重出者,似张氏之意,以近集为定本也)。《历代文典》。《历代文乘》。《崇祯文典》。

《汉魏六朝百三名家集》一百十八卷。

《四库全书总目提要》云:自冯惟讷辑《诗纪》,而汉、魏、六朝之诗汇于一编;自梅鼎祚辑《文纪》,而汉、魏、六朝之文汇于一编;自张燮辑《七十二家集》,而汉、魏、六朝之遗集汇于一编。溥以张氏书为根柢,而取冯氏、梅氏书中其人著作稍多者排比而附益之,以成是集。州分部居,以文隶人,以人隶代,使唐以前作者遗编,一一略见梗概。

《古文五删》五十二卷。

取《文选》《广文选》《唐文粹》《宋文鉴》《元文类》五书,芟复去杂,故名。

黄道周、陈子龙等均有挽诗,附录于后:

新书未就已藏山,睍雪才消又闭关。不为幽忧成鹏赋,何当造次阅麟删。斯文欲丧愁无党,吾道更生耻独还。莫说作官官易尽,只今钟吕在人间。

可怜北斗掩光仪,已见明河藻雪时。人事总从丹史过,君心不与青蝇知。十年著作千秋秘,一代文章百世师。缟带难将娄海泪,蛮烟瘴岭共相思。(《黄漳浦集》卷四十七《哭张西铭二章》)

江城日日坐相思,尺素俄传绝命辞。读罢惊魂如梦里,千行清泪不成悲。

越山北望指吴关,一月缄书定往还。数日不传云里字,那知非复在人间。

忆君弱冠负经纶,予亦童年许俊民。二十春秋如一日,生平兄事更何人?

每念君亲自性成,由来风义古人情。应知何物堪殉汝,一卷《尚书》与《孝经》。

当年结纳走风尘，四海交游若比邻。郑泰有田皆给客，孔融满座更留宾。

高密扶风相后先，谈经岳岳腹便便。青麟白凤无颜色，鲁国诸生尽黯然。

五车十乘古来闻，博物司空又属君。禹穴酉阳多典籍，可能地下作《丘坟》?

三江潮落月黄昏，巷绝舂歌欲断魂。宾客如云人不见，秋风先到信陵门。

冲夷风度极雍雍，善诱殷勤不易逢。天下几人成善士，早年还似郭林宗(林宗年四十二，而君止四十)。

绿波摇荡月临窗，垂柳阊门隐画艭。明岁吴城花放日，莫教春色渡娄江。

知音谬自托金徽，结客中原揽凤辉。清德俊才皆不少，汪汪千顷似君希。

文章弘丽润岩廊，下笔如云扫七襄。自是才高人莫学，一时枚马有兼长。

横经虎观集诸儒，一日声名满帝都。从此已悬公辅望，谁令十载在江湖。

青溪渡口共回船，痛饮流光十二年。纵有凤凰台上月，不堪和泪照江天(忆与天如同举时)。

赤虺雄狐守九阍，国香不复树当门。数章告密何人意?十载行吟是圣恩。

菉蒉满野楚天寒，魑魅窥人白日残。投虎投豺应不远，为麟为凤异时看(不逾数月，而二谗一废一谴矣)。

疾恶如风最不平，天涯何处有荆卿?长虹莫挂徐君墓，携尔延津浦上行(谓闽贼也)。

万卷尘封丹旐前，讲坛秋树起哀蝉。莫夸门下多房杜，定有侯芭为守玄。

二十年来遗锦衾，几番风雨慰同心。应知南郭先生意，红树萧萧罢鼓琴(谓受先也)。

南冠君子朔风前，慷慨西行倍可怜。已乏何颙为奔走，更无魏邵与周旋（石斋师之逮，天如经营急难备至，师未出狱，而天如先殁矣）。

令君寿考古难当，自信文章走八荒。君到九京无别恨，独怜夜哭有高堂。

执烛犹持《易》一编，但称朗月在中天。知君闻道光明镜，不向人间号谪仙（天如临没，尚讲《易》，问侍者曰："月甚明，我将行矣。"遂逝）。

少妇含啼方避室，万人齐祝咏维熊。若从此日论天道，应有传经郑小同（小同，郑益恩遗腹子也。天如竟生一女，伤哉）。

八月胥江浊浪奔，千人缟素为招魂。自怜越界惭皇甫，不得相从哭寝门。（《陈忠裕公全集》卷十九《哭张天如先生二十四首》）

偶因文事立鸡坛，不料浮言起百端。生死几人知痛哭，风波惟我共艰难。北门学士虚华屋，南郭先生为抚棺。不负当年风雨夜，并将松柏厉余寒。（孙淳《悲娄吟》，自注："哭天如也。"见《梅绾居存草》）

附:本谱参考书目

（一）张溥《七录斋诗文合集》
（二）张溥《七录斋近集》
（三）太仓《张氏家乘》
（四）王祖畬《太仓州志》
（五）王宝仁《娄水文征》
（六）邵廷烈《娄东杂著》
（七）王家桢《研堂见闻杂录》
（八）邹漪《启祯野乘》
（九）计六奇《明季北略》
（十）文秉《烈皇小识》
（十一）温睿临《南疆逸史》
（十二）徐鼒《小腆纪传》
（十三）陆世仪《复社纪略》
（十四）吴伟业《复社纪事》
（十五）杜登春《社事始末》
（十六）杨彝《复社事实》
（十七）蒋平阶《东林始末》
（十八）张廷玉《明史》
（十九）谷应泰《明史纪事本末》
（二十）吴伟业《梅村全集》
（二十一）黄道周《黄漳浦集》
（二十二）陈子龙《陈忠裕公全集》
（二十三）计东《改亭文集》
（二十四）张鉴《冬青馆集》
（二十五）史惇《恸余杂记》
（二于六）吴翩《复社姓氏录》

（二十七）吴山嘉《复社姓氏传略》
（二十八）吴应箕《复社姓氏前后编》
（二十九）吴铭道《复社姓氏补录》
（三十）章学诚《湖北通志稿·复社名士传》
（三十一）朱彝尊《静志居诗话》
（三十二）陈田《明诗纪事》
（三十三）陈贞慧《山阳录》
（三十四）周同谷《霜猿集》
（三十五）郭绍虞《明代的文人集团》
（三十六）朱倓《明季南应社考》

附：复社姓氏考订

少读《后汉书·党锢传》，窃慕范滂、张俭、何颙诸君之行谊，而所记仅二十一人，疑蔚宗限于篇幅，遂使人有遗珠之叹。明代东林诸贤，虽间有褊衷过激之处，然裁抑权奸，不畏暴力，有足多者。复社标以文会友之帜，实踵东林而起，与阉不两立者也。历时匪遥，以得遍知其俊秀为快，此愚欲考订复社姓氏之初机也。后为张天如作年谱，此事遂更不容已矣。

记复社成员之书，有陆世仪之《复社纪略》，吴翻之《复社姓氏录》，吴应箕之《复社姓氏前后编》暨其孙铭道之《复社姓氏补录》。吴山嘉之《复社姓氏传略》，则全依吴翻之书，可勿论也。其记一地者，则有章学诚《湖北通志检存稿》中之《复社名士传》。世仪所收为七百五十一人，翻为二千二百四十人，应箕与其孙共收三千零十三人，学诚则仅二百十六人，以应箕祖孙所收较备，然犹未能言其无缺也。学诚专收一省，理宜详尽，竟不如三吴（翻、应箕及铭道）所录之广，如江陵之王南国、曹国朴，《名士传》中则未见此二人也。又章书之为例，有传则名表不更列人。今王泰征既有传，传后列名又有王太征，而皆字嘉生，又同为江陵籍，则显然误认一人为二人矣。吴翻为复社主要组织者之一，其书亦未尽无讹，如徽州府胡士升字孟阶，贵池又有胡士升字孟阶，亦系重出；故《复社姓氏补录》，徽州有胡士升而贵池则无，盖铭道贵池人，闻见较确也。至若朱彝尊谓顺天府之崔子忠、崔丹当为一人，愚按丹字道母，子忠字开予，何可强合。他若两地之人姓名相同，世更多有，不宜轻加删薙，与其过而废之，毋宁过而存之。今综合诸书，剔误去重，排名于后，以见复社当日声气之广，但亦未必尽为虎丘大会之出席人也。

北直顺天府

王崇简（敬哉）	王世约（次重）	范邦瞻（若侯）
米寿都（吉土）	王　章（闇然）	崔　丹（道母）
王　谷（大含）	萧生烺（伯闇）	萧　升（允之）
韩四维（张甫）	李仲熊（非熊）	张永祯（仲灿）

梁以樟(公狄)	牛裕范(式之)	于奕正(司直)
李茂才	王以约(敬止)	周　宗(本卿)
韩四科(十甫)	崔子忠(开予)	温良璞(仲青)
黄　鼐(惟梅)	李经国	张希契
李　耿(毅侯)	李子和	房之屏
史可程(赤豹)	梁以桂(析木)	傅作鼎
陈圣学(心王)	孙嗣烈(绳甫)	梁以枬(仲木)
孙　钥(咸若)	孙　钥(虞维)	房之范
方士淳	薛　穀	孙　铨
金之皋	周　晓	孙　通(无疑)
伦之楷(百式)	孙奇逢(钟元)	

逸雪案：萧升，《补录》作"萧叔"。李仲熊，《补录》作"李仲容"。温良璞，应依《前编》作"温良朴"。

故城县

沈嘉客(无谋)	周同文(画一)	李　秀(皆人)
周承祚(毓文)	王国鼎(慎之)	周承录(介夫)
秘应奇(以庸)	秘元煜(以含)	周承芳(灿文)
秘元锡(蕃锡)	刁鼎铉(公辅)	李长荫(茂绳)
刘　仪(羽吉)		

南直应天府

刘服膺(膺服)	张一儒(彦先)	孙　石(介臣)
黄　基(应存)	王亦临(穆如)	伍之义(从甫)
陈丹衷(敏昭)	王　潢(元倬)	周景濂(仍叔)
胡　宁(伯纯)	朱尚云	吴怀古(弗如)
王　橹(室藩)	伍之璧	徐张吴(天岩)
曾　鲁	徐时霖(泽商)	伍以宏
史　豸(诚儒)	何宏保	张　铧(启棠)
邢　师(同寅)	杨士尤(异子)	魏　台(非仲)
杨维空(罗有)		

逸雪案：孙石，字介臣，《补录》"石"误作"臣"，"介"误作"个"，有《上元县志》可按。黄基，字应存，《补录》作"应厚"。陈丹衷字敏昭，《前编》"敏昭"作"涉江"。吴怀古，字弗如，《补录》误作"吴古怀"，有温睿临《南疆逸史》可证。《传略》"弗如"作"弗始"。

溧阳县

钟　鼎（玉铉）	陈名夏（百史）	彭　旭（旦兮）
吴　颖（见末）		

逸雪案：吴颖，字见末，《前编》"末"误作"木"。

苏州府

顾梦麟（麟士）	王启荣（惠常）	陈新芝（征灵）
姚宗典（文初）	张　谊（孺高）	周　肅（其章）
郑敷教（士敬）	吴晋瓒（流玉）	周　群（子达）
吴麟趾（瑞生）	陆　坦（履常）	袁　征（公白）
黄鼎吉（新侯）	施泽绵（子长）	王　节（贞明）
周崇阶（六阶）	徐树丕（武子）	孙　焜（示亮）
许元弼（仲良）	费元鼎（君求）	王一经（予传）
唐开虞（五臣）	顾　苓（云美）	凌必正（圣功）
胡　演（序九）	王家祯（予来）	祝升吉（允升）
陆梦熊（熊占）	吴世培（无念）	黄允奇
陈鸿宝（若山）	施其象（子象）	顾宇王（宣美）
许士斌（懋金）	张　俊（非仲）	韩　馨（幼明）
朱　坤（顺卿）	顾　铧（鄂生）	李可卫（尔公）
李文焕（有章）	沈介立（石文）	黄晋昌（锡侯）
王景元（殿先）	王宏绪（长生）	许振光（起文）
顾王祥（瑞典）	吴中柱（柱石）	徐宗器
许元祯（伯赞）	顾李蹊（云翼）	杨　飞（征九）

逸雪案：陈新芝，字征灵，《前编》作"征雪"。吴晋瓒，《前编》作"顾晋瓒"。周崇阶，字六阶，《后编》谓其字"元阶"。王一经，字予传，《后编》作"字传"。胡演，《前编》作"胡寅"。顾宇王，《后编》作"顾宇玉"。许士斌，字懋

金,《后编》作“懋全”。

太仓州

张　溥(天如)	张　源(来宗)	赵自新(我完)
王家颖(处卿)	吴伟业(骏公)	吴继善(志衍)
管士琬(君售)	张　浚(禹疏)	张王治(无近)
何南春(梅先)	张孝达(孚先)	许　焕(尧文)
孙以敬(令修)	蔡　申(伯引)	周　肇(子俶)
吴克孝(人抚)	朱明镐(明苣)	吴伟节(青臣)
周　巩(子丰)	周　桢(子方)	袁　贲(幼白)
周　南(二为)	周　祚(逸休)	吴国杰(纯祜)
穆云桂(苑先)	李登云(缙黄)	张　宿(朗文)
吴绵祚(燕余)	王　瀚(原达)	李　诚(子厚)
吴养元(颐仲)	浦　荃(瞻叔)	王瑞国(子彦)
何如玉(渭圣)	王令荃(星宰)	王令蓰(如縠)
管文澜(止观)	陶　镄(涪水)	王　御(钦仲)
钱　源(天来)	许　爜(双平)	曹中龙
曾五典(子叙)	张文源(古湋)	金达盛(道宾)
王家祥(止吉)	王　挺(周臣)	王圣涯(泳臣)
吴伟光(孚令)	吕云奇(石英)	归默静(公书)
王　洵	王　洄(宛仲)	王　揆(端士)
陈　瑚(言夏)	周同升	程允基(敉功)
黄与坚(廷表)	王启棻(天路)	赵　新(宾日)
王发祥(登善)	周家藩(方侯)	计　荣
王宗远	曾绍唯(韶季)	周绵存(椵常)
赵　晟(方旭)	王日新(鉴明)	周如珍(九获)
吕挺儒(乾士)	吕鼎吉(玉士)	张　泳(幼涛)
陆世仪(道威)	江士毅	郁　棠
吕国植(王芳)	程靖猷(伯昭)	周遵成(叔行)
徐征仕(公远)	吴维藩(价人)	周　航(化渡)
张　屺(孝瞻)	浦　崡(君达)	沈京应(洛尹)

王宗华	李云章(石裁)	张　璜
范　质(也文)	张　朏	江士表
王　纯	王宗还(计荣)	

逸雪案:孙以敬,《前编》作“孙以慈”。吴伟节,字青臣,应依《前编》作“清臣”。吴国杰,字纯祜,《前编》作“纯祐”。李登云,字缙黄,《前编》误作“缙寅”。李诚,《前编》误作“李樽”。吴养元,字颐仲,《后编》误作“顺仲”。何如玉,字渭圣,《后编》作“谓圣”。王令荃,《后编》作“会荃”。王令莅,《后编》作“王向”。陶镄,字涪水,《后编》镄作“鑛”,涪作“溶”。钱源,《前编》作“顾源”。归默静,《补录》作“归功默”。程允基,字救功,《补录》作“救公”。黄与坚,字廷表,《补录》作“庭表”。周同升,《补录》作“周日升”。周家藩,字方侯,《后编》谓其字“价人”。王宗还,字计荣,而另有计荣其人,或疑为重出,未敢臆断。徐征仕,《后编》“仕”作“士”。周航,字化渡,《后编》作“仙渡”。浦崡,字君达,《后编》作“君迁”。

长洲县

朱　隗(云子)	姚宗昌(瑞初)	沈　几(去疑)
李　楷(仲木)	许元溥(孟宏)	顾启宗(公远)
刘　曙(公旦)	华　渚(方雷)	钱位坤(与立)
沈明伦(伯序)	管正传(元心)	王　宋(东尹)
戴之杰(石房)	陈　性(身之)	张　奕(绥子)
薛宗廉(伯清)	刘　旸(公夏)	郭兆骥(天行)
杨右烈(亦文)	嵇山材(天因)	韩　粲(宣子)
杨肇祉(昌孟)	许　洄(孝酌)	戴之俊(务公)
卢源材(河生)	朱　陵(望之)	赵承鼎(启新)
陈　羽(用仪)	薛仲孝(孝仲)	陈宗之(玉立)
文　乘(应符)	顾延周(孝侯)	黄　卷(万公)
中绎芳(维思)	徐　汧(九一)	顾之俊(仲容)
徐　枋(昭法)	俞　粲(受之)	刘　蕃(曲翰)
姚宗甲(昱初)	顾予升(南征)	杨廷楫(舟之)
徐煜兴	嵇山明(高也)	吴　迈(二洪)
吴　适(幼洪)	郭兆金(九来)	薛天佑(申之)

金　鱼(水廷)	宋秉贞(元起)	宋献玉(元一)
姚　淳(尧容)	姚灿采	吴　涛(长源)
吴　镳(自觚)	赵　炳(仲闇)	宋绳玉(楚材)
王启洪(而仕)	徐元声(士希)	徐廷选(尔抡)
王上龄(嵩友)	彭祖述(敏季)	邹诚之(缉明)
邹存之	邱　樵	蒋　衍(宛然)
高翼云(九闳)	严　懿(柔克)	姚　俨(钧裳)
施虹绕(公谷)	姚　锜(祖廷)	

逸雪案:顾启宗,字公远,《补录》谓其字"燕胤"。文乘,字应符,《前编》作"孙符"。申绎芳,《前编》作"申绎受"。顾之俊,字仲容,《补录》作"仲雍"。

吴　县

杨廷枢(维斗)	徐鸣时(君和)	钱　禧(吉士)
朱　镃(彦兼)	袁良弼(星况)	章　美(拙生)
周茂兰(子佩)	周慕藻(子洁)	陆世廉(起顽)
朱　衮(九章)	邱民瞻(天民)	徐　籀(亦史)
管　捷(帝锡)	周肇祺(公龄)	陈　迁(照邻)
孙　乔(子良)	许元恺(德先)	沈　磐(石均)
施之朝(羽圣)	杨廷楷(则正)	卫　瀓(神清)
钱安修(行安)	沈礽荣(滋先)	钱　祐(良士)
丁观韶(九仪)	张　邕(羽民)	陈　蕅(孝宽)
胡以铉	徐　征(念庶)	许元功(无功)
吴　迪(长康)	何兆清(圣征)	卢　伦(五惇)
袁　衡(公清)	杨耀南(晖吉)	陆在鼎(赤文)
凌一梓(公木)	章奏可(彦葵)	施学先(尔达)
周泰阶(君平)	吴翀汉(乘高)	邱象春(幼白)
宋尧年(在宾)	孙奇玉(荆生)	陈　琏(四珍)
张人夏(兴公)	吴　导(长洪)	徐梦得(君锡)
吴　炜(叔文)	金之彦(圣思)	

逸雪案:管捷,《后编》误作"简捷"。孙乔,字子良,《后编》作"子长"。沈磐,字石均,《后编》谓其字"君硕"。杨廷楷,字则正,《前编》作"正则"。卫

潡，字神清，《前编》作“清清”。钱祐，《前编》作“钱祜”。丁观韶，字九仪，《前编》作“又仪”。

吴江县

吴　翻（扶九）　吴有涯（茂申）　吴昌时（来之）
吴昌寿（眉之）　吴昌迪（迪之）　吴　昜（日生）
吴允夏（去盈）　吴晋锡（兹受）　吕云孚（石香）
沈应瑞（圣符）　叶　襄（圣野）　张　峣（山尧）
包　捷（惊儿）　包　振（朗威）　包　抡（尚贤）
周　灿（闇韶）　沈初馨（青芝）　张　泽（草臣）
沈自炳（君晦）　顾　诚（宾日）　顾　禔（明之）
赵　瘼（涣之）　赵　席（公珍）　俞允怀（怀兹）
戚　干（右朱）　庞承源（生一）　陈绍祉（孝将）
周振孙（麟伯）　潘　凯（仲和）　周廷祚（长生）
顾祖奎（元度）　李世芳（凌凡）　叶世佺（云期）
沈学闵（孝甫）　孙兆奎（君昌）　孙聚奎（君祥）
计　名（青辚）　吴　旦（海曙）　沈礽晋（方平）
史宗邠（古公）　沈永隆（治佐）　徐　墀
卢　炜（赤文）　沈　虬（次雪）　汤三俊（俊民）
周永言（安仁）　蒋　岸（文岸）　吴　翾（羽三）
吴祖锡　吴兆宽（宏人）　沈初昇（晓芝）
周履祥（茂先）　费元恒（久仲）　徐　洲（来石）
沈初荣　赵甫田　戚左千（右侯）
陈绍武（克三）　沈致原（贞开）　闵　仍（彦云）
沈自然（君硕）　沈必选　董之垣（介夫）
宋虹璧（明玉）　张龙韬（翰潭）　顾　寅（若彝）
孙　璘（昆玉）　董二酉（诵孙）　计尔玉（幼坚）
杨禹祁（天社）　沈之汇（东引）　孙　梅（九和）
孙　霖（雨若）　吴　昌（海序）　徐　白（介白）
蒋自远（退之）　俞南史（无殊）　沈　照（休仲）
许宗熤（鲲生）　吴　鉴（水若）　费元晋（季明）

顾伯宿(钟生)	费日章(闇然)

逸雪案：吴易，《前编》误作"吴易"。包振，字朗威，《前编》误作"朗咸"。周灿，字闇昭，《补录》谓字"光甫"。沈自炳，《前编》误作"沈日炳"。赵庚，字涣之，《前编》谓其字"大庚"。潘凯，字仲和，《前编》谓其字"岂凡"。周廷祚，《前编》误作"周延柞"。叶世佺，《补录》误作"叶世偁"。吴旦，字海曙，《南疆逸史》与《姓氏录》同。《后编》，吴旦，字海序；《补录》，吴昌，字海曙，兹订海序为吴昌。卢炜，字赤文，《补录》则以字行。

常熟县

杨　彝(子常)	许重熙(子洽)	徐济忠(良夫)
蒋　棻(畹仙)	祝谦吉(尊光)	魏　冲(叔子)
许　瑶(文玉)	孙朝让(光甫)	戴　苹(仲繁)
赵士春(景之)	祝泰吉(汇征)	王　政(以正)
彭　和(元发)	陶世济(仁育)	王曰俞(喜赓)
许重远(子兼)	苏　震(震亨)	史遗直(叔鱼)
史云缙(希仲)	许　棐(辅公)	朱　镳(右服)
顾烺先(令徽)	钱　宏(毅生)	朱一鸣(广源)
王宾臣(子敬)	王师臣(子学)	王　亮(开度)
杨　静(定夫)	孙　毂(文石)	吴世陛(襄明)
李　晔(实甫)	许士骥(德生)	许　瑄(宣玉)
顾茂志(以宁)	凌　翰(霄客)	孙　涛(虬仲)
孙永祚(子长)	邵世茂(羽万)	钱璆贤(元玉)
许　琪	时　穆(静府)	朱　祯
朱天伸(立俗)	瞿　经	周应登
钱龙惕	陶　辅(子友)	陶　衡(平侯)
桑　林(子立)	黄士吉(上吉)	仲侯孝(羹严)
仲侯友(鸣嘤)	陶　阶(元符)	朱时鼎(显卿)
张　翩(开甫)	石　瑛(孚公)	高拂云(云领)
张大维(节臣)	谢廷泰(允开)	王　谔(稚卿)
范　钟(伯容)	沈士福(昌甫)	许瑞生
徐　质(野玉)	陈鹤征(羽卿)	时载杲(旭如)

逸雪案：王政，字以正，《前编》谓其字“正文”。陶世济，字仁育，《前编》谓其字“子齐”。顾烺先，字令徽，《前编》作“令征”。

昆山县

周锡成（我成）	王志庆（与游）	陆世鎏（彦修）
金　珩（白公）	王志长（平仲）	顾　绛（宁人）
陆逊之（子敏）	陆从先（是古）	朱志熹（司选）
曹开远（彝伯）	叶奕佺（元晖）	归奉世（文若）
沈元凯（令预）	王启棠（永君）	张立平（迩求）
张立廉（鸿一）	朱集璜（以发）	葛云芝（瑞五）
支万春（汇昭）	徐桓鉴（惠朗）	陈用皋（子来）
周　佃（子圆）	张次琦（玉贤）	李　轩（昂侯）
孙元凯（若士）	顾　鎣（谔明）	周本宏（元祐）
归继登（尔复）	归锡侯	徐开远（仲舒）
盛符升（珍示）	陈言先（敷功）	张维芑（诞嘉）
顾晋璜	陈　璧（昆良）	朱德洋（光甫）
陆和祐（德先）	薛宗孝（君彰）	张元炳（汉章）
顾汉良（光倩）	王向明（元白）	杨天培
马千里	黄　虞	陆之球（休孺）
周　铭（鼎叔）	叶天恺	葛　于
陆　祯	归　庄（恒轩）	陶　琰（稚士）

逸雪案：顾绛，字宁人，《前编》谓其字“忠清”。陆从先，《后编》作“陈从先”。归奉世，字文若，《前编》误作“文君”。支万春，字汇昭，《后编》谓其字“凝生”。李轩，字昂侯，《前编》作“子昂”。归锡侯，《补录》作“归锡詹”。徐开远，《后编》误作“徐闻远”。

嘉定县

朱之尚（令古）	侯岐曾（雍瞻）	施凤仪（孟翔）
徐时勉（克勤）	曹　讷（忍生）	陶士彦（启圣）
沈宏祖（彦深）	马　舒（应之）	陈琦征（保臣）
汪贞泰（大来）	张国浚（在公）	黄淳耀（蕴生）

傅凝之（令融）	许自俊（子位）	娄复闻（思修）
侯　汸（彦直）	龚用圆（智渊）	沈怀祖（公述）
申　艇（虚舟）	朱　珽	夏云蛟（启霖）
施风鸣（唠冈）	郑　灿	侯　洵（文中）
侯　浤（研德）	李杭之（僧筏）	李　拱（舜良）
陈舒征（应之）	唐懋儒（子雅）	李　缙（绅卿）
支启泰（伯祥）	潘　澜（雨臣）	金继懋（尔勉）
朱廷选（楷生）	汪彦升（子虚）	黄鸿儒（鲁容）
唐　培（自因）	毛一祯（尔嘉）	顾飞先

逸雪案：陈琦征，字保臣，《后编》，保作“宝”。傅凝之，字令融，《后编》令作“定”。侯汸，侯洵，《前编》并于侯下增一“元”字，作“侯元汸”“侯元洵”。洵字文中，《前编》作“允文”。侯浤，《补录》亦作“侯元浤”。

崇　明

黄　元（九轮）	宋　龙

松江府

夏允彝（彝仲）	朱　灏（宗远）	徐方广（思旷）
李　雯（舒章）	周室勋（扆臣）	周希文（范若）
姜尔珏（两玉）	徐凤彩（圣期）	林希灏（赞明）
张　宽（子朋）	薛已鼎（义炎）	夏　鼎（九象）
朱　积（元蕴）	张寿孙（诒女）	鞠履偁（子先）
徐期生（无爽）	李待问（存我）	郁继垣（选士）
宋家祯（瑞生）	乔　基（公定）	翁起鹏（扶九）
沈汉冲	唐　正	蔡秉谦
王宗熙（孟衍）	宋元鼎	唐允谐（季尹）
翁一鹏	朱履吉	

逸雪案：林希灏，字赞明，《前编》谓其字“敬生”。薛已鼎，字义炎，《补录》作“义琰”。朱积，字元蕴，《前编》作“蕴古”。沈汉冲，《补录》误以另一人“唐正”为其字。

华亭县

周立勋(勒卣)	徐孚远(闇公)	彭　宾(燕又)
俞廷谔(彦直)	顾开雍(伟南)	吴　沂(中水)
盛庆远(灵飞)	徐　炜(元宣)	徐致远(武静)
周季勋(成子)	严　龙(子犹)	唐　醇(去疵)
张　密(子退)	钱　縠(内史)	李　愫(素心)
徐缵高(孝若)	盛重禧(孝来)	盛重辉(孝洁)
林　蕚(古繁)	董宏修(于家)	郁汝持(子衡)
薛　靖(义瑛)	陆庆裕(文饶)	王家福(圣臣)
陆庆臻(集生)	翁起鹗(子上)	陆庆衍(孝长)
王　溥(胜时)	徐　喆(吉人)	彭　容(愚若)
沈汝祺	夏完淳(存古)	俞国杰
杨时琦	夏完德(在明)	夏完愚
陆庆滋	王崇熙	钱士璠(鲁玉)
姚　纶(惠言)	章　晏(次清)	杨时俨
蔡文瀛(季海)	顾　位	章　闇(子章)
吴覃桂(仙令)	陆　沩(才水)	董士酉(佑申)
董士余(姚申)	杨枝起(我初)	盛重建
徐　绍	周序勋	庄　俭
宋元身(履洁)	章　简(次弓)	章　晓
王之翰	彭彦卿	陆庆绍
吴中楫(问滨)	沈汝洪	

逸雪案:彭宾,字燕又,《前编》作"燕生"。顾开雍,字伟南,《前编》误作"伟男"。薛靖,字义瑛,《后编》作"义琰"。陈庆臻,字集生,《后编》作"蕊生"。翁起鹗,字子上,《前编》误作"子止"。徐喆,《补录》作"徐元吉"。

上海县

潘　桓(殿虎)	马元调(巽甫)	宋存标(子建)
朱在镐(迁公)	潘　敞(九闳)	潘尧纳(弗迷)
乔世埴(子方)	范彤弧(细侯)	乔鼎臣(殿史)
徐天麟(凌如)	王有孚(尹玉)	何　刚(悫人)

包尔庚(长明)	闵陈尧(中开)	范鳌弧(冠军)
范蝥弧(贰师)		

逸雪案:潘光纳,字弗迷,《前编》"弗"作"勿"。乔世埴,《前编》误作"植"。乔鼎臣,字殿史,《补录》作"殿卿"。何刚,《前编》误作"何厚"。《姓氏录》谓范鳌弧字贰师,《后编》则谓范鳌弧字冠军,范蝥弧字贰师,是扶九合二人为一人。兹从次尾说。考蝥弧,旗名,颍考叔取郑伯之旗蝥弧以先登,事见《左传》。

青浦县

陈子龙(卧子)	宋存楠(尚木)	杜麟征(仁趾)
王元圆(默公)	杜骏征(徕西)	赵侗如(人孩)
杜甲春(端成)	翁德璋(德生)	李是楫(原焕)
汤　琢	王　健	曹凤苞(夏士)
张安茂(子美)	汤　崡(公瑾)	镏古沟(生三)
曹　嘉(鲁元)		

逸雪案:宋存楠,字尚木,《前编》作"让木"。《姓氏录》与《补录》皆有"蔡枞"其人,考蔡枞为蔡文瀛之改名,文瀛已入华亭。

金山卫

盛翼进(邻汝)	宋与琦(又韩)	杜骐征(同思)
赵　侅(声倜)	董象祖(视烈)	姜尔珠(慈授)
董宏学(非究)	王辅世(德一)	王　烈(名世)
陆庆曾(文孙)	陈尔振(永和)	陈宗伦(秉生)
翁文益(象九)	宋　卓(立万)	董象功(见乐)
董　劢(鄂生)	陈乘教	

逸雪案:宋与琦,字又韩,《前编》误作"有韩"。陈尔振,《补录》误作"陈尔征"。

常州府武进县

刘宪章(端甫)	韩钟勋(不挟)	陆自岳(岱瞻)
陈组绶(伯玉)	徐　法(式之)	徐　洽(浃之)
王　章(汉臣)	邹嘉穀(庭若)	张龙文(掌霖)

周　午(仲然)	陈震生(青雷)	邹民彀(仲武)
吴方思(方之)	郑　珏	陈咨稷(子育)
许　遂(仁伯)	恽本初(道生)	刘　晓(旭来)
恽鹏士(古凤)	江南春(掌垣)	蒋演生(寅伯)
谭　志(中孚)	郑　郊	江南秀(令则)
张祖吴(伯郡)	许之渐(仪吉)	曹司文(在兹)
龚九畴(禹锡)	赵梅鼎(调玉)	王之佐(尚卿)
赵烛远(晋引)	冯斐道(成简)	龚九鼎(禹畴)
郑　鄗	毛念恃(尔依)	王之宾(宾卿)

逸雪案:韩钟勋,字不挟,《补录》误作"不扶"。王章,《后编》误作"黄章"。张龙文,《后编》误将"张"作"章"。陈咨稷,《补录》误作"陈士稷"。刘晓,字旭来,《前编》作"旭东"。恽鹏士,《补录》作"恽鹏生"。张祖吴,字伯郡,《补录》作"伯卿"。赵烛远,字晋引,《补录》作"晋允"。

无锡县

马世奇(君常)	马世名(君闇)	黄家舒(汉臣)
黄钟亮(彦寅)	华廷宾(嘉仲)	吕　阳(瞻望)
张德浤	黄元瑞	华时亨(仲通)
周如玺(鸿章)	马　瑞(尔采)	王孙蕙(晦季)
王孙芝(房孟)	秦　镛(洪甫)	王玉汝(元琳)
王孙兰(畹仲)	许王俨(孝酌)	华廷献(修伯)
王延禧(锡卿)	唐德亮(采臣)	高　广(远度)
秦　楠	吴维蓄(岳立)	许　梅(用调)
华　赤(金兢)	顾　杲(子方)	秦　鍈(亮甫)
李廷灿(若星)	侯长源(伯远)	侯宗源(伯源)
秦德兹(以巽)	浦廷卿(汝弼)	杨廷栋(元吉)
杨廷柱(介石)	杨之杰(英仲)	

逸雪案:华廷宾,《后编》"廷"误作"延"。马瑞,字尔采,《前编》误作"马端",字"尔来"。王孙蕙,字晦季,《前编》作"畹季"。秦德滋,无锡人,《姓氏录》误入之武进。吴维藩,字道胜;吴维蓄,字岳立,《前编》将"维蓄"作"维藩",误。华赤,字金兢,《补录》作"全兢"。

江阴县

黄毓祺(介子)	徐时进(元修)	徐遵汤(仲昭)
袁　珍(元声)	吴幼学(敏仲)	邓林桢(克生)
沈鼎科(铉臣)	夏宝忠(孝琛)	黄大湛
黄大洪		

逸雪案:徐时进,《前编》误作“士进”。《补录》有“黄亦湛”而无黄大洪,考大湛、大洪同为毓祺子,“亦湛”当为大洪之讹。

宜兴县

徐懋贤(位甫)	许启洪(任宇)	徐懋曙(复生)
周正儒	陈贞慧(定生)	周奕封(茹公)
吴继文(西仍)	万　谦	路之陛(子临)
杨湛露(燕侯)	吴守琦(兰生)	吴守玠
堵道南(南枝)	王　求(信之)	

逸雪案:徐懋贤,字位甫,《前编》误作“徐相贤”,字“立甫”。周正儒,《补录》误作“周肖儒”。路之陛,字子临,《后编》误作“足临”。

镇江府

周　铨(简臣)	王　重(有三)	贺王醇(鲁缝)
于继藩(翰明)	贺儒瑜(美斯)	谭兆隆(伯栋)
于　鼐(子巨)	陈　璠(重玉)	镏　湘(沅水)

逸雪案:谭兆隆,字伯栋,《后编》,“隆”误作“龙”,“栋”误作“炼”。

丹徒县

潘一桂(木公)	钱邦芑(开少)	刘孟震(长公)
陈谦阳(吉之)	张美中(孟文)	孙时杰(季少)
郭继曾(二鲁)	殷宜中(义卿)	徐学古(信之)
吴觐宸	吴拱宸(襄宗)	钱邦骏(驭少)
潘　陆(江如)	王家藩(国屏)	马应瑞(芝生)
王允升(赓明)		

逸雪案:孙时杰,字季少,《后编》作“季人”。郭继曾,《后编》,“郭”误

作“邬”。

金坛县

周　钟(介生)	张明弼(公亮)	刘　苏(玉立)
周　镕(我容)	冯　篁(我最)	王士鏷(元冶)
周　铉(远侯)	史宏谟(文若)	高　遇(冬侯)
刘国钦(叙生)	蒋　焕(闇然)	周而衍(东会)
周　金(伯玉)	蒋鸣玉(楚珍)	杨良弼(岩公)
王锡兰(纫佩)	史麟孙	冯　堂(民瞻)
张琪旭	于　琚(居玉)	张　化(鳞圣)
武际飞(九羽)	江　潢(度生)	张大心(天放)
张远心(无岩)	周　镳(仲驭)	段　宪(有常)
周而沛	缪　琚(我式)	于　琳
史谏笔(献可)	孙可显	史　默
缪　瑾(我佩)	杨　铉(君玉)	史　旭
冯　迈(捷先)	臧　廉(静生)	

逸雪案:刘苏,字玉立,《前编》误作“玉生”。冯遇,字冬侯,《前编》谓其字“君征”。王士鏷,字元冶,《补录》误作“元治”。史麟孙,《补录》作“史麟生”。于琚,字居玉,《后编》作“君玉”。

丹阳县

荆　艮(石兄)	荆廷实(实君)	刘廷璧(君佩)
荆康眉(燕生)	贺儒修(悟希)	贺燕征(元生)
盛　顺(顺伯)	荆澍明(雨若)	荆洞明(静生)
贺　裳(黄公)	荆　湘(湘芷)	贺在位(孙睿)
马安阳	贺　锃(子展)	贺　璘(瑞如)
贺　瑄(献虞)	贺　黄(公期)	贺　达
荆衍穀(尔戬)	马宇阳(梦白)	贺敷治(尧臣)
吴来绂(素兮)	荆　笈(遐咨)	荆本彻(大彻)
荆　何	贺　焞(秩东)	

逸雪案:荆洞明,《前编》误作“荆洞明”。贺在位,字孙睿,《补录》误作

"逊肤"。吴来绂，字素兮，《补录》又有束绂，字素兮，当为一人之衍化。

淮安府山阳县

夏曰瑚（肤公）　白受藻（素先）　郭为琯（岱舆）
韩应奎（西履）　卢鸿秋（衷素）　杜　芝（九茎）
程　达（内申）　白受丽（类洁）　方能权（巽若）
苏国美（又东）　卢鸿骞（修翎）　张致中（性符）
张奕桓　郭宗文（维新）　庞永祺（萃玉）

逸雪案：夏曰瑚，字肤公，《补录》作"睿公"。郭为琯，字岱舆，《后编》误作"岱兴"。程达，字内申，《前编》误作"程申"。卢鸿骞，《补录》骞作"骞"。

盐城县

张树屏（建侯）　唐臣虊（荩侯）　许文明（郁然）
王应秋（仲实）　蒋启道（开之）　王　应（沂安）
王廷左（羽圣）　许文祚（二酉）

安东县

王启运（驭六）　刘赤符（凝元）　齐日盛（戒平）
王　绪（君述）　朱家琬

逸雪案：刘赤符，《补录》误作"刘符赤"。

桃源县

王立身（不辱）　张奎光（治生）　王家麟（孟仁）
王家凤（羽宗）　郑正国（四也）

邳　州

朱士表（彬居）

宿迁县

陆奋飞（九万）　姚命禹（亦之）　陆奋武（乃文）
陆奋扬　陆宏谟（献良）

徐　州

万寿祺(年少)

沛　县

阎尔梅(用卿)

逸雪案:阎尔梅,字用卿,《前编》载其字作"古古"。

萧　县

朱　震(一侯)	孙维贤(希圣)	

扬州府江都县

郑元勋(超宗)	李元介(龙侯)	梁于涘(饮光)
顾　问(所陈)	李　枢(汝居)	汤中允(空生)
吕尚炯	郑元弼(廷直)	李元柱
任旋乾(以清)		

逸雪案:吕尚炯,《后编》作"吕尚絅"。

仪征县

郑元禧(元锡)	郑之纶(经武)	

高邮州

杨先春(方振)	陈象曙(拂扶)	

兴化县

许　坦	解　诜(丰羽)	王允士
王之宷(仙尹)	李　信(吾斯)	张文彀(子入)

逸雪案:张文彀,《后编》误作"张文縠"。

宝应县

成周璧(昆侯)	成明义(喻仲)	陈明善(元夫)
胥文儒(孟醇)	成周璜(渭侯)	成周鼎(世侯)

泰　州

傅应鸾　　杨　芳　　宫伟镠（紫元）
潘懋德（景公）　　季来之（大来）　　夏光弼（梦求）
夏光彝（季夏）　　沈继曾（克缵）　　王　沂（再沂）
童元龙（掌霖）　　张宪屏（树侯）

逸雪案：潘懋德，字景公，《后编》谓其字“麟甫”。

如皋县

吴素贵（白耳）　　吴素五（优公）　　石　璜（夏宗）
宗振祚　　冒　襄（辟疆）　　蒋国俦
李　鼎（吾鼎）

逸雪案：吴素贵，《补录》误作“吴质素”。石璜，《后编》作“石兆璜”。

通　州

包壮行（稚修）　　王毓科（俊求）　　王孙锦（黼明）
张鹍鸣（于南）　　李培因（笃侯）　　王奎光（聚此）
王效维（鹿柴）　　顾　楷（再思）　　顾　禔（更日）
白　灿（闇卿）　　钱　岳（五长）

逸雪案：张鹍鸣，字于南，《补录》作“子南”，李培因，字笃侯，《补录》误作“驾侯”。顾禔，字更日，《后编》谓其字“天目”。

海门县

崔思唯（解一）　　成友谦（石生）　　濮阳至（子半）
成宏志　　张玙若（瑜公）　　崔明献（闇公）
易象先（秋涛）　　崔大韶（元声）

徽州府

程允晋（众允）　　汪知默（闻增）　　朱泰阳（开之）
吴德鉴（于民）　　汪调鼎（士夔）　　汪　静（常符）
汪　瑛（楷俦）　　吴承中（宏嗣）　　汪灵承（于旅）
鲍太庚（幼白）　　鲍秉善（继之）　　吴　霖（东三）

汪沐日(扶光)	吴尊古(与稽)	吴尊朴(未雕)
黄　鼎(卜周)	吴圣楫(仲济)	吴　馡(众香)
吴名世(时可)	胡士升(孟阶)	程一藩(介士)
项时琦	潘梦桂(月生)	方处冲(太冲)
汪　远(静致)	程一础(楚石)	殷周祚(长统)
汪漱予	程　馞(篆仙)	程天翔(汉集)
李廷献(公可)	汪　灏(文石)	陈希昌(秉文)
江天一(文石)	蔡羽亭(南涉)	凌紫氛(香吏)
洪　琮(瑞玉)	许　楚(芳城)	程起凤(翥云)
吴闻礼(去非)	吴文英(子含)	汪作霖(雨若)
陈所蕴(辰子)	洪德生(生甫)	洪德吉(吉甫)
黄振藻(幼白)	洪德常(常伯)	殷光汤(汤孙)
殷光旦(沧旭)	鲍元直(于生)	程　铉(玉铉)
方云鹗(在秋)	程新元(浣日)	程天直(若云)
杨春华	许奉章(来千)	许起麟(招公)
汪　澜(君一)	鲍可久	黄汝瑚(殷大)
潘陈志(求仲)	王仕云(望如)	杨征奇(正子)
汪泽飞		

逸雪案:程允晋,字众允,《前编》谓其字"象晋"。汪知默,字闻增,《前编》误作"闻憎"。吴承中,《后编》误脱"承"字。程馞,字篆仙,《补录》误作"程馡",字"闇仙"。汪灏,《后编》误作"江顥"。许楚,字芳城,《补录》作"许芝"字"方城"。作"芝"误,疑作"方"是,但《歙县志》则作"芳"。程起凤,字翥云,《补录》误作"翥翼"。

祁门县

庄　熊	叶正春

黟　县

舒家爵(我贵)	史士俸(公廉)	史士伟(子奇)

广德州

夏　仪(长卿)　　戈　简(行可)

宁国府

沈寿国(治先)　　梅朗中(朗三)　　邵　铿(曾撰)
邵　晃(日生)　　洪启权(玉衡)

逸雪案:邵铿,《前编》误作"邵鉴",邵鉴另有其人,属太平县。

宁国县

沈莲生　　黄一彦

宣城县

沈寿民(眉生)　　徐贞一(淑子)　　孙文煌(其星)
钟震阳(百里)　　郑　愫(在中)　　徐律时(乾若)
徐新时(圣铭)　　陈士骢(龙媒)　　颜绍庭(庭生)
徐襄时　　麻三衡(孟璇)　　梅士生
徐珍明

逸雪案:徐贞一,字淑子,《前编》作"俶子"。孙文煌,《补录》作"孙友煌"。颜绍庭,《后编》作"顾绍庭"。

泾　县

万应隆(道吉)　　赵初浣(雪度)　　王　徽(慎五)
万　麟(道祥)　　文启元(佑人)　　文敦元(艮吉)
杨　昂(驹若)　　郑时敏(鲁生)　　王云龙(云从)
郑廷佐(明时)　　朱　苞(以九)　　赵司直(维生)
沈　澳(内景)　　郑廷任　　赵如琏
文简臣　　陈良琛(淮生)　　赵　玮
赵　瑄(汉奉)

逸雪案:郑时敏,《后编》作"郑汝敏"。沈澳,《后编》作"沈燠"。

太平县

邵　锦(廷皓)　　邵　璜(其声)　　邵　鉴(冰徽)

王　枚(吉士)　　王新贤(承问)

逸雪案:王新贤,字承问,《补录》作“成周”。

池州县

刘　城(伯宗)　　吴应纂(绪倩)　　吴履嘉(元礼)

李　憼(敬中)　　胡士瑾(钟郎)　　丁　煜(介之)

吴希孟(孟醇)　　胡　奇(常之)　　金学重(任夫)

逸雪案:吴应纂,字绪倩,《前编》作“绪修”。

贵池县

吴应箕(次尾)　　吴应笋(玉班)　　吴应篚(席之)

吴应筌(荐元)　　王心睿(公俨)　　李　蒠(源尝)

刘廷銮(在公)　　胡士表(宏中)　　胡士邵(美稚)

吴廷干(桢卿)　　吴　遇(元章)　　胡跃龙

姜可久(又久)　　刘廷鏊(幼济)　　吴文炳(虎承)

胡士昌(进也)　　王心介(吉先)　　李　达(行季)

李　緦(寅公)　　吴应梦(发若)

逸雪案:吴应笋,字玉班,《前编》作“玉笋”,误。吴应筌,字荐元,《前编》作“源常”。胡士邵,《后编》误作“胡士郤”。吴文炳,字虎承,《后编》作“虎臣”。

青阳县

孙象壮(子輹)　　吴　钟(空之)　　吴　介(于石)

张国敉(公晋)　　吴中英(在兹)　　姜　寅(汝亮)

孙象震(子修)　　施承觉(寐生)　　罗尚甲(季先)

罗朗士(玉朗)　　江士栻(小张)　　罗雪逵(远伯)

逸雪案:吴介,字于石,《后编》误作“子石”。吴中英,字在兹,《后编》“兹”误作“英”。罗朗士,字玉朗,《前编》误作“王朗”。

建德县

郑三谟(都甫)	孔尚豫(仲石)	江　桓(武子)

石埭县

唐一沂(鲁生)	唐望之(伯膺)	唐昌之(期吉)
唐一澌	苏学曾(鲁如)	

逸雪案:唐望之、唐昌之,《补录》作“唐之望”“唐之昌”,并误。

东流县

檀明易(无过)

太平府

朱家禾(颖立)	潘延年(右枚)	宋汝鹍(天来)
章人騋		

逸雪案:潘延年,《前编》作“潘廷年”。章人騋,《补录》作“韋人騋”。

芜湖县

沈士柱(昆铜)	张一如(来初)	罗世绣(绣铭)
葛天裔(仍民)	朱长履(在放)	张明象(元湛)
朱有章(西雍)	杜时皋(直卿)	施天植(立先)
萧云倩(小曼)	罗世搢(搢笏)	萧云从(尺木)
罗世藻(虞期)	葛　绥(福履)	朱长泽(祖润)
彭述右	汤绍自	施可懞(子原)
施可遇(元孚)	施天孙(元培)	

逸雪案:杜时皋,《前编》作“杜时举”。罗世藻,字虞期,《补录》作“虞明”。

当涂县

吴更生(叔向)	王运泰(开孺)	

凤阳府天长县

钟允猷(履素)	张振先(君似)	袁以化(六息)

曹文木(孟昭)	王明选(吉士)	王景云(汉卿)
钟元玉(玉生)	王景元(元玉)	柳成赋(立初)
袁　元(元夫)	戴　缨(元长)	王　性(尊生)
陈一新(又新)		

逸雪案:柳成赋,字立初,《补录》误作“亥初”。

泗　州

谢　焕(闇如)

安庆府桐城县

方　文(尔止)	方以智(密之)	蒋　臣(一个)
赵相如(又汉)	范世鉴(子明)	潘映娄(次鲁)
左　毅(又宏)	方启曾(圣羽)	吴　过
倪天弼(右臣)	吴道凝(子远)	周　岐(农父)
倪天枢(臣北)	方禹甸(奕于)	方都韩(大方)
范熙和(汝揆)	张秉哲(浚之)	田有年(资生)
朱　�(素衣)	王国瞻(愿慰)	左国柱(硕人)
吴德操(鉴在)	孙　临(克咸)	许元复(扶一)
吴道济(汝楫)	杨日蕃(君衍)	雷衍祚(蕃归)
方孔文(尔识)	白　瑜(瑕仲)	叶　珠(琼玉)
汪应洛(人文)	王彭年(幼公)	白　錡(子皮)
方　穀(子桓)	吴道新(汤日)	钱秉镫(饮光)

逸雪案:方禹甸,字奕于,《补录》作“奕子”。朱禣,字素衣,《前编》作“素公”。王国瞻,字愿慰,《前编》作“硕慰”。吴德操,字鉴在,《补录》作“在鉴”。

和　州

鲁可藻(孺发)

庐州府

孙昌裔(秋我)	张　子(锁子)

逸雪案:孙昌裔,字秋我,《后编》作“秘我”。

合肥县

程以悫(知求)　程以德(骥称)　王寖大(幼章)
潘世美(十公)　董　史(计先)　龚允肃
吴士奇(在简)　席前士(虚左)　孙昌绪
徐家聘　龚鼎蕃(木公)　龚鼎孳(孝升)
王　孙　赵观齐　杨　爃(象文)
颜同稷(复子)

逸雪案:龚允肃,《补录》"龚"作"哉"。徐家聘,《补录》"家"作"嘉"。

舒城县

郭士豪(蝶公)　江必永(灵舟)　胡守钦(君若)
胡永亨(肇美)　濮中玮(怪若)

逸雪案:郭士豪,字蝶公,《前编》误作"蝶求"。江必永,字灵舟,《前编》误作"江之水",字"雪舟"。胡永亨,《前编》误作"胡永基"。

六安州

吴鸣凤(仪之)

逸雪案:《后编》"仪之"作"醒蝉"。

浙江杭州府

张　元(天生)　虞宗瑶(仲皜)　赵德遴(公铨)
郑　埙(宜伯)　徐邦佐(孟超)　沈继震(子起)
郑　铉(元子)　严调御(印持)　闻启祥(子将)
查继佐(伊璜)　陆　圻(景宣)　邵　洽(元浹)
虞宗玖(大赤)　闻启祯(子有)　凌元征(巨先)
范　骧(文白)　朱延策(君翊)　卢应熊(文梦)
屠以宁(多若)

逸雪案:陆圻,字景宣,《前编》谓字"丽京",列入钱塘县。

钱塘县

陆铭勋(梦鹤)　吴思穆(静腑)　吴太冲(默置)

钱朝彦(殷求)	冯延年(千秋)	陆鸣煃(梦文)
金时观(孔宾)	陆明时(善明)	俞时笃(企延)
蒋　庸(不易)	严李荣(元闻)	魏　介(如石)
吴百朋(锦雯)	缪　沅(湘芷)	邹质士(孝直)
张　埁(幼青)	金　骅(雨三)	翁与立
谢　森	俞龙见(且蛰)	张纲孙(祖望)
沈尧章(佩彝)	朱大典(巽行)	冯　融(首川)
朱锡元	丁元毓(生白)	潘廷章(美含)
赵明镳(珍流)	吴锡朋	任荩臣
裘昌言(国珍)	张络孙(祖眉)	江　旦

逸雪案：陆铭勋，《前编》作“陆运昌”，考铭勋为原名，运昌为后改之名。陆鸣时，字善明，《前编》作“梦明”。金骅，字雨三，《后编》作“羽三”。翁与立，谢森，原为二人，《后编》谓翁与立字谢森，竟合二人而一之。俞龙见，字且蛰，《后编》作“长蛰”。冯融，字首川，《前编》作“百川”。

仁和县

孟应春(长民)	林泰业(阶平)	陈　浚(行无)
李　宗(安之)	李　寰	沈澹思(子羽)
徐　翙(野君)	卓霜回(寒民)	严　津(子问)
张岐然(秀初)	江　浩(道闇)	江之浙(禹甸)
冯　悰(俨公)	凌萃征(聚吉)	黄光寿(向先)
闻　熇(叔夏)	陆　泰(文垓)	沈　狮(调象)
周养健	钱　泮(于斯)	郭子平
沈侨如	陈家珍(宗器)	胡万铉
沈尧年(庚长)	郭　琯(有驾)	卓人月(珂月)
吴元炌(开之)	潘曾绶(子若)	秦之珍(数家)
何　晉	潘汝栋(树白)	沈孟诸(季宸)
顾光前	孙如溥(天若)	陈　曦(维燠)

海宁县

徐元粲(豹奴)	徐永年(子奇)	陈许廷(灵茂)

沈兆昌(闻大)　许丕炜(放翁)　袁　祩(丹六)
曹元方(介皇)　米一是(近修)　祝文襄(天孙)
徐元圻(次象)　徐林宗(道晋)　葛定远(辰婴)
查诗继(二南)　张　华(书乘)　查嗣馨(鲁生)
葛定辰(爰三)　查继甲(只卯)　朱　昇(方庵)
张如龙(延年)　祝洵文(眉老)　徐元镳(子骏)
徐元矿(亚威)　徐林祥(止仲)　徐林贤(无务)
俞元良(仲骧)　朱士恒(圣真)　徐元倬(为章)

逸雪案:袁祩,字丹六,《补录》作"丹路"。

富阳县

邵光允(吴如)

逸雪案:《前编》"吴如"作"炅如"。

于潜县

张允修(洵儒)

逸雪案:《前编》"洵儒"作"恂孺"。

余杭县

顾有斐(斐公)　严　渡(子岸)　严　沆(子餐)
王　祺(祉叔)　顾　默　王福祯(子严)

嘉兴府

孙　淳(孟朴)　陈　恂(子木)　徐郴臣(亦于)
赵汝璧(子玉)　项声国(仲展)　张次柳(幼绪)
金惟恭(仁长)　蒋　芬(去华)　程定国(鸿安)
盛际斯(于斯)　陆清原(嗣白)　谭吉彭(有长)
郑雪昉(瀊师)　陆瀹原(嗣畅)　曹祯骥(子渥)
吴　鈖(仲玉)　黄子锡(复仲)　徐　彬(忠可)
陆　束(子瞻)

逸雪案:孙淳,《前编》误作"孙湻"。金惟恭,《补录》作"维恭"。谭吉彭,字有长,《补录》作“右长”。郑雪昉,字鎣师,《补录》误作“驾师”。陆瀹原,《补录》误作“鎣源”。吴鈖,《补录》作“吴鈔”。徐彬,《补录》误作“徐肇彬”。

嘉兴县

谭贞良(元孩)	沈嗣选(仁举)	钱嘉征(孚于)
陈　恪(威如)	马元锡(云房)	孙耀祖(尔绳)
沈嗣贞(纪常)	叶　灿(君素)	施　璘(父陈)
项浚元(黄中)	姚　瀚(北若)	黄孟澜(波仙)
吴　辂(幼舆)	钱士馨(稚农)	盛九鼎(子约)
高　阳(廷坚)	许　友(仁伯)	徐　荣(启期)
黄　鼎(平立)	张赓奏(道柯)	黄　涛(观只)
姚　佺(仙期)	张三省(邻曾)	岳　洵
孙宗一(君贞)	沈兆元(仲国)	

逸雪案:姚瀚,《补录》误作“姚澣”。钱士馨,字稚农,《补录》作“稚拙”。盛九鼎,字子约,《后编》作“子夏”。许友,字仁伯,《补录》作“伯仁”。黄鼎,字平立,《补录》作“中立”。

秀水县

吴　翻(振六)	常　彝(千雄)	朱茂辉(子若)
金　黄(耳臣)	钱　昌(继升)	徐天俊(俊人)
包鸿逵(仲举)	朱茂旸(子若)	谢　润(源宗)
卜　升(允伯)	周禹锡(元成)	李明岳(青来)
张明弦(弦木)	李　寅(寅生)	顾　灿(仲宣)
钟嵚立(雪园)	徐肇森(质可)	俞汝言(右吉)
孙一骝(天卿)	姚　澄(平伯)	盛　涟(颖滨)
钱　江(珥信)	李明峦(石友)	李明嶅(山颜)

逸雪案:钱江,字珥信,《补录》作“尔信”。

嘉善县

钱　栴(彦林)	钱继章(尔斐)	钱　棻(仲芳)
魏学濂(子一)	吕三锡(命予)	戈用忠(荩臣)

支如璔（小白） 钱　格（去非） 郁　素（绘先）
顾　潜（幼陶） 魏学洙（子闻） 夏　缁（雪子）
陈　舒（明荃） 蒋　莳（若子） 钱继振（尔玉）
钱继禧 刘　芳（墨仙） 吕　鼐（太羹）
王　佐（佐之） 潘存朴（大文） 陶　愭（冰修）
张　黄（撰铃） 吴祖锡（佩远） 郁之章（光伯）
钱　默（不识） 钱　熙（漱广） 袁　炳（宗彝）
陈增远（鹤朋） 魏学渠（子存） 曹尔堪（子顾）
孙缵祖（昭令） 沈　泓（临秋） 袁　崧（四履）
杨元有（天生） 蒋玉衡（尔齐） 蒋玉立
盛清臣 钱　棠（子甘） 钱　棐（子辅）
王时杰（百凡） 姚　治（元师） 丁之煦（子葵）
沈　鹿（鹿生）

逸雪案：钱栴，《前编》"栴"误作"旃"。钱三锡，字命予，《前编》作"命禹"。魏学洙，字子闻，《前编》作"子淑"。蒋莳，字若子，《前编》作"若滋"。钱继振、钱继禧，《前编》两"继"字并误作"维"。袁崧，《补录》作"袁之崧"。

平湖县

赵　韩（退之） 陆上澜（狂生） 徐鸿祚（仪仲）
屠象美（幼绳） 过铭簠（叔寅） 陆又机（衡如）
施洪烈（仲芳） 马嘉植（培原） 陆洽原（嗣开）
于　琳（贞瑕） 张　胆（识兼） 施　铉（公远）
郭襄图（皋旭） 陈鸣谦（元少） 陆浚源（嗣哲）
于　瑗（非玉） 陈国政（宪生） 陆之浤（我上）
孙　振（羽诜） 陆遁思 俞　介（子方）
贺冲然（伯醇）

逸雪案：陆上澜，《前编》作"陆士澜"。

海盐县

张奇龄（符九） 陈　梁（则梁） 蔡士奎（聚五）
张瞻韩（子瞻） 冯景裕（赞皇） 陈光綍（纬度）

朱学章(稚韬)	刘王才(明臣)	冯振宗(宗之)
胡　昭(鲜如)		

逸雪案:陈光綷,《补录》误作"陈光绎"。

桐乡县

盛　涞(来之)	朱万锜(尔调)	盛方涵(二水)
朱万钦(伯钦)	钱　鼐(岵瞻)	孙　楫(泳舟)
周延濂(茂若)	钱本一(子木)	吴　旭(既白)
盛　漪(坎奇)	钱九鼎(紫瞻)	

崇德县

吴　玉(丰占)	吴梦白(可黄)	郁起麟(振公)
朱　辅(伯揆)	谭　翼(羽侯)	徐肇梁(文可)

逸雪案:吴玉,《前编》列入石门县。

湖州府

严启隆(尔泰)	臧基绎(子孟)	闵　声(襄子)
沈善圻(元长)	闵　倬(仲闇)	潘堂依(瞻匪)
章　平(正则)	沈中台(赞之)	沈钟元(孟长)
韩昌箕(仲弓)	严　彧(令延)	俞　焥(浸天)
茅元铭(鼎叔)	陈永祚(若元)	章美周(成甫)
林翔凤(翙羽)	叶云礽(上予)	潘　章(端伯)
朱运华(实公)	严名世(远生)	卢肇阶(可阶)
钱之琦(二韩)	朱　绅(公绅)	

逸雪案:闵声,《前编》作"闵正中",而《补录》又重出"闵声",其实为一人。沈中台,字赞之,《前编》作"赞君"。沈钟元,字孟长,《后编》误作"沈钟晁",字"孟常"。林翔凤,《补录》"翔"误作"朔"。

归安县

沈绪奎(令升)	陈　骝(阆仙)	沈绪来(天以)
章上奏(谔臣)	钟镜如(止若)	沈允培(君厚)

陆熙运(开雍)	闵自寅(人生)	尹　衡(平之)
凌尔翰(程远)	闵元京(子京)	陈子奇(问仙)
尹　任(圣之)	顾　澄(孟沏)	茅　矿(予弁)
韩曾驹(人穀)	施之桓(武仲)	钟鉴如(子若)
吴振鹍(鹏先)	邱志炅(彦昭)	沈　体(正居)
朱钟瑞(吉人)	徐　行(周道)	陆象衡(与可)
陆元京(明两)	陆象言(辰生)	费光周
严　锈(恭甫)	凌森发(子羽)	闵广生

逸雪案:陈骝,字阆仙,《前编》谓其字"古蔺"。凌尔翰,字程远,《前编》与此同,《后编》重出,谓其字"稚迟",当仍为一人。陆元京,字明两,《后编》谓其字"子京",当缘闵元京字子京而讹。

乌程县

钱瀛选(东渤)	黎树声(仲实)	沈　蒨(曼倩)
潘基庆(良耜)	顾　瀚(翰生)	费景烷(韫生)
钱　鹤(野声)	严永宁(宁人)	陶　铸(子固)
张　彬(素若)	沈　钫(宫闻)	沈光允(嗣宗)
闵考生(令名)	陆树本(道生)	施之圻(不圉)
范　雩(圣则)	严有穀(既方)	周士芳(茂先)
潘国瓒(宗玉)	闵　峻(山纡)	温以介(于石)
姚延著(象县)	张　嶙(稚编)	姚延启(季迪)
屠宏偁(禹若)	王一虬(云青)	韩绎祖(茂贻)
沈　果(因生)	丁传元(汝器)	张真卿(潞公)
凌森美(君寔)	沈　荣(仁叔)	严忠镠(存甫)
朱国俊(良甫)	张绍载(原儒)	

逸雪案:顾瀚,《前编》作"顾翰"。陶铸,字子固,《前编》误作"子同"。沈光允,《后编》作"沈光胤"。严有穀,《补录》作"严有毅"。闵峻,字山纡,《补录》谓其字"仲开"。

长兴县

金　镜(金心)	李令哲(端木)	周伯琳(楚玉)

周仲琏(彝仲)　韩千秋(圣开)　周廷玉(孟坚)
朱　升(日如)

德清县

章美瑾(公美)　章美珪(月如)　陈元玺(玉仍)
陈锦鸿(絅章)　胡　琏(辰生)　陈后方
戴　超　胡麟生　嵇元泰(公冶)

武康县

骆宏珪(仲如)　韩孔将(月生)　卓汉卣

安吉州

潘嘉祉(右安)　潘基礽(履将)　沈建英(文玉)
钱　圭(如仲)　潘基祯(稚生)
逸雪案:潘嘉祉,《前编》作“潘基祉”。潘基礽,字履将,《前编》作“介履”。

宁波府

董守谕(次公)　陆　符(文虎)　费而隐(弗闇)
冯　嵋(山眉)　徐家麟(石客)　冯文伟(元度)
姚元台(子云)　王玉书(水功)　朱金芝(汉生)
秦竑经(范仲)　俞颖滨　管遴元
周汝昌　刘与郊　镏尹聘
冯　巍(天生)　陈　裕(广生)　陈天生
管　韩(快明)
逸雪案:王玉书,字水功,《补录》作“水公”。

鄞　县

钱肃乐(希声)　万　泰(履安)　黄鼎鼐(元公)
冯晋舒(自昭)　刘应期(瑞当)　韩一臣(仪仲)
徐兆选(季英)　姚世亮(公因)　陆宇燝(周明)
周士元　周元彩　周元初(立之)

逸雪案：陆宇燝，字周明，《补录》作“调明”。

慈溪县

宋　高(檀白)	沈天生(素生)	冯京第(跻仲)
周日恺(硕生)	叶仍华(西若)	沈震撰
林宏珪(用圭)	高宇泰(虞尊)	毛世仪
徐景宣		

逸雪案：宋高，字檀白，《前编》误作“檀自”。叶仍华，《补录》误作“叶成华”。高宇泰，字虞尊，《补录》误作“高逢泰”，字“履安”。

象山县

钱继荣	钱继熠	应纯仁(畅赟)
应继武	钱益忠(谦仲)	

绍兴府山阴县

祁豸佳(止祥)	陈尧典(素生)	许　锵(韵远)
吴应芳(佩兹)	张　萼(燕客)	何宏仁(仲渊)
张维基(平子)	王观瀛(子仙)	刘　汋(伯绳)
祁鸿孙(奕远)	祁俊佳(季超)	余增远(谦贞)
吴应修(兰常)	李　宗(伯因)	俞而介(不同)
吕福生(吉士)	许志陛(若重)	陈宏中(湛若)
金　镩(声始)	周懋宗(因仲)	周懋穀(戬国)
孙虞生	顾　礽(南金)	罗映中(六标)

逸雪案：余增远，字谦贞，《前编》谓其字“日新”。俞而介，字不同，《前编》谓其字“道辨”。许志陛，字若重，《补录》作“君重”。周懋穀，字戬国，《后编》作“戬伯”。王观瀛，字子仙，《前编》作“王光瀛”，入会稽县；而《补录》则另有“王光瀛”字“子宜”其人，显系讹衍。

会稽县

章　重(爰发)	孟称舜(子塞)	王　曹(升之)
王　亹(予安)	孟称尧(子安)	陶履卓(卓生)

赵之蔺(个臣)　　倪元瓒(朗斋)　　王业洵(士美)
李　宾(仲玉)　　王资治(予安)　　任大任(任之)

逸雪案:赵之蔺,字个臣,《前编》作"介臣"。

萧山县

曹振龙(木上)　　徐芳馨(徽之)

逸雪案:徐芳馨,《前编》误作"徐芳声"。

余姚县

黄宗羲(太冲)　　邵之詹(思远)　　冯文昌(砚祥)
赵　贞(汝度)　　吕嗣成(生创)　　吕章成(裁之)
蒋而康　　邹侯周(子容)

上虞县

徐　腾(以息)　　颜纶揆(伯揆)　　陈　芹(辟生)
谢　侨(润之)　　李　铨

逸雪案:颜纶揆,字伯揆,《前编》作"叙伯"。

嵊　县

袁师孔(学则)

金华府

傅　岩(野倩)　　叶　幹(伯贞)　　倪仁祯(心开)
卢懋蕴

衢州府

翁　祚(子长)　　徐泰征(吉旋)　　王之玺(汉先)
余一凤(孟威)　　徐国珩(鸣玉)　　徐国璋(含贞)
徐应瑜(尹若)　　祝启元(继贞)　　余　珏(式如)
徐兆褕(乃孚)　　徐应世(子员)　　蒋鸣翊(孟颉)
叶　荣(君仁)　　张　式(维蕃)

逸雪案：徐兆褕，《补录》误作“徐尧褕”。考徐尧褕系另一人，籍常山，见下。徐应世，字子员，《前编》作“子贞”。蒋鸣翊，《补录》误作“蒋鸿翊”。

开化县

汪尔敬　　方曰成（仲弢）

常山县

徐明保（保士）　　徐　岳（山英）　　徐尧褕
叶　甠（生三）

处州府

郑赓唐（而名）

江西南昌府

刘斯陛（士云）　　万时华（茂先）　　罗高俶（中鲁）
黄维藩（价夫）　　衷崇熹（晦若）　　熊文举（公远）
吴奇杰（令平）　　叶典学（当时）　　徐元朗（诣仲）
章士鸿（凌九）　　易道泰（寅初）　　徐　适（无适）
谢　益（舜虞）　　喻　周（京孟）　　俞大猷（翊宸）
万　抟（风后）　　万六吉（次谦）　　黎元宗（宗之）
周象成（默而）　　钟抡芳（叔举）　　罗仪则（无美）
涂南极　　万思彭（斯年）　　刘斯裕（深公）
衷崇安（元定）　　甘汝其（衢上）　　丁仁宜（时之）
饶明府（鼎伯）　　吴廷猷（君徽）　　邹度端（士相）
罗海康（五纬）　　罗卫明　　罗日崇（元目）
饶元璠　　张　琦（汝锡）　　周宗元（广宇）

逸雪案：谢益，字舜虞，《前编》作“圣虞”。俞大猷，字翊宸，《前编》作“翊辰”。罗仪则，字无美，《后编》作“元美”。万思彭，《补录》脱“思”字。甘汝其，字衢上，《补录》作“衢仁”。

南昌县

余正垣(小星)　刘斯陆(渐于)　仇　璜(声之)
万国镐(武功)　吴献廷(用修)　俞士宁(宁孺)
刘斯隍(季和)

逸雪案:俞士宁,《前编》宁作"钌"。

新建县

陈宏绪(士业)　邓履古(左之)　万曰佳(美叔)
徐世溥(巨源)　甘元鼎(禹符)　李　奇(平叔)
丁此昌(维熙)　熊起堂(伯阳)　舒忠谠(鲁直)
苏　桓(武子)　陈宏纶(士言)　姜之祥
徐应芳(子其)　徐应棻(二其)　徐世清(念孺)
徐思爵(修仲)　王猷定(于一)　邓度竑(士可)
熊齐耀(穆子)　刘元健　黄　禾(武功)
龚云珠　张尔祐　杨正棉(巽叔)
刘不息(长源)　邓履中　熊文登(公岸)
万邦宪(师尹)　邓允宪(君则)　邓之麟
刘之麟　万思恭(士安)　程元极(陆之)
熊启埈(仲平)　欧阳斌元(宪万)　吴　铨(仲衡)
朱明珣　万时彻　张　陛(君纳)
毛文之(有质)　邓履可

逸雪案:程元极,字陆之,《前编》作"隆之"。

进贤县

朱　徽(子美)　朱　健(子强)　李光倬(仲章)
陈维谦(仲容)　陈维恭(仲来)　熊人霖(伯甘)
陶文畴(中衍)　饶有致(子至)　饶有政(子正)
熊　霌(子雨)　颜　埈(方平)　李应南(见仲)
陆时懋(伯揆)　刘元镐(西京)　刘斯戴
刘斯明(自诚)　陶开甲(尧生)　谢凤毛(英伯)

逸雪案:陶文畴,字中衍,《前编》作"中行"。熊霌,字子雨,《前编》作"孟雨”。陆时懋，《前编》作“陈时懋”。刘斯明，《补录》误作“刘斯羽”。

奉新县

涂日章（大章）

丰城县

胡学浃（悦之）	雷　縠（孟嘉）	李　炜（明初）
胡　缝（五石）	罗大任（小逊）	李　觐（揆之）
罗大德	李　荃（允佩）	胡允恒（桓二）

抚州府

陈际泰（大士）	罗万藻（文止）	曾亨应（子嘉）
傅占衡（平叔）	汤大耆（尊宿）	汤开远（叔宁）
章宣岳（季询）	谢廷简（阅臣）	章宏岳（小石）
曾　棫（季子）	许　程	陈士骥（孝逸）
曾　益（叔子）	吴　诚	

逸雪案：曾亨应，《前编》误作“曾应享”。傅占衡，字平叔，《前编》作“钧叔”。汤大耆，字尊宿，《前编》作“直宿”。

临川县

邱而昶	俞　郇（仲闲）	吴　程（先民）
章士谦（裒侯）	章世纯（大力）	王秉乾（以巽）
舒嘉桂（紫芬）	游为光（公大）	谢宾王（观臣）
揭重熙（祝万）	游为龙（晋锡）	陈士凤（孝威）
汤开先（季云）	吴之坚（石生）	陈奇才（平生）
李　玠（玉尺）	刘铭彝（尊玉）	徐朝式（万生）
刘应宸（孟玉）	李　闳（左之）	吴敛光
黄应震（木石）	刘钟秀（文伯）	李　上（元甫）
曾有矩（上平）	甘鸣凤（伯声）	陈　奇（上茂）
饶　奎	万象春（贞一）	封　诰（命施）
许　儒	郄光曙（六奕）	金维藩（介士）

徐朝幹(彦卿)	黄恢宏(毅中)	何元中(官立)
喻中明(静生)	章登岸	简士默(子敏)
陈　画(惟易)	丁朝栋(润生)	徐朝嘉(百会)
俞　邠(仲闳)	傅云鹏(真甫)	傅云龙(蒸甫)
熊廷贤(佐之)	舒家榉(不食)	邹万备
伍　穀(祈年)	唐熙之(百揆)	邱光祖(乃武)
许可权(无可)	邹毓才(吉士)	许　绪(子新)
王彦之(吉士)	傅家春(万子)	张履端
傅云鸾	张履方	陈所有

逸雪案:揭重熙,字祝万,《前编》作"万年"。吴之坚,字石生,《前编》作"石卿"。刘应宸,《后编》作"谢应宸"。吴敛光,《补录》作"吴剑光"。甘鸣凤,字伯声,《前编》误作"伯升"。徐朝幹,《后编》误作"徐朝均",《补录》又别出徐朝斡,致一人化为二人。何元中,字官立,《前编》作"官元"。简士默,字子敏,《前编》作"子敔"。陈画,《补录》误作"陈书"。傅云鹏,字真甫,《前编》作"空甫"。

金溪县

吴　堂(仲升)	郑昌龄	郑邑隽(英万)
胡依光	连城璧(璧如)	蔡国藩(价夫)
郑万龄		

宜黄县

涂　柏(伯子)	涂国盟	涂世瑄
罗应晓	罗　绅(绣仲)	

逸雪案:涂柏,字伯子,《前编》作"柏生"。

建昌府南城县

邱时宪(诞章)	吴　兆(逢因)	俞一经
吴观之	余　浣(季澄)	丁　万(春善)
邱时行(灵裕)	傅光寰(季良)	叶应暄(宪中)
姚志远	陶继之(志如)	余彦章(兆开)

郑　侨(东里)	王万逵(鸿卿)	郑之元
邓　奂(拱寅)	黄士宏(伯任)	刘名器(实宾)
吴　丹	邱维涂(于泗)	何士元(长白)
吴之瑜		

逸雪案:邱时宪,字诞章,《前编》作"幼章"。丁万,字春善,《前编》作"喜善"。余彦章,《前编》作"俞彦章"。刘名器,《前编》作"刘名品"。

新城县

张之奇(平子)	鲁汝亨(洽然)	杨居理(公理)
黄之香	徐伯昌(子期)	孔允绶(章甫)
孔允冠(元子)	杨思本(因之)	江以硕(公孙)
黄　历(敬授)	涂世名(在文)	余日登(岸少)
王定远(译来)	孔允鄹(仲邑)	孔允宋(汤孙)
刘　贤(愿无)	罗　鸣(孟惊)	余　鼎(鼎介)
江鹰卿(远公)	王　尊(公宪)	余光裕(昆垂)
孔允兴(巨源)	孔允楠(秀夫)	江士祥(伯旋)
过周屏(仲宪)	邓　鼎(调元)	黄龙元(元士)
陈　诗(观民)	邓　观(君进)	杨居台(调辅)
邓　篆(文始)	过鲁生(宗尼)	过云生(云将)
邓植乔(君迁)	邓植举(叔远)	涂世琳(石文)
黄士奇(石子)	涂大申(仲儒)	黄金声(子先)
潘一谋(庸成)	过周托(君宰)	裘　镳(上驭)
过应运(兴公)	王嗣德(嗣殷)	涂大鼎(长孺)
江士望(伯文)	王定求	吴之才(孙灵)

逸雪案:杨居理,字公理,《前编》作"公望"。孔允楠,字秀夫,《后编》误作"秀水"。

广昌县

何三省(曰唯)	揭希鹏(耒远)	刘大巩(定生)
刘大年(赤生)	刘大常(吉生)	刘大千(广生)
黄立隆(极叔)	刘邦寀	

南丰县

曾　升（升伯）　　邵　升　　汤来肇

李芳麟（长卿）

逸雪案：邵升，《前编》误作“饶升”。李芳麟，《前编》“麟”作“林”。

广信府上饶县

徐自定（慧后）　　郑仲夔（龙如）　　徐自宁（孝穆）

永丰县

程士鹍（天修）　　俞墨华（君翰）

贵溪县

符　橄（懋行）

玉山县

董思王（求母）　　姜曰台（心如）　　詹求福

弋阳县

朱万祚（道征）　　李调鼎（莘尹）　　周师范

逸雪案：李调鼎，字莘尹，《前编》误作“章尹”。

铅山县

费兆甲（先子）　　胡梦泰（天际）　　费映环（大武）

费山仰（敬仲）

逸雪案：费兆甲，字先子，《前编》作“先一民”。

九江府德化县

文德翼（用昭）　　黄云师（非云）

临江府清江县

杨廷麟（伯祥）　　龚士立（我正）　　邹应璋（石生）

彭立节(介臣)	龚善选(大生)	杨廷鸿(伯衔)
萧宏绪(子羽)	杨世荣(霜茹)	邹汝郁(文哉)
曾应文(纯甫)	钱谦亨(尊生)	邹希孟(淑甫)
陈士志	萧鼎璧(世珍)	杨　标
王贞复		

逸雪案:龚士立,《前编》作"龚士烈"。

吉安府泰和县

曾文饶(尧臣)	刘　捷(师贞)	龙起浤(重儒)
杨嘉珩(仲嘉)	杨学愿(内美)	萧令申(茂远)
郭承瑚(忠子)	曾世冲(子冲)	萧秉镇(尔圣)
康　縠(甫田)	梁天爵(世臣)	陈家祯(兴公)
曾士熊	萧秉锜(国器)	刘征孝(孝若)
朱之瑶(石香)	曾东昇	尤嘉烇
尤嘉震(起也)	周士邃(淳之)	杨大昌
萧子建(鼎甫)		

逸雪案:康縠,《前编》"縠"误作"毅"。萧秉锜,字国器,《补录》作"尔器"。朱之瑶,字石香,《补录》误作"石者"。

卢陵县

黄震象(交侯)	赵尔圻(千里)	马犹龙(季房)

吉水县

刘同升(孝则)	陈玉书(玉朗)	周祖谟(九吉)
刘孟钦(安期)	王维藩(价人)	刘叔针(安道)
刘仲锝(安于)		

逸雪案:王维藩,《前编》"维"误作"继"。

安福县

傅鼎臣(玉生)	伍以竑(弱生)	邹世祚(瑞侯)
康范生(小范)	王曾昇(旭永)	刘　济(元度)

王嘉魁(天枢)	周鼎采(八如)	

万安县

刘肇升(南征)	刘肇泰(通子)	刘肇临(大也)
刘肇履	刘肇谦	张之堈
曾应遴(文择)		

永新县

贺诒孙(子翼)	贺吴生	

逸雪案:贺诒孙,《补录》“诒”误作“贻”。

饶州府

罗伏龙(佐才)

袁州府宜春县

易嗣重(又尹)	何　山(叔子)	钱经济(骏伯)

分宜县

袁继升(以时)	张自烈(尔公)	陈　重

萍乡县

简元锡(申公)	简元嘉	

瑞州府新昌县

漆嘉祉(受耳)	李之漑	黄国琦(石公)
吴家仪	商　安	陈　岱
舒仲绪(苞孙)		

高安县

舒宏绪(芑孙)

赣州府宁都县

杨文彬(去胜)	杨文采(治文)	钟嘉凤(三文)
杨兆年	彭　大(方若)	谢述元(晋人)
陈巍阶(石君)		

逸雪案:谢述元,《补录》作“谢述立”。

瑞金县

杨以任(维节)	甘大绶(紫墟)

福建福州府

陈燕翼(仲谋)	董谦吉(能受)	陈元纶(道掌)
蔡秋卿(子威)	林兆清	张　纶(道羽)
陈鼎鼐	林正立(参天)	李时成(阴六)
余　飏(赓之)	谢良心(真子)	陈可楠(若木)
罗以旌(鸿吉)	叶履春(端卿)	邵伯允
林　英(云夫)	王叔颖(浑之)	崔士楚
吴　铿(仙韵)	赵　镜(哲夫)	周之夔(章甫)
赵尔棨	林　璁	王鼎俊(懋甘)
翁　镳(范之)	吴又尹(任子)	赵　沂(其义)
陈须励(孔偲)	张经业(子骏)	林化熙(阿皞)
刘如雷(希震)		

逸雪案:林正立,字参天,《后编》误作“林正志”,字“参夫”。

闽　县

董养河(叔会)	邓寿朋(戒从)	韩廷锡(晋之)
邵景文(长源)	陈金铉(翼皇)	郑羽仪(鸿伯)
梁昌祚	黄长采	林　慎(尊默)
周　溥(子通)	陈须纯(纯孔)	朱可久(有亲)
郑　梓(五文)	董养宏(仲理)	李廷燮(汝理)
王　仂(我子)	林维谷(汝升)	冯　夷(辑平)
陈公喜(子肩)	陈须立(孔端)	陈须勋(孔成)

林上锦(尚絅)

逸雪案:邵景文,字长源,《前编》作"长倩"。

侯官县

曾异撰(弗人)	周　恂(子立)	张利民(能因)
高　庄(望子)	许　豸(玉史)	陈　昕(伯吹)
莫尔佳(既题)	陈世昌	林际开(子先)
陈　毂(君推)	陈必昌(伯期)	林叔学(懋理)
赵聚卿(子方)	张国卿(尔衮)	姚瑞征(兆圣)
黄　阁(子台)	李　郁(子啬)	赵振铎(懋觉)
吴隽凯(肤公)	王　尹(有巢)	陈　京(君镐)
朱凤仪(子纬)	张自修(今式)	朱　缘(玉藻)
方乔植(仲溉)	马　庄(既同)	

逸雪案:高庄,《前编》作"齐庄"。

长乐县

陈肇增(昌箕)	陈奎辉(克蕴)	叶有禄(学中)
曾人翰(明尧)	陈兆相(克理)	李还春
李允中	王之瀫(米仙)	陈兆藩(卫公)

逸雪案:曾人翰,字明尧,《前编》误作"明克"。陈兆藩,《补录》误作"陈兆兹"。

福清县

陈世浚(学元)	卓　震(伯艮)	陈知章(子含)
高如参(宏度)	林兆龄(甲侯)	游　腾(朝霖)
林际明(五周)	张　翰(克张)	林继焌(叔夜)
陈须饬(孔修)	郑象坤(闲顺)	

永福县

黄文掞(维一)	黄国琏	鄢正畿(德都)
林逢经(守一)		

逸雪案：黄文掞，字维一，《前编》作“维之”。

福宁州宁德县

薛大志（道果）	崔　嵸（殿生）

泉州府

黄俊拔（造夫）	卢洪声（元修）	陈钟琠（石文）
林鼎照	徐　沣（雨海）	王龙震
唐朝诰	黄元高（稚谷）	郭　炜
林明琅（尔圭）	林应龙	黄景明（可文）

逸雪案：卢洪声，字元修，《前编》误作“元穆”。林明琅，字尔圭，《前编》误作“雨圭”。王龙震，《前编》误作“王龙化”。

晋江县

黄景晔（可发）	吴韩起（宣伯）	周廷镄（元晖）
翁吉熺	苏文昌（龙华）	王之骥
陈洪谧（龙甫）	周天达	谢　敬（孺时）
邱金声（懋思）	林维迁	叶　奇（无奇）
黄景昭（可中）	张朝荃	庄廷献（叔鼎）
王士骐（子骊）	黄起雒（应禧）	谢廷锵（耽韵）
张希圣（五有）	张　若（伯美）	李光龙（时卿）
苏奇昆（润甫）	黄之龙（四长）	陈子昌（子默）
龚元登（培美）	黄美中（增彦）	陈　熏（潜夫）

逸雪案：周廷镄，《前编》“镄”误作“鐄”。邱金声，字懋思，《补录》误作“懋旦”。张朝荃，《后编》“荃”作“筌”。黄起雒，《前编》“雒”误作“雄”。

惠安县

刘　华（不注）	陈梦说	刘　藿（非藜）
曾　璟（小平）	陈梦岩	

逸雪案：刘藿，字非藜，《前编》“藜”误作“黎”。

同安县

池显方(直夫)	范一方(介卿)	杨期演(则龙)
庄鳌献(任公)	吴之琦(元圭)	卢若腾(牧洲)
林志远(致子)	叶后诏	

逸雪案:池显方,字直夫,《前编》作“卓夫”。庄鳌献,《补录》“鳌”作“鳌”。吴之琦,《补录》“琦”误作“奇”。

漳州府

颜茂猷(衷白)	李于蕃(得晋)	王百朋(锡喜)
郭万安(子苞)		

逸雪案:颜茂猷,字衷白,《前编》谓其字“伯子”。李于蕃,《前编》误作“叶于蕃”。

龙溪县

洪京榜(尊光)	王廷璧(瑴子)	谢廷璠
邹　迁	侯世滙	林梦官(杭玉)
蔡而范(稚图)	杨翔鸾(明箕)	黄士权(九变)
詹士墀(君策)	林云高(君履)	黄中履(祯卿)
蔡一瑞	吕子熙(潜中)	吴廷黉
潘从龙	潘亮新	吕士坊
杨世宝	潘云登	谢家楫(尔郯)
杨观民	蔡而申(稚文)	

逸雪案:谢廷璠,《前编》作“谢应璠”。

漳浦县

薛梦江

海澄县

何　櫆(平子)	何　模	郭毓枢
何　焘	何　枢	何　从
游汉龙		

逸雪案：海澄县，《前编》作“锁海卫”，与《明史·地理志》不合。何模，《前编》作“何橙”，而《补录》又别出“何模”。何焘，《前编》作“何熹”。

南靖县

黄　汤	孙天禄（缵侯）	郭士敷
黄　光	林　銮	李　宸
海　澄	黄　甲	苏民淳
卢道敏		

长泰县

杨鸿纶（秩徽）	薛鸿誉

平和县

李开芳	曾居曹（奎次）	张瑞钟
张　瑄		

建宁府

徐即昌（鲁一）	谢电宇	谢禧昌（君永）
李　蔚（白芷）		

逸雪案：李蔚，字白芷，《前编》作“白蕊”。

建安县

徐　锐（犹鲁）	黄慧男（莲生）	徐必昌（心一）
滕之宋（见孟）		

瓯宁县

黄继登

政和县

吴朱基（靖卿）

兴化府

曾世衮(长修)	林尊宾(燕公)	黄梦吉(三卿)
林　垒(子野)	周　普	许兆进
杨人龙(而献)	方祖元(翼祚)	黄　虞(俞伯)
林衍培	柯　赓	陈于庭
方孝先		

逸雪案:杨人龙,字而献,《前编》作"而瓛"。

莆田县

徐允铉(元生)	曾世爵(叔祈)	翁　灏
周　吉(朝吉)	朱泰祯(冯仲)	郑擎柱
方元会(澹人)	彭汝亨(伯贞)	武允邵
平　海		

逸雪案:徐允铉,字元生,《前编》谓其字"羽鼎"。曾世爵,字叔祈,《前编》误作"叔祖"。翁灏,《前编》误作"翁濒"。周吉,字朝吉,《前编》谓其字"吉人"。

延平府

罗承祖(宣明)	宁永龄(鹤征)	俞日升(寅初)
邓宗苊	余端闻(声先)	

逸雪案:罗承祖,《补录》误作"罗明祖"。

将乐县

萧梦瑚

永安县

李启钥(开先)	林鸣球(小玉)

邵武府

张能恭(礼言)

逸雪案:《前编》误作"礼吉"。

建宁县

曾光弼(复生)　　徐中恒(叔亨)　　廖元迪

泰宁县

陈九畴(洪仲)　　陈天工(人其)　　江孕奇(应彰)
江　恒(用亨)

汀州府

黎有纲(振三)

长汀县

阴正棣(宜仲)
逸雪案:《补录》作“宜中”。

清流县

裴养清(圣之)　　廖　淳(淳之)　　裴汝宰(可燮)
伍安之
逸雪案:裴养清,《前编》误作“裴养亲”。

宁化县

李世熊(元仲)

上杭县

詹弥高(卓尔)　　罗世儒

湖广武昌府江夏县

刘敷仁(济甫)　　戴　埙　　陈　沂(沂公)
甘梅元(仁甫)　　张仲庶(庶仲)　　胡自牧(用涉)
陈　丹(小有)　　汤尚聘(任卿)　　孟易吉(天友)
陈　宝(白石)　　汤尚选(简予)　　詹大衢(汇尊)
孟道一(万一)　　颜抡鼎(若虚)　　杨洪誉(无名)

乔振元

逸雪案：戴埙，《复社名士传》误作“戴项”。陈丹，《前编》作“陈冉”，《名士传》与《前编》同。陈宝，《前编》作“陈实”，《名士传》与《前编》同。詹大衢，字汇尊，《湖广通志》同，而《前编》作“詹大有”，字“汇遵”，《名士传》与《前编》同。章氏似一依吴次尾书，未及广事考证。孟道一，《补录》作“万公”。

武昌县

唐有成（方平）	唐其冉（小白）	孟　登（诞先）
李楚生（善水）	蔡　仕（士田）	刘日襄（天成）

逸雪案：李楚生，字善水，《前编》作“善小”，《名士传》作“善子”。刘日襄，字天成，《前编》作“天孙”。

嘉鱼县

任宏震（雪柯）	任乔年（仙孟）	熊升元（元义）
游明哲（鲁生）	张鸣鸾（和卿）	萧颐吉（观自）
尹民方	游明时（孟侯）	萧为龙（孺应）
游士倓（子静）	萧为光（孺充）	任祺年

逸雪案：任乔年，字仙孟，《名士传》作“仙梦”。张鸣鸾，字和卿，《前编》作“和仲”，《名士传》同《前编》。游明时，字孟侯，《前编》《名士传》并作“孟侠”。萧为光，《名士传》误作“萧为先”。任祺年，《补录》《名士传》并作“任祖年”。

咸宁县

余应科

大冶县

余顺明（丽生）

汉阳府

谢淳培（应侯）	谢正培（笃生）	李昌祚（文孙）
李登龙	熊鸣盛（彦升）	罗天锦（绳来）

逸雪案：谢淳培，《名士传》误作“谢浮培”。罗天锦，字绳来，《前编》谓其

字“纯成”,《名士传》与《前编》同。

黄州府黄冈县

易道暹(曦侯)	龙　埙(梦先)	易道三(京生)
程性学(心生)	易为瑞(子群)	刘文运(孟成)
易为鼎(用玉)	朱荃宰(白生)	易为瑚(夏氏)
易为琏(殷人)	胡世忠(仲思)	何履贞(仲坚)
何履顺(元方)	何履吉(季方)	易道旦(旭甫)
王一翥(子云)	陈师泰(交甫)	汪三奇(亦常)
冯云路(渐卿)	刘子壮(克猷)	汪炼南(冶夫)
王追骏(御之)	何昌祚(子安)	曹大夏(蕤生)
李敷荣(先木)	姚　彦(无圣)	李维藩(元根)
陈世臣(君卿)	杜诏先(于皇)	易为文(生生)
易为珽(君搢)	黄嗣韩(介公)	杜　玉(子坚)
江国华(石师)	韦克振(可寅)	熊文简(淡如)
丁应明(仲庸)	易时昇(简生)	陈云龙(天御)
何履士	郑光黄(尔孝)	曹之栋(喜王)
胡炽虞	曹大濩(弱生)	曹大声(子先)
詹谨之(仲庸)		

逸雪案:易道三,字京生,《前编》作“象生”。刘文运,字孟成,《前编》作“孟臣”,《名士传》同《前编》。朱荃宰,字白生,《前编》作“白石”。易为瑚,字夏氏,《前编》《名士传》并谓其字“伯赐”。易为琏,字殷人,《前编》《名士传》并谓其字“叔赐”。何履吉,字季方,《名士传》误作“秀方”。冯云路,《名士传》误作“冯云鹭”。江国华,字石师,《前编》《名士传》并作“石卿”。韦克振,字可寅,《名士传》作“子寅”。郑光黄,《名士传》作“郑光寅”。曹大濩,字弱生,《名士传》谓字“尚白”。

蕲水县

黄正色(美中)	金　瓯(卜公)	官抚邦(绥之)
官抚极(建之)	高思谦	桂启芳(叔开)
官抚辰(凝之)	邱之宗(学庭)	黄耳鼎(以实)

瞿　然(瞿夫)	蔡　煦	谢天知(达生)
蔡　扶(孔瞻)	周之篆(孚初)	王三知(五岳)
蔡　钰(观娄)	周廷廉(古矜)	何民苏(会宗)
周健行(宏玉)	杨继桂	辜　鹤(羽先)

逸雪案:官抚极,字建之,《名士传》作"进之"。邱之宗,字学庭,《前编》谓字"景庭"。周之篆,字孚初,《前编》《名士传》并作"字初"。

麻城县

梅之熉(惠连)	王都俞(在明)	杨　鲁(得之)
周应华(西九)	王都命(在新)	李春旺(公楫)
刘　侗(同人)	刘　辉(圣初)	周邦炳
李中孚(子鱼)	周　损(子枚)	梅之灵(元嗣)
鲍子知(心贯)	李吾猷(升于)	梅山城
刘启初(佩环)	王士宏(任之)	周士建(仲宁)
周　棕(石墨)	曹　允	鲁宗礼(君让)
周　棠(召思)	毛元晖(无忌)	余士玮(秀美)
方　舟(立首)	杨　会(济之)	

逸雪案:李春旺,《前编》《名士传》并作"李春江"。刘辉,《前编》《名士传》并作"刘耀"。周损,字子枚,吴山嘉作"子牧",《前编》《名士传》均谓字"若度"。李吾猷,字升于,《前编》《名士传》并作"升子"。方舟,字立首,《前编》《名士传》并作"元首"。

黄安县

耿应衡(玉齐)	耿汝志(克励)	耿汝思
吴光龙(荀长)	吴光寅(彦陬)	丁士美(美公)

逸雪案:耿汝志,《前编》《名士传》并作"耿应忞"。

蕲　州

张　宿(谪宿)	孙　蟒(伯驭)	陈　宰(孺子)
袁素亮(公廖)	王可象(山公)	周宏德(叔毅)

逸雪案:孙蟒,《名士传》谓其籍钟祥。

黄梅县

石炜公	吴士甲

广济县

赵家演	吴亮思	陈敬中
刘复元(贞子)	陈文涛	

逸雪案:陈文涛,《补录》“文”误作“之”。

荆江府江陵县

徐养心(元白)	王南国(道南)	金先声(玉钟)
曹国朴(樵之)	郭占春(用梅)	曹国枫(宸青)
王泰征(嘉生)	王文南(季豹)	夏雨金(砺如)
尤上达	邓岩忠	傅　选
杨世熙	李世恪(元夫)	傅汝为(于宣)
陆仲麟	陶尹调	郭心培
朱德一	周君宁	师我瞻
姚崧侯	何听山	金明玉
蔡殿声		

逸雪案:吴扶九谓“自陆仲麟以下十人,俱记字失名”。王泰征,《前编》“泰”作“太”。夏雨金,《前编》《名士传》并作“夏如金”。

公安县

袁祈年(田祖)	彭　年(介眉)	王从龙
张问明(公远)	袁岳年	袁嵩年

逸雪案:《名士传》有袁新年,字未央。吴山嘉据王鸿绪《明史稿·袁宏道列传》谓“袁祈年,字未央,更字田祖”,则袁新年为歧出,盖实斋又据次尾《前编》而讹者也。《前编》有“新年”无“祈年”。《前编》又误以“田祖”为袁彭年字。

石首县

夏云鼎(四云)	刘长庆(子修)	刘咸庆
刘志莛	夏　曙	

襄阳府

欧阳化(北来)

德安府孝感县

辛　昂(子昂)	程正揆(端伯)	黄文暹(子晋)
王应亨(子修)	黄文旦(赤子)	黄文星(子威)
刘　康(瞿若)	黄文炳(含美)	刘　祺(以介)
程良规(豹林)	夏　炜(尔振)	杨洪才(拙生)

逸雪案:黄文旦,字赤子,《名士传》谓字"敬渝"。程良规,字豹林,《名士传》谓字"贞卿"。

应山县

陈　愚(元朴)	刘申锡(尔受)

承天府景陵县

谭元春(友夏)	谭元礼(服膺)	谭元方(隐林)
刘仲茂	谭元声(远韵)	谭元亮(拟陶)

逸雪案:刘仲茂,《前编》作"别仲茂"。

京山县

王偶亶(明昴)	谭如丝(素臣)	谭如纶
周卜涧(大东)	杨文荐(幼宇)	方士叔(宣城)
祝士元		

逸雪案:王偶亶,字明昴,《前编》谓字"阳最"。谭如纶,天启贡生,见《湖广通志》;而《前编》有"谭如绣"无"谭如纶",疑"绣"为"纶"字之讹。杨文荐,字幼宇,《前编》谓字"又如"。方士叔,字宣城,《前编》作"宝城"。

潜江县

刘　瑅

荆门州

方麟时(剑子)　　方凤时(悟先)

常德府武陵县

易贞吉

桃源县

罗　锦(伯䌹)　　罗其鼎(耳臣)　　向一骥

阙士奇(褐公)

辰州府

金麟祥

长沙府湘潭县

周圣楷(伯孔)　　江有溶(谷尚)

善化县

周生文(西人)

浏阳县

况　元(贞一)

益阳县

张　澮(澮士)

湘乡县

简徐芳(在雍)

安化县

周士宏

岳州府华容县

张斯抟(公远)	严首昇(平子)	张希斗(高若)
孙　榖(子穑)		

慈利县

邓可嘉

广东广州府

许汝都(令喜)	罗如绮	胡平运(明卿)
王　学(学道)	黎遂球(美周)	梁志勤(励修)
钟　新	陈衍虞(伯宗)	胡珽高
卢之城	陈子赍	莫　扬
许国佐(钦翼)	陈之相	叶日济(巨源)
李厚生(向子)	叶左衮	尹象魁
何如栻	王开泰	何　琛
林逢春	钟光斗	吴龙祯
陆茂桂(文挺)		

逸雪案:卢之城,《补录》“城”作“诚”。陈之相,《补录》“之”作“子”。

南海县

黄圣年(逢永)	曾哲后(季狂)	陈子升(乔生)
陈上庸	黄元仲(师黄)	关捷元(子兴)
王应莘(索道)	周　铉(玉生)	苏梦祥(元兆)
黄梦赉(帝卜)	麦懋藻(去华)	霍得之(叔求)
陈日锡(仲明)	萧嗣立(而权)	李　渐(先阳)
黄葵日	何沛然(季台)	周腾龙(伯跃)
梁克载(圣德)	叶之彩(凤来)	叶士贤(君懋)
吕非熊	黄朝克	林彦龙
曹万成		

逸雪案:黄元仲,字师黄,《后编》作“师鲁”。

番禺县

梁若衡(简臣) 梁寓庸(鸳霄) 梁 蒙
胡 杭(化溥) 周 甡(岦子) 麦 彧
卫思泰(其旋) 卫思韶(其九) 王俞赓(曰康)
詹 炎 陆应骧(尔昂) 梁兆阳(明卿)
邝洪照(而明) 何天华(克函) 梁朝钟(未央)
华震藻(闇先) 凌腾龙(羲御) 陈图南(君佩)
彭昌翰(飞仲) 卫 瓘(璧仲) 岑汉翀(克图)
赵良震(初倩) 王应钟(付凯) 周梦桐(说仲)
何 磐 郑 琬

顺德县

欧必元(子建) 陈邦彦(令彬) 麦克勤(肇将)
何廷宾 李燕及 严 鉴(曙海)
罗文汉(文昭) 梁国楹(襄明) 梁继善(冰公)

逸雪案:陈邦彦,字令彬,《补录》字作"会斌",另出陈邦秀,字令彬,不从。

东莞县

钟 复(见甫) 钟 行(自甫) 熊配龙
张二果 陈长如 余运元
卢宏孝 林 楠 尹自选
黄成章 何朝江 何汉叔

香山县

何源道(开万) 何子朗(明上) 伍瑞隆(国开)
李果奇(仲常)

逸雪案:何子朗,字明上,《前编》作"明公"。

新安县

卫思任(其目)

增城县

刘在源（思渭）

新会县

戴大受（渊穆）　林尧徽（启人）　钟鼎臣（彝公）
黄笃临（似元）　胡其彦（非熊）

从化县

黎　恂（恂如）　赵　龙（时乘）　廖　申（直上）

连州清运县

龚善荐（兹绥）　钟自德（升中）　廖良栋（壮公）

肇庆府四会县

谭明察（精一）　罗应奎（侯仕）

新兴县

伍启泰（见符）　黄守谊（屺依）　李　瑄（仲璧）
郑有光（星如）　苏应晖（贞运）

韶州府

凌　云（澹兮）

南雄府保昌县

朱运泰（际明）

惠州府博罗县

韩如璜（姬命）　刘起泰（瑞烟）

归善县

王　章（晦如）

海丰县

叶维阳(必泰)　　陈　敏(仲求)

潮州府海阳县

蔡承瑚(华夫)　　王　学(道坚)　　陈衍虞(赓陶)

邹云会(若龙)

澄海县

蔡廷铨(人镜)　　谢宗瑄(儒美)　　庄　珩(有异)

林佳相

饶平县

吴道坤(毓上)

大埔县

杨州彦(人彦)　　林于达(信卿)

高州府茂名县

卓　锡(飞声)　　蒋国绅(芃立)　　陈　礼(亦古)

雷州府遂溪县

李树芳(骏甫)

廉州府灵山县

陈　碧(玉成)

琼州府定安县

吴　翼(启而)　　丁有守(以贞)

罗定州东安县

罗洪基(伯图)　　邓研聪(鲁生)　　肖　启

河南开封府

陈衷一(靖丹)	吴从周(宪章)	张天机(纬霞)
王　阡(春脚)	朱国翰	雷　恂
苏　宇	张正谊(谊之)	郑觐光(君聘)
王调鼎	方　鼎	方广明
周亮工(元亮)	方耀明	叶　蕡(君实)
叶　藻(宗衮)		

逸雪案:陈衷一,字靖丹,《后编》作"情丹"。张天机,字纬霞,《补录》"纬"误作"伟"。张正谊,字谊之,《后编》作"谊父"。王调鼎,《后编》误作"王调鼐"。

祥符县

何允光

逸雪案:《补录》作"何胤光"。

杞　县

秦　昇(石城)

鄢陵县

郑　蕃(大生)	韩法愈(圣秋)	梁为舟
梁为虹		

逸雪案:韩法愈,《补录》作"韩则愈"。

归德府

刘　桄(季桢)	徐世琛(来玉)	侯方域(朝宗)
曹房明(旭甫)	侯方来(利宾)	周业熙(重洽)
刘宪生(侗城)		

商丘县

曹心明(五宿)	贾开宗(静子)	侯方镇(大华)
张光世(函三)	刘伯愚(千之)	侯方岳(仲衡)

侯方夏(赤社)　徐作霖(霖管)　吴伯裔(让伯)
吴伯允(延仲)　张　渭(伊人)　曹　穆(熙孟)
张　泾(清漪)

永城县

乔明栴(贝林)

汝宁府光州

孟　俊(岳卿)　刘　昶　胡延年(胡之)

光山县

蔡　琮(伯子)　蔡　埏(仲延)　鄢式玉(袭之)
陈伯昌(云文)　刘允升(以时)

逸雪案:蔡琮,字伯子,《前编》作"伯宗"。

南阳府唐县

曹凤祯(丹元)

山东济南府新城县

王与夔(风虞)　王　衮(补之)　王与麟(瑞里)
郑问元(寓庸)　王士瞻(封岩)　王与朋(寿三)
王与敕(钦文)　王士熊(非雄)　王士和(允协)
王士鹄(志千)　艾　馥　王　淳(羲人)
于重徽

逸雪案:王与敕,字钦文,《前编》谓其字"凤来"。

德　州

程先贞(正夫)　马世龙(汉水)　翟永玺(孟介)
吕席策(席之)　马元禄(六和)　吕献章(广之)

逸雪案:翟永玺,"永",《传略》作"允",《前编》作"应"。马元禄,字六和,《前编》作"六如"。

平原县

赵见绅(带存)

兖州府滕县

黄家瑞(祯臻)　孙念祖(侗甫)

郯城县

张懋猷　刘世才

莱州府

赵士哲(伯浚)

掖　县

郝　晋(孟晋)

胶　州

法若真(黄石)

即墨县

孙　忭(光封)　解　楷

登州府莱阳县

宋继澄(澄岚)　宋　琨(呈玉)　左懋泰(大来)
赵士骥(黄泽)　孙一脉　左懋第(仲及)
孙凤毛(紫庭)　宋　瑀(淮南)　宋　瓘(白水)
宋　瑚(夏玉)　宋　璜(玉仲)　沈　迅(捷郎)
赵尔汲(紫水)　姜　澜(具水)　杨维椟
任梦麟　宋　琎(公玉)　左良辅(太平)
杨　昙(士古)　杨　昶　姜　埰(如农)
宋正伯(专庵)　咸应擢(稚升)　姜　圻(紫翰)
迟龙跃(霖伯)　姜　垓(如须)　孙长祚(性如)

赵　巃(次公)	孙杨烈(集六)	赵际昌(梦白)
宋　琏(殷玉)	钟　还	赵全鼎(伯肃)
沈　迓(羽第)	于起泗(陪尾)	王旒凤(思岐)
迟龙肃(雨若)	左懋芬(学海)	宋才绪(敦复)
左　球(淡若)	姜　植(仲木)	左懋桂(天木)
孙耀祚(晦生)	宋继芳(茂溪)	沈时升
赵金鼐	咸应召(受也)	耿　光(子烈)
宋　琬(玉叔)	孙扬声(静来)	姜　楷(子木)
陈廷蕴(玉笥)	冯振先(麟昆)	刘起蛟(文琢)
姜　刚(子柔)	宋　瑱(赤崖)	钟四达(晓闻)
任　口	赵临远	迟龙衡
张久捷		

逸雪案:宋瑚,字夏玉,《前编》谓字"子夏"。姜垓,字如须,《前编》谓字"稊生"。

山　西

韩　霖(雨伯)	胡守德	陶世征
因二卿(圭副)	韩　垍	贾伏第(尔忠)
王予珪(文厘)	韩居观	韩文镜
吴来贡	张元辅(明翼)	韩文铨
杨士美	李应兆(梦白)	赵嗣美
王　采		

逸雪案:韩霖,字雨伯,《前编》作"雨公"。因二卿,《前编》作"田二卿",考二卿为曲沃人,明代曲沃有因礼、因纲父子俱以学行著称,"因"未必为误字也。

陕　西

田而腴(上则)	田而甲(乾元)	刘湘客(三生)
翟运高	李　楷(叔则)	

四　川

张　尚(若人)	庄祖谊(宜稚)	刘　鼎(新止)

韦　铉(玉铉)	陈宇柱(天石)	雷　珙
简元嘉	雷　镕(荣余)	刘尧夔(九一)

广西全州

赵三荐

贵　州

杨鼎卿(爱生)	杨文璁(龙友)	吴　铉
何兆柳(星待)		

云　南

阮　阶(天升)

上所考述，计三千又二十五人，固多于吴扶九之书，亦超出吴次尾、复古祖孙所共列；且去其重，无一人两见之事。汉、唐而下，迄于明季，党社成员之众，而又班班可考，殆无有逾于复社者矣。

复社之立，倡自张天如溥，天如云亡，社事几近解体，偶亦见声应气求之迹，然已不似畴昔之堂堂正正矣。历时三百余年，犹能保持当日全部成员之姓氏里贯，斯可珍也。昔仲尼自谢不能言夏、殷之礼，深慨杞、宋之文献无征，史料顾不重欤？然则愚之考订复社姓氏，于后之治党社史者未始无小补云。

后　记

年谱之作，昉于赵宋，李唐以上无闻焉。赵子栎之《杜工部年谱》，洪兴祖之《韩昌黎年谱》，楼钥之《范文正年谱》，李方子之《朱子年谱》，赵、洪、楼、李，皆宋人也。元、明而后，踵起益繁，至清而臻于极盛，惜合作尚无多耳。

李方子之《朱子年谱》三卷，方子为朱门高足，宜无疵矣，明初朱境（晦庵之裔孙）别刊一本，已非方子之旧。李默学源姚江，又事重编，统绪是非，殊难究诘。清王懋竑罗列众本，根据语录、文集，订补舛漏，勒成四卷。然详于论学，略于出处行谊，议者讥其似学谱。甚矣，年谱之难作也。

犹忆四十五年前，寄寓太仓，妄有《张溥年谱》之作。太仓为张氏珂里，流风余韵，沾丐后人，考献征文，便于他邑。第草草问世，不能不有少作之悔也。夫论世知人，铢两悉称，本非易言。明代士习，好逞意气，宁坐视社稷之沦胥，终不肯破除门户之角立，论史者每用兴嗟。平心而论，东林、复社，均不免有可议之处，然当阉势熏天之日，不计危殆，挺身揭抗，见义勇为，足当无愧。况张氏孤生年少，振臂而呼，树会文之帜，而阴扶正义，风动天下，非富有谋猷者能之乎！事修则谤兴，佥壬怨诽，独谓其诋毁公卿，裁量国政，致张氏日处于危疑震撼之中，忧能伤人，此所以甫及不惑之年而溘然长逝欤？至若摛翰振藻，照耀人寰，又非忌者所能抑遏矣。

马齿日增，张谱亦屡经修订，终不敢敝帚自珍，视为合作。良以明季不乏私家著述，所记当时人物，互有抵牾，或蔽于见闻，或怀有恩怨，以致同传一人，此褒彼贬；同咏一事，甲美乙刺。整齐爬梳，几费研核。他如叙笔之繁简，持论之宽严，犹余事也。通博惠教，跂予望之！

一九七九年八月，蒋逸雪记于扬州师范学院之倚虹新村。

刘鹗年谱

目　次

刘鹗年谱

清文宗咸丰七年，丁巳(1857)。

九月初一日(阳历九月二十九日)生于江苏省六合县。

原名孟鹏，字云抟；后更名鹗，字铁云，又字公约。刘氏本出保安军籍(今陕西保安县)，世为将家，《宋史》有《刘延庆传》(卷三五七)，此其远祖之可考者。延庆有子光世(《宋史》亦有传，见卷三六九)，于南宋初，驻军江淮间，时往来庐州、楚州(今之淮安)、镇江。丹徒，清为镇江府治。刘氏徙丹徒，远在南宋，光世即其始迁之祖。历二十二世至成忠，字子恕，以御史出官河南。娶六合朱氏，生二子：长孟熊，字渭卿；鹗其次也。

是年，洪秀全定都南京已五载。李鸿章三十五岁。张之洞二十一岁。马建忠、黄葆年、蒋文田均十三岁。

咸丰八年，戊午(1858)。二岁。

是年，康有为生。

咸丰九年，己未(1859)。三岁。

是年，袁世凯生。

咸丰十年，庚申(1860)。四岁

从包氏姊识字。

鹗有姊三人：适高，适包，适虞。鹗四岁即从包氏姊识字、诵诗。题旧诵诗本云："阿姊停针每见怜，小时指授绣灯前。而今此本[一]犹传世，回首沧桑四十年。"诗作于庚子，由庚子逆推至庚申，正四十载也。包氏姊名素琴，有《题勺湖莲隐图应周石君刺史之嘱》两绝句，附录于后：

勺湖深处最清幽，一片红莲好荡舟。闻道高人殊恋此，湘纨一幅画中收。

数间茅屋绕秋蒲，抛掷长征叹道迂。记取湖边好风景，归来岂让鹿门图。

咸丰十一年，辛酉(1861)。五岁。

随父河南汝宁府任所。

刘成忠《因斋诗存》有《西平县三空桥入境诗》，中有句云："三空桥边秋水波，十年此地又经过。"自注："咸丰十一年出守汝南。"

穆宗同治元年，壬戌(1862)。六岁。

同治二年，癸亥(1863)。七岁。

从同邑赵君举读。

过目成诵，但不喜制义。赋性脱略，不规规于小节，时人未之奇也。

同治三年，甲子(1864)。八岁。

金陵陷，洪秀全薨。

同治四年，乙丑(1865)。九岁。

同治五年，丙寅(1866)。十岁。

山东巡抚阎敬铭焚黄崖山，张积中死。

自清嘉、道以来，百余年中，有所谓太谷教者，盛行于江湖间。此教创于周榖，榖，安徽石埭人，字星垣，一字太谷，世因以名其教(谢逢源《李龙川年谱》谓榖原名申，字中元)。周氏之书，尝录明永乐中秋浦人周鼎之文，盖其来已旧，特至榖其说始显耳。及门，有洪州陈一泉少华、福州韩仰瑜子俞、婺源汪全泰子纯及真州张积中石琴、李光炘晴峰，而张、李称大弟。张性高明，务为恢奇，以致不容于俗。李性沉潜，务为敛抑，其义转赖繁衍，刘鹗、黄葆年、蒋文田、王启俊、吴慕渠、赵明湖号为高足。鹗所著之《老残游记》，不少说理谈玄之处，皆阐述太谷教义者也。穀著有《十三经或问》稿，但非及门不得闻，生徒达千余人。两江总督百龄恐酿巨变，收系之，旋释出。道光十二年(1832)四月卒于扬州，葬仪征西乡青山。

穀既殁，张积中、李光炘以肩负斯道为己任，而积中犹悍然无稍顾忌。兄积功游宦山东，积中乃携妻孥远遁黄崖。黄崖在肥城西北六十里，峰峦环拱，地势险峻，积中居其中，以《论语》《孟子》《大学衍义》《近思录》讲贯，间亦参附《参同契》《道藏大全》《仙灵宝箓》《云霄指掌》诸书，时亦援引释典。一时知名之士，如马远林、周韬甫、钱东平、吴雪江、杨蕉隐辈皆与结纳。积中又有中表吴某，由历城知县升首府，亟称积中之学于巡抚清盛，清盛复为之延誉，于是山东官民争奉之为师。黄崖地本偏僻，荒落少人烟，积中来后，数年成聚。置文学房以待宾客，设武备房以讲守御，著《指南针》以示规范。于肥城之孝里铺、东阿之滑口、利津之铁门关、海丰之埕子口与济南之城内外，以及安丘潍县诸处，皆辟市肆，取名泰运、泰通、泰来、泰亨等号，千里之外，呼吸相通。人知有张七先生(积中兄弟行居七)而不知有地方官，其威望竟如此。

同治四年九月，潍县人王小花变产治装，率全家谋徙黄崖，知县靳昱拘小花究询，省复派员与肥城令郑馨往察虚实，见积中须眉罨罨，言谈娓娓，比户耕读相安，遂禀复无事。五年，益都知县何毓福风闻县民冀宗华等纠众谋乱，搜检得兵仗文告，捕鞫宗华，供认师事积中不讳。巡抚阎敬铭恐日后为患，调兵围剿，黄崖居户达数千家，焚剿以后，存者寥寥，此同治五年十月六日事也。《山东军兴纪略》云："所存只妇女幼稚四百余，妇有形色洒然笑语如平常者。获弟子韩美堂等数辈，皆愿从师死。讯无他词。吁！可异矣！"敬铭于奏章亦有"生为倾家，死为致命，不知操何术以致此"之叹。

李光炘，字晴峰，号平山，学者称龙川先生。曾助讲于黄崖。事起，积中勉其以道自任，力促南归，光炘乃只身走还泰州(光炘籍仪征，而居泰州之时日为多)，独衍太谷之绪。李门大第，黄、刘并称。鹗学务广博，不以一端名，故谈太谷之学者，以葆年为特显，而鹗亦心折焉。其于晚岁致黄书有云："弟既深自信，以能窥见公之一般，故谤言满天下不觉稍损，誉言满天下不觉稍益；独一事不合龙川之法与公之所为，辄怏怏终夜不寐，改之而后安于心，此又不足为外人道也。”鹗一生言行，受太谷教影响甚巨，爰不惮辞费，述其梗概于此。

是年，罗振玉生。

同治六年，丁卯(1867)。十一岁。

同治七年，戊辰(1868)。十二岁。

同治八年，己巳(1869)。十三岁。

同治九年，庚午(1870)。十四岁。

同治十年，辛未(1871)。十五岁。

随父至南汝光道任所。

时成忠权河南南汝光道，见《因斋诗存》自注。

同治十一年，壬申(1872)。十六岁。

同治十二年，癸酉(1873)。十七岁。

交一时才俊。

刘大绅云：“先祖由御史出官河南，历任繁剧，军报簿书，日不暇给。先君随侍任所，蒿目时艰，隐然有天下己任意，故所在辄交其才俊，各治一家言。先君当时交游中，如柴某专治财赋，贾某专治推步，王某专治兵略，又一王某专治拳勇，均造诣深邃。”此可与《老残游记》第七回老残向申东造推荐刘仁甫互证：“我二十九岁的时候，看天下将来一定有大乱，所以极力留心将才，谈兵的朋友颇多。此人当在河南时，我们是莫逆之交，相约倘若国家有用我辈的日子，凡我同人俱要相助为理的。其时讲舆地、讲阵图、讲制造、讲武功的各样朋友都有，此公便是讲武功的巨擘。”案鹗二十岁即由河南南归，交结才士，当系二十岁以前事。《游记》中所称之刘仁甫，系影射侠客“大刀王五”，当时南起清江浦，北至燕市，得五表识，纵运珍奇，群盗莫犯。五之为人，好打不平，鹗亦时喜急人之难，气味相投，因相结纳。鹗曾住北京半壁街，与五为邻。五妻营饭馆曰元兴堂，鹗宴客多于此。戊戌之变，五尝欲护谭嗣同出京，故嗣同临刑有诗云："望门投止思张俭，忍死须臾待杜根。我欲[二]横刀向天笑，去留肝胆两昆仑。"两昆仑，说者谓：一为康有为，一则王五。五欲为嗣同助，亦缘鹗之介云。正与大绅"又一王某专治拳勇"之言相应。

娶妻王氏。

王氏，六合人，少鹗一岁。

是年，梁启超生。

同治十三年，甲戌(1874)。十八岁。

德宗光绪元年，乙亥(1875)。十九岁。

嗣子大章生。

鹗兄孟熊有子五人：大镛、大临、大猷、大钧；大章，其第三子也。鹗婚后两年无子，时有压子之俗，乃以大章嗣鹗为长子。大章字著伯，曾留学日本，先入大阪商船学校，后转东京早稻田大学政治科，得学士位。归国后，助鹗办理盐务，捐有候补通判衔。民国以后，佐治密云等县。1922年殁于天津。

光绪二年，丙子(1876)。二十岁。

正月，归自河南。

《忆丙子岁二十六韵》："岁纪丁红鼠，冲寒返故乡。征途逾晋宋(晋字疑误)，驿路指淮扬。"初春寒威犹厉，下有"五月到金阊"之句，故知绝非岁暮也。诗中曾自述征歌选色之事："瀹茗烹邗水，寻碑绕蜀冈。初聆弦索语，乍厌绮罗香。菱姐饶憨态，青儿爱淡妆。琵琶真荡魄，钗钏烂生光。"绝似杜牧在扬州之浪荡。下云："江湖愁日下，风雨返山阳。南河寻故址，西坝访新庄。忽见双珠出，聊探一骊尝。优昙光易逝，橄榄味弥长。"刘氏虽籍丹徒，后则居于淮安，成忠曾遣人在淮安买廖姓田宅，此数年前事也。鹗之南归，非返原籍，实赴淮寓，故有“风雨返山阳”之句，山阳为淮安府治所在。西坝为淮盐集散地，夙著繁华，鹗曾涉足于其间。

八月，赴南京乡试，落第。

《忆丙子岁二十六韵》：“秋风扬子渡，微雨大功坊。”又云：“战报刘蕡北，游增杜牧狂。”大功坊，朱元璋为表徐达功勋而建，王士祯《秦淮杂诗》有“朱门草没大功坊”之句。唐刘蕡策对不利，同试告捷者谓人曰：“刘蕡下第，我辈登科，实厚颜矣！”鹗留心于经世之务，制艺原非所长，诗引刘蕡自况，其傲岸之态如见。

光绪三年，丁丑(1877)。二十一岁。

家居肆力于学。

成忠乞病解组，归寓淮安，鹗侍养之余，肆力于学。家传者有治河、天算、乐律、方技、词章诸学，复纵览百家，不立门户，藩篱既撤，视野益宽。

长女儒珍生。

儒珍适泰州黄氏。

光绪四年，戊寅(1878)。二十二岁。

纳侧室衡氏。

光绪五年，己卯(1879)。二十三岁。

光绪六年，庚辰(1880)。二十四岁。

师事李光炘。

鹗参谒李光炘，早在丙子游扬之日，后又拜见于泰州，本年复赴扬州与毛庆蕃等同时寄籍(周榖旅扬，居南门内海岛巷，光炘仍寓其故处。李长乐后于其地建李晴峰先生祠，今存)。时李门以鹗年最少，因镌有“如来最小弟子”之章。《丙午述怀》诗：“余年初弱冠，束脩事龙川。虽未明道义，洒扫函丈前。无才学干禄，乃志在圣贤。相从既已久，渐知叩两端。孔子号时中，知时无中偏。万事譬诸物，吾道为之权。得权识轻重，处各[三]循自然。因物以付物，谁为任功愆。此义虽浅近，真知良独难。灵台有微滓，一跌千仞渊。”《登太原西城》诗有云：“尼山渺矣龙川逝，独立苍茫岁月遒。”尼山，借指周星垣。诗作于李光炘殁后，故曰“龙川逝”。太谷教义，刘氏渐染既深，影响其言行极巨。力避故常，侈谈诡异，显由太谷索隐行怪启之。光炘居泰州久，承学更多泰州人，世或以“泰州学派”呼之。其实，“太谷教”与“泰州学派”本非一事，其误则始于刘光汉。光汉有《王艮传》，载《国粹学报》乙巳年第四期，传末云：“满清宅夏，士大夫讳言讲学，而泰州学派始衰。然咸、同之交，泰州有李晴峰者，推明先生（指王艮）之学，而稍易其宗，弟子数百人，传其学者遍大江南北，惜语秘莫或闻。然孟子所谓百世之师者，舍斯人而谁属哉！”心斋之学，为阳明别支；晴峰之学，则出于皖人周榖，源流尽异。刘大杰《中国文学发展史》评《老残游记》云：“刘氏崇泰州学派，倡儒、佛、道三教合一之说。”不应因两学派先后在一地蕃衍而混为一谈。且阳明、心斋虽为师弟，取径则不尽相同。黄宗羲《明儒学案》卷三十二《泰州学案》载心斋之言曰：“王公（指阳明）论良知，艮谈格物。”何来援附释、老之谈！合儒、佛、道三者为一，太谷教间有之，心斋无是也。若欲以地为名，则太谷流播于泰州较晚，名以“新泰州学派”，似犹愈于浑沦之称。

其后，鹗有书与同门论道，其略云：

一二日后，在邗江尚须盘桓数日，与同道诸君略为团聚，又可添几分造诣也。……夫人学道如牛毛，成道如麟角。是何因缘？有三难故：学道不明道，与不学等；明道不能行，与不明等；行道不能力，与不行等。三迭魔山，天衢隔绝矣。知要心息相依，学道也；知如何便是心息相依，明道也；一日十二时中何时心息相依，何时心息不相依，行道也；其心三月不违（逸雪案：原笺误作“为”）仁，行道之力也，即大道之成也。我辈此时不虑道之不明，惟进防贤者之过，退防愚者之不及，则得中道矣。与世浮沉，世间法也；翛然远引，出世法也——而皆非圣人之道。必也于与世浮沉之中，寓翛然远引之志，与世无违，与道莫逆，其庶几乎？念无量众生苦集无既而不能救，此道人之大悲也；明知其不能救而必欲登一世于春台，此道人之大慈也；念亿万众中我独得阿耨多罗三邈三菩提，此道人之大喜也；可度之众生以智力度之，不可度之众生以断力绝之，此道人之大舍也。慈悲喜舍，缺一不可，缺一非道。愿质高明。

笺末未详年月，观邗上盘桓，与同道团聚云云，所论为太谷教义无疑。

光绪七年，辛巳(1881)。二十五岁。

次子大黼生，王出。

大黼实为鹗之长子，以先有兄子大章入嗣，故大黼乃居次。大黼字扆仲，晚年住苏州定慧寺为人写经。

光绪八年，壬午(1882)。二十六岁。

与黄葆年、蒋文田订交。

葆年、文田与鹗同出李门。二人醇谨，独鹗时仍矜傲，好短长时政，所谓侠士入道，尚余杀机者也。二人每加规谏，鹗心感之而不能改。其后，皆申以姻亲：鹗长女归葆年次子寿彭；文田女孙归鹗孙厚泽。厚泽，大绅之次子。

李光炘、张积中虽同师周星垣，而志趋有异：积中喜事功，重力行；光炘工文辞，好说理。于是太谷之教有北派、南派之分。积中败后，南派乃独盛。相传光炘临殁，遗嘱有“二巳传道”之语。二巳，指葆年与鹗也。葆年生于清宣宗道光二十五年，其年为乙巳；鹗生于文宗咸丰七年，其年为丁巳。鹗学务博，不以一端名；葆年守约，独能嗣其统。葆年字隰朋，一字希平，号归群，光绪己卯举人，宰泗水十载。其后卜居吴下，从游塞门，人称“黄老师”。远道来谒，车马不问路、不论值，声气之广如此。章士钊《孤桐杂记》云：“近有人创救世新教会，以儒释道耶回五教合一为旨，募赀刊报，颇涉张皇。成立之日，愚宴于吴自堂宅，见同人多往磕头。……光绪年间，有泰州人李晴峰云是教主，年八十余，曾有人迎至京师说教(逸雪案：李光炘从未入北京)，后李化去，传者黄姓，近亦死矣，而教仍有力江湖间，门户甚谨，非严介不得入。”案黄殁以后，嗣其绪者为李泰阶，泰阶字平叔，晴峰之孙，葆年之婿。泰阶殁，继者为黄寿彭，寿彭字仲素，葆年之子，刘氏之婿。

光绪九年，癸未(1883)。二十七岁。

次女佛宝生，衡出。

光绪十年，甲申(1884)。二十八岁。

营烟草业于淮安南市桥。

烟肆无字号招识，惟榜书“八达巴菇”，隐寓“关东烟草”四字，淮人目为狂。孟熊喜弟之有业，特简练达之人为佐，鹗一以任之。年终，亏折几尽，其人不自安，除夕夜半自到。烟肆遂歇。此为鹗经营商业之始。

十月，父丧。

刘氏家乘谓成忠于光绪十年十月二十三日终于淮安地藏寺本宅，距生于嘉庆二十三年，年六十六。

光绪十一年，乙酉(1885)。二十九岁。

第三子大缙生，衡出。

大缙字建叔，曾与罗振常等设书肆于上海汉口路，曰蟫隐庐。

悬壶于扬州。

《游记》中自述摇串铃，游食江湖。其子大绅谓：“先君之扬州，无以为生，乃悬壶为人治病，依然门可罗雀也。”鹗明岐黄，记中所言，非尽讽喻。后有《要药分剂补正》及《人命安和集》诸作，更为明于医药之证。

李光炘卒。

鹗有《愚园雅集图模本后叙》：“泰山颓，梁木坏，龙川夫子上升于□□(原缺二字)岁之冬。三年心丧毕，门弟子东西南北，飘泊于天各一方。历十有七年，岁在壬寅，黄先生希平由山东解组至海陵，而与蒋先生子明相携来沪上，余亦因事至自北京。程子绍周闻两先生聿至，自杭州来迓。毛公实君适总理江南制造局，为东道主人焉。”壬寅为光绪二十八年，由壬寅逆推十七年为乙酉，即光绪十一年，故知光炘殁于是年冬也。谢逢源《李龙川年谱》谓终于光绪十一年十一月初三日，年七十有八，葬仪征西乡青山紫泥洼，距周穀墓里许。

光绪十二年，丙戌(1886)。三十岁。

复赴南京应乡试，不终场弃去。

纳侧室茅氏于镇江。

光绪十三年，丁亥(1887)。三十一岁。

设石昌书局于上海，旋以讼累歇业。

此为我国市廛间有石印之始。以戚属盗售人印书，致讼累，讼解，书局亦败。刘大杰《刘铁云轶事》谓鹗曾设慎记书庄于南京路后之铁马路(即今之河南北路)，为人顶去，只得银二百两。不知此慎记书庄与石昌书局是一是二，疑不能明，以俟知者。

第四子大绅生，茅出。

大绅字季英，幼从罗振玉读，振玉以长女妻之。曾以官费留学日本，入京都帝国大学治哲学。回国后，先后任职于商务印书馆、大公报馆及金城银行。晚岁喜究易理，著有《易象童观》二卷、《贞观学易》四卷及《谈易》二卷。

是年，河决郑州。

光绪十四年，戊子(1888)。三十二岁。

赴豫，投效河工。

光绪十三年八月，河决郑州，口门宽至五百五十余丈，龙久不合，数易督工。明年，鹗至豫投效，短衣匹马，与徒役杂作，凡同僚畏惮不能为者，悉自任之。十二月，龙合，河复正流。河督吴大澂喜，列案请奖，鹗推功于兄孟熊。

光绪十五年，己丑(1889)。三十三岁。

董绘豫、直、鲁三省河图事。

明年三月图成，计百五十篇，分为五册，合之则为一图。奏稿中有云："人行里曲而鸟飞里直，近征胡渭之言；鬼魅画易而狗马画难，远信韩非之说。"颇能道出当时绘事甘苦。鹗于斯役，名义为提调。提调之上，有总理、有监修；提调之下，有分校、有测量兼绘图、有缮写。监修例为大官遥领，而当时总理之司其事者为候补道易顺鼎，顺鼎浮夸辞人，不谙舆地，规划一出于鹗，而校测之事，间亦任之。故斯图之成，鹗之功为多焉。鹗另有《历代黄河变迁图考》十卷。

光绪十六年，庚寅(1890)。三十四岁。

是年，马建忠撰《富民论》成。

光绪十七年，辛卯(1891)。三十五岁。

春，任鲁河下游提调。

罗振玉《刘铁云传》："河图成，时河患移山东，吾乡张勤果公(曜)方抚岱方，吴公为扬誉，勤果乃檄君往东河。勤果故好客，幕中多文士，实无一能知河事者。群议力主贾让不与河争地之说……君至，则力争其不可，而主束水攻沙之说，草《治河七说》上之。幕中文士谋所以阻之，苦无以难其说。"中国自汉以后，迄于清季，言治河者不出两途：一主纵水，此贾让所谓上策也，让文虽绚烂，然乃华而不实之辞；一主束水，此王景攻沙去淤之说也。景说上师禹意，下启潘季驯、靳辅诸人之功，而为刘氏所服膺者也。《治河七说》中《河性说》云："后汉王景治河，历千余年无河患，其迹非禹之迹也，而其法实禹之法也。伏读《禹贡》，导漾、导江、导沇、导淮、导渭、导洛，皆以一导字贯之。惟河，则于'导河积石'而后，又复曰播曰同，其故何哉？盖他水之性，皆首弱而尾强，故势顺而易治；独河之性，首尾弱而中强。中强故易溢，禹是以播为九河。尾弱故易淤，禹是以同为逆河。播为九河者，所以消其涨；同为逆河者，所以攻其淤。尝考历代治河，首推王景：其于德(德州)棣(无棣)之间，分为八河，播河意也；其合于千乘入海，同为逆河意也。其法最良，故其效亦最著。其次，则潘季驯、靳文襄、黎襄勤等诸名公，设坝为泄黄，仍播河意也；引清以逐淤，束水以攻沙，仍同为逆河意也。"又作三项具体建议：修缕堤以攻积沙，一也；播支河以消盛涨，二也；改河门以就便捷，三也。

三者与王景之法不尽合,而其理则无不相通,所谓师其意不泥其迹者也。《治河续说一》又显示王、贾之优劣:"河员只讲习于三汛四防,而不知统筹全局;文士徒沉湎于宏搜远引,又不能切近事情。互诋交非,其实皆误。窃考古今言治河者,约分二派:一主贾让不与河争地之说,其蔽也易淤;一主潘季驯束水攻沙之说,其蔽也易溢。然淤之患远,祸在后人;溢之患近,害则切己。所以人争尚贾说而不悔也,此河所以数十百年不一治也。不知主潘之说,有善用者即可不溢;主贾之说,虽神禹复生,不能不淤。试观贾让上书在哀帝初年,王景治河在光武初年,其间相去不过三十载,而王景以能治河名者,绝不采用其说,则贾说之不适用亦可征已。"贾、潘之短长,即王、贾之优劣,潘固师王者也。考《汉书·沟洫志》,贾让献策在哀帝(刘欣)即位之初,其所谓上策,并未见诸施行。王莽主政,"征能治河者以百数"。使让说果行,而又行之有效,则萧规曹随,莽又何必多此一举!又考《后汉书·王景传》:"初,平帝时,河汴决坏,未及得修。"案刘欣在位仅六年,平帝刘衎在位仅五年,计不过十年左右,若让说曾行,不一纪而河汴并决,亦可见其不足取矣。至东汉明帝刘庄永平十二年,始引用王景,景治水有功,拜河堤谒者。贾仅纸上谈兵,王则已试而效者也。信乎元人胡三省之言曰:"让所画治河三策,自汉至今,未有能行之者,大率古人论事画为三策者,其上策多孟浪骇俗而难行,其中策则平实合宜而可用,其下策则常人所知也。"(见《资治通鉴》注)后世有卤莽而从事者,则为张曜,然一试即败,卒酿鲁省之空前黄灾,即《老残游记》中第十三、第十四两回所记述之痛史也。《游记》曾道及史钧甫其人,案史钧甫即施补华,补华字均甫,史、施音近,爰用以影射。补华有《泽雅堂诗文集》,卷二《复朱伯华书》有云:"山东之河,一决于章丘,再决于齐河,三决于长清,水南入小清河,北入徒骇河。章丘、齐河、长清三县以外,高苑、博平、乐安、禹城、临邑、商河、惠民、霑化咸在冲波激浪之中,死者不可计较,生者数十万众荡析无遗。"补华与鹗持论不合,然于灾情亦不能为讳。《老残游记》虽多妄诞之言,写河患则纪实也。刘氏与罗振玉书云:"吾文(指《治河七说》)直率如老妪与小儿语,中用王景名,幕僚且不知为何代人!"张幕无人,概可想见。刘氏素负经济才,尤以治水自许,非无实而妄自矜伐者比也。

冬,至东昌访杨氏海源阁藏书,未得见。

鹗嗜宋版书，家有旧藏，行旅必自随。斯时山左藏书之家，以聊城杨氏海源阁为第一，收宋元本极夥，鹗冒雪前往，竟无所见而返。曾于旅舍题七绝一首："沧苇遵王士礼居，艺芸精舍四家书。一齐归入东昌府，深锁琅嬛饱蠹鱼！"此二十八字，盖纪实也。杨氏藏书，经三世乃臻美富。杨以增，字益之，一字至堂，或作致堂，道光二年进士，知贵州荔波县，后官江南漕运总督，驻清河。笃好藏书，喜接文士，泾县包世臣、上元梅曾亮均称莫逆。当时江南藏书之家，除常熟瞿氏铁琴铜剑楼外，则推吴县黄氏、长洲汪氏、常熟钱氏及泰兴季氏。黄丕烈，字荛圃，自号佞宋主人，得宋刊百余种，顾莼颜其室曰"百宋一廛"。刊《士礼居丛书》，为收藏家所重。丕烈晚而贫困，乃以所藏归汪士钟。士钟字阆源，有艺芸精舍宋元本书目，摹刻宋本《孝经义疏》《仪礼单疏》《刘氏诗说》《郡斋读书志》诸书，雠校精审，为世所珍。钱曾，字遵王，少受学于其族祖谦益，谦益爱之，谓能绍其绪，绛云楼烬余悉付藏弃。所居述古堂，多善本书，撰《读书敏求记》，识其源委。季振宜，字诜兮，家境饶裕，喜藏善本，有《季沧苇书目》。黄、汪、钱、季四家，丕烈及身已不能保其所有，其余诸家亦于道、咸之际式微，不克全其旧物，精者大都为以增所得，于聊城城内观街路北建海源阁藏之，所谓"一齐归入东昌府"者也。江标《聊城杨氏海源阁藏书目跋》有云："吴中藏书，庚申(咸丰十年)之后，几无全帙，百宋廛中之物，更稀如星凤。岂知琅嬛福地，别在陶南；江夏戳滕，自存天壤。"谓吴中珍本萃于杨氏，与刘诗所言殆无不合。天水旧籍，辟室度藏，名曰"宋存"。宋版之最精者，如《诗》《书》《春秋》《仪礼》《史记》《两汉书》及《三国志》，则又别贮，颜曰"四经四史之斋"。陆敬安《冷庐杂识》记其事，许为艺林佳话。当时海内私家藏书：常熟瞿氏铁琴铜剑楼，归安陆氏皕宋楼，钱塘丁氏八千卷楼与聊城杨氏海源阁，合称四大家。其后，八千卷楼归江南图书馆，皕宋楼售诸异域，向之号称四家者，仅存其二，所谓南瞿、北杨是也。所刻《海源阁丛书》，鉴审勘校，梅(曾亮)、包(世臣)之力为多。其子绍和字彦合，一字协卿，同治四年进士。更得清怡亲王府乐善堂所藏，合以增旧有，著《楹书隅录》行世。中载宋本八十五，金、元本三十九，明本十三，校本七，钞本二十四，共一百六十八种。江标所刻《海源阁藏书目》则载三百六十余种，盖初未尽其所藏，聊举一隅，正符名书之义。杨绍和《楹书隅录跋》云："先端勤公

(杨以增谥端勤)平生无他嗜,一专于书,所收数十万卷,庋海源阁藏之,属梅伯言先生为之记。别辟书室曰宋存,贮天水朝旧籍,而以元本、校本、钞本附焉。癸亥、甲子间,绍和里居,撰海源阁书目成,复取宋元各本记其行式印章评跋,管窥所及,间附数语。乙丑入翰林,簪笔鲜暇,此事遂辍。顷检旧稿之已成者,得若干种,厘为四卷,命曰《楹书隅录》。写校既竣,抚书远想,哀慕曷极!"杨绍和即《老残游记》中所称之"柳小惠",《楹书隅录》即《老残游记》中所称之《纳书楹》。绍和子保彝,更零收散拾,杨氏之书,经三世而益富。保彝字凤阿,同治九年举人,即《老残游记》中所称之"柳凤仪"也。保彝爱书,如护头目。无子,临殁嘱其妻妾,善葆所藏。否则,他日无相见于地下!仍恐来日散失,因举而公诸其族,严禁子孙变卖。请于县,县详府、省,省又为咨于学部存案。故海源阁阁上度书,阁下则为家庙。保彝既死,书由妻妾掌之,戚族欲一观而不可得。三伏曝书,必键院门,妻妾更迭守,其严慎如此。太仓姚鹏图,知名士也,抚鲁者畀以显位,不受,求为聊城令,意在得纵观杨氏书。秩满,未得入海源阁一步。历城解元徐金铭,求为杨氏童子师(教保彝嗣子杨敬敷),岁终亦无所见而去。鹗乘兴而来,数日败兴而返,更不足为异矣。聚海内善本闭之一室,一任尘封蟫扰,刘氏所谓"深锁琅嬛饱蠹鱼"者,岂真恶谑哉!今海源阁藏书已散失殆尽,残编剩册,犹为识者所宝爱。鹗于阁中无恙之日,冲寒前往,虽过屠门,而不得一肆大嚼,既有余憾,且欲与天下共惜此珍物也。

是年,友罗振玉。

振玉籍上虞,时寓淮安,著文驳贯让不与河争地说,刊布远近,与鹗论合,因互通书简致倾慕。其后,交益密。鹗论议锋利,遭时忌,振玉勉以敛抑,语绝痛切,鹗钦畏之。振玉有《刘铁云传》,见《五十日梦痕录》。振玉《雪堂自传》有云:"自河决郑州后,直、鲁、豫三省河患频仍,及张勤果公曜抚山东,锐意治河,而幕中有妄人某,假贾让不与河争地为说,谓须放宽河身。上海筹振绅士施少钦等至欲以振余收买河旁民地,以益河身。予闻而骇然,谓今日河身已宽,再益之,则异日漫溢之害且无穷,乃为文万余言驳之。丹徒刘君渭清见予文,以寄其介弟铁云鹗。时铁云方在山东佐河事,予与之不相识也。铁云见予文,乃大惊[四],以所撰

《治河七说》寄予，则与予说十合八九，遂订交焉。且为予言于勤果，勤果邀予入幕，以家事不能远游谢之。然当日放宽河身之说，竟以予文及铁云说而中辍。此亦予少年时事之可记者也。"振玉后以治甲文有声于时，鹗之《铁云藏龟》乃其先导。

光绪十八年，壬辰(1892)。三十六岁。

咨送总理衙门考试。

《铁云诗存》卷三有《壬辰，咨送总理衙门考试，不合例，未试而归，蜡月，宿齐河城外》诗。时山东巡抚为福润。

光绪十九年，癸巳(1893)。三十七岁。

福润章荐，送总理衙门考验，以知府任用。

此福润再度保荐也。第一次咨送总理衙门考试，未遂所愿；第二次援引光绪六年求才诏，直接上章保荐，始得如所请，而以知府任用。罗振玉《五十日梦痕录》："君既服阕，勤果卒官，代之者福公润，以奇才荐，乃征试于京师，以知府用。"罗于时日有误。鹗丁内忧在本年九月杪，如待服阕，则已达光绪二十二年；即以清例"母丧实服二十一个月"计，亦达光绪二十一年六月。按光绪二十年七月，东抚已易李秉衡，秉衡乃著名之顽固派，对洋务派极度仇视，焉有保荐刘鹗之事。且张曜之死，早在光绪十七年七月。夺情起复，已不多见；守制而保升，更为尔时所罕闻。此事当在母丧前。福润奏章附后：

候选同知刘鹗，江苏丹徒人。光绪十六年，经前抚臣张曜咨调来东，委办河务。该员向习算学、河工，兼谙机器、船械、水学、力学、电学等事，著有《勾股天元草》《弧三角术》《历代黄河变迁图考》等书。前河臣吴大澂、前河南巡抚倪文蔚于郑工合龙后，测量直、鲁、豫三省黄河，绘图进呈御览，即委该员办理。其所著各书，考据尚属详明，有益于用。恭读光绪六年正月二十一日上谕："因时事多艰，需才孔亟，迭经谕令各直省督府保荐人才，以便任使。其有熟悉中外交涉事宜，通晓各国语言文字，善制船械，精通算学，足供器使，并谙练水师事宜者，无论文武两途，已仕未仕，均著各举所知，出具切实考语，秉公保荐"等因。仰见圣主轸念时艰，求贤若渴之至意。奴才查该员刘鹗洵属有用之才。前经援照安徽同知董毓琦考验成案，咨送总理各国事务衙门考验，以备驱策。旋准咨复："董毓琦曾由船政大臣会同闽、浙总督具奏，奉旨允准；今仅咨送，核与成案不符"等因。自应遵照办理。查该员学术渊深，通晓洋务，理合仰恳天恩，准由奴才将该员刘鹗咨送总理各国事务衙门考验以备任使之处，出自鸿慈逾格，除饬取所著各书咨呈军机处暨总理各国事务衙门外，谨附片具陈，伏乞圣鉴训示。

为泰州高氏三峰草堂日长山静图题诗。

诗云："铸山煮海不为富，七相三公不为贵。惟有《南陔》数首诗，千秋万古留生气。高子扬州古宿儒，一官潇洒寄明湖。相逢诗酒成知己，袖出先人孝养图。披图再拜瞻遗象，婉容怡色丹青上。令我愀然动孝思，燕云南望增惆怅。齐门挟瑟悔前非，碌碌依人常苦饥。我亦有家归未得，西风吹冷老莱衣。"高氏即《老残游记》第三回中之高绍殷。高名尚尊，字仲闻，初在张曜幕中办文案，后任山东菏泽县知县。题诗时，鹗已旅京，故有"燕云南望"之语也。案泰州高氏三峰园于咸丰时已归吴文锡，改名蛰园，文锡有《蛰园记》。此则仅存其图耳。

妻王氏殁。

王氏殁于八月十三日，得年三十有六。

女龙宝生，茅出。
母朱逝世。

母朱九月二十八日卒于淮安，鹗闻耗南归。

光绪二十年，甲午(1894)。三十八岁。

十月，日本陷我大连、旅顺。

甲午之役，鹗忧敌从金、复、海(海城)、盖(盖平)进扰，旅顺、大连将沦，海军且覆。人尽嗤其妄。乃竟不幸而言中。罗振玉《刘铁云传》："岁甲午，中、东之役起，君方丁内艰，归淮安，予与君相见，与君预测兵事。时诸军皆扼守山海关，以拱京师。予谓东人知我国事至悉，恐阳趋关门而阴捣旅大以覆我海军，则我全局败矣。侪辈闻之，皆相非难。君之兄且引法越之役法将语，谓旅大难拔，以为之证。独君意与予合，忧旅大且旦夕陷也。乃未久竟验。于是同侪皆举予与君齿，谓二人者，智相等，狂亦相埒也。”

光绪二十一年，乙未（1895）。三十九岁。

春，居上海，收购吉金。

罗振玉《梦郭草堂吉金图序》：“予少好古器，贫不能致。三十客春申江，故家所藏，偶获一二，辄玩赏穷日夕。亡友丹徒刘君铁云有同好，聚古器数十，所居距予寓斋才数十步，每风日晴好，辄往就观，相与摩弄，或手自拓墨，不知门外有红尘也。”

秋，赴总理衙门报到。

光绪二十二年，丙申（1896）。四十岁。

正月，编定《芬陀利室诗稿》。

诗稿自序：“予少年多病废学，于诗文涉猎尤浅；中年饥驱，奔走于四方，学益废。匪惟境遇所牵，不好学亦其天性也。今也，荏苒四十，已及后生不足畏之年，功业文章，庸有望乎？兴之所至，任意咏歌，非惟无术求工，亦无求工之想。什录于下，聊以自娱。丙申正月既望，适吾偶笔。”

二月，作《京邸感怀》诗。

诗云：“可怜春色满皇州，季子当年上国游。青鸟不传丹凤诏，黄金空敝黑貂裘。垂杨宛[五]地闻嘶马，芳草连天独上楼。寂寂江山何处是，停云流水不胜愁。”诗传至沪，新会梁启超、海陵黄葆年、南丰毛庆蕃均次其韵。兹录梁作于后：

自古文明第一州，卧狮常在睡乡游。狂澜不抵中流柱，举国将成破碎裘。燕雀同居危块垒，蠨蛸空画旧墙楼。漏卮真似西风岸，百孔千疮无底愁。

三月，由海道回南。

有《由天津附轮船之沪》诗，中云：“燕北春未至，江南春已归。两头俱[六]不着，无语对斜晖。”此固写南北物候之不同，而兼示其在京有怀难展，回南所图亦难遂也。

六月，应两湖总督张之洞召，赴鄂，商芦汉路事。

芦汉路由芦沟桥至汉口，即今之京汉路。之洞倡议兴筑，远在八年以前。至是，铁路总公司设立，施工在即，鹗素主开矿、筑路，特召往有所咨询。《芬陀利室诗稿》收有《鄂中四韵》，其《登洪山寺》有“满山苍翠长藤萝”之句，故知其赴鄂在盛夏也。当时疆臣权重，之洞声望尤高，鹗有依附意，其《登黄鹤楼》有句云：“此去荆州应不远，倩谁借得一枝栖。”比之洞于刘表，而以王粲自况也。时之洞左右，言路政者首推盛宣怀，宣怀嫉其能，抵排不遗余力，所拟芦汉路委员名单竟无鹗，故鹗《登伯牙台》有句致慨云：“此地知音寻不着，乘风海上访成连。”故旋又返沪。鹗在鄂曾致其表弟卞德铭书，可以证知当日情况：“兄十一日到汉口镇，即[七]过江，知香帅电召，为欲将铁政、铁路二事并归兄办。及到，又变计矣。前日电召盛杏荪来，令兄与盛商酌，或分办，或合办，议定即出奏。今日盛到，盛称‘洋债借不动’，香又变无主意矣。数日之间，业已三变，此后尚不知如何变法也。”按德铭字子新，一字子沐，丹徒人，侨居扬州，分省候补道。在北京时，与鹗朝夕过从。《老残游记》中所写之“德慧生”，即影射其人。

十月，回京，建议兴筑津镇路。

上书直隶总督王文韶，请筑津镇铁路，即由天津至镇江。时问政者大部守常蹈故，恶闻新事；而同乡京官更群起攻之，至除其乡籍，不认为丹徒人。

光绪二十三年，丁酉(1897)。四十一岁。

四月，第五子大经生，茅出。

大经字涵九，娴法文，早岁供职京绥、京汉、胶济等路。后钻研中医有得，设诊于北京。

七月，应外商聘，主办山西矿务。

时外商组福公司，筹采山西矿产，与晋抚胡聘之有成议，聘鹗为华经理。鹗《登太原西城》诗:“摩天黄鹄毛难满,遍地哀鸿泪不收。”《宿明月店》诗:“百年经济起关西。”此欲展其素志也。与罗振玉书云:“蒿目时艰,当世之事,百无一可为。近欲以开晋铁谋于晋抚,俾请于朝。晋矿开,则民得养而国可富也。国无素蓄,不如任欧人开之,我严定其制,令三十年而全矿路归我。如是,则彼之利在一时,而我之利在百世矣。”外商投资,意在自利,鹗欲拾其残羹冷炙,借以培元补中,其为计亦卑且左矣。

十月,德意志强占我胶州湾。

光绪二十四年,戊戌(1898)。四十二岁。

八月,捕新党。康有为、梁启超走海外。杨深秀、杨锐、林旭、谭嗣同、刘光第、康广仁死之。

刘大钧《刘铁云先生轶事》:“怀抱既不得展,遂与保皇党联络。”而刘大绅则谓其父与康有为只有一面之识,并无其他联系。按鹗于壬寅十月与黄归群书,中谓:“民困则思乱,迩者又有康、梁之徒出而鼓荡之,天下殆哉岌岌乎!”鹗与维新诸人虽间有往还,而实非一流。

光绪二十五年,己亥(1899)。四十三岁。

五月,义和团起于山东。

义和团为爱国人民抗击帝国主义侵略所组成之武装,而鹗于其所著之《老残游记》第十一回中,批评所谓“北拳南革”,对义和团竭尽丑诋之能事。当时国内顽固派利用义和团以维护其统治权,既图驱除外力,更欲趁机削弱洋务派;而洋务派则借外力以消灭义和团,并从而打击顽固派。鹗之政治立场既如此,其持论悖谬,盖亦不足为异矣。

是年,殷虚文字出土。

河南安阳西北之小屯村,农民犁田,每有甲骨出土,初未之异也。迨福山王懿荣断为契文,世乃加以珍视。故发现甲文之功,允归王氏;拓以行世,则以鹗为先。

罗振常《洹洛访古记》云:“此地埋藏龟骨,前三十余年已发现,不自今日始也(罗记作于宣统三年,为公元1911年)。谓某年某姓犁田,忽有数骨片随土翻起,视之,上有刻画,且有作殷色者……土人因目之为龙骨……故药铺购之,一斤才得数钱……购者或不取刻文,则[八]削之而售。其小块及字多不易去者,悉以填枯井。”甲文出土非始于是年,然王懿荣初见此物,实在此时。罗振玉《殷墟书契前编·自序》:“光绪二十有五年,岁在己亥,实为洹阳出龟之年。”故世以甲骨文之出,定于是年。

马建忠卒。

光绪二十六年,庚子(1900)。四十四岁。

正月,出京南下。

二月,游浙江普陀山。

三月,第六子大纶生,妾王氏所出。

大纶字少云,殁于抗战期中。

四月,娶浙江郑氏为继室。

郑名安香,归安人,嫁时年三十。解音律,能吹笛度曲,并间为小诗,有《灵岩口号》。长期居苏州,1956年卒于淮安。

六月,在沪办五层楼商场于四马路青莲阁旁,不久倒闭。

秋,八国联军陷我京师,鹗北上办账。

兵时粮运阻绝,京津乏食,鹗参加救济会,北上办账。而刚毅则奏其通洋;更数岁,复有指其私售仓粟者,竟流新疆以死。罗振玉《刘铁云传》:“联军入都城,两宫西幸,都人苦饥,道殣[九]相望,君乃挟资入都[十]门,议振恤。适太仓为俄军所据,欧人不食米,君请于俄军,以贱价尽得之,粜诸民,民赖以安。……而数年后,柄臣某乃以私售仓粟罪名,致流新疆死矣。”陆树藩《救济日记》亦曾涉及鹗办账事,抄摘如次:

庚子,九月九日……刘铁云由上海来(天津),已改东洋装束,带来上海信九封……与铁云至义和成饭店。

十一日,与铁云商办赴京救济事宜。

十四日,本地(天津)绅董……去庆兴公馆,公请商办平粜事,议定设局七处，白米每包四元五角，籼米每包三元五角，每人粜米以一斗为度。

十月四日，到大甜水井，与铁云畅谈。

七日，访刘铁云，商请美国派兵保护避难官商出京事。

十二日，铁云于午后率同司事工役二十余人赴京。晚间与敬如商办平粜掩埋之事。

以陆记与罗传互参，知鹗北上办账，乃确有其事。

是年，写《唐十道表》，未成。

《辛丑日记》五月二十五日："居恒读史，每苦地理不熟，残[十一]学寡味。去年草《唐十道表》，未成而辍。"

光绪二十七年，辛丑(1901)。四十五岁。

正月，收葬侠士王五。

狄葆贤《平等阁笔记》："大刀王五者，镖客也。素以义侠称。……联军入京，五见西兵之无礼日甚，辄与其徒数十人，日以杀此辈为事。十一月某日，有石某之宅为西兵围困，五经其地，愤与之斗，手杀数十人，继以中弹过多，遂被执，西人以为义和团之余党也，枪杀之，弃其尸，而不知其为五也。时刘铁云设平粜局于东华门外，附设一瘗埋局，以掩埋无主尸骸，以沈愚溪主其事。明年正月，乃收五尸葬之，且树碣志其地，今无人知其处矣。"

四月，接姚松云讣。

辛丑四月十四日日记："本日接于继美寄来姚松云赴文，呜乎哀哉！予生平知己：姚松云第一，马眉叔第二，周年之间，先后去世，不亦痛哉！"松云为鹗在山东抚署之同寅，交谊笃厚，即《老残游记》中所称之庄宫保之文案姚云松也。

五月，撰《晋十九州表》，未成。

辛丑五月二十五日日记："近因读六朝事迹，姑草《晋十九州表》，成否未可知也。"案仅至并州而止，未能终篇。

六月，日本近卫来北京，约与相见。

六月初七日日记："森井同群岛[十二]来拜，约明日六点半赴日本使署，谒见近卫公爵。"初八日日记："十点半，森井、群岛[十二]二公至……同往谒近卫公。仪表极佳，威严之中，甚为和蔼。"案此时日本与我为敌国，鹗擅与其使节要人往还，且备致颂赞，揆诸大夫无私交之义，鹗不得谓无罪矣。

十月，联军撤去。
十一月，德宗回京。

辛丑十一月二十八日日记："九钟往迎銮，得诗四首。"中有"风雪不侵清世界，臣民重睹汉衣冠"之句。

是年，李鸿章卒。
收购鼎彝、碑帖、字画及善本书籍。

联军据我京师，社会秩序大乱，收藏古器物者乃纷纷出而求售。鹗所获鼎彝、碑帖、字画及善本书籍极多。鹗有题卞德铭手拓汉砖屏条三绝句，兹录其一："东华门外榷场开，无数英雄尽发财。只有痴人刘老铁，断砖残瓦拾将来。"下署"乙巳端阳抱残戏题"。按诗作于 1905 年，而所记则三四年前事也。部分珍品赖以保存，斯则有足称者。但刘氏与罗振玉由嗜好古物，一变而为贩卖古物，只知获得高价，不惜珍品外流。如《澄清堂帖》为阁帖、潭帖、绛帖之祖本，全国完整者，仅有三部：一藏湖州邵氏，一藏于刘鹗，一藏于罗振玉。罗以百元购得，以万元转卖于日本大西隈侯，大西因名其居为"帖祖斋"。今刘藏亦不见矣。

光绪二十八年，壬寅(1902)。四十六岁。

正月，为豫丰公司拟矿路章程。

豫丰公司负责人程恩培于鹗为戚友(鹗女字程子百年)。豫丰公司其时为河南唯一之矿务机关，而贷款于福公司，故其柄实由外人操之。外商向中国投资，上须得清政府之批准，下须得地方之有力者同意，皆以鹗为媒介，故鹗隐以经纪人之身份出现。鹗前虽离晋，而与福公司之关系并未断绝，英商詹美生、哲美森及意商沙彪纳与之往来依然频繁。

鹗前依李鸿章，后依王文韶。李、王与鹗父成忠皆有年谊。更夤缘攀附，与肃亲王善耆、庆亲王奕劻通庆吊。甚者，为通内线，不惜走访白云观道士张云卿(见《辛丑日记》七月十五、十七两日)。意大利使馆致约鹗兄孟熊为参赞，孟熊明大义，谢弗就。鹗虽自谓意在借外资开发，以裕国计民生，然外人欲利用鹗，则不容解辩也。又曾为福公司拟开四川麻哈金矿、浙江衢、严、温、处四府煤矿、铁矿而加以擘划。壬寅九月二十八日日记："申刻至公司取股票，计自 A 字一五〇一号起，至一五八〇号止，八十张，每张一百镑。又自一五八一号起，至一六二〇号止，四十张，每张五十镑。当送给子谷四十五张：自一五〇一号起，至一五三五号止，合三千五百镑；又自一五八一号起，至一五九〇号止，合五百镑。两共四千镑。又送义善源自一五三六号起，至一五七〇号止，计三十五纸，每纸一百股；又自一五九一号起，至一六〇〇号止，计十纸五百股。两项亦共四千股。余两千股三十纸，存上房。"计以上股票，票面价值共一万镑。其分送高子谷及义善源银号之八千镑，应为庆亲王及王文韶等人之运动费；其余二千镑存上房，乃鹗所自得。个中秘密，可见一斑。又《辛丑日记》中，有庆亲王索贿三十万之记载。奕劻时为外务部总理大臣，清政不纲，此其缩影矣。

四月，赴上海愚园之会，并设学社于苏州。

《芬陀利室存稿》：壬寅四月，与龙川诸学长聚于沪上之愚园。锡朋先生议作《愚园雅集图》，各举所愿。余任补竹之役，并纪以诗：

成连一去海天年[十三]，二十年来任转蓬。天上星辰联旧雨，人间桃李感春风。分诗构画情何极，把酒论文思不穷。牧马归群今已验，驻[十四]看霖雨起苍龙。

天花如雨点瑶琴，千里相思寄竹林。短节半能谐凤律，高枝皆已作龙吟。愿依坠露听清响，更采闲云补绿阴。我有俗尘湔不得，此君教我总虚心。

愚园之会，实太谷学人之大团聚也。佥恐教义之日湮，乃定议设学社于苏州葑门内十全街，推黄葆年、蒋文田并为山长，费则由鹗与毛庆蕃、程恩培诸人任之。葆年捐弃术数，务为儒雅，风裁简亢，远近竟超问业，有移家相就者。葑门本冷落，至是万家烟火，顿成闹市。迨葆年逝

世，其学始衰，然为东南之望者达三十年。自李光炘物化，太谷遗绪犹能弗坠者，黄、刘之力为多焉。附本年十月鹗致黄氏函：

锡朋三哥亲家执事：屡奉手教，皆以不谨小节曲为原谅。谅之者，勖之也，敢不勉诸。闻诸夫子云："君子和而不同。"每蒙不以强同苦我，真知我者矣。弟与诸君子殊途而同归，必不能共辙者也。尝自谓平生知己，除父师外，惟实甫（按实甫姓颜，鹗子大缙之岳父）及公二人而已。弟于诸学长或由敬而爱或由爱而敬者，比比皆然，然心悦诚服者，亦惟公人一而已。公之德望，门中人无不俯首至地，心悦诚服。然诚服则有之，知公则未能尽也。妄自以为知公之深，罕有其匹。来示云：公力于内，弟力于外，"同为空同（按指周星垣）之子孙，同培古今之道脉，同身同命，海枯石烂，无有二心，不以形迹拘，更不以他端为疑也"。是言也，公由踵趾发出，弟受之至于踵趾。上自昊天、上帝、太谷、龙川，下至蠢动含灵，无不允诺，弟与公所可同信者也。弟之所为，几无一事不与公相反；然至于所以为，窃又自以为无一事不与公相合也。此公所谓"不以形迹拘，更不以他端为疑也"。弟从夫子之日甚浅，即与公周旋之日亦甚不深，上海虽有数十日之聚，所议论者，观剧而已，看花而已。济南相聚多日，亦所谈者，公之吏治，弟之河工而已。公固未尝一日以道诏我，我亦未尝一日以道质疑问难于公之前，然私心之所步趋者，实惟公是式。年来每当得意之时，辄击节自赏曰："此黄三先生法也！"盖受教在无言之顷，有相感以气者焉。弟既深自信以能窥见公之一斑，故谤满天下不觉稍损，誉言满天下不觉稍益。惟一事不合龙川之法与公所为，辄怏怏终夜不寐，改之而后安于心，此又不足为外人道者也。弟之于公，其所同者志也，所不同者学与养也。公能知天，此公学养之至也。弟固未尝知天，弟固未尝不信天。惟其不能知天，故竟以天下为己任，天下之安危，匹夫与有责焉。今日国之大病，在民失其养。各国以盘剥为宗，朝廷以朘削为事，民不堪矣。民困则思乱，迩者，又有康、梁之徒出而鼓荡之，天下殆哉岌岌乎！颇不自揣，欲以渺渺之身，潜移而默运之。行与不行，虽未可知，先自妄命之曰必行，此不能知天之过也。唯其进，待时而动，不敢以私智强行于其间，殆非信天之亚欤？同门诸君子爱弟者众矣，谅弟者多矣，知弟者鲜矣。至于知弟而又深信不疑者，惟公一人而已。窃忆夫子主云溪家时，坐客房之里室，宣巽二之旨曰：

“将来天下，二巳传道。”是日也，侍坐者，公及弟及云溪夫人、小宝四人，皆巳年生人也，尔时私用自负。至今日者，更有不容推诿也已。圣功大纲，不外教养两途，公以教天下为己任，弟以养天下为己任。各竭心力，互相扶掖为之，上报四重恩，下济三途苦，同为空同之子孙，同培威信之道脉，同身同命，海枯石烂，无有贰心。书不尽言，言不尽意，千万珍摄，为道保重。敬请宏安。壬寅十月十七日，弟铁云顿首。

十月，购王氏龟契。

王懿荣喜为金石之学，搜罗龟甲最先。庚子，时为国子监祭酒兼团练大臣，京师陷，与妻投井死。遗物至是归鹗。王汉章（懿荣之子）《古董录》有云：“回忆光绪己亥、庚子间，潍县估人陈姓，闻河南……出有大宗商代铜器，至则已为他估席载以去，仅获残鳞剩甲，为之嗒然。乃亲赴发掘处查看，惟见古代牛骨龟版，山积其间。询之土人云：牛骨可椎以为肥田之用，龟版则药商购为药料耳。估取其一稍大耳，则文字行列整齐，非篆非籀，携归京师，为先公述之。先公……乃畀以重金，嘱令悉数购归。仅至一批，而庚子难作，先公殉国。后此类卜骨悉归刘君铁云鹗。”汉章语焉不详，考懿荣所藏，除得于陈姓者外，尚有估客范寿轩与赵执斋亦先后曾有所售。计王氏所有，约千余片，而鹗所藏，不下五千，盖彼先此已有所获矣。《抱残守缺斋日记》记辛丑十月二十日赵执斋送龟版云：“龟版颇有大者，晚点龟骨共千三百件，可谓富矣。”此在收购王藏之前，后亦续有所得。世谓《铁云藏龟》之拓，完全选自王藏，与事实显有出入。罗振玉谓得知有殷虚文字，实由于鹗，语详《五十日梦痕录》。赵万里所为《王静安先生年谱》，谓国维得见龟甲文字，亦自此始。惟藏龟之印，为光绪二十九年事。国维《最近二三十年中国新发现之学问》一文云：“庚子，王文敏公殉难，其所藏皆归丹徒刘铁云鹗。铁云复命估人搜之河南，所藏至三四千片。光绪壬寅，刘氏选千余片影印传世，所谓《铁云藏龟》是也。”案壬寅为光绪二十八年，而《铁云藏龟自序》书光绪癸卯九月，罗序标为癸卯夏，是藏龟之印，为光绪二十九年无疑也。

日本汉学家内藤虎次郎来访。

内藤虎次郎为日本有名之汉学家，任京都帝国大学文学部教授极久，简为诗，颇饶唐人风味，时主《朝日新闻》笔政。《壬寅日记》十月十一日："牧卷次郎偕内藤虎君来，内藤系《朝日新闻》主笔，人极博雅。"二十七日："本日请牧卷夫妇及内藤氏。适陆润生来，捉以陪客焉。"按陆润生为陆宗舆，为日后有名之亲日派。

十一月，与李瑞清订交。

《壬寅日记》十一月初二[十五]日："有李君梅痴来访，为楚生之旧交也，名瑞清，书法甚佳，临川春湖先生之族孙也。鉴别甚精，谈数时之久，深叹恨相见之晚。"

光绪二十九年，癸卯(1903)。四十七岁。

九月，印布《铁云藏龟》。

《自序》云："龟板己亥岁出土在河南汤阴属之古牖里城，传闻土人见地坟起，掘之，得骨片与泥相粘结成团，浸水中，或数日，或日[十六]余，始渐离析；然后置诸盆盎，以水荡涤之，约两三月，文字始能毕现。同时所出并有牛胫骨，颇坚致。龟板一种色黄者稍坚，色白者略用力即碎，不易拓也。既出土后，为山左贾人所得，咸宝藏之，冀获善价。庚子岁，有范姓客挟百余片，走京师，福山王文敏公见之狂喜，以厚值留之。后有潍县赵君执斋得数百片，亦售归文敏。未几……文敏殉难。壬寅年，其哲嗣翰甫观察售所藏，清公宿债，龟板最后出，计千余片，予悉得之。定海方君药雨又得范姓所藏三百余片，亦以归予。赵执斋又为予奔走齐、鲁、赵、魏之郊，凡一年，前后收得三千余片。综计予之所藏约过五千片。己亥一坑所出，虽不敢云尽在于此，其遗亦仅矣。毛锥之前为漆书，漆书之前为刀笔。小篆聿字，漆书笔也，从手持巾，象注漆形，盖汉人犹得见古漆书，若刀笔无有见者矣。是以许叔重于古籀文必资山川所出之鼎彝；不意二千余年后，转得目睹殷人刀笔文字，非大幸欤！……龟板文字极浅细，又脆薄易碎，拓墨极难。友人闻予获此异品，多向索拓本，苦无以应。然斯实三代真古文，亟当广谋其传，故竭半载之力，精拓千片，付诸石印，以公同好。任是役者，直隶王瑞卿也。光绪癸卯九月既望，丹徒刘铁云识。"鹗谓甲文出土之地为汤阴县属之古牖里城，当为传闻之讹。甲骨文字亦称殷墟文字，甲骨以其质言，殷墟则以地为称,《史记·项羽本纪》:“项羽乃与期洹水南殷墟上。”裴骃《集解》引傅瓒云:“洹水在今安阳县北。”《殷本纪》张守节《正义》:“洹水南岸三里有安阳城,西有城名殷墟。”是项羽与章邯期会处之殷墟,即今河南安阳西北五里之小屯一带,亦即出甲骨处也。纣囚西伯于羑里(即牖里),鹗指此为甲文出土之地,似若于古有据者,实则凿矣。今甲文之学,如日中天,而刘氏筚路蓝缕,以启山林,经始之劳,乌容弃置不道。

是年,始著《老残游记》。

鹗著《老残游记》,初意在以笔资济其友连梦青。梦青与沈愚溪同居京曹,而均善于天津《日日新闻》主笔方若,愚溪语若以朝事,若揭诸报端,清孝钦后(即慈禧)见而大怒,严究泄露者,愚溪杖死,更缉同党,梦青惧,遁走上海,鹗为介爱文义路眉寿里马建忠宅以居。梦青既仓皇南逸,资装尽失,卖文为活。时商务印书馆刊行《绣像小说》,月出二册,梦青作《邻女语》投之,每千字得银五元,书中描写之仗义人,盖影射鹗也。梦青不轻取予,处困不受馈赠,鹗知其然,乃语之曰:“吾亦欲效君为稗官家言,稿入为太夫人寿。”梦青有母,春秋高,而菽水时不继,至是,感其意,许焉。此鹗著《老残游记》之起因也。梦青亦以之销载《绣像小说》,惟订约不得增损一字。鹗暇草数纸,不加圈点,即付家塾童子师汪铭业誊送连寓。登至第八回,原稿回目为“桃花山山下遇狐”,主编擅改狐为虎(今普通本多依之),梦青往诘难,主编谓今方破除迷信,岂容语怪。梦青则谓约中并无语怪之禁。其后复有窜易,第十章末,“子平问是好是坏,自然是坏”句起,直至第十二章开始处,“看那集上人烟稠密”前一句止,中间全行删去,另插一节为接榫文字。以是刊至第十四章即不复续。明年,鹗赴析津,若为《日日新闻》征稿,促赓作,乃撰足二十回,即今之《老残游记》初编也。鹗旋营海北公司,制炼精盐,南北奔驰,不遑执笔。业败,乃更有二编之作,《日日新闻》为刊布,已成十四章矣。继阅闽侯林纾琴南所译《迦因小传》,善之,惟不满其结局(迦因自沉),乃废《游记》不作,而拟《迦因别传》亦未成。鹗之草《游记》也,始癸卯,讫丁未,人事栗六,作辍靡常,未获竟其业,然鹗固未尝斤斤于斯也。初编久已风行海内,二编,其孙厚源举家藏剪存者付林语堂梓行,所收仅六章,末有铁孙跋。铁孙,厚源字,以鹗字铁云故也。《老残游记》之作，虽意在以稿费资其友连梦青；然抒发抑郁，乃其主因，观其《自叙》可知。鹗之为人，间具远见，时有侠情；然衡以狷介，不免稍感惭色。而讥弹未当其情，判处或非其罪，彼安得不发愤著书，借鸣其不平耶？书中不少精辟独到之言（如批评道学家、斥责玉贤等处），亦多反动离奇之说（如谈北拳南革及记述齐东村命案之类）；至于以挟妓为韵事，纳宠为救人，直为自身粉饰矣。附鲁迅《中国小说史略》评《老残游记》章：

《老残游记》二十章，题鸿都百炼生著，实刘鹗之作也，有光绪丙午之秋于海上所作序；或云本未完，末数回乃其子续作之。鹗字铁云，江苏丹徒人，少精算学（逸雪案：鹗有《弧角三术》及《天元勾股细草》行世），能读书，而放旷不守绳墨，后忽自悔，闭户岁余，乃行医于上海，旋又弃而学贾，尽丧其资。光绪十四年，河决郑州，鹗以同知投效于吴大澂，治河有功，声誉大起，渐至以知府用。在北京二年，上书请敷铁道；又主张开山西矿，既成，世俗交谪，称为汉奸。庚子之乱，鹗以贱值购太仓储粟于欧人，或云，实以振饥困者，全活甚众；后数年，政府即以私售仓粟罪之，流新疆死。其书即借铁英号老残者之游行，而历记其言论闻见，叙景状物，时有可观，作者信仰，并见于内，而攻击官吏之处亦多。其记刚弼误认魏氏父女为谋毙一家十三命重犯，魏氏仆行贿求免，而刚弼即以此证实之，则摘发所谓清官者之可恨，或尤甚于赃官，言人所未尝言，虽作者亦甚自熹[十七]，以为“赃官可恨，人人知之，清官尤可恨，人多不知。盖赃官自知有病，不敢公然为非；清官则自以为不要钱，何所不可：刚愎自用，小则杀人，大则误国，吾人亲目所见，不知凡几矣。试观徐桐、李秉衡，其显然者也。……历来小说皆揭赃官之恶，有揭清官之恶者，自《老残游记》始”也。

光绪三十年，甲辰（1904）。四十八岁。

正月，《铁云藏匋》成书。

自序云：“《易》曰：‘艮，万物之所成终而成始也。’（逸雪案：“而”下经文原有“所”字）予比来研究历朝书体，始恍然于成终之义。万物自成而始，亦自成而终：真楷成于唐，唐以后无真楷；分隶成于汉，汉以后无分隶；篆籀成于周，周以后无篆籀。虽谓之曰：真楷终于唐，分隶终于汉，篆籀终于周，不亦可乎？欲探隶楷之原，汉魏六朝碑版存者不下千通，可沿流而溯也。至于篆籀之原，舍钟鼎彝款识而外，几无可求，学者憾焉。物不终闷，天未丧文。己亥岁，汤阴出土古龟甲盈万，予既精拓千品，付诸石印，以公同好。又以近年出土匋器，多三代之古文，品驾彝鼎而上。古者：昆吾作匋，虞舜匋于河滨；阏父作周陶正，武王赖其利器用也，以太姬妻其子而封之陈。可见匋之为器虽微，而古人作之正之者，皆圣贤之资，宜其文字之足重也。海内名家尚未显诸著录，于是选择敝藏，属直隶张茂细心精拓，得五百余片，更益以陈寿卿拓本七十余纸，并付石印，是为抱残守缺斋三代文字之二。世之闳博君子欲考篆籀之原者，庶有取焉。计海内收藏家所得必数倍于此，吾其为之嚆矢也夫。光绪甲辰正月，丹徒刘铁云识。”鹗书兼收陈介祺家拓本七十余纸，介祺藏匋极富，观其晚岁自号“齐东匋父”可知，有《簠斋藏陶》行世。鹗友方若亦有《藏陶拓本》一书。稍后，更有吴隐之《遁庵古陶》，王献唐先生之《邹滕古陶文字》，是皆继鹗而起者也。

二月，《铁云泥封》成书。

古代无纸，书札往还，类用竹帛，而以绳捆扎，结处封以泥，泥加印章，所以防私拆杜窃视也。《淮南子·齐俗篇》：“若玺之抑埴，正与之正，倾与之倾。”以玺抑埴，即以印加泥，或称泥封，或称封泥，一也。但此物至晚清始发现于蜀，其后陕右山左，亦续有所见，考订古官制、古地理者或有资焉，非仅究古文字者有所取也。初录此者，为南海吴荣光之《筠清馆金石录》，诸城刘喜海之《长安获古编》亦续有所载，而吴式芬、陈介祺更合著《封泥考略》十卷。《考略》印于光绪三十年，《金云泥封》成书于同年二月之初，似未见吴、陈作也。鹗以陶与泥封同为抟埴，因以泥封附于藏陶。《自序》云：“泥封者，古人封苞苴之泥而加印者也。封背麻丝粘著，往往可见。在昔不见于著录，自吴荷屋《筠清馆金石录》始录六枚，称为印坙，误以为铸印之范也。云道光二年，蜀人掘山药得一窖，凡百余枚，估人赍至京师，大半坏裂，诸城刘燕亭、仁和龚定庵各得数枚，山西阎帖轩藏数枚，余不知落何处。予考《长安获古编》所载凡二十品，然则刘氏复有续得也。其后蜀中、山左各有所出，为数当日夥，予不能知其详矣。始以敝藏所有，拓付石印，附诸陶器之后。虽非三代文字，然其中官名多为史籍所不载，殆亦考古者之一助云。刘铁云识。”此独未著年月，但前有吴昌绶序，标“甲辰二月朔”，成书自在光绪三十年春也。吴序谓鹗上岁拓藏龟既竟，今又成藏陶、泥封，“且更有藏泉、藏印之辑……斯诚宇宙玮观，后之言古文者蔑以加矣。”藏泉，沈瓞民曾见残卷。藏印，据刘淮生《先祖铁云公编著书籍目录》中有“《铁云藏印》初至四集”，下注：“皆秦、汉官私各印，即有正书局所印之《陶斋藏印》。”岂鹗所藏器物，后归端方，端方乃并鹗之著述而亦窃据之耶？

光绪三十一年，乙巳(1905)。四十九岁。

正月，访李宝嘉。

《乙巳日记》正月十二日：“访李伯元、庞芝阁皆遇。”宝嘉字伯元，江苏武进人，著有《官场现形记》《文明小史》《活地狱》等书，与鹗同为晚清写谴责小说之能手。

长孙厚源生。

《乙巳日记》正月二十四日：“昨日巳刻，亚辛生一子，在吾为第一孙也。颇喜。”亚辛，大缙之乳名。

二月，印布周縠、张积中、李光炘诸人遗墨。

三月，兄孟熊卒。

孟熊卒于上海寓庐。《乙巳日记》三月十八日：“昨夜，心摇摇如悬旌，至三钟始卧，甫欲成寐……王荣来敲门，云大哥去矣。”

第二孙厚培生。

《乙巳日记》三月二十五日：“今早大黼自苏州送红蛋来，二十二日酉时生一子，是吾第二孙也，黄三先生名之曰晨孙。整六十日生两孙，差慰寂寞矣。”

六月，办坤兴织布厂。

厂设上海徐家汇，有布机五百张，出品商标为“女士蝠牌”。

九月，与郑永昌合设海北公司于天津，制造精盐。

光绪三十二年，丙午(1906)。五十岁。

春，赴日本游历。

有记游诗十余首。

秋，复游日本。

《崔敬邕墓志铭》，志石久佚，拓本传世甚稀，鹗用日本写真版印行，跋文下书："光绪丙午八月二十五日，刘铁云[十八]记于日本东京。"为鹗此次东游之证。鹗有白文闲章，上镌"壮游八次渡重洋"数字，鹗之出国，难于尽考。本年两度赴日，意向不明，或谓为行销精盐，或谓为出售古物，未知孰是。

所营坤兴织布厂、海北精盐公司，本年尽败。

光绪三十三年，丁未(1907)。五十一岁。

刊《十一弦馆琴谱》，并为之序。

《十一弦馆琴谱》，大兴张瑞珊著，瑞珊，鹗之琴师也。书中主要分两部分：一为瑞珊所订正之旧谱；一为瑞珊所自制。所订正之谱为《广陵散》。自制之谱凡四：曰《天籁》，曰《武陵春》，曰《鹧鸪天》，曰《小普庵咒》。鹗之序凡三：一详其师承；一述正谱事；一品瑞珊所自制。其叙师承云："琴之为物也，同乎道。《参同契》《悟真篇》，传道之书也，不遇明师指授，犹废书也。琴学赖谱以传，专恃谱又不足以尽其妙，不经师授，亦废书也。故琴学重谱，尤重师传。张君瑞珊，得传于庆辉山、孙晋斋二君。孙君得传于庆，庆得传于李澂宇，李澂宇得传于徐越千、周子安之徒。张君曰：'琴学真不易也，昔日游孙先生之门者数十百人，而得其传者寥寥无几。吾所知者，其哲嗣汝亭先生、代州贾修五、福建黄菊三与予数人而已。而予以琴学授徒，二十余年间，仅蓬莱王桐君女史一人尽吾之学；其他一知半解，未足重也。'铁云漫游吴、楚、秦、晋、燕、齐之郊，见操缦者多矣，无如张君善。张君又工琵琶，能以琵琶合琴曲，无不叶者。琴之妙用在吟揉，在泛音，张君悉能于琵琶得之，谓非神乎技耶？琴之传，得诸孙氏；若琵琶，则张君所独创也。张君亦颇自喜其琵琶，故颜所居曰十一弦馆。"其叙正谱云："此谱(指《广陵散》旧谱)吾友扬州周君济川家藏本，闻予好琴，邮寄见赠，系金陵汪安侯从潞藩刻本手录，而关中云在青校勘者也。汪安侯为校《五知斋琴谱》黄仲安之师，见《五知斋序》。……云在青则辑《蓼怀堂琴谱》者。二公皆国初琴学专家，所鉴当无谬误。吾琴师大兴张瑞卿[十九]先生取而操之，以旧谱稍有不谐，为之订正数处，音韵铿然矣。兹将两谱并刊传世，亦吾抱残守缺之职也。”其叙瑞珊自制云：“古今各家所制之曲，传于今有谱可稽者，大概二百三十六操，明末国初人所制者居其半。近百年内，自制曲者，未之有闻。有之，仅吾大兴张瑞珊先生一人而已。先生自制凡四操：曰《天籁》、曰《武陵春》、曰《鹧鸪天》、曰《小普庵咒》。音节各极其妙，或如凤哕，或比龙吟，洵佳制也。常考古人制曲之道，不出三端：一曰以声写情，最上，如汉宫秋月、石上流泉、高山白云、胡笳、捣衣、平沙落雁之类是也；二曰按律谐声，次之，如梅花三弄、一撇金之类是也；三曰依文叶声，又次之，如释谈、秋声赋、赤壁赋之类是也。张先生所制之曲，大概按律谐声之类，节奏则操之于古，妙用则独出心裁，宜古宜今，亦风亦雅。”世谓鹗博学多能，述事每得神理，此其一端也。刘大钧曾记听鹗弹琴事：“某年夏夜，坐小有楼前花园中，月明星稀，凉风习习，先生在楼中弹古琴，只闻钩、挑、剔、抹，弦声铮鏦。时而风声，时而水声，时而飞鸟落地两翅扑拂声。忘却身在园中，仿佛初秋天气，散步江边，见群雁成君，先有数只缓缓落下，后则愈落愈多。有鸣者，有展翅扑拂者，亦有落而复飞者，音响复杂，而自具节拍。忽然风声、水声、鸣声、翅声同时息灭，始觉此身在小有楼前。”（见《〈老残游记〉作者刘铁云先生轶事》，字句略有删节）鹗母朱精音律，继室郑亦能度曲，鹗先从劳泮颉学琴（《乙巳日记》正月十一日：“劳泮颉来，理平沙、流水一遍。”二月十三日：“劳君来，学山中忆故人六句。”），继又得张瑞珊指授，妙解乐理，复事实地演奏，《老残游记》写音乐特见精采，夫岂偶然。

袁世凯以宿憾欲借故逮问，丁宝铨为言于庆亲王奕劻，暂解。

初，鹗与戚党程恩培等集资购地浦口，谓是处来日必为商货吐纳地。至是，津浦路兴工，浦口适为终点，一时地价大起。江浦人陈浏，以言官致仕家居，强欲得地，拒之。浏乃致书言官吴某使弹鹗，且编造《浦铎》以散播影响。时世续、袁世凯俱入军机。两人素衔鹗。鹗与世凯同在山东巡抚张曜幕，世凯为曜故交子弟，久留不外遣，世凯殊不耐，倩鹗代请。曜曰："世凯才可爱而性未定，资可造而识未纯，留之左右，欲其多经验，将来可大用也。"鹗举以报世凯，世凯疑鹗不为助，憾焉。世续为鹗父成忠之故人子，当其新举于乡，持墨卷砚石请谒，成忠训之曰："少年前程无限，奈何效世俗所为！需膏火，书来，吾自相济。"故事：场屋报捷者，刊其卷分赠亲友，受者必致赆，璧则为轻慢。世续由是大恚。两人借浦口购地事，密令逮问。会丁宝铨谒庆亲王奕劻，奕劻询曰："刘鹗为汉奸，汝知之乎？"宝铨对曰："汉奸之名，忌者诬加，王爷久知之，何以今日又相问？"曰："汝与为亲戚，确知其不为汉奸乎？"曰："少同学，长同游，即不为亲戚，亦敢保其不为汉奸也。"曰："知否刘鹗现为外人在浦口买地，汝敢保乎？"曰："决无此事，虽令以全家相保，亦敢任之。"事得暂寝。

光绪三十四年，戊申(1908)。五十二岁。

六月，被逮，旋流新疆。

自上年弹章以来，鹗亦自知处境艰危，曾有诗云："避风十日荒湾泊，又出荒湾涉怒涛。敢与波臣争上下，一枝萍梗任风飘。"黄葆年亦付书戒之："蒙难艰贞，负罪引慝，君子之所与也。怨天尤人，倒行逆施，君子之所不与也。呜呼，岂独君子不与也哉，天将厌之矣。"然袁世凯欲报宿憾，卒罪之以擅散太仓粟及浦口购地事，密电两江总督端方缉捕，旋戍新疆。外传端方与鹗有争古玩之憾。鹗之南也，于扬州旧肆以五百文购一孤本《刘熊碑》，事闻于端方，请相让，鹗初不与，后亦赠之。端方报以千金，不受，相持经年。后王孝禹出为调停，以鹗所藏之《宋拓道因碑》《宋拓王书圣教序》《宋拓醴泉铭》及《秦汉玺印》并归端方，共价七千金，此刘、端争执古玩之一宗公案也。鹗于浦口购地千亩，以四百余亩捐献国家为建浦口车站及货栈之用，余五百余亩至此亦充公。刘大绅《告兄弟子侄书》："先人之陷，祸固成于陈、吴，作于世、袁，然当年遍地怨家……"鹗之及祸，半由于仇怨之中伤，半由于持躬之失检。罗振玉《刘铁云传》末云："以天生才之难，有才而不能用，执政之过也。怀才而不善自养，致杀身而丧名，吾又焉能不为君疚哉！"痛惜之中，隐寓责难，虽亲者亦不能为之讳也。鹗于赴戍所途中，曾两函卞德铭，既可知其旅况萧条，亦实暴其心迹秽恶。两函并附于后：

（一）子沐老弟大人手足：兄来新疆，毛公又放甘肃布政，天眷西顾，不可言喻矣。新疆米为天下之冠，鸡猪果蔬，无一不佳，人以其远，皆不肯去，其实名利之捷径也，去者无愿回者也。我思此其吾弟功成名遂之时乎？我记得弟无内顾忧，大致可托诸幼云等（按幼云姓王，原为刘家账房），机会不可失也。如愿来，兄明年夏派人接凤仙花，弟可同来，阿珠其亦可携之来乎？务望三思。即请升安。愚表兄刘鹗顿首。中秋平凉发。回信寄“新疆省六道巷王成亨转交”。

（二）子沐表弟大人手足：前有一函，由幼云兄转寄，想已蒙青鉴矣。兄八月二十七日到兰州，九月初七日起身兰州。近来天气甚热。此数日间皆七十度上下也。兄匆匆离南京，公令所逼，刻不容缓。湖北、河南两省并寄信维艰，故家中情况不可得而知矣。至兰州，因制服食等物，准十日限期，故得电达苏州，催速寄款新疆，始知浦口之地充公矣，不禁惘然！人生得失，原不足计，惟前一函所寄老弟之云云，俱成梦话矣。兄已函告家中，以后毋庸寄款。兄拟温习医理，到新疆后，尚有数月嚼用，此数月间，谋一啖饭法，当不难也。兰州以西，道中无饭店，故须自备炊活也。玉门关外，平沙千里无人。左文襄设栈屯水，以便行人。然尚有三四站无法屯水，行人须自带也。无论关外，即甘肃境内缺水之处甚多，不足奇也。前月《宿秤钩驿诗》一首，亦足见其概矣：“乱峰从杂一孤村，地僻秋高易断魂。流水涔涔咸且苦，夕阳惨惨淡而昏。邮亭屋古狼窥壁，山市人稀鬼叩门。到此几疑生气尽，放臣心绪更何言。”幸喜沿途有电局，每到一大站，即发一电到苏，可以得吾消息也。邮局止于此，以后信息稍难矣。即请升安，铁云顿首。

附：端方与袁世凯及外务部往还电，计五件：

（一）北京袁宫保：杨道文骏本日到宁，面述尊谕，属拿革员刘鹗即刘铁云解京。刻查得该革员适因浦口拟开商埠，来此具呈声明：应用地段，全行报效公家；其铁路车头应用地亩，亦全行报效。应否即行捕获？请示遵行。再该革员就获后，应如何奏明起解，并解交何处？祈示。方，篆（十七日）。

（二）急！南京制台：宁密。篆电悉。革员刘鹗系光绪二十四年四月都察院据云南举人沈鋆章、山西京官邛邦彦先后联衔具呈代奏称：该员垄断矿利，贻祸晋、滇，请查拿递解回籍，交地方官严加管束各折片。军机大臣面奉谕旨：著总理各国事务衙门查明办理，钦此。当经查拿未获。庚子之乱，伊更名在京，勾结外人，盗卖仓米。上年六月，据驻韩总领事马廷亮禀：韩有人在甑南浦私设盐运会社，合同内载华人刘铁云、刘大章均为发起人，又勾结外人，营私图利，迄未悛改。该革员既在江宁，希密饬查拿，先行看管，获后电复。俟酌定办法，再电达。外务部（十九日）。

（三）北京外务部钧鉴：宁密。十九日电悉。革员刘鹗，已派巡警总监何道黻章带同委员许炳璈设法在宁拿获看管，应如何办理，候电示祗遵。号。光绪三十四年六月二十日发。

（四）至急！南京制台、迪化抚台（申）：本日军机处片交称：军机大臣面奉谕旨：外务部奏，已革知府刘鹗贪鄙妄谬，不止一端，请旨惩处一片。革员刘鹗违法罔利，怙恶不悛，著发往新疆，永远监禁。该犯所有产业，著两江总督查明充公，办理地方要政，该部知道，钦此。希钦遵办理。原奏另密咨。外务部（六月二十三日）。

（五）急！北京（龛）：刘鹗一犯，今日已派员乘坐福安轮押解赴汉，咨请鄂督派员接解前进。顷接日本驻沪、水泷总领事来电，以据本国人郑永昌电禀，刘鹗前因盐务贸易，尚欠伊四十万元，恳请电商北京缓解，以免巨款无着等语。方现已覆电该总领事，告以刘鹗系奉旨饬拿要犯，业已起解，未便转请去后。惟查该犯素与外人勾结，往来踪迹诡密，现虽电复日领，难保不复来干涉。若由一处派员长解，治装远征，不无耽延，拟请钧处电知沿途经过鄂、豫、陕、甘各督抚，预先派定妥员，一俟该犯解到，即日接护押解前进，以期妥速，而免枝节。相前祈送阅，并盼电复。方径（二十五）。

溥仪宣统元年，己酉（1909）。五十三岁。

三月，著《人命安和集》，未成。

鹗本明于岐黄，戍所无聊，复事钻研。念边地乏医，爰有《人命安和集》之作。其与毛实君书云："去腊到狱，以读书写字为消遣计。腊尽，忽思狱中若得病，必无良医，殊为可虑。故今年正月为始，并力于医。适同狱高君携有石印二十五子，借其《内经》，潜心研究，三两月间，颇有所得。又觅得《伤寒》《金匮》诸书，又得《徐灵胎医书八种》及《医宗金鉴》《医方集解》《本草从新》等书，足资取材，迩来颇有进步。默计人之死于病者十之一二，死于医者恒十之八九；又外感之病不过十之一二，内伤之病恒十之八九；坏于消导发散者十不得一，坏于补药失当者亦十之八九也。有见于斯，慨然著书，详考内伤外感诸病状并治法凡五卷，初名《灵台伤感集》，以其嫌于怨也，改名《人命安和集》。其目：第一卷论说，皆发明经义，多前人所未发者。第二卷安内篇，内伤，以安五脏为主。第三卷和外篇，外感，以和营卫为主。第四卷妇篇。第五卷运气，运气者，五运六气，即黄帝《阴阳大论》七篇，王冰所以补《素问》之缺者也。其书辞旨绝伦，古今以来医家得其解者，汉张机、唐王冰数人而已。宋以后，识者盖寡；或有之，吾特未之见耳。汉以前人，大约无不熟此。《左传》晋侯有疾，秦使医和视之。和曰'天有六气，降生五味，发为五色，征为五声，淫生六疾'云云，皆本诸此也。鹗能粗通其义，然欲精其术，不知此生有望否耳。第二卷，昨已编成，再修润数日，即付钞胥。其余四卷，七月内可一律告成矣。"此函当作于三月。书分五卷，先成第二卷，"其余四卷，七月内可一律告成"，则发函时，第一、第三、第四、第五数卷犹未着笔也。鹗殁于本年七月初，疑全书未能脱稿。"同狱高君"，指杭人高子谷，亦当时喜谈洋务者，已见前。

六月，第三孙厚滋生。

厚滋，大绅之子，字蕙孙，精考订，能嗣其家学。

七月初八日，卒于迪化。

鹗以脑充血卒。毛庆蕃时为甘肃布政使，并护理陕、甘总督，闻耗，解组护其丧以归。庆蕃为鹗次子大黼外舅，亦师事李光炘。

后　记

丹徒刘鹗，富有才艺，于版本、碑帖、音律、医药、水利均能涉其藩而通其义，于古器物能鉴别真伪，于古文字亦能粗探其源。世但称其《老残游记》文笔隽永，似未足以尽之也。

鹗生当清季，国事日非，外侮之侵袭，主政之颟顸，迷阳却曲，士多忧虞。鹗则机敏有余，端谨不足。如筑路、开矿，岂可厚非，惟多为权变之谋，竟忘经常之道，于是论议纷然矣。其间见仁见智，好恶不同：好者时有溢美之嫌，恶者不免深文之诮，掩长护短，厥失维钧。本谱务在据事直书，不隐恶，不藏善，力避高下随心，庶几褒贬自见，鹗固愆尤丛集，观其日记，与全然自欺者似尚有别。死已七十年，迄无定论，阐微探幽，权衡当理，仍将有待于来哲。

鹗籍标丹徒，而实居淮安，余少曾旅食淮壖，中年移家京口，于鹗之事迹略有所闻。又承王献唐先生暨刘蕙孙、魏绍昌、卞孝萱诸君以所知益我；近复蒙齐鲁书社提示修订意见。缅维成书经过，不能不深感他山之助也。

一九七九年六月，蒋逸雪记于扬州师范学院北舍。

【校记】

［一］本，《刘鹗集》作“卷”。

［二］欲，《谭嗣同集》作“自”。

［三］各，《刘鹗集》作“如”。

［四］乃大惊，《五十日梦痕录》作“乃大惊叹”。

［五］宛，《刘鹗集》作“踠”。

［六］俱，《刘鹗集》作“都”。

［七］即，《刘鹗集》作“既”。

［八］据《洹洛访古记》，“则”后脱“以铲”。

［九］殣，《刘铁云传》作“馑”。

［十］都，《刘铁云传》作“国”。

［十一］残，《刘鹗集》作“浅”。

[十二] 群岛,据《刘鹗集》俱作“郡岛”。

[十三] 年,《刘鹗集》作“空”。

[十四] 驻,《刘鹗集》作“伫”。

[十五] 初二,《刘鹗集》作“初三”。

[十六] 日,《自序》作“月”。

[十七] 熹,《中国小说史略》作“憙”。

[十八] 据《刘鹗集》,“刘铁云”前脱“丹徒”。

[十九] 卿,《十一弦馆琴谱》作“珊”。

蒋逸雪文集

李昌集敬题

下

蒋逸雪 著
戴健 编

凤凰出版社

南谷类稿

目　次

经今古文学述评

第一章　释经

我国历史悠久，书籍浩如烟海，分门别类，经学其一端也。考经之得名，颇为曲奥，《说文解字》："经，织从（纵）丝也，从系，𢀖声。"纵线为经，横线为纬，织者必以立经为先。经以𢀖为声，声亦兼意，𢀖为水脉，隐寓蕴藏无尽、条理不紊之义。古者简策二字往往连文，孔颖达云："单执一札，谓之为简；连编诸简，乃名为策。"（见《左传疏》）按策亦通册，册篆文作卌，即肖其形。古初书籍赖编束之，犹布帛之有资于经纬而织成也。故借经为书籍之名，近人以"线装书"释经，非无因也。其后，经又为某种书籍之专称，且特具崇敬之意，比如宫字本为一般居所之名，后有所谓宫殿者出，则普通房舍须避原称，同一例也。世之释经者，或解为道，或解为法，或解为常，或解为径，说虽繁多，但悉出后起，非始义也。

《礼记》有《经解篇》，说者谓经名所自始。《经解》引孔子曰："温柔敦厚，《诗》教也；疏通知远，《书》教也；广博易良，《乐》教也；絜静精微，《易》教也；恭俭庄敬，《礼》教也；属辞比事，《春秋》教也。"篇名《经解》，而孔子口中实未有经字。"《庄子·天运篇》：孔子谓老聃曰："吾治《诗》《书》《礼》《乐》《易》《春秋》六经。"斯称经之最早者矣。秦人燔书，《乐经》失传，于是又有五经之目；五经合《周礼》，《乐记》又称七经；更有将《春秋》分为《公》《谷》《左》三传者，于是九经之名以起；末又益以《孝经》《论语》《尔雅》《孟子》而称十三经。宋人取《礼记》中之《大学》《中庸》二篇，与《论语》《孟子》合称《四子书》，亦隶于经之范畴云。

经学仅占学术之一部门，但过去其地位崇高，远在其他书籍之上。自来目录学家著录，分别部居，如刘歆《七略》，阮孝绪《七录》，王俭《七志》，荀勖《四部》，以及唐以后之《四库》，分类或七或四，而无不以经冠其首焉。

第二章　经有今文、古文之别

经何以有今文、古文之别？秦焚书禁学，汉兴，收拾烬余，加以理董；或凭老师宿儒记忆，写以当时通行之字，孔颖达所谓“以隶者可识”也（《书序疏》），故称今文本。山岩屋壁，间出旧籍，乃前人所写藏者，字体为蝌蚪或籀书，故称古文本。此今、古之名所由起也。

至今文、古文所以分为两派者，其关键则别有所在，此竟为前代学者所罕言。鄙人垂老无成，何敢妄有论列，徒以事涉学术渊源，且政趋治理，百废俱兴，安容缄默，姑就积年体会一略言之。姬周一代，对文化著大功绩者，有两人焉：一为西周之周公，一为东周之孔子。周公监于二代，斟酌损益，更定礼制，文物粲然大备，故《史记》谓其“愤发文德，天下和之”也（《太史公自序》）。司马谈云：“自周公卒，五百岁而有孔子。”是并崇周与孔也。孔子亦尝有追慕周公之言，若论影响深远，孔子殆度越周公。六国时，儒已成为显学，迨汉武纳董仲舒之言，罢黜百家，专崇儒术，于是孔子学说几掩盖一切，而成独尊之势，绵延达两千年之久，可不深究其故欤！古者官师合一，自孔子开私人讲学之局，门徒三千，达者七十有二，或入仕途，或事教授，如仲由之仕于卫，宰予之仕于齐，卜商之设教西河，澹台明灭之播学江左，此尤显著者也。孔子删《诗》《书》，订《礼》《乐》，赞《周易》，修《春秋》。诸经本为中国古代学术之精粹，复经孔子之裁定润色。其亲承指授者，则拳拳服膺，唯恐或失。孟子曾云：“以德服人者，中心悦而诚服也，如七十子之服孔子也。《诗》云：‘自西自东，自南自北，无思不服。’此之谓也。”师师相续，辗转流传，故汉代今文家特重师承，崇尚口授，于是孔子成今文学派之宗师矣。然周公遗教，民间犹有传者，以为口说无凭，终不若竹帛之有据，于是周公成古文学派之鼻祖矣。此今、古分疆之主要原因也。

今文家论学尚义，古文家论学重事；今文家以事为粗迹，古文家訾义为空文。孟子有言：“晋之《乘》，楚之《梼杌》，鲁之《春秋》，一也。其事则齐桓、晋文，其文则史。孔子曰：‘其义则丘窃取之矣。’”此今文派尚义之显证也。古文派则无征不信，实事求是。故今文派在标经，而古文派实近史，此今、古分疆之又一原因也。

二者趋向不同，所循殊轨：今文家专尚微言大义，发挥义理，固有精湛之言，亦多迂怪之说；古文家偏重名物训诂，语必有征，然委琐而遗大体者，间亦有之。二者互有短长，各具得失，斯在学者综观而善择矣。

第三章　经今古文学之争，系学术问题，抑政治问题

荀悦云："仲尼作经，本一而已，古今文不同，而皆自谓真本经。古今先师(按谓说经者)，义一而已，异家别说不同，而皆自谓真本说。仲尼邈而靡质，昔先师没而无闻，将谁使折之者？……一源十流，天水违行，而讼者纷如也。"(见《申鉴·时事篇》)荀氏生于汉末，亲见今古两家互相攻讦，势同水火，故慨乎言之也。然荀氏于今古两派源头未能全部探明，盖彼误以孔子统摄古今，竟不知古宗周公，孔子仅为今文家所专主耳。昔人论学，往往周、孔并举，但周自为周，孔自为孔，二者诚有交光互映之处，但各具特点，不宜混同。周公制礼作乐，为周初创建文化之伟人；孔子删定修赞，为周末整理经籍之巨擘。周、孔皆有功于文化，而施为不尽相同。古者政教合一，周公以摄政之尊，其说为官学；孔子以布衣述作，专恃门徒流播，其说为私学。及至于汉，武帝所立五经博士，皆今文也，于是私学变为官学；而周之所谓官学，西汉仅流传于民间，以其与今文异趣也，转而降为私学。汉与周适成倒置。周之官学，汉古文家之前身也；周之私学，汉今文家之大本也。源头不同，流派各异，相互竞立，歧中有歧。何休解《公羊》，斥治古学为俗儒；杜预注《左传》，谓仲尼从周公之志。既存门户之见，难免不高下随心。司马子长既闻经义于董仲舒，复从孔安国问故，兼通今古两家之说，曾云："不离古文者近是。"又云："孔子布衣，传十余世，学者宗之。自天子王侯，中国言六艺者折中于夫子。"持论前后颇不一致，盖其时其势使之然也。汉武当位，学术定于一尊，太史执笔，岂容与政令相左！洞明真相，则不惑于字词间矣。

西汉为今文全盛时期，哀帝时，刘歆请立《毛诗》《逸礼》《古文尚书》及《左氏春秋》于学官，博士诸儒悉反其议，盖歆所欲建立之书，皆古文也。歆移书责让太常博士，辞极峻切，拥护今文之光禄大夫龚胜忿而以去就争，大司空师丹奏歆"改乱旧章，非毁先帝所立"。情势汹汹，歆乃自请补外。歆为汉之宗室，王莽崇信古文，歆不惜屈身事之，为其国师，受封为嘉信公。歆虽位高势盛，公孙禄指歆颠倒五经，毁灭师法，请诛之以谢天下。可见今、古相争之剧烈矣！东汉以后，虽维持今文传统，然古文浸盛，势已不可遏抑。光

武时，尚书令韩歆奏请为《费氏易》《左氏春秋》立博士，诏下其议，博士范升对曰："《左氏》不祖孔子，而出于丘明，师徒相传，又无其人，且非先帝所存，无因得立。"与韩歆及太中大夫许淑等互相辩难，日中乃罢。升又奏《左氏》之失凡十四事，陈元又与升争论。光武卒立《左氏》学，以李封为博士，公卿哗然。会封卒，《左氏》复废。章帝时，贾逵条奏《左氏》之长，而李育作《难左氏义》四十一事，旋又争辩于白虎观。桓、灵之际，何休著《春秋公羊解诂》，复作《公羊墨守》《左氏膏肓》《谷梁废疾》，申《公羊》而难二传，郑玄作《发墨守》《针膏肓》《起废疾》以批驳之。今、古之争，断断未已，此汉代学术史上长期难决之公案也。

学术聚讼，往往牵连政治。汉当立国之初，与儒殊为疏远，高祖恶见著儒服者，甚且抛儒冠而溺之。叔孙通与鲁儒生为订朝仪，殿廷秩序赖以稍定，其后，高祖以太牢祀孔子。惠帝主政日浅，文帝好黄老，景帝尚申、韩，武帝任法，而常引经训以资点缀，立《五经》博士，大扬儒风，非有癖好，盖鉴于汉家往事，迫之使然也。景帝之世，七国为乱，一度有分崩离析、藩属割据之忧，而《春秋公羊传》开宗明义即讲"大一统"；匈奴久为边患，既有白登之围，复有谩后之书，《公羊》讲"复九世之仇"。斯皆触动武帝心事，而《公羊》遂成汉室佐治之工具矣。《公羊》乃今文最特出之书也，汉惯以《公羊》折狱，喜以经义饰吏治，有背其道者，非所能忍也。河间献王刘德，与武帝为兄弟行，而论学则与武帝异趣，独好古文经传。《汉书·景十三王传》记河间云：

> 修学好古，实事求是。从民得善书，必为好写与之，留其真，加金帛赐以招之。由是四方道术之人不远千里，或有先祖旧书，多奉以奏(进也)献王者，故得书多，与汉朝等。是时，淮南王安亦好书，所招致率多浮辩。献王所得书皆古文先秦旧书，《周官》《尚书》《礼》《礼记》《孟子》《老子》之属，皆经传说记，七十子之徒所论。其学举六艺，立《毛氏诗》《左氏春秋》博士。修礼乐，被服儒术，造次必于儒者。山东诸儒多从而游。武帝时，献王来朝。献雅乐，对三雍宫及诏策所问三十余事。其对推道术而言，得事之中，文约指明。

"得书多，与汉朝等"，又"所得皆古文先秦旧书"，复以区区藩国，竟为《毛诗》《左氏传》立博士，显然贰于朝廷矣。杜业，西汉人也，曾云：

> 河间献王经术通明，积德累行，天下雄俊众儒皆归之。孝武帝时，献王朝，被服造次必于仁义。问以五策，献王辄对无穷，孝武帝艴然难之，谓献王曰：“汤以七十里，文王百里，王其勉之！”王知其意，归即纵酒听乐，因以终焉。（见王先谦《汉书补注》引）

二人以骨肉之亲，徒以今、古之好恶不同，武帝横生疑忌，竟置河间于死地，此岂仅学术之争，实乃政治上之迫害也。

西汉今、古之争，今文居压倒之势，东汉今、古之争，呈平分之局，异军苍头突起，则有谶纬，以谶说经，经学蒙羞矣。古之方士，权奇自憙，所言虽不中绳墨，而他家或有取焉。方士渗入道家而符箓出，渗入儒家而谶纬出。“纬”与“经”对文，说者谓有经必有纬，于是因有六经六纬之名。《庄子·天道》：“于是翻六经以说。”陆氏《释文》：“《诗》《书》《易》《礼》《乐》《春秋》六经加六纬，合为十二经也。”谶近预言，其起又晚于纬。汉自哀、平以后，谶纬渐行，经师或加征引。光武中兴，曾借谶力，因亦笃信不疑，名谶纬为内学，六经为外学，不惟喧宾夺主，亦且后来居上。《后汉书·郑兴传》：“帝尝问兴郊祀事，曰：‘吾欲以谶断之，何如？’兴对曰：‘臣不为谶。’帝怒曰：‘卿之不为谶，非之邪？’兴惶恐曰：‘臣于书有所未学，而无所非也。’帝意乃解。”同书《儒林传》：“帝以敏（尹敏）博通经纪，令校图谶……敏对曰：‘谶书非圣人所作，其中多近鄙别字，颇类世俗之辞，恐疑误后生。’帝不纳。敏因其阙文增之曰：‘君无口，为汉辅。’帝见而怪之，召敏问其故。敏对曰：‘臣见前人增损图书，敢不自量，窃幸万一。’帝深非之，虽竟不罪，而亦以此沉滞。”同书《桓谭传》：“是时帝方信谶，多以决定嫌疑……谭复上疏曰：‘……今诸巧慧小才伎数之人，增益图书，矫称谶记，以欺惑贪邪，诖误人主，焉可不抑远之哉！……其事虽有时合，譬犹卜数只偶之类。陛下宜垂明听，发圣意，屏群小之曲说，述《五经》之正义，略雷同之俗语，详通人之雅谋……’帝省奏，愈不悦。其后有诏会议灵台所处，帝谓谭曰：‘吾欲谶决之，何如？’谭默然良久，曰：‘臣不读谶。’帝问其故，谭复言谶之非经。帝大怒曰：‘桓谭非圣无法，将下斩之。’谭叩头流血，良久乃得解。出为六安郡丞，意忽忽不乐，道病卒。”综观以上三节，知光武迷惑谶记为何如。郑兴议谶而仅免，尹敏议谶而终身沉滞，桓谭议谶则外谪而道死。盖光武之起，标榜高祖九世孙继汉，示天下以名正言顺，更师陈胜篝火狐鸣之故技，既有“刘氏复起”之谣，又传“白水真人”之谚，以此为精神支柱，其视谶为瑰宝，无足怪也。谶与经原不相容，而竟强经以就谶，斯乃经学之厄运，其为政治迫害，视西汉又加等矣。

学术影响政治，政治指导学术，两者息息相通，汉代经学足证其事。《公羊》立说，恰符武帝需要，《公羊》今文也，故西汉今文为特显。光武好谶，谶本野言，而东汉经师多以引谶为贵，一成风尚，难以究诘。《左氏春秋》体例不同二传，而又师承不明，以是久久不得立。章帝时，贾逵奏曰："五经家皆无以证图谶明刘氏为尧后者，而《左氏》独有明文。"李贤云："春秋晋大夫蔡墨曰：'陶唐氏既衰，其后为刘累，学扰龙，事孔甲，范氏其后也，范会自秦还晋，其处者为刘氏。'"按此分见《左传》昭公二十九年、文公十三年。隋刘焯谓："《左氏》称在夏为陶唐氏，其处者为刘氏，非鲁史本文，乃汉儒欲其传，特为此语，以汉出尧后，独《左氏》为有明文，以此求重于世。"唐孔颖达亦云："《传》说处秦为刘氏，未知何意言此，讨寻上下，其文不类，深疑此句或非本旨。盖以汉室初兴，捐弃古学，《左氏》不显于世，先儒无以自申，刘氏从秦从魏，其源本出刘累，插注此辞，将以媚于世。"刘、孔二氏，异口同声，所见不谋而合，异哉！盖古文于汉，久处落寞，其经师乃异想天开，篡改《传》文，假托圣哲之裔，空颂朝廷之德，冀博宠信，取代今文。诡计纵售，文德何存！汉代今、古之争，自来视为学术论难，今观武帝之于河间献王，光武之于桓谭、尹敏，以及经师之作伪篡易，是属于学术问题者少，而属于政治问题者多也。聊贡所疑，有待论定。

附：论谶纬

刘氏《七略》，于谶纬不加著录，示尊经也。荀爽因谓谶纬起于哀、平以后，则非然也。"亡秦者，胡也。""今年祖龙死。"皆见于《史记·秦始皇本记》，非谶纬之言耶？愚以为纬为经余，间混入方士之说，故纯驳互见，未可一概弃置。"日之为言实也，月之为言阙也。""土之为言吐也。"皆见于《春秋元命苞》，而许慎《说文解字》征引之。《礼记·经解》："《易》曰：'君子慎始，差若毫厘，谬以千里。'此之谓也。"孔疏："此《易·系辞》文也。"按《易坤灵图》云："正其本，万事理。差之毫厘，谬以千里，故君子必谨其始。"作《经解》者实就"易纬"之文加以节次，《系辞》中何尝有此语耶？"夏人之立教以忠，其失野，故救野者莫若敬；殷人之立教以敬，其失鬼，故救鬼莫若文；周人之立教以文，其失荡，故救荡莫若忠。"语见《春秋元命苞》，虽有蹈袭循环论之嫌，然亦略能说明三代损益之故。故子长著史，康成注经，间征其言，不尽废也。张衡虽疏斥图纬，但其《思玄赋》有云："嬴擿谶而戒胡兮，备诸外而发内。"予夺各半，足证当时习染之深矣。

然纬书未始无祆妄之言，如："下有谋则星入月，诸侯谋叛则月生爪牙，后族专政则日月并照。""贪扰生蝗。"（并见《春秋考异邮》）"火从井出，有贤士从民起。"（见《春秋潜潭巴》）"霹雳击于宫殿者，妃后争政。"（见《春秋合诚图》）物理事情，了无系属，直呓语耳。欧阳永叔《乞校正五经札子》欲全削注疏中谶纬之文，非无因也。

谶近预言，多出黠者造作，更不足信。新莽、光武，布政任人，一依图谶，世所共知，毋庸申说。《汉书·五行志》："昭帝时，上林苑中大柳树断仆地，一朝起立，生枝叶，有虫食其叶，成文字，曰'公孙病已立'。"宁非霍氏作成之圈套耶？观尹敏之"君无口，为汉辅"，不难洞察此中底细。

总之，谶与纬本属两事，有时谶竟混入于纬。纬亦间具独到之见，经中葛藤，得其片言立解。然方士悠谬之谈增附不少，要在学者深思而明辨之。

第四章　汉代今古文学发展之经过

学术为政治服务，政治助学术发展，经今文派之在西汉，所以能如日中天者，自不外是也。

汉廷选择学术道路，有一摸索过程。高祖初起，戏侮儒生，既定天下，陆贾为陈《诗》《书》，骂曰："乃公居马上得之，安事《诗》《书》！"但同起诸豪，称尔道汝，朝会喧阗，拔剑砍柱，草莽之习未除也，迨叔孙通与鲁诸生为定朝仪，庙堂之上，乃稍具规格。其后过鲁，以太牢祀孔子，盖有所感而然也。惠帝日短，文帝稍稍近儒，但鉴于兵戈之后，生计艰辛，一意与民休息，多采黄老以为治。景帝亦知近儒，惟鉴于藩国坐大，不得不任用申、韩。至于武帝，立国已六七十年，休养生息，元气大充，可以有为。先是，匈奴频寇边境，嫚侮及于君后。武帝闻《公羊》经师阐述"大一统""复九世仇"诸义，乃大张挞伐，攘夷拓边，中国疆域赖以粗定。武帝既崇儒术，因立五经博士，广设弟子员。公孙弘治《春秋》杂说，以为丞相，封平津侯，创白衣公卿之局。然禄利之途既开，经训固臻密致，而傅会穿凿、曲学阿谀之辈，亦乘时以起。董仲舒号为醇儒，亦复瑕瑜互见，他可知矣。

今文家有所谓“微言大义”，微言，“隐微不显之言”也(《汉书》注引李奇说)。《汉书·艺文志》：“《春秋》所贬损大人当世君臣，有威权势力，其事实皆形于传，是以隐其书而不宣，所以免时难也。”李、班所言，正复相应。大义本于微言，即其旨而引申之。微言发自先师，大义出诸后学。班《志》：“昔仲尼没而微言绝，七十子丧而大义乖。”殆即斯义。孔子修订《六经》，事秘旨奥者则口授弟子，师师相传，久乃著之竹帛，故说经者须标其所自，远溯尼山，始足取信，是谓“师承”，此今文家命脉之所寄也。

《六经》排列，今、古不同：《易》《书》《诗》《礼》《乐》《春秋》，古文家之排列法也，《汉书·儒林传》以之；《诗》《书》《礼》《乐》《易》《春秋》，今文家之排列法也，《史记·儒林传》以之。盖孟坚崇尚古文，子长虽今、古兼治，实以今文为主，于此可以觇马、班之各有好尚矣。古文家以书籍时代先后为序，今文家以程度浅深为准。孔门教人，最恶躐等，普通讲授，限于《诗》《书》《礼》《乐》；若《易》与《春秋》，非高材不得闻也。子贡曰：“夫子之文章可得而闻也，夫子之言性与天道不可得而闻也。”(见《论语·公冶长篇》)说者谓：文章，威仪文辞是也。性与天道，则指《易》与《春秋》言也。“笔则笔，削则削，子夏之徒不能赞一辞。”(《史记·孔子世家》)可见今文家于六经排列，实以内容之浅深为次也。中国学术之歧异，恒与今古分派有关，而汉代尤为显著。

《诗》分四家，《鲁》《齐》《韩》《毛》也。《鲁》《齐》《韩》为今文，《毛》为古文，四家之中，惟《毛》传于后云。

《汉书·艺文志》：“汉兴，鲁申公为《诗》训故(即《鲁故》二十五卷)，而齐辕固生、燕韩生皆为之传，或取《春秋》，采杂说，咸非其本义。与不得已，鲁最为近之。三家皆立于学官。”申公名培，鲁人，少与楚元王刘交同受《诗》于浮丘伯，故其所传称《鲁诗》。“鲁最为近之”，盖于三家中独许《鲁诗》也。申公家居设教(文帝时申公亦尝为博士，见《楚元王传》)，远近争赴其门，辗转相传，为博士者十余，跻显官者亦不乏人。郎中令王臧、御史大夫赵绾皆尝受《诗》申公，请立明堂，荐师明其蕴，朝廷乃遗使束帛加璧，安车蒲轮以迎申公，至为太中大夫，议明堂事。太皇窦太后喜《老子》言，不悦儒术，怒曰：“此欲复为新垣平也！”(新垣平在文帝时，以欺君夷三族)绾、臧皆自杀，申公亦病免归。申公弟子虽众，广布师门之学者，当以瑕丘江公为第一人，即世所谓"大江公"也(博士江公乃其后,故加"大"以别之)。而许生、徐公之下,亦人才辈出。韦贤治《诗》,事江公及许生,又治《礼》,为丞相。传子玄成,曾论石渠,后亦至丞相。玄成之兄子赏以《诗》授哀帝刘欣。由是《鲁诗》有韦氏之学。

王式事徐公及许生,为昌邑王刘贺师。昭帝崩,昌邑王嗣位,以淫乱废,群臣多下狱诛,惟中尉王吉、郎中令龚遂以数谏减死。式在狱中,治事者问曰:"师何以无谏书?"式对曰:"臣以《诗》三百五篇朝夕授王,至于忠臣孝子之篇,未尝不为王反复诵之也;至于危亡失道之君,未尝不流涕为王深陈之也。臣以三百五篇谏,是以无谏书。"因亦获免。张长安、唐长宾、褚少孙先后事式,皆为博士。由是《鲁诗》又有张、唐、褚氏之学。

长安兄子游卿为谏大夫,以《诗》授元帝刘奭,其门人许晏则为博士。由是张家有许氏之学。

案韦玄成奏议,褚少孙所补《史记》,刘向《列女传》,引《诗》皆依《鲁诗》,盖向本楚元王交之四世孙也。申公说《诗》,"疑者则阙勿传",治学最为谨严。其《鲁故》《鲁说》皆亡于西晋,故隋唐皆未著录。宋王应麟尝辑三家佚说为《诗考》,《鲁诗》仅十四条。清马国翰著有《鲁诗故》三卷,终属一鳞一爪耳。

书缺有间,旧事难以尽知。"知之为知之,不知为不知",爰本斯义,列表以明授受之迹。或谓浮丘伯师荀卿,愚以为荀既为《毛诗》先师,未必复传今文之《鲁诗》,且就《荀子》一书之精神面貌比勘,与《毛》近,与《鲁》远也(群经授受表,主要根据两《汉书·儒林传》、《隋书·经籍志》、陆氏《经典释文·叙录》及朱氏《经义考》)。

其有治《鲁诗》而绪统未明或未尽明者,亦分列于后,以供参稽:

博士江公——卓茂

博士右师细君——包咸

刘向

博士许晃——李业

博士魏应——刘伉(千乘王)

鲁恭及弟丕

陈重

雷义

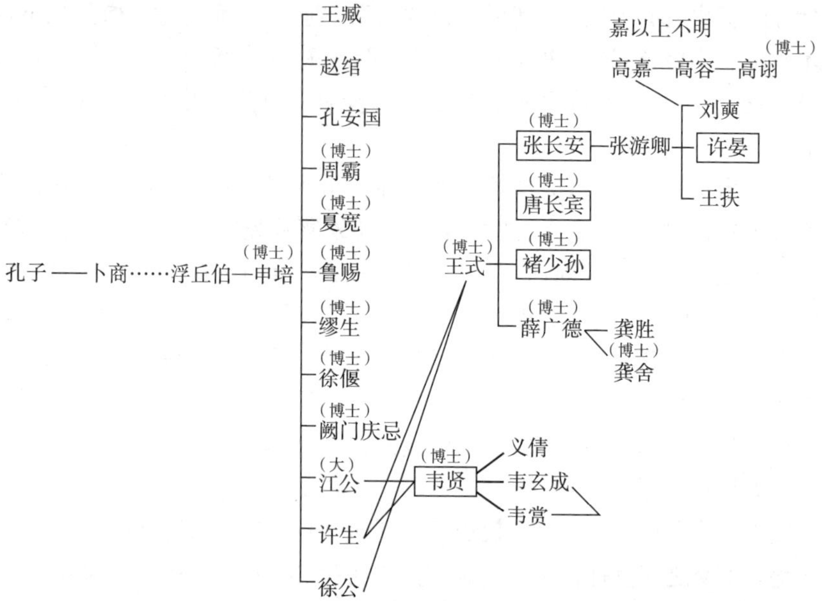

《齐诗》出于辕固，固，齐人，其所传故号《齐诗》。景帝时，曾为博士。窦太后好《老子》，召固论学，固曰：“《老》乃家人言耳。”太后怒曰：“安得司空城旦书乎！”乃使固入圈刺豕。帝知固直言无罪，乃假固利兵，固刺豕，豕应手而倒。太后默然，无以复罪。此儒道两家斗争之一趣史也。武帝即位，时固已九十余，公孙弘被征，严事固，固谓之曰：“务正学以言，毋曲学以阿世！”盖弘颇知趋合，固因警之，不惟年高，抑亦端士也。齐人以《诗》显贵者多固之弟子，昌邑太傅夏侯始昌最明。始昌传后苍，始昌通《五经》，苍通《诗》《礼》，为博士，授翼奉、白奇、萧望之、匡衡，望之复又问业于奇。衡授师丹、伏理、满昌。丹授班伯，伯弟稚之子为彪，彪之子为固，固作《汉书·叙传》尝及之。班氏世传《齐诗》，故《地理志》引“自杜沮漆，子之营兮”，颜师古以为《齐诗》也。理亦世传其业，子湛、黯及黯嗣子恭皆以治《齐诗》名，至于无忌，则已为湛之玄孙矣。昌授张邯、皮容及马援，邯、容徒众甚盛。援以功勋显，不以学名，但援传仍标其曾受《齐诗》于满昌也。

其余治《齐诗》者：

任末

景鸾

陈纪

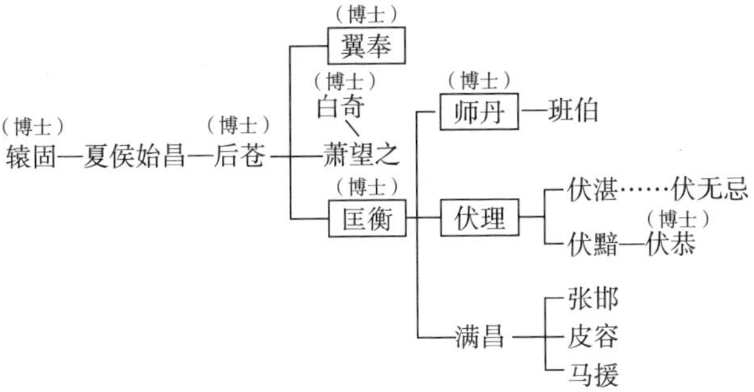

韩婴，燕人，文帝时为博士，景帝时为常山太傅，故亦有韩太傅之称。武帝时，董仲舒负重望，婴与论学于廷，仲舒不能难。婴推诗人之意，所作与齐、鲁或殊，燕、赵间说诗者主之。《汉志》著录：《韩故》三十六卷，《韩内传》四卷，《韩外传》六卷，《韩说》四十一卷。今但存《韩诗外传》十卷。自隋以后，即较《汉志》多四卷，乃后人随意抄分。其书杂引古事古语，证以诗词，所采多与周、秦诸子相出入。引诗以证事，非引事以明诗也，故曰“外传”。班氏论三家诗，谓“或取《春秋》，采杂说，咸非其本义”。殆指此欤？婴传贲生、赵子，其孙商亦为博士。宣帝时，涿郡韩生以《诗》《易》有声，盖韩氏世传其业也。赵子授蔡谊，谊授王吉、食子公。子公为博士，栗丰得其传，丰又授张就。吉授长孙顺，顺为博士，发福传其业。由是《韩诗》有王、食、长孙之学。

薛方丘、薛汉，世习《韩诗》（方丘以上未明，故表另立），方丘有《薛氏章句》，汉传父业，建武初为博士，当时言《诗》者，推汉为长。唐人所引《韩诗》，

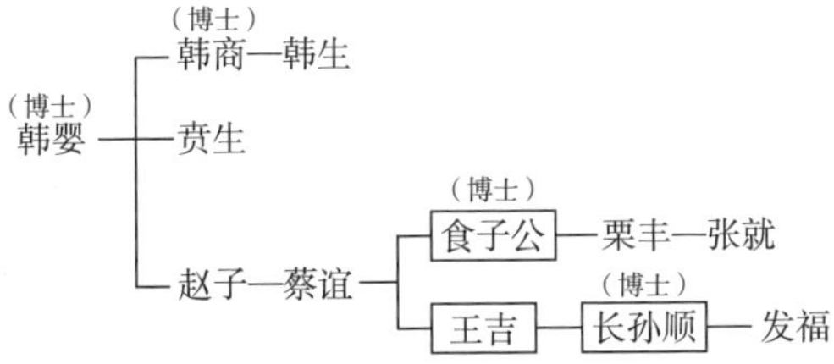

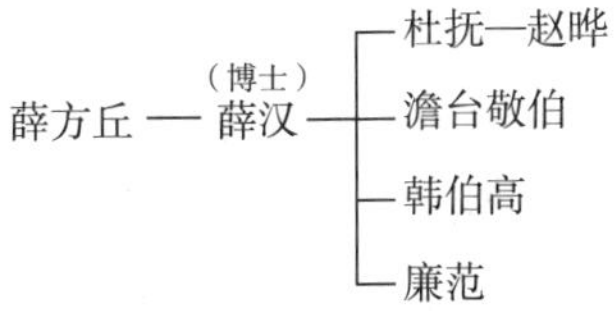

其称“薛君”者，汉也；称“薛夫子”者，乃方丘也。故《冯衍传注》有“薛夫子章句”是也。汉弟子杜抚、澹台敬伯、韩伯高、廉范皆知名。抚著有《诗题约义通》，其弟子赵晔有《诗细历神渊》，蔡邕读之称叹。

此外以治《韩诗》名者，有：

召驯
杨仁
张匡
夏恭
李恂
郅恽
张恭祖——郑玄
唐檀
公沙穆
廖扶
侯苞（《隋书·经籍志》有《韩诗翼要》十卷，题汉侯苞著）

《毛诗》之名起于毛亨，其传有二说：子夏授《诗》于高行子，高行子授薛苍子，薛苍子授帛妙子，帛妙子授河间大毛公，为《诗故训传》于家，以授赵人小毛公。此一说也（徐整说）。子夏授曾申，申授李克，克授孟仲子，孟仲子授根牟子，根牟子授荀卿，卿授毛亨，亨授毛苌。此又一说也（陆德明说）。衡此二说，当以后说为近是，盖史有其人，且荀子之言，与古文家不相远，较可据也。古文依竹帛，重诂训，与今文恃口授、谈大义者有别。但汉代论学，孔氏渐成一尊，古文家亦以上溯仲尼为荣，盖一时风尚使然，学者当明辨之。大毛公为亨，小毛公为苌。苌为河间献王博士，河间在当时为藩国，其博士官不得与朝廷加命者比也。苌授贯长卿，长卿授解延年，延年授徐敖，敖授陈侠，为王莽讲学大夫。由是言《毛诗》者本之徐敖。谢曼卿受业于侠，以授卫宏、贾徽。宏授徐巡。徽传其子逵，逵为汉代仅次于刘歆之古文家。

《后汉书·儒林传》：“宏从曼卿受学，因作《毛诗序》，善得风雅之旨，于今传于世。”诗序者，道诗之来历与意趣也。《毛诗》有序，《三家诗》亦有之。《三家诗》虽亡，其序说散见于诸家征引者，多与《毛序》不同。兹但就《毛》言，有《大序》，有《小序》：言全诗之义者，谓之《大序》；言一诗之义者，谓之

《小序》。郑玄《诗谱》谓《大序》子夏作，《小序》子夏、毛公合作。《隋书·经籍志》以为子夏所创，毛公及卫宏又加润益，郑樵《诗辨妄》以为林野妄人所作，应尽削去，朱晦庵加以附和，其《诗集传》乃废序不用。吕祖谦、陈傅良、叶适诸人均与晦庵友好，而所见并不相同。黄震笃信朱学，而所作《日钞》，亦申序说。迨晚清今文家复起，尊三家而于《毛序》掊击不已，皮锡瑞以今文经师于此独云："未可尽信。"并未全然否定，虽门户之见未能捐除，而持论则稍具分寸矣。《毛诗》属古文，虽亦曾立于学官，但不久即废，于汉终为私学，而传者不绝也。

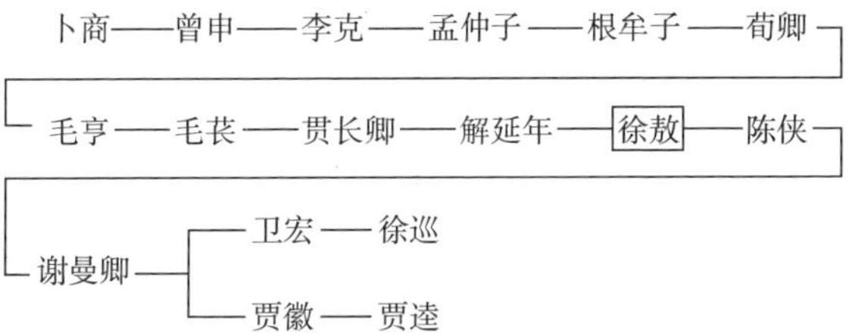

其余治《毛诗》者，有：

郑众

孔僖

尹敏

马融——郑玄

秦人禁学，济南伏胜独壁藏《尚书》，兵戈流离，岁月淹久，汉兴，仅得二十九篇，以教于齐鲁之间。文帝时，求能治《尚书》者，闻胜故为秦博士，欲召之，是时胜年九十余，老不能行，因遣太常掌故晁错往受之。胜齿脱，语不尽晓，乃使其女传言。错所不知者，率十二三，略明纲要而已。胜既以《尚书》为教，张生、欧阳生并得其传。欧阳生以授兒宽，宽有隽材，武帝尝云："吾始以《尚书》为朴学，弗好，及闻宽说，可观。"宽授欧阳生之子，欧阳氏世世传习，至欧阳高为博士。高子仲仁，孙余地，并为博士，余地且论石渠（欧阳仲仁，两《汉书》未详）。余地子政，为王莽讲学大夫。政子歙，封夜侯（夜即今山东省掖县）。弟子有声者，有礼震、高获、曹曾，曾子祉亦世其业。由是《尚书》世有欧阳氏之学。林尊，事欧阳高，为博士，授平当、陈翁生，当至丞相，翁生信都太傅，由是欧阳有平、陈之学。翁生授殷崇、龚胜，崇为博士。平当授朱普、鲍宣。普为博士，得其传者，有桓荣、皋弘、彭闳，而荣最知名。荣授河汤、胡宪、丁鸿、鲍俊、张黼及子郁。丁鸿授陈弇、刘恺、巴茂、朱伥；桓郁授杨震及子焉。焉授黄琼、杨赐及子典。震授杨秉、虞放、陈翼。欧阳、大小夏侯三家为今文，并立于学官，而欧阳之传为最盛云。

张生授贾嘉、周霸、夏侯都尉。嘉，谊之孙也。霸以《易》显，亦能言《尚书》。都尉传族子始昌，始昌传族子胜，胜又事简卿，简卿，兒宽弟子也。胜授从父子建及周堪、孔霸、黄霸。建既师事胜，又问业于欧阳高，左右采获，又从《五经》诸儒探与《尚书》相出入者，牵引以次章句，具文饰说。胜以为“章句小儒，破碎大道”。建亦非胜“为学疏略，难以应敌”。建卒自为一家。由是《尚书》有大小夏侯之学。大夏侯之门，孔霸官博士，为元帝师。周堪论石渠，黄霸与胜共忧患，狱中传经，亦佳话也。周堪授牟卿、许商，卿为博士，孔霸弟子孔光，亦尝向卿问业，商授唐林、吴章、王吉、炔钦，章、钦均为博士。由是大夏侯有孔、许之学。

博士张山拊，小夏侯之弟子也，论石渠。授李寻、郑宽中、张无故、秦恭、假仓。无故善修章句，授唐尊，尊为王莽太傅，恭增师法至百万言，授冯宾，宾为博士。仓论石渠。寻独好《洪范》，喜言星历。宽中以博士为成帝师，班伯、赵玄并出其门。由是小夏侯有郑、张、秦、假、李之学。

《古文尚书》出孔氏壁中，鲁恭主刘余好治宫室，毁孔氏旧宅欲以广己居，得《尚书》及《礼记》(此非《小戴记》)、《论语》、《孝经》，凡数十篇，皆古字也。孔安国者，孔子后也，以考二十九篇，得多十六篇。授都尉朝。司马迁亦尝从安国问故。朝授庸谭，谭授胡常，常授徐敖，敖授王璜、涂恽，恽授贾徽、桑钦(《释文》作乘钦)。王莽时，刘歆为国师，璜、恽等皆贵显。世有所谓《百两篇》者，出自张霸，分今文二十九篇为数十篇，又采《左氏传》《书序》为作首尾，凡百二篇，篇或数简，文意浅陋。成帝时，求能为古文者，霸以能为百二征。以中秘书校之，非是，书乃废黜。杜林博学，于西州得漆书《古文尚书》，以授卫宏、徐巡，为东京推行古学之一助。

今文尚书师承表

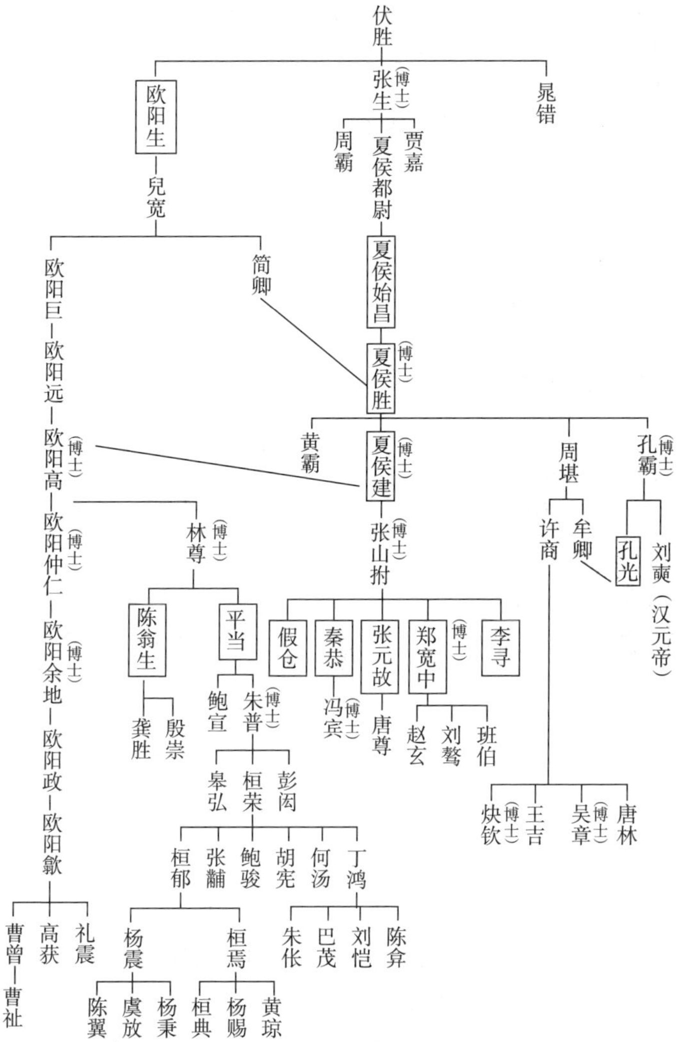

古文尚书师承表

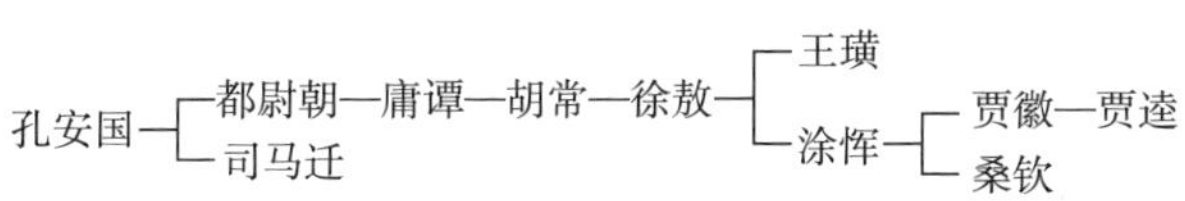

其余治《欧阳尚书》者：

鲍永

杨宝

尹敏

牟长(博士)——牟纡(博士)

宋登

朱宠

张奂

治《大夏侯尚书》者：

张驯

治《小夏侯尚书》者：

王良

其余治古文尚书者：

杜林——卫宏、徐巡

盖豫——周防

孔僖——孔季彦

孙期

尹敏

丁鸿——杨伦

孔乔

张楷

马融——郑玄

国家典制，人事节文，统属于礼。周监二代，郁郁乎文，故姬氏之礼号称美备。战国纷争，诸侯恶其害己，多去其籍，而礼有阙文矣。汉代所传之《仪礼》十七篇，限于士礼，大夫以上则不及，是其征也。

《汉书·儒林传》："鲁高堂生传《士礼》十七篇，而鲁徐生善为颂。孝文时，徐生以颂为礼官大夫，传子至孙延、襄。襄，其资性善为颂，不能通经；延颇能，未善也。襄亦以颂为大夫，至广陵内史。延及徐氏弟子公户满意、桓生、单次皆为礼官大夫。而瑕丘萧奋以《礼》至淮阳太守。诸言《礼》为颂者由徐氏。"窃以徐生之学，本之高堂生。传谓襄"不能通经，延颇能"，则徐生不仅善颂，其能通经无疑也。传谓"言礼，则鲁高堂生"，足征高堂生门庭之广矣。孟卿事萧奋，以授后苍、闾丘卿。苍说《礼》数万言号曰《后氏曲台记》，授闻人通汉、戴德、戴圣、庆普。德号大戴，圣号小戴。由是《礼》有大戴、小戴、庆氏之学。通汉曾论石渠。普授夏侯敬及族子咸，大戴授徐良，良为博士。小戴授桥仁、杨荣。由是大戴有徐氏，小戴有桥、杨之学。东汉以后，亦有大小戴博士。虽相传不绝，然未见有卓异者。建武中，曹充以治庆氏《礼》为博士。子褒继其学，章帝时，受命撰《汉礼》，既成奏上，而太尉张酺、尚书张敏等谓其破乱圣术，书遂不行，世共惜之。有董钧者，习庆氏《礼》，事大鸿胪王临，永平中为博士。前书《艺文志》有"礼古经五十六卷"。贾公彦云："高堂生传十七篇，是今文也。孔子宅得《古礼》五十六篇，其字皆篆书，是古文也。古文十七篇，与高堂生所传同，而字多不同。余三十九篇绝无师说，秘在于馆。"《七录》云："余篇皆亡。"郑玄注《仪礼》，参用二本：其从今文而不从古文者，则今文大书，古文附注；从古文而不从今文者，则古文大书，今文附注。誉之者谓其择善而从，不为一方所囿，毁之者谓其杂揉今古，混淆家法。不知西京诸儒，大都多专一经；东京群彦，往往兼明六艺。兼明则有比较，有比较则见短长，舍短取长，其势有必然者。郑者应时而作，初非好自立异也。

《艺文志·六艺略·礼类》有"记百三十一篇"，钱大昕曰："郑康成《六艺论》云：'戴德传《记》八十五篇，戴圣传《记》四十九篇。'此云百三十一篇者，合大小戴所传而言。《小戴记》四十九篇，《曲礼》《檀弓》《杂记》皆以简策重多，分为上下，实止四十六篇，合大戴之八十五篇，正协百三十一篇之数。"《隋书·经籍志》以《小戴礼》中《月令》《明堂位》《乐记》三篇，为马融所足，殆无据也。《小戴礼》后称《礼记》，郑亦为之注。传与记皆以释经，后或跻之经列，故经中《三礼》，《礼记》居其一焉。

《周礼》晚出，论者纷歧：有赞为周公致太平之作，有斥为六国阴谋之书，有指为出于刘歆所伪造。汉得《周礼》最先者为河间献王，献王之殁，约当武帝元光、元朔间。歆曾为王莽国师，上去元朔殆百四五十年，而竟老寿至此耶！《周礼》非刘歆伪造彰彰明矣。斥《周礼》为六国阴谋之书，语出何休，休为今文巨子，其攻击古文之《周礼》，不免近于谩骂。周公之为《周礼》，亦犹唐之《开元礼》，预为之，以待他日之用，其实未尝行也。斯书体大思精，职明语核，非寻常著作所能望其项背。然中经后人改篡，非尽原文，如建都之制，不与《召诰》《洛诰》合；封国之制，不与《孟子》合。与《左传》同属古文，而于礼制亦多歧异。《冬官》亡佚，献王以千金求之，不得，乃以《考工记》补之。王莽时，《周礼》曾置博士，杜子春受业于歆，郑众、贾逵各承家学，复事子春。马融作《周官传》以授郑玄，玄注《周礼》，多引子春、众、逵之说，明其师承有自矣。

礼乐并行，相辅为用，《乐记》："乐者为同，礼者为异，同则相亲，异则相敬。乐胜则流，礼胜则离。合情饰貌者，礼乐之事也。"秦人焚书，《乐》为灰烬，因亦不复申论。

《礼》师承表：

（一）周礼

（二）仪礼、礼记

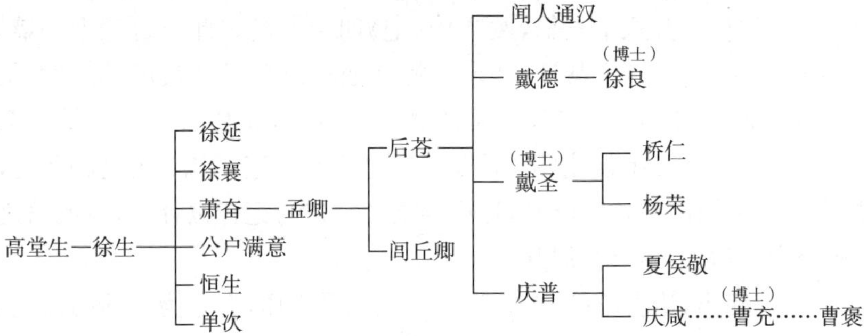

《易》之为道，"变动不居，周流六虚"，而解者见仁见智，大相径庭。王弼以《老》说《易》，后人多宗之，去《易》之本义远矣。汉人说《易》，重象与数，而以象为主，《系辞上》"以制器者尚其象"，显与"开物成务"之义合。京房好言灾异，斯为别支。相传，商瞿受《易》于孔子以授桥庇，庇授馯臂，臂授周丑，丑授孙虞，虞授田何。秦人焚书，《易》独不禁，故授受不绝。

汉兴，田何授王同、周王孙、丁宽、服生（《别录》称服先）。王孙授蔡公。

同授杨何、即墨成、孟但及周霸、衡胡、主父偃。宽授田王孙。王孙授施雠、孟喜、梁丘贺。由是《易》有施、孟、梁丘之学。雠授张禹、鲁伯。禹授彭宣、戴崇，由是施家有张、彭之学。刘昆受《易》于戴宾，宾为崇后（惠栋说），昆授其子轶。梁丘贺授子临，临亦尝向施雠问业。临授王骏、五鹿充宗，充宗授士孙张、邓彭祖、衡咸，张为博士。由是梁丘有士孙、邓、衡之学。东汉杨政，从范升受《梁丘易》。张兴以《梁丘易》教授，著籍万人，子鲂嗣其业，孟喜授白光、翟牧，皆为博士，由是孟家有白、翟之学。东汉洼丹、觟阳鸿、任安，均以治《孟氏易》著称。京房受《易》焦延寿，延寿自谓尝从孟喜问业，会喜死，翟牧、白光均罔知有此事。刘向校书，以为延寿独得隐士之传，托之孟氏。房好言灾异，授殷喜（《艺文志》及《释文》皆作段嘉）、姚平、乘弘，皆为郎博士。由是《易》有京氏之学，东汉戴凭、孙期、魏满均以习《京氏易》有声。凡此皆今文学也。

费直传《易》，其本皆古字，号古文《易》。无章句，但以《彖》《象》《系辞》《文言》解说上下经。刘向以中古文《易经》校施、孟、梁丘三家经，或脱去无咎、悔亡，唯《费氏经》与古文同。费直授王璜（《沟洫志》作王横，《后汉书》亦如此），《后汉书》谓："陈元、郑众皆传《费氏易》。其后马融亦为其传，融授郑玄，玄作《易注》，荀爽又作《易传》，自是费氏兴。"《隋书·经籍志》谓王璜授高相，相以授子康及毋将永。相出璜门，两汉《儒林传》均无明文可考，姑存一说而已。

《经典释文叙录》："汉初，立《易》杨氏博士，宣帝复立施、孟、梁丘之《易》，元帝又立京氏《易》。费、高二家不得立，民间传之。后汉，费氏兴，而高氏遂微。"《艺文志·六艺略》，《易》著录"杨氏二篇"。孟坚自注："名何，字叔元，菑川人。"《史记》谓太史公（按指司马谈）"受《易》于杨何"。可见汉初言《易》，以杨氏为宗也。

费直——王璜

东汉陈元、郑众皆治《费氏易》，马融且为之传，以授郑玄，与下高相皆古文《易》。

高相——高康
　　　└—毋将永

《周易》师承表（今文）

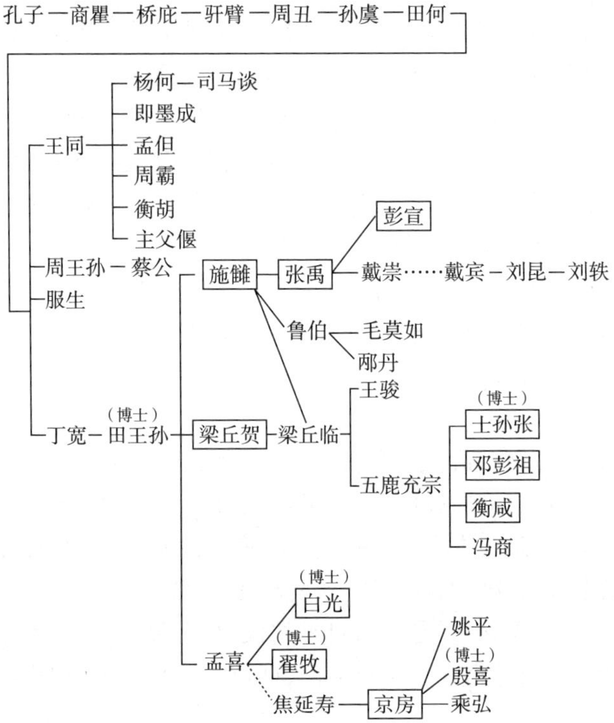

汉代经学今古之争，以《春秋》最为剧烈。

孔子生当东周动乱之际，是非不明，功罪无准，乃因鲁史著《春秋》，加以褒贬，华衮斧钺，端在一字，乱贼闻之胆寒，忠正得以气壮。“拨乱世反之正，莫近于《春秋》”，信不诬也。

汉兴，传《春秋》者五家：谷梁、公羊、左、邹、夹也。邹氏无师，夹氏口说流传，未著竹帛，故《春秋》传于后者，仅《谷梁》《公羊》及《左氏》，即世所谓“春秋三传”也。

孔子殁后，儒分为八，而以思、孟为正统。孟子最善说《春秋》，其记孔子之言曰：“晋之《乘》，楚之《梼杌》，鲁之《春秋》，一也。其事则齐桓、晋文，其文则史，其义则丘窃取之矣。”又曰：“《春秋》，天子之事也，是故孔子曰：‘知我者，其惟《春秋》乎？罪我者，其惟《春秋》乎？’”《左氏》详于事，《公》《谷》重乎义，《左》视孔子为良史，《公》《谷》尊孔子为素王。今古异同，此其关键矣。

汉廷崇尚今文,《公》《谷》皆设博士,而《公羊》尤显。公羊,齐人,燕、齐多方士,说经杂揉阴阳五行谶纬之言,因多奇异可怪之论,谈经诚病不纯,训俗转或入胜。且其宣扬"大一统",提倡"复九世仇",于汉之御侮拓边,直接成为助力,故《公羊》之学于汉为特显也。《公》《谷》成书均较晚,《汉志》:"及末世口说流行,故有《公羊》《谷梁》《邹》《夹》之《传》。"是《公羊》《谷梁》《邹》《夹》皆今文也(邹、夹已见前)。《公》《谷》师师相承,专恃口授,计其著之竹帛,上去孔子已数百年,谁能保其无臆测讹传之处!加之,汉代经师,逢迎时好,附会滋多。喜谈天人之故,惯言灾异之原,无知妄作者盖亦多矣。汉以经术饰吏治,《艺文志》著录有《公羊董仲舒治狱》十六篇。《后汉书·应劭传》:"故胶西相董仲舒老病致仕,朝廷每有政议,数遣廷尉张汤亲至陋巷,问其得失。于是作《春秋决狱》二百三十二事,动以经对。"夫张汤酷吏也,治狱务在深文,其来有自矣。独惜记述治乱之典,顿成罗织刑名之书,岂笔削之初旨哉!然两汉四百年,国遇大事,每引《公羊》经义为裁决。东汉,古文渐兴,而朝廷仍宠异《公羊》不衰,亦学术史上之一大事也。毋使诋之者失其真,尊之者过其实,则得矣。

徐彦《公羊疏》引戴宏云:"子夏传与公羊高,高传与其子平,平传与其子地,地传与其子敢,敢传与其子寿。至汉景帝时,寿乃共弟于齐人胡母子都著于竹帛。"《徐疏》又谓胡母生(即子都)"以《公羊》经传传授董氏",董氏即仲舒,公孙弘亦尝问业于胡母生。仲舒授褚大、嬴公、段仲、吕步舒。仲舒淹博,而好详灾异,是乃通人之蔽。辽东高庙、长陵高园殿灾,仲舒推说其意,稿成未上,主父偃窃而奏焉。武帝召示诸儒,步舒不知出诸其师,斥为大愚,仲舒几不免焉。嬴公授孟卿、眭弘。弘虽坐说灾异诛,严彭祖、颜安乐并号《公羊》大师,俱出弘门。贡禹始学于嬴公,而终成于弘。彭祖为宣帝博士,授王中,中授公孙文、东门云。安乐授冷丰、任公,公为少府,丰淄川太守,由是颜家有冷、任之学。丰授马宫、左咸。禹授堂溪惠,惠授冥都。孟卿授疏广。广授筦路,路授孙宝。路与冥都又曾事安乐,故颜氏复有筦、冥之学。

今文之学,西汉为全盛时代,迨及东汉,古学渐兴,愈传愈广,势不可遏。但朝廷限于传统,仍以今文为宗,三五耆旧,亦思保其残垒,然终有力弱难持之感。其师弟授受已不能如西汉之彰明皎著,若断若续,源委不清。如博士李育曾会白虎观,以《公羊》义难贾逵,颇具理证。《何休传》谓休"与其师博士羊弼追述李育意,以难二传,作《公羊墨守》《左氏膏肓》《谷梁废疾》"。休受业于弼,固无疑义。弼之与育,是否及门承教,抑徒以其为《公羊》先师而追慕之,殊难论定。又如丁恭以治《严氏春秋》为博士,楼望、承宫、樊儵、钟兴皆出其门,而于恭之所自则不详。张玄治《颜氏春秋》,兼通严氏、冥氏诸家,试策第一,拜为博士,亦未叙明师承。此固《后汉书》之疏略,而学术公器,人可自研,不似未著竹帛前,舍师口授则无从入也。

范宁《春秋谷梁传序》评三传之将失:"《左氏》艳而富,其失也巫;《谷梁》清而婉,其失也短;《公羊》辩而裁,其失也俗。若能富而不巫,清而不短,裁而不俗,则深于其道者也。"范氏为《谷梁传》著《集解》,学有专门,而辞无偏颇,持论公允,令人叹服。《公》《谷》之文,注释体也,显属为经作解。但经与传本各自成书,故《艺文志》著录"经十一卷","《公羊传》十一卷",《谷梁传》十一卷(闵公与庄公合,以闵公事短,不足成卷,故合之)。后人始以传附经耳。《公羊》,齐学;《谷梁》,鲁学。《公羊》释经,杂糅众说,然权奇恢诡,因时与变,主政者有所兴革,往往引其说以自辅,此其所以显也。如以兵家为喻:《公羊》似李广,《谷梁》似程不识,李奇程正,而治军终以正为式。孔子评齐、鲁习俗云:"齐一变至于鲁,鲁一变至于道。"设移以定《公》《谷》优劣,似无不合。《谷梁》笃守师法,不尚哗众取宠,唯平实是务,识者始能明其深致。相传:子夏授谷梁赤,赤授荀卿,卿授浮丘伯,伯授申培。瑕丘江公受《谷梁春秋》及《诗》于申培,传子至孙为博士。武帝时,江公与董仲舒同论于朝,仲舒善持论,而江公讷于言,丞相公孙弘为《公羊》学,比辑其论,于是武帝尊《公羊》,且诏太子受之。太子既通《公羊》说,复私问《谷梁》而善之。其后寖微,唯荣广、皓星公二人受焉。广尤捷敏,与《公羊》大师眭弘论学,弘每为所屈,学者因颇喜习《谷梁》,蔡千秋、周庆、丁姓,皆广弟子也。千秋又事皓星公,为学最笃。宣帝即位,闻卫太子好《谷梁》,因召千秋与《公羊》家并说,千秋优长。选郎十人从千秋学,会千秋死,征江公孙为博士,刘向亦问业焉。江博士复死,征周庆、丁姓续授十人,十余岁皆成,乃召《五经》名儒太子太傅萧望之等大议殿中,平《公羊》《谷梁》同异,望之等多从《谷梁》。由是《谷梁》之学大盛,庆、姓皆为博士。姓授申章昌,昌为博士。初,尹更始事千秋,又受《左氏传》,取其变理合者以为章句(《艺文志》有《谷梁章句》三十三篇),传子咸及翟方进、房凤。始江博士授胡常,常授萧秉,王莽时为讲学大夫。由是《谷梁春秋》有尹、胡、申章、房氏之学。

《艺文志》谓孔子修《春秋》,有所褒讳贬损,不可书见,口授弟子,弟子退而异言。丘明恐弟子各安其意，以失其真，故论本事而作传，明夫子不以空言说经也。说者谓事粗义精，因重《公》《谷》而轻《左氏》。不知义缘于事，舍事则义无所附。《御览》六百十引桓谭《新论》云："《左氏》经之与传，犹衣之表里相待而成，有经而无传，使圣人闭户思之，十年不能知也。"且义可各执一辞，而事经载明，则千秋不能更易。安可妄加轩轾耶！惟《公》《谷》之为体，显为释经而作，而《左》氏起讫与经不尽合，故易滋猜疑，甚者谓出自刘歆伪造，真所谓信口雌黄，不明故实矣。《汉志》著录"左氏征二篇"，"铎氏征三篇"，孟坚自注："楚太傅铎椒也。""张氏征十篇"，沈钦韩曰："疑张苍。""虞氏征传二篇"，孟坚自注："赵相虞卿。"铎、张、虞皆以治《左氏春秋》著称。《说文叙》谓"北平侯张苍献《春秋左氏传》"，《汉书·儒林传》谓贾谊为《左氏传训故》。张、贾先于歆百许年，铎、虞皆六国时人，去歆益远，歆何由伪造之耶？且其授受亦复班班可考，兹据《经典释文叙录》节次：左丘明作传以授曾申，申传吴起，起传其子期，期传铎椒，椒传虞卿，卿传荀况，况传张苍，苍传贾谊，谊传其孙嘉，嘉传贯公，为河间献王博士。贯公传其少子长卿，长卿传张敞、张禹，禹传尹更始，更始传其子咸及翟方进、胡常，常传贾护，咸及方进传刘歆。由是言《左氏》者本之贾护、刘歆。护传陈钦，钦传其子元及王莽。歆传贾徽、孔奋、郑兴（《东观记》云："兴从博士金子严为《左氏春秋》。"《后汉书》则谓："天凤中，将门人从刘歆讲正大义。"李贤注："《左氏》义也。"则兴曾以《左氏》义就正于歆也）。徽传子逵，逵传其孙伯升，伯升授延笃。奋传子嘉。兴传子众。此外，以治《左氏》而著称者，尚有马融、郑玄、服虔诸人。融师挚恂并不以治《左》名，《虔传》只谓"入太学受业"，未详本师，故表未列入。三传之中，《左氏》成书最早，立于学官则视二传为晚。平帝始立《左氏》。后汉建武中，以李封为《左氏》博士，封卒，不复补。和帝元兴十一年，因郑兴父子奏请，《左氏》乃复立于学官。

东汉习《公羊》者有：

李育（博士）

羊弼（博士）

何休（休为弼弟子）

习《严氏春秋》者有：

丁恭（博士）

楼望

承宫

樊儵
钟兴(望等四人皆恭弟子)
周泽
程曾
顾奉(奉为曾之弟子)
甄宇(博士)
甄普
甄承
甄子然(甄氏世世相传)

习《颜氏春秋》有:

张玄(兼说严氏、冥氏)

此外,汉代以治《左氏》而著称者,尚有:

马融
郑玄
服虔(虔著《春秋左氏传解谊》,多采郑玄说,世说有玄以稿赠虔之记载)

《公羊》授受表

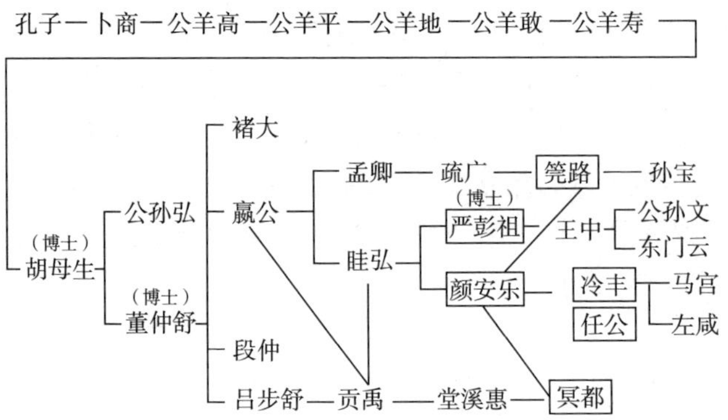

《谷梁》授受表

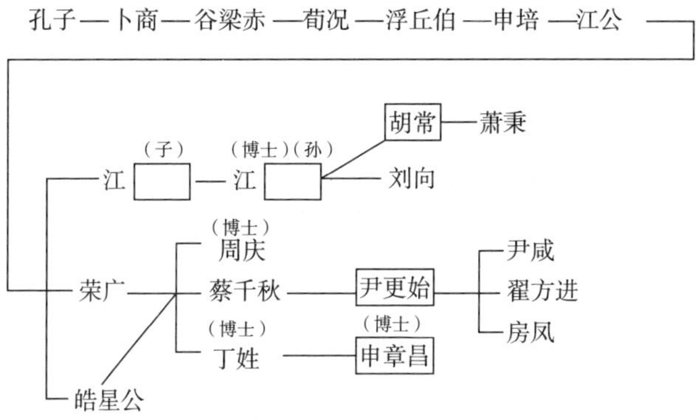

《左氏》授受表

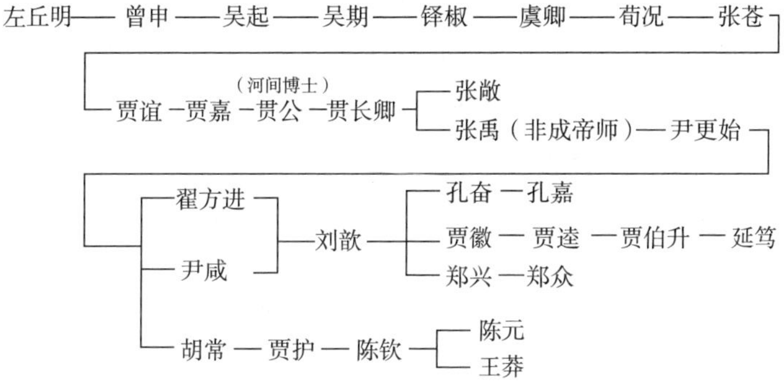

第五章　今文之苛细与流派之纷歧

今文家承其先师之口授，相传弗替，大义微言，每有阐发，诚有足多者。然口说未可尽凭，师师相继，偶或高低随心，则私意杂厕其中，驳而不纯，亦势所难免。加之，利禄之途既开，揣摩之风便炽，因而穿凿附会，其说愈繁，而真义愈晦，稽诸往史，盖有之矣。

《汉书·艺文志》："昔仲尼没而微言绝。"微言，师古注："精微要妙之言耳。"既为精微要妙之言，则必词约义粹，游、夏之徒不能赞一辞。何汉世经师之委琐也！同为《周易》，有施、孟、梁丘、京之异。京房学于焦延寿好言灾异。延寿自称尝问业于孟喜，喜弟子白光、翟牧均不认，而房独谓焦氏《易》

即孟氏《易》。且喜之为人，好自标榜，得《〈易〉家候阴阳灾变书》，诈言师由生将死时，枕喜膝独传之。而同门梁丘贺则谓师殁之日，饰终之典，施雠任之。喜时已归东海，安得有别传之事！故博士位缺，有荐喜者，廷以喜擅改师法，不加用也。喜之学真伪参半，房之学更伪中之伪。雠之与贺，同师同契，而又各立门庭，其中纯杂，盖亦难言。此今文《易》学流派之纷歧也。

今文《春秋》，有《公羊》，有《谷梁》，说者止于此。其实，《邹氏》亦今文也。《汉书·王吉传》谓"能为《邹氏春秋》"。吉上宣帝疏有云："《春秋》所以大一统者，六合同风，九州共贯也。"义符《公羊》，同为今文明矣，《谷梁》为鲁学，《公羊》为齐学。齐学之中，又有《公羊》与《邹氏》之分，可见今文《春秋》之歧说亦不少也。

欧阳、大小夏侯为今文《尚书》三大宗。胜、建既有家族之亲，复具师弟之谊，所言应无歧异，而竟互相诋諆，势同水火。胜学务精熟，守师法唯谨，建既师事胜，又问业于欧阳高，左右采获，复从《五经》诸儒问与《尚书》相出入者，牵引以次章句，具文饰说。胜斥建为"章句小儒，破碎大道"。建亦诮胜"为学疏略，难以应敌"。自别为一家，故大小夏侯并立于学官，与欧阳成鼎足。建既恢扩其说，再传至秦恭，则肤廓不可问矣。桓谭《新论》云："秦近君（秦恭字延君，"近"字误），能说《尧典》篇目两字之说，至十余万言，但说曰若稽古三万言。"《儒林传》谓"恭增师法至百万言"，其冗滥为何如！先儒传经，玩经文，存大体，故用日少而畜德多。后则唯务便辞巧说，碎义逃难，乃致幼童占毕，白首犹未能明。驱一世之人，老死于浮言滥调之下，宁不哀乎！

西汉之季，经师章句繁冗，已为朝野所诟病，其势不得不事删节，然即此亦有栖牲者。《论衡·效力篇》："王莽之时，省《五经》章句皆为二十万，博士弟子郭路夜定旧说，死于烛下，精思不任，绝脉气灭也。"东汉明帝时，桓荣、桓郁父子，亦先后为删省工作。《后汉书·桓荣传》："初，荣受朱普学章句四十万言，浮辞繁长，多过其实。及荣入授显宗，减为二十三万言。郁复删省定成十二万言。由是有《桓君大小太常章句》。"按朱普受欧阳《尚书》于平当，为博士。由四十万字删成二十三万字，复删成十二万字，要言则不烦，惜乎博士之未足语此也。

夫经者，常也，道尚平正，毋取新奇，而悖者故弄玄虚，自矜创获，抛却事物之本然，别寻隐秘以滋惑。何休所谓"讲诵师言，至于百万，犹有不解"（见何氏《公羊序》）者，又何足怪。辅嗣注《易》，义参老、庄，虽有名言，终非正格。翼奉传《诗》，好言五际，纵开新径，何预骚情！舍坦途而不由，择崎岖以驰骋，庸人自扰，治学之大障也。记事之文，例详年月，如元年正月，本无深义于其间，而董仲舒竟谓：一者，万物之始也，元者，辞之大也，一为元者，视大始而正本也。杜预注《左传》，本为古文张目，竟拾今文家之牙慧，谓："凡人君即位，欲其体元以居正，故不言一年一月也。"其实，孔子未修《春秋》以前，早有"元年""正月"之用：《舜典》有"正月"之文；《伊训》具"元祀"之记。祀犹年也，夏曰岁，商曰祀，周曰年，一也。《伊训》之元祀，盖指太甲即位之元年，无褒贬可言。何意《春秋》中之"元年""正月"，顿成庄严书法。若谓张大其词，不如比之画蛇添足。岂治经之道乎？

今文家笃信师说，守经不改者，自不乏人；而师心自用，望文生义者，亦所在多有。汉文帝时，于古代法度已不一其说，乃令博士诸生会作《王制》，此实防止浮言之一法。武帝时，董仲舒与江公廷论《春秋》，与韩婴争辩《诗》《易》，除絜度短长外，亦有不容恣意逞辞之义。宣帝之诏论石渠，章帝之选辩虎观，皆假集议，去粗取精，去伪存真，以达经说之统一。考《艺文志·六艺略》，《书》类中有《议奏》四十二篇，《礼》类中有《议奏》三十八篇，《春秋》类中有《议奏》三十九篇，《论语》类中有《议奏》十八篇，《孝经》类中有《五经杂议》十八篇，班氏皆于各条下注"石渠论"三字。此当日石渠集议《五经》异同之原始资料也。预会之儒，纯为今文家，其扬其弃，皆属今文内部之事。《白虎通义》为白虎观讲论之结晶。孟坚治学，本近古文，但此为饬撰之书，不能徇一已之好恶，故书中仍以今文之说为主，而间不免有古文之见。如贾逵之论，亦厕论列，逵实古文之雄也。其征引经籍，间涉纬谶，此乃东汉习尚使然，未足为班氏病也。《隋书·经籍志》列《白虎通》于《论语》类，犹视为经部之书；《四库全书总目提要》则列于杂家类，则视为子部之书矣。是亦学术变迁升降之验也。

石渠之会，主要论《公羊》《谷梁》之短长，亦即评齐学、鲁学之孰得孰失也。齐鲁密迩，理宜无间，论学竟大相径庭，齐学与燕学为近，而与鲁学转远。以《诗》言之，《艺文志》："汉兴，鲁申公为《诗》训故，而齐辕固生、燕韩生皆为之传，或取《春秋》，采杂说，咸非其本义。与不得已，鲁最为近之。"取《春秋》、采杂说以解《诗》者，齐与韩（韩婴燕人）也。近本义者，鲁也。燕之学风，多来自齐。齐于稷下广造第宅，招致四方异能之士。邹衍重于齐，适燕，昭王拥彗前驱，筑碣石馆师事之。燕与齐近，由来旧已。鲁学谨严，笃守师传;齐学恢扩,兼搜异说。申公授《诗》,"疑者则阙弗传"。其三传弟子王式犹承其风,唐长宾、褚少孙问经数篇,式谢曰:"闻之于师具是矣,自润色之。"不肯复授。唐、褚遇疑亦不言。仲尼尝云:"盖有不知而作之者,我无是也。"其来信有自矣。以《论语》言,《鲁论》二十篇,《齐论》则多《问王》《知道》二篇,为二十二篇,亦杂采之明证也。故鲁学之长在精纯,其弊为抱残守缺;齐学之长在宏肆,其弊为驳杂荡逸。鲁犹质实守经,齐则自侪于诸子矣。稷下之才,九流并举,孟子尝作齐卿,荀子三为祭酒,他如淳于髡、慎到、环渊、接子、田骈、邹衍、邹奭之徒,各以一家名而为士之望。更如徐福、卢生,或为秦皇访仙,或为秦皇求药,故俗谓方士多出燕、齐。万流汇归,交互影响,致成齐地特有之风气,而波及各种学术领域,因之,经师之言,间类百家之语,故孟子斥咸丘蒙不经之谈,为"齐东野人之语",不难参透此中消息。

夫今文家自恃高出于古文家者,徒以有师师相授之微言耳。然数传之后,人或异辞,甚或同出一师,而分立门庭,且有升列于学官者,谁为定其是非真伪耶?其中有笃守师说者,申公、王式其人也;有增益师说者,秦恭、朱普其人也;有诋毁师说者,夏侯建、吕步舒其人也。公孙弘、董仲舒、何休均以治《公羊》名,而说不尽同,三人推嬗代之应,一以汉当土德,一以汉当火德,一以汉当水德,宁非《邹子终始》(《汉志》阴阳家《邹子终始》五十六篇)之流毒欤?刘歆有言:"往者博士《书》有欧阳,《春秋》公羊,《易》则施、孟,然孝宣皇帝犹复广立《谷梁春秋》《梁丘易》《大小夏侯尚书》,义虽相反,犹并置之。"《移让太常博士》足证博士之业,并非一脉相生也。其解说庞杂,流派纷歧,可胜言哉!

第六章 郑学之综合今古

汉承秦火之后,宿学寥若晨星,典籍复告残缺,遂有二难(得师难、得书难)之叹。今文首出,珍其师说,微言大义,往往而在。加之朝令所宗,乃成显学。然专己守残,务为垄断而已。刘歆创通古文条例,求立《左氏春秋》《毛诗》《逸礼》《古文尚书》于学官,博士群起沮之,歆因移书责让,谓其"信口说而背传记,是末师而非往古","挟恐见破之私意,而无从善服义之公心"。语似峭刻,情实近之。

今文家初则笃守"师法",师之所言不敢改,师所未言不敢增。寖假变

“师法”而为“家法”，家法固出于师法，但师法溯源，家法衍流，师法尚能语不离宗，家法时或忘其所自。皮鹿门云：“师法、家法所以分者，如《易》施、孟、梁丘之学，是师法；施家有张、彭之学，孟有翟、白之学，梁丘有士孙、邓、卫之学，是家法。”愚案施、孟、梁丘已属家法，田王孙以前乃真师法也。于施孟称家，孟坚已早如此，如云“由是施家有张、彭之学”，明明已标“施家”。班谓“由是有翟、孟、白之学”，清人钱大昕谓“当云‘孟家有白、翟之学’”，盖与上文施家同一句式。本同一祖，后乃别立门庭，各自成家，虽云犹得一体，然歧中有歧，迨及仍云，几何不数典而忘其祖哉！

古文之学，在西汉仅为伏流，至东汉而成巨浸。东汉既自认继西汉之统，于经不得不维护今文，但古文已势震朝野，乃一面仍揭今文之帜，一面又抚慰古文诸儒，令贾逵自选《公羊》严、颜诸生高才者二十人，教以《左氏》；又诏诸儒受《古文尚书》《毛诗》。逵深明世情，虽为古文大师，而犹“以《大夏侯尚书》教授”，务求符于体制。此时今文古文，已呈旗鼓相当之局。盖东汉文化发达，人易得师，纸渐通行，书籍无缺。西汉之儒，多专一经，甚或数人合治（刘歆《移书太常博士》有云：“当此之时，一人不能独尽其经，或为雅，或为颂，相合而成。”）。东汉学者并习六艺，且或兼通今古，贾逵、马融、郑玄其尤著者也，逵父徽，从刘歆受《左氏春秋》，兼习《国语》《周官》，又受《古文尚书》于涂恽，学《毛诗》于谢曼卿。逵悉传父业，兼通五家《谷梁》之说（五家谓尹更始、刘向、周庆、丁姓、王彦也），奉诏撰《欧阳大小夏侯尚书古文同异》《齐鲁韩诗与毛氏异同》，又为《左传》《国语》《周官》作解诂，非兼通今古能之乎？马融自谓“少而好问，学无常师”。范蔚宗许其“才高博洽，为世通儒”。郑玄尝师事之。

玄早游太学，师事第五元，通《京氏易》《公羊春秋》，又从张恭祖受《周官》《礼记》《左氏春秋》《韩诗》《古文尚书》。后寄籍马门，实乃互相增益。玄与贾、马不同者：贾、马虽亦兼治今文，终为古文张目；玄则兼收并蓄，择善而从。以《论语》言，《古论》二十一篇，《齐论》二十二篇，《鲁论》二十篇。《隋书・经籍志》：“张禹本授《鲁论》，晚讲《齐论》，后遂合而考之，删其烦惑。除去《齐论・问王》《知道》二篇，从《鲁论》二十篇为定，号《张侯论》。”“汉末，郑玄以《张侯论》为本，参考《齐论》《古论》而为之注。”可谓不囿一家，唯求其是者矣。汉代今古之争，若冰炭之不相容，以《春秋》论，古文家斥《公》《谷》为无根之言，今文家訾《左氏》所述为鄙事。不知无事则义何从生？无义则述事何用？“攻乎异端，斯害也矣”（从刘宝楠解），可不深思之乎？玄于今古不作左右袒：何休据今文著《公羊墨守》《左氏膏肓》《谷梁废疾》，玄著《发墨守》《针膏肓》《超废疾》，以针砭之。许慎据古文作《五经异义》，玄为文驳之。恶为雷同之言，喜作持平之论。所见既多，然后弃糟粕，取精华，以一新面貌出现，谁曰不宜！两汉四百年，中国学术滞塞于今古之争，迨其季世，老调重弹，人感厌恶。郑氏审时度势，举古今两家之长，会而通之，破其畛域，冶为一炉，天下同称为"郑君"，非偶然也。范蔚宗谓："郑玄括囊大典，网罗众家，删裁繁诬，刊改漏失，自是学者略知所归。"诚笃论也。夫今古两家各有短长，门户既立，于人则掩长揭短，于己则盖短夸长，人心日坏，学术失真，果何为乎？综合今古之工作，至汉末已瓜熟蒂落，纵无郑君，亦必有出而任郑君之事者。盖时势推移，产生历史之新要求，非人力所能遏阻也。说者谓郑学兴而汉学亡，汉儒家法及此而澌然无存，康成不得辞其咎。固哉斯言，殆不达学术演进之通则，而妄欲保其残垒者也。

郑学既出，天下翕然宗之。其后，王肃以帝王尊亲（晋武帝之外祖），欲操学术之柄，思取郑而代之。王氏家传《欧阳尚书》，又好贾马之学，固亦兼治今古者。故其驳郑，或以今说驳郑之古文，或以古说驳郑之今文，节外生枝，吹毛索瘢，旨在求胜。于其说之不可通者，不惜伪造《家语》《孔丛子》等书以为佐证，又作《圣证论》以讥短郑君。迨典午覆没，王学声光亦随之减替，而郑君终为后世所宗，岂幸致哉！

第七章　清代之古文学派

由汉末至清初，历时千四百年，经学之可述者，隋唐之义疏与宋明之理学耳。义疏多沿六朝时之南学，理学则杂糅老、佛以解经，皆无关今学古学之争，因不申论。

清入主中夏，故老谈经，隐寓亡国之痛，兼具种族之思。康、雍、乾三朝，文字狱迭兴，学者乃群趋于考证一途，藉以避祸。迨沉浸既久，遂成癖好，卓然成家者固多，流于玩物丧志者亦不少。清代前半期之经学，以汉为宗，多治古文，主要分吴、皖两派，吴派以惠栋为首，尊闻务博，著作等身。沈彤、江声、余萧客皆出其门。萧客弟子江藩，著《汉学师承记》，推栋为斯学正统，然皖派成就实在吴派之上。皖派以戴震为首，震尚考订，学重精审。王引之谓栋"考古虽勤，而识不高，心不细"（见《焦氏丛书》所附王伯申手札），意谓戴氏方足称也。戴门可称者颇众，段玉裁及王念孙、引之父子最能光大其业。玉裁之《说文解字注》，念孙之《广雅疏证》《读书杂志》，引之之《经义述闻》《经传释词》，皆卓然成家，前无古人。梁启超云："如高邮父子者，实毛、郑、贾、马、服、杜之诤臣，非其将顺之臣也。夫岂惟不将顺古人，虽其父师，亦不苟同。段之尊戴，可谓至矣，试读其《说文注》，'则先生之言非也'，'先生之说非是'，到处皆是。即王引之《经义述闻》，与其父念孙之说相出入者，且不少也。"方东树《汉学商兑》于汉学家寻瑕指玼，然谓"高邮王氏《经义述闻》，实足令郑、朱俯首，汉唐以来未有其比"，岂溢美之词哉！

《十三经注疏》为治经必读之书，疏分出于唐孔颖达、贾公彦、徐彦、杨士勋及宋邢昺、孙奭之手，其中有申注解经、助人寻绎者，然亦有顺文衍义、无甚发明者。清人有作，后出转精，如孙星衍之《尚书今古文注疏》，焦循之《孟子正义》，刘宝楠之《论语正义》，邵晋涵之《尔雅正义》等，皆超越旧疏远甚。小学本为经学附庸，历清而蔚为大国，校勘之学，至清而称专门。厘定句读，疏证义训，正误纠讹，补脱汰衍，一字之绳，使人顿悟。清人备此利器，故可以品核前修，不作古人之舆台矣。且贯串全书，创通义例，既不以人蔽己，复不以己自蔽，清学精绝，夫岂偶然。其人多生当乾隆、嘉庆间，故有"乾嘉学派"之称，由于声气相感，后起乐附，又不尽以时代为限矣。

道、咸以后，德清俞樾专意著述，以《群经平议》《诸子平议》《古书疑义举例》三书最能恪守家法。其治经一以高邮王氏父子为宗，谓："治经之道，大要在正句读，审字义，通古文假借。三者之中，通假借为尤要。"愿附《群经平议》于王氏《经义述闻》之后。其《诸子平议》则仿王氏《读书杂志》而作。又九经、诸子中有因古今文法不同而易滋疑者，有因古今用字不同而滋疑者，有因错简误字而不可通者，皆一一疏证之，汇聚为例，凡八十八条，名《古书疑义举例》。后学得此启迪，旷若发蒙，有助于读书不少，非仅有益于治经也。瑞安孙诒让，年辈稍次于樾，著《周礼正义》八十六卷。诒让以郑注简奥，贾疏疏略，学者未易深究，乃发愤而著此书，以《尔雅》《说文》正其训诂，以《礼经》《大小戴记》证其制度；研撢二十载，稿凡数易，较之旧疏，实为淹贯；而注有牾违，辄为匡纠，所发正殆数十百事。魏晋以来，治《周礼》者多矣，莫之能过也。

余杭章炳麟，俞樾弟子也。时当清季，《公羊》之学大行，炳麟独守《左氏》与抗，其评《公羊》云："循《公羊》之说，周可以黜，鲁可以王，时制可以诡更，事状可以颠倒。以《春秋》为史耶，则沈约、魏收所不为。坚指以为经耶，则吴广之帛书、张角之五斗米道也。"(《汉学论》)后世经生,视汉十四博士如威凤祥麟,炳麟独斥为"今文俗儒"。南海康有为,自以为得董、何之传,而上通于尼山。其徒梁启超、麦孟华辈皆以为圣人复生,谓"不及十年,当有符命"。炳麟面折之,以为此病狂语,不值一笑。启超门人梁作霖愤欲殴炳麟,炳麟呵曰:"长素有若数辈,其遂如仲尼得由,恶言不入于耳耶?"持不下。此今古角逐中之一闹剧也。炳麟尝自署为"刘子骏之绍述者",真清代古文学派之殿矣。炳麟精小学,著有《文始》《新方言》《小学答问》诸书,复精练名理,故所见不与常人同,即品列时流,间亦谈言微中。或问汪精卫何如人?曰:"秦桧之流也。"又问蒋介石何如人?曰:"石敬瑭耳。"后皆如其所言。惟全排今文,不信钟鼎、龟甲,亦近逞气武断。其弟子有钱夏、黄侃、吴承仕、朱希祖、汪东,皆知名。余往岁随希祖居东观,东曾来访,希祖泰然上座,略无宾主礼。东退,余以此为问。希祖傲然曰:"我进先生门为先,义不当下之。"先生,炳麟也,故世谓章门能守礼。

炳麟于并世学人,少所许可,独乐亲仪征刘师培。刘氏数世传经,其曾祖文淇为《左传旧注疏证》,思欲摆脱杜注,而复贾(逵)、服(虔)、郑(玄)三家之旧,未及写定而卒。其子毓崧、其孙寿曾赓续其业,然仅止襄公,昭、定、哀三公仍有待,而海内谈经者已无不知有仪征刘氏矣。师培避地东瀛,与炳麟论学,时有"二叔"之目,盖师培字申叔,炳麟初字枚叔也。著有《周礼古注集疏》《春秋古经笺》《春秋左氏传古例诠微》《毛诗词例举要》《古书疑义举例补》等书,惜间仅发凡起例,未能终篇。蕲春黄侃与师培同执教北京大学,质疑问难,久乃以师培为师。师培昧于世情,曾为人卖,附袁氏帝制,声价顿减,炳麟深致慨焉。

第八章　清代之今文学派

自郑君综合今古,两派之争渐归沉寂。道、咸以后,西势东来,门户洞开,眈眈可虑。乾嘉学派虽于古制考证精详,然丝毫无补于时艰。庄存与、刘逢禄之伦,因袭今文家经世致用之旨以出,薄东汉古文不如西汉今文之解事,故其治经,舍古文倡今文。迨龚自珍、魏源出,更大放厥词;迨康有为、梁启超出,渐有离经论政之势。晚清今文家多兼政治家,故晚清今文运动,实亦政治运动也。

今文主要典籍为《公羊》，孔广森著有《春秋公羊传通义》，一时目为绝学。然广森本出戴门，多违传旨，专治此业者莫之许也。庄存与著《公羊正辞》，阐发微言大义，为晚清今文之奠基人。其外孙刘逢禄承之，著《公羊春秋何氏释例》及《公羊春秋何氏解诂笺》，专主董、何之说，有出蓝之概。别著《左氏春秋考证》，排斥刘歆，为康有为《新学伪经考》之先导。庄、刘皆籍隶常州，故世有"常州学派"之称。

仁和龚自珍、邵阳魏源，同叩《公羊》大义于逢禄，二人感于国是日坏，每引经义为政论，笔锋廉悍，文情激宕，海内一时风动，实常州学派之二雄。源著《书古微》，谓不惟东晋晚出之《古文尚书》为伪，即东汉马、郑之古文说，亦非孔安国之旧。著《诗古微》，攻《毛传》及《大小序》，其言博辩，间有新解。如谓"作诗自道其情，情达而止"，认《毛》言美刺为不得其实。自珍为段玉裁外孙，本习训诂之学，而说经则宗庄、刘，虽所入未深，但引义的当。夏曾佑诗："璱[一]人申受出方耕，孤绪微茫接董生。"其得今文之统，不可诬也。常州学派得龚、魏之鼓吹，复合时势之需要，风声所播，遐迩从之。其在湖南，湘潭之王闿运，善化之皮锡瑞，并起而为今文家言。章炳麟云："近世长沙有皮锡瑞者，故习江戴诸儒之学。……术既通，而时方骛今文，玩奇说。守其故，则不足以致犬酒之馈，乃去习今文，一时学子辐凑其庐，号为大师。"(见《量守庐记》)章氏与《黄季刚书》云："其中所述皮锡瑞事，乃昔年得之叶焕彬者，非臆造也。"皮、叶同里，所言或未尽子虚，然亦可见常州今文声气之广矣。锡瑞为今文，尤宗伏生，颜其居为"师伏堂"，学者因称之为"师伏先生"。所著有《今文尚书考证》《王制笺》《古文尚书冤词平议》《驳五经异义疏证》《孝经郑注疏》《五经通论》《经学历史》等。晚近有拟出《新十三经注疏》者，以皮氏之《孝经郑注疏》取代唐玄宗注、宋邢昺疏，学者翕然无异词。王闿运本以辞章名，能为汉魏文、选体诗，词气安雅，近世罕觏，其文学实在经学之上。经学著述，计有：《周易说》十一卷，《尚书义》三十卷，《尚书大传》七卷，《诗经补笺》二十卷，《礼记笺》四十六卷，《春秋公羊传笺》十一卷，《谷梁传笺》十卷，《周官笺》六卷，《论语注》二卷，《尔雅集解》十六卷。中以《公羊传笺》最为人所推重。四川总督丁宝桢聘主成都尊经书院，成材甚众：廖平治《公羊》《谷梁》《小戴记》，戴光治《书》，胡从简治《礼》，刘子雄、岳森通诸经，皆有师法，能不为阮氏《经解》所囿，号曰"蜀学"。平为蜀学之秀，著书百余种，《今古学考》最称杰作，昔人说经异同之故，纠结而不解者，至是界划分明，如指诸掌。廖氏之学，前后凡六变，故总其所述为《六译馆丛书》。其后三变，杂取释典、医经及形家之言，恢奇怪诞，令人惶惑。其论《周礼》职方所掌，几遍全球，张之洞遗书规之，有“风疾马良，去道愈远”之语。平有《与宋芸子论学书》，中云：“外侮凭陵，人才猥琐，实欲开拓志士之心胸，指示学童之捷径。一人私得之秘，显著各篇，乃反因以见尤。”又云：“主人实恶今学诸传，于《春秋》则有废二传用《左氏》之隐衷，特未能显言耳。”主人疑指之洞，盖平曾作之洞之幕僚也。后亦稍自敛抑，更易前说，或疑其受之洞贿而使然，殆诬之也。平有《古学考》《知圣篇》《辟刘篇》，实康有为《新学伪经考》之所本。平与有为书(集中标《致某人书》)有云：“吾两人交涉之事，天下所共闻知，余不愿贪天功以为己力。足下之学，自有之可也，然足下深自讳避，致使人有向秀之谤。”讥切有为之剽窃其说，意极显然。启超亦谓其师书从廖氏转手而来，固未尝讳言也。有为早岁笃好《周礼》，尝贯穴之著《政学通议》。及见廖氏书，乃尽舍其旧说而高标《公羊》，为今文家言。有为才气纵横，辞锋锐利，远出廖氏上。然其从入之途，实廖氏启之也。汉封王莽为新都侯，及莽篡汉，乃以“新”为国号。刘歆为莽国师，有为以为古文典籍俱出刘歆伪造，因名古文学为“新学”，盖鄙之也。此书后遭清廷之忌，毁其板。而崔适之《春秋复始》《史记探源》《论语足征记》，引申有为之绪，而愈益缜密，世以今文之后劲目之。有为另一著作为《孔子改制考》。彼以《六经》皆孔子所作。删定为谦逊之词，孔子自具主张，以其标准进退古人，评价古籍。经典中之尧、舜，未必实有其人，乃出孔子之假托，所谓盛德美俗，未必实有其境，乃孔子虚构之景象。一言以蔽之，所谓托古改制也。不惟孔子如此，他若墨翟之托大禹，许行之托神农，均属同一手法。明乎斯义，则王充之《问孔》《刺孟》，刘知几之《疑古》《惑经》，皆成剩语。清人之治《公羊》者，若刘逢禄，若龚自珍，若陈立，亦咸言改制，但仅于书本中发挥义例而已。有为则谓孔子改制，上掩百世，下掩百世，特尊孔子为教主，而以长素自号。素者，素王也，颠狂殆不可恕！复著有《大同书》。取《礼运》“大道之行也”一章与《春秋》“三世”之义相比附，谓升平世为小康，太平世为大同。更隐袭域外思想以展其说，虽多牵合，然一时之俊也。

综观常州今文统系，由庄、刘而龚、魏，由龚、魏而康、梁(湘蜀姑略)。庄、刘旨在致用，仍以说经为本务，龚、魏以济世为急，亦尚语不离经，暨乎康、梁，意图变法，不过以经说装璜门面，实政论也。启超以治《公羊》自鸣，而说经之文极少，盖彼喜博骛，难语专精。然亦时有豁达之言，不为一家一派所囿，拓人心胸，有足称者。尝云：

> 正学异端有争，今学古学有争，言考据则争师法，言性理则争道统。……寖假而孔子变为董江都、何邵公矣，寖假而孔子变为马季长、郑康成矣，寖假而孔子变为韩退之、欧阳永叔矣，寖假而孔子变成程伊川、朱晦庵矣，寖假而孔子变为陆象山、王阳明矣，寖假而孔子变为顾亭林、戴东原矣，皆由思想束缚于一点，不能自开生面。如群猿得一果，跳掷以相攫；如群妪得一钱，诟詈以相夺，情状亦[二]何可怜！（壬寅《新民丛报》）

能从高处大处着眼，彼学一先生之言，暖暖姝姝而私自悦者，可于断港绝潢中废然返航矣。故启超治经虽乏深邃之功，然明大体，达世情，居中而立，不倚不偏，又岂寻常经生所可及哉？

秦人燔书禁学，起六艺真伪之争；汉室立官授徒，开今古对峙之局。披览经史，窃有疑焉：大义微言，固自可贵；名物训诂，岂可厚非。门户之见既立，是非之准难凭。此其所疑者，一也。汉以经术饰吏治，清以《公羊》图维新，古方今病，疗效何如？此其所疑者，二也。董生著论，特详灾异之言；郑君注经，犹存谶纬之说。此其所疑者，三也。彝训曰经，经言不刊；六经皆史，史乃陈迹。低昂异致，究将谁归？此其所疑者，四也。综斯四疑，爰生二感：两汉经生，竞媚帝室，仲尼为汉制作，刘氏乃尧后裔，以师儒之尊，造此无根之说，真可谓斯文扫地矣。此其所感者，一也。乾嘉学者，盛极一时，寻行数墨，亦有微劳，若语夷夏之防，则视清初顾、王诸先生有愧色矣。道、咸而降，国是日非，武嬉文恬，醉生梦死，而志士激愤，托治经之名，作救亡之计，龚、魏倡于前，康、梁踵其后，然仅扬汤止沸，未能釜底抽薪，吊古之情多，革新之事少，无怪其难脱改良之窠臼矣。此其所感者，二也。经今古文学之争，交炽于两汉，清末犹余霞成绮，其中优劣得失，迄无定评，此我国学术史上一空白也。退处多暇，忘其谫陋，粗述梗概，间陈肤见，惟方闻正焉。

【校记】

［一］瑻，《夏曾佑集》作“琢”。

［二］亦，《梁启超国学论著二种》作“抑”。

商代迁都考

一

都邑之迁，古今多有，但无若商代之频数者。年代久远，书缺有间，纵有记述，散见难搜，且其中异说纷纭，莫衷一是，学者以是未能尽详。据愚推究所得，自契至纣，凡一十九迁，证以今地，并申说其移徙之由。其所不知，盖阙如也。

二

契居商丘、后都于蕃，此一迁也。

《史记·殷本纪》谓舜封契于商，裴骃引郑玄曰："商国在太华之阳。"以此皆指为今陕西商县，《世本》则谓契居蕃，蕃当今何地尚无定说。案《汉书·地理志》鲁国属县有蕃，王氏《补注》引《一统志》："故城今滕县治。"班于薛县下注云："夏车正奚仲所国，后迁于邳，汤相仲虺居之。"蕃下只注"南梁水西至胡陵入沛渠"，疑有阙文。汉初去古未远，命名当有所本。或亦袭契时之旧称欤？殷为东方民族，突封西土，势为情势所不许，此商当为今河南商丘，契初居于商，后都于蕃，《史记》记其始，《世本》载其终也。

昭明初居砥石，后都于商，此二迁，三迁也。

《荀子·成相》："契玄王，生昭明，居于砥石迁于商。"丁山甫《论三代都邑篇》谓砥石在河北泜水附近。案泜分南北二水，以近南为是。南水源出临城县西南敦舆山，东流历尧山、隆平入宁晋泊。《山海经》所谓"敦舆之山，泜水出其阴"是也。尧山以县西北八里有尧山而名，相传唐尧始封于此；果尔，固亦古帝王之都也。后迁于商，仍就契之旧封也。

相土建东都，此四迁也。

昭明之后为相土，《竹书纪年》："夏帝相十五年，商侯相[一]作乘马，遂迁于商丘。"相土居商丘，当因其父昭明之旧。相去佐夏，帝相见逼于寒浞，尝依同姓诸侯于斟寻，斟寻故城在今山东潍县境。相土以其一部分族人相从，而更立东都，《左传·定四年》有"取于相土之东都"之语可证。东都，孔《疏》仅谓地近泰山，莫能确指其处，兹亦未敢妄断。但相土时有两都，则为事实。

王亥居殷，此五迁也。

相土三传而至冥，四传而至振，五传而至微。冥，《楚辞·天问》作季；振，《世本》作核，《天问》作该，《山海经》、卜辞皆作王亥，《纪年》则作子亥。《纪年》云："夏帝杼十三年，商侯冥死于河。帝芒三十三年，商侯迁于殷。帝泄十二年，殷侯子亥宾于有易，有易杀而放之。十六年，殷侯微以河伯之师伐有易，杀其君绵臣。""商侯迁于殷"，此商侯即下文之子亥。子亥之上为冥，子亥之下为微，冥、微之间，唯有子亥，所谓"商侯迁于殷"，即指子亥迁于殷也。学者不察，往往误认冥之后有不详其名之殷侯，遂以亥为此殷侯之子，与各书所记世系，因生牴牾。殷之为地，旧皆以今之河南偃师当之，而不知实在大河之北，今安阳北境是也。《史记正义》谓邺南四十里有殷之旧都，其西南三十里有殷洹水，南岸三里有安阳城，西有城名殷墟。是安阳有殷都二：在北为旧都，在西为新都。旧都在前，新都在后，王亥为迁殷之第一人，故所都应在北境也。更有一事堪注意者：《纪年》记商事，王亥以前悉称商，王亥以后始多书殷，尤为王亥迁殷之铁证，而与前人相传谓商代称殷自盘庚始者，显有出入。《天问》谓王亥与弟恒朴牛（应依《吕氏春秋·勿躬篇》作"服牛"）。于有易（今本误作"有扈"，误），有易之君杀而放之，取其牛。与《周易·旅卦》上九"丧牛于易"正合。《纪年》谓"宾于有易"，词虽稍浑，但亦无悖。若殷系偃师，有易北去千里，且有大河阻绝，于势为难；设在安阳，既无涉川之险，途程又几减缩其半矣。

报丁归商，此六迁也。

《纪年》："帝孔甲九年，殷侯夏[二]归于商丘。"此殷侯系何人？并未明言。自此而后，至“帝癸(即桀)十五年，商侯履迁于亳”，其间别无移徙。微伐有易，为帝泄时事，姑以夏、商两民族之首长统系对比，不难测定其人。

夏　泄→不降→扃→廑→孔甲→皋→发→桀

商　微(即上甲)→报乙→报丙→报丁→主壬→主癸→汤

泄与微至汤凡七世。孔甲之世，似相当于报丁、主壬之间，而报丁之可能性为尤大。《史记》以报丙与主壬相接，而置报丁于报乙之上，验诸卜辞，殊不然也。

汤都南亳，后徙西亳，此七迁、八迁也。

亳有三：一曰南亳，在商丘东南，汤之初都也。《孟子·滕文公》下：“汤居亳，与葛为邻。”葛故城当今河南宁陵县北十五里，东与商丘接壤。二曰北亳，在商丘北四十里大蒙城，一名蒙亳，又名景亳，汤尝与诸侯盟于此。三曰西亳，在偃师县西，亦名尸乡。《汉书·地理志》：“偃师有西乡，成汤所都。”今名新蔡镇。史公谓“自契至汤八迁”，《集解》引孔安国曰：“十四世凡八徙国都。”汤为第十四世，正符八迁之数。

仲丁都隞，此九迁也。

隞，《书序》《纪年》并作嚣，《史记》作隞，《诗》作敖，《小雅·车攻》：“搏兽于敖。”地在荥阳西北山上。《水经注》：“济水东径敖山北，其山上有城，即仲丁所迁。”

河亶甲居相，此十迁也。

《纪年》：“河亶甲元年庚申，自嚣迁于相。”《史记正义》：“《括地志》云：‘故殷城在相州内黄县东南十三里，即河亶甲所筑都之，故名殷城也。’”

祖乙初都耿，此十一迁也。

《纪年》：“祖乙元年己巳，自相迁于耿。”钱宾四《国史大纲》：“耿，《史记·殷本纪》作邢，即《左传·宣六年》及《魏策》之邢丘。杜注：河内平皋城。”邢、耿古音同部，故司马贞《索隐》“邢音耿”。今河南温县东有平皋故城，即其地。

旋又徙庇，此十二迁也。

《纪年》："祖乙……二年，圮于耿，自耿迁于庇。""八年，城庇。"自祖乙而下，历祖辛，开甲（《史记》作"沃甲"）、祖丁皆居于庇，《史记》未详，《集解》《索隐》《正义》亦均未补入。子长未见《纪年》，限于史料，自不足怪。裴氏、司马氏、张氏，或生于刘宋，或生于李唐，均在晋后，彼时汲冢之竹书已出，仍属阙然，未免疏略。庇为何地，迄无定说，窃疑即郫，郫、庇一声之转。《左传·文公六年》："招公子乐于陈，赵孟使杀诸郫。"郫当今河南济源县西一百二十里。庇亦称郫邵，《左传·襄公二十三年》：齐伐晋，"戍郫邵"。《纪年》谓"圮于耿"，耿既在温县东，河流至此，已入平原地带，易致水灾。济源居温县西，接近析城、王屋诸山，地势高塽，罹难以后，痛定思痛，择居于斯，理或然欤？

南庚都奄，此十三迁也。

《纪年》："南庚三年，迁于奄。"《史记》暨诸家注亦均未及。奄，今之曲阜，《读史方舆纪要》卷三十二："曲阜县有奄城。"注云："曲阜旧城即古奄城，亦曰商奄里。"阳甲亦居此。

盘庚都殷，此十四迁也。

《纪年》："盘庚十四年，自奄迁于北蒙曰殷。十五年，营殷邑。"北蒙当系北冢之讹。司马贞云："盘庚迁殷，殷在邺南。"邺为今河南临漳县，其南则安阳也。安阳北之旧殷都，王亥所建；安阳西之新殷都，则盘庚所营，其后武乙、文丁均居于此。《史记正义》引《括地志》云："相州安阳本盘庚所都，即北冢殷墟。"盘庚所都，本在安阳，而世多以今之偃师当之，《史记·殷本纪》："帝盘庚之时，殷已都河北，盘庚渡河南，复居成汤之故居。"《正义》："盘庚渡河，南居西亳。"按《尚书·盘庚篇》："盘庚作，惟涉河以民迁。"郑玄曰："作渡河之具。"史公于祖乙居耿以后，迁庇，迁奄，皆所不详，彼以盘庚既造舟涉河，耿在河北，则必是渡河而南也。殊不知自南庚三年已迁奄，中经阳甲（南庚六年卒，阳甲四年卒）。至盘庚十四年迁殷，计居奄已二十二载矣。其时大河北流，至大伾山（在浚县东南二十里）始折而东北出海。由奄迁殷，实出河东而至河西，非由河北而至河南也。史公既望文而生义，张守节则一面采《括地志》之言，谓安阳为盘庚所都，而又谓“盘庚渡河，南居西亳”，自陷于矛盾，皆缘未明自南庚已都奄故也。因不知南庚已都奄，遂无法以符《尚书》“涉河以民迁”之言，于是误解滋生矣。

武丁都蒙亳，此十五迁也。

《国语·楚语》：“武丁能耸其德，至于神明，以入于河……自河徂亳。”丁山甫曰：“亳，即王国维说亳所谓蒙亳者也。殷人至是，始渡河南。《史记》脱此武丁迁亳事，则后‘武乙去亳，徙河北’，语无着落，故不得不曲解盘庚迁殷为渡河而南。”

武乙徙河北，此十六迁也。

《史记·殷本纪》：“帝武乙立，殷复去亳徙河北。”《纪年》：“武乙三年，自殷迁于河北。”《纪年》脱武丁迁亳事，故此处误作“自殷”。河北之地甚广，以从蒙亳迁来，必渡河而北，乃泛言之，实即殷也，盖殷早成河北之重镇矣。《帝王世纪》谓“武乙徙朝歌”，未确。

旋又徙于沬，此十七迁也。

《纪年》：“武乙十五年，自河北迁于沬。”沬为坶野之合音，实为一地。坶野后人多作牧野，一称沬乡。亦称妹邦。《诗·鄘风·桑中》：“沬之乡矣。”《尚书·酒诰》：“明大命于妹邦。”朝歌与牧野为两地。汉人或以牧野之名缘朝歌而起，以其为朝歌郊野之地。《尚书·牧誓》：“王朝至于商郊牧野。”郑注：“郊外曰野。”孙星衍疏：“《释地》云：‘邑外谓之郊，郊外谓之牧，牧外谓之野。’《周礼·载师》注：‘杜子春云，五十里为近郊，百里为远郊。’牧野在朝歌南七十里，是远郊之内，近郊之外。径言至于商郊、牧野，故郑言郊外曰野。”愚案在此为一专名，为一专地，虽邻于朝歌，而自成一区，武乙尝都于此矣。《后汉书·郡国志》：“朝歌南有牧野。”未闻朝歌之东北西三方各有地曰牧野也。注疏家间有视沬即为朝歌者，不可不辨。

文丁(《史记》作“太丁”)居殷，此十八迁也。

《纪年》：“文丁元年丁丑，王即位，居殷。”下注：“自沬归殷邑。”三年，载“洹水一日三绝”。洹非巨川，而书之者，以其为近都之水也。《史记正义》:“洹水南岸三里有安阳城,西有城名殷墟。”

帝辛(即纣)居朝歌,此十九迁也。

《史记》谓纣“使师涓作新淫声,北里之舞,靡靡之乐。厚赋税,以实鹿台之钱”,及其兵败,走入登鹿,自焚死。裴骃《集解》:“瓒曰,鹿台,台名,今在朝歌城中。”楚汉之际,项羽以朝歌封司马卬,号曰殷王,盖以此也,故城在今河南淇县东北。

三

自契至纣,凡十九迁,为地只十有五:曰商丘,曰蕃,曰砥石,曰殷,曰南亳,曰西亳,曰隞,曰相,曰耿,曰庇,曰奄,曰蒙亳,曰沬,曰朝歌;尚有一地,今未有确指,即相土所建之东都是也。商代都邑之迁,略尽于此。请更究其迁都之由。自来论商代迁都原因者,多委之于河患,其实河患只众因之一,未可尽以之为说也,愚以为商代迁都之所以频数,厥因有四:

一、由于政治势力之消长也。京师为首善之区,政令之所以出,关系至巨。但都城所在,常视其政治势力之消长而定。国力衰时,都城每移于与敌穹远之地,不敢撄其锋,如东周以避犬戎而迁洛邑,东晋以避五胡而迁建康,南宋以避金而迁临安,是也。国力盛时,都城常移于与敌土接近之地,以资控制,如元人保持塞北,图死灰之复燃,明成祖因迁都北京,是也。殷民族在成汤以前,大抵东向北向求发展(参考拙作《殷商拓地朝鲜考》一文,见《东方杂志》第四十一卷第二十一号);成汤以后,大抵西向南向谋防御。成汤以前,史料寥寥;成汤以后,始稍有可说:凡都城西迁、南迁者,必为强盛之日;东迁、北迁者,必为衰微之日。汤由南亳迁西亳,祖乙由相迁耿、迁庇,武丁由殷迁蒙亳,非自东而西,即自北而南。汤之威烈无论矣。祖乙得巫贤为佐,殷以中兴;武丁修政行仁,《孟子》尝有归美之语(见《公孙丑》);皆势盛之日也。河亶甲由隞迁相,南庚由庇迁奄,武乙由蒙亳迁河北,非自西而东,即自南而北,皆势衰之日也。为商患者,虽有鬼方、土方、吕方,而大敌为周。周居西土,国力蒸蒸日上,观周都之逐渐东移,当可反映商势之日就颓落。据《纪年》所载,武乙元年,周之古公亶父自豳迁岐;三年,武乙徙河北。至文丁元年,周之季历更自岐迁程,于是文丁复由沬迁殷,周愈东而愈北矣。史称武乙猎于河渭，大雷震死。窃疑武乙曾一度对周兴师，于河渭间兵败身死，亦犹周昭王征楚而不返也。

二、由于游牧习性之未尽革除也。游牧民族，逐水草而居，不恒厥处，古谓之行国。进至农业社会，始安土重迁。商之农作物，于卜辞中已见黍、稷、稻、麦等字，并有“求年”之事，求年者，即后世祈谷之祭也。然终不及其游牧生活之普遍，卜辞中关于牧事贞问极多，而祭祀所用之牛羊，往往一次而多至数百头者（贞㞢：御牛三百。见《殷虚书契前编》肆、八、四），尤非游牧民族不办。《史记》谓纣材力过人，手格猛兽，《帝王世纪》谓纣倒曳九牛，可见当时渔猎游牧之风犹盛也。《周易 ·旅卦》上九有云“丧牛于易”，《大壮》六五“丧羊于易”，说者谓皆系记商王亥事。《楚辞·天问》：“该秉季德，厥文是臧；胡终弊于有扈，牧夫牛羊。”是王亥以南面之尊，犹事牧畜，况齐民乎？又《易·既济》：“九五，东邻杀牛，不如西邻之禴祭。”郑注：“东邻，谓纣国中也；西邻，谓文王国中也。”凡此皆商为游牧民族之征。商既为游牧民族，故彼视转徙为寻常事矣。

三、由于经济环境之选择也。《尚书》中所录之《盘庚》，为商人迁都之唯一文献。前人多谓盘庚居耿，时遭浸沉，乃谋他徙。不知盘庚原居于奄，彼时河出北道，相去甚远。且据胡渭《禹贡锥指》，自禹治水告成之年，下至周定王五年，凡一千六百六十余岁，河始改道。在九河未湮之前（齐桓公时，九河始亡其八支），河之为灾，不似后世之频闻也。今按《盘庚》原文，初无被水之辞，实有拓殖之意。一则曰“汝万民乃不生生”；再则曰“往哉生生，今予将试以汝迁，永建乃家”；三则曰“朕不肩好货，敢共生生”，四则曰“无总于货宝，生生自庸”。中又论农事曰：“若农服田力啬[三]，乃亦有秋。”又曰：“惰农自安，不昏作劳，不服田亩，越其罔有黍稷。”其因生产之关系而迁，彰彰明矣。

四、由于黄河为灾之逼迫也。商之迁都，缘于河患者，亦非绝无也。《书序》谓“祖乙圮于耿”，《正义》：圮，毁也，河水所毁曰圮。案耿南滨大河，即今河南温县东二十里平皋故城之地，汉置平皋县，以其在河之皋，处势平夷，故名。滨河平地，易遭浸没，故徙于庇，庇在上游丘陵地带，无复洪涛稽天之虞矣。商都之因水而迁，此为最显。

四

《史记·殷本纪》载自汤而后，商都之迁仅六；汤之前虽谓八迁，而未详其处。《纪年》详已，但仍多挂漏。时贤于迁都原因，间有论列，惜各持一说，未臻赅备。居常妄欲综合群言，附以管见，于此杂复之问题作一总解决，而行箧无书，不容广事征引，兹但就案头所存，与意念所及，写为此篇，自不能谓为定说也。

一九四六年二月九日脱稿，时客四川江津白沙

附：张煦侯先生函

逸雪吾兄：

前荷惠书，兼示《商代迁都考》论文，病中索寞，读之眼明，困于风痹，欲载复而未能也。商代宅京，不恒厥邑，五迁既有异文，八迁又空无所指。史公虽有网罗散失之勤，而汲郡古文未出，失书南庚、武丁诸迁都事，致盘庚殷墟之奠，误作河南，竟成巨谬。吾兄据可信之书，黜谬悠之说，诸所推定，皆至核至慎，非夫好学深思，眼明手快，岂能为此？真可喜也。大论谓行箧无书，征引未广，窃谓它曰征引纵多，度结论亦不能外是。因忆《吕氏春秋·音初篇》有“殷整甲始居西河”之文，鄙意整、振音近，恐即是居殷之壬亥，惟西河二字，未识何解，或即东都之对文乎？附缀于此，以俟平决。在扬旧有耕研商讨文史，自耕研去沪，便有寡俦之叹。今后扬、镇一水之间，有资于执事之攻错者必不少矣。呵手作札，以志吾幸。即颂著祺。

弟张须顿首

一九四七年二月十五日

【校记】

［一］“相”后，据《竹书纪年集证》，脱“土”字。

［二］夏，《竹书纪年集证》作“复”。

［三］啬，《尚书校记》作“穑”。

殷商拓地朝鲜考

朝鲜入吾版图，或谓肇自唐尧，或谓始于六国，嗜古者以悠久自矜，谨慎者以时晚为可信。参稽群籍，始知俱非笃论也。

《尚书·尧典》："分命羲仲，宅嵎夷，曰旸谷。"此以尧时朝鲜已为我属者之论据也。孔传："东表之地称嵎夷；旸，明也，日出于谷而天下明，故称旸谷；旸谷嵎夷，一也。"但释其义，未尝明言在何地。范蔚宗著《后汉书》，其《东夷传赞》始指为朝鲜地（《后汉书·东夷传赞》曰："宅是嵎夷，曰乃旸谷，巢山潜海，厥区九族。"），杜君卿《通典》、胡朏明《禹贡锥指》并承其说。孔传虽伪，然所称汉儒之言，似非臆造。其引马融曰："嵎，海嵎也；夷，莱夷也。""旸谷，海嵎夷之地名。"（今坊间所印《尚书正义》，有作"汤谷海嵎，夷之地名"，至嵎为读，夷字属下者，未敢以为然，以其上下文皆释旸谷，非释嵎夷也。检原书自见。）案嵎本通隅，山，小篆作，金文多作，亦作，字画有虚实，而形无殊；阜，小篆作，古文有作者，乃山之转侧，形变而义不改，故嵎可通隅。支遁《述怀诗》："息肩栖南嵎。"注："南嵎，即南隅。"《史记·五帝本纪》"嵎夷"作"郁夷"，张守节《正义》："郁，音隅。"是唐人犹有明此者。海隅，古泽名，《吕氏春秋·有始》："何谓九薮？吴之具区，楚之云梦，秦之阳华，晋之大陆，梁之圃田，宋之孟诸，齐之海隅，赵之巨鹿，燕之大昭。"具区（即太湖）、云梦等均湖名，则海隅亦当为泽之称。《尔雅·释地》，郝懿行《义疏》："今自登莱之黄县、掖县以西，历青州之寿光、乐安以东，及武定之海丰、利津以北，延袤千余里之间，皆古海隅泽之地。"旸谷，《楚辞》《淮南子》并作汤谷，《史记》旧本亦同。窃疑汤谷即海隅泽，孔传谓旸谷、嵎夷为一，有所据矣。马释嵎为海嵎，是也；谓为海嵎夷，则非也。既释夷为莱夷，若海嵎亦为夷，则应称嵎莱，否则则为不辞。后之说禹甸九州者，谓青州当今山东省东北境暨辽宁省南部之地（汉古文家谓嵎夷在齐地，今文家则谓在辽西，许叔重虽为古文家，然今文之说亦收录，自乱其义例矣。史公习《春秋》于董仲舒，又学《尚书》于孔安国，乃兼通今古两家言者，其《五帝本纪》结论曰："总之，不离古文者近是。"其识解超人远矣），未闻及于朝鲜也。尧又在禹前,彼时国力更难及此。司马子长谓黄帝“东至于海”,定羲仲所居在登莱之间,由时空两方面言,均属可信也。

《史记·朝鲜列传》,直从燕人卫满叙起,此以朝鲜属我始于六国之论据也。不知《宋微子世家》既录《洪范》全文,接语即曰:“于是武王乃封箕子于朝鲜。”朝鲜设未入中国版图,箕子岂能径往而君其民耶?史公于卫满前不述者,特避文之重复耳。

日人林泰辅著有《朝鲜通史》(陈清泉译),其叙古朝鲜之发源曰:“古代朝鲜之兴起,当然受中国之影响,亦可谓藉汉民族之力而开拓者也。中国为东亚最古之国,至少距今不下四五千年,朝鲜虽不及此,当亦在三千年以上无疑。旧说:当中国唐尧之时,有神人降于太伯山(平安北道妙香山)檀木之下,因名之为檀君。此为后世佛教家附会之辞,殊不足信。然谓殷之箕子避地于朝鲜者,必非无稽之谈也。”彼不信尧时之神话,则是;谓中国开拓朝鲜始于箕子,则非。吾以殷商之拓地朝鲜,远在相土之世,早于箕子且千岁。《诗》不云乎:“相土烈烈,海外有截。”(见《诗·商颂·长发》)毛传:“烈烈,威也。”《大雅·常武》“截彼淮浦”下传云:“截,治也。”谓相土声威远播,海外亦受治也。《禹贡》:“海岱惟青州。”传:“东北据海,西南距岱,岱,泰山也。”疏:“尧时青州,当越海而有辽东。”是以岱指登莱半岛,以海指辽东半岛也。诗曰“海外”,则必超越辽东而入于朝鲜境矣。王静安依甲文认“截”为《春秋·隐十年》“伐戴”之“戴”。《汉书·地理志》:梁国甾县,故戴国,章帝改曰考城。《春秋》三传,《左传》“戴”,《公》《谷》作“载”,戴国即载国,是载在今河南省,何以解于“海外”二字耶?《竹书纪年》,夏后相十五年,“商侯相土作乘马”。王肃云:“相土在夏为司马之职,掌征伐也。”《汉书·刑法志》:“殷周以兵定天下矣。天下既定,戢臧干戈,教以文德,而犹立司马之官,设六军之众,因井田而制军赋,地方一里为井,井十为通,通十为成,成方十里;成十为终,终十为同,同方百里;同十为封,封十为畿,畿方千里。有税有赋,税以足食,赋以足兵。故四井为邑,四邑为丘。丘,十六井也,有戎马一匹,牛三头。四丘为甸。甸,六十四井也,有戎马四匹,兵车一乘,牛十二头,甲士三人,卒七十二人,干戈备具,是谓乘马之法。”盖即相土之遗制(案《世本》:“黄帝之臣相土作驾马。”当为另一人)。唯其整军经武,始能扬威海外,此中显有线索可寻。案《汉书·地理志》,乐浪郡属县中有昭明,元菟郡属县中有上殷台。据《史记·殷本纪》,商之始祖为契,契生昭明,昭明生相土,相土生昌若,昌若生曹圉,曹圉生冥,冥生振,振生微,微生报丁,报丁生报乙,报乙生报丙,报丙生主壬,主壬生主癸,主癸生天乙,是为成汤。窃疑拓地朝鲜,昭明或已具斯意,至相土成其志,乃以昭明名一重镇,以纪念其亲。上殷台,上殷者,殷之先世,盖指成汤以前。岂相土既定朝鲜,于其地作京观以耀武功欤?县制晚起,而名则每袭旧称,非尽贸然而生也。

至相土东征之进程,或缘今之山东蓬莱至辽宁之老铁山嘴,然后遵海而东,渡浿水(浿水,即今之鸭绿江)以达朝鲜者。蓬莱老铁山嘴之间,现为渤海海峡,一片波涛。彼时为陆为海则不可知。盖渤海古作渤澥,司马相如《子虚赋》:"浮渤澥。"文颖曰:"渤澥,宋之大泽也。"《齐都赋》注:"断水曰澥。"渤澥海在昔与外海不通也。夫泰山山脉,本由辽宁渡海而来。今之长山、竹山、猴矶、牵牛、鼍矶、大钦、小钦、城隍诸岛,棋布水上,迤逦不绝,犹有遗迹可见。此实由海水冲刷,陆地逐渐断陷所致,非自古如斯也。或谓:人事兴衰,岁月有变,沧桑移易,历时绵长,人史地史,未宜比传而论。虽然,无论如何,渤海在夏商之时,峡口必较今为仄,操舟易渡,无庸致疑,《易·系辞下》云:黄帝尧舜氏作,"刳木为舟,剡木为楫,舟楫之利,以济不通,致远以利天下,盖取诸涣"。涣作卦,下坎上巽(䷺),象征木在水上。舟楫之兴,其来久矣。《竹书纪年》谓夏后相二十七年,浇伐斟鄩,大战于潍,覆其舟而灭之。《论语》亦载南宫适"奡汤舟"之语,奡,《春秋》作浇,与《纪年》同,先儒皆谓其多力,能陆地行舟,有类戏论,实则其时岂仅有舟济,且有水师矣。后相九年,居于斟灌,《括地志》:"斟灌故城在青州寿光县东五十四里。"其地去蓬莱密迩,从是东征,殊属便捷。殷为东方民族,始终以齐为根据地,其人才亦多出于东方。《史记·殷本纪》:"武丁夜梦得圣人,名曰说。以梦所见,视群臣百吏,皆非也。于是乃使百工营求之野,得说于傅岩中。"徐广曰:"《尸子》云:'傅岩在北海之洲。'"古称渤海为北海,《孟子》"挟泰山以超北海","伯夷避纣,居北海之滨",皆是也。今山西平陆县东有圣人窟,俗指为傅说版筑处,其去北海远矣。世之治殷商史者,强指西以实之,致多失真相,是一蔽也。更就晚近所得之地下材料言,李济在历城龙山城子崖所发见之黑陶黄粉陶,与安特生在锦西沙锅屯之所获,初无二致。是渤海南岸与渤海北岸之文化本属一源,即民族亦同出夷系。《后汉书》既列朝鲜于东夷,又曰:"夷有九种,曰畎夷、于夷、方夷、黄夷、白夷、赤夷、玄夷、风夷、阳夷。"《吕氏春秋·

古乐篇》:“殷人服象,为虐于东夷。”是殷亦夷也。孔子,殷人(《檀弓上》:“而丘也,殷人也。”),故有浮海之叹(《论语·公冶长》:“子曰:‘道不行,乘桴浮于海。’”),居九夷之思也(《论语·子罕》:“子欲居九夷,或曰,陋如子何?子曰:‘君子居之,何陋之有?’”)。李济赞叹城子崖之黄陶与黄粉陶技艺精绝,惜其至春秋以后失传。余以为殷人陶业之发展,实肇于舜。《路史·疏仡纪》记舜云:“东夷之陶苦窳,陶于河滨,期年而器以利。”河滨在济之郓城(旧说以河滨在孟津,或以为在蒲州,均非),故《孟子》指舜为东夷之人也。案《竹书纪年》,后相三年(《后汉书》注引作三年),征风夷、黄夷(《后汉书》注引无黄夷,今本《竹书》无赤夷),乃殷人赓续作经边之举也。翦伯赞氏谓根据考古学家之报告,沿渤海湾自南而北,如在今日山东龙山之城子崖,黄县之龙口,在辽宁锦西之沙锅屯,在旅顺之老铁山郭家屯,在大连之东老滩、貔子窝、傅家庄、柳树屯,以及抚顺、朝鲜等地,均发现新石器时代之文化遗址,此等文化遗址,说明在史前时代,渤海沿岸已是中国文化摇篮地之一(见《中国史论集》)。所言平实可信。《史记·伯夷列传》:“伯夷叔齐,孤竹君之二子也。”《汉书·地理志》:“孤竹城在辽西令支县。”《括地志》:“孤竹古城,卢龙与迁安毗连。”二说无甚出入。夷齐不食周粟,饿死首阳,盖示殷民族不屈于周也。《世本》:“昭明居砥石。”砥与碣同属舌尖音,《说文》无砥字,但砥从氐得声,氐碣古音均在第十五部。《魏书》《隋志》《通典考》均谓碣石在卢龙,明《一统志》则谓在昌黎西北五十里,昌黎在卢龙东南,亦属邻县,要在滦河流域,渤海之滨。可证环渤海皆殷民族也。渤海沿岸虽皆殷民族,然由泰岱以征朝鲜,以自今之蓬莱往老铁山嘴为捷径,绕西北而行,迂回过甚,彼时似罕由也。

相土既定朝鲜,殷人竞事移殖,初属外藩,寖同内服。《后汉书·东夷传》:“初,北夷索离国王出行,其侍儿于后妊身,王还欲杀之,侍儿曰:‘前见天上有气,大如鸡子,来降我,因以有身。’王囚之,后遂生男。”《魏书·高勾丽传》:“河伯女有孕,生一卵,大如玉斗。”与《史记·殷本纪》:“殷契,母曰简狄,有娀氏之女,为帝喾次妃。三人行浴,见玄鸟堕其卵,简狄取吞之,因孕生契。”《诗·商颂》:“天命玄鸟,降而生商。”同属一事之演变,于此可见朝鲜土著与殷人同化,直认商之祖先为祖先矣。又《说文·乚部》:乳,人及鸟生子曰乳,兽曰产,从孚乚,乚者,乚鸟。《月令》:乚鸟至之日,祠于高禖以请子,故乳从乚。请子必以乚至之日者,乚春分来,秋分去,开生之候鸟,帝少昊司分之官也。夫人与兽同属胎生(兽类中除属单孔目者,此外无不胎生,属单孔目者,仅鸭嘴兽等数类而已),鸟则卵生,今观乳产二字之释义,人反与鸟近,而与兽为远,非起于殷人之神话乎？许君之言,信有所本,而《月令》之说,亦必为殷之故俗。吾以是知乳之一字,造作于殷人,而中国文字之何自始,亦殊待商量矣。仓颉造字,说起战国,最早见《吕氏春秋・君守篇》《韩非子・五蠹篇》,前此无闻也(《荀子》亦有"好书者众矣,而仓颉独传者壹也"之语,韩当秉其师说。然荀仍战国时人也)。案商契即仓颉,《尔雅・释鸟》:"仓庚、商庚。"契颉同属屑韵,又契与栔通,栔,刻也,发明刻字之人曰契(商用刀笔,刻于甲骨及竹木上,竹木年久腐烂,甲骨质坚独存耳。《尚书・多士》:"惟殷先人,有册有典。"典册实竹木为之),犹发明稼穑之人曰稷,发明音乐之人曰夔也(夔象人持尾而舞,古代歌舞相连)。《河图玉版》:"仓颉为帝,南巡,登阳虚之山,临于玄扈洛汭之水,灵龟负书丹甲青文以授之。"《玉版》为纬书,未可置信,然傅会之谈,未始不另有依稀仿佛之事迹。契封于上洛(此非陕西商县,山东历城之上洛口镇,乃古之上洛也。史载上洛口镇金置,其实金亦原旧称也),文字初起,刻于龟甲,故有此似是而非之说也。甲骨文亦称贞卜文,《后汉书》谓倭"灼骨以卜,而决吉凶"。明明此俗由殷人传至朝鲜,倭复由朝鲜习得也。周居西土,重筮法,商居东土,重龟卜;故《洪范》论及龟筮,有龟从筮逆,而无筮从龟逆,祖伊谏纣,亦有"假人卜龟(卜众本作元,今依徐广说改),无敢知吉"之语,箕子从殷人,此其习尚之表征也。《左传・僖四年》:"筮短龟长,不如从长。"是亦旧俗也。

箕子名胥余,箕,国名;子,爵也。马融、王肃以为纣之诸父,服虔、杜预以为纣之庶兄,史公以为纣之亲戚。余以马、王之说为得其实,箕子为太师,微子称为父师(见《尚书・微子》),微子,帝乙长子,纣之庶母兄也。殷亡,箕子之朝鲜,其因说颇不一:《史记》谓周武王既克殷,访问箕子,箕子为陈《洪范》,于是武王乃封之于朝鲜(见《宋世家》)。《尚书大传》:"武王胜殷,继公禄父,释箕子囚,箕子不忍周之释,走之朝鲜,武王闻之,因以朝鲜封之。"注:"诛我君而释已,嫌苟免也。"辞书有谓:"周武王灭殷,箕子率五百人避之朝鲜而君之。"但未详所出。余以《大传》之言为可信。箕子谓微子曰:"商其沦丧,我罔为臣仆。"(见《尚书・微子》)誓言旦旦,何忍遽受周封,朝鲜早入殷之版图,殷人之在彼者已众,乃远遁海外,以示不屈,而保其清洁无躬,箕子素负人望者,武王因成势而封之。边微之地,既非所必争。籍是消灭,殷人反感更所乐为也，至箕子受命与否，则非彼所闻。《易林》："朝鲜之地，箕伯所保。"玩其辞意，似未尝隶属于姬氏也。夫以武庚续殷祀，不旋踵而诛戮随之。以微子代之，国于宋，亦不过以夷制夷之策耳。殷尚质，其性仁，然徐偃以仁义而亡，宋襄以不擒二毛而败，在周室领导之政治势力下，造成社会上事事歧视宋人：揠苗助长，宋人也（见《孟子・公孙丑》）；守株待兔，亦宋人也（见《韩非子・五蠹》）。宋人纵愚，何至为此；箕子智烛几先，飘然远引，尺土能守，殷壤犹存，是岂不足为政耶！教以礼义，课以田蚕，施八条之约（《汉书・地理志下》："殷道衰，箕子去之朝鲜，教其民以礼义，田蚕织作。乐浪朝鲜民犯禁八条：相杀，以当时偿杀；相伤，以谷偿；相盗者，男没入为其家奴，女子为婢，欲自赎者，人五十万。虽免为民，俗犹羞之，嫁娶无所雠。"师古云："八条不具见。"），终乃邑无淫盗，门不夜扃，回顽薄之俗，就宽略之法，谨厚成风，三方不及，故班、范两史，屡致赞叹也。

综之，朝鲜开拓于相土，成教于箕子，虽有土著，后尽同化，而成为殷民族之一支，礼教习俗，与中土殊无异焉。今朝鲜已迫倭藩数十年，而志士仁人之谋匡复者，不顾艰危，前赴后继，其沾丐于先民之德泽者深矣！

《心史》辨伪

图温饱，赡妻子，舍此不复知有事者，凡夫也。位等布衣，念念国族，罔谋其私者，豪杰也。或当天地翻覆之际，举世昏瞶之时，独明大义，守死善道，察现势之不可为，乃将心志移灌后人，绵绵以俟，欲启未来之运，光复固有之物，泪枯望断，老而不易其操，其事至可悲，其人亦深可敬欤！乌乎，精卫填海，女娲补天，力微愿博，诚属痴顽，然赤诚所至，久而兴感一世之人，气机鼓荡，不能自已，理想庄严之境域因以呈现者，未始无有也。“国者，人之积；人者，心之器。”理苟当于人心，则虽具雷霆万钧之力，终不能使之久屈不伸。执斯机枢，乾坤自转，此君子所以道其常也。吾读有宋遗民郑思肖之著述，益叹心力之伟大，而钦其为民族之巨人！遗著计：《谬余集》一卷，《文集》一卷，《自叙一百二十图诗》一卷，《释氏施食心法》一卷，《太极祭炼》一卷，暨《心史》七卷。《心史》，明崇祯十一年(1638)冬，出姑苏承天寺智井中。外铁函，函内石灰，灰内锡匣，匣内生漆书折成卷。内缄封书“大宋孤臣郑思肖百拜封”，外缄封书“大宋世界无穷无极，大宋铁函经，德祐九年佛生日封”。凡《咸淳集》一卷，《大义集》一卷，《中兴集》二卷，皆各体诗歌；《久久书》一卷，《杂文》一卷，《略叙》一卷，皆记宋亡时杂事；后附自序、自跋、盟言及疗病咒一则。体制虽繁，而语语皆不忘故国，精言深意，国魂之所寄也。而《四库全书总目提要》独疑其伪：

> 文词皆蹇涩难通，纪事亦多与史不合。如杂文卷中，于魏徵避仁宗讳作证，而李觏则不避高宗讳；又记蒲寿庚作蒲受耕，原本果思肖亲书，不应错漏至此。其载二王海上事，谓少保张世杰奉祥兴皇帝奔遁，或传令驻军离里。卫王溺海，当时国史野乘，所记皆同，思肖尤不宜为此无稽之谈。此必明末好异之徒，作此以欺世，而故为眩乱其词者。徐乾学《通鉴后编考异》，以为海盐姚士粦所伪托，其言必有所据也。(《四库全书总目提要·别集类存目一》)

综其致疑之点凡五：一曰，文词蹇涩难通；二曰，记事多与史不合；三曰，君讳或避或不避，义例不一；四曰，蒲寿庚误作蒲受耕；五曰，徐乾学指为姚士粦所伪托。兹一一考论如下：

（一）思肖之文，不拘一格，时骈时散，或古或今，间有近语录体者。兼揽儒佛，语似禅机；避免时忌，乃近廋词；此其本像，不得转以蹇涩难通疑之。以《尚书》论，真者诘屈聱牙，伪者辞理洽顺，吾人宁能斥伏胜所传者为虚妄耶？且思肖亦尝自言其故矣：“前后臣子盟檄二篇，并跋并诗，昔分其字而九九错综书之；又取久久之义，故托其名曰久久书。秘其机，神其事，庶几便出入，众不疑其文且奇，其流传可以久久。俟我大事成，当厘为正文，激动劝天下。”又曰：“今未可发其秘，久久观之，当自通其文。”又曰：“此书实难其托：欲碑其一，立万山之上；函其一，沉大海之底。明揭大义，爰镇覆载间。而语话痴错，容色槁悴，死有日矣。形骨固坏，然有不可泯灭者在焉，兹其位育天地万物于无穷也耶?”思肖之文，不斤斤于藻绘，直吐胸臆所蓄，若剖肺肝，而陈简册，独具风致，自成高格，积于内者既深，不容摹拟依托也。欧阳渐有言：“《四库》于《心史》斥为伪，不著录，是蕲蕲于郛外，不知魂魄肺肝何物。”旨哉言乎！思肖有《锦钱余笑》二十四首，今录其一：

> 二十余年来，非不喜饮酒。近日青天痴，也逐世人走。骂詈古冰雪，赞叹新花柳。安得不独行，鼻角挂人口[一]。

妙造自然，蕴藏无尽，非寄情高远者，乌能遽加训释，正感解人难得也。

（二）史以记事，固以真实为第一义，然除叙述自然科学之进程外，鲜不与政治有关，褒贬予夺，靡不受其牵制，故历史往往成政治之一种工具。所谓客观主义云者，特比较之辞耳。同属一事，立场不同，结论乃迥然有别。如朱仙镇一役，我国载籍，咸惋惜于武穆之受诏撤兵，至未能遂其直捣黄龙之志。明崇祯时，周延儒再相，辽事日紧，帝问武穆击金事，延儒谓后人不免张大其词，盖预为自身谢过地也。晚近日本史家，论及此事，谓武穆轻躁干誉，实际绝不能抗金；转赞秦桧主和为谙于世情，意在削弱我之自信力，以便逞其野心也。故历史有时随政治而转移，为不可讳言之事。《心史》有《古今正统大论》一篇，足觇其史学见解：“后世之论古今正统者，议率多端，自《春秋》后，史笔不知大伦所在，不过纪事耳。纪事而不明正理，是者非，伪者正，后世无以明其得失，诸史之通弊也。”又曰：“得中国者未可以言正统。”又曰：“大抵古今之事，成者未必皆是，败者未必皆非。史书犹讼款，经书犹法令：

凭史断史，亦流于史；视经断史，庶合于理。谬例失实泛书，史之通弊，最不可不察。”思肖秉笔，意存匡复，重明夷夏之防，抑元扬宋，低昂任情，势所难免。且彼亦未尝自讳，其《励志诗》有云：“春秋生杀权，华夷有定位。后有董狐笔，当严于载记。”又《元鞑攻日本败北歌》：“纵遇圣明过尧舜，毕究[二]不是真[三]父母。千语万语只一语，还我大宋旧疆土！”其《大义略叙》亦尝云：

追思历年闻见大痛之事，略无次序，多所遗忘，深悔旧不识以日记。然狂走无朋，千不闻一，纵书[四]亦不备。虽闻隐南游北之士，多作日录书所闻见，游历纪述颇详，固未尝见其文，决知不能为大义一脉死立赤帜，苟非其人，立论必不公正，史之反，不如不史，盖无谬见谬语谬事以误后世也。今人深中鞑毒，匝身浃髓，换骨革心，目而花眩，语而谵错，竟忘前日人心人形于清明之天，愈久愈昏，鬼霸灵台，宁复人形而语天理，其史耶！闻叛臣在彼教忽必烈僭俾南儒修纂大宋全史，且令州县采访近年事迹，又僭作鞑史，逆心私意，颠倒是非，痛屈痛屈，冤何由伸？此我《大义略叙》实又不容不作。《略叙》之作，主乎大义大体，有所不知，不求备载。我纪庶事，虽不该博于众人，惟主正理，实可标准于后世。将身行讨贼之举，先笔定诛逆之法，天理明白，一死不惜。惟意此略叙必有差忒，尚有望于后之正直君子。作史最是至难之事，且处于堂内之人，门外之事，闻或不真。两造在庭，尚不得其情，悬隔议度，岂无失误。一事之中，人人所闻所见，或前或后，或得或失，各有异同。况一人又各主一见，故闻于甲者如此，闻于乙者又如此，一犬吠形，百犬吠声，自是讹讹相传矣。尝泛取目前俱见之事，命众友各作传记，及观其叙情理，操予夺，较当时之事，各争差远。况作文之士，笔易流滑，据意揣度，随语所向，差之毫厘，谬以千里，更私意去取，岂不重累于作史之实。过褒不称事情，过贬岂无冥怨，是为非，非为是，人祸天刑，恐不可逃。世之秉纪述之笔者，采摭传闻，深察事情，毋但取意语完备，为笔所使，滥于无功，累于无辜，赏罚当其事，庶无愧于为史，则可以垂训于天下后世矣。

以心名史，明明以主见示人，而欲申其所愿也，焉容以常例论耶？宋亡以后，士大夫或投身仕途，或缄默远祸，思肖独矢忠贞，不改其度，往昔交游，寖以疏淡，当年情事，多据传闻，贫又不能搜史料，其《古今正统大论》有云：

“我心绪凋瘵，家事凄薄，绝无书籍可为凭藉，况其间毫发予夺之权，费订正者甚多。”苦心孤诣，吾当宽假怜念之不暇，更安忍求全责备耶？夫所记之实不实，与全书之伪不伪，分属两事，不应混为一谈！至载二王海上事，当时说必不一，于张世杰奉祥兴皇帝奔遁，驻军离里，驻军上特标“或传”二字，亦非全无斟酌。夏拥少康而中兴，项立义帝以复楚，在昔号召天下，必先设立目标，思肖之留有余音，实有深意存于其间。《心史》须作政治宣传书籍看，若徒以史实衡之，毋乃违于贤者识大之义欤！

（三）不讳嫌名，见于《曲礼》，后世忠信日薄，而禁忌转深，尊者之名，辗转生讳，退之已慨乎言之矣。宋仁宗名祯，思肖书魏徵作魏证；高宗名构，思肖书李觏则不讳。义例虽前后不一，然此属末节，何足为病。且高宗宠信秦桧以和金，兼成岳飞之冤狱，非惟失策，其心尤不可问，盖朔方收复，钦宗归来，彼便不得安于位矣！

（四）二王航海至泉州，蒲寿庚闭城不纳，《心史》作蒲受耕。案寿庚之悖逆，谋出其兄寿宬。寿宬，黄冠野服，入山自称处士，而密令寿庚纳款于元。寿庚以归附功授官平章，寿宬亦居甲第，一日，二书生踵门献诗，有“水声禽语皆时事，莫道山翁总不知”之句，寿宬读之惶汗。《永乐大典》作寿宬，凌迪知《万姓统谱》作寿宬，黄仲昭《八闽通志》又作寿晟。以寿宬名字纷错之例观之，兵际交通阻梗，闻见歧异，寿庚当时或有传作受耕者。卢沟桥之卢，今志报多误作芦，后人考究史事，岂宜即此而斥今之志报全为伪托耶？

（五）徐乾学以为《心史》一书，出明海盐人姚士粦伪托，《四库全书总目提要》谓“其言必有所据”，足征其未见确证也。士粦字叔祥，有《秘册汇函跋尾》行世，其学长于考据。《心史》悲歌慷慨，志切匡复，途路迥殊，从何依托？且古之造伪者，或应朝廷之征集，以求禄赏；或傅会缘饰，以示己说之有本，若士粦者，究何所图乎？前年吾尝以此就问于朱希祖先生，先生谓“《心史》真伪不可知，纵系赝品，亦必不出姚叔祥手，吾乡无此说也。”朱先生籍隶海盐，斯语尤足助吾张目。

吾观《心史》易为人指为明代伪作者，约有两端：自宋亡至明末，中历三百余年，而始出于古寺眢井中，吴儿嬛黠，易启人疑，一也。《久久书》第八跋有“必开大明之天”之句，嗜奇者目为谶书，拘滞者便断为伪作，二也。不知甲文出土，距商亡几三千年，两汉之儒，虽精专淹博如许叔重亦未之见，而吾人今获睹之。铁函《心史》外书德祐九年封，德祐九年即元世祖至元二十年，公元为1283年；其出于眢井也，在明崇祯十一年，公元为1638年，其间相去仅三百五十五载，乌可以渺茫荒远目之！所谓“开大明之天”者，言旧物光复，重睹日月也，非专指朱明一代，误在不善读者，与原书何预焉。思肖，宋一太学生耳，沧桑以后，岁时面南拜哭，终身坐卧不北向，孤忠耿耿，之死靡它，而《心史》尤为毕生心愿之所寄，血泪斑斑，孰不感奋起敬。而《四库》执事独斥为伪，不予著录，其故果安在耶？曰：清之设四库馆，原欲将中国旧籍足为其政治障者，加以总检查，总毁灭，执事者秉承其旨，于《心史》而加吹求，自居意中之事。思肖尝言：“夷狄行中国事，非夷狄之福，实夷狄之妖孽。譬如牛马，一旦忽解人语，衣其毛尾，裳其四蹄，三尺之童见之，但曰牛马之妖，不敢称之曰人。”（《古今正统大论》）清朝以满族入主中夏，宁能任斯说之推衍乎？吾独慨夫当日之御用学者，忘天下之是非，徇一姓之好恶，本钦松柏坚贞，又恐霜雪怀惭，持论乃进退失据矣。《心史》为国魂所寄，非泛泛之作，余不得不为之洗雪也。

【校记】

［一］挂人，《郑思肖集》作“插入”。

［二］究，《郑思肖集》作“竟”。

［三］真，《郑思肖集》作“亲”。

［四］“纵书”后，据《郑思肖集》，脱“之”字。

敦煌考古纪程

敦煌入吾版图，始于何时？释《尚书》《春秋》者虽有论列，未足援据。《舜典》："窜三苗于三危。"说者谓三危之山，在今敦煌东南四十里。《左传》襄公十四年，晋范宣子数戎子驹支曰："秦人迫逐乃祖吾离于瓜州。"杜预注："瓜州地在今敦煌。"有虞之世，其疆域不出今山西、山东、河南、河北四省。秦之先世，虽霸西戎，然其辖境不出今甘肃东南部河西之地，非彼所能统属。汉武拓边，置河西四郡，敦煌实为其一，史有明文，不容疑议。《汉书·地理志》载郭煌郡辖县凡六：曰敦煌、曰冥安、曰效谷、曰渊泉、曰广至、曰龙勒。幅员之广，实非武威、张掖、酒泉可与伦比。玉门关在其西，阳关在其南，二者为通西域之孔道。玉关为汉时所由之路，故班超在西域上书有"但愿生入玉门关"之语也(《汉书·西域传》虽两关并举，然《后汉书·郡国志》于"敦煌郡龙勒县"下只云有玉门关，而不及阳关，知尔时玉关为通道，阳关尚少人行也)。阳关为唐时所由之路，故王维有"西出阳关无故人"之句也。敦煌一地，实为彼时文物所萃。元人武功彪炳，威力及于欧洲，此则尤为要冲。海通以还，情势顿易，往时重镇，渐沦荒漠。迨乎清末，斯坦因、伯希和先后来华，劫掠莫高窟之宝藏，分陈于伦敦、巴黎二市，于是世有所谓"敦煌之学"；而边徼孤城，亦寖有东南人士之踪迹矣。癸未之岁，予怀沉忧，驾言出游，爰有西北之行，摘取史事，求诸目验，逐日记载，并详其道里之远近，名曰《敦煌考古纪程》。

一九四三年五月六日

下午三时，发渝郊之歌乐山，过璧山后，车行丛山中，绿竹猗猗，弥望皆是。间见乡姑三五，各手杜鹃一束，布衣楚楚，可称古艳，视城市中牵狗女郎，顿有雅俗之判。夜宿温峡镇，渝人所谓西温泉也。行前曾得王献唐先生自李庄寄来送行二绝句，先生时亦有身世之感，故诗境倍觉凄清也。其一曰："梦里逢君醒似真，向湖一别雨如尘。相思渐逐春潮长，又唱阳关送故人。"其二曰："扛鼎争传笔一枝，更从剑外揽雄奇。平凉羯鼓金城柳，万里春声出塞时。”关山迢递，每朗诵之。

七日

晨浴于温泉，旋参观铜梁纸厂，近山多竹，采以造纸，盖已历有年所矣。过潼南县，车傍潼江行，农人颇知利用水力，以之碾谷磨粉及灌溉。晚抵遂宁，市面繁荣，为西来数县所仅见。歌乐山至此，计百九十七公里。

八日

早发遂宁，近郊沟渠纵横，柳汀芦洲，萧疏有致，宛然江南风光。稍前，野阔天低，平畴一片，又恍似中原景色矣。高原宜棉，故遂宁之布，销行邻邑。午饭于太和，太和属射洪，转视其县治繁华。《益州记》：娄滩东六里，有射江，西魏因置县，土人讹江为洪，后周从俗，改县为射洪云。更前，经三台而至绵阳，绵阳西山有子云亭，中塑扬雄像，当日一代词宗，及今只剩荒山废阁，西风夕照，增人感喟。有诗：

赋才扬马合同龛，晚岁玄言闭户探。子骏轻狂嘲复瓿，解人终古属桓谭。

远望西山一抹青，扶筇独上子云亭。苍碑卧地无人问，断续风铃月下听。

南去百余步，蒋琬墓在焉，翁仲犹存，威仪未替。惟附近丛冢累累，殊碍观瞻，余亦有诗：

卧龙老去蜀才稀，衰祚能延仗护持。沉醉广都几不测，惠陵未许识瑰琦。

麦饭年年祭故侯，元戎驻节在绵州（琬封安阳亭侯，每逢正月，州人联袂往祭）。我来刚过春三月，芳草萋萋引暮愁。

城东有富乐山，相传刘备入蜀，刘璋迓之于此。西北有漫波渡，亦名青莲场，相传李白生于此。是日行百七十四公里。

九日

午前修车，午后四时抵梓潼；城垣虽小，然实古邑，汉元鼎元年置，倚梓林而枕潼水，故名。城西南有神山，山有司马相如读书窟，唐玄宗幸蜀，改称长卿山。李商隐过此，有“梓潼不见马相如”之句。

十日

晓发梓潼，凉风侵面。二十里，七曲山。山有文昌庙，俗传文昌掌人间禄籍，亦称梓潼帝君，以其原居于斯也。《明史·礼志》：“梓潼帝君者……姓张，名亚子，居蜀七曲山。仕晋，战没，人为立庙。唐、宋屡封至英显王……岁以二月三日生辰，遣祭。”《太平寰宇记》《舆地纪胜》均略同此说，惟《寰宇记》谓其名恶子，《纪胜》则谓其名育，常璩《华阳国志》、崔鸿《后秦录》皆与《寰宇记》合。偏殿有塑像，莫能指名，土人传为张献忠。世谓献忠过梓潼，曾为文以祭，岂竟以此而并祀耶？抑有德系人思耶？然洪适《隶释》则据益州太守高联《修周公礼殿记》“甲午，故府梓潼文君增造吏寺二百余间”之语，论定梓潼文君即晋元帝建武中益州太守文参。余按洪说得之，昌参二字皆属齿音，乃由“文参”讹而为“文昌”。更前，上亭驿，唐玄宗闻铃处也。午抵剑阁县，依山为城，其小如斗，然实巨防也。志称蜀先主以霍峻为梓潼太守，始置剑阁县。六十里，剑门关。左右峰峦特起，高耸入云，远望如剑戟之排列，下仅一径可通，真可谓一夫当关，万夫莫开。赵宋伐蜀，克剑门县，以县隶剑门关，关都监得专奏事，可知其为形胜矣。有诗：

千峰高耸排如剑，一径中开裂若门。多少英雄酿浩劫，可怜事过了无痕。

书生橐笔走天涯，好景流连便是家。欲觅放翁题咏处（陆务观有“细雨骑驴入剑门”之句），几回误认几停车。

自梓潼至剑门，一路古柏参天，皆三四人合抱，俗传张翼德手栽，实则明剑州刺史李璧所植，已由梓潼、剑阁二县各于辖境以木牌编号，禁止砍伐。暮雨，达广元已万家灯火矣。

十一日

上午访姜锦生君，锦生知余有嗜古癖，导游城北千佛崖。崖在嘉陵江东岸，旧则悬岸架木，作栈而行。唐开元三年，剑南道按察使韦抗凿石为路，并作千佛功德。余观北崖所刻，神采朗然，栩栩如生，南崖诸像，但得形似而已，知非出于一手，甚或非成于一代。顷开辟公路，划削其半，识者惜焉。午后，出西门，渡江，游皇泽寺。寺建于唐武后时，武后用以供其父母者。今寺旁仍多姓武，盖则天，广元产也。寺有石像，已毁损，另有石刻，似天女散花图，后世画工想象为之。但拓者居奇，索价极昂。

十二日

过锦生处候车，骄阳暴人，竟日枯坐。晚与锦生登千佛崖，共话家乡近事，不胜沧桑之意。隔江牧童，指㧑如意，“麾之以肱，毕来既升”，不啻为《小雅·无羊》写照也。

十三日

早发广元，二十九公里，朝天驿，顾名思义，知其高峻。更前，山路迂回，过西秦第一关，便入陕西宁强县境矣。宁强，古白马氐羌之地，原名宁羌，去岁一月始改今名。治北九十五里嶓冢山，即《禹贡》“嶓冢导漾”处也。半山有碑，字迹不易识辨，相传大禹治水所遗云。市有拓本出售，购数份邮贻师友。城东玉石滩，其石光洁，可治印章。晚宿新运招待所，夜雨，檐溜有声。

十四日

早发宁强，三十里，五丁关，有峡曰五丁峡，亦曰金牛峡。《水经注》谓：秦惠王欲伐蜀，而不知道，作五石牛，以金置尾下，言能屎金，蜀王令五丁引之成道。又《蜀王本纪》谓：秦王献美女于蜀王，蜀王遣五丁迎之。于此可见秦蜀间道途之险阻，秦不惜诱蜀以美女，给蜀以金牛，使启山林，然后以求遂其大欲也。今汽车行驶，电闪风驰，越岭翻山，如履平地，智巧日进，地失其险矣。更前，大安驿，以宋置大安军而名，已入沔县境。沔县有新旧二城，旧城相传即诸葛孔明演空城计处。按《三国志·诸葛亮传》，建兴五年，“屯于沔阳”。汉之沔阳，今之沔县也。裴松之引郭冲《条亮五事》，谓亮以万人屯阳平，司马懿率二十万众来侵，亮敕军中偃旗息鼓，开城洒扫，懿以亮素持重，恐中伏，乃去。松之虽斥斯说悖妄，然冲，晋初人，闻见亲切，与松之(刘宋人)以理断者有别。考阳平关有三：一在宁强县西北，一在沔县西北，一在褒城西北。《蜀志》谓建安二十三年先主次于阳平关，翌年春，自阳平渡沔水，于定军山作营，似沔阳之阳平也，郭说可补陈《志》疏略。惟阳平关恐未必即今之沔县旧城耳。新旧城间有马超墓。诸葛墓在定军山，有公路可通，民于今思之。武侯一生，以法治民，以道自处。“威之以法，法行则知恩”（武侯语），故民畏而怀之。“淡泊明志，宁静致远”（亦武侯语），位极人臣，而仍如闲云野鹤，此则得力于道家之处也。更前，黄沙镇，《诸葛亮传》“劝农于黄沙”，即此。

午抵褒城，褒城古为褒国，周幽王得褒姒于此。沔县有汉惠渠，褒城有褒惠渠，农人赖焉，李仪祉生前所经画也。陕虽贫瘠，自古出水利家，秦有郑国，汉有白公，今得仪祉而三。褒城西北，六十四公里，留坝县。更十四公里，庙台子。张子房佐汉既定天下，自请封于留，即今之留坝县。庙台子，则子房修真处，以盖世之才，事多疑之主，功成身退，高出韩、彭万万矣。今有祠，宿焉。

十五日

晨起，遍历祠宇，宏敞为西来第一，正殿尤雅洁肃穆。右有园，小轩回廊，流泉处处。上有传道台，远近林峦，呈现几上，米芾题“天下第一山”。余触景生情，倍切身世之感，曾有二绝句：

> 公真无愧人中凤，我自深惭辕下驹。仕宦隐沦两不是，残书败箧又饥驱。
>
> 紫柏城前破晓寒，霞光红上曲栏干。登台别有悠然意，莫作清吟一例看。

征程催迫，不克久留。过柴关岭、酒奠梁，以达双石铺，是日才行六十一公里。数年前双石铺仅有居户三，今竟成为闹市，以有两公路交会于此。交通之区，辄为市侩操纵之地，自渝北来，物价之高，以此为顶点，夜宿工业协会招待所，茅茨土阶，瓦灯浊水，而所耗不下于大都市之头等旅社也。广元至此，计三百四十二公里。

十六日

早发双石铺，三十五公里，两当；四十四公里，徽县；百五十公里，天水。是日共行二百二十九公里。两当置县，始于后魏。县之命名，以有两当水。或谓：东至开封，南至成都，旧皆三十六程，故名。两当、徽县间，居民项生瘰瘤，患者数代即绝嗣，故两县之民，大都由晋陕陆续移来。医卫界当设所研究，非细故也。徽县有中国文化服务社分社，架上除冰心《寄小读者》一书外，余均为本地木刻之七字唱词，令人齿冷。天水为陇南重镇，又名秦州，周孝王封秦非子至此，其后奄有丰、岐。东汉隗嚣据此，妄欲希踪西伯，皆以形胜故也。南关外有井曰灵湫，岁旱不竭，天水之名自此起。双石铺而西，时见穴居，层栖复室，别有洞天。昔人诗云："人家半凿山腰住，车马多从屋顶过。"往以为异，至此则释然矣。

十七日

少读《史记·李将军传》，心仪其人，昨闻其墓在南关外，绝早前往。墓绕长垣，中有享堂，颇为壮丽。大门两侧有屋，备守者居。墓前有碑，上勒"汉将军李广之墓"七字。门额有"飞将佳城"四字。旁有联云："虎卧沙场，射石昔曾传没羽；鹤归华表，树碑今再赋招魂。"广怀才不遇，诚足惋叹，然以年高从外戚卫青为偏将军，青既年少而骄，又复忌刻成性，广于挫辱之余，愤而自刎，是则不知退藏之过也。余曾题一绝伤之：

老不封侯是数奇，高皇纵遇事难知（文帝谓广曰："如令子当高帝时，万户侯岂足道哉！"）。白头未应随年少，独爱南山射虎时。

返南关，憩于公园，园遍植榆树，树下设茶社，绿阴宜人，移时始去。午后一时启行，五十七公里至秦安，县北闻有成纪故城，相传为伏羲诞生地，时晏未往。

十八日

晨发秦安，七十五公里，通渭。四十八公里，华家岭，西兰公路于此合途。六十五公里，定西。定西，汉勇士县地，唐为渭州，元称安定州，清为安定县，民国二年始改今名。山童地瘠，民生痛苦，出川以来，林木渐稀，红土黄尘，殊少生意。因思《秦风·小戎》之篇，有"在其板屋"之咏，西北自昔林业发达，于斯觇之。后人只知砍伐，罔事滋培，以致气候剧变，旱灾时闻。念之不禁三叹。

十九日

晨发定西，过甘草店后，西南远山，皑然照眼，虽值初夏，其巅犹积雪未销也。午后抵兰州，定西至此，百一十六公里。兰州古西戎地，秦陇西郡，汉金城郡，州名始于隋，以州南有皋兰山也。皋兰山下，地势平旷，霍去病曾屯兵于此。兰州控河为险，自汉以来，河西雄郡，金城为最。以我国版图论，兰州适为陆上中心，往日视为边徼者，今为心脏地矣。过黄河铁桥，洪流滚滚，皮筏如鸥，两岸白杨，萧萧成韵。经金城关，至十里店宿。

二十日至二十四日

连朝卧病，间披西北图籍以自遣。

二十五日

早发十里店，枣林舒叶，菜花吐黄，余离渝郡，二麦早登，已闻秧歌矣。川东暮春，似河西之盛夏。四十公里，河口。赴青、赴新，于斯分途。道旁间见老柳婆娑，相传系左宗棠总督陕甘时所植。六十七公里，永登县。永登原名平番，民国十七年改今名。土司多鲁姓，为元脱欢之后，明时赐为鲁。雉堞完整，槐柳成行，有绿杨城郭之像。

二十六日

早发永登，百零四公里，古浪。中经乌沙岭，山势高峻，寒气袭人，身著絮袍，轻如无物。古浪以南有古浪水而名，唐于此曾筑和戎城。五十公里，武威。武威，周时为狄地，汉初为匈奴休屠王地，武帝元狩二年，休屠王降，置武威郡。前凉张轨，后凉吕光，皆据其地。后魏置凉州。水草丰美，自古以为牧场，所谓"凉州之牧为天下饶"也。城内街道宽阔，居户稠密，营药业者极多。凡大旅舍、大浴室、大菜馆、大商店，其业主多隶军籍。城西有"西夏碑"，访而未得，怅然归。

二十七日

晨发武威，出城不远，一片砂砾。时有小溪，清洌可饮，祁连积雪所融也，农舍多作碉堡式，想见地方未靖。七十一公里，永昌。元至元十五年置永昌路，以永昌王宫殿所在而名。公私屋宇，不少倒塌，闻受地震影响。自周幽王迄今，陕甘地震约二百六十余次，亦云烈矣。百零六公里，山丹，沿途不见川流，黄羊成群，奔驰迅疾。燕支山产红土，研之可为染料。霍去病既逐匈奴，匈奴歌曰："失我燕支山，使我妇女无颜色。"即指此也。六十五公里，张掖，汉初为匈奴昆邪王地，武帝设河西四郡，此其一也。西魏置甘州，取州东甘浚山为名。张掖为产米名区，唐陈子昂云：凉州岁食六万斛，甘州所积四十万斛，地广粟多，仓庾丰衍，瓜肃以西，皆仰其餫，一旬不往，士已枵饥，是河西之命系于甘州矣。今欲规划西北，首须解决经济问题，汉武经边，厥功固伟，然《西域传》称："军旅连出，师行三十二年，海内虚耗。"宜以西北所出，用之于西北，经始之际，自当别论，解决西北经济，第一则为水利，此为生产之原。西北水利，非不可讲，以陕西言，秦汉曾收其效矣。以甘肃言，人皆以为嘉峪关外，一片戈壁；不知见于史籍者，汉有效谷之城，魏有宜禾之县。《三国志·徐邈传》：邈为凉州刺史，开广水田，以足边储。昔贤虽远，往事可师，清儒刘献廷云："西北非无水利也，有水利而不能用也，不为民利，乃为民害，旱则赤地千里，潦则漂没民居。"埃及文明，古有声称，则以导引尼罗河有方，能尽灌溉之利。其后水工不职，致成荒漠。近更从而整治，则又渐呈起色。谚云："事在人为。"此语虽浅，实饶深意。夜宿东关，大风。

二十八日

晨发张掖，不三十里，积沙成冈，残砖塞路，土人指为古黑水国。按《通典》："张掖县西北有汉张掖郡故城。"较可信也。更前，至临泽，临泽原名抚伊，民国十七年三月改今名。县无城郭，以旧堡为之。更前为高台，张掖至此，计八十公里。更西，平沙浩瀚，罕睹人烟，默念法显、玄奘诸人当日赴印，皆有此道，担簦步行，艰苦备尝，吾人今日适边，有汽车代步，为幸多矣。百三十六公里，酒泉，东关有泉，其味如酒，因名。汉以前为月氏国地，后为匈奴所据，武帝太初元年，置酒泉郡，隋废郡，置肃州。兰州而西，经武威、张掖而至酒泉，时人称为"河西走廊"。海通以前，由此经敦煌取道南疆，为往印度、阿拉伯、罗马之国际路线时，马哥孛罗亦尝经此。当日之酒泉、敦煌，在交通上之价值，不减于今之上海、天津也。夜宿南关。

二十九日至三十一日

余体素羸，复以月来途次劳顿，眠食不时，益感不支，乃小休三日。

六月一日

永登而西，边墙时见，今晨九时发酒泉，十时抵嘉峪关，达长城之极西境矣。虽值盛夏，关上远眺，见祁连积雪，与白云相乱，曾有诗付同伴云：

> 六月祁连雪映关，云山重叠尽秋颜。子如欲识云山界，动者为云静者山。

出关，一片戈壁，经回回堡折而南，以达老君庙。老君庙今名石油河，我国唯一产石油地也。考此处油脉早经露于地面，《后汉书·郡国志》"酒泉郡延寿县"下，刘昭引《博物记》云："县南有山，石出泉水，大如筥篴，注地为沟，其水有肥，如煮肉洎，羕羕永永，如不凝膏，然之极明，不可食，县人谓之石漆。"见于文字记载，盖已千数百年矣。抗战以来，始从事开采，今有油都之称。

二日至七月二十二日

六月二日至七月二十二日，此五十日均在病榻中，仅为甘肃油矿局工程师谭君作一墓碑而已（碑文见《新蜀报·国民文苑》）。

二十三日

晨发石油河，细雨清尘，微风送爽，车行戈壁中，轮轧砂砾，作海潮音，宛若置身普陀千步沙矣。六十公里，赤金峡，赤金亦作赤斤，明置赤斤蒙古卫，以处鞑靼之降者。五十三公里，玉门县。阚骃云："汉罢玉门关屯，徙其人于此。"城中居民仅百余家，但街道宽阔，汽车可以并驶。百二十二公里，安西。安西，清本为府，旋降为直隶州，民国始为县。城滨疏勒河，颇得灌溉之利。惟大风频作，农田渐为落沙所掩，东城已不辨内外，想见积沙之厚矣。自甘赴新：往北疆者，由此经星星峡以至哈密、迪化；往南疆者，由此经敦煌以至婼羌、于阗；固亦交通之枢纽也。是日共行二百三十五公里。

二十四日

朝发安西，出城随入戈壁。七十里，瓜州口，昔为闹市，今剩居户二，腴壤变为沙漠，人烟遂告稀绝。又七十里，甜水井，苦咸不可入口，但饮驼骡而已。又七十里，疙瘩井，更前为草地，蒙民以为牧场，羊马成群，全无羁勒，偃仰鸣啸，一片天机，塞外之大观也。有诗：

一派寒流绕碧芜，天生此地长龙驹。嘶风践雪神偏王，塞外由来是马都。

男女均矫健，善骑射，元代武功赫赫，盖非偶然。行近敦煌，林木郁蔚，青苍照眼，恍入江南。郊垌麦黄，农歌有“秋成麦熟”之语，至此证其非诬。塞外气候，早寒迟暖，二麦入春播种，秋初收获，土著初不以为异也。西瓜甫上市，恣意饱啖，杜林云：“敦煌古瓜州，地生美瓜。”颜师古云：“其地今犹出大瓜，长者狐入其中食之，首尾不出。”闻再经月，梨枣俱熟，城中全为瓜果市场，一年最好之季候也。敦煌为甘肃最大之县，面积约八万七千五百方里。东至甜水井，计百四十里，与安西毗连。南至阿鲁柴滩，计五百七十里，与青海为界。西至九个白石头，计千六百里；北至博罗台，计三百六十里；西北均与新疆接壤。据最近调查，全县人口为二万七千五百四十五人，计汉人二万六千一百三十五人，回人九百一十六人，蒙人四百三十七人，哈萨人五十有七。土广而民不众，固由生产技术落后，而丧乱屡遭，关系尤巨。清石之瑛《开设沙州记》谓敦煌于明季沦为异域，雍正四年，招甘州无业穷民二千四百户来垦，给沿途口粮、皮衣、盘费，并借与牛具、籽种。西北辽阔，战后复员，此法可资参考。连朝山洪暴发，党河水声，直达枕上。

二十五日

鸣沙山距城南十里而遥，为敦煌名胜之一，策杖而行，村村枣树，户户梨园，竟忘疲惫。山势环抱，有池作半规形，土人呼为月牙泉。池水澄清，中不见底，产铁背鱼及七星草，服之闻可延年。昔汉武得天马于渥洼水，渥洼水即月牙泉之前称。山高数十仞，积沙而成，晴空烈日，有声如雷，故曰鸣沙。《耆旧记》：“水有悬泉之神，山有鸣沙之异。”即指此也。《楚辞·招魂》：“西方之害，流沙千里些。旋入雷渊，靡散而不可止些。”渊，《文选》作泉，洪兴祖补注引《山海经》云：“雷泽中有雷神，龙身而人头。”池畔有祠，中祀雷神，一如《山海经》所说，《招魂》所言，非尽无据也。风雨间作，境益凄清，怅触百端，爰赋二绝：

边城盛夏似清秋，抛却儒冠汗漫游。独向渥洼池畔立，蒹葭倒影忆沧洲。

四山环抱若云屏，水秀沙鸣说圣灵。自诵楚些还自证，数声清磬慰伶俜。

二十六日

千佛洞在城东南四十里三危山下，公路新成，由县府梁君导往，并摄影以留纪念，盖汽车直驶千佛洞，自吾辈始也。首访国立敦煌艺术研究所筹备委员会秘书李香亭君，承介住雷音寺上院。寺分上中下三院，研究所借用中院，下院(一名报恩寺)驻军。行装甫卸，即周览各洞。洞之编号，始于法人伯希和，敦煌县政府继之，近岁张大千氏复事更改。如张氏所编之第一一八洞，伯希和作 P135，敦煌县府则以朱笔作“九十五”。张氏所订，计三百有九，今皆依用。观览情形，明日综叙。夜赋两绝志感：

千年文物付东流，碧眼频来作狗偷。希世珍藏都载去，搜赃端不出欧洲。

横绝流沙憩法坛，危崖古洞午生寒。魏人塑像唐人画，拭去浮尘仔细看。

二十七日

午前续观佛洞，午后访研究所史岩君，得悉该所详情。晚回敦煌，夜草《莫高窟考览记》，文录如次：

迦蓝塑画，释氏所谓象教也；山林岩穴，修士所栖止也。敦煌莫高窟之开凿，据唐李怀让《重修莫高窟佛龛碑文》，始于苻秦建元二年(366)，《沙州志》则谓肇于晋穆帝永和九年(353)，先于李记所称者一十有三载。初则比丘造居，继则信士祈福，各称其赀财厚薄，愿力大小，遂有广狭华朴之异。洎乎李唐，已盈千矣。惟植根砂冈，年久崩塌，故今之可指数者，才三百有奇耳。介在边陲，远不如云冈、龙门之为世珍视。迨夫清季，敦煌卷轴，安阳甲文，同时耀彩。孔壁之书，汲冢之竹，并斯为学术四大发现。宋世，有夏跳梁，西土昏垫，方外之士，亦难自全，于是缄藏宝典，结伴远扬，岁月淹久，丧乱未平，客死他乡，来者莫省。其后雨零壁裂，突放曙光，道士王园箓，湖北麻城人，启得密室，琳琅万卷，复呈人间，时光绪二十五年五月二十五日也。阅八年，英吉利人斯坦因来此；明年法兰西人伯希和闻声踵至。二人皆以利啖园箓，于是莫高窟之宝藏，乃入伦敦、巴黎二市；北平图书馆所得，仅属残余而已。综秘室所藏,其可贵者约有六端:所出书卷,文学种类繁夥,有"中文""突厥文""西夏文""梵文""藏文""土耳其文",可谓东方文字之宝库。其可贵一也。斯坦因《西域考古记》谓其所得印卷中,有载明开雕于咸通九年者,定为中国最古之版籍。余案陆深《河汾燕录》谓隋文帝开皇十三年敕,废像遗经,悉令雕版。《敦煌石室书录》有《大隋永陀罗尼本经》,足证陆说之确。咸通为唐懿宗年号,咸通九年,为公元868年;开皇十三年,为公元593年,又早于斯坦因所说者二百七十五年,此真吾国雕版之最古者矣。其可贵二也。今日流行之韵书,以《广韵》最古。《广韵》本于孙愐《唐韵》,《唐韵》残卷虽未能窥其全豹,然已可略见一斑。其可贵三也。《诗·齐风·南山》毛传:"襄公使公子彭生乘公而搚杀之。""乘公"之"公",极难解诂,段玉裁因疑为衍文。今敦煌所出唐冯本"乘公"作"乘车",疑滞即释矣。《魏风·葛屦》:"掺掺女手,可以缝裳。"郑笺:"言女手者,未三月,未成为妇。"今写本妇下有"之礼"二字,语意始足。《小雅·杕杜》:"征夫不远。"郑笺:"不远者,言其来喻路近。"写本"喻路近"三字作"愈近也",词理浃当矣。类乎此者极多,均不待烦言而自解。其可贵四也。印度暑湿,书易霉损,故世人訾其为无史之国。莫高窟地极高燥,物品经久不腐,斯坦因所得,有梵文大贝叶本,保存完好,当为印度现存书籍之最古者矣。其可贵五也。李唐以与老子同姓,而推崇道教,浅薄可哂。惟敦煌所出道教经卷,纸质坚致,楷法工整,书品古雅,一时无出其右,亦书林之盛事也。其可贵六也。其他关于文学宗教各方面之材料尚夥,未暇尽举,稀世之珍,尽入外人之手,可不惜哉!今莫高窟之堪供研讨者,壁画、雕塑而已。寺观之有壁画,其来已旧,《传灯录》:"裴休入大安精舍烧香,因观壁画,问:'是何图相?'对曰:'高僧真仪。'"是唐有壁画矣。《颜氏家训·杂艺篇》:"彭城刘岳,才学快士,而画绝伦,后随武陵王入蜀,下牢之败,遂为陆护军画支江寺壁。"骆宾王诗:"铭书非晋代,壁画是梁年。"是梁有壁矣。今以所见于莫高窟者证之,或东晋之末,南北朝之初,已有之矣,图案变化极多,或以人物,或以花卉,或以卍字,或以浮屠(塔),边缘陬隅,殊少空隙,可见当日之竭尽匠心。画有完全用西方作风者,如第八十三洞,第一百七十八洞,第一百九十洞,第二百洞,均满绘飞仙;第一百九十七洞,藻井且有飞马;第九十三洞,供养人身着西装,笔调设色,无不与今之欧画为近,窃疑作者乃西来之人。唐画镕冶中外之长,别成高格。宋人有作,颇见逊色。张大千剔去壁上宋画,期现唐人作品(宋人往往以泥掩没壁上唐画，加涂白粉，另行自作），灰泥凝固，层次难分，卒之宋画已毁，而唐画又未尽清晰，人或议之，然其动机固未可厚非也。唐末，甘、沙诸州，与回鹘杂处，摩尼教不容于波斯本土，转而东来，回鹘虔奉之，今第二百四十九洞至二百五十一洞，有摩尼像，四周以火焰为图案，盖其教本由拜火、基督及佛教组合而成。其禁肉食，与佛教为近，故能并行不悖。第四十洞供养人有题"女甘州回鹘国可汗天公□□供养"者，可证当日回鹘于佛教摩尼教并事，其错综情形，壁画上犹可见其迹像也。于供养图中，并可考见各代衣着之不同，仪仗之异样及风俗习惯之演变。如第三百洞所绘张议潮夫妇出行图（议潮夫妇为此洞之供养人，右壁画议潮出行状，左壁画其妻出行状，上题"宋国河内郡夫人宋氏出行图"十二字，右壁字迹已模糊），仪仗极盛，有武士，有乐人，有舞女，有陈百戏者，真可谓洋洋大观，盖议潮在唐大中时为归义军节度使也。志称李、张、曹、索为敦煌四大姓，史不尽详，今于各洞壁画上所题供养人可得不少史料。罗振玉有《张议潮》，张大千有《瓜州曹氏考》，仍有堪资掇拾者，斯在有志之士之探索理董矣。往游吴县甪直，得观唐塑，深觉艺之上者，必通乎道，盖非有学养者不能显示精神也。今周览各洞，平凡之作，所在多有；足称精绝者，亦不下二三十洞。如第十四洞，所塑佛证涅槃像，俗称卧佛，身长五丈，肌肉衣折，均臻上乘。弟子及邻国赴吊者，环立其侧，虽同属哀悼，而情态各各有别。列邦复可觇不同之人种及异样之衣制，非大匠不办也。第三十五洞中座佛像，似经近代改修，其余六侍者，肌肉有力，脉理朗然，殊为名贵。第四十四洞之巨像，高约二十余丈外建九层楼护之，规模之大，为各洞冠。第三百零一洞，中亦塑有释迦涅槃像，视第十四洞局小，技巧间或过之。凡此所论，仅举其代表作而已。总之，敦煌莫高窟之雕塑壁画，除具艺术上之价值外，复可考寻历史演变。北魏迄宋，各时代之资料，随处可以取证；此又不惟艺术为然，举凡宗教民俗器物，均可获睹其一鳞一爪。故莫高窟之塑像壁画，一方面可由专家作分析研究，一方面又宜由通人作综合探讨，庶大小兼包，巨细靡遗也。

数字探源

字有本义有借义，今日通行之汉字，用借义者居多，而用本义者转少。倘欲探讨文字之源，首当求得本义，本义苟明，则于字之缔构思过半矣。若误执借义以究求字体形成之故，必如圆凿方枘，鉏铻难入，纵竭尽心力，旁引曲证，亦终无当焉。

纪数之字，约略计之，得十有三：一、二、三、四、五、六、七、八、九、十、百、千、万是也。十三字中，历代解者除于一、二、三、八、万五个字尚无大错外，其余四、五、六、七、九、十、百、千八字，自许叔重以来，大都肆为穿凿之谈，说解愈多，真义愈晦。致误原因，则在舍近求远，弃实逐虚，玄之又玄，因而错更增错矣。

一、二、三之形体结构，既简且明，绝似后世用筹码记数。许谓古文作弌、弍、弎。其实弌、弍、弎出于晚起，一、二、三方是初文，弋即杙字，后亦称橛。一、二、三之形体本肖筹码，无待更加弋以足成其义。钱竹汀《汗简跋》曾云："文字必先简而后繁。"（案最初阶段如此）据此推定，一、二、三早于弌、弍、弎无疑，而许说适得其反。至于以一代道，以二代天地，以三代三才，决非一、二、三之初义。《说文解字》开宗明义释"一"云："惟初太极，道立于一，造分天地，化成万物。"一为起数，舍此不谈，专讲玄虚大道，究否相宜，殊待商榷。而笺许者偏谓《说文解字》一书，始一终亥，与《周易》始乾而终于未济同体，讵非过神其辞！

四　许云："，阴数也，象四分之形。……，古文四。亖，籀文四。"小篆四字显系从演变而来。当为涕泗之"泗"之本文，《诗·陈风·泽陂》："涕泗滂沱。"毛传："自目曰涕，自鼻曰泗。"象鼻翼，则所流之鼻液，其形绝肖。郘钟作，梁司寇鼎作（并见《古籀补》），同指在嘴上，而形益显著。左旁增水作泗，乃系水名，与洙、济、湘、沅等字同属一例。四既被移作数字之用，乃转借水名之泗以代四。不明此种递变，而欲解数字之四，于是"象四分之形"之说起矣。王菉友复从而为之辞，谓"象四方，以分

之”，更成蛇足。许指为古文，为籀文，似成倒置。案甲文全作，金文则、兼收，如谓为古文，为籀文，庶乎近是。

五　许云：“，五行也，从二，阴阳在天地间交午也。……㐅，古文五省。”严章福《说文校议议》：“据许大例，当作从二㐅，阴阳在天地间交午也。下文㐅并说解当删。”段懋堂谓：“古之圣人知有水火木金土五者，而后造此字也。二象天地，交午，谓㐅也。水火木金土相克相生，阴阳交午也。”果如所说，二为天地，五行生克于其间，乃构成“五”字。夫天居上而地居下，前人坚持此论不渝，但“仲五父敦”五字作⋈，“伯瞏卣”亦作⋈，则是天与地平，又何说耶？且以“五行”解“五”字，亦殊感不安。叔重于汉代经师中虽为古文家，而其著述则时采今文谶纬之言，尤好以五行说字，以致驳而不纯。段懋堂号小学大师，不思作许氏诤友，而专务诡随，有时且推波助澜。五行之说，其来虽旧，然肆言生克则在战国之世，盖出于燕齐方士之所为。许言交午，段言生克，依彼推断，则是“五”为战国以后应运而生之字，而甲文金文何以早有“五”字出现？其说无稽，殆不攻而自破。

五之本字作（见林义光《文源》），以五代，出于假借，与五行毫无干系。愚以为午、五同为“杵”字初文。杵，许解为舂杵。物以杵名者，不限于此，古代版筑，捣土之具亦曰杵。《左传》襄公十七年，宋皇国父为平公筑台，妨农功，子罕请俟农毕，公弗许。筑者讴曰：“泽门之皙，实兴我役，邑中之黔，实慰我心。”宋高承《事物纪原》谓今版筑歌以应杵者，故或称杵歌，版筑所用之杵，有两端可击者，有只有一端可击者，前者其形似，后者其形似，前者于字为五（），后者于字为午（小篆作，金文作、作，并见丁佛言《说文古籀补补》）。杵之为物，放置可直可横，故五可作，亦可作⋈，可作，亦可作也。午其后加木作杵，犹酉为酒之本字，既借作地支之用，乃加水作酒以示别，故曰，五、午皆杵之初文也。以五为纪数之字，纯属同音假借，无别意也。其曰二为天地，㐅为阴阳相交，倘亦所谓望文生义欤？

六　许云：“，《易》之数，阴变于六，正于八。从入从八。”段注：“六为阴之变，八为阴之正。”王菉友云：“入即退之义。”皆不出“易纬”窠臼。《乾凿度》：“阳动而进，变七之九，象其气息也；阴静而退，变八之六，象其气消也。”实许、段、王之所本。六字有其本义，《周易》爻辞借以称阴，许竟专本《周易》

以为说。吾闻《商易》以七称阳，以八称阴，而甲文早有六七八九诸字，许君以后义释前形，不免有本末倒置之嫌。虽经无数学者疏解，终难证成其说，盖理有所不许也。

案甲文六字有介、亼、介诸形，金文及古陶文六字结构相仿，皆象庐舍形，六与庐音本相近也。六为象形字，庐为后起之形声字，庐行而六之本义废矣。又六与介形近，古曾一度混用，古诗中犹有迹可寻。《诗·小雅·甫田》："今适南亩，或耘或耔，黍稷薿薿，攸介攸止，烝我髦士。"郑笺："介，舍也。礼，使民锄作耘耔，闲暇则于庐舍及所止息之处，以道艺相讲肄，以进其为俊士之行。"此与《信南山》"中田有庐"相应。抑介六二字不惟形似，而音亦相近。介属见母字，六属来母字，见母字与来母字往往异流同源。如从"各"得声之字，格客归于见母，洛酪则归于来母；又如从"监"得声之字，鑑艦归于见母，滥醢则归于来母。介六二字，形近固易混，音近又易相假也（此节论音，承王善业同志增补例证，信多闻之益友也）。六为庐之本字，而介时亦训为庐，错综之故，有待寻绎，兹仅发其端而已。六作纪数字用，实缘同音假借，许执《易》以为说，岂其初义哉？

七　许云："七阳之正也。从一，微阴从中邪出也。"段注："易用九不用七，亦用变不用正也。"许、段并以易理解字，俱失字之始义。《殷虚书契考释》：古文七字皆作十，无同篆文七者。古金文中七字至罕见，惟尖足小布幕纪数字七皆作十，与卜辞正合，直至汉器铭识尚尔。汾阳鼎有十十枚之文，宋人误释为二十（当为十七）。卜辞中凡十字皆作丨，七字皆作十，判然明白。汉人则十字作十，七字作十，以横画之长短别之。案古金文中七字并不罕见，如"乙敦"中七月丁亥，"伊敦"中廿又七年，"秦公敦"中一斗七升（并见《金文编》），特往昔释文者多误以七为十耳。至汉人书十字而短其横画，其来有自，"史兽鼎"十作丨，"齐镈"作十，"簷鼎"作十。若卜辞则皆作丨，汉殆沿金文而来。许所谓"微阴从中邪出"，系指乚而言，不知篆作此形，仅欲不与十字混淆，无他意也。

七字形体之构成，象以针刺，横画泛指被刺之物体，竖画透过横画以示针之刺入。古有墨刑，刺字于犯人肌肤而涅之，或刺于额，或刺于面，或刺于背。刺字在此不读束而读七。《孟子》"何异于刺人而杀之"，古注亦皆音七，盖七乃刺字之初文也。七假用以纪数，历时既久，本义乃不复为人所知，而穿凿之说起矣。

八　许云："，别也，象分别相背之形。"按八字虽似象形，实为指事，颇类似一种符号，以示相分相背之义。半、公二字从八，一见其分，一见其背。八，甲文作、作、金文作、作。篆文无大更异。假为纪数字，只取同音。或谓自一至九，分解次数最多者莫如八。此说颇具会心，终不免使人兴"贤者过之"之叹。

九　许云："，阳之变也，象其屈曲究尽之形。"徐锴曰："初画起于东，东阳气之始，屈曲究极，终归西北，此乾位阳所归。"徒以《周易》阳爻称九，乃据以作解，不知九之为字，初非为《易》造也。

窃疑九为虬之初文，其形似，其音同。朱骏声《说文通训定声》："龙，雄有角，雌无角。龙子一角者蛟，两角者虬，无角者螭也。"甲文九作、诸形（见《殷墟书契类编》），金文作（利鼎）、（曾伯簠）、（宅敦）（齐侯镈）诸形，均象虬两角而体曲之状。九之音复与虬密合无间，虬从丩得声，纠亦从丩得声，《论语》："桓公九合诸侯。"胡文英云："九同纠，纠杂，调剂使之适宜也。"（《笺注庄子南华经》）是九与纠通。至九与虬，一为初文，一为后起之字，其迹至显，其义至明，无待申说。九既借作纪数之用，久假不归，人亦罕明其故矣。

十　许云："十，数之具也，一为东西，丨为南北，则四方中央备矣。"个位数字，至九而极，十则进位，十十为百，十百为千，十千为万，皆循十而进，故曰数之具也。惟"一为东西，丨为南北"云云，则浅陋可笑。甲文十作，金文作，无有作十者。有之，自小篆始。考篆文从甲之字，古文每多从十。隶楷固源于篆，亦间有从古而不从篆者，如早、戎等字是也。早，篆作，《说文》："晨也，从日在甲上。"隶楷则作"早"。戎，篆作，《说文》："兵也，从戈，从甲。"隶楷则作"戎"。案甲文戎作，金文作（盂鼎），足证隶楷戎字袭古而非承篆也。早字古文不多见，以戎字推之，当合于隶楷。由是言之，十原为甲字无疑。甲又借用为押，故旧日田父野老于契约上签字则画一"十"字，盖犹存古义也。纪数之十，本有其字，徒以与古甲字形近而攘用之。岁月淹久，虽精专如许君亦不能得其故矣。

百　许云："，十十也，从一白，数。十十为一百。百，白也。……，古文百，从自。"案百无从自之理，殆讹文也。称百与称一百，其质相等，故甲文作（见《殷虚书契后编》下第四十三页），或亦作（见《殷虚书契前编》卷三第二十三页）。金文作（贤觥），作（伊敦），或亦作（史颂敦）。全然象杯盏形。用以纪数，实为同音假借。许君不知，乃曰："白，西方色也，阴用事，物色白，从入合二，二，阴数。"坠入阴阳五行圈套之中，罔明从实物求证，因之愈说愈玄，愈玄而去本题愈远。《说苑·善说》："魏文侯与大夫饮酒，使公乘不仁为觞政，曰：饮不釂者浮以大白。文侯饮而不尽釂，公乘不仁举白浮君"。左思《吴都赋》："飞觞举白。"刘良注："大白，杯名，有犯令者举而罚之。"所谓"举白"者，即举杯也，白之古文既似杯，音又相同（仅平上之别），因疑白为杯之初文。许云："百，白也。"颇具蕴藉，惜其未能畅发。

千　许云："，十百也，从十，从人。"大徐本如此，小徐则作"从十，人声"。段注从小徐，古韵千、人固同部，但从十义未显豁。徐灏主大徐，谓"人寿以百岁为率，故十人为千"。说亦牵强。金文千字或作，或作，或作（均见《说文古籀补补》）。甲文凡数以千计者则加数于千字之中，如二千作，三千作，四千作，千形大体与金文无殊。千本为实物，与镈、锄同类，乃古之耘器，疑即钱字之初文，千属象形，钱属形声，形声例出于象形之后。且千钱本同音也，《玉篇》："钱，子践切，田器也；又疾延切，财也。"是钱之原为千也。《诗·周颂·臣工》："庤乃钱镈。"《说文》："钱，铫也，古田器，从金，戋声。"《管子·海王》："耕者必有一耒、一耜、一铫。"注："大锄谓之铫。"钱与铫殆同物而异名。锄之为形曲，古文千形正与相符。千为田器，作记数用，乃假借也。

萬　许云："，蟲也，从厹，象形。"段注："虫名。假借为十千数名，而十千无正字，遂久假不归，学者昧于本义矣。唐人十千作万，故《广韵》万与萬别。从厹，盖其虫四足象兽。"许以萬隶厹部，段从而为之辞。案甲文作、作、作，金文作（罍文）、作（番君鬲）、作（邾伯鬲），皆象蝎形。从厹二字似羡文。文字递变，至篆而间失其真，许全据篆立说，势必蹈以讹传讹之失。至由虫名而转为数名，通假之故，有可言者，王菉友疑萬即古蠆字。桂未谷谓"萬者，蝎也"，又谓"长尾为蠆，短尾为蝎"。按迈从万得声，东南读万近迈，迈薑古音同在十五部。

许君生于汉代，去古未远，而解字或不免于谬误，何也？其故殆有三焉：许君不知有甲文，所见钟鼎又未备，专主小篆，昧于文字之源，其说乃难中肯綮。其故一也。汉尚谶纬，阴阳五行之说弥漫朝野，士大夫受其浸润，蹈虚涉妄，其势使然。其故二也。《说文》一书，分别部居，挈领提纲，开字典之先河，继事易美，创始难周。其故三也。

许君之时，文字混乱，奇谈怪论，层出不穷，"马头人为长"，"人持十为斗"，"虫者屈中"，"苛人受钱"。或俗儒据讹文以逞辞，或墨吏援诡书而贪货，许君正讹指疵，著论驳斥，正学术，肃官箴，厥功伟矣！至其受时代蔽朦，条件限制，爰有不实不足之处，未可以一眚废也。

吾人生逢盛世，科学昌明，洹阳出龟，歧右获鼎，文字渊源，于焉可探，许君罅漏，正待补苴。愚于《说文》诵习有年，然"吾爱吾师，吾尤爱真理"。许说之不餍人意者，释干支、释数字最为突出。兹仅就数字略达肤见，非敢怀胜心以立异，实有不得已于言者。

犹记三十年前，曾有《三代释名》之作（载《东方杂志》第 43 卷第 4 期），于许君不诡不随，务求其是。今兹所论，一仍前旨。炳烛余光，所见难远，茫茫学海，不捐细流，聊附于识小之义云尔。

释四方

东南西北四字作方位之名，除南皆非本义，许君未尽知，知亦未尽明也，退处多暇，聊事论释，愿与同好一商定之。

东 《说文解字》："東，动也，从日在木中。"以动训东，谊犹近是。谓"从日在木中"，则不免望文生义，而与五行相牵合矣。不知"东"为"动"之初文，动乃后起之字。东、动一音之转，东既被假为方位用字，而本义遂晦。案甲文东有東、東、東诸形，罗雪堂云："知東即东者，其文曰，'其自東来雨'；又有曰，'其自南来雨'，是以知之矣。"（见《殷虚书契考释》）窃以为⊗为轮，丨为贯轮之轴，V与∧所以固轮之位。轮富滑力，最易旋转，陆上车运，虽致千里，而所动唯轮，故举轮以示动，此造字者之精思也。金文东有作東（见周公彝、周公敦）者，轴上增人，盖造轮为人，用轮为人，其动亦需人为助，义益备矣。《汉书·律历志》《说文解字》《广雅·释诂》均以动训东，颇具理致。独惜其犹未能据初文之缔构以为说，直指东为动之本字也。徒以真义久湮，难明其始，一任疑滞之郁结。文字中常有类此而未易究诘者，如疆界之疆本作畺，彊（强之本字）字以畺为声，竟有从土彊声之疆字出以代畺。正犹动静之动本作东，重字以东为声，而更出从力重声之动字以代东。颠倒纠结乃如此。后世文字用本义者少，而用借义者多，约定俗成，固不必强复其旧。然欲探讨文字之源，则又不得不加以辨析也。

南 《说文解字》："南，草木至南方有枝任也。从𣎵，𢆉声。……𡴀，古文。"考字体演变，小篆原于大篆，大篆原于古文。小篆点画延缩，每有出入，而许君于古文不甚经意，专执小篆解析，割裂牵傅，因亦难免，谓南"从𣎵，𢆉声"，其一例也。许君于𡴀，仅标"古文"二字，别无说明，显系疏略。愚以为古文南字，其结构酷肖磁针之指南。磁针两端尖狭而中宽阔，例以赤色标南，黑色标北，此则一以箭头，一附两点（有衍为两横者），用示区异，虽移步换形，而其质未变，文字与彩绘作法本殊也。磁针指南，中国发现最先，黄帝与蚩尤作战，雾重迷道，作指南车以辨向，载籍相传，其来有自。英人李约瑟著《中国科学技术史》，谓西方知用罗盘约后于中国十一个世纪。愚以为罗盘度划精密，初民或未易臻此。至磁针悬系，一端指南，一端指北，方位立明，此乃物理本能，毋待繁难之缔造。黄帝指南车之设备，当不逾此。夫踵事增华，后来居上，然大辂始于椎轮，未可忘其所自。盖罗盘之配制较晚，磁针之运用实先，吾先民利用磁性感应以审方位，似更早于李氏之所推定。甲文南有、、、诸形，均似磁针下有架座。金文寖假而作(见盂鼎)、(见南方敦)诸形，一脉相承，显而易见。许谓"草木至南方有枝任"，殆由误认"从"而更欲为之辞。道在迩而求诸远，枉事迂回，终鲜有当。故吾谓南之为字，殆托指针以见义，物象召人，曼辞讨伐，非敢自矜为创获也。

西 《说文解字》："，鸟在巢上也，象形。日在西方而鸟西，故因以为东西之西。……，或从木妻。，古文西。，籀文西。"谓"鸟在巢上"，是认西为棲字之初文。谓日在西方而鸟西(逸雪案：上西属方位字，下西直当棲字)，故因以为东西之"西"，是认方位之西属引申义或借字也。许说明确，殆无可议。西既借为方位用字，乃增"棲"以代其原义。"从木妻"，当云"从木，妻声"。棲亦作栖，用西之本义而另加木，以示与东西之西有别耳。《诗·陈风·衡门》"可以棲迟"，西汉《严发碑》作"西迟"，是汉人犹知西即棲也。《诗·王风·君子于役》"鸡棲于埘"，《后权书·陈蕃传》"车如鸡栖马如狗"，是汉人于棲之后，又出栖也。其实栖，乃西之增文，吾友王凤章先生，字棲梧，盖取杜少陵"碧梧棲老凤凰枝"之诗意也。中年以后，改作栖梧，余尝笑谓之曰："今之栖梧，犹昔之棲梧也；若去木而作西梧，则返其本矣。"先生闻言心会，晚岁以字行，专署西梧云。，古文西。，籀文西。徐楚金谓"亦象鸟"、金文作、(见散氏盘)、(见小铜柱)、(见秦公敦)诸形，甲文作、诸形，均与许录之古文、籀文不相远。鸟或居巢上，或宿巢中，其形或露或不露，而义则相通也。

北 《说文解字》："，菲也，从二人相背。"二人相随为从()，二人相背为北(，邶伯敦)，睹形便可知义。《说文解字》肉部有背字，许谓"脊也"。段注："脊者，背之一端，背不止于脊。"得此补正，于义始浃。案未有背字之前，北即背也。韦昭云："北，古之背字。"(见《吴语》注)可谓一语破的。《庄子·则阳》写蛮触相争，伏尸数万，逐北旬有五日而后返。《释文》："军走曰北。"败兵逃走，以背向人，胜者乘势追击也。故北义训败。贾谊《过秦论》写秦击匈奴，有"追亡逐北"之语，下文又有"胡人不敢南下而牧马"句，解者便误谓"逐北"是向北追赶，而与"南下"对文。殊不知"追亡""逐北"同义（亡，逃也），连用取其壮文气耳。许于借为方位之用，并未论及，似不如解西之周备矣。

《说文解字》一书，主释小篆，得失互见，然为研讨古文之阶梯，其书未可废也。解方位四字，西与北差强人意，东与南则有间矣。许君生于东汉，五行谶讳之言盈天下，风气渐染，自难振拔。"五经无双许叔重"，当日本为褒辞，由今以观，亦近贬语，平日所娴习者，仅此而已。其于万殊之事物未能多事涉历，故于东于南之真际，茫乎未有闻也。初民造字，旨在应用，据实立义，无事玄谈，所谓实践出真知也。许君昧于物理，此其差失之主因欤！

释　蚕

《说文解字》䖵部："蠶，任丝也；从䖵，朁声。"案此非许君原文，乃宋人徐铉、徐锴兄弟妄改许书。据唐释慧琳《一切经音义》第十四卷蚕字注："《说文》，妊丝虫也。从䖵，朁声。"徐氏兄弟擅改妊为任，并将虫夺去，致不成辞。段茂堂复虫字，是也；而于任字不惟不加指正，且从而为之辞，谓"惟此物能任此事，美之也"。妊为孕育之义，许君用字精确，无可议矣，而段曲徇二徐，非坚其所失耶！

征诸故籍，《禹贡》有"桑土既蚕""厥贡漆丝"之语。《孟子》言桑以包蚕："五亩之宅，树之以桑，五十者可以衣帛矣。"《荀子》有《赋篇》，于蚕之生长蜕变，言之綦详，且颂赞其有助于礼制。上世章服，胸背皆有不同之藻绘，而必有资于丝，故《赋篇》有云："有物于此，儳儳兮其状，屡化如神，功被天下，为万世文。礼乐以成，贵贱以分，养老长幼，待之而后存。"孟、荀皆意及蚕之为用，而荀之所见高远矣。《赋篇》又谓"名号不美，与暴为邻"，杨倞注："侵暴者亦取名于蚕食，故曰与暴为邻也。"案杨说未谛，盖蚕食为后起之义，荀赋直道其得音之由。许谓朁声，朁与憯通假，音义皆与惨为近，蚕与惨一声之转耳(惨为蚕之上声)。《庄子·庚桑楚》："兵莫憯于志。"王先谦《集解》："憯同惨。"足资参证。

蚕之为用既广，远人亦争效培育。《后汉书·西域传》："大秦国一名犁鞬，以在海西，亦云海西国。……人俗力田作，多种树蚕桑，皆髡头而衣文绣。"同篇："和帝永元九年(97)都护班超遣甘英使大秦，抵条支，临大海欲度，而安息西界船人谓英曰：'海水广大，往来者逢善风，三月乃得度；若遇迟风，亦有二岁者，故入海人皆赍三岁粮。海中善使人思土恋慕，数有死亡者。'英闻之乃止。"是汉使于一世纪之末，已抵地中海东岸，遥望大秦矣。安息西界船人之言，张大其词，意在垄断海上交通，非其难真如此也。

西方言纤帛，首推大秦，其源来自东方，来自中国。我国史册，遇有厥文，不得不借助于外籍。希腊史学家柏罗科劈斯(500—555)记蚕种传入罗马云："印度僧人抵君士坦丁堡，探悉哲斯丁皇帝心中甚欲罗马人以后不再自波斯购买丝货。乃见帝献策:‘产丝者,乃一种虫也。丝自口中天然吐出,不须人力。欲由其国取虫至罗马断不可能,然可孵化之。一虫所产之卵,不可胜数。卵生后多时,尚可掩以粪生温,使之孵化也。’帝闻其语,允成功后将重赏之。诸僧乃回印度取其卵,而复至拜赞廷依其法行之,果得虫甚多,以桑叶养之。由是罗马境内亦知制丝方法矣。”(见张星烺《中西交通史料汇编》第一册第51页)

案有蚕以中国为最早。史称黄帝娶西陵氏之女曰螺祖,螺祖教民育蚕。故后世祀为先蚕,犹祀神农为先农也。《华阳国志》称古蜀王有名蚕丛者,教民蚕桑,可见蜀为育蚕之名区。张骞使西域,于大夏见筇竹杖、蜀布,知商人市自印度。以此推之,印僧取以输大秦之蚕种,未始不为中国之产品也。希腊人科斯麻士《世界基督教诸国风土记》中述各国称中国有种种异名:希腊称中国为秦尼策国(Tlinitza),又称秦尼斯达国(Tzinista),长安《大秦景教流行中国碑》上之叙利亚文,亦称中国为秦尼斯坦(Tzinis—than)。数名皆同一语源,由海道传播至西方者也(见《中西交通史料汇编》第53—54页)。从外人名我之故,亦可以探得底蕴矣。

余少从真州程淑伊先生习本国史,先生以所编之讲义授我,骈散兼施,亦文亦史。中述汉代,有“迢迢西路,大秦宝上国之缣;济济南雍,黉宇有匈奴之子”之语。及今时隔六十年,吾犹能记其警句。闻人谈丝绸之路,辄诵先生之言以自壮。盖先生文情并茂,有笔有书,使人印象深刻,久而难忘也。写《释蚕》一文竟,乃连类及之。

谈有关桐城文派的几个问题

对桐城文派，现在不打算作一般地介绍，只想提出几个问题来与同志们交换一些意见。

一、现在怎样看待桐城文派才算恰当

当五四运动前夕，新文化、新文学的怒潮已是山雨欲来。单就“文学革命”这一课题说，在《新青年》第二卷已有人提出，第三卷几乎无一期不加以讨论。到了第四卷直以白话行文，这卷的第三期有《文学革命之反响》一文，更显示了新旧文学的激烈斗争。篇中包括两个部分：一为王敬轩的来信；一为刘半农的复书。来信是反对文学革命的，复书则对反对者所讲的内容加以淋漓尽致的驳斥。王敬轩的来信，是钱玄同就反对新文学的人的口气而虚拟的（基本上是符合当时的实际情况的），好让刘半农来有的放矢。把两封信合起来看，酷像前人做的一篇《答客难》。王敬轩来信说：

> 贵报对于中国文豪专事丑诋，其尤可骇怪者：于古人则神圣施（耐庵）、曹（雪芹），而土芥归（震川）、方（望溪）；近人则崇拜李（伯元）、吴（趼人），而排斥林（琴南）、陈（伯严）。甚至用一网打尽之计，目桐城为谬种，选学为妖孽……

信中再四揄扬林纾。刘半农的复书扫射面极广，但矛头主要还是指向林纾。尽管有些地方提空了骂“桐城”，实际上，此中有人，呼之欲出。林纾顽梗不化，是当日反对新文化、反对新文学的一个堡垒。集中力量来摧毁它，方能为新文学、新文化的发展扫清障碍，铺平道路。而林纾是打着“桐城”的旗号，所以刘半农等在当时猛烈地攻击“桐城”，完全有必要。这是一九一八年的事。到了一九三三年，鲁迅先生在白色恐怖之下，化名为“丰之余”，写了《重三感旧》。文中也骂到“桐城谬种”和“选学妖孽”。这是针对施蛰存向青年介绍《庄子》和《文选》而发的。举这两部书向专攻古典文学的人推荐，似乎还不成什么问题；而向一般青年来推荐，尤其是向内忧外患交相凌逼时期的青年来推荐，显然是不妥当的。鲁迅先生提出不同的意见，由《文选》而想到“选学妖孽”，更由“选学妖孽”连类提到“桐城谬种”，这样推衍开来谈也是很自然的。总之，鲁迅先生和刘半农之骂“桐城”，都在为当时的具体人、具体事而发。今天，势殊事异，我们是在接受文化遗产，整理文化遗产，对桐城文若仍用全盘否定的态度，不加分析，径予排弃，那就未必恰当了。

前人著述，即使是其中的优秀作品，要想从内容到形式原封不动地完全合乎我们今日之用，这是不可能的事。只有遵循毛主席的教导，弃其糟粕，取其精华。前人所遗留下来的东西，有的，我们要在肯定的基础上来进行个别否定；有的，我们要在否定的基础上来进行个别肯定，哪怕它仅有点滴可取，则对这能起作用的点滴也是不应轻予放弃的。近代论文，章炳麟、刘师培同以峻刻著称。章谓姚鼐、梅曾亮之文，“规法宋人，而能止节淫滥”(《校文士》)。又说：“后生以是为法，犹有坛宇。”(见《与友人论学书》)刘于姚文的丰韵，叹为近今之绝作(见《论近世文学之变迁》)。他们对桐城文都作了一定的估价。桐城文的内容有局限性，甚至有反动的地方；桐城文的形式间近机械，甚至带有制艺气——然观其整体，尚不是绝无是处。把它能起作用的地方加以吸取，对我们来说，是有好处的。这样做，也才能算是恰当。

二、桐城文派的产生及其历史背景

桐城文派奠定于姚鼐，而肇始于方苞。姜宸英问方氏行身祈向，他回答说：“学行继程朱之后，文章在韩欧之间。”他是想用韩退之、欧阳永叔之文，发挥程伊川、朱晦庵之学。这意味着，他认为韩、欧所讲的道理不够精醇，程、朱的文笔过嫌质朴，要取两者之长而萃于一身。也就是说，他的文章，是以程、朱为内容，韩、欧为形式的。这便是桐城文初期的一个轮廓。

清代统治者所采取的文化策略，主要用程、朱之学来事羁縻，而康熙一朝尤为显著。望溪生当其时，固然要受一定影响；明末王学末流之害，清初并未得到根除，望溪乘势捧出程、朱来荡涤王学，这是完全可以理解的一种做法。当南宋之世，与朱学敌对的是陆(九渊)学，“朱陆异同”，已成为学术上不可调和的术语。阳明上与陆学为近，故人称“陆王”。朱熹是私淑程颐的，故人称“程朱”。所以，以程朱之学来对治王学的末流，便是很自然的事。阳明之学，原有他的真精神，但其末流则束书不观，游谈无根，开口良知，闭口良能，以浮辞相夸煽，流为狂禅，晚近有人比之为欧洲中世黑暗时代的景教。清初反对王学末流，不仅是望溪，顾炎武、王夫之等人早就辞而辟之了。亭林《答友人论学书》云：

> 今之君子聚宾客门人数十百人，与之言心言性。舍“多学而识”以求“一贯”之方，置“四海困穷”而讲“危微精一”，我弗敢知也。（《亭林文集》）

又说：

> 以一人而易天下，其流风至于百有余年之久者，古有之矣：王夷甫之清谈，王介甫之新说。其在于今，则王伯安之良知是也。孟子曰：“天下之生久矣，一治一乱。”拨乱世反诸正，岂不在后贤乎？（《日知录》卷十八）

亭林尽管喊“舍经学无理学”的口号，但他并不反对朱熹，曾说：“由朱子之言，以达乎圣人下学之旨。”（《亭林文集·下学指南序》）他是同样在以程、朱来抵制王学的。船山也竭力攻击王学，他说：

> 姚江之学，横拈圣言之近是者，摘一字一句以为要妙，窜入禅宗，尤为无忌惮之至。（《俟解》）

船山又为张载的《正蒙》作注，以周、张、程、朱来抵制王学也是显然的。不过，顾、王之捧程、朱与清王朝之捧程、朱，在动机上是大不相同的。黄宗羲受学于刘宗周，他本是治王学的人，但也在矫正王学空疏之弊。他说：

> 明人讲学，袭语录糟粕，不以六经为根柢，束书而从事游谈，更滋流弊，故学者必先穷经。然拘执经术，不适于用，欲免迂儒，必兼读史。（《清史列传·黄宗羲传》）

后来万斯同、全祖望等对史学都有湛深的研究和巨大的贡献，蔚为浙东的史学。这是王学内部由虚转实自行纠偏的结果。还有该予注意的，即当时陆陇其、李光地等人一以程朱之学为宗。李、方的关系异常亲密，这对望溪更有直接的影响。方苞的文章以程朱之学为内容，乃是这一历史时代所规定的。

方苞的文学形式取法韩欧，这也是与明代文坛所遗留下来的影响有关。前后七子，高标文必秦汉，结果，钩章棘句，成了假古董。公安、竟陵二派，在突破成规方面，不失为闯将；但在另一方面，又造成了令人不够满意的情况：一则漫无持择，一则过为尖新，蹊径不尽相同，而好行小慧则初无二致。他们皆是唯务风趣，玩世不恭，行文松散，不中绳墨，与七子的做法成了两个极端。三袁（宏道、中道、宗道）、钟（惺）、谭（元春），虽分别卒于万历、天启、崇祯之间，然后来江湖才子的文章，风靡一时，直至顺、康之间而未有已。魏禧、汪琬、侯方域三人在清初号称大家，而魏文好务翻腾，有浓重的策士气；汪文平庸；侯文虽劲拔，而火候未到。归有光在明代，以洁适变七子的古奥，望溪以之为阶梯，而上探于韩、欧，既不蹈艰涩僻奥之病，亦不落于浅薄杂乱之讥。归文虽乏宏通之论，经世之谟，然言情逼真，写景如见。章炳麟谓“桐城”少夸言，视吴蜀六士为谨（见《与友人论文书》），未尝不是有得于震川之效。震川在日，与李（攀龙）、王（世贞）相水火，弇州后题震川遗像有云：“千载有公，继韩欧阳；余岂异趋，久而自[一]伤。”由归而上溯韩欧，固亦王氏晚岁所心许。望溪于文章形式的取径，盖亦几经选择而后确定，同这一历史时期也是有一定关系的。

桐城三祖，由方苞而刘大櫆，由刘大櫆而姚鼐，说者有蜂腰之讥。桐城文的规模，到了姚鼐总算大体已告奠定。姚鼐主要在方苞成就的基础上而有所补充提高，最显著的，姚氏认为为文必须义理、考据、辞章三者合一，义理为干，而后文有所附，考据有所归。姚氏所谓义理，就是方氏所讲的程朱之学；姚氏所谓辞章，就是方氏所讲的韩欧之文；考据一项，则是姚氏增添出来的。方氏生于康熙七年，殁于乾隆十四年，他所生活的年代主要是在康熙一朝（康熙纪年达六十载之久）。清代考据之学，以乾、嘉一段时期为最盛。姚氏生于雍正九年，卒于嘉庆二十年，中经整个乾隆时期（乾隆亦有六十年之久）。这时汉学咄咄逼人，他只有采取兼收并蓄的办法，于程朱义理、韩欧文章之外，再加上许（慎）、郑（玄）的考据了。前年一九五九年《红旗》杂志第十四期载有施东向同志的《义理、考据和辞章》一文。这篇文章有新的内容，远非姚氏可比，但三者俱备方能成为完整精美的作品，这一道理还是新旧相通的。关于姚鼐的文学主张，下面另作说明，这里就不详谈了。

三、姚鼐对文学上的贡献

桐城文派的名称，到姚鼐才确立(姚氏在《刘海峰先生八十寿序》中尽管引程晋芳、周永年的话以归美方、刘，其实，桐城领袖非姚氏不足以当之)，这与姚氏的文学主张和其写作成就是分不开的。姚氏的文章，对方、刘则青胜于蓝，对梅(曾亮)、吴(汝纶)则导夫先路。他主张文学要义理、考据、辞章三者合一。口号是这样喊，就义理、考据两者说，姚氏实左袒义理。造成这样的原因并不简单：(1) 当时考据的作品，繁称博引，芜杂寡要，从文学角度来看，显然是犯了堆砌和不遒劲的毛病；(2) 考据既成时尚，为之者往往流于矜伐，盛气凌人，姚氏对他们不独有意见，有时还动些感情；(3) 义理之学为功令所宗，姚氏不得不加推崇，以期与之相应。他在《赠钱献之序》里说：

> 明末至今日，学者颇厌功令所载为习闻，又恶陋儒不考古而蔽于近，于是专求古人名物制度训诂书数，以博为量，以窥隙攻难为功；其甚者，欲尽舍程朱而宗汉之士，枝之猎而去其根，细之搜而遗其巨，夫宁非蔽与！

他又在《与陈硕士》中说：

> 夫汉儒之学，非不佳也；而今者为汉学乃不佳，偏徇而不论理之是非，琐碎而不识事之大小，哓哓聒聒，道听途说，正使人厌恶耳。

他在《与胡雒君》信中更提出他所反对的具体人，他说：

> 去秋始得《四库全书总目》一部阅之，其持论大不公平，鼐在京时，尚未见纪晓岚猖獗若此之甚，今观此，则略无忌惮矣，岂不为世道忧邪？鼐老矣，望海内诸贤尚能救其敝也！

响应这一号召最突出的，要算他的大弟子方东树了，东树曾著《汉学商兑》一书，专门来訾謷汉学家。姚氏也曾遭到对方的反击而引起不快，但他始终坚信自己的主张正确，在给姚莹的信上说：

> 吾孤立于世，与今日所云汉学诸贤异趣，然近亦颇有知吾说之为是者矣。浑潦既尽，正流必显，此事理之必然者耳。

他主观上总认为宋学比汉学强，公然主张以宋学为主，汉学为宋学服务。在《复蒋松如书》里说：

自秦汉以来，诸儒说经者多矣，其合其[二]离，固非一途。逮宋程朱出，实于古人精深之旨所得为多，而其审求文辞往复之情，亦更为曲当，非如古儒者之拙滞而不协于情也。而其平生修己立德，又实足以践行其言，而为后世之所向慕，故元、明以来，皆以其学取士。利禄之途一开，为其学者，以为进趋富贵而已，其言有失，犹奉而不敢稍违之，其得亦不知其所以为得也，斯固数百年来学者之陋习也。然今世学者乃思一切矫之，以专宗汉学为至，以攻驳程朱为能，倡于一二专己好名之人，而相率而效者，因大为学术之害。夫汉人之为言，非无有善于宋而当从者也，然苟大小之不分，精粗之弗别，是则今之为学者之陋，且有甚于往者为时文之士，守一先生之说而失于隘者矣。博闻强识，以助宋君子之所遗，则可也；以将跨越宋君子，则不可也。

姚氏毕竟是个词章家，他尽管扬宋，而对于治宋学的人不善写文章，依然有所讥贬。他在《述庵文钞序》里说：

鼐尝论学问之事有三端焉，曰：义理也；考证也；文章也。是三者，苟善用之，则皆足以相济；苟不善用之，则或至于相害。今夫博学强识而善言德行者，固文之贵也；寡闻而浅识者，固文之陋也。然而世有言义理之过者，其辞芜杂俚近，如语录而不文；为考证之过者，至繁琐[三]缴绕，而不可了当。以为文之至美，而反以为病者，何哉？其故由于自喜之太过，而智昧于所当择也。

在《与陈硕士》书中又说：

如直求可当古文家数者，则南宋虽朱子不为是，况元及明初诸贤乎？

但任凭怎样说，姚氏对汉学家多少是带有几分情绪的。他在与胡雒君的信上讲：

大抵近世论学，喜抑宋而扬汉，吾大不以为然，正由自奈何不下腹中数卷书耶！吾亦非谓宋贤言之尽是，但择善而从，当自有道耳。雒君以为然乎？

姚氏是不是就不懂汉学呢？姚氏极明汉学，而且功力很深；不过，他不像汉学家称引繁富，他仅把考证所得的结晶捧出来，如水中撒盐，自有盐味，而不见盐形。举例来说吧，《登泰山记》："当其南北分者，古长城也。"谈到长城，一般认为起于战国时燕、赵、秦各国于北边筑以备胡的，殊不知春秋时齐国境内早已筑有长城了。《管子·轻重丁》："管子曰：长城之阳，鲁也；长城之阴，齐也。"《括地志》也讲：齐长城西起浑州平阴县，沿河历泰山北冈，至密州琅玡台入海。泰山上的长城，它的建筑时期是早于战国的，姚氏并不搬用《管子》和《括地志》里的有关资料，只于长城上冠一"古"字，不待繁词，而区别业已显著。于此不难看到，姚氏决非一些空头文人可比。姚氏为什么不多搬资料？(1) 这种做法，从词章学的角度来看，是臃肿的病态；(2) 对于桐城文的风格也是极不调和的。所以姚氏曾说：以考证累其文，则是弊耳；以考证助文之境，正有佳处(《与陈硕士札》)。姚氏明于考据，应予肯定，只是他所表现的方式与一般汉学家不同罢了。所著除《惜抱轩集》外，尚有《九经说》《三传补注》，其言不背于考证，但亦不以考证自限，他在与王怀祖的信上说："鼐《九经说》《三传补注》刻本新就，即付呈教。鼐欲破门户偏党之见，遂不免以臆为断，恐当获罪于海内学者。先生试评论其谬妄，鼐必不敢专执自是也。"王念孙是当日的朴学大师，姚氏对他辞气谦谨，而实有不让之意。《惜抱轩集》中附有《惜抱轩笔记》八卷，笔记中于经史子集无不涉及。他在与陈硕士的信中曾论到史部笔记："近时史学无过钱辛楣，然吾所辨论，殆足俪之，恨吾书彼不得见耳。"因此，姚氏所谓"义理、考据、词章三者不可一缺"，这并不是幌子，他是实在能够做到的。桐城末流蹈于空疏，姚鼐则绝不空疏，须得分别对待。这是姚氏因时利导，扩展内容，对文学上的贡献之一。

姚氏对文学上的另一贡献，要算《古文辞类纂》一书的选辑了。姚氏为人谦逊，独于此书则信之不疑，屡屡向友人及承学之士进行介绍。《与董筱槎札》有云："闻时取鼐所为《古文辞类纂》观之，管子取老马之识途，仆庶几可比于此乎？"《与张梧冈札》："鼐有《古文辞类纂》，石士编修处有钞本，借阅之，便可知门径。"从这部书可看出桐城派学文的取径，姚氏结合自己的经验把它选辑出来，虽不是自己的创作，却是精心结撰，与一般选本的随意拼凑，绝不可同年而语。林纾在《诸家评点古文辞类纂序》里批评了各家选本，然后谈到姚氏此书，他讲："独惜抱先生沉酣于古文近六十年，获成此书，心力瘁矣。蜀中赵尧生侍御称是书为'姚氏学'。余曰：惟姚氏始有是学，他氏乌能有者。”吴汝纶《答严几道书》有云：“《古文辞类纂》一书，二千年高文略见于此，以为六经后之第一部书。此后必应改习西学，中学浩如烟海之书行当废去，独留此书，可令周孔遗文绵延不绝。”从林说可以看出姚氏选订此书之不苟；吴说夸大了这书的作用，是不恰当的。但此书在旧时代是一部比较好的选本，这是不容否认的。

过去关于选文总集，以萧统的《文选》最为著称，其分类计三十有七，姚氏讥其碎杂，认为立名颇多可笑，乃改为十三类，如把萧选的诏、册、令、教、文、檄六项并而为诏令类；把赋、骚、七、对问、设论、辞、连珠七项并为辞赋类；把诔、哀、吊文、祭文四项并为哀祭类，都令人感到眉目爽朗。《序目》中，每类都有简练的引言，有时且具创见，这是寝馈深、功力足的表现。不仅如此，他在篇末更提出为文的八字诀：

> 凡文之体类十三，而所以为文者八，曰：神、理、气、味、格、律、声、色。神理气味者，文之精也；格律声色者，文之粗也。然苟舍其粗，则精者亦胡以寓焉。学者之于古人，必始而遇其粗，中而遇其精，终则御其精者而遗其粗者。

他这八字诀，是桐城文由方苞而刘大櫆直到姚氏本人的一个总结。八字之中，理、格、律三者多袭方说，神、气、声三者多袭刘说，味、色二者出于姚氏个人的心得。方、刘所说的部分也经过姚氏而得到提高，同时，这些文诀也得到条理化。讲到味与色，尤其是色，这与他所分的十三类中的辞赋类有着密切的关系，学“桐城”的人竟有于此不能理解的，因而他们的作品淡然寡味，毫无藻采可言。不知散文虽与辞赋分科，而散文语太质朴，不得不从辞赋中吸取营养来润色自己、壮大自己。韩愈是古文大家，但他在学习前人中是不废扬、马的。曾在《进学解》中假托别人的口气说：“作为文章，其书满家。……子云相如，同工异曲，先生之于文，可谓闳于中而肆于外矣。”这不是在说明他学文的取径么？专从散文中去学散文，容易发生枯淡的现象；学散文而兼取他长，将能推陈出新，光彩无尽。以《送李愿归盘谷序》来说，这是韩文中一篇名作，篇末的歌，固得力于古诗；即前中的叙记，也是由辞赋演化而来，语句奇偶错综，字辞单复杂厕，故能声采炳焕，光气袭人，姚氏对于古人的文境极熟，来龙去脉，洞若观火，所以在十三类中特立辞赋一项，虽晋、宋人的作品，也并不舍弃（潘岳的《秋兴赋》，鲍照的《芜城赋》），为散文争取更多的滋补。或对姚氏设辞赋类而置疑，甚至竟认姚氏自乱散文的义例，桐城末流的作品所以死气沉沉，平板无味，至少说，这也是原因之一。姚门后学，能稍有树立的，无不于此三致其意，梅曾亮、刘开、张裕钊、吴汝纶等便是如此。张、吴的弟子贺涛有《送张先生序》一文，曾畅发斯旨：

> 经词质，诗独烂然而华，楚人既侈其体以为赋，而贾谊、司马相如、枚乘、扬雄、班固、张衡之伦，用以荐功风时，抒怀愫，状物变，益瑰放诡怪而不可穷。承效者多沿用其体，其弊也，庞芜而纤伪。唐韩愈氏急起而持之，汰繁抑浮，一归于朴，群天下学者惟韩之从。自汉讫唐，旷数百年，而文章始复于古。传习之既久，或孤抱韩氏之谊[四]法，而不敢他有所涉，其弊也，意固而言俚。国朝姚姬传氏纂录古文，益以楚辞汉赋。……先生……尝取姚氏所纂录而独说其辞赋，以示学者。

所谓张先生，就是张裕钊。梅曾亮所选的《古文词略》，悉依姚例，而复增诗歌一类。他于《凡例》中曾说明原因：

> 姚姬传先生定《古文辞类纂》，盖古今之佳文尽于是矣；今复约选之，得三百余篇，增诗歌于终。昌黎曰：词不备，不可以成文。非尚词也，词所以载吾气者也。

桐城派从姚范、刘大櫆都是诗文并治，求两者的互通互益，姚鼐承受衣钵，所得独深。所以程秉钊《国朝名人集题词》说："论诗转贵桐城派，比似文章孰重轻。"自注："惜抱诗精深博大，足为正宗。"吴德旋示及门诗："我自心钦姚惜抱，拜袁揖赵让时贤。"姚氏诗的造诣深邃是不难想见的。辞赋本来是从诗歌发展出来的，梅氏于其师的辞赋之外别立诗歌类，又把诗歌变成辞赋的旁衍，大体上还是遵循着姚氏的道路前进的。这与方苞古文中不用诗歌隽语显有出入，但我们认为这是桐城文的发展。按梅氏本擅骈文，后因管同而改业古文，其古文因得骈文之功，其辞特妍美有度。刘开与曾亮俱亲承惜抱之教，而开文闳肆，与曾亮皆足为"桐城"生色。他在《与阮芸台书》中曾这样说：

> 韩退之取相如之奇丽，法子云之闳肆，故能推陈出新，征引波澜，铿锵镗石，以穷极声色。……夫退之起八代之衰，非尽扫八代而去之也，但取其精而汰其粗，化其腐而出其奇。其实八代之美，退之未尝不备

有也。

所以姚氏散文通乎辞赋的路线，梅、刘沿之都能壮大师门。而依附“桐城”末光的人，终不得个中三昧，名奉“桐域”，而实与“桐城”异趣，因此，也就影响他们的成就了。

《古文辞类纂》一书，在选定作家上，似仍有商量的余地。姚氏于明代只取了一归有光，于清代只取方苞、刘大櫆二人（书成于乾隆四十四年，清入关到此已一百三十余年）。以人数言，似失之太严；以选录刘大櫆论，则又失之太宽。书中收大櫆之文达十六篇，于唐宋八家中的苏辙只收录十五篇，苏、刘高下，岂待判定，这不免多少带些私谊，也就难怪吴敏树、曾国藩等人啧有烦言了。或谓姚氏广录刘作，所以示其学之所本。这是阿私的变相说法。不过，在刘氏被选录的文章中，如《海舶三集序》，姚附评语云：“有奇气，实似昌黎，而语略繁。”如《息争》篇，姚附评语云：“恣肆纵荡处，本于庄子，但不逮庄子之闳奇耳。”姚氏胸中并不是全无分寸。《古文辞类纂》纵有缺点，那只是九个指头与一个指头的比例，基本上应承认在过去是一部好的选本。这是姚氏对文学上的又一贡献。

谈到姚氏自身的写作，不独上超海峰，亦且远逾望溪；桐城后学，也罕与颉颃。他完完全全、道道地地是一词章家，对各种文境极熟，也能道出其中的甘苦。如《复鲁絜非书》：

> 鼐闻天地之道，阴阳刚柔而已。文者，天地之精英，而阴阳刚柔之发也。惟圣人之言，统二气之会而弗偏，然而《易》《书》《诗》《论语》所载，亦间有可以刚柔分矣。值其时其人告语之体，各有宜也。自诸子而降，其为文无弗有偏者。其得于阳与刚之美者，则其文如霆、如电，如长风之出谷，如崇山峻崖，如决大川，如奔骐骥；其光也，如杲日，如火，如金镠铁；其于人也，如凭高视远，如君而朝万众，如鼓万勇士而战之。其得于阴与柔之美者，则其文如升初日，如清风，如云，如霞，如烟，如幽林曲涧，如沦，如漾，如珠玉之辉，如鸿鹄之鸣而入寥廓；其于人也，漻乎其如叹，邈乎其如思，暖乎其如喜，愀乎其如悲。观其文，讽其音，则为文者之性情形状，举以殊焉。且夫阴阳刚柔，其本二端，造物者糅而气有多寡进绌，则品次亿万，以至于不可穷，万物生焉。故曰，一阴一阳之为道，夫文之多变，亦若是也。糅而偏胜可也；偏胜之极，一有一绝无，与

夫刚不足为刚，柔不足为柔者，皆不可以言文。

这是广泛论文，其实，也可看成是他的写作理想和一些经验。吴敏树说桐城派中的姚鼐，像江西诗派中的吕居仁一样，这是拟于不伦的。曾国藩曾写信给吴氏，表示他不同的看法：

与欧阳筱岑书中，论及桐城文派，不右刘、姚，至比姚氏于吕居仁，讥评得无少过？刘氏诚非有过绝辈流之诣，姚氏则深造自得，词旨渊雅。其文为世所称诵者，如《庄子章义序》《礼笺序》《复张君书》《复蒋松如书》《与孔㧑约论禘祭书》《赠㧑约假归序》《赠钱献之序》《朱竹君传》《仪郑堂记》《南园诗存序》《绵庄文集序》等篇，皆义精而词俊，敻绝尘表。其不厌人意者，惜少雄直之气，驱迈之势，姚氏固有偏于阴柔之说，又尝自谢为才弱矣。其论文亦多诣极之语，国史称其有古人所未尝言，鼐独抉其微而发其蕴。惟亟称海峰，不免阿于私好。要之，方氏以后，惜抱固当为百年正宗，未可与海峰同类而并薄之也。

所论尚属公允，不应以人废言。窃以姚氏之文，得力于欧、归为多，而亦与欧、归为近。归文长在淡永，欧文长在冲融；归文筋节朗然，欧则一气浑成；姚氏实介乎欧、归之间。如以其阴阳刚柔之言来品鉴，实近于阴柔之美，但其中并非全无刚阳之处，彼则潜气内转，不见偾张耳。陈衍《赠桐城姚叔节序》有云："人不必桐城，文章则不能外于桐城。为是文者，纡回蓄缩，务使词尽意不尽，以至词意俱不尽，可不谓谨严有守者之所为欤!"纡回蓄缩，是桐城文的一种风格。不过，专向这方面去致力，形成桐城文一般缺乏豪迈的气概。但姚文绵里藏针，如认为它是全然脆弱，那就不免失之皮相了。姚氏无论处世为文，都不尚偏锋，持论务求允当。放荡如袁枚，清狂如王文治，他还和他们交往，也给他们一定的评价。我觉得要言不烦，文理缜密，疏而能凝，淡而有致，这几点在姚文中显然是突出的。至于思想不够开展，能肃穆而不能雄奇，美中不足，毋庸讳言。不过，求备于一人，大家足当其选的亦不多见，这并不足为姚氏病。他在清文中是有数的作家，有着较高的成就，总是否定不了的。这更是他贡献的一个主要方面。

四、桐城文有无可供借鉴之处

列宁在《青年团底任务》一文中说:“只有用人类创造出来的全部知识宝藏来丰富自己头脑时,才能成为共产主义者。”毛泽东主席又告诉人们:“我们必须继承一切优秀的文学艺术遗产,批判地吸取其中一切有益的东西,作为我们从此时此地的人民生活中的文学艺术原料创造作品时候的借鉴。有这个借鉴和没有这个借鉴是不同的,这里有文野之分,粗细之分,高低之分,快慢之分。”(见《在延安文艺座谈会上的讲话》)桐城文是古代文学组成的一个部分,它诚然存在若干缺陷,但未始没有点滴可取,当用来壮阔我们社会主义文化的海洋。针对目前文坛上存在的问题,我们认为桐城文还是可供借鉴,善于吸取利用,是可以获得裨补的。药无新旧,对症即佳。现在分写作、阅读两个方面来谈。

桐城文字句简洁,结构谨严,这是人所公认的。现在,我们报刊所发表的文章,由内容到形式,多数是令人满意的,但还有个别作品,对篇章结构不太留意,语句不够洗练,不论题目大小,内容繁简,总是洋洋洒洒,喜欢拉长篇,造长句,闲字繁词,不一而足,这样,徒然增加了人们不必要的物质负担与精神负担。桐城文简洁谨严,取作参考,是可以医治这类毛病的。姚氏在当日屡以求精不求多昭示学人:

> ……细心为之,欲精,不欲速不欲多也。近时人著书,以多为贵,此但取欺俗人耳。(《与石甫侄孙札》)
>
> 文章之事,欲其言之多寡当然,不可增减。意如骈枝,辞如赘疣,则失为文之义。(《与陈硕士札》)
>
> 大抵作文,须见古人简质惜墨如金处……老年精神已惫,作文洁净而已。(《与陈硕士札》)

姚氏教人求精不要求多,忌骈枝赘疣,重视古人惜墨如金处,自认作文洁净。“洁净”二字,可以说是桐城文的基本要求。桐城文尽管缺乏宏博的议论,但绝无浮辞浪墨缠绕笔端,这是医治文字冗滥的圣药。桐城文派学习写作,它是经过两个阶段:(1) 摹拟阶段;(2) 脱化阶段。跳不出摹拟圈子,是不好的;不从摹拟入手,是不行的。摹拟是手段,脱化是目的,摹拟只是脱化的初步过程而已。姚氏《与伯昂从侄孙札》：

> 学诗文不摹拟，何由得入！须摹拟一家已得似，后再易一家，如是数番之后，自能镕铸古人，自成一体。若初学未能逼似，先求脱化，必全无成就。譬如学字，而不临帖可乎？

又《与管异之札》有云：

> 近世人习闻钱受之偏论，轻讥明人之摹仿。文不经摹仿，又安能脱化！

又《与张阮林札》有云：

> 古人文，有一定之法，有无定之法。有定者，所以为严整也；无定者，所以为纵横变化也。二者相济而不相妨。

明代的前后七子一意摹拟秦汉，结果貌合神离，那是只知摹拟而不求脱化的毛病，自不足法，钱谦益对他们加以批评，是应该的；但因此竟对初阶的摹拟完全否定，这又是因噎废食的做法。写作的初步要通过摹拟，这与阅读开始借径评点是一个道理。

有些学者著论完全鄙薄评点，我觉得是要辩证地来看的。评点只为初学引路，非所以语成学，不容混为一谈。姚氏《答季雅札》："震川阅本《史记》，于学文者最为有益，圈点启发人意，有愈于解说者矣。可借一部临之，熟读必觉有大胜处。"又《与陈硕士笺》："文家之事，大似禅悟，观人评论圈点，皆是借径。一旦豁然有得，呵佛骂祖，无不可者。"豁然有得，那是庄子得鱼忘筌的意味，已臻脱化之境了。在另一《与陈硕士笺》中又说："圈点必不可入刻，刻是时文陋体。"姚氏非不知评点非高境，然为引导初学计，姑设此方便之门。学习的道路是曲折的，是分有不同的阶段的，不同的阶段要作出不同的措施。若从头到尾，硬是以刻板式的去推进，那就将碰到障碍而行不通。吴德旋说："《古文辞类纂》，其启发后人，全在圈点。有连圈多，而题下只一圈两圈者；有全无连圈，而题下乃三圈者：止须从此领其妙处。末学不解此旨，好贪连圈；而不知文品之高，乃在通篇之古淡，而不必有可圈之句。知此，则于文思过半矣。"(《初月楼古文绪论》)评点的作用是不容抹煞的。吴闿生《诸家评点古文辞类纂序》："或谓评点太详，疑若示人以陋。此妄也，陋不陋在学识高下，不在外著之迹。学识至矣，虽点窜经传以示来兹，皆可法式;如其未也,即缄默不发,庸讵免于陋乎!"昏夜行路,授之以炬,为害为益,不须申辩。不加分析,径予否定,是不妥当的。所以我们认为"桐城"昭示初学借径评点,期能获得启发;通过摹拟,学得写作初步本领;这都是切实的做法,在学文的过程中是可供参考的。他们在阅读方面,又教人熟读深思,并且介绍出行之有效的方法。姚氏前后给陈硕士的信,很多是有关这方面的指示:

大抵文章须熟乃妙。熟则利病自明,手之所至,随意生态,常语滞意,不遣而去矣。

大抵学古文者,必要放声疾读,又缓读,只久之自悟。若但能默看,即终身作外行也。

急读以求其体势,缓读以求其神味。

诗古文各要从声音征入,不知声音,终为门外汉耳。

吴闿生《古文范》录韩昌黎《送董邵南游河北序》,于这篇的首句"燕赵古称多感慨悲歌之士"下作评解云:"韩公为文,每争首句,凝矜炼重,独创奇格。故老相传,姚姬传先生每诵此句,必数易气而始成声,足见古人经营之苦矣。"张裕钊在《答吴至甫书》中也说:"往在江宁,闻方存之云:长老所传刘海峰绝丰伟,日取古人之文纵声读之;姚惜抱则患气羸,然亦不废哦诵,但抑其声使之下耳。"张、吴所述,不谋而合,前人学文,讲究音调,讲究行气,所以姚氏谓须从声音征入,又教人急读以求体势,缓读以求神味,这都是过来人讲的话。吴汝纶向张裕钊问为文法,张说:"欲学古人之文,其始在因声以求气,得其气则意与辞往往因之而并显,而法不外是矣。"(《答吴至甫书》)这更可与姚氏之言互发。不难看出朗诵对于学文的关系是如何重要了。有人说:现在做白话文,何必定要朗读去学古人的行腔呢?我们认为要能深透地理解古书的内容,由貌知神,不从事朗读,是难于达到目的的。若再要进一步吸取营养,那就更有困难。作文一如说话,人在说话时,要用词语来显示事物的概念;有时也得用语势来显示不同的感情。由于语势的差别,虽是用的同一词语,而所表达的意义却随之而起变化,这一变化有很大的距离,甚至是极端相反。善读便能将应有的神态从声音中流露出来。当然,"口而诵,心而惟",朗读的要义并不只限于此,但即此已能见出它的重要性了。我们认为通过朗读来学文,这是抓到窍要的做法,所以朗读绝对不是多余的事。

总之,就桐城文的内容说,平庸陈腐,了无足述(如方望溪谓"訾謷程朱,类多绝世不祀";梅伯言劝人敬惜字纸);至于谈到形式,无可讳言,也有不少的清规戒律。但字句简洁,结构谨严,以及给人指示门径和阅读方法,有关这些,不独未可厚非,而且还值得参考吸取。我们应该以具有丰富的文化遗产而自豪,同时也要善于分析,去糟取精,好来加以利用。盲目歌颂,那是饮酖的狂夫;一概毁弃,那是暴殄的浪子,两者都是我们所反对的。桐城文是我国文化遗产中的一个很小的部分,我们讨论它,也得防止上述的两种偏向。"一好一切好,一坏一切坏"与"爱之欲其生,恶之欲其死",皆不是科学的方法与科学的态度。我们认为桐城文有它的严重缺点,却也有它一些可取之处,尤其对初学来说。

上所论列,只是个人的一时感想,谬误在所难免,盼望能得到同志们的指正!

【校记】

[一] 自,《弇州山人四部续稿》作"始"。

[二] 其,《惜抱轩诗文集》作"与"。

[三] 琐,《惜抱轩诗文集》作"碎"。

[四] 谊,《贺先生文集》作"义"。

论阳湖文派

一、绪言

清代散文的流派，除桐城外，以阳湖为最著。阳湖派的巨子恽敬是江苏省阳湖县人，而阳湖、武进与无锡、宜兴等县在清代同属于常州府，阳湖派的文人多分隶于这几个县。实际上，阳湖派也可叫常州派，只因清代词有常州一派，文乃以阳湖为名，以免混淆，既成习惯，也就不便改称了。

论桐城、阳湖两派的阵容，桐城比阳湖要大得多。桐城盛时，流衍几及全国（参看曾国藩《欧阳生文集序》），阳湖是不及它的。若以对社会的贡献说，道（光）、咸（丰）以后，阳湖所起的作用，则远胜于桐城。具体情况和错综原因，下面有详尽的阐述。

桐城喜欢标榜，这一流派的形成，似乎是属于有意的。姚鼐在《刘海峰先生八十寿序》里说："曩者，鼐在京师，歙程吏部（名晋芳，字鱼门，安徽歙县人，乾隆进士，吏部主事）、历城周编修（名永年，字书昌，乾隆进士，召修《四库全书》，改庶吉士，授编修）语曰：'为文章者，有所法而后能，有所变而后大，维盛清治迈逾前古千百，独士能为古文者未广，昔有方侍郎，今有刘先生，天下文章其出于桐城乎？'"姚惜抱既然这样的铺张扬厉，到了末流，更是拥纛自豪了。阳湖则不然，它的成员并不以阳湖表异，甚或讳言流派，请看沈同芳在《詅痴阁文集叙》里说：

> 作文自各有蹊径：有方、刘之根柢，即为方、刘之蹊径；有子居、皋文之根柢，即为子居、皋文之蹊径。又谁谓蹊径可以相袭者！然则宗派之说，非惟阳湖所不乐受，抑岂桐城所宜居哉！宗派者，起于末学小儒，其胸中暗塞弇陋，曾不知学问为何事，诵一先生之言，琅琅上口，操笔为之，貌似一二，遂号于众曰："吾固某派某派！"则试问此派之创自何人，与此人之何以得名此派，岂贸贸然拊他人之背，如影随形，而能事即止于是哉！

又说：

> 文以载道也，文固不得已而为之，而非以为名也，非以为名而名亦归之，则道之藉文以存，非藉名以存也。非藉名以存则宗派之说自可以已！（见沈同芳《万物炊累室类稿》。同芳，武进人，为阳湖派成员之一）

桐城文派是有意形成的，阳湖文派是自然形成的。不过，既然形成了流派，则必有它独特的精神面貌，譬如人同具五官百骸，但声音笑貌，彼此不同，熟悉人事的人，闻声可以知人，甚至听到不同的脚步声，而能辨出是甲还是乙。老于文事的人，见文可以判别流派，情况正自相似。明了流派，掌握特点，对研究文学、鉴别文学是有一定的用处的。

过去，讨论桐城的文章很多，而介绍阳湖的则绝少，因此，讲文学史的人谈到清代散文，对阳湖往往一掠而过，甚至连提也不提，我们以为这样的现象不能算是正常的，设专题来研究，完全有必要。本文想负荷这一任务，限于水平，目前只能就所知的一鳞一爪叙说，真叫“以蠡测海”了。

二、阳湖文派是土生土长的

桐城文派几与清一代相始终，成员众多，对其他散文流派居压倒之势。就桐城跟阳湖的关系说，一般视桐城为大国，阳湖为附庸，甚至目阳湖为桐城的别支。我认为这样看法是不恰当的。桐城虽曾给阳湖一些影响，但只是派系同派系之间的交流性质，不可看成是主从的关系或师弟的关系。阳湖文派是土生土长的，桐城对它来说，是催生剂，而不是种子，只能看成是助力，绝不应说成是主力，不承认桐城对阳湖的一定影响，是抹煞事实的；径说阳湖完完全全产生于桐城，那便是夸大其词，距离真相太远。目阳湖为桐城的别支，这是桐城极盛时期人们的一种错觉；桐城成员作如此观，那就不免带着沙文主义了。

桐城给阳湖的影响，从下面的引文不难看出实际情况。张惠言《文稿自序》：

> 余友王悔生见余《黄山赋》而善之，劝余为古文，语余以所受于其师刘海峰者。为之一二年，稍稍得其规矩。

张氏又在《送钱鲁斯序》里说：

余学为古辞赋，乾隆戊申，自歙州归，过鲁斯而示之，鲁斯大喜，顾而谓余："吾尝受古文法于桐城刘海峰先生，顾未暇以为，子倘为之乎？"余愧谢未能。已而余游京师，思鲁斯言，乃尽屏置曩时所习诗赋及[一]书不为，而为古文，三年乃稍稍得之。

张氏禀性敦厚，务为抝谦，我们须得领会他的真情实意。王灼、钱伯坰二人，他们自身于古文造诣何如？他们所转述的话，究能发生多大的作用？有关这些，都得考虑周至，细加分析，才能得出正确的结论。恽敬所作的《张皋文墓志铭》，谈到惠言学文，仅仅写了这样几句：

少为辞赋，尝拟司马相如、扬雄之言；及壮，为古文，效韩氏愈、欧阳氏修。

惠言受桐城的影响设真是巨大，恽氏于此不会只字不提的。而且惠言在《书刘海峰文集后》一文中说："海峰之文，有学《庄子》《史记》，为之者弗至也；学欧阳、王介甫，为之时至焉。"指摘刘大櫆功力不够，作品不尽合适，不是很显然么？至于恽氏，他对桐城三祖更非心悦诚服，曾经说："与同州张皋文、吴仲伦、桐城王悔生游，始知姚姬传之学出于刘海峰，刘海峰之学出于方望溪。及求三人之文观之，又未足餍其心所欲云者。"（见《上曹俪笙侍郎书》）他认为方文："旨近端而有时而歧，辞近醇而有时而窳。"（见同上）于刘氏则讥贬更多，《答曹侍郎》："近得刘海峰先生集，笔力清宕，然细加检点，于理多所[二]未足。"在《与章澧南》信中讲得更加露骨，连同姚鼐一道批评下来了：

承见示《海峰楼文集》，二十余年前在京师一中舍处见之，今细检量，论事论人，未得其平，论理未得其正。大抵笔锐于本师方望溪先生，而疏朴不及；才则有余于弟子姚姬传先生矣。前阁下以洁目之，鄙见太史公之洁，全在用意捭落千端万绪，至字句不妨有可议者。今海峰字句极洁，而意不免芜近，非真洁也。姬传以才短，不敢放言高论，海峰则无所不敢矣，惧其破道也。又好语科名得失，酒食征逐，胸中得无滓秽太清耶！

王先谦说子居私淑海峰（见《续古文辞类纂·例略》），看来，是没有根据的。陆继辂在阳湖成员中是比较稳健的一个，但他对望溪依然有所责难：

溺宋学而诋汉儒，至言"訾謷程朱，类多绝世不祀"，甚哉，方氏之陋也！夫以程朱之贤，虚怀求道于生前，而伐异党同私为祸福于身后，吾恐方氏之诬罔，较之呰謷者而获罪为尤甚也！（见《删定方望溪先生文序》）

望溪之言，见其《与李刚主书》。李塨师事颜元，学主实用，好与宋儒立异。这时，他的大儿子刚刚病死，望溪便乘势来作规谏。“呰謷程朱，类多绝世不祀”，这简直是小乘佛道的斋公斋婆的口吻，哪里还像一位学者的讲话，决不是在以理服人，宜乎陆氏谥之以“陋”了。只有吴德旋服膺姚鼐，那是阳湖成员中的个别行动，而没有代表性的。且吴氏见姚，已在四十岁以后，自己文章的风格早告奠定。姚氏口角春风，为吴延誉；吴则奉姚为山斗，引其言以自重。他们二人之间，多少是有着标榜的习染的。这与两个文派的授受应行区分开来。

阳湖文派是土生土长的，它的成员与其乡先辈及并世做别种学问的乡贤都有着血肉相连的关系，这是阳湖文派产生的主因。他们远绍归（有光）、唐（顺之），近挹孙（星衍）、洪（亮吉），而与驰名的常州今文学复有深厚的渊源。

与唐顺之同时而又同有声于文坛的王慎中，他曾为唐氏《荆川集》作序，便强调吴地的文学是土生土长的，序中说：

吴之有文学旧矣。诸樊（吴王寿梦的长子，继寿梦为吴君）为国，断发之治未变，盖方其[三]陋，而公子札（即季札）已能尽通易诗书礼乐六艺之文，以观于中国，则名卿硕士有愧于其所知，悦其说之博雅，而慕之如不及。孔子教于洙泗，来四方之学者，则言偃（即子游）逾江蹈淮而往游焉，卒以文学列于大贤之科，南方之精华为之尽发，而孔氏之道资其言之有文以行于远，至于今为烈，盖其盛如此。画长江、太[四]湖以为国，方地千余里，林麓川泽之美，殆不可数，而光英冲粹之所渐涵磅礴于其间，二人而已。虽其甚盛，而亦岂非难哉！吾于二人，读其书，观其言，尚而友之，而庶几知其人。于今所见而及与之为友，又得一人焉，毗陵唐应德（应德，顺之字）也。君于学，盖所谓得其精华，其于言可谓有文而必行于远者也。其文具在，学者苟读焉而思，思焉而有以得之，则知其心之有通于季札，孰为浅深；言之所成，于子游孰为先后，有不可得而辨者矣。

王慎中是福建晋江人，他论吴中文学，是比较客观的。也许有人认为他谈常州文学的渊源,追溯得过远。但稽诸史事,不为无因。考常州一带,本为丝、米之乡。常州的缁布,坚白轻圆,望之如縠。所织的紧纱,早见于《太平寰宇记》。所出的酒,清而甘醴,品在绍兴、镇江之上,《武林旧事》载诸色酒,有名金斗泉,注出常州。到了明代,生产力更加提高,所出的籼米,王象晋《群芳谱》载毗陵有六十日籼、八十日籼、一百日籼诸品。洪武年间,曾作土贡进献;到了景泰年间,所献复有增益。明廷并于常州设有织造采办(见《明史·景帝本纪》)。到了清代,太湖流域的水利和东南的蚕桑业又得到进一步的发展。由于经济力的高涨,文化乃相应得到发展。

明代的前后七子,为文都是高标秦汉,实际上则袭貌遗神,制造赝品。反对七子最力的,当推归、唐。有光虽籍昆山,昆山去武进匪远;顺之则生于武进,不独文章骏快,而且功业彪炳,为阳湖预开坐言起行之风,唐氏的文章,孙慎行曾作过评介,他说:

> 先生造理醇而议事极鬯,立格高而命词独温,无一语不近人可晓然明,而又终无一语近人可形似摹窃者。居间反复诵读,风神辉映,旨趣机跃。为韩、为柳、为欧苏曾王者,若彬彬杂出乎简端;卒欲指定以何篇拟之何家,何语仿之何篇,而终不可得也。至一番议论,辄一番脱卸,重重结束,复重重抽换,如宫商之奏,首尾开阖,天巧不可凌凑;又如万叠山谷,愈深愈变,令人莫追忆所从入。然一指顾则划然天开,一挥浥则蓊然云会,此则先生所独到。盖创韩、柳以来所不必有之局面,而实畅韩、柳以来所必同有之精神,于是知先生之得为真。(见《荆川集序》)

孙慎行是唐氏的外孙,他对外祖文章的评价,跟《四库全书总目提要》所说,大体是相近的。《四库全书总目提要》卷一七二著录了唐氏的《荆川集》,并说:

> 顺之学问渊博,留心经济,自天文、地理、乐律、兵法以至勾股壬奇之术,无不精研,深欲以功名见于世。虽晚年再出,当御倭之任,不能大有所树立。其穷[五]也,仍以文章传。然考索既深,议论具有根柢,终非井田封建之游谈。其文章法度,具见《文编》一书,所录上自秦汉以来,而大抵从唐宋门庭沿溯以入。故于秦汉之文,不似李梦阳之割剥字句,描摹面貌;于唐宋之文,亦不似茅坤之比拟间架,掉弄机锋。在有明中叶,屹然为一大宗。

这就证明孙慎行的话不尽是私言了。毫无疑问，唐氏在中国历史上、在中国文学史上都占有一定的地位，对于他的乡邦后学会起巨大而深远的影响。先谈恽子居对他作品所发出的叹仰：

> 吾常州唐荆川先生为沈希仪叙广右战功，直躏子长、孟坚堂奥，而无一语似子长、孟坚，奇作也。（恽敬《杨中立战功略》）

案《明史·沈希仪传》全采唐氏《广右战功略》，只一称希仪为贵县人，一称为临淮人罢了。吴德旋论文，每以唐应德、刘海峰同举；陆继辂则以震川、荆川并称；李兆洛学务淹博，于荆川亦极为钦服（见李氏《荆川先生历算书稿》一文）。近人钱振锽在《荆川文引》一文里更说得清楚：

> 文之为物，非豪杰不能为，而不有意于为文，则终不能到古人地位，吾为豪杰之士不工为文者惜焉。荆川，豪杰之士也，而其为文则在有意无意之间，鹿门疑荆川本欲工文字之人，而不语人以工文字。荆川不受也。荆川文苍劲有法，气息清醇，本色极高，人工亦至，非本欲工文字者不能至此。……即其所得者观之，归、王之徒，已汗流至踵，而不能望其项背。此文章之事所以终为豪杰之事哉！

钱氏是晚清治学具有成就的一人，他看唐氏不仅是一位文人，而且是一位豪杰，更强调只有豪杰才配做文人。这一说法，自然不是品鉴文士的不可移易的准则，但他推重唐氏，则情溢乎词，荆川文对阳湖的影响巨大、深远，是不难想见的了。我说阳湖文派是土生土长的，这是一个方面。

孙星衍、洪亮吉皆是常州人，他们所做的骈文，以轻倩取胜，世有“常州体”之称。星衍间亦以考订古制与张惠言相切磋，《茗柯文补编》有《答尸问》可按。孙氏之文，为其经学所掩，阮元读《问字堂集》曾与书云：“兄所作骈俪文，并当列入，勿使后人谓贾、许（贾逵、许慎）无文章，庾、徐（庾信、徐陵）无实学也。”然以骈文论，孙似犹逊洪一筹。洪用典灵活，炼字清新，时更参以散句，实为李兆洛打通骈散的先声。恽敬曾亲受洪氏的鼓励：

> 敬与君同州，君多游四方，未得见。后敬居京师，废招提中，君日晡携大奴叩户入，曰：“闻子居在此，携斗酒只鸡来饮食之，不愈于他日酹墓地乎？”是年，君官侍从，数往来。（恽敬《前翰林院编修洪君遗事述》）

阳湖的另一成员——陆继辂，他与洪亮吉居同里巷，不仅有往还，有时复以诗倡和。陆氏《合肥学舍札记》中有《稚存先生诗》一则：

> 乾隆庚戌，稚存先生计偕入都，有诗见怀云："同居冷巷听严更，细草春来欲上城。绝忆绿晖桥畔路，两株松下一书生。""奇才朴学我兼师，辛苦高斋论述时。他日许教儿辈拜，臧生经术陆郎诗。"

臧生指臧庸，阮元所辑的《经籍籑诂》《十三经校勘记》，出庸搜录者为多，著有《拜经堂文集》。两诗不见《卷施阁集》，但既经继辂记述，自无讹误。阳湖诣人为古文，大都先通过学习骈俪的一个阶段，其受孙、洪影响，不言而喻。屠寄所辑《国朝常州骈体文录》，于阳湖知名之士，如恽敬、张惠言、李兆洛、陆继辂、张琦、董士锡诸人的作品都有甄录，而兆洛一人的文章竟选达五十二篇之多，即此可参透其中的消息。屠氏于书末《叙录》一文中更作了说明：

> 乾隆、嘉庆之际，吾郡盛为文章，稚存、伯渊，齐金羁于前；彦闻、方立（彦闻，即方履篯，阳湖人，有《万善花室文集》。方立，即董祐诚，阳湖人，有《兰石斋文集》），驰玉轪于后。皋文特善词赋，申耆尤长碑铭，诸附丽之者，亦各抽心呈貌，流芬散条，亹亹乎文有其质焉。于时海内属翰之士，敦说其义，至乃指目阳湖以为宗派。

我说阳湖文派是土生土长的，这又是一个方面。

清代今文学的启蒙大师，推武进庄存与，人无异词。庄氏之文，亦戛戛独造，辩而精，醇而肆，旨远而义近，举大而不遗小，著有《味经斋文稿》。庄氏著述，以《春秋正辞》一书最为著称，摆脱琐屑的训诂名物考证，专为微言大义是求。他的外孙刘逢禄从之受学，著《公羊何氏释例》，为清代言今文学的冠冕，而"常州今文"之名因以大著于世，庄于张惠言、李兆洛为乡前辈，刘于张、李则相与切磋而为友。兆洛谓："吾于庄宗伯不能测其涯。"龙城书院院西有先贤祠，祀吴季子而下六十八人，兆洛请增庄方耕。又谓："昭明太子为吾常文学之祖，岂有缺而不祀！"（并见蒋彤所为《武进李先生年谱》）李兆洛看庄存与不仅是经学宗师，同时也是文章伯哩。刘字申受，官礼部主事，兆洛《礼部刘君传》云：

> 道光九年八月十六日，刘君申受卒于京师，春秋五十有六。讣至，哭之恸。呜呼，吾乡一意志学，洞明经术，究极义理者，辈中无此人[六]

矣，来者将安所仪型哉？……君研精公羊，探源董生，发挥何氏，成《释例》三十篇，以微言大义刺讥褒讳挹损之文辞，洞然推极属辞比事之道。又成笺说、答难、决狱等凡十一书。自汉以来，未尝有也。中交张翰林皋文，共通虞氏易，为六爻发挥旁通表、虞氏易变表、卦象阴阳大义、易言补、易象赋、卦气颂，凡五卷。……其在官，凡同列有疑不能决者，为引经义别白之。已而公卿亦多就问所疑，无不据经决事，有董相风。

李、刘交谊的笃厚，张、刘治学的相互启发，都是不同寻常的。刘师培在《论近代文学之变迁》里说得好：

常州人士，喜治今文家言，杂采谶纬之书，用以解经，即用之入文，故新奇诡异之词，足以悦目。且江南之地，词曲尤工，哀怨清遒，近古乐府，故常州之文，亦词藻秀出，多哀艳之音，则以词曲入手之故也。庄氏文词，深美闳约，人所鲜知。其以文词著者，则阳湖张氏、长洲宋氏，均工绵邈之文，其音则哀而多思，其词则丽而能则，盖征材虽博，不外谶纬、词曲二端。若曲阜孔氏，亦工俪词，虽所作出宋氏之上，然旨趣略与宋氏同，则亦治今文之故也。近人谓治公羊者必工文，理或然欤！

孔氏指孔广森，广森受业方耕，著有《公羊通义》，文则有《仪郑堂集》，汪中见之，叹为绝手。姚鼐也称他"博学工为词章"（见姚氏《仪郑堂记》）。可见常州文学不仅盛行于吴中，也还远被于齐鲁了。至刘氏谓常州文与词曲有关，这也是事实，请看阳湖的知名作家，他们无不有词集，且间亦作曲，如恽敬有《蒹葭词》；张惠言有《茗柯词》；李兆洛有《蜩翼词》；董士锡有《齐物论斋词》；张琦有《立山词》，更有《鸳鸯剑曲》；陆继辂有《清邻词》，更有《洞庭缘传奇》《碧桃记乐府》。无怪乎龚自珍《常州高材篇送丁若士履恒》诗中说"人人妙擅小乐府，尔雅哀怨声能道[七]"了。可见阳湖文自有它的特异之处，而不是从其他散文流派学来的。我说阳湖文派是土生土长的，这当然也是一个方面。

自明中叶以后，常州人文蔚起，至清尤盛。常州骈体文、常州今文学，均卓卓有声，阳湖古文兼收众长，复上循荆川的轨辙，更参考了桐城的义法，于清代文坛乃独树一帜。它若是没有本地的种种因素，哪能脱离桐城而别张一军呢？

三、阳湖文派的特色

阳湖文派的主要成员，都各有专门之学，视作古文为余事，因此，他们的作品是学人之文，而不是文人之文。恽子居精于丙部，尤擅法家言；张皋文治经，长于《易》《礼》；李申耆通博，不以一端名。乃至张翰风之明于岐黄，董晋卿之邃于水利，都各有绝诣。他们又都能把自己的所长与词章相结合。他们的做法，是符合于唐顺之的主张的。唐氏在《与茅鹿门主事》信中曾力倡“文章本色”之说，他讲：

> 且夫两汉而下，文之不如古者，岂其所谓绳墨转折之精之不尽如哉？秦汉以前，儒家者有儒家本色，至如老庄家有老庄本色，纵横有纵横本色，名家、墨家、阴阳家皆有本色，虽其为术也驳，而莫不有一段千古不可磨灭之见。是以老家必不肯剿儒家之说，纵横家必不肯借墨家之谈，各自有其本色而鸣之为言。其所言者，其本色也，是以精光注焉，而其言遂不泯于世。唐宋而下，文人莫不语性命，谈治道，满纸炫然，一切自托于儒家，然非其涵养畜聚之素，非真有一段千古不可磨灭之见，而影响剿说，盖头窃尾……极力装做，丑态尽露，是以精光枵焉，而其言遂不久湮废。然则秦汉而上，虽其老、墨、名、法、杂家之说而犹传，今诸子之书是也。唐宋而下，虽其一切语性命、谈治道之说而亦不传，欧阳永叔所见唐四库书目百不存一焉者是也。后之文人，欲以立言为不朽计者，可以知所用心矣。

阳湖的作家，各有专门之学，也就是各有本色。近人赵震辑《毗陵文录》，他在《凡例》里说：“阳湖不能强同于桐城者，则桐城守义法；而阳湖尚气识（与‘器识’有别）。”桐城义法之说，倡于方望溪。姜宸英问方氏平生祈向，他回答说：“学行继程、朱之后，文章介韩、欧之间。”他所讲的“义”，便是指程伊川、朱晦庵的理学；他所讲的“法”，便是指韩退之、欧阳永叔的文章。这就意味着，他认为韩欧所讲的道理不够精醇，程朱的文笔过嫌质朴。要以韩欧的文章，发挥程朱的理学。到了姚姬传，更喊出义理、考据、词章三者合一的口号。姚氏所谓义理，就是方氏所企仰的程朱之学，姚氏所谓词章，主要就是方氏所要取径的韩欧之文；至于考据，那是乾嘉时期的显学，姚氏不得不采来装点门面。可是，到了桐城末流，他们空疏不学，尽管依旧把“义法”二字并提，实际上已是有法无义，徒习为控抑纵送之势，而内容贫乏，有时竟达到惊人的程度。阳湖所谓“气识”，识指通博的知识和独到的见解而言；气指格调词采而言。从表面看，阳湖所谓的识，类似桐城所谓的义；阳湖所谓的气，类似桐城所谓的法。两者好像没有什么区别，实则大相径庭。桐城所谓的义，边幅狭仄，邻于僵化；阳湖所谓的识，范围广阔，充满生机。桐城所谓的法与阳湖所谓的气，亦不尽相同。而且，常州文学一贯是以内容（识）为主，他们认为必定先有内容，然后才能谈到形式（气），先能笃实于内，然后才能光辉于外。若是没有好的内容，纵然借词采来修饰，那只是金玉其外，败絮其中，依然是不足道的。早在明代，唐荆川就讲过：

> 自古文人虽其立脚浅浅，然各自有一段精神不可磨灭，开口道得几句千古说不出的话语，是以能与世长久。……试观世间糊窗棂，塞瓶瓮，尘灰腐朽满墙壁间，何处不是近时人文集，有谁闲眼睛与之披阅。若此者，可谓之不朽否耶？本无精光，遂尔销歇，理固宜然。（《答蔡可泉》）

阳湖的成员董士锡说：

> 《易》曰言有物，又曰言有叙。夫心有不容闷者，发而为言；言有不容紊者，次而成文。故情文相生，偕于自然。（《亦有生斋文集叙》）

董氏又说：

> 《论语》曰“辞达而已矣”，盖言叙也。夫言以足意；机以成之，气以行之，韵以节之，神以动之，味以永之，五者备，而后所谓叙者尽其善，则又有进于法者在欤！（见同上）

唐荆川强调识的高下对文章的优劣是具有决定性的，董晋卿则由识说到气，认为“气”包含机、气、韵、神、味五个部分。他自信这样比桐城讲的法要好些。李兆洛则更进一步完全否定了桐城的法，认为它是多余：

> 古文义法之说，自望溪张之。私谓义充则法自具，不当歧而二之。文之有法，始自昌黎，盖以酬应投赠之义无可立，假于法以立之，便文自营而已。习之者遂借法为文，几于以文为戏矣。（《答高雨农》）

董李二人持论尚有出入，这就反映阳湖在当日不像桐城有什么绝对的统一口号，但他们总的倾向，不满意于桐城义法，而以识为文章之主，这个“识”隐与上面所讲的“文章本色”相应。至于两派的末流，自然都是不够理想：桐城则流于空而不实；阳湖或陷于质而无华。不过，比较起来，质而无华还是胜于空而不实一筹。姚莹、方东树都是姚姬传的大弟子，政治地位也都显赫，他们都主动地向李申耆伸出友谊之手，这就很能说明问题了。因此，“虚车之饰”（黎庶昌《续古文辞类纂序》：“桐城末流虚车之饰。”），是不会安在阳湖的头上的。这是阳湖文派的特色之一。

自司马子长作《史记》为仲尼弟子立传，于是师弟之谊重；自韩退之《师说》出，而师弟之称滥。姚惜抱与管异之的先世有同年之雅，惜抱与异之书，谓：“年谊疏而师弟重，以后书札，勿以年谊称也。”重视师弟之谊，本不容非议，但后世也有文行无似，而托于名师以增价，妄引《伯夷传》中“颜渊虽笃学，附骥尾而行益显”的话以自解慰，这就不免可笑了。退之《师说》，原为针对唐人以依附势位为荣而以德业相师为耻而发；可是，贪鄙之徒，竟借尊师重道之名，以行其攀附拉拢之实，又岂退之初意所及料！阳湖诸人取曾子“以文会友”之义，彼此磋磨，互通闻见，相规相勉，恽、张、陆、李诸人相处，无不如此。吴仲伦中年以后，颇心折于姚惜抱，但始终未著弟子籍，吕月沧要拜吴为师，吴则逊谢不遑，他说：“德旋自顾何所有，而敢侈然为贤者师乎？窃以为论诗文者，不宜立师弟之名。传道解惑，文人中惟韩退之足当之耳。”（《复吕月沧书四》）论诗文不立师弟之名，这可以看成是阳湖的信条。阳湖也有及门受教的，如董晋卿之于张皋文，朱幹臣之于恽子居，程子香之于吴仲伦，那就又当别论。但是，他们虽建立了师弟的关系，仍是不落虚文俗套，看恽子居《与朱幹臣》的信可知：

> 东垣之游，已二十五年，鄙人虽有一日之长，然彼此切磨，斯道之常耳。吾弟前书称“老夫子大人”，鄙意颇不愿从俗。何也？古者，弟子面称师曰子，其为他人言之，不面称曰夫子。颜渊夫子循循然，子贡夫子之文章……皆非面称也。至战国时方面称夫子，汉唐亦有此称，然不必弟子。明严分宜当国，其门下谀之，始有老夫子之称。后人又加以大人，谀而又谀。鄙人不愿以此施之于人，尤不愿人以此施之于我！

据我初步的领会，后世文人过分考究师弟的名义，多少是受了那些好谈道统的先生们的影响。观于韩退之一面有“文不在斯”之叹，一面更隐以道统自居（细玩《原道》可知），终不免给人以“妄”和“陋”的印象。吴仲伦说他对传道解惑当之无愧，估价是偏高的。一般说，阳湖派是不拘于师弟的仪式的，他们以文会友，声应气求，亲厚出于自然，思想活跃，没有清规戒律的束缚。这是阳湖文派的特色之二。

阳湖诸人崇尚事功，坐而言，起而行，不是全从笔头上下功夫。恽子居尝作宰浙赣诸省，论治皆属上选，自具风操，不事阿谀，深得闾阎爱戴。他在《与庄大久》的信上说：

> 敬匏系江西，智竭于胥吏，力屈于奴客，谤腾于上官，怨起于巨室。所喜篱落耕氓，市墟贩竖，尚有善言。去秋东归，虽卧具未质，优于从前，然十月无裘，则与在都时平等矣。

广大群众对他有良好的印象，自身能保持廉洁，在这信上是得到充分反映的。老百姓因公逝世，历时已久，他还是忘记不了，既见出他是多情，也显示出他是负责。请看《王盛墓石记》：

> 嘉庆元年，浙江富阳县知县恽敬，解饷军银十五万两至贵州铜仁交纳。役旋，经江西丰城，随行民壮王盛物故，葬之城西高原。五年，赴任新喻，为立石墓次，盛亦殁于王事也。后之君子，勿侵毁焉，可也。

王盛是一普通民夫，病殁途次，敛埋以后，优恤其家便足，乃历时四载，且已不在原任，过其葬处，犹为撰文立石，一般官吏哪里肯这样做！谓“盛亦殁于王事”，这句话岂高自位置、无视人民的腐朽官僚所能道其只字！就是比之古代循吏，亦可谓有过之而无不及。

张皋文为翰林院编修，虽未作过亲民的官，而关怀民隐，则无微不至。《茗柯文补编》有《吏难》三篇，于人民疾苦及当时吏治所存在的问题，讲得极为痛切：

> 愚以为方今之患，独患吏与民阔而不相亲：民之视吏也，惮然若鬼神之不可即；吏之视民也，芸然若履崇山而视原隰之草木无所别之。民之疾痛颠连而濒于死者，有执途人而哀之者矣，未有号呼求拯于州县者也。

他又在《与左仲甫书》里说：

> 知县者，民之父母也。未有一家之人，旷不相接，而可以为父母者也；未有子孙之才智，仆隶之技力，漫不相悉，而可以为父母者也。昔者，宓子宰单父，有兄事者，有父事者，有师事者。今之县与古之邑大小殊矣，民人户口不啻十倍，而曰无其人者，倘不然欤？

皋文生当清代极盛的乾、嘉时期，据他的反映，当时，吏不亲民，民远于吏，政治上已潜伏了一种危机。虽是“十步之内必有芳草，十室之邑必有忠信”，民间才智之士未尝没有，无如堂远帘高何！皋文大声疾呼，吏必要亲民，官必要尽才，否则，是难以想象的。他的胞弟张琦，做馆陶县令八年，治绩为山左第一。张琦也是阳湖的成员之一。

李申耆做凤台县令，干了不少好事。首先是兴水利。凤台濒淮而襟带汝颍，时闹水灾，地广民少，素称瘠土。申耆莅任以后，亲履全境，辨里落的繁耗，地亩的肥瘠，山川的高下，河渠的通塞，堰闸的修废。七年之中，计建闸一，修闸四，开渠二，筑坝九。因此屡获丰收。其次，邑多豪猾，逋逃薮相望，申耆率健勇巡行，常有擒获，盗以敛戢。复兴学校，修邑志。更多所擘画，《凤台保甲议》《凤台田赋议》，俱载《养一斋文集》卷十七。至今淮北故老论前世治绩，还称颂李知县。

陆祁孙的《与友人书》，王先谦把它选入《续古文辞类纂》，早经为世传诵：

> 伻来，言所治地僻而土瘠，城中居民不及百家。大府以足下曾任繁剧，才大不可以简县屈，若以留省中待选其可，足下遂瞻顾不行。仆闻之，未以为信。何者？地僻则官无奔走迎候之劳，可专志为治；土瘠则民无骄奢淫荡之习，而教令易行。此正宜足下所乐。乃自春徂夏，犹未上事，是非徒有所瞻顾，而实自薄之不屑往也。果尔，则足下之才，方今郡守监司不逮什百者何可数计，而足下乃浮湛县令，将并薄之而不为耶？向在京师，见牧令谒吏部出者，欣戚之意，判然见于颜色。叩其故，则曰：“其地官富，某地贫。”讼言而不讳。吏习如此，可为深叹。岂足下胸中亦有此等计较未能悉化耶？抑别有他故？望即裁答，毋令久蓄此疑。

陆氏箴人如此，其自守可知。祁孙一度曾为贵溪令，为时虽暂，而政声极佳，就这封信来看，绝不是偶然的了。

总之，阳湖诸人，作官则为循吏，不作官也知重视事功，与迂阔不切事情的一般文人是截然不同的，这与常州今文派以经术饰吏治以及唐荆川以学术和事功合一的做法显然是有关系的。他们这种经世致用的精神，直接影响龚（自珍）、魏（源），间接影响康（有为）、梁（启超）。梁任公在《中国近三百年学术史》里曾经讲：

常州学派有两个源头：一是经学，二是文学，后来渐合为一。他们的经学是公羊家经说——用特别眼光去研究孔子的春秋，由庄方耕（存与）、刘申受（逢禄）开派。他们的文学是阳湖派古文——以桐城派转手而加以解放，由张皋文（惠言）、李申耆（兆洛）开派。两派合一来产生出一种新精神，就是想在乾嘉间考证学的基础之上建设顺康间“经世致用”之学。代表这种精神的人是龚定庵（自珍）和魏默深（源）。这两个人的著述，给后来光绪初期思想界很大的影响。

梁氏又讲：

那时候（按指光绪朝）新思想的急先锋，是我亲受业的先生康南海（有为），他是从“常州派经学”出身，而以“经世致用”为标帜，他虽然有很奇特、很激烈的理想，却不大喜欢乱讲，他门下的人便狂然不可压制了，我自己便是这里头小小一员走卒。

魏默深尝谓：“今日复古之要：由训诂声音以进于东京典章制度，此齐一变至鲁也；由典章制度以进于西汉微言大义，贯经术、政事、文章于一，此鲁一变至道也。”（《两汉经师今古文家法考叙》）这与梁氏“想在乾嘉间考证学的基础之上建设顺康间经世致用之学”是稍有异同的，但他们说话的精神还是一致的。梁氏谓常州今文学与阳湖文合流，这是没有疑问的，独谓“阳湖文系以桐城派转手而加以解放”，这不免随顺俗论，人云亦云，而未加深究了。

魏默深高视阔步，于并世学人少所许可，而于阳湖成员李申耆则景慕异于寻常，谓“近代通儒，一人而已”。曾撰《武进李申耆先生传》，传上说：

乾隆间经师，有武进庄方耕侍郎，其学能通于经之大谊，西汉董、伏诸老先生之微森，而不落东汉以下。至嘉庆、道光间，而李先生出，学无不窥，而不以一艺自名，醰然粹然，莫测其际也。并世两通儒，皆出武进，盛矣哉！余于庄先生不及见，见李先生，故论其大旨于篇。

申耆对默深则加以慰勉，他曾为魏氏的《诗古微》作序，序里曾说：

> 无独是之见者不可与治经，蔽于所不见也，众喙若雷，此挽彼推，颓靡而已。守独是之见者不可与治经，蔽于其所见也，盛气所铄，不顾迕错，虚诞而已。魏子默深之治诗也：釽劀数千年来相传之篇第，掊击数千年来株守之序笺，无独是之见者然乎？然而其所釽劀者、所掊击者，质之以传记，平之以经文，比窾别腠，左右交会。其综之也博，其择之也卓，其会之也密，其断之也悫，守独是之见者然乎？

魏氏用其独特之见解诗，是得到李申耆的鼓励的；后来魏氏更用其独特之见谈时务，看来，多少也受了李氏的一些影响的。不妨说，道、咸以后的经世致用之学，与阳湖是有一定关系的。

龚定庵对李申耆也是倾倒之至，当他未见到李氏时，曾说："所恨不识李夫子，南望夜夜穿双眸！"(《常州高材篇》)见到以后，又有诗说："江左晨星一炬存，鱼龙光怪百千吞。迢迢望气中原夜，又有湛卢剑倚门。"自注："江阴见李申耆丈、蒋丹棱茂才；丹棱，申耆之门人也。"(《己亥杂诗》)龚、魏皆好谈经济，尤注意边事。定庵有《西域置行省议》，为倡导新疆建省最先的一人；又曾著《蒙古国志》。默深则有《海国图志》。而申耆早定舆图，考天官历术，曾著《海国纪闻史略》《大清一统舆地全图》《地理韵编》诸书，又铸造天球铜仪、日月行度铜仪，实为龚、魏言舆地的先导。定庵又受经刘申受，也曾有诗记述："端门受命有云礽，一脉微言我敬承。宿草敢祧刘礼部，东南绝学在毗陵。"自注："年二十有八，始从武进刘申受受《公羊春秋》。近岁成《春秋决事比》六卷，刘先生卒十年矣。"(《己亥杂诗》)申受则师其外祖，所以夏曾佑在赠梁任公诗里有"璱人申受出方耕"之句了。定庵同恽子居、孙渊如、赵味辛也都有交往，他在诗里曾说："奇才我识恽伯子，绝学我识孙季逑。最后乃识掌故赵，献以十诗赵毕酬。三君折节遇我厚，我益喜逐常人游。"(《常州高材篇》)龚、魏之文，均极廉悍，颇肖《大云山房文稿》的笔锋。龚文劲拔高简，与恽氏尤无乎不合。但他《识某大令集尾》一文，对子居颇致讥弹，这就近于操入室之戈了。梁任公说："光绪间，所谓新学家者，大率人人皆经过崇拜龚氏之一时期，初读《定庵文集》，若受电然。"(见《清代学术概论》)梁氏就是爱学龚文的一个人。梁氏又尝说："夙不喜桐城文，幼年学晚汉魏晋，颇尚矜炼。"(见同上)则不仅由龚溯恽，兼似李申耆之尚骈了。要之，晚清言经世者，其文多与阳湖为近，足见阳湖以致用为务了。这是阳湖的特色之三。

上述三点，仅其荦荦大端，余不备论。

四、阳湖文派的先驱

常州是个文化发达的地区，这是世所共知的，就文学说，盛宣怀《常州先哲遗书》所收录的别集，单明代以前的，已在三十种左右，其中如梁代萧统的《昭明太子集》，唐代萧颖士的《萧茂挺文集》，宋代尤袤的《梁溪遗稿》，元代倪瓒的《清閟阁集》，明代吴中行的《赐余堂集》和唐顺之的《荆川集》等，都是脍炙人口的。而给予阳湖文派影响最大的，则当推《荆川集》，上文已有了论述，这里就不再重复了。在唐氏与恽敬、张惠言之间，还有做承先启后工作、起桥梁作用的一些人，我们不妨把他们看成是阳湖文派的先驱。周葆贻《毗陵文录序》把恽、张以前的清代常州古文家作了如下的介绍：

> 吾常自唐荆川以后，以古文名者，如邵青门、董文友，在清初负盛名，一时争相传播。厥后蒋东委、杨农先并称。……迄于乾嘉，孙、洪、庄、刘，声施至今。

这篇序文接着就谈到阳湖的作家恽、张二人了。据我看，董以宁治学，最初喜好骈俪，继又专力于诗，继乃学古文，晚年复将全副精力移注在《易》与《春秋》上。他的《正谊堂集》，典重有余，生动不足，对后来文学所起的影响不是太大的。蒋汾功的《读孟居文集》，杨椿的《孟邻堂文集》，也都是偏重经义的发挥，文章色彩不是太浓烈的。邵长蘅确是常州作家中的重要人物之一。与邵长蘅同时的陈玉璂，比恽、张辈行稍长的赵怀玉、秦瀛，他们与阳湖文或多或少都还有点关系。因此，我就想在这一章里谈这几个人。至庄存与和刘逢禄，孙星衍和洪亮吉，因为在前两章已谈过些，本章也就从略了。

陈玉璂(1635—1705)，字赓明，号椒峰，武进人。康熙六年进士，官中书舍人。很早就谢事家居，交游极广，四方名士文人游常州，多半住在他家。文思敏捷，脱稿即付印，因为他雇用了一批刻字工人在家。由于上述情况，不免沾惹了标榜务名的习气。他的《学文堂文集》，登载别人替他作的序文就有二十四篇之多。作序的人，如吴伟业、周亮工、姜宸英、魏禧、李颙等，皆是一时知名之士。陈氏这样做，意在以声气自壮，是很显然的了。陈瑚在序文里说玉堪“生于荆川先生之里，而其文与之后先相颉颃，是犹今之荆川也”。王崇简在序文里也说：“毗陵之间，继荆川先生者，其椒峰先生乎？”这就说明他在学文过程中对《荆川集》曾作过较多的注意。不过，他还是多方面吸收的，他曾谈过对学文的看法，也就是在自道甘苦吧：

> 古文不可宗一家，宗一家则意拘，而才与气束缚而多所未达，虽揣摩极工肖，亦成其为古人之文。夫古人已有其文，何借于我；况有意揣摩古人虽甚工肖，究亦不能工肖者。惟本诸经史，旁及秦汉百家，使贯串融洽于心，临文时，我能用古，而不为古所用，然后可自成一家之文。（见张侗《学文堂文集序》里所转述陈氏自己的话）

魏际端也在序里说：

> 今之为古文者，非尺寸规模古人，则灭裂其法，而冒然无所据。夫学古人而似与不学古人而似，皆非所以为文者也。要其大弊则由于中之无物，而苟漫然以为文，如优伶笑哭，不本之于其喜于其哀，则虽足以动旁观之悲欢，而于吾所以笑与哭者，亦何与也。吾读陈子椒峰之文，始而视之平平然，玩之则津津然，三四吟叹之，则山岳屹然峙立于其中，江河淮泗浑浩流行而不知其际。若此者盖非规模古人与不规模古人之所能得者也。

这里面不免有应酬敷衍的成分，但陈氏除因乡土关系注意规仿唐荆川外，还知吸取众长，这大约也是事实。邵长蘅说他“为文不名一体”，这就反映了两个方面：一面可以证明陈氏确乎能吸取众长；另一方面也暗示陈氏的作品是杂而不纯。虽镕经铸史，但并没能做到浑化无迹。有时纵立新义，惜又未能证成其说，如他的《三吴总志自序》斥司马迁《吴世家》谓吴自阖闾始通中国为失言，他认为：“唐虞以来，东南久为文明之区。”所举的证据，只是：舜南巡守至于苍梧之野，舜死于苍梧，仅仅是一种传说，史家尽可把它记下来，唐代刘知几《史通·疑古》早就加以怀疑了。相传舜南行是溯湘而上的，跟吴地究有什么关系呢？富于想象是好的，没有有力的例证，终难取信于人的。

陈氏不喜言“法”，不等于他就不知法，在他的作品里，有时“法”倒是突出的。请看他的《魏冰叔文集序》：

自古文章之难，莫难于洁。洁则气不浮，排偶之习必去，循首尾观之，所为畔越雷同之病必无有。柳子厚曰，“参之《太史公》以著其洁”，是古之最洁者，莫若史迁；而苏明允讥其杂取六经传记及屈原长卿骚赋之文，错于其间，似于洁犹有未尽然。试悉去其剽割，而以所自为者反复之，洁固在也。虽然，总不若左丘明文为可贵。予自童而习，长而加爱玩，知所为洁者，殆莫过此。当锐意为文，思仿佛其万一而不可得，尝时时自憾，又以此阴求天下士之文，如是者十数年，始得宁都魏子冰叔。初，亡友邹程邨自西江归，携冰叔文稿二十余篇、史论二卷。越数岁，冰叔来吾毗陵，得尽发其笥读之。呜呼，信如冰叔，始可以洁称也！已而出所著《左传经世》一书，识见议论，皆前古所未有，然后知冰叔之学，固自有本。因自叹予于此未尝有数十年之功，而遽稀所得，宜乎妄已。冰叔居金精山（在江西宁都县西北，山势险峻，有林泉之胜，魏僖等曾构堂于此），足不履城市，耻见贵客，不事家人生产，故得专力为文。昔杨龟山（杨时，字中立，宋将乐人。师事程颢、程颐，著有《二程粹言》和《龟山集》）见胡澹庵，举二肘示之，曰：“此肘不离案三十年，然后于道有进。”冰叔将毋同。呜呼，伯禹后稷之徒，胼手胝足以为天下，而许由、巢父散发高卧于深山大泽之间，当时各行其志，而后世并称焉。然则冰叔洁，岂独在文哉！

这篇自始至终扣紧一“洁”字。用洁字评定魏禧的文章，也用洁字来评定魏禧的为人。全文脉络贯通，绝无扞格，毫无枝词，篇章结构，极见匠心。于此，知常州文家虽不言法，而法未尝不具，只是不空谈一个“法”字罢了。陈氏讲洁，推许史迁，到了恽子居则更能谈得具体（下章将会提到）。与陈氏同时的常州古文家，还有邵长蘅。

邵长蘅（1637—1704），字子湘，武进人。十岁补县学生，竟以诸生终。著有《青门集》，宋荦曾替他作序，序里说：

韦布之士以能文章名海内而余获交者，得三人焉：一为侯朝宗；一为宁都魏叔子；其一则毗陵邵子湘。……朝宗文超轶雄悍，当者辟易，如项王瞋目一呼，楼烦目不能视，手不能发。盖气胜也。而或疑其本领浅薄，是非往往失情实。然朝宗古文独为于举世不为之时，厥功为巨。叔子文不名一体，奥衍精卓，切中事理。而或者疑卤莽于经学，又其行文急于见法。子湘之文，立言必依于道，醇而肆，简洁而雄深，不袭前此之伪秦汉，亦不为近日之伪八家。大较英爽飙发不如朝宗，而根柢胜之，明切善议论不如叔子，而从容胜之。较长絜短，则子湘之文，与二子鼎足而传于世无疑。

时以为知言。王士禛谓毗陵文派始荆川，子湘为荆川后一人。邵氏《奉答王阮亭先生书》："奉读来序，谬以荆川相况，荆川为敝乡前辈，其学问之渊该，经济之恢拓，某何敢仰跂。独古文辞几骖驔，亦未知果能至不也。"常州人士为文，大都通向荆川，但并不以荆川自限。至于邵氏，不独不为荆川所限，且不为唐宋作家所限。他曾在《与贺天石论文书》里说：

仆平日持论，以为文章莫难于叙事，唐以后文章亦莫脆[八]于叙事。昌黎自成彼调，然苦生割，失自然，惟《毛颖传》直逼子长，要是游戏笔墨耳。河东自《段太尉逸事》而外，多学六朝。庐陵澹宕处，极得史迁风神，而奇气不如。苏长公自言平生不为行状墓碑，大较叙事是其所短。四公地位乃尔，他亡论已。明人宋潜溪（宋濂，字景濂，明代浦江人，有《潜溪集》）叙事有体，然病其繁；弇州蹊径未化，又好以古语傅会今事，读其文，若今人事迹一一豫摹古人为之者，荆川、遵岩，它文出入庐陵、南丰间，不愧文匠，独志传不能准[九]，大要冗长，苦镕铸力少；震川情致绝佳，正觉洮洮易尽。

邵氏谓文莫难于叙事，他对这方面不轻易许可人，《青门集》中有关这方面的作品比较多，未见皆超越前人，就他自身的各体作品来看，这部分显然是突出的。他在《与魏叔子论文书》里又讨论到"文源和文法"的问题，虽是二者并提，但他所强调的，还是在文源一面。他说：

闻之先辈曰：夫文者，非仅辞章之谓也。圣贤之文以载道，学者之文蕲弗畔道。故学文者必先浚文之源，而后究文之法。浚文之源者何？在读书，在养气。……不浚其源而言文，譬之扬蹄涔之波者，不识渤澥之广；炫萤尾之照者，不睹日月之明，欲文之成不能也。不究其法而言文，譬之骤新羁之驷，而弛其衔辔；操匠郢之斤，而辍其规矩，欲文之成不能也。

所谓"前辈"，大概是指他的前辈而言，可见为文以学养为主，论法仅是居于次要，和转益多师，不暧姝于一人，阳湖文派的这种风气由来已久了。

邵氏于传记文曾作出了贡献，尤其是关于明清之际的一些人物事迹，如《阎典史传》《八大山人传》《明翰林院修撰金公传》以及《侯方域魏禧传》，他在清廷的淫威之下，而能把这些人的民族气节表达出来，这是很难得、很难得的。即从史料价值讲，也都是极其珍贵的。录《八大山人传》：

> 八大山人者，故前明宗室，为诸生，世居南昌。弱冠遭变，弃家遁奉新山中，剃发为僧。不数年，竖拂称宗。师居山二十年，从学者常百余人。临川令胡君亦尝闻其名，延之官舍。年余，竟忽忽不自得，遂发狂疾，忽大笑，忽痛哭竟日。一夕，裂其浮屠服，焚之，走还会城，独身猖佯市肆间。常戴布帽，曳长领袍，履穿踵决，拂袖翩跹行，市中儿随观哗笑，人莫识也。其侄某识之，留止其家，久之，疾良已。山人工书法行楷，学大令、鲁公，能自成家。狂草颇怪伟，亦喜画，水墨芭蕉，怪石花竹，及芦雁汀凫，翛然无画家町畦，人得之，争藏弆以为重。饮酒不能尽二升，然喜饮，贫士或市人屠沽邀山人饮，辄往，往饮辄醉。醉后，墨沈淋漓，亦不甚爱惜。数往来城外僧舍，雏僧争嬲之索画，至牵袂捉衿，山人不拒也。士友或馈遗之，亦不辞。然贵显欲以数金易一石，不可得。或持绫绢至，直受之，曰："吾以作袜材。"以故贵显人求山人书画，乃反从贫士山僧屠沽儿购之。一日，忽大书哑字，署其门，自是对人不交一言。然善笑，而喜饮益甚。或招之饮，则缩颈抚掌，笑声哑哑然。又喜为藏钩拇阵之戏；赌酒胜则笑哑哑；数负，则拳胜者背，笑愈哑哑不可止；醉则往往欷歔泣下。予客南昌，雅慕山人，属北兰澹公期山人就寺相见。至日，大风雨，予意山人必不出。顷之，澹公驰寸札，曰，山人侵早已至。予惊喜，趣呼笥舆冒雨行，相见握手，熟视大笑。夜宿寺中，翦烛谈，山人痒不自禁，辄作手语势，已乃索笔书几上相酬答，烛见跋不倦。澹公语予，山人有诗数卷藏箧中，秘不令人见。予见山人题画及他题跋皆古雅；间杂以幽涩语，不尽可解。见与澹公数札极有致，如晋人语也。山人面微赪，丰下而少髭。初为僧，号雪箇，后更号曰人屋，曰驴室驴，曰书年，曰驴汉，最后号八大山人云。澹公，杭人，为灵岩继公高足，亦工书能诗，喜与文士交。赞曰：世多知山人，然竟无知山人者。山人胸次汩浡郁结，别有不能自解之故，如巨石窒泉，如湿絮之遏火，无可如何，乃忽狂忽暗，隐约玩世。而或者目之曰狂士，曰高人，浅之乎知山

人也，哀哉！予与山人宿寺中，夜漏下，雨势益怒，檐溜潺潺，疾风撼窗扉，四面竹树怒号，如空山虎豹声，凄绝几不成寐。假令山人遇方风、谢翱、吴思齐辈，又当相扶携恸哭至失声，愧予非其人也。

按八大山人姓朱，名耷，传中写他的亡国之痛，采用匣剑帷灯的手法，使剑气潜腾，灯光暗映，而真精神终不可掩，给人读起来加倍感到激楚。

陈玉璂、邵长蘅在当日齐名文坛，而造诣实有浅深之别。陈以进士官中书舍人，赀雄交广，蜚声较易；邵以老布衣而能名满天下，如果没有过人的本领，怎会达到这一地步。大抵陈文鸿赡有余，理趣不足；邵喜表彰遗逸，具见深心。对后来的阳湖文派说，邵比陈起的作用是要大些的。

陈玉璂、邵长蘅二人生活在清代初年，跟恽敬、张惠言等旷不相接，但皆给予阳湖以不同程度的影响。赵怀玉、秦瀛二人生活在乾隆、嘉庆及道光间，跟阳湖诸人常作文事的商讨。赵、秦的年辈虽长，但在论文上与恽敬、陆继辂等人则互相启发，后生且有超越前修之概。

赵怀玉（1747—1823），字亿孙，号味辛，又号映川，别号琬亭，晚号收庵居士，武进人。乾隆四十五年，召试举人，授内阁中书，选山东青州府同知，署登州、兖州二府。他的《亦有生斋文集》，恽敬、陆继辂都曾参预编定，董士锡并为作序，序中说："本朝为古文者以十数，其尤者宁都魏禧，才博而识赡，有物之言也；桐城方苞，学醇而辞雅，有叙之言也。殆未可以相优劣焉。同县赵先生怀玉，以魏氏之才与识，而为方氏之学，其文浩浩以远，醰醰以深，意欲兼方魏而有之。"赵氏有《书望溪集后》，谓方氏"文师昌黎，谨于肖似，其善删古书，官爵、郡县皆沿旧称，犹染近代之习"。他对方氏的文章并不是全无意见的。他在《焦里堂诗序》里说："今天下之为学有二：一曰经术；二曰词章。为经术者，穿穴训诂，冥搜苦索，责以登高作赋，而有所不暇。为词章者，渔猎载籍，拈新摘芳，求其折角夺席，而有所不能。于是或鄙之曰浮，或陋之曰朴，歧性情学问而二之，求其兼者廑矣。"序里又说："夫蕲于工而工者，斤斤于格律，屑屑于字句，殚精力而为之，以是专门名家，取誉传世，诗人之诗，世所同也；不蕲工而自工者，施之则有本，言之则有物，出余事而为之，以是畅怀舒愤，塞违从心，学人之诗，君是也。"赵氏认为凡是好的作品，既要有真才，还要有实学；仅在字句上求工，那是舍本逐末。他称誉焦循的诗是学人的诗，而不是诗人的诗。他用这样的说法来抬高焦氏，同时，也就说明赵氏本身也是倾向于这一方面的。论诗是这样，论文也是这样。赵氏在《答管编修》的信中说："窃有意于古文辞，谓足以见性情，征根柢。"阳湖是学人之文，而非文人之文，与赵氏的论点显然是一致的。

赵氏在《答钱季木书》里说："文章之道，不越理气。非书无以养气，非气无以达理。"这与阳湖后学所标的"气识"又是相近的。他对于斤斤摹古，刻意求工，是表示不同意的。他说："仆以为不欲终于今之文人，可；不欲为今之文人而必设一古之文人以自域者，不可。何则？袭于古者其迹滞，暗于识者其辞浮，故善言文者，不以迹求古，不以辞诡识。"又说："不欲工者，未尝不工；固欲工者，转未必工。不欲工者，瑕瑜不揜，质胜其文；固欲工者，鞶帨自饰、词揜其理。"这与邵子湘所强调的"文源"、唐荆川所强调的"文章本色"基本是相同的。

赵氏更精于版本校勘，其《知不足斋丛书序》颇能显示平生致力所在：

古书皆竹帛，自汉以来始用纸；古书皆卷轴，自唐以来始用册。纸与册虽日趋于简，然必缮录，缮录则不能人人遍给。终唐之世，得藏三本者，自秘书省正副贮外，惟华原柳氏（指唐人柳仲郢、柳玭父子，仲郢曾为校书郎，玭有《家训》，中谈雕版及藏书事极详。华原，唐后改为永安县，柳氏永安人，故城在今陕西耀县东南）有之。开成初，遂有五经雕版。天福八年，始以印本进于朝，于是利用遍天下。至宋，而学舍坊间几于靡书不刊矣。致之既易，传者宜多。乃汉晋之艺文，至隋唐而寖轶；隋唐之经籍，至宋元明而渐亡者，秘之而不知所以公之，聚之而不知所以散之也。富家右族，矜插架之备，庋阁不观。其号为知书者，遇一难购之本，缇缗十重，躬加题帖，一则曰子孙慎守，再则曰毋以借人。卒之，臭朽蟫断，失其所归，名曰珍之，实与瓿覆烬投何异。鲍君以文、识旷行高，自其先人即嗜坟籍，君复勤搜遐访，积数十年，家累万卷，丹铅校勘，日手一编，人从假借，未尝逆意。既又以其异本刊为丛书，曰："物无聚而不散，吾将以散为聚耳。金玉玑贝，世之所重，然地不爱宝，耗则复生。至于书，则作者之精神性命托焉。著古昔之啫啫，传千里之忞忞者，其伟也。书愈少则传愈难，设不广为之所，古人几微之绪不将自我而绝乎？乞火莫若取燧，寄汲莫若凿井，惧其书之不能久聚，莫若及吾身而善散之也。"鲍君于是乎远矣。特锓书流布，类为有力者之所为，君产厪中人，节缩以供剞劂，虑或难继。岂知声色狗马饮食博弈之属可以损其赀者多矣，彼好之者，犹甘徇而弗顾，君亦行其所好而已，安能鳃鳃过计哉。玩杨子云之篇,乐于居千石官;挟桓君山之书,富于积猗顿财,是固未尝以彼而易此也。夫登高而招,臂非加长,而见者远;顺风而呼,声非加疾,而闻者彰。千钧之重,乌获不能举也;众人相一,则百人有余力矣。今知不足斋之名彻于九重,其书尘于乙览,海内藏书家已无不羡其食报之厚,使闻鲍君聚散之说,当益惕然于古书之不可以无传。吾知伏梁暗槛之储,将接迹而出。君以梨枣寿古人,世人必抚丛残而尸祝君矣。

此文叙雕版的源流,头头是道,词润气充,犹属余事。倘以古文论,似少澹宕之趣。然比之空疏不学之徒,固已高出万万了。

赵氏的《亦有生斋文集》的编定,很能显示出他给阳湖文派的影响。第一,集中把散文和骈文并列,赵氏就是在散文中也不避偶句,这对后来李兆洛打通骈散之界是有着暗示作用的。第二,集中把平日的小启也收进去,赵氏曾在《答管编修》的信中说:"章疏简牍,古人虽短幅,必有一二不朽语;否或意在言外,可以使人讽咏紬绎。"这是在谈古人,也可以看成赵氏是在自道。恽子居的《大云山房言事》,虽为《大云山房文稿》的别出,实亦不啻《大云山房文稿》的一部分。其中所收,尽属小简,实与赵氏编集为一路。

秦瀛(1743—1821),字凌沧,号小岘,晚又号遂庵,无锡人,举人,官至刑部侍郎。著有《小岘山人文集》。

秦氏本习制举业,中年以后始为古文,与王芑孙、鲁仕骥时相质论。芑孙天才纵逸,仕骥受业于朱仕琇,两人又皆与姚鼐通问。《小岘山人文集》中有《与姚姬传书》,《惜抱轩集》中亦有《复秦小岘书》,观姚氏书词,语气落寞,不是怎样亲昵的,秦氏跟孙星衍、洪亮吉交谊较厚,跟恽敬、张惠言、吴德旋诸人亦互通声气。德旋并替他的文集作序,序里说:

无锡秦小岘先生以所为文示德旋,德旋受而读之,考其师友渊源所渐渍,固已及乎熙甫、灵皋,而驯至乎永叔、子固,盖不相袭也,而神与为合。

而王先谦论阳湖,述子居、皋文,并及陆继辂与秦氏(见《续古文辞类纂·例略》)。秦氏做过按察使,做过布政使,最后,做到刑部侍郎,政治地位达到相当的高度,而操觚为文又达一定的水平。在他的早期,阳湖尚未形成,桐城对他,似采不迎不拒的态度。他同阳湖成员,接触时间较长而情感又较为笃厚的要推王芑孙，其次是吴德旋，晚期才接近张惠言和恽敬。《小岘山人文集》最初是由王芑孙、吴仲伦选定的；其后，恽敬又参加了意见。看来，他与阳湖交往是较多的。他同赵怀玉对恽敬等人辈行居长，他与怀玉在某些问题上看法并不一致，而各予阳湖后生以不同的影响。怀玉谓穷居始能尽学，而秦氏则谓学问要从事功中取证。赵氏说："穷而下者，枕葄经史，舍是无他嗜好，故得为颛门名家；达则官守劳其心，纷华蛊其志，纵汲汲于古，而夺之者众。"又说："穷而下者，同类切劘，人乐攻其短；达则分位既尊，贡谀日至，虽其侪列亦不敢遽肆讥弹，故有失而终身或不能自觉。"(并见《存素堂文初钞序》)秦氏则谓："自古立言之士，非徒以其言而已，必视其志事之所存。有实志而后有实学，有实学而后有实事。……三代以降，诸葛忠武、陆忠宣、司马文正、李忠定、朱文公，不专以文章名，而其文经纬万端，可为天下国家之用，无它，志事存焉耳。"(《林仲骞文稿序》)又说："仆文无足道，特于学术之邪正，文章之真赝，民生之利病，略能言之，而平生师友以逮骨肉之戚，皆见于余文，或不无可采焉。"(《答王惕甫书》)秦氏这一论点与阳湖不薄事功的精神是一致的。

秦氏论学，崇宋抑汉，尝谓："近世宗汉学者，目未窥程朱之书，辄抵排宋儒，呶呶不已，当亦汉儒所不与也。"(见《臧在东文集序》)其谈理学，则是朱而非王。他说："朱子之学，居敬穷理，践履笃实，万世无弊。"又说："姚江有见于时俗溺于功利，失其本心，独揭良知二字以解格物致知之义。良知曰致，可乎？此正与《集注》穷至事物之理语相背。"(并见《论学》)由于他论学是是朱非王，因而论文也就亲归疏唐。唐荆川晚而学道，与王畿、罗洪先辈相处无间。王畿为阳明大弟，荆川晚岁治学，得力于王畿为多，所以他自己讲："吾于龙溪只少一拜。"姚江之后，流派很多，一般分浙中、江右、南中、楚中、北方、粤闽、泰州七派，而荆川是南中的翘楚，有黄宗羲《明儒学案》可考。归震川虽不以道学面貌出现，然文中言及朱晦庵，例称子而不名。震川的文章，得力于欧阳永叔的纡徐为妍。秦氏于文主张直截了当来学宋人。他说：

> 古文之学，盛于唐宋，宋人之文，学唐者也，而唐人之文实至宋而一变，盖唐文词义近古，宋人则文从字顺，渐近于后人之文。欧阳、三苏，作者虽多，以视昌黎则有间。子固醇茂，介甫峭直，其文稍异于他家，然自宋人之文，非唐人之文也。且夫文章与时代为升降，虽豪杰有所不能强。有明一代，推归熙甫，其胜处亦只得力于欧阳氏而止。王遵岩学

> 曾，已不免冗沓之病。本朝古文，以汪尧峰、魏勺庭、姜西溟、邵青门四家为长。望溪方氏后出，精于义法，简严精实。而或者钩棘字句，以僻涩为古，自谓学唐人诸杂家。不知唐人如皇甫持正、孙可之皆学昌黎，其可传者亦仅寥寥数篇。后人不能学宋人而欲学唐人，宜其文之愈不如古也。(《答陈上舍纯书》)

他又说：

> 有明三百年，治古文之学者称归熙甫先生，熙甫学庐陵者也，庐陵又学史迁者也，清庙之瑟，一唱三叹，熙甫有焉。当时若晋江之王遵岩，武进之唐荆川，犹或逊之。(《吴鲁也文集序》)

秦氏学宗晦庵，文尚震川，是显然的。其实，震川、荆川，他们在文学形式上是在同一道路上求发展的。所以阳湖诸人虽步趋荆川，而对震川亦极表向往，秦氏贬低荆川，主要原因似在宗朱、宗王的争执上。就阳湖的风气说，他们的精神面貌尽管绝大部分是相同的，但还允许各自不同的见解存在，恐怕也就是前人所谓“大德不逾闲，小德出入可也”了。如恽子居、张皋文二人，恽则袒王，张则向朱，仍然不妨为同一文派。从学术思潮演变来谈，程朱陆王之争，早该居于次要又次要的地位了。顺、康之际，朱学日益抬头，王学日益消沉，但在初期是曾经有过激烈斗争的。乾、嘉之际，这时学术上的争执，是汉学与宋学在较量，汉学日益进展，宋学日益萎退；朱王优劣，这时已不是主要的课题。道光以后，汉学分裂为今文、古文之争(其实嘉庆时已见端倪)，评汉宋的优劣，已是没有时代气息。所以，秦氏所提出的朱、王问题，更不是新鲜的了。而阳湖不把它作为重点来争论，倒是很自然的。

秦氏文师欧、曾，然渊雅不如曾，风神更远不及欧，然影响东南文坛的时间却很久。兹录《张皋文文集序》一文，借此可以考见他同阳湖的渊源：

> 文章之士，多浮华而不根，故其为言也，亦泛滥而寡当。其真能立言者则不然，盖言有其所以立。惟不苟于人者，斯毋苟于言，是其人必服习仁义，涵泳道德，志足以兴事，学足以致务，而后施之于言，斟酌而有条理，剀切而有根柢，非徒华其文漫其辞而已。武进张君皋文，拔起孤露，卓然能为古文辞，尝访余于杭州，时皋文久困礼部试，未通籍也。余见其所为文，原本六经，而取法于韩氏欧阳氏两家，因笃服之。其友恽子居方为江山令，亦时时为余道皋文之文，已而皋文别去，遂成进士，

官翰林，不复相见，而皋文没。皋文受知于大兴朱文正，其为庶吉士及留馆职，皆由文正特奏；皋文时有所规切于文正，文正不能用，而其言则可存，已见于子居所为墓志。其文则杨子某尝及皋文之门，汇而辑之。皋文有言，文章末也，文固不足以尽皋文。然皋文学古人之学，为古人之文，荣于古者虐于今，即令假以年寿，而贤如文正，亦第以文章之士目之，皋文之所以立其言者，恐亦未能见之于用，而其文之仅存固已。矫然不屑苟同于流俗，则即言以窥其人，而皋文之为人可知已。皋文没，而余序其文，为当世惜，不独为皋文惜也。闻子居将来京师，当以吾序示之。（此文载《小岘山人续文集》，《茗柯集》则未见）

邵、陈、孙、洪、庄、刘、赵、秦诸人，皆是阳湖文派的开路者。孙、洪、庄、刘，本以经史名家，或以骈俪有闻于世，各有专门之业，而以余事为散文，亦渊懿有度，沾丐后人。邵、陈、秦、赵，是以纯古文家出现的，所发生的影响比较更属直接。阳湖能闳中肆外，与它的凭借富厚是分不开的。

五、阳湖文派的主要成员及其作品

阳湖文派成员不如桐城文派成员众多，然桐城阵容虽盛，有些人不过是拥纛自豪，不像阳湖每一个人都能顶事，所以，桐城有依附之嫌，阳湖无滥竽之诮。阳湖的主要人物有三：曰恽敬，曰张惠言，曰李兆洛。复以王芑孙附于恽，张琦、张成孙、董士锡和周济附于张，蒋彤、吴育附于李。更有陆继辂、吴德旋二人意主调和阳湖、桐城两者的关系。分别论述于后。

桐城以姚鼐为领袖，世无异词。阳湖究以谁为魁首，尚有歧说。或崇恽，或崇张，或则恽、张并举。鄙意，惟恽敬足当其选；张惠言别有成就，以古文论，则视恽尚逊一筹。近人武进庄适，曾选注恽敬文问世，他在《绪言》里说："阳湖以恽敬为首。"又说："学问多端，敬胡独古文是取？则以乾嘉之际，吾邑人才辈出，孙星衍、刘逢禄及吾远祖方耕公皆以专经著，洪亮吉、李兆洛则以治史著，陆继辂以骈俪文著，锵锵济济，盛极一时。敬欲于此中另辟途径，以求出一头地，舍古文末由。……敬之才力实存大过人者。"恽敬的学术面也很广，但于古文致力特多，而成就也突出。昔缪荃孙代张之洞撰《书目答问》，列阳湖派古文家集凡五：(1) 恽敬《大云山房文集》；(2) 张惠言《茗柯文集》；(3) 李兆洛《养一斋文集》；(4) 陆继辂《崇百药斋集》；(5) 董士锡《齐物论斋文集》，而《大云山房集》褎然居首，这就很能说明问题。

恽敬(1757—1817)，字子居，号简堂，阳湖人。游宦浙江、山东、江西诸省，颇著循声，有《大云山房文稿》行世。他少受庭训，又师事其舅郑环，郑环治学的途径和为人的作风给予他的影响是巨大的。他在《舅氏清如先生墓志铭》里已把老师的学术作了介绍：

> 先生少时喜兵家言，后出入于纵横家、法家，最喜道家雄雌黑白之说，推阴阳进退人事盈歉，其绪余为步引芝菌，神鬼诞欺怪迂之术皆好之。为文章，峭简精强必己出。读书条解支劈、凿虚蹑空、旁抉曲导，必窥意理之所至。四十后，为陆象山、王阳明二家之言；已又以为未尽，反之张子、邵子之说。

考张惟骧《清代毗陵书目》，计著录郑环的作品有七种：《春秋前知录》二卷，《顾学斋经说》二卷，《十三经考证异同》二十卷，《石经文注释》一卷，《竹书纪年考证》四卷，《孔子世家考》二卷，《仲尼弟子列传考》一卷。郑氏著述多，学术面广，子居寄籍门下，且有胜蓝之誉。子居论文章流派，惯喜探源于九流，是同师说有关的。而屏弃虚诞，可谓善于抉择。

子居最长论辩，得力全在诸子，尤近法家言，于先秦学韩非、李斯，于汉则学晁错，持论常能切中事情。有时权奇自喜，或亦流于偏激，然持之有故，言之成理，足备一家之说。子居既得力于诸子，论前世大家作品，一以诸子流派为归。他在《大云山房文稿二集叙录》里说：

> 敬观之前世：贾生自名家纵横家入，故其言浩瀚而断制；晁错自法家兵家入，故其言峭实；董仲舒、刘子政自儒家道家阴阳家入，故其言和而多端；韩退之自儒家法家名家入，故其言峻而能达；曾子固、苏子由自儒家杂家入，故其言温而定，柳子厚、欧阳永叔自儒家杂家辞赋家入，故其言详雅有度；杜牧之、苏明允自兵家纵横家入，故其言纵厉，苏子瞻自纵横家道家小说家入，故其言逍遥而震动。

他认为凡属大家之文，无不得力于诸子。昧于此义的人，只学魏晋以下的词采和宋人比附于经的义理，这是舍本逐末的做法，所以他大声疾呼："文集之衰，当起之以百家。"这是本着亲身的阅历而作出的结论。由于他得力于诸子，尤其是法家言，因而观察事物能洞中窍要，往往一语破的，一针见血。过去的学者研究古代的典章制度，每陷于其中而不能自拔。子居论文论政，援古的地方也是有的，但他援古而不泥古，并能指出前人泥古所犯的错误与所遭到的失败。他有关这方面的作品最著名的，是《三代因革论》，此文共有八篇，不少的地方是发前人所未发，他的识力，不是一般文士所能望其项背的。他说：

> 夫五霸更三王者也；七雄更五霸者也；秦兼四海，一切皆扫除之，又更七雄者也。汉兴百余年之后，始讲求先王之遗意。……朝野上下，大纲细目，久已无存，遗老故旧，亦无有能传道者。诸儒博士于焚弃残剥之余，搜拾灶觚蠹简，推原故事，其得之也艰，故其信之也笃。书之言止一隅，必推之千百隅而以为皆然；书之言止一端，必推之千百端而以为不可不然。呜呼，何其愚也！（《三代因革论一》）

他又申说：

> 彼诸儒博士者：过于尊圣贤，而疏于察凡庶；敢于从古昔，而怯于赴时势；笃于信专门，而薄于考通方，岂足以知圣人哉！是故为其说也：推之一家而通，推之众家而不必通；推之一经而通，推之众经而不必通。且以一家一经亦有不必通者。至不必通而附会穿凿以求其通，天下之乱言也已！（《三代因革论八》）

就三王、五霸、七雄制度的迭更，阐明古今情势不断在变革；从秦火后典籍的残缺，揭破诸儒博士的迂执可笑。学者不仅要专，还得注意通；不仅要知旧闻，还得识时趋；不仅要明白圣贤的意旨，还得了解群众的倾向。在封建时代能够讲出这些话，不仅是有识，而且还有胆。他对程朱陆王之争，对汉学宋学之争，都不作左右袒。他是研究它们的，但它们都束缚不了他，而且，他对它们皆作了公允的批评和正确的估价。在《与汤编修书》里说：

> 宋人之说，至明而变，至本朝康熙间而复。其变也多歧，其复也多仍。多歧之说，足以眩惑天下之耳目，姚江诸儒（指明儒王守仁等。守仁字伯安，阐述《孟子》"良知"之说，并倡导"知行合一"，其学近于陆九渊，学者称为阳明先生，余姚人。黄宗羲《明儒学案》中有"姚江学案"，述王学内容极为详尽）是也；多仍之说，足以束缚天下之耳目，平湖诸儒（指清儒陆陇其等。陇其字稼书，浙江平湖人。其学专宗朱熹，尝谓"宗朱子为正学，不宗朱子即非正学"）是也。二者如揭竿于市，以奔走天下

之人，故自近日以来多憖置之。憖置之者，非也；揭竿于市者，亦非也。

开头是评论王学与朱学之争，入后是评论汉学与宋学之争。所谓憖置者，是指蔑视宋学的汉学家。他在《答方九江》的信里更表明了自己的态度：

人以恽子居为朱学者固非，汉唐之学者亦非。要之，男儿必有自立之处，不随人作计，如蚊之同声，蝇之同嗜，以取富贵名誉也。

吸收众长，而不为任何一方面所囿，这比较是客观的。他曾经讲，"不以古人之能概今人"，"不以古人之事概今事"（见《说山》）。面对现实，独立思考，然后作出裁决。恽子居在当时不愧是一位具有达识的学者。

他更把高度的识力在学习文学上作了具体地表现，《上举主笠帆先生书》曾叙述自己学文是吸收众长而又屏弃众短的，他说：

敬自能执笔之后，求之于马、郑而去其执，求之于程、朱而去其偏，求之于屈、宋而去其浮。求之于马、班而去其肆，求之于教乘而去其罔，求之于菌芝步引而去其诬，求之于大人先生而去其饰，求之于农圃市井而去其陋，求之于恢奇吊诡之技力而去其诈悍。淘汰之，播扬之，摩揣之，衅沐之，得于一是而止。是故质诸鬼神而无疑，百世以俟圣人而不惑，窃有志焉，而未逮也。

他不仅有批判地去接受前人的名作，并对社会上一般的技艺也是在去粗取精地加以吸收。尽管他免不了还有时代的局限和阶级的局限，但比起同时的士大夫来总算是高明百倍了。

叙事则步趋史迁，而参以孟坚、承祚，及门问业，则惯举《史记》为教，有时并把自己的作品来与《史记》比证。在《与黄香石》的信上说：

今晨草草作《同游海幢寺记》。……此文儒为主中主，禅为主中宾，琴与诗为宾中主，画与琴与酒为宾中宾。其序次，前五节皆以禅消纳之，为后半重发无和尚张本，而儒止瞥然一见，如大海中日影，大山中雷声，此子长《河渠》《平准书》《伯夷》《屈原贾生列传》法也。海幢形势佳胜，先于独游时写足，入同游后，不必烦笔墨，此子长《项羽本纪》《李将军传》法也。敬古文法，尽出子长；其孟坚以下，时参笔势而已。

子居曾作《太子少师体仁阁大学士戴公神道碑铭》一文，也有取法《史》《汉》之处，在《上举主笠帆先生书》里自己曾作了说明：

《史记》《汉书》有排比数千言者，其后必大震荡之。此文实在前，虚在后，所以如此者，因通篇不书文端一事，故用排比法叙次家世、科名、官位，然后提笔作数十百曲，皆盘空捣虚，左回右转，令其势稽天匝地，以极震荡之力焉，此法近日诸家无人敢为，亦无人能为也。东坡《司马公神道碑》，虚在前，实在后。所以如此者，由一切事业不足以尽文正，故竭力推阐在前，后列数大事，止闲闲指示，如浮云，如小石。此文正人之大，东坡手笔之大也。文端虽贤，必不敢自侪古人；敬才弱，不敢犯东坡，因颠倒其局用之。至变化则窃取子长，严整则窃取孟坚也。

可见他学习《史》《汉》，不是生搬硬套，而是看内容的需要来灵活运用。他对《史》《汉》钻研得很深，于这两部书都有很多的发明，如《读货殖列传》和《孟子荀卿列传书后》，于《史记》义例作了详明的阐述；《读霍光传》和《古今人表书后》，于《汉书》义例更作了精辟的发挥。他教女婿姚来卿看文的办法，也是举《史记》来说明的：

今举看文之法为吾婿言之：譬如《史记·李将军列传》，匈奴惊上山阵，一山字便是极妙法门。何也？匈奴疑汉兵有伏，以冈谷隐蔽耳。若一望平原，则放骑追射矣。李将军岂能百骑直前，且下马解鞍哉！使班孟坚为之，必先提请汉与匈奴相遇山下，亦文中能手。史公则于匈奴惊下销纳之，剑侠空空儿也。此小处看文法也。《史记·货殖列传》，千头万绪，忽叙忽议，读者几于入武帝建章宫、炀帝迷楼。然纲领不过“昔者”及“汉兴”四字耳。是史公胸次真如龙伯国人，可块视三山，杯看五湖矣。此大处看文法也。

子居于《史记》《汉书》寝馈功深，特别是对《史记》，大则发明义例，次则摹拟篇章，小则探求一辞一字的用法，可谓巨细靡遗。子居文笔高简，不是偶然的。

子居于唐宋名家，唐则学韩，宋则学曾，所以，他尝以自己的作品太肖韩、曾为惧（见《答陈云渠》）。他对韩文致力尤深，在《答来卿》的信里对韩文的取舍和须行领会之点曾作了详尽的介绍：

《平淮西碑》，是摹《书》《诗》二经，已为人读烂，不可学。《南海庙碑》，是摹汉人文，亦不可学。如书字，摹古之帖，若复摹之，乃奴婢中重台也。《送李愿序》，浅而近俗。《与于襄阳书》，俳而近滞。《释言》窠臼太甚。其后两篇夭矫如龙矣。学韩文先须分别其不可学者,乃最重也。此外可学者,大都识高则笔力自达,力厚则词采自腴,而其用意用法之巧胜,有不可胜求者,略举数篇以为体例。如《汴州水门记》,节度使是何官衔,陇西公是何人物,水门之事则甚小,若一铺叙,不成话矣。故记止三行,诗中详其事业,于水门止一两语点过,此是小题不可大作也。有大题亦不可大作者,李习之《拜禹言》是也。禹之功德从何处赞扬,故止以数言唱叹之。知此,虽著述汗牛充栋,岂有浮笔浪墨耶!如《殿中少监墓志》,竟用点染法。韩公何以有此种笔墨?盖因少监无事可书,北平王事业涵盖天地,若不叙北平王,于理不可,然轻叙则不称北平王,重叙则少监一边寥落,喧客夺主矣,是以并叙三代,均用喻言,使文体均称,翻出异样采绘,照耀耳目。且恐平叙三代,有涉形迹,是以将纳交作连络,存没作波澜,真鬼神于文者也。如《滕王阁记》,有王子安一篇在前,其文较之韩公,乃瑜珈僧之于法王,寇谦之杜光庭等于仙伯,何足芥蒂。然工部所谓当时体也,其力亦足及远,既有此文,不可不避,故韩公通篇从未至滕王阁用意,笔墨皆烟云矣。如贞曜先生、施先生墓志,不列一事,以贞曜诗人,施先生经师,止此二意,便可推衍成绝世之文。若列一事,体便杂也。又如《曹成王碑》《许国公碑》,尽列众事,以二人均有大功于民生国计,其事皆不可削,须择之、部署之、铺排之以成吾之文。若一虚摹,文与人与官皆不称也。以上意法,引而伸之,可千可万,可极无量。

他对同时的朱仕琇不善于学韩,也曾作了剖析:

梅崖始终学韩公者也。大抵韩公天质近圣贤豪杰,而为文从诸经诸子入,故用意深博,下笔奥衍精醇。梅崖止文人,而为文又从韩公入,故词甚古,意甚今,求炼则伤格,求遒则伤调。自皇甫持正(即皇甫湜)、李南纪(即李汉)、孙可之(即孙樵)以后,学韩者皆犯之。

他对学韩的利病得失,讲得异常切实,非于韩有深造是不能道其只字的。他的《饶陶南墓志铭》,尤得韩氏的神理:

狗马牛皆四足。侩牛者察筋骨毛尾蹄角,知其强弱之质,顺逆之性,修促之数,十不失一。然移之马则不知,移之狗益不知,移之虎豹犀象则望而走。今夫龙亦四足也,使龙加首于牖,侩牛者惊怖视之,其又奚知。而四足之外，充之为无足为多足，其又奚知。虽然，是侩牛者于牛固十不失一也；稍下，十而失四五焉；再下，十而失七八焉。盖天下物不可限，惟尽性，尽人性、尽物性者，知亦不可限，其余皆限之类如此。彭泽饶廷切，为人端慎，能文章，最长于江西五家四书文之法（明末，江西以制艺著称的，有章世纯、艾南英、罗万藻、陈际泰四人，曾刻有合集。后来又有天盖楼所刻的五家时文，即上述四人外，再加上杨以任。前人对这五家时文，各用两个字作评语：章文沉挚，艾文谨严，罗文修洁，陈文明快，杨文孤峭），奥衍清浏，无有能得其用意者，前后应十五举不得解。乾隆五十三年，恩科已得而复失之，充副榜贡生，以贫授经南昌。嘉庆十四年十月二十四日，寄死于桥步街药肆，年五十。不能殓，其友恽子居与同志殓之，归其丧于彭泽，为之铭，使其子礼葬之。廷切字陶南。曾祖有任，祖巩，父珊，母欧阳氏，配宋氏，子文敷。铭曰：以贫死，以贫葬，以贱死，以贱祭。一客不吊亦不悔。魄归黄泉魂上天，为铭永之千万年。

笔则夭矫如龙，气则滃郁如云，情则激楚如孤鹤之唳于霜天。有卓异之人，始有卓异之文。不独词逼昌黎，且亦取神蒙庄，是值得重视的一篇文章。

包世臣崖岸自高，从不轻易许人，但在《读大云山房文集》一文里对恽文作了如下的评价：

子居文精察廉悍，如其为人。其纪畸人逸士，以微知著，常数语尽生平，持论有本末。……推勘物情，不事溪刻，而终莫能遁。近世言文，未有能先子居者也。

又说：

古文自南宋以来，皆为以时文之法，繁芜无骨势。茅坤、归有光之徒程其式，而方苞系之，自谓真古矣，乃与时文迩。然子居当归、方邪许之时，矫然有以自植，固豪杰之士哉！

包氏谓“近世言文，未有能先子居”，那末，桐城三祖都不能超过子居，阳湖诸家更不必说了。明清两代的所谓古文家，岂不都是由制艺转手而来，不自觉地会露出一点八股气。子居对制艺也曾下过相当的功夫，但他的古文直接韩曾，而上溯于《史》《汉》诸子，了无制艺气习，与众不同，这是研究恽文的人不可不知道的。包氏认为以时艺为古文起于南宋,说得似乎远些了。

在《大云山房文稿》中找不出无聊酬应之作,更不会发现有什么谀辞。他看写文章是一种神圣的事,曾经说:“文者,私作也,必以公行之;文者,艺事也,必以道成之。”(《答伊扬州》)平日为人作传状碑志,从不肯为谀词,因此,常引起一些人的不满,但他始终未尝以曲笔相从。在《答张翰丰》的信中曾愤慨地讲过:“无过之志铭,长安贵人能操笔墨者不下五百人,何必江南恽子居千里呕心,起古之揭日月泣鬼神者而质其然否也!”在《与李汀洲》的信中也说:“稚存编修、惕庵郎中遗事述,不可不呈之左右,褒贬不敢卒然,编修贬在褒之中,郎中褒在贬之外,求如其人而已。”像这种以严肃的态度临文,下笔只字不苟,无形中作者把自己的人格提高,同时也把自己的文格提高,替后人为文树立了良好的典范。关于这点,昌黎也不免时有惭色,子居能力矫此弊,是值得大书特书的。

子居与人相处,直道而行,务求其是,他对阳湖成员乃至对常州的前辈也是如此。赵怀玉的文集原附自挽的匾联,他劝赵氏删去;秦瀛的文集,收录芜杂,他劝秦氏加以抉剔。孙星衍论《晏子春秋》,偏信后人的杂采零掇,而不依《左传》和《史记》,子居不以为然(见《读晏子二》)。子居对唐荆川推崇备至,然在《书铃山堂集》一文中以其与严分宜尚有瓜葛为憾。他跟张惠言交谊笃厚,但无论在论学上或对某些事情的看法上往往存着分歧。张氏薄《论衡》,诋为鄙冗,子居则谓此书自有其不可没处:“其气平,其思通,其义时。”在论吏治上,则所见更有出入。请看《子居决事序》:

> 敬褊中,遇事辄任气击断之。晨起,坐斋中,抱牍进者差肩立,敬手画口指毋留,其应听者翻竟,即掷下如风雨。已坐听事,问数语,书牍尾辄数十行,意张用济、刘元明不过如是。而昔友张皋文过县,曰:“此酷吏也!”敬大骇,就请其说。皋文曰:“凡天下以易心言吏事者,与杀人一间耳,不意此事近出吾侪!”敬闻此言,为之愧汗。

各抒己见,切磋琢磨,毫无疑问,这样做法是有好处的。这不仅看出恽子居一人的态度正确,同时,也反映了整个阳湖派是具有一种好的风气的。

桐城派对传授工作非常重视,姚惜抱、梅伯言、吴挚甫诸人做得尤为认真。阳湖派对这方面比较放松,但也不是完全忽视。子居在《答杨贯汀》的信中说:“敬古文一支,当在緜水(一本作‘绵水’,疑为‘锦水’之讹。按锦水即瑞河，出江西上粟县，流经万载、上高、高安，至新建境入赣江。恽氏留江西极久，后生从问文事者极众，如杨贯汀，就是江西人。四川虽有繇水，与文境不合）左右。”在《与黄香石》的信中说：“庶几留古文一支在海南。”可见还是有一定注意的。从《大云山房文稿》来看，子居对后学问业，真是倾囊倒箧，毫无保留地把学文的关键问题告诉他们，所讲千头万绪，现在分阅读、写作两个方面略作一些介绍，尝鼎一脔，贵在隅反。

有关阅读和写作的方法，桐城、阳湖有同有不同。姚惜抱对初学为文的人，主张先看名家的评点本，从中借径（见《与陈硕士》）。恽子居则以为看了批本，便会先入为主，易有所蔽。《答来卿》：

> 来书需批本韩文，知有事于古文矣。然不在乎批本，盖批本即滞于一隅。……如一人独行，其衢路曲折，皆历历可记，随人行则恍惚也。

他把阅读分为看文、读文两种。“看文：看其意，看其辞，看其法，看其势。”“读文：则湛浸其中，日日读之，久久则与为一。”惜抱教人学文，先事摹拟，后求脱化。子居在讲读文时也曾申说：“然非无脱化也，欧公每作文，读《日者传》一遍，欧公与《日者传》何啻千里，此得读文三昧矣。”（并见《答来卿》）比姚说更为具体。惜抱谓：“摹拟一家已得似，后再易一家，如是数番之后，自能镕铸古人，自成一体。若初学未能逼似，先求脱化，必全无成就。”（《与伯昂从侄孙》）子居在《答陈云渠》的信中也说：“鄙见诗文当从一家入，至能兼数家，然后自成家。”他认为脱化便是达于天成，这是最后的功夫，必到得这一地步才能成家。曾经说：“文章之事，工部所谓天成，著力雕镌，便觌面千里。……然此事如禅宗，籀桶脱落、布袋打失之后，信口接机，头头是道，无一滴水外散，乃为天成。若未到此境界，一松口便属乱统矣。是以敬观古今之文，越天成越有法度。”（《与舒白香》）在《答陈云渠》的信中说：“析骨还父，割肉还母，方能现清净身说法。”这本来是借禅论诗的，其实，论文也是如此。他的意思，学文最初不妨依傍别人，到了最后，定要有自己的一副真面目出现。他认为为文的秘诀不外十六个字，即：“字字有本，句句自造，篇篇变局，事事搜根。”把遵循规矩和神明自用两者密切结合起来。在学文的方法上，恽、姚很多是相同或相通的。但从总的根本性上说：阳湖习文，必以学植基；桐城习文，末流往往只是以文求文。至恽、姚二人，他们都有比较深厚的功力，惟姚氏稍病才弱耳。

子居以为作文更须注意笔趣："王右军写乐毅则情多怫郁，书画赞则意涉瑰奇，黄庭经则怡怿虚无，太史箴又纵横争析。此如太史公传儒林、循吏皆笔笔内敛，与游侠、酷吏不同。"(《答邓鹿耕书》)笔趣与文意相应，前人于这一要义很少留意，子居加以阐明，是值得珍视的一点。

子居才气过人，高自期许，有时迹近矜夸；逢人指瑕，间亦流于轻侮，因而也招来不少反响。他对明末清初的作家多致訾议，替他们分别加上不冠冕的头衔：

> 袁中郎等乃卑薄派，聪明交游客能之；徐文长等乃琐异派，风狂才子能之；艾千子等乃描摹派，占毕小儒能之；侯朝宗、魏叔子进乎此矣，然枪棓气重；归熙甫、汪苕文、方灵皋进乎此矣，然袍袖气重。(《与舒白香》)

在《上举主笠帆先生书》里又说：

> 本朝作者如林，其得正者，方灵皋为最，下笔疏朴而有力，惟叙事非所长。再传为刘海峰，变而为清宕，然识卑，且边幅未化。三传而为姚姬传，变而为渊雅，其格在海峰之上焉；较之灵皋则逊矣。其余诸子，得固有之，不胜其失也；是固有之，不胜其非也。

除批评方、刘、姚外，论到余人，都是失多得少，非多是少，也就是否定得多，肯定得少。这样论定是不是有些粗暴而屈抑了一部分人呢？他不仅对一般作者如此，即对阳湖派的同侪也是毫不假借，对平生论学最亲厚的朋友如张惠言，他只是作了如下的评语：

> 皋文为人，其始为词章，志欲如六朝诸人之所为而止；已迁而为昌黎庐陵，已迁而为前后郑(指东汉的经学家郑众和郑玄)；已迁而为虞许贾孔(指汉代的虞翻、许慎，唐代的贾公彦、孔颖达)诸儒；最后遇先生，迁而为濂洛关闽之说。其所学皆未竟，而世徒震之，非知皋文者也。(《与汤编修书》)

论到阳湖其他的人则更是苛刻，他在《上秦小岘按察书》里对吴德旋、王芑孙都分别作了品评：

> 先生所与言艺者，仲伦、惕甫，皆敬友也。仲伦达心而懦，惕甫有力而自恃；仲伦之于道也俭，惕甫之于道也越。

因此，引起了吴氏的辩驳，吴《与程子香论大云山房文稿书》有云：

其言仲伦之于道也俭，此语诚中吾病；其言仲伦达心而懦，此非知予者，予性刚介，特不喜与人竞是非耳，岂遂懦哉！其论王惕甫，谓“惕甫有力而自恃”；又云“惕甫之于道也越”。此二语，恐子居亦所不免，惕甫或较甚耳。古之学者，厚于责己而恕以待人，故其气和、其词婉。自明以来，文士不知此义，而好贬人以自高，故其矜情胜气，时时流露于楮墨间，去孟韩温醇之境远矣。

又《与王守静论大云山房文稿书》有云：

仆于文所见与子居异。子居为文，气必雄厉，力必鼓努，思必精刻。而仆所好者，柔澹之思，萧疏之气，清婉之韵，高山流水之音。此数者，皆子居所少。

他们虽同属一个文派，而彼此之间，则各以所长，相轻所短，隐然酿成了内讧。子居在文学上的造诣，视姚姬传并无多让（各有胜处），姬传也曾以作手相许（见《与陈硕士札》）。然姚氏在当日能领导桐城，而恽氏在生前并没能得到阳湖内部的一致的拥护。推究原因：姚氏处人谦逊，蔼然可亲；恽氏刚严，望之生畏。一则抑情接物，一则直道而行，是非须另作判定，而事实所演，姚为众所推仰，恽则为亲者所疏，阳湖究以谁为领导，当日竟无定说，能讲与此没有关系么？迨子居死后，恩怨渐泯，仲伦所为《恽子居先生状》，始略见归美之意。陆继辂在《瑞金知县恽君墓志铭》一文里谓子居之作，“于本朝诸公方苞、刘大櫆、姚鼐，非徒不愧之而已；而同州之为古文者，张惠言、秦瀛、赵怀玉、吴德旋、吴育、董士锡、顾翃，亦推君无异辞”。这很能代表阳湖后一时期的情况的。就文学的造诣说，阳湖当推恽敬为第一人。他尽管在处人的态度上有问题，组织的方法上欠考虑，但把他看成是阳湖的领袖，终是公允而恰当的。

王芑孙（1755—1817），字念丰，号惕甫，一号铁夫，又号楞伽山人，长洲人。乾隆举人，官华亭教谕。性简傲，客游公卿间，不肯从谀，人以为狂。有《渊雅堂诗文集》，子居谓“惕甫有力而自恃”，又谓“惕甫之于道也越”。王氏的才性颇与子居为近，故子居评王之语，不啻也是夫子自道。

子居认为为文要能尽其才与学（见《上曹俪笙侍郎书》），惕甫也认为为文有两个要素，一是才，二是法。必先遍读前古之书以肆其才，然后再裁之以法。若只谈法而不谈才，则终陷于妙手空空而已。他的这样主张，这样做法，在当日曾引起乡人彭绍升的不同意见，彭氏以为求骋其才，将会导致游骑无归之失。惕甫提出自己的意见加以诘难，彭氏为之辞穷，惕甫在《渊雅堂文外集自序》里曾反映争辩的情形：

取《文选》《唐文粹》以若东京六朝以来文字，日夜纵观，疲困而不知止。里中彭允初方为心性之学，大不喜，为书诫之，曰："惕甫误有沈博绝丽之嗜，予恐其为八骏之游，宴瑶池而不知返也。"然余不能用，尝与允初剧论，以为古文之求，亦必极其才而后可以裁于法，必无所不有而后可以为大家。自非驰骛于东京六朝沈博绝丽之途，则无以极其才，而所谓法者，徒法而已。以徒法而语文，犬羊之鞟而已矣。自宋以后，欧曾虞范数公之文，非不古也，以视韩、柳，则其气质之厚薄，材境之广狭，区以别矣。盖韩、柳皆尝从事于东京六朝，而欧曾以下则有所不暇。……允初不然其说，而无以夺之。

汪荣光赞扬惕甫的作品是包罗万象，在《渊雅堂文外集序》里说："伏念文人有通于古或不宜于今，优于此而不长于彼；惟先生横竖钩贯，无所不有。"大抵惕甫之文，劲悍不让子居，而高致不及。惕甫镕金银铜锡于一炉，庞杂时或不免，而蹊径独辟，则为一般文士所难能。他在《答翁覃溪先生书》里说：

艺孙懵学无所知晓，生平读书略取大意。颇不欲流连风月，为词人以没世；并不欲屑屑为训诂考订家言，以幽窘于名物象数断烂无谓之中。……以此为文章二十年，不惟于并世人中无所依傍，即古人亦不肯专专奉一先生之言，以自域其神明，而拘挛其体势。

他想脱尽羁绊，自名一家，在举世不以因袭为非的时候，而能自拔于流俗，戛戛独造，纵然在某些地方还做得不够理想，但这种宏伟的志愿与雄阔的气魄终是可贵的，而况基本上业已获得成就呢。无怪乎姚惜抱屡致叹赏，惜抱《与王惕甫书》云：

先生文章大美，曩得大集，固已读而慕之矣；今又读碑记数首，弥觉古淡之味可爱，殆非今世所有。夫古人文章之体非一类，其瑰玮奇丽之振发，亦不可谓尽出于无意也，然要是才力气势驱使之所必至，非勉力而为之也。后人勉学，觉累积纸上，有如赘疣。故文章之境，莫佳于平淡，措语遣意，有若自然生成者，此熙甫所以为文家之正传，而先生真为得其传矣。

姚惜抱这封信，曾引起了阳湖文派内部的争论。吴仲伦谓惕甫文无丝毫似归熙甫处，惜抱之言，似属反语，意在触惕甫之自悟。而陆祁孙与吴仲伦书，大加指责，认惜抱誉惕甫，为姑以谀辞餍其所请。而吴仲伦在复王守静的信上指明陆祁孙对王惕甫的文章怀有成见。这话，仲伦对自己的前言也是无以自解。据我看，姚惜抱是当日文坛的著名大师，他有崇高的声望，一言九鼎，不会任意甲乙人的。王惕甫诗优于文，张问陶、法式善辈与他酬唱频繁，对他都是心中折服。可是，他的散文也不是太弱的，由于才气纵横，有时不甘受文律的拘检，论者便资为口实，然而终是得多于失。他虽睥睨一世，但对姚惜抱还是作较高的估价，这点便打动了姚氏的心弦，姚氏在陈硕士的信上说：

顷见吴中王铁夫集中有《跋惜抱集》一篇，此君乃未识面之人，而承其推许，使人有知己之感。

惜抱又有《与王铁夫书》，中云：

昔桓谭有言，凡人忽近而贵远。以鼐之不才，又于今世固所谓禄位容貌不能动人者，而先生独盛称之，载诸文集，是其取舍远乎流俗之情，而鼐获不弃于贤哲，有不待乎后世之子云也，岂非幸哉！举世滔滔，知己宁可再遇！

感激之情，溢乎言外。根据这样情形，姚惜抱评论王惕甫的作品是不会苛刻的；但他也必然珍视自己在文坛上的地位，绝不会无原则地去恭维别人。惕甫早年的作品，诚不免剑拔弩张，但后来所写的碑记，亦渐有恬静之像，惜抱谓其能得熙甫之传，也只是这几篇晚成的碑记，并不包括王惕甫的所有文章。惜抱之给予褒扬，意在勉其趋向平淡耳。姚惜抱对王惕甫慰勉有加，而恽子居则苛求不贷，从做一个集团的领导人来说，恽子居是不如姚惜抱的。

或据惕甫的《惕甫未定稿自序》，认定惕甫的文章是学方望溪，因为自序里曾经讲他自己幼年是跟随着祖父王世琪习文，世琪曾同宛平钟畹（励暇）商榷过文事，钟畹尝亲炙于望溪（方集有《送钟励暇宁亲宿迁序》）。我看，惕甫的文章，造意铸词，都距望溪很远，即品骘前人作品时，所见亦复相左，惕甫在《读小岘所作亡弟行状书后》一文里论望溪擅改欧阳永叔的《泷冈阡表》说：

> 《泷冈阡表》，吾曹以文字读之，侍郎以文字论之，痛加刊落，境自益胜。在欧公当时，至性至情激宕而出，言之短长与事之繁简，所不及计，势不能无冗长。且欧公能改薛史为冯道李程诸传，此其识宁在侍郎下者。及其表泷冈，则不能矣。大抵家门文字，不宜自为。曾致尧、曾易占为子固亲祖、父，致尧之铭以属永叔，易占之铭以属介甫，子固弗自为也。苏序、苏洵，子瞻、子由亲祖、父，序铭属之子固，洵铭属之永叔，子瞻、子由咸弗自为也。尹仲宣、尹源，为师鲁亲父、兄，仲宣、源墓志皆以属之欧公，师鲁亦弗自为也。使其自为，未有能工。李习之自为其大父楚金作《皇祖实录》，昌黎志之，实录自不及志矣。元微之自为悼亡诗，哀艳可诵，今以视昌黎《元君妻京兆夫人韦氏墓铭》何如耶？独介甫自铭兄弟，操笔严谨，如挟风霜。然侍郎议之，以为即此见介甫不近人情处。侍郎既有所不惬于介甫之为，而仍自改《泷冈表》，意非以欧公为不足也，徒以作文义法示吾曹而已。

惕甫这番话，词极委婉，而义极严峻，能谈到文字精微处，其识实高出望溪一等。倘认为他也是得法于望溪，如说张皋文得法于刘海峰一样，同是落于皮相。袁子才评惕甫文，“劲折有韩非之神”，姚惜抱认惕甫得震川正传，这仅是就某一篇或某几篇说的，其不餍人意之处，并不是绝对没有，如《湖上禊游诗序》里：“春波渺然，一篙拄绿。”一篙拄绿句，把六朝的藻丽和纤巧用在散文里，似乎不太合适。就是李申耆倡导打通骈散之界，恐怕也未必以这样用法为然。

张惠言(1761—1802)，字皋文，武进人。嘉庆四年进士，充实录馆纂修官，其学深于《易》《礼》，《易》主虞翻，《礼》主郑玄，曾著《周易虞氏义》《周易郑荀义》《周易郑氏注》《周易荀氏九家义》《易义别录》《易图条辨》《易纬略义》《周易审义》《仪礼图》《读仪礼杂记》和《茗柯诗文集》等书。皋文以经术而为古文。他以为通人之道必先通夫天，通天之道贵能验于人。《易》为天学，《礼》为人学，故皋文治经，《易》《礼》并言，多发前人所未发。皋文不仅是经生，同时也是赋手，也是词人。所编次的七十家赋，评量殿最，不失铢黍；

而自己所作的赋，亦恢闳绝丽，恽敬叹为："自相如枚乘殁后，二千年无此作。"于词则阐明"意内言外"之旨，为常州词学之宗。但他所作的古文，不以博奥为高，不以藻采夸俗，空明澄澈，归于平淡，惟其能而不伐，所以敛而愈光。他论文强调内容的重要性，在《送徐尚之序》里说："古之以文传者，传其道也，夫道以之修身，以之齐家治国平天下。故自汉之贾、董，以逮唐宋文人，韩、李、欧、苏、曾、王之俦，虽有淳驳，而就其所学，皆各有以施之天下。非是者，其文不至则不足以传。"他所讲的内容，从今天来看，是有很大的局限性的。但也可以看出，他是以学植基，而绝不是空头文人。乃至叙写家常，也是一种朴茂之气，录《先妣事略》：

先妣姓姜氏，考讳本维，武进县学增广生。其先世居镇江丹阳之滕村，迁武进者四世矣。先妣年十九归我府君，十年，凡生两男两女，殇其二，唯姊观书及惠言在，而府君卒，卒生[十]四月，遗腹生翊。是时，先妣年二十九，姊八岁，惠言四岁矣。府君少孤，兄弟三人，资教授以养先祖母。先祖母卒，各异财，世父别赁屋居城中。府君既卒，家无一夕储，世父曰："吾弟不幸以没，两儿未成立，是我责也。"然世父亦贫，省啬口食，常以岁时减分钱米，而先妣与姊作女工以给焉。惠言年九岁，世父命就城中与兄学。逾月时，乃一归省。一日，暮归，无以为夕飧，各不食而寝。迟明，惠言饿不能起，先妣曰："儿不惯饿，惫耶，吾与而姊而弟时时如此也。"惠言泣，先妣亦泣。时有从姊，乞一钱买糕啖惠言，比日昳，乃贳贷得米，为粥而食。惠言依世父居，读书四年。反，先妣命授翊书。先妣与姊课针黹，常数线为节，每晨起，尽三十线，然后作炊。夜则燃一灯，先妣与姊相对坐，惠言兄弟持书倚其侧，针声与读声相和也。漏四下，惠言姊弟各寝，先妣乃就寝。然先妣虽不给于食，惠言等衣履未尝不完，三党亲戚吉凶遗问之礼未尝阙，邻里之穷乏来告者，未尝不佽恤也。先是先祖早卒，先祖妣白太孺人恃纺织以抚府君兄弟，至于成人，教之以礼法孝弟甚备，乡里[十一]称之以为贤。及先妣之艰难困苦，一如白太孺人时，所以教惠言等者，人以为与白太孺人无不合也。先妣逮事白太孺人五年，尝得白太孺人欢，于先后委宛备至。于人无所忤，又善教诲人，与之居者皆悦而化。姊适同邑董氏，其姑钱太君与先妣尤相得，虚其室假先妣居，先妣由是徙居城中，每岁时过故里，里中诸母争要请，致殷勤，唯恐速去。及先妣卒，内外长幼无不失声，及姻亲之臧获，皆为流涕。先妣以乾隆五十九年十月十八日卒,年五十有九。以嘉庆二年正月十二日,权葬于小东门桥之祖茔,俟卜地而窆焉。府君姓张氏,讳蟾宾,字步青,常州府学廪膳生。世居城南郊德安里。惠言,乾隆丙午科举人。翊,武进县学生,为叔父后。观书之婿曰董达章,国子监生。呜呼,先妣自府君卒,三十年更困苦惨酷,其可言者止此;什伯于此者,不可得而言也。尝忆惠言五岁时,先妣日夜哭泣,数十日,忽蒙被昼卧,惠言戏床下,以为倦哭[十二]也。须臾,族母至,乃知引带自经,幸而得苏。而先妣疾,惠言在京师闻状驰归,已不及五十一日。呜呼,天降罚于惠言,独使之无父无母也邪?而于先妣何其酷也!

恽子居评此文说:"钩摹极细,转勒处具大神力,俗人止知目为至性为文。"按前人文集中,以"先妣事略"名篇的不知有多少,而为人所传诵的则只有两篇:一篇是归震川写的,另一篇便是本文。吴仲伦论同时文人,以惜抱、皋文并举(见《与林仲骞书》),隐然以阳湖首席归之。仲伦与族弟筠墅书,曾品列《大云》《茗柯》二集,他说:

德旋闻吾弟与润安、耶溪诸君于《大云》《茗柯》两家文有抑扬之论,德旋以为两家各有相胜处,未易定其优劣。谓《茗柯》有拟古之迹,此固有所不免;然即以《大云》论,其文有全似晁家令言兵事书、赵营平屯田奏者,而行文轨辙出于管、荀诸子,不可掩也。《茗柯》拟古,亦子云、子厚匹耳,曷尝句摹字仿,如明七子之取憎耶?

虽是互有推崇,互有贬抑,而属意茗柯,极为显然。我以为恽文格高,张文辞润,各有胜处。但张文摹拟有痕,恽文则近于通脱,固在伯仲之间,终有高下之别。"庾信文章老更成",皋文中道而逝,是受到一定的限制的。惠言有弟曰琦,有子曰成孙,有甥曰董士锡,并能文。

张琦(1764—1833),字翰风,号宛邻,翊则为其初名。嘉庆十八年举人,后宰邹平、章丘、馆陶等县,有惠政。所为诗古文词播于海内,与兄惠言并称二张。翰风于地理、兵法、医药皆有著述,《国策释地》《兵家杂著》《素问释义》和《本草述录》,并为世珍重。古文自曾子固入,而上求于班孟坚,渊懿凝重,仅次乃兄,有《宛邻文集》。

张成孙(生卒未详),字彦惟,通小学,工历算,于经精《礼》。李兆洛曾经说:"皋文先生有子曰成孙,修洁博习,好沉思,能继先生之世。"(见《张君翰风传》)皋文治学,功力在汉,而不薄宋。彦惟论学,即本这种精神立论。他在《答方彦闻书》里说:"汉之学要在礼,宋之学要在理。汉儒非不言理,以为言礼即具理也;宋儒非不知礼,以为言理而后可以言礼也。汉俟其人自明,故其言弘;宋强人以为善,故其言密。然则不学于宋,无以正其趋;不学于汉,无以充其用也。"又在《与方彦闻书》里说:"礼者,言表而含里者也;理者,言里而遗表者也。汉人说礼,而制作之精自具;宋人说理,举礼以附合之,其说乃全。"按早于彦惟,已有阮元的《性命古训》;后于彦惟,又有陈澧的《汉儒通义》;沟通汉宋的风气,至此殆已逐渐形成。彦惟论文,不拘拘于家数,曾经说:"文章之道,不过求达其意,学之至者,其文亦至。"(见《答方彦闻书》)实承《茗柯》之绪。有《端虚勉一居文》三卷行世。

董士锡(1782—1831),字晋卿,一字损甫,武进人。年十六,受业于舅氏张皋文。皋文以文名天下,晋卿承其指授,为古文赋诗词皆精妙,而于《易》所入尤深。他在《与林仲骞书》里谈立言之道,可以看成是他的一篇文论:

> 闻之言者,以人教人之具也。古之君子取其仁义礼智之端,性命之理,贤不肖之辨,博而约之,以传之于言而为教,此言之所以重也。及乎后世,众说并骛,不贞于初,故有大言焉,有小言焉。综其大经,抱一以应万,道与德从而范焉,谓之大言。守其一端,纤引而曲伸,旁骋而别附,其于道也,若叶之离乎枝也,若绝潢断港之远乎通川也。而不足以自完,谓之小言。君子不为小言。君子之言又有大小。其为言也,不离乎日用名物之间,不庄于色也,而于道亦无悖焉,此君子之小言也。若夫不衷于道,而说之有余,举之若有,按之实无者,是谓之浮言。圣人无小言。诸子之言,有小言,无浮言。明体用者其言大,劘功利者其言小,要各有以持其归,故其言皆立。治古文者不为浮言。夫立言者如射,必有的焉,发而不中,谓之弃言。言之者如治丝,必有绪焉,绪之不理,其本之不治也,亦紊而已矣。韩愈氏之言曰:"非圣人之志不敢存。"又曰:"仁义之人,其言蔼如也。"盖立言之法也,而雕琢文饰其末也。夫为文者如治器,规矩之不遵,不可以言工。治器者恶奇巧,彼奇巧者岂曰不工,恶其偭规矩而巧,不如即规矩而朴之愈也。夫道犹规矩也,文犹巧也,规矩不可离,而巧则无尽。故不离乎规矩而能尽其巧者,乃真器之工者也;优乎道而能神明其法者,乃真文之至者也。不然,错综其辞,细绎其气,铿锵其音,意不中道,辞不中大小,以弃其言,而求理其绪,是苟

为言而已耳，其不异乎浮言者几何哉！

他把言分为大、小、浮、弃四类，浮弃之言绝不可为，要争取为大言。但君子的小言（不同于一般的小言），无悖于道，亦在所不禁。持论如此，其立言不苟可知。所论的文章内容，从今天看，则不免有狭隘之处。《齐物论斋集》，名义上是李兆洛代为选定的，其实，兆洛时值卧病，把这一工作就交给自己的学生去办理。集中只选录了七十多篇，而又少时的作品多，中年以后的作品少。晋卿文既不能尽其才，此集又不能尽晋卿之文。由于晋卿的底子深厚，在这七十余篇中，仍然可以看到不少的精粹的东西。包世臣评晋卿的古文说："说经有家法，情深文明，取势琢词，密而不褊，委婉而远于姚冶。依八家成法，而健举能自拔。"他一生最大的著作，是《续行水金鉴》一书，凡一百五十六卷，图一卷。此书虽标明黎世序、潘锡恩等所作，而主要出于晋卿，所以董晋卿不失为阳湖文派中的一位健者。周济长于董晋卿一岁，而问业于晋卿，爰附论于次。

周济（1781—1839），字保绪，一字介存，晚号止庵，荆溪人（荆溪今已并入宜兴，在清代亦隶常州府）。嘉庆十年进士，官淮安府学教授。介存本以论词名，为常州词派重要成员之一。他以为"词非寄托不入，专寄托不出"。谭献赞赏这两句话："千古词章之能事尽，岂徒填词为然！"《常州先哲遗书》中有《止庵遗集》三卷，文、诗、词各占一卷。他在《丁俭卿颐志斋诗序》一文里，虽在论诗的写作方法和诗的品鉴方法，若移用于文，亦完全合适。他说：

有感而不作者矣，未有不感而作者也；有知而不感者矣，未有不知而感者也。知之大小存乎学，感之深浅根乎情，作之工拙系乎才。才固不能离乎情，情固不能离乎学。古之作者自言其所知所感，而听是非于人，是不以才饰者也。后之作者，惟恐人之非之也，所言务求其是，而不计其从来，是欲以才饰者也。不以才饰故才全，以才饰故才不全。古之学者[十三]以学治情，故学笃而情挚，以挚情用全才，此其所以不可及也。

这跟《易经》所讲的"修辞立其诚"，以及子居、皋文所重视的才与学（子居认为为文要能尽才与学，见《上曹俪笙侍郎书》），基本上是相通的。他又谈到鉴别作品的方法：

缠绵悱恻取其刚，发扬蹈厉取其柔，明白晓畅取其文，繁缛藻缋取其质。夫情恒徇夫所长，而学贵辅乎所短，以长观情，以短观学，穷奇极变，莫之能遁也。

衡量作品，首先肯定它特有的长处，这是应该如此做的；但具备某种特长，往往会带来另一方面的短处。而衡文的人，见其长则不见其短，这是常有的现象。介存授我们以衡文的秘诀：于柔中观其刚，于刚中观其柔；于质中观其文，以文中观其质。复从才学两方面去考察。这样做法是全面的，依此行事，那就可免于偏和蔽的缺点了。介存曾著《晋略》八十卷，包世臣认为“简而有要，切而不俚”，贬恶而不没善，讳贤而不隐慝。断为次于承祚，而高于永叔。这虽在论史，实际也在评文。综观皋文而下，至于介存，都是词润气清，同给人以一种渊雅朴茂之感。

李兆洛(1769—1841)，字申耆，号养一，阳湖人。嘉庆十年进士，知安徽凤台县事，后主江阴暨阳书皖，四方舣舟问字者无虚日，皆虚来而实往。论学则汉宋兼收，为文则骈散并用，他是撤去藩篱，走通博路子的一位学者。魏源、龚自珍对他都是推崇备至。其《养一斋文集》，赵振祚曾为作序，序里说：

言道德而舍器艺，是无征之学也；玩器艺而忘道德，是偏曲之学也；二者交相为用。而为专家之学者，其蔽常至两相争。……呜呼，唯申耆李先生可以平息两家之讼矣。先生之言曰：“为考证之学者，援文比类，据物索象，迨其说不能自还，则务繁征博引，以蕲必伸，其蔽也凿；然而考订精勤之功，不可没也。为义理之学者，穷理必从其朔，其蔽也，或至于穷高极远而无所薄；然而剖析理欲、教人践履之功，不可诬也。”

序里又说：

先生之于学，自六经四史古今异同之说，无不博览；旁及星文历算地理及他百伎杂艺之流，无不搜采。故天下之学者，鳞集辐辏于先生之门。

六通四辟，不囿于方隅，宜乎在当时就获得通儒的称号了。他对桐城并不非难，有时且示钦崇，但他一面吸取众长，一面还有自己的独到看法，论学是如此，论文也是如此，姚姬传的《古文辞类纂》，最早是他帮助康绍镛在广东校刻的，这是嘉庆二十五年的事。同时，他也刊行了自己所选辑的《骈体文钞》。他尝病后世为古文的人知宗唐宋，而不知宗两汉；欲宗两汉，非从骈文入不可，因辑斯编，目的不是在倡导骈文，而是在追溯古文的原始。他在答庄卿珊的信上说：

> 洛之意，颇不满于今之古文家，但言宗唐宋，而不敢言宗两汉。所谓宗唐宋者，又止宗其轻浅薄弱之作，一挑一剔，一含一咏，口牙小慧，谫陋庸词，稍可上口，已足标异，于是家家有集，人人著书，其于古则未敢知，而于文则已难言之矣。窃以为后人欲宗两汉，非自骈体入不可。今日之所谓骈体者，以为不美之名也，而不知秦汉子书，无不骈体也。窃不欲人避骈体之名，故因流以溯其源。

他又在代作的一篇《骈体文钞序》里说：

> 古之言文者，吾闻之矣，曰：云汉之倬也，虎豹之文也，郁郁也，彬彬也。非是谓之野。今之言文者，吾闻之矣，曰：孤行一意也，空所依傍也，不求工也，不使事也，不隶词也。非是谓之骈。唐以前为文者必宗秦汉，唐以后皆曰宗韩退之，退之亦宗秦汉者也。而裴晋公之讥退之也，曰：恃其绝足，往往奔放，不以文立律制，而以文为戏。又曰：文之异，在气骨之高下，思致之深浅，不在磔裂章句，隳废声韵也。昔之病退之者，病其才之强；今之宗退之者，则又病其才之弱矣。然则今之所为文，毋乃开蔑古而便枵腹矣乎？业此者，既畏骈之名而避之；或又甘乎骈之名，而遂以齐梁为宗。夫文果有二宗乎？吾友李君申耆，欲人知骈之本出于古也，为是选以式之，而名之曰《骈体文钞》，亦欲使人知古者之未离乎骈也。

打通骈散之界，不偏不倚，使文章能根据需要，自由抒写，这个号角是响亮的，理由也是充分的。由于李氏抓住了这一紧要环节，所以他的作品，风发泉涌，富有天趣。“打通骈散之界”，在唐代古文运动以后喊出这一口号，是异常大胆的，其实，这也是阳湖文派的一种发展。李氏曾以此影响了阳湖文派的某些成员，使他们出来作桴鼓之应，如陆祈孙在《与赵青州书》中说：

> 辱询骈散二体，大抵分作两集，惟柳州以骈体次散体中，今仿其例。究以何者为是？夫文者，说经、明道、抒写性情之具也。特文不工，则三者皆无所附丽，故礼[十四]记出而说经之文亡，语录出而明道之文亡，何者？言之无文，则趋之者易也。既已言之而文矣，江、鲍、徐、庾、韩、柳、欧阳、苏、曾，何必偏有所废乎？治古文者往往薄四六为不屑为，甚

者斥为俳优侏儒之技，入主出奴之见，亦犹考据词章两家，隐如敌国，甚可笑也。大集出，而吴越一家矣，虽创为之可也。

当然，陆祁孙对这方面的实践和成就是赶不上李申耆的。申耆散中参骈、而不觉其骈；骈中参散，而不觉其散。这种美妙的境地，不是单从文字下功夫所可获得。申耆在答汤子垕的信上说得好："此事雅有实诣，非可貌袭：学不博，则不足以综藩变之理；词不备，则不足以达蕴结之情；思不极，则不足以振风云之气。"因此，通骈散之界，也并不是一件简单的事。录《姚石甫文集序》：

《东溟文集》六卷，《外集》四卷，《后湘诗集》九卷，《续集》五卷，桐城姚君石甫著。桐城气节文学，高于江左。姜坞、惜抱两先生经术文章，闳深简要，为世硕儒。石甫服习传绪，扩以通敏，性识淳完，内外不越。洎乎筮仕，益慎推行：烛奸止邪，肃若蓍蔡；兴利除害，亟于嗜欲；度务宽猛，胥孚惠威。颍霸渤遂（汉宣帝时，黄霸为颍川太守，龚遂为渤海太守，皆具治绩，称循吏），蹈道则未；求艺赐达（《论语》：季康子问，"赐也可使从政也欤?"曰："赐也达，于从政乎何有。"曰："求也可使从政也欤?"曰："求也艺，于从政乎何有。"答季康子的是孔子。赐是端木赐，求是冉求，二人皆是孔子的弟子），从政何有。是以陈事由其几深，尚论该乎通变，凡所指画，考其成功，无有幽遐，若握符券，岂独以是存其谟猷，示信后世而已。夫古之学者，莫不有天下己任之量，所以副其量者，莫不有尧舜斯民之心，六艺之垂教，圣哲之著书，贤宰相百执事之抗奏持议，皆若是已。《诗》曰："古训是式，威仪是力。"（见《诗·大雅·烝民》）《易》曰："君子以言有物而行有恒。"（见《易·家人》）石甫亮悫，获我心矣。至于咏歌性情之作，雕绘景物之篇，体兼质文，词必廉杰，不佻诡以害才，不傀[十五]丽以荡心，下视辟绩，犹莛楹也。加以少衅隐忧，长厄群忌，憔悴之音，托于环玦；悲愤之思，惨若风霜。诵者涕零，恻其幽眇；作者顺息，归诸和平，斯尤合志骚人，上溯小雅者也。诗文初刻于闽中，去年来权敝邑，简书有暇，乃裒前后所作，损益次序，复刊于江阴。兆洛获与宾从，校第篇目，辄为条其指要云尔。

须骈则骈，须散则散，水流花谢，纯任自然。这篇姑作典范性的举例罢了。

阳湖诸人本来都有辞赋骈文的底子，加之，外间又有些杰出的作家，如扬州的阮元，桐城的刘开等人，他们也不鄙薄骈文，李申耆看清了内在的条件和外在的风气，乃高揭打破骈散的旗帜，想使文章形式得到部分的解放。时代的宠儿，是时代种种因素会集所产生，并不是由于某一个人头脑忽然在发热。但必得承认，李申耆是富于敏感而又是有胆量有识见有才学的一位作家。

阳湖的经世之学，到了申耆也有了很大的发展。申耆学务通博，而以致用为归，不囿于一隅之见，也不作虚诞不经之谈，议论高而无不切于用，藻采富而能言之有物，魏默深、龚定庵感愤时变，有志经济，以经世号召天下，他们或多或少是受了申耆的影响的。阳湖自恽子居奠基，到李申耆乃益壮大，这是阳湖文派的两颗巨星。申耆弟子以蒋彤最为知名，申耆同友人吴育最为亲厚。

蒋彤（生卒未详），字丹棱，阳湖人。从申耆于暨阳书院最久，著有《养一先生年谱》《暨阳问答》和《丹棱文钞》。丹棱淹雅闳通，笃守家法，精于考礼，集中如《刑论》《书荀子后》，非深于礼是讲不出的。所为传状亦多合史法，他在《上黄南坡太守论志传义例书》中曾说：

> 一人有数十事，或数百事，一一罗列，何以成文。宋子京《新唐书》，自矜为事增文减，而不知其病乃适在此。事欲增而文欲减，不得不以删节为要法，遂使载十事无一事得具首尾。宋元以下，大都坐此。班、马则不然，传一人，必择其人尤异之事而叙之，使曲折并到，上下四旁毕奏，如项羽巨鹿之战、垓下之战，韩信井陉之战，霍光废昌邑，陈汤斩郅支，李陵降匈奴，摹写逼真，须毫欲动。惟其脱略多少细处，乃得全力注此。文势如万仞峰峦，必数十里平衍以尽其势，此法惟三史深得其妙。今人叙事，如砌壁相似，无起伏顿注之态，由无裁制而然。

又说：

> 一人有一人擅长处，则作传便宜从此人擅长处立脚，如李将军善射，通体皆说射。即载文亦然，贾谊传中多载政事之文，匡衡传中多载经术之文，晁错传中多载兵事之文，刘向传中多载谏戒王氏之文，赵充国传中多载诛服先零之文，文各以其类也。

又说：

> 大贤以下不能无过，瑕瑜不掩，乃见其情。《史》《汉》每传一人，使全身活见，故美恶必达。自唐宋以下诸史，几于土木形骸，了无生趣。

由于他深明史法，而又文笔研炼，所写的庄存与、洪亮吉诸传都有可观。龚定庵认丹棱为李门之秀，不是无因的了。

吴育（1780—?），字山子，先世吴江人，后迁常州，实为阳湖人。陈去病《五石脂》论常州人文学，在论恽、张之后，接着就说："同时常州名士之翘特者，有吴山子育亦长古文，通六书，尤擅大小篆，颉颃石如、皋文之间。与李申耆善，常偕客寿州。著有《私艾斋文集》。"缪荃孙曾辑山子遗文为一卷，凡十四篇，刊入《烟画东堂小品》中。去年，我到常州住了一些时，在董觃庵先生家看到吴氏的手稿，数量超出缪刻，曾录其《陆母林太孺人七十序》（此文，缪刻所未收）：

> 嘉庆九年正月二十二日，为陆孝廉继辂生母林太孺人七十寿，育将以言。孝廉曰：寿以文贺，非古也。盖以为文者，载道者也，酬贺宴会不可施。然自明以来有之，则为之可矣。且其人有贤孝德行，吾得以质言之，传于后，使后之人相戒服从，亦有志事也，何害于道。虽然，若征吾文而不以其实，则吾之文随之以废，此其可不慎取之乎？孝廉，余妻之从祖也，折辈行为兄弟交，于今五年矣，故得亲太孺人亦五年矣。太孺人笑言怡怡，适焉乐康，虽其爱孝廉，而尤责孝廉，不护其短。孝廉几岁而孤，惟太孺人教；以文学发闻于时。孝廉有事，必咨而行之，弗敢专。太孺人云何，孝廉则力随以办，弗敢违。太孺人，福州人，孝廉父补山先生为县闽中，女君死，太孺人年十六，归之。时太安人在堂，凡太孺人之所以事太安人者，育虽弗详，而太孺人年二十，太安人赐之裘；及今虽敝，犹时时服之，尝示孝廉曰："此太安人之赐也，将以老吾身。"于是太安人之悦太孺人，太孺人之喜事太安人者，举可知矣。由前言之，则为贤母；由后言之，则为贤妇；孝廉能尊显其所生，则为贤子。以子母之皆贤，则育之见于文，庶无愧乎？噫，育生年二十有五，而天属之戚已十有九年，而孝廉得长奉其母，太孺人之寿无限，则孝廉之乐亦无限，孝廉可不善承之哉！

虽为世俗酬应之作，然曲折周至，叙事具体，而又能见微知著，笔淡格高，不愧作手。山子亦精考订，世所行《日知录集释》一书，实山子、申耆和毛岳生三人合力写成，后由黄汝舟付刊，黄竟尸其名。

学术上两种不同的流派一经碰了头，常会呈现一种情况，就是：表面在互相排挤，暗中却又在彼此吸取。阳湖遇到桐城也不例外。但也还有一些人意主调停，陆继辂、吴德旋二人便是在这样做。

陆继辂（1772—1834），字祁孙，又字又商，一字商对，别字季木，号雘庄，阳湖人，著有《崇百药斋集》。吴德旋（1767—1840），字仲伦，宜兴人，著有《初月楼集》。他们都是阳湖的成员。祈孙同薛玉堂选辑《七家文钞》，于桐城、阳湖兼收并采。祁孙在《七家文钞序》里说：

> 夫文之为道，非所云一端者耶？然而庐陵、眉山、南丰、新安而后，历金元明之久，仅得震川、荆川、遵岩三家，欲求一人而四之，虽刘王两文成或且退然未敢自信，况其他哉？……吾常自荆川之殁，此道中绝，后有作者，复趋于歧途，以要一时之誉。乾隆间，钱伯垌、鲁思亲受业于海峰之门，时时诵其师说于其友恽子居、张皋文，二子者始尽弃其考据骈俪之学，专志以治古文。盖皋文研精经传，其学从源而及流；子居泛滥百家之言，其学由博而反约。二子之致力不同，而其文之澄然而清，秩然而有序，则由望溪而上求之震川、荆川、遵岩，又上而求之庐陵、眉山、南丰、新安，如一辙也。

他一面标明阳湖有唐荆川的遗范，一面又记述恽、张曾受桐城的一定影响；结果，张穷经、恽攻子，各具风格。把阳湖与桐城的关系说在若有若无之间。而吴仲伦为《七家文钞》作了一篇后序，后序里说：

> 我朝之文，能无戾于古人之法者，断自方望溪始。刘海峰则望溪之弟子，而惜抱所从受法者也。皋文亦始得宗于海峰，而变其清宕为渊雅，故文格与惜抱相近。恽子居兼综百家，而其镕炼淘洗之功，非貌为秦汉者所能企。我朝之能文名者数十家，然无有能逾此五君子之上者矣。建宁朱梅崖，为文专宗韩退之氏，可伯仲于皇甫持正、李纪南之间。长洲彭秋士，长于纪述，简质似近承祚。录之附于五君子之后，臭味亦未始不同也。

被选的七人中，朱仕琇、彭绩是不立宗派的古文家，方、刘、姚属于桐城，张、恽则属于阳湖。吴氏心目中一向是以阳湖首席畀于张皋文，他以皋文得宗于海峰，变海峰的清宕而为渊雅，结果，文格像姚惜抱。细味词意，他是用桐城的尺度来衡量阳湖的。因此，陆、吴虽都是意主调停，但须得加以区别：祁孙还是站在阳湖的本位，来对桐城作适当地拉拢；仲伦则唯姚惜抱之言是从，每以姚氏的褒贬为忧喜。张寿荣《初月楼续钞跋》说得极为真实：

> 宜兴吴仲伦，初与张皋文、恽子居切磋论难，学为古文。后于钟山见姚惜抱而受业，自谓惜抱先生以禅喻文，谓须得法外意，闻之若有证，先生亦许为可与言文。故其生平所极推崇者惜抱，次皋文，次子居，而于皋文子居之文，论断亦允，盖其由阳湖而桐城，其中甘苦喻之深，而亦能道之切也。

吴仲伦分明是脚踏两条船了。祁孙文学欧、曾，擅抒情，析理间亦入微；惟词欠锻炼，少劲拔之气。仲伦自许在叙事文字，以为简严变化，上接马、班。书、序之文，则谓不逮震川、望溪。间亦自侪于退之，曾求惜抱鉴定，惜抱不作可否（见姚氏《复吴仲伦书》）。仲伦自作虽未过人，由于文事寝馈功深，颇能定高下，言甘苦。其《古文绪论》，颇多精义。其《复王守静书二》有云："仆读经最卤莽，惟于古今人文章高下，则所以求之者不浅，而知之为深。至于自为之文，殆不敌所能知之十六七。"可谓有自知之明。

继此直到清末，阳湖作者，仍复项背相望，其中如谢应芝、李宝洤、刘可毅、吴翊寅、沈同芳、屠寄、钱振锽诸人，皆述作斐然，在文学上有不同程度的贡献。这里不再一一论列了。

后　记

近年来，教余间从事阳湖文派的研究，领导上给以不少的利便，一度前往常州进行采访，为撰述做了准备工作。

现在，总算完成了初稿。由于过去注意这一问题的人太少，因而很难能够得到较多的凭借；加之，我有些见解同传统的说法又有出入，那就更需要大家来多作讨论了。

帮助解决资料上的困难的，有徐复同志、卞孝萱同志、钱小山同志和芮和师同志。碰到疑义，尝与董觋庵先生通讯商量，获益匪浅。本文的每一章节，王善业同志都曾过目，订正了讹脱。在此，除向领导上致敬外，并向他们表示谢意。

蒋逸雪

1963 年 8 月 18 于扬州师院

【校记】

［一］及,《茗柯文编》作"若"。

［二］所,《大云山房文稿》作"有"。

［三］其,《遵岩集》作"甚"。

［四］太,《遵岩集》作"大"。

［五］穷,《四库全书总目》作"究"。

［六］辈中无此人,《养一斋集》作"辈中遂无人"。

［七］道,《定庵全集》作"遒"。

［八］脆,《邵子湘全集》作"厄"。

［九］准,《邵子湘全集》作"佳"。

［十］生,《茗柯文编》作"后"。

［十一］乡里,《茗柯文编》作"里党"。

［十二］以为倦哭,《茗柯文编》作"以为母倦哭而寝"。

［十三］学者,《止庵遗集》作"作者"。

［十四］礼,《崇百药斋文集》作"札"。

［十五］傀,《养一斋集》作"瑰"。

论秦始皇焚书坑儒

一

郭老在《替曹操翻案》一文中表示，除替曹操翻案外，还要替秦始皇翻案，还要替商纣王翻案，这一计划的实现，无疑将促使我国学术界——尤其是我国文史界的研究工作会更加活跃起来。关于曹操翻案的问题，日前曾妄有论列（载《扬州师院学报》1959 年第 1 期），现在准备再谈一谈秦始皇。

秦始皇的场面比曹操更大，情形也更加复杂，究从何处说起？而且，凡是对本国史曾加涉猎的人，无不知道秦始皇；一经提到秦始皇，人们便会感到有个暴君的形象在屹然耸立。秦始皇的残暴事迹，一般都认为焚书坑儒最为突出，现在拟就这方面来作探讨，期能收重点突破之效。

今天，我们所能看到的有关秦始皇的史料，十九是出于汉代人的记载，汉人对秦是极端憎恶的，尤其是汉代儒生谈到坑焚的事，切齿痛恨，由于感情的偏激，也就难于作出客观的论定。而后人则以耳代目，对于秦始皇就不免造成许多错觉。但在搞清史事的原委，了解当日实际情况以后，则人们看待秦始皇的态度可能有不同程度的转变。那么，不言翻案而案也就会自翻了。

二

讨论秦始皇的焚书问题，现分三方面来谈：一、焚书的风气；二、焚书的起因；三、焚书的实况。

秦始皇是处在一个焚书风气炽盛的时代，要明白此中真相，先须考明两个问题：（甲）秦人焚书是否从秦始皇开端？（乙）战国焚书是否只限于秦？

秦人焚书，远起于孝公之世。《韩非子 · 和氏篇》："商君教秦孝公……

燔诗书而明法令。……孝公行之,主以尊安,国以富强。"商鞅教秦孝公焚书,为《史记·商君传》所未载。今按《商君书》,其持论与此事有颇多相通之处。儒者诵法诗书,旨在复古;而商鞅则顺世为治,务在革新。《更法篇》说:"前世不同教,何古之法!帝王不相复,何礼之循!"又说:"礼法以时而定,制令各顺其宜。"《农战篇》有"虽有诗书,无益于治"的话;《靳令篇》把礼乐诗书列于六虱之中;《去强篇》又力陈诗书礼乐之害。这些都可看为商君主张燔诗书的理论根据。秦人焚书不是从始皇开端,不是很显然的么?

战国时代,焚书是否只限于秦,别国就绝无其事呢?我们根据《孟子》知道焚书在当时是普遍现象,非仅秦国一国为然。孟子答北宫锜问周室班爵禄云:"其详不可得也,诸侯恶其害己也,而皆去其籍。"(《万章》)"去其籍",怎样"去"法?焚烧至少是"去"的方法之一。我们如果不把"皆"字读了滑过,就得承认:焚书在战国是举世同风,并不是秦国的独行法。孟子与商鞅同时,关东焚书,或早于秦,鞅原为卫人,熟见此事,于秦献策,不期而举以为言,这也是可能的事。

知道在秦始皇焚书以前约百五十年,他的祖先已是这样做;又知道与秦孝公同时——或者更早一些,关东各国已都这样做,则我们对秦始皇的焚书将不致再大惊小怪了。纵然仍要定谳,也会较原来减等吧!至于各国所焚,有时由于彼此的利害不同,所烧的对象也就不复一致,某书在甲国已绝,而在乙国、丙国还是安然无恙。到了秦始皇烧书便情形异样,这时,秦已统一六国,天下共主,要销毁某种书,命令一下,则某种书便不绝如缕,对文化的威胁比之前时要来得严重,这主要由于情势使然,若对秦始皇便科以特重的罪,衡情度理,似有未安。

人们对秦始皇有种错觉,好像他是天生的暴君,他无缘无故地焚书,硬是要摧毁中国的文化。其实,焚书尽管在当时成了风气,而秦始皇采取这一措施,还是受其他事情的牵引,实逼如此,不得不然。现在,请看这一事件的起因和经过,《史记·秦始皇本纪》:

> 三十四年……始皇置酒咸阳宫,博士七十人前为寿。仆射周青臣进颂曰:"他时秦地不过千里,赖陛下神灵明圣,平定海内,放逐蛮夷,日月所照,莫不宾服。以诸侯为郡县,人人自安乐,无战争之患,传之万世。自上古不及陛下威德!"始皇悦,博士齐人淳于越进曰:"臣闻殷周之王千余岁,封子弟功臣,自为枝辅。今陛下有海内,而子弟为匹夫,卒

有田常、六卿之臣，无辅拂，何以相救哉？事不师古，而能长久者，非所闻也。今青臣又面谀以重陛下之过，非忠臣。”始皇下其议。丞相李斯曰：“五帝不相复，三代不相袭，各以治，非其相反，时变异也。今陛下创大业，建万世之功，固非愚儒所知，且越言乃三代之事，何足法也？异时诸侯并争，厚招游学。今天下已定，法令出一，百姓当家则力农工，士则学习法令辟禁。今诸生不师今而学古，以非当世，惑乱黔首。丞相臣斯昧死言：古者天下散乱，莫之能一，是以诸侯并作，语皆道古以害今，饰虚言以乱实，人善其所私学，以非上之所建立。今皇帝并有天下，别黑白而定一尊。私学而相与非法教，人闻令下，则各以其学议之，入则心非，出则巷议，夸主以为名，异取以为高，率群下以造谤。如此弗禁，则主势降乎上，党与成乎下。禁之便。臣请史官非秦记皆烧之，非博士官所职。天下敢有藏《诗》《书》、百家语者，悉诣守、尉杂烧之。有敢偶语《诗》《书》者弃市。以古非今者族。吏见知不举者与同罪。令下三十日不烧，黥为城旦。所不去者，医药卜筮种树之书。若欲有学法令，以吏为师。”制曰：“可。”

可见焚书主要是由封建制与郡县制的争论所引起的，也是当时儒法两家抢占上风的问题，儒家偏于保守，法家重在革新，崇尚保守的儒家，他们的宝典是六经。六经虽也讲尧、舜、禹、汤的事，但主要内容是阐述周制，尤其对西周大封宗室、功臣，认为是亲亲和酬庸之道，好像是天经地义，永远不容变更的。法家认为“世异则事异，事异则备变”。儒家则以为“天下变，道亦不变”。儒家以静止的眼光看问题，法家则参用辩证，能看清社会的演变和事物的发展，儒家实难望其项背。宜乎李斯指斥与他对立的人为“愚儒”了。秦起西戎，一向不重视儒学，自孝公而后，更是鲜明地走着法家的道路。始皇继承先猷，又得李斯为佐，尚法的色彩那就更浓厚。李斯与韩非本同出于大儒荀卿之门，他们把荀卿的“守礼”一变为“守法”，并不是他们主观上好更师说，乃是受了客观实际的启示，不得不抛弃保守思想，来对旧制度作出无情的斗争。破旧之后，必须立新。当然，他们对于法家的前辈，如管仲、吴起、商鞅、申不害等人的学说不是毫无吸取的，不过，法家的精神贵乎独创，要在因事制宜，不像儒家死守陈说不放，所以虽有秉承，仍然可以看出他们各自的见解，儒家尽管广引上世空文以资博辩，终经不住法家随手举起眼前的实例立时就摧毁了他的论据。秦始皇有多年的理政经验，况且秦国又有它的传统作风,那就使得他不会信任迂阔的儒说,而硬是要拿具有现实意义的法家学说来撑腰,硬是要站在李斯一边来打击淳于越。儒家既是脱离现实,对眼前事物一无所知,为什么执政者还要加以罗致而置诸显位呢?这是因为他们尚有一些号召力,他们运用自己的一套还能自圆其说,还可以迷惑一部分的人。他们的主要法宝是六经,他们把已成的刍狗当着时珍,他们误认这些旧东西还是万古常新。殊不知使社会长期停滞在落后状态,正是要由他们来负责。《商君书·农战篇》说:“人聚党与,说议天下,纷纷焉小民乐之。”谬说谰言,人们受了麻醉,不自觉地便同然一辞。这股逆流如不加以遏抑,听其泛滥,必将酿成巨大的灾害。秦始皇明白这点,而郡县制的推行又遭受到威胁,更促使他不得不正视这个问题,处理这个问题。他很果毅地采取了强硬的手段,把儒生惯于援用的那些典籍加以限制,不准在民间收藏、流通,掘去老根,使他们要游谈而无凭借,不致再阻碍新政的进展。这样措施,就当日形势的需要来讲,是可以理解的。

再从经济发展的情形来看,由于当时已普遍使用铁做农具,提高了生产力,新兴地主代替了奴隶主,在那一历史阶段还是属于进步的。在春秋时代,这一迹象已开始显露。到了战国,更是沛然莫御。如果承认新兴地主代替奴隶主是合乎历史发展的规律,那么,毫无疑义,郡县制也该代替封建制的施行。违反了历史发展规律,任有多大力量,终要被时代车轮碾碎。秦之所以能统一六国,六国之所以被统于秦,与循着这个规律和背着这个规律是有绝大关系的。六国中未尝没有个别国家也循着这个规律去行事,惜乎不是真知灼见、缺乏信心,所以做起来不免缩手缩脚,至多是小规模地试行。秦则自孝公任用商鞅变法以后,锐意更易前制,“除井田,民得卖买”(《汉书·食货志》),“并诸小乡聚,集为大县”(《史记·秦本纪》)。经济制度、政治制度,都在认真地从事改革。秦在孝公以前,武公已县杜郑,厉王已县频阳,然大规模推行新制,毕竟是在孝公以后。孝公以后,秦势东渐,顿较往日加速,这决不是偶然的。封建制度政权分散,郡县制使政权集中,始皇统一宇内,幅员辽阔,更有厉行中央集权的必要。也就是说,始皇推行郡县制,是由客观形势所决定的。儒生脱离实际,专引陈说逼人走不合理的失去时效的封建制的老路,这将危及秦政权的延续,始皇如何肯曲从、让步呢!结果使典籍遭遇到灾厄,使我国文化受到无法补偿的损失,秦始皇对此固然要负主要责任,而儒生不达世情,妄事横议,激成巨变,难道就全无干系么?

焚书对中国文化曾造成巨大的损失，这是毋庸置疑的，不过，秦始皇并非闭着眼在乱烧，他曾通盘作过考虑，全面做过安排。民间什么书烧，什么书不烧？朝廷什么书烧，什么书不烧？才秀之士研究学问又向谁去请教？凡此都曾作出一定的措施。窃尝以为：除六国史记外，任何书，秦都没有烧绝。六国与秦直接利害冲突的关系，六国史记中涉及秦事，必备致讽刺，为秦所不能忍，势不得不付之一炬（《史记·六国表》曾略有论及）。余书残缺，当在项羽烧宫室以后。焚书令说："非博士官所职，敢有藏《诗》《书》、百家语者，悉诣守、尉杂烧之。"是《诗》《书》、百家语在民间不得收藏，而论议古今的博士就得备有。博士既得备有，朝士自可借以诵习。这便是刘大櫆《焚书辨》中所讲的："将以愚民，而固不欲以自愚也。"不同的政见，不同的学说，留供参考，仍是需要的。但刘氏的话，只可借以说明博士所存未烧，"愚民"二字则易生误解。据我们的领会，始皇初意，不过使"是古非今"的人失掉资料的凭借而已。章炳麟则以为博士亦无所藏，其《秦献记》说："秦不以六艺为良书，虽良书亦不欲私之于博士。"又自注云："其云'非博士官所职，天下敢藏《诗》《书》、百家语者'，倒言之，即是'天下敢有藏《诗》《书》、百家语，非博士官所职者'。"章氏所说，与原文背道而驰，既与词例有乖，亦与史事不合。倒言之例，非可随处援用，于此尤感不洽。李斯谏二世说："放弃《诗》《书》，极意声色，祖伊所以惧也。"（《史记·乐书》）祖伊为纣臣，《史记·殷本纪》亦曾载其谏纣。李斯引以警二世，诫其勿极意声色，戒其勿放弃《诗》《书》。既以放弃《诗》《书》为戒，则《诗》《书》未绝可知。若博士无所掌，朝廷无所存，那就根本谈不到放弃不放弃了。王充说："秦虽无道，不燔诸子。"（《论衡·书解篇》）章炳麟加以驳诘："不燔六艺，不足以尊新王，诸子之术，分流至于九家，游说乞贷，人善其私，其相攻甚于六艺，今即弗焚，则恣其曼衍乎？"（《秦献记》）窃疑王氏所言，亦第就博士所职而发。若果如章说，"虽良书不能私于博士"，则是诸子之言，秦廷亦不留只字。案《史记·韩非传》："人或传其书至秦，秦王（指始皇）见《孤愤》《五蠹》之书，曰：'嗟呼！寡人得见此人，与之游，死不恨矣！'" 始皇酷爱韩著如此，韩为诸子之一，始皇就忍于付之一炬了么？凡此皆可说明秦对《诗》《书》、百家语禁在民间流传，至于秘府所藏，则不在此限，所以说，秦虽焚书，除六国史记外，余则并未告绝。绝在项羽咸阳一炬，此为后事，又非秦始料所能及。

还得说明，书籍在民间并不是全数禁绝，有关人民生活的知识还是准许流传的。史称“医药卜筮种树之书不禁”,这是行文尚简的关系,其实不禁之书,远远超过这一范围。如《后汉书·天文志》说:“星官之书,全而不毁。”这便是一个例证。始皇焚书,皆在巩固新制,没有人引陈规以议朝政,便算目的已达。他并不希望所有人民都蠢如鹿豕,在一定条件下,人们还是可以研究学问的。《始皇本纪》:“若欲有学法令,以吏为师。”裴骃《集解》:“徐广曰,一无法令二字。”而《李斯传》正作“若欲学者,以吏为师”。通过校勘比对,辞意已起了变化,给予人们学习的范围也放宽了。在政府所认定的合格师资的指导下,人们可以从事任何部门的学术究求。作这样的规定,无非是要教育紧密联系政治,来为政治服务。这一政教合一的措施,清儒章学诚在他所著的《文史通义》里是赞叹不置的。

通过上面一系列的探讨,我们对秦始皇焚书的实际情形有了进一步的明了。对焚书的真相愈清楚,则罪责秦始皇便会愈见减轻。为什么要做历史翻案?就是因为我们过去对于史事并没彻底明白,对于古人并没十分了解,而竟在那里大做其结论了。孟子讲知人、论世,我们觉得倒为“论世、知人”。要论定一个人,必须先行知道他所处的环境,进步与落后,他是站在哪边。如其是属于进步的一边,则纵然有些缺点,基本上也应予以肯定。这便是我们论人的原则,无疑也适用于秦始皇。毛主席曾昭示人们:未经调查研究,不得有发言权。我们对于史事的原委若是还没搞得清楚,如何便大发议论,臧否古人呢?在对焚书事件作了初步探索以后,已引起我们大大的不安,对不少的历史人物怀着歉意,不仅对秦始皇是如此。

三

现在,再谈坑儒。讨论坑儒的问题,拟分四点来谈:一、不应把惩治奸徒说成是坑儒;二、轻儒的风气与儒家流品的不齐;三、方士化的儒生;四、秦始皇代表进步势力来打击落后的儒家。

提到坑儒,人们同样会有错觉,以为:(1) 秦始皇不分青红皂白,逢儒即坑;(2) 凡是儒生皆是德才兼备的人物。其实,始皇坑儒,史有明文可考的只有一次,主要还是他们彼此告讦出来的,由于政治上构成罪行,才遭到这种惩处。《史记·秦始皇本纪》:

侯生、卢生相与谋曰:“始皇为人,天性刚戾自用,起诸侯,并天下,意得欲从，以为自古莫及己。专任狱吏，狱吏得亲幸。博士虽七十人，特备员弗用。丞相诸大臣皆受成事，倚辨于上。上乐以刑杀为威，天下畏罪持禄，莫敢尽忠。上不闻过而日骄，下慑伏谩欺以取容。秦法，不得兼方，不验，辄死。然候星气者至三百人，皆良士，畏忌讳谀，不敢端言其过。天下之事无小大皆决于上，上至以衡石量书，日夜有呈，不中呈不得休息。贪于权势至如此，未可为求仙药。"于是乃亡去。始皇闻亡，乃大怒曰："吾前收天下书不中用者尽去之。悉召文学方术士甚众，欲以兴太平，方士欲练以求奇药。今闻韩众去不报，徐市等费以巨万计，终不得药，徒奸利相告日闻。卢生等吾尊赐之甚厚，今乃诽谤我，以重吾不德也。诸生在咸阳者，吾使人廉问，或为妖言以乱黔首。"于是使御史悉案问诸生，诸生传相告引，乃自除。犯禁者四百六十余人，皆坑之咸阳，使天下知之，以惩后。

坑儒是由方士引起的，这些方士大抵是燕、齐两地的人。他们妄说：海上有仙山，中有仙人，可以向仙人求不死之药。简直是一群骗子，他们诈取秦始皇不少的财物，久而无验，结果乃畏罪潜逃。他们在逃走之前，还讲了秦始皇许多坏话。他们不责备自己施行骗术的不是，转而讲秦始皇没有服仙药的条件。当然，秦始皇也很糊涂，他在统一六国以后，胜利冲昏了头脑，自我欲无限地扩张，由诸侯而帝王，更想帝王而兼神仙，由于思想的不正常，因而也容易听信那些鬼话了。方士逃后，他在恼怒之余，又想起前次诸生有妖言惑众的一回事，乃使御史案问，而诸生各求自脱而告发他人，结果，犯禁的有四百六十余人，在咸阳一齐被坑杀了。上面所引的一段《史记》中，有两处须得注意：(1)"或为妖言以乱黔首"，从"或"字来看，可见秦始皇没认为所有的儒生都在造谣惑众，并没有冤枉了好人；(2)"犯禁者四百六十余人"，咸阳儒生定不止于此数，足证无罪者不办。所谓坑儒，这是汉人有意识地对秦始皇所作的不利提法，这是带有煽动性的。其实，这次的坑埋，是惩办了一批触犯刑章的人，与是儒非儒丝毫无关。是儒难道就应特邀宽赦么？"必也正名"，坑儒的提法是不妥当的。

秦始皇是不是对于儒家抱有成见呢？据我们的体会，那倒是难免的。因为秦国一贯是轻儒，秦孝公不论了，像秦昭王也是轻儒的一个。《荀子·儒效篇》就载有昭王"儒无益于人之国"的话，始皇沾被流风，所以先后信用尉缭、李斯等人。秦的大经大法很多是他们设计出来的，那些博士儒生直成点缀品而已。儒家拘迂不达世情，解决不了真正的问题，这是客观存在的情况，不独秦人不重视他，就是汉初的人对他的评价也不高。司马谈说："儒者博而寡要，劳而少功。"（《论六家要旨》）这和秦昭王"儒无益于人之国"的话不是大同小异么？至于刘邦，更是惯开儒家的玩笑：诸客冠儒冠来者，辄解其冠，溲溺其中（《史记·郦食其列传》），叔孙通侦得消息，来见时就变服著楚制的短衣了。儒家是经不住考验的，但他们长期在为封建制度打掩护，而封建统治者也就利用他们，乐于为他们捧场，使得他们在所有的学派中占着绝对的优势，甚至是"唯我独尊"。不过，这是汉武帝采用了董仲舒"独明孔氏，罢黜百家"的献策以后的事。观于《孟子》"杨朱、墨翟之言盈天下"一语，足证儒家学说在战国时期不是顶吃香的了。秦始皇雄才大略，加之练达世情，怎会看得起陈腐的儒说呢？

而且儒家的流品不齐，虽是他们自己也难于讳言。孔子教导他的学生要做君子儒，不要做小人儒（见《论语》）。荀卿批评子思、孟轲，"略法先王而不知其统"，"甚僻违而无类，幽隐而无说，闭约而无解"（见《荀子·非十二子篇》），在《儒效篇》更分儒为俗儒、雅儒、大儒数类。俗儒竟是"术缪学杂"，"呼先王以欺愚者，以求衣食"，这是如何的卑鄙！这是如何的一副可怜相！孔子对君子儒、小人儒并没说出具体内容。不过，儒而以小人名，小人何事不可为，如果作奸犯科，然后绳之以法，像秦始皇对造谣惑众、危及国本的歹徒加以严厉的惩办，难道能说是完全不对么？

而且，我们很怀疑，由于惯施骗术的方士畏罪潜逃，始皇便想到有一班儒生须加惩处，其中有什么绝对的联系，很是值得深思的。有人说：方士诽谤始皇，儒生非议新政，案情相近，因而促使始皇的联想。我们以为事情并不是这样简单，世间一切的学术皆不会一成不变，这一学派与那一学派碰到头，往往就会交互影响，无形中起了变化。方士大都是燕齐人，尤以齐人为多。自汉以后的儒学，主要便是齐学，他们挂着儒家的招牌，实际上是推售方士的假药。《春秋公羊传》在西汉是最出风头的一部书，因为研究它而做大官的，不乏其人。《汉书·儒林传》：

胡母生字子都，齐人也，治《公羊春秋》，为景帝博士。与董仲舒同业，仲舒著书称其德。年老，归教于齐，齐之言《春秋》者宗事之，公孙弘亦颇受焉。而董生为江都相……弟子遂之者，兰陵褚大，东平嬴公，广川段仲，温吕步舒。大至梁相，步舒丞相长史，唯嬴公守学不失师法，为昭帝谏大夫,授东海孟卿,鲁眭孟。孟为符节令,坐说灾异诛。

按《公羊春秋》最早导于齐人公羊高,高传子平,平传子地,地传子敢,敢传子寿,授受皆以口耳。到了公羊寿才与胡毋子都著之竹帛。在汉代宣扬公羊大义最出力的人是董仲舒。我们现在翻一翻他所著的《春秋繁露》,那里充满阴阳、五行之说和天人相感之道,他对方士的一套骗人的鬼话更有了发展,只是不谈仙药罢了;他比齐人邹衍谈阴阳五行还要系统些,只是不讲大小九州罢了。像眭孟以好言灾异而被诛(董仲舒亦以言灾异而几于不免,见《汉书》本传),可能与秦时咸阳儒生"为妖言以乱黔首"是同样性质的,也就是说,当时有些儒生的思想无形中已方士化了。事情发生不是突然的,总是由渐而来,观于西汉公羊之学的猖獗,能说秦儒没受方士的影响么?蛛丝马迹,这里确有线索可寻。

有人认为秦廷最高级的知识集团是七十博士,博士是传经之儒,汉代学术昌明,是与秦博士分不开的,传今文《尚书》的大师伏胜便是秦博士之一,现在说儒生的流品不齐,犯禁获罪,实由自取,近于诬蔑了他们。我们说:汉武以后的博士与秦与汉初的博士所掌不同,秦及汉初的博士都不限于精通儒说。《汉书·艺文志·名家类》:"黄公四篇,名疪,为秦博士。"叔孙通曾为秦博士,《孔丛子·独治篇》:"叔孙通以法仕秦。"凡此皆可证明秦时博士不尽出于儒。再看汉文帝时,齐人公孙臣上书陈"终始五德传",召为博士。是汉初阴阳家亦得为博士。迨武帝以后,博士始纯为传经之儒,与秦与汉初名称虽同,而涵义实别。若伏胜乃属特例,未足以概其余。叔孙通为秦博士,又为汉制礼,然曲学阿世,言行了无可取,似儒而非儒,似法而非法,殊难品其等列,至于汉十四博士传经,固间有精义的阐述,然亦不少附会穿凿,奇异可怪之论。人们对于儒有个错觉,认为儒的言行是尽善尽美,认为儒是无所不知。百家之言,经过刘歆的区处,分为九流,儒不过是九流之一。刘氏《七略》已佚,但班固的《汉书·艺文志》是它的节本,那里论到儒家,介绍它的优长,同时也指出它的缺失,并对辟(僻)儒作了严切的批评。不图后来竟有人更用神秘的眼光去看待儒家,举儒家与释、道合称为三教(王通《中说·问易篇》有"三教可一"的话),儒既成为宗教、宗教专讲信仰,哪容人再作分析批判呢?于是儒生不是人而成为神了。他们还追溯到秦,看待秦代儒生也像神,儒生犯禁,执政者也不应予以惩处,惩处便是大逆不道,便是触犯天条,在这一逻辑之下,于是秦始皇便成了古今第一罪大恶极的人了。远者不说,即以明清两代论，死于文字狱的人，并不少于秦，然诅咒虐儒之人，必曰始皇，这就难以理喻了。

世间的一切刻刻都在变化，人在变，物在变，社会也在变。因此，“因时制宜”就成了第一义。而儒者沉迷于古，竟丑诋推动社会向前发展的人为无道，怎能不引起摩擦而遭到失败呢？他们对现实既无所知，而态度又是顽固不化，不可避免地将会碰到实际事物对他们的讽刺。卫宏《诏定古文尚书序》：“秦既焚书，恐天下不从所改更法，而诸生到者拜为郎，前后七百人。乃密种瓜于骊山陵谷之中温处(《御览》八六引《古文奇字》作‘密令种瓜于骊山硎谷之中温处’，语意较为周备)，瓜实成，诏博士诸生说之，人言不同，乃令就视，为伏机，诸生贤儒皆往焉，方相难不决，因发机从上填之以土，皆压终，乃无声也。”(按此当《史记·秦始皇本纪》所记一事，只是各有所详的重点)如果这一记载可信，则秦始皇对那些顽梗不化的儒生进行实物教育，惜乎他们不肯虚心接受，还是论难不已，只好带着花岗岩的头脑去见上帝了。他们的死，可以说是秦始皇对他们的惩罚；也可以说是自然对他们的谴责。就政治性质来讲，秦始皇所代表的是进步的一面，儒生所代表的是落后的一面，也可以说是反动的一面。这两种力量是彼此冲突的，是不可调和的矛盾。一面推动社会向前，一面拉着社会向后，形势迫使这一矛盾要立时解决，不容等待、迟延，秦始皇是能当机立断的。我们评价历史人物，一定要把一个人与整个社会联系起来看：他对社会发展是起促进作用，还是起促退作用；对社会发展是发生助力，还是发生阻力。从大处着墨，从全面看一点，然后才能抓住关键所在，才能不流于片面、琐碎，才能不致见眉睫而不见泰山。过去，我们论秦始皇没能提到这一高度来看问题，是不容讳言的。当然，秦始皇有私天下的心理，有子孙帝王万世之业的想法，无疑连他自己也没能理解社会发展规律是怎么一回事。可是，他凭多年的行政经验，在李斯的设计帮助下，知道实际需要，明于取舍，而又能果敢地行动起来，对社会发生了促进作用。这一事实是不应否认的。所以，我们看秦始皇不是坑儒，而是惩办了一批对时政进行捣乱的知识分子。用刑是否嫌重了些，那是可以进行研究的。

四

过去，人们对于秦始皇只认为他是暴君的典型，从他身上再也不会找出些微的是处。现在，通过上面关于焚书坑儒的讨论，摆事实，讲道理，明白了实际情况，了解了形势需要，对于秦始皇的看法自然会有所改变，也就是说，对于秦始皇的评价，今昔已有了不同。

过去，读书人好以儒生自居，秦既坑儒，他们也就视秦为仇敌，他们带着极端愤怒的情绪去读秦史，便发现不出秦的制度对后代所起的巨大作用。即以汉论，它是推翻秦的，然而它的规章多半是沿袭秦的。《史记·礼书》说叔孙通定朝仪，“大抵袭秦故，自天子称号，下至僚佐及宫室官名，少所变改”。《汉书·刑法志》：“相国萧何，捃摭秦法，取其宜于时者，作律九章。”可见汉制袭秦制的地方是不少的。继汉的又大都沿用汉制，我们说，秦制曾给中国历史以巨大的影响，这话不是没有根据的。以郡县制论，自秦创始（秦以前只是局部试行），后世便成定局；而且，一经违背了这一制度，便会闯乱子。汉晋之初，皆是封建郡县并用，结果酿成了七国之乱和八王之乱。这也证明了秦时郡县制的正确性。读史如不能意识到秦代对中国社会发展所起的巨大作用，秦人对中国历史所作出的惊人贡献，忽视了这一重要环节，则纵然能有获得，那也是丢掉西瓜拾取芝麻的做法，对秦始皇的为人自然也就无法理解。刘知几论史，于史才、史学之外，又提出一个“史识”，这是有深长意义的。

关于坑焚的事上面已说了不少，我们认为秦始皇在当时作出这些措施，是可以理解的，但也不等于没有意见。在天下骤告统一、人民思想极端庞杂的情况下来施行新政，而忽视了宣传、教育的工作，纯以立威使民畏，而不知说服使民悦。洪流泛滥，不加疏导，专采杜塞的办法，怎会不遭到冲击而告崩溃呢？应该知道，管理人不同于管理机器，机器是死的，人是活的，人是有思想感情的，管理人比管理机器不知要繁难到多少倍，尤其是对于知识分子。而秦始皇处理人事，竟趋于简化，以为这一烧，这一坑，便万事大吉，从此天下太平。这种想法太幼稚可笑了。对于具体人须能作出具体的措施，知识分子思想复杂，历来执政者常为此感到头痛，秦始皇不事缜密的设计，专用粗暴的压抑，哪里能解决问题！陈涉揭竿而起，向以持重闻名的鲁国儒生，而竟争先委质。孔甲为涉博士，不惜与之俱死，这还不是由于坑焚而得到的反应么？苏轼曾于秦始皇对于才智之士的出路不加考虑、安排，而又忽视其后果，斥为愚蠢的举动，他说："纵百万虎狼于山林而饥渴之不知其将噬人，世以始皇为智，吾不信也。"（《东坡志林·论养士》）可谓精辟之论。而且，赭衣半道，囚徒满狱，这又造成了一个什么世界呢！我们认为秦始皇的政治方向在那一历史阶段还是对头的，在施行的方法上是不够技巧的，他简直不懂得政治艺术是何事，话又说回来了，秦统一天下经时未久，实际上是有困难的。关于这点，我们也应该有充分的理解。

关于《孔雀东南飞》的写作时代问题

《古诗为焦仲卿妻作》，或称为《焦仲卿妻》，亦或以首句名篇，称为《孔雀东南飞》。这首诗计有三百五十七句，凡一千七百八十五字，在古诗中算是最长的一篇。其实，它之所以著称，并不只是在篇幅长，兼因它有多种代表性。我们从这首诗可以明白封建制度下婚姻的不自由和家庭的黑暗情形；我们更可以从这首诗去了解古代的许多习俗、妇女生活状况以及古诗发展的迹象。所以，它既是名贵的文艺作品，也是重要而稀罕的历史资料。

本文的范围不拟涉及太广，只准备论定这首诗的写作时代。徐孝穆《玉台新咏》把这首诗谓于繁钦之后，曹丕之前，隐然论为汉末的作品；郭茂倩《乐府诗集》把它列在“杂曲歌辞”中，称之为“古辞”，也是当汉代作品看待的；沈归愚的《古诗源》出来，明白标上“汉代”两个大字。时贤则多持异议，谓诗中所指陈的事物，或为北朝礼俗，或为南朝品名，因此，断定这首诗是南北朝以后的产物，我则以为：咏叹仲卿夫妇之死，在汉末已有了不成熟的诗篇在民间传诵，经过魏、晋、宋、齐，不断地加以润色，成了定型的作品，也就是目前我们所看到的东西。这与《九歌》本是阮、湘民间的祀神曲，复经后人改订的一样。

讨论《孔雀东南飞》这首诗的产生时代，几十年前曾一度达于高潮。参加讨论的，先后有梁任公、黄晦闻、刘大白……几位先生，他们各有所据，各有所见。现在旧事重提，似不免落于后尘。不过，关于这个问题，至今未得出正式的结论；而且前人所引据的，所见到的，间亦有待补充。因此，不惮辞费，略抒管见，以就正于方闻。

收录《孔雀东南飞》最早的一部书是《玉台新咏》，前有序云：“汉末建安中，庐江府小吏焦仲卿妻刘氏，为仲卿母所遣，自誓不嫁。其家逼之，乃投[一]水死。仲卿闻之，亦自缢于庭树。时人伤之，为诗云尔。”诗中只说仲卿是府吏，妻名兰芝，我们现在能够知道仲卿是供职在庐江府，兰芝姓刘，他们是汉末人，诗是当时人写的，完全是根据这个短引的。考《陈书·徐陵传》，知孝穆为端人，言行不苟，诗前的序倘出于孝穆所知，那也是记述旧闻，不会是任意臆造的。

怎么知道《孔雀东南飞》的初稿确是出于汉人呢？现从三方面来说明：

一、关于礼俗方面。《孔雀东南飞》："初七及下九，嬉戏莫相忘。"每月有三个"九"日，以二十九为上九，初九为中九，十九为下九。汉代妇女一个月有两次的休闲，一在初七，一在十九。"初七"有人说是《荆楚岁时记》上所述的"七月七日为牵牛织女聚会之夜，是夕，人家妇女结采缕穿七孔针，陈瓜果于庭中以乞巧"的故事。我对这样解法有两点献疑：（一）在诗歌中凡是用两个字来指这事的大都称七夕，不用七日，更不用初七。（二）初七跟下九是对举的，下九足指每个月而言，初七若以年计，在一句之中就有些不相称了。《西京杂记》载戚夫人侍儿贾佩兰所述的汉宫生活说："七月七日，临百子池，作于阗乐，乐毕，以五色缕相羁，谓为相连爱。"民俗可以传入宫中，宫中所行也可流为民俗。七月七日未必限于乞巧一事。又《岁时记》记正月初七的妇女生活说："人日，以七种菜为羹，剪彩为花胜以相遗。"这是记另一个月初七的妇女生活。其他月份则分缺有间，未能悉详，纵然不敢必其皆有，但也不能论定必无，至少得存疑吧？下九之会，后世不独废而不用，而且也不易听到。据我所知，只有伊士珍的《琅嬛记》上曾经说过："九为阳数，古人……每月下九置酒为妇女之欢，名曰阳会。盖妇女[二]阴也，待阳以成，故女子于是夜为藏钩诸戏，以待月明，至有忘寐而达曙者。"说妇女属阴，待阳以成，因而他们的酒会便订在下九，这种解法是近于迂阔的。但古代妇女下九有会，记与诗互相参证，是不须怀疑的。藏钩之戏，始于汉武，而汉末为极盛。《汉武故事》："钩弋夫人少时手拳，帝披其手，得一玉钩，手得展，故因为藏钩之戏。后人效之。"披手得钩，事近怪诞。这一游戏的方法，起于西汉的中叶，或者是可信的。邯郸淳的《艺经》上说："义阳腊日饮祭之后，叟妪儿童为藏钩之戏。"可见藏钩之戏，汉末不仅行于妇女，亦且行于童叟了。《孔雀东南飞》中不独说下九，而且也提到初七，后人不容硬去制造习俗，我看，这两句要算是汉人的原文了。

二、关于辞趣方面。诗中写太守家筹备婚典的情形，如"青雀白鹄舫，四角龙子幡……"数句；写合葬后的情形，如"两家求合葬，合葬华山傍……"数句；皆辞义炫烂，流于浮艳，显然是六朝的笔路。而况"龙子幡""华山"这些出典又是已在进入南北朝才产生的呢（龙子幡见《宋书·臧质传》，华山见下文）！不过篇中也有好几处是去古未远的笔调、意境，显与六朝异趣。如：

“君既为府吏，守节情不移；贱妾留空房，相见常日稀。鸡鸣入机织，夜夜不得息，三日断五匹，大人故嫌迟。非为织作迟，君家妇难为！”直而不野，浅而有致，在六朝人的作品中罕见有此种骨力。又如：“新妇初来时，小姑始扶床；今日被驱遣，小姑如我长。勤心养公姥，好自相扶将。初七及下九，嬉戏莫相忘。”柔婉而不浮靡，敦厚而不矫饰，在六朝作品中不易看到这样浑沦的气象，像这些地方其为汉代的原型无疑。

三、关于声韵方面。魏、晋、齐、梁，虽早有韵书之作，但文士写作，未尽承用。此时近体未兴，用韵诚宽，然愈后则愈严，南北朝人用韵与汉人用韵究有区别。如：“两家求合葬，合葬华山傍。东西植松柏，左右种梧桐，枝枝相覆盖，叶叶相交通。中有双飞鸟，自名为鸳鸯，仰头相向鸣，夜夜达五更。行人驻足听，寡妇起彷徨。多谢后世人，戒之慎勿忘！”这段以阳韵为主，而“东”“庚”韵叶。东、冬、江、阳、庚、青、蒸七韵通叶，本为南北朝中所习见，未足为异。独由诗的起句到“及时相遣归”一段，以微韵为主，而与“支”“灰”韵通叶，更与“鱼”韵（书属鱼韵）杂叶。微、支、齐、佳、灰相通，古为惯例，与鱼杂韵已不多见，最足异者，中间突插一“职”韵（夜夜不得息），殊感刺眼，或谓“息字系上句职字为韵”。细味辞义未便许为确论。诗末：“上堂拜阿母：今日大风寒，寒风摧树木，严霜结庭兰。儿今日冥冥，令母在后单。故作不良计，勿复怨鬼神。命如南山石，四体康且直。”忽转职韵，这是“直”与“石”韵，与起段的“鸡鸣入机织，夜夜不得息”，“息”与“职” 韵，表面亦似同一义例，然仲卿与其母诀，忽转用仄韵，正状其心烦意乱，咽咽不能成语，这乃是声音的妙用。若兰芝的诉说，上下皆词气柔婉，忽转用一仄声的“息”字，则音与韵便不相应。须知为文之道，音随意转，意共音发，声音与意境必相应相融，方足以言浑化通神。若声音与意境必相隔，则便非佳构。刘融斋曾经说：“言辞者必兼及音节，音节不外谐与拗，浅者但知谐之是取，不知当拗而拗，拗亦谐也；不当谐而谐，谐亦拗也。”（见《艺概》卷一）。以此论诗，“直”当拗，“息”当谐也。我以为六朝人做诗固宽，“息”字在汉人读起来，或与“稀”音为近，今朔方犹有此习，是入声韵已转成平声韵（自然不是凡是入声皆转为平声）。顾宁人《唐韵正》卷十九：“息，平声则相夷反。”并引《汉书・地理志》“司吾”莽曰“息吾”为证。如照这样读起来，则没有问题了。今韵，四声划分綦严，古只辨长短音，且亦不过拘泥。如李陵《别歌》：“径万里兮度沙漠，为君将兮奋匈奴。”漠与奴为韵，据张煦侯先生考证，漠古音读谟，更足证以

"息"音之近"稀",非邻臆说。段懋堂《六书音韵表》分古音为十七部而合之为六类。第十五、十六、十七三部综为第六类,《孔雀东南飞》开端即用第六类韵:飞、徊、衣、悲、稀、息、迟、归,皆属第十五部,移属第十六部;为、施属第十七部。独素、书属第五部。第五部为第二类,另成韵系。而"衣"又插在"素""书"之间,与上"徊"下"悲"遥应。这样的用韵形式,南北朝以后是罕见的。从用韵来讲,也可证明这一段还是汉代的原文。

诗中又有这样几句:"自君别我后,人事不可量。果不如先愿,又非君所详。我有亲父母,逼迫兼弟兄,以我应他人,君还何所望!"量、详、望三字皆属阳韵,独兄属庚韵,读起来极不和谐。但在汉代,兄读为荒,也属阳韵。刘熙《释名》:"兄,荒也;荒,大也,故青、徐人谓兄为荒也。"段懋堂说:"兄之本义训益……引伸之则《尔雅》曰,男子先生为兄,后生为弟,先生之年,自多于后生者,故以兄名之。"又说:"兄,古音读如荒。"(见《说文解字注》)音缘于义的道理,刘、段二氏可谓互发。刘氏,汉代人,足证这几句是出于汉人了。

又徐士复先生的《从语言上推测〈孔雀东南飞〉一诗的写作年代》一文,里面有这样一段话:

> 最杂乱的要算是尤、侯韵跟鱼、模韵的杂叶,原诗是:"阿母谓府吏,何乃太区区!此妇无礼节,举动自专由,吾意久怀忿,汝岂得自由!东家有贤女,自名秦罗敷。可怜体无比,阿母为汝求。便可速遣之,遣去慎莫留。"这里"区"是侯韵,"由"是尤韵,"敷"是鱼韵,这和汉乐府《陌上桑》叶"楼""隅""钩"相同。从用韵的现象来看,它完全没有受到六朝声律的影响,因此,我们可以反证这首诗不是齐梁时代的作品。

不过,徐先生断定这首诗是东晋时代的作品,我则认为这里用韵既同于《陌上桑》,《陌上桑》一般认为是汉代的作品,因此,我也就相信这几句是同时代的东西了。

现在再谈《孔雀东南飞》这诗经过魏、晋、宋、齐修改的迹象。

辞句方面的运用,有的显然是魏人的习惯。"不堪",早见于《左传·隐公元年》,祭仲对郑庄公说:"君将不堪。"然这两字连用究不常见,到了魏人用得就较为广泛了,嵇叔夜《与山巨源绝交书》有"七不堪"之说。而《孔雀东南飞》这首诗中,一则曰"妾不堪驱使",再则曰"不堪母驱使",又说"不堪吏人妇",诗中就有三个"不堪"了。在词性上虽有出入,但广泛运用这两字是一样的。

诗中有“登即相许和”一语,“登”“即”皆是立时的意思,这两个字连用,在晋以前是不易寻出迹象的。《抱朴子·道意篇》:“能令盲者登视,躄者即行。”“登”与“即”虽是对举,实则同属一义。同义连用,这是组词的惯例。葛洪是晋朝人,从这里也可以推定这首诗的修改时代。

诗中又有“往昔初阳岁”一语,“初阳岁”,过去我解为农历的十一月,是用卦来说的,十一月于卦为复䷗,一阳来复,故曰初阳。后读闻一多先生的《乐府诗笺》,他解为:“初阳岁疑为春日。《豳风·七月篇》曰:‘春日载阳。’自古多以春日为嫁娶之候,《白虎通·嫁娶篇》曰:‘嫁娶必以春,何?春者,天地交通,万物始生,阴阳交接之时也。’”闻先生把它说成是初春天气。最近徐士复先生又更进一步说是从避讳改字,东晋人讳春字,所以把春字一律改为阳,并引《水经注》为证:“浙江又东北入富阳县,故富春也,晋后为春,改曰富阳也。”愚按《晋书·后妃传下》:“简文宣郑太后,讳阿春。”闻、徐两先生取径不同,而结论几乎是一致的。就徐先生之言,更足证明这首诗确是经过晋人修改的。

焦仲卿的籍贯无明文可考,徐孝穆说他是庐江府的小吏,我想,在古代交通不便和安土重迁的思想支配之下,一个人除非授以显位或遭谪戍,是不易远游的。案《后汉书·郡国志》,庐江郡辖城十四,绝大部分在今日的安徽。府治在舒,舒的故城在今庐江县西(不是现在的舒城,今之舒城,当日是龙舒侯国,虽亦属于庐江郡,但系两地)。焦仲卿假定真是庐江府的小吏,那么,他的家去府治以在几十里或一二百里为近是。他的岳家理亦不致过远。篇末有“合葬华山傍”之句,华山为西岳,在陕西华阴境,势难远葬于此。刘大白谓霍山亦称衡山,霍、华皆一声之转,他因疑这里所讲的华山就是安徽的霍山。考安徽的霍山本名天柱山,汉武移岳祠(指祭南岳)于天柱,于是天柱亦称衡山;以《尔雅·释山》有“霍山为南岳”之语,于是天柱又称霍山。天柱之有数称,自有它的渊源。异同之故,若悉凭于唇吻之间,是为大忌。然华山二字究何着落?据《乐府诗集》转录《古今乐录》云:

《华山畿》者,宋少帝懊恼一曲,亦变曲也。少帝时,南徐一士子从华山畿往云阳,见客舍有女子年十八九,悦之,无因,遂感心疾。母问其故,具以启母。母为至华山寻访,见女具说,闻感之,因脱蔽席,令母密置其席下,卧之当已。少日果差。忽举席,见蔽席而抱持,遂吞食而死。

气欲绝，谓母曰："葬时，车从华山度！"母从其意。比至女门，牛不肯前，打拍不动。女曰："且待须臾！"妆点沐浴，既而出，歌曰："华山畿，君既为侬死，独活为谁施？欢若见怜时，棺木为侬开！"棺应声开，女透入棺，家人叩打，无如之何，乃合葬，呼曰"神女冢"。

南徐是现在江苏的镇江市和丹徒县，云阳是丹阳县。丹徒、丹阳为邻邑，今丹徒东乡有地曰华山，过此数里则入丹阳境。谓棺应声而开，诚属荒诞，然谓男女情死不诬。《丹徒县志》载明代朝鲜诗人金宗直《过华山畿》一绝云：

冢上青青连理枝，行人争唱华山畿。野棠花发当寒食，几度春魂化蝶飞。

这对情人合葬于华山畿，本是刘宋时事，尔后，"华山"便成为男女双方因情而死合葬的指代地。此犹王摩诘《渭城曲》(一名《阳关》)，本为送元二使安西而作，其后竟成临歧骊歌代称。刘禹锡《与歌者诗》："旧人唯有何戡在，更与殷勤唱渭城。"白乐天《对酒》："相逢且莫推辞醉，听唱阳关第四声。"这是诗文常有的现象。清初，吴兆宜注《玉台新咏》，他说："考西岳华山相去庐江甚远，合葬事，当从《古今乐录》南徐华山畿为是。"这样看法，我认为完全正确。所以《孔雀东南飞》这首诗到了刘宋以后，又经过修改，这是千真万确的事。

现在不妨再就这诗中的有些句子与《乐府诗集》中的《华山畿》二十五首中的句子作些比证：

《华山畿》的第五首：

未敢便相许！夜闻侬家论，不持侬与汝。

《孔雀东南飞》中有句：

不得便相许(一本作可)。

造句几乎与《华山畿》第五首的首句完全相同，疑是因袭。

《华山畿》的第十五首：

一坐复一起，黄昏人定后，许时不来已！

《孔雀东南飞》中有句：

淹淹黄昏后，寂寂人定初。

两句似从“黄昏人定后”一句化出。现在更引南北朝其他的作品来作比证：

红罗复斗帐，四角垂珠珰。玉枕龙须席，郎眠何处床？（《长乐佳》）
红罗复斗帐，四角垂香囊。（《孔雀东南飞》）

两句十字，上八字完全相同，岂有巧合至此！

月落天欲曙，能得几时眠！凄凄下床去，侬病不能言。（《懊侬歌》）
鸡鸣天欲曙。（《孔雀东南飞》）
阿子复何子，念汝好颜容。风流世稀有，窕窈无人双。（《阿子歌》）
窈窕世无双。（《孔雀东南飞》）

《华山畿》《懊侬歌》《阿子歌》及《长乐佳》，皆吴声，郭茂倩的意思，前两者为民歌，后二者出无名氏所作。我是统作民歌看的。从文学发展的一般情形说，民歌多是带着创造性的，过去所谓正统文学中的诗歌往往是因袭民歌更从而加工的。上所比证，虽不能确指谁在因袭谁，但至少得承认这些是时代相近的东西；也就是说，《孔雀东南飞》这首诗到了南朝的确又经过修改的。

游国恩先生的《论〈孔雀东南飞〉及其它》一文中引《搜神记》一段，兹更转录于此：

宋康王舍人韩凭，娶妻何氏美，康王夺之。凭怨，王囚之。……俄而凭乃自杀。……妻遂投台……而死，遗书于带曰：“王利其生，妾利其死，愿以尸首赐凭合葬。”王怒，弗听，使之埋之，冢相望也。王曰：“尔夫妇相爱不已，若能使冢合，则吾弗阻也。”宿昔之间，便有大梓木生于冢之端，旬日而大盈抱，屈体相就，根交于下，枝错于上。又有鸳鸯，雌雄各一，恒栖树上，晨夕不去，交颈悲鸣，声音感人。宋人哀之，号其木曰相思树。……南人谓此禽即韩凭夫妇之精魂。（《搜神记》卷十一）

我们再看《孔雀东南飞》上焦仲卿夫妇葬后墓上的情况（原文已见上），仅把《搜神记》上所讲的梓木改为松柏和梧桐，其余可以说没有两样。所不同的，一个是散文，一个是整齐的五言诗罢了。《搜神记》的作者干宝是晋代人，从这里也可以证明《孔雀东南飞》绝不是原封不动的作品。

根据上述论列，所以我认为：咏叹焦仲卿夫妇之死，在汉末已有了不成熟的诗篇在民间传诵，经过魏、晋、宋、齐，复不断地加以润色，到了徐陵把它收入《玉台新咏》，才成了定型的作品，也就是目前我们所看到的东西。这样说法是否符于事实，还有待于同志们的论定。

附：先师张煦侯先生题诗

逸雪吾兄以近作《〈孔雀东南飞〉的写作时代问题》见示，考辨精核，得未曾有。叹服之余，率成四截句志之，即呈雅政。

张须　五四年三月

桂树沉渊万古哀，考文深费著书才！南徐恰有华山冢，多少痴人只浪猜。（君谓“合葬华山”句，即系六朝人润色时摭用刘宋华山畿故事，不必泥指为皖中之霍山，可谓惬心餍理。）

平章诗句入秋毫，释滞真如快剪刀！同为北音征汉籍，得君知我不徒劳。（昔撰北音南渐论文，引李陵诗句中幕典奴为韵，证汉人读漠如谟，他例尚得二三。今读逸雪兄解“夜夜不得息”句横互支韵诸句上，谓汉人读“息”与“稀”音近，快哉；偶思旧作，不禁拊手。）

珂里匆匆十载尘，负君兜率一壶春！（抗战初，客盐城一旬，承置酒兜率寺，曾谢嘉招。）即今同饮长江水，抛却书囊作病人。

翰墨戋戋识苦心，得泉须掘十分深。楚州耆旧音徽绝，尚有斯人重学林。

【校记】

［一］投，《玉台新咏》作“没”。

［二］妇女，《琅嬛记》作“女子”。

替曹操恢复名誉要恰如其分

时代革新，人民当家作主，所有历史人物的是非功罪，都得交付人民重行审查。像曹操这样复杂的人物，对他另行评价，是有其必要的。郭老倡之于前，翦伯赞先生和之于后，他们对曹操几乎都作了全面的肯定。翦先生说：曹操"是封建中国封建统治阶级中有数的杰出人物"，《三国志演义》硬把他丑化，"简直是曹操的谤书"。郭老甚至认曹操是黄巾的继承者。我们以为曹操在政治上、军事上、文学上都有一定成就，由于人们指斥他是奸雄，因而便否定他的一切，这是不公允的。不过，论人须从实际出发，一个人有是处，不一定就没有非处，瑕瑜互见，功罪参半，这一现象在历史人物中是经常碰到的。曹操也是其中之一。另外还有一点须得注意：御用史家对历史人物的评价与广大人民所作出的评价，两者也会各有所偏，然而广大人民所作出的评价是比较真实的、可信的，纵或有局限性，但对他要完全做翻案，似应谨慎从事，多作考虑。若是兴到落笔，立异为高，从这一极端倒向那一极端，那就去实事求是的精神太远了。过去一般人否定曹操的一切，我们反对；现在有些人又肯定曹操的一切，我们也不敢苟同。下面，请容许谈我们的意见。

一、曹操是黄巾的"继承者"么？

曹操出身于地主、官僚的家庭，无论是地主、官僚，都是农民的死敌。黄巾是代表农民利益的，镇压黄巾主要是地主武装，曹操同黄巾是绝对对立的，说他是黄巾的继承者，那就太令人费解了。而且曹操是以扑灭黄巾起家的，请看陈寿《三国志·魏志·武帝纪》：

> 光和末，黄巾起，拜骑都尉。讨颍川贼，迁为济南相……

在范晔《后汉书·皇甫嵩传》里，写嵩镇压黄巾，曾得到曹操的帮助，"会帝遣骑都尉曹操将兵适至，嵩、操与朱隽合兵更战，大破之，斩首数万级"。

这就不难看出，曹操官禄高升，是用义军的人头把他两脚垫高的。黑山和黄巾是同性质的起义军，初平二年七月，曹操又以击黑山军而做了东郡太守。《魏志・武帝纪》：

黑山贼于毒、白绕、眭固等十余万众略魏郡、东郡，王肱不能御，太祖（曹操）引兵入东郡，击白绕于濮阳，破之。袁绍因表太祖为东郡太守。

到了初平三年四月，他更击溃了黄巾的主力，而又加以收编，迫使起义军脱离了人民，任凭他驱遣了。《武帝纪》：

青州黄巾众百万入兖州……（曹操）领兖州牧，遂进兵击黄巾于寿张东。……追黄巾至济北。乞降。冬，受降卒三十余万，男女百余万口，收其精锐者号为……青州兵。

这或者就是论定曹操为黄巾继承者的历史根据了。说黄巾是青州军的前身，是可以的；说曹操是黄巾的继承者是不可以的。黄巾是人民的武装，青州军是曹操私人的实力，本质已起了变化。曹操是黄巾的敌人，是黄巾的罪人，独不是黄巾的继承人。建安十八年，曹操做了魏公，汉献帝刘协给他的策命说：

……后及黄巾，反易天常，侵我三州，延及平民，君又翦之，以宁东夏，此又君之功也。

黄巾与刘协显然是势不两立，刘协在当时褒奖曹操有翦灭黄巾之功，曹操哪会又做了黄巾的继承者呢？而且有的史籍上是书"曹操自立为魏公"，那么，这一策命的内容也是曹操所授意了，曹操以镇压黄巾自豪，别人何苦再来替他加以文饰呢！为做翻案而翻案，翻到极处，变成于案无据，这是在什么基础上来评价历史人物的呢？因为要替曹操恢复名誉，乃至不惜斥黄巾为乌合之众。曹操击溃黄巾，把人民武装变成地主官僚的工具，转说黄巾到此得到组织化。这类说法太值得商量了。

或谓黄巾之起，势如燎原，曹操亲目所睹，不得不有戒心，主政以后，乃向农民让步，这不无是受黄巾的影响。我们以为封建统治者也有一套经验，他们看到农民在水深火热之中，已无乐生畏死之意，迫使他们不得不假扮一副慈悲面孔，减轻一点赋税，借以缓和阶级矛盾。这一戏法，曹操自然会演，而且也演得很好。不过这与黄巾的精神面貌决无共同之处。如果认为曹操是黄巾的继承人，则汉唐创业之君皆是农民起义的嗣续者了。鱼目不容混珠，应该予以明辨。

二、广大群众为什么厌弃曹操

写三国事情的书籍，现在最通行的有两种：一为陈寿的《三国志》，一为罗贯中的《三国志演义》。前者过去被列入正史，后者属于说部。好像《三国志》是正规史籍，可以信据；《三国志演义》则不免加油添酱，故事情节的发展，人物形象的塑造，多出于作者想象。因此，也就引起一些人大谈其历史真实与艺术真实了。我们以为：艺术的真实与历史的真实原自有别，但两者并非截然不同，彼此不是全无关系，写小说不免要美化某些人和丑化某些人，但演义主要是用史实来做骨架，作者对人物尽管可以刻划，然终不能丑化正士、美化邪人，其中显然还是有一种界限。陈寿《三国志》于魏多加回护，缺乏秉笔直书的精神，赵翼《廿二史札记》说得好：

寿修书在晋时，故于魏晋革易之处，不得不多所回护。而魏之承汉，与晋之承魏，一也。既欲为晋回护，不得不先为魏回护。

尽管陈寿要为魏回护，还是露出许多漏洞，不能自圆其说。如既讲曹操是曹嵩的儿子，曹嵩虽"官至太尉，莫能审其生出本末"，但又肯定曹操是"汉相参之后"，岂不是自相矛盾？不过，陈寿的处境也实在困难，心中并不是全无是非。《魏志》卷十《荀彧传》："太祖军至濡须，彧疾留寿春，以忧薨，时年五十，谥曰敬。明年太祖遂为魏公矣。"其实荀彧是因为阻操加九锡而被逼死的，陈寿不敢明写，但加了"明年太祖遂为魏公矣"九个字，真情也就隐约可见。我们认为要了解三国的史事，应多多参考裴松之的《三国志注》，因为松之作注，已到刘宋时代，没有什么忌讳了，罗贯中的《三国志演义》很多是根据裴注的。

罗氏是把曹操当作反面人物来刻划的，这也不是罗氏一人的私意，他主要是沿袭前人的平话和剧本，平话和剧本又是根据广大群众的爱憎而编写。也就是说，《三国志演义》对曹操的看法，便是某一历史阶段中广大群众对曹操的看法。群众的眼睛是雪亮的，真伪他们会明辨，低昂他们有分寸，他们对历史人物的估价也不是贸然决定的。在《三国志演义》以前,已有《赤壁鏖兵》《曹操夜走陈仓道》《阳平关五马破曹》等剧本。就平话说,《全相三国志平话》便是罗氏写作的重要蓝本。而在孟元老的《东京梦华录》里叙述北宋晚年的"说话"中"说三分"(按即讲三国故事)已成了一种科目。苏轼《志林》载:王彭尝云:"涂巷中小儿薄劣,其家所厌苦,辄与钱,令聚坐听说古话。至说三国事,闻刘玄德败,频蹙眉,有出涕者;闻曹操败,则喜唱快。"

对曹操不满,由来已久,就苏轼自身讲,亦是如此,他的《念奴娇·赤壁怀古》:"谈笑间,强虏灰飞烟灭。"这"强虏"还不是指的曹操!还不是闻曹操兵败而喜!再看唐人杜牧的诗:

> 折戟沉沙铁未销,自将磨洗认前朝。东风不与周郎便,铜雀春深锁二乔。

曹操用兵,除欲扩展地盘外,兼有掠夺子女玉帛的意图,诗中已把他显示出来了。破邺,为子丕纳袁熙妻甄,不更是有力的例证么?曹操之所以为广大群众所厌恶,据我一时的体会,主要应有下列几点。

曹操是个损人利己绝对自私的人,现在只举两件事来证明。

郭颁《魏晋世语》:"太祖过(吕)伯奢,伯奢出行,五子皆在,备宾主礼。太祖自以背(董)卓命,疑其图己,手剑夜杀八人而去。"孙盛《杂记》:"太祖闻其食器声,以为图己,遂夜杀之。既而凄怆曰:宁我负人,无人负我!遂行。"

"宁我负人,无人负我",这是什么处世之道!谁碰到这样人谁就会遭殃。广大群众厌恶曹操,不是很自然的么?

裴注对曹操过吕伯奢事计引了三种书,《世语》《杂记》已见前文,还有一种是《魏书》。《魏书》上说:"从数骑过故人成皋吕伯奢,伯奢不在,其子与宾客共劫太祖,取马及物。太祖手刃击杀数人。"郭老笃信《魏书》,认《世语》《杂记》是书经三转变了样。案:记曹魏事而以《魏书》名者有二,一为夏侯湛撰,一为王沉撰,二人《晋书》皆有传。《隋书·经籍志》史部只著录王沉的《魏书》四十八卷。而《晋书·王沉传》:"……撰《魏书》,多为时讳,未若陈寿之实录也。"陈寿记事已多回护,而陈寿比王沉犹胜一筹,则《魏书》之不足信可知。所以我们的看法与郭老刚刚相反,《世语》《杂记》虽词有出入,但主要精神还是一致的,都能纠绳《魏书》的曲笔。

再举一个升屋撤梯的事,用别人的头颅来巩固自己的威信,视人命为儿戏：

> 廪谷不足，私为[一]主者曰："如何?"主者曰："可以小斛以足之。"太祖曰："善。"后军中言太祖欺众。太祖谓主者曰："特当借君死以厌众，不然，事不解。"乃斩之，取首题徇曰："行小斛，盗官谷，斩之军门。"其酷虐变诈皆此之类也。

这条是裴注引吴人的《曹瞒传》，吴与魏为敌国，作者对曹操怀有成见，或属难免。若认为《曹瞒传》里尽是无根之言，则又不符事实。用别人的计策，解决了一时的难题，事过境迁，又杀人以委过。只要他发生狐疑，或是感到需要，不论故旧僚属，赶快拿头来。谁乐意与这样人共处？这是曹操被群众厌弃的第一点。

曹操曾因私隙，迁怒无辜，屠杀达数十万人。《三国志》写曹操征陶谦，几笔就带过去了。范晔《后汉书·陶谦传》较为详尽：

> 初，曹操父嵩避难琅玡，时谦别将守阴平（阴平在今山东省峄县西南，别将指张闿），士卒利嵩财宝，遂袭杀之。初平四年，曹操击谦，破彭城傅阳。谦退保郯，操攻之，不能克，乃还。过拔取虑、睢陵、夏丘皆屠之。凡杀男女数十万人，鸡犬无余，泗水为之不流，自是五县城保，无复行迹。初三辅遭李傕乱，百姓流移依谦者皆歼。

单就这一事论，曹嵩曾官太尉，搜括了不少财物，慢藏诲盗，引起了张闿部属的觊觎，货悖而入，亦悖而出，这也本是事理之常，陶谦负不了多大的责任。曹操打谦，意在夺取徐州地盘，假名为父报仇。取虑、睢陵诸县的人民何辜，而竟惨遭屠杀，那些由关中逃来东土的人，不死于李傕、郭汜之难，而竟死于曹操之手，岂不冤枉者也！"千里无鸡鸣，生民百遗一"（曹操《蒿里行》）的凄惨境域，曹操便是造乱人之一。

《后汉书》里这一节，郭老说是范蔚宗根据吴人的《曹瞒传》写的。关于《曹瞒传》不宜尽行否定，我们在上面已略作说明，不拟再事重提赘述。司马光《资治通鉴》对于史料的审定，向以谨严著称，它便采取《后汉书》的说法，可是，并没能得到郭老重视。郭老又引《三国志》里荀彧对曹操讲的话来驳斥《后汉书》的不实。荀彧说：

> 前讨徐州，威罚实行。其子弟念父兄之耻，必人自为守，无降心。

就能破之,尚不可有也。

郭老因而就说:“明还有战死者的子弟,哪里就会鸡犬亦尽,百姓皆歼呢?”郭老在这篇文章(《替曹操翻案》)里称引《孟子》的地方不少,我们准备也就《孟子》里引一节来解决我们要解决的问题。《孟子·万章》:

……故说《诗》者不以文害辞,不以辞害志,以意逆志,是为得之。如以辞而已矣,《云汉》之诗曰:“周余黎民,靡有孑遗。”信斯言也,是周无遗民也。

诗也罢,文也罢,词句的主要意向,都是很明显的。《孟子》说:“不以文害辞,不以辞害志,以意逆志,是为得之。”这四句为人们析辞解句指出了一条宽广的道途。若是苛察缴绕,务为周内,则不免陷于曲解,或流入诡辩。据我们粗浅的意见,荀彧的话,正可证明曹操前次在徐州屠杀之惨,结怨于人之深。郭老又指出有若干人太多情,硬帮助别人去压抑曹操。我们感到郭老也是一位多情者,不过站在另一面罢了。我们觉得多情须与求真相结合,不论站在哪一面,如果忽视了求真,则不易得出正确的结论。

曹操打徐州,是竖着为父报仇的大旗。其实,劫夺曹嵩不义之财的张闿与其部属早已奔向淮南(据韦曜《吴书》),可怜徐州的土著和由关中迁来的客民只得无辜替死了。这种灭绝人性的屠杀,毫无疑问,使曹操已成了满身血腥的刽子手,群众怎会向他表示同情呢?这是曹操被群众厌弃的第二点。

曹操秉性刁顽,诡诈百出。人是发展的,是不断变化的;然秉性刁顽的人,如不能改过自新,有时也会变本加厉。《三国志·武帝纪》:“太祖少机警,有权数,而任侠放荡,不治行业,故世人未之奇也。”陈寿虽是小心翼翼地写武皇帝本纪,然而曹操少时泼皮无赖的行径终于遮掩不了。裴注更从《曹瞒传》引出实例:

太祖少好飞鹰走狗,游荡无度,其叔父数言之于嵩。太祖患之,后逢叔父,乃阳败面喎口;叔父怪而问其故,太祖曰:“卒中恶风。”……嵩问曰:“叔父言汝中风,已差乎?”太祖曰:“初不中风,但失爱于叔父,故见罔耳。”嵩乃疑焉。自后叔父有以告,嵩终不复信。太祖于是益得肆意矣。

自小如此刁狡,后来更事多,益工于矫诈,甚至恶心善面,做出假仁假义来收揽人心。《武帝纪》曾载这一事情:

初，讨（袁）谭时，民亡椎冰，令不得降。顷之，亡民有诣门首者，公谓曰："听汝则违令，杀汝则诛首，归深自藏，无为吏所获。"民垂泣而去，后竟捕得。

天寒椎冰，本是苦事，逃匿复又自首，薄惩示戒便可。而乃令归自藏，旋又捕而置诸法，简直是猫子哭老鼠的滑稽剧。赵翼在"三国之主用人各不同"一文中说："曹操以权术相驭，刘备以性情相契，孙氏兄弟以意气相投，后世尚可推其心迹也。"（《二十二史札记》卷七）曹操喜用权术，日肆机心，使人有毫无诚意之感。这是曹操被广大群众所厌弃的第三点。

不必多说了，如果要说，这类材料有的是。现在仅曹操的自私、残暴、诡诈几点来看，还不够骇人么？像这种人，谁敢同他接近，谁愿同他交往？群众是写实的，他们的爱憎，是根据事实参合人情来表明自己的态度的，他们的感情是比较健康的。罗贯中懂得这点，所以他写曹操是依据人民的意愿来塑造的。陈寿的《三国志》，则唯恐触犯时忌，不免俯仰随人，昧着良心讲话。群众的意愿未必完全正确，也会有他的局限性。但毕竟经过多数长期体验所得出的结论，在某一历史阶段，总算是智慧的结晶，仍然是值得我们参考的。

三、替曹操恢复名誉要恰如其分

评价人物要看得全面，若是流于片面，则绝难臻于公允。道理说来人人懂得，但要做到却也不是一件易事。孔子在二千多年前就这样慨叹过："好而知其恶、恶而知其美者，天下鲜矣！"这不是说，能从全面考虑问题的人太少么？说好就是完美无缺；说坏，便是百孔千疮。这是不切实际的。前人讲："人非圣贤，孰能无过？"好像圣贤就可以完全无过了。其实，谁都有错误，不过有人犯得少些，或已犯的不至再犯罢了。所以，"一面倒"的论断，是不现实的、不科学的。无怪在孔子之后，孟子又带着幽默的语气说："尧舜不胜其美，桀纣不胜其恶。"（见《史通·疑古》称引）可见评价人物不带片面性并不是件易事。

尤其是像曹操这样复杂的历史人物，如何能用简单的办法去判定！他对国家有大功，也有大过；对社会起过促进作用，也曾给社会以不良影响。应肯定的予以肯定，应否定的予以否定，硬是要一面记功，一面记过，做到功过分明。评价历史人物的意义，不仅在对已死者做好鉴定工作，同时，也给后人指出明确的方向，肯定的加以鼓励，否定的加以批判，使知所取舍。这也是评价历史人物的主要目的。若是任情抑扬，好恶随心，将会给未来带来损失。如过去把曹操抹上一脸白粉，对他的缺失固加指摘，对他的功绩竟也加以非议。这样，必使后来英俊为之气短，做事多所顾虑，怎能不阻碍社会的进展？假若我们今天反其道而行，对他的优点加以赞扬，对他的缺点亦复曲为之说，硬把曹操全面肯定下来，这样，对未来的社会有没有好处？蔑视名检，勇于为非，而又振振有词的人，将会层见叠出。如果成了这一局况、这一风气，然后再图挽救，那就够伤脑筋了。后果根于前因。评价历史人物一有偏差，则未来必将获得反应。评价人物不仅要分清优点、缺点，优点还千差万别，缺点也大小悬殊，微善不等于至德，小过不等于极恶，定要做到铢两悉称，恰如其分，方能符合要求。

关于曹操的缺点，前面已谈了一些，现在准备再谈些优点。

曹操凭借地主武装翦灭群雄，与董卓、袁绍、袁术、公孙瓒等人本是一样，都是割据一方，而又想诛锄异己，扩展地盘。总算曹操的手法高，应付得宜，统一了北中国。战争就是破坏，战争会为人民带来灾难，“出门无所见，白骨蔽平原”，这是何等酸楚的景象！曹操同许多军阀混战，本来是狗咬狗的事，结果他能统一了北中国，使得人民解除了战争的威胁；又采用枣祗、韩浩等人的建议，施行屯田法，州郡各置田官，为足食之计，这对生产确是起了推动的作用。所以就客观效果看，不应否定曹操在这方面的贡献。曹操自己说：“设使国家无有孤，不知当几人称帝，几人称王。”这还是以维护汉室在丑表功，其实，老百姓得到安居乐业，倒是值得大书特书的。

曹操对军略也有高度的造诣。周代著名的兵家撰有《孙子》一书，这里讲生聚训练之术，权谋运用之宜，是一部论兵略的权威作品。据杜牧说，武书本数十万言，曹操削其繁剩，笔其精粹，以成今本，而又为之作注。诸葛亮《后出师表》评论曹操说：“其用兵也仿佛孙吴。”《后出师表》是否出于诸葛之手，且不去管它，曹操对军事有一定成就，这是肯定的。尤其是官渡之役，能以寡胜众，且歼灭了强敌的主力，乃是他生平的得意之作。

曹操又爱好文学，他写了很多不朽的诗篇。四言诗到了汉代，平板无力，已达垂死的阶段，而曹操能以沉雄之气包举，不啻给四言诗以续命汤，后来的嵇康、陶潜，尽管他们诗的面目和曹操不同，但或多或少是受了曹操的影响。他又继承汉乐府的“感于哀乐，缘事而发”的精神，很能反映现实。描绘景色之中，兼具悱恻之意。谈到历代诗歌作家，无论如何是少不了曹操的。

至于有人认为建安诗人是得力曹操的培养，那又不符于事实。曹植《与杨德祖书》：

> 然今世作者，可略而言也。昔仲宣独步于汉南，孔璋鹰扬于河朔，伟长擅名于青土，公干振藻于海隅，德琏发迹于北魏，足下高视于上京……吾王于是设天纲[二]以该之，顿八纮以掩之，今悉集兹国矣。

建安文人，由于他们自己的实力，取得一定成就，声名著于遐迩，曹操乃加以罗致，从曹植的书辞看，不是很显然的么？即如王粲，他的代表作是《七哀诗》和《登楼赋》，都是在依刘表时候写的。投曹以后，转而没有名篇出现了。有人说，曹操礼重文士。我们看亦不尽然。刘桢因为平视一下曹丕的妻子甄氏，曹操就要杀他，幸赖曹丕的解说始行获免。礼重文士的人应有这样的表现么？

曹操是一多才多艺、有胆有识的人，他具备不少的优点，限于篇幅，本文所说姑止于此。

韩愈说：“凡物不得其平则鸣。”曹操遭受沉冤千载，现在替他翻案，恢复名誉，也是理所当然的事。问题是在怎样才能做到“恰如其分”。否则，“扶得东来西又倒”，由全盘否定，变成全盘肯定，不顾事实，走向极端，那么，势必又将引起另一不平之鸣了。

曹操是中国历史上极其复杂的人物，必得好好分析，才能准确地评出他的功过。有的地方“功”与“过”胶结着，有的地方“动机”与“效果”并不一致，都得仔细研究。

我们以为评价曹操要能恰如其分，必得做到两点：一从实际出发；二走群众路线。所谓从实际出发，就是要辨明史料的真伪，依据可信的史料所得出的结论，纵有偏差，也是不会太大的。所谓走群众路线，就是要多多倾听群众的意见，今天的群众，已不同于往日，他们在党的教育下，大家都有了觉悟，得到提高，已不是刘阿斗，而是“六亿神州尽舜尧”了。专家是人民所需要的，但专家应从人民的角度去考虑问题，不要逞其私智，以奇异自矜。天下最高深的学问，也是最寻常的学问。我们评价曹操只求做到合情合理，对社会能起指导作用。闹偏锋，走极端，骋辞博辩，显示才华，并不为群众所欢迎。通过最近关于评价曹操问题的讨论，不是已看出一点苗头么？

【校记】

[一] 为，《三国志》作“谓”。

[二] 纲，《曹子建集》作“网”。

关于鲁迅校勘《嵇康集》的几点臆测

《鲁迅全集》除把鲁迅自己所写作的、翻译的及辑佚的收进去而外，又把《嵇康集》列入；《中散集》（自来著录均称《嵇康中散集》），被历代传抄翻印，篇章割裂，字句衍脱，已失却它的本来面目，令人不堪卒读。鲁迅先后用了十年以上的时间（当然不是专力于此），加以校雠，他在序上说，“欲存留旧文，得稍流布”；在跋里讲，“中散遗文，世间已无更善于此者矣。”鲁迅费了很多的心力，才完成这一珍贵的校本，以之列入《全集》，自不容有所异议。不过，我现在要研究的，鲁迅慨然丢开治病的医学，而从事于文艺，原要以他辛辣沉痛的文笔，对于旧社会直接加以抨击的。为什么竟又来做这繁重委琐的工作呢？而且古籍中有讹误待订的多得很，为什么独独校勘《嵇康集》呢？关于全集中其他部分的写作背景，大都已有人做过仔细的商讨，独于校订《嵇康集》的原因，很少有人谈到，纵然有，也是语焉不详，不够明晰，我以为鲁迅校雠《嵇康集》不是偶然的，下列几种因素，出于个人臆测，尚乞方家予以指教！

嵇叔夜是处在魏末司马当权的时候，司马氏因为自身要做不可告人的勾当，偏要疑忌别人，深怕别人批评他，反对他，有才又具有声望的人，更是他所不能放心的。叔夜博览该通，众所归仰（临刑，太学生三千人请以为师，便可知道他是望重一时了），加之，他与魏宗室有姻戚的关系，自然是在重重包围监视之中，过着一种恐怖生活了。鲁迅是文坛巨将，笔锋犀利，攻讦权势，揭露黑暗，不遗余力，自然也是使反动统治者头痛，所欲得而甘心的人。这种处境和嵇康当年是一样的。关于这点，用不着我们多作比证，就拿鲁迅自己的文章来说吧。在《为了忘却的记念》一文末段里说：“前年的今日，我避在客栈里，他们却是走向刑场了；去年的今日，我在炮声中逃在英租界，他们则早已埋在不知那里的地下了；今年的今日，我才坐在旧寓里，人们都睡觉了，连我的女人和孩子。我又沉重的感到我失掉了很好的朋友，中国失掉了很好的青年，我在悲愤中沉静下去了……要写下去，在中国的现在，还是没有写处的。年青时读向子期《思旧赋》，很怪他为什么只有寥寥的几行，刚开头却又煞了尾。然而，现在我懂得了。”（《鲁迅全集》第五卷第 84 页）从这段话里，可见鲁迅受反动统治者的压迫，东躲西藏，不能安心著述。其自身所冒的危险，并不下于他所纪念的五位青年作家的。向子期就是向秀，《思旧赋》里所写的死友，便是惨遭司马氏杀害的嵇康和吕安。秀于赋前序云："余与嵇康、吕安，居止接近，其人并有不羁之才，嵇意远而疏，吕心旷而放，其后并以事见法。"《晋书·向秀传》："康善锻，秀为之佐，相对欣然，傍若无人；又共吕安灌园于山阳。康既被诛，秀应本郡计，入洛，文帝（司马昭）问曰：'闻有箕山之志，何以在此？'秀曰：'以为巢许狷介之士，未达尧心，岂足多慕？'帝甚悦。"向秀与嵇康、吕安，原来都是与司马氏不合作的，嵇、吕死后，向秀也就不惜投身宦海，借以自全，而司马昭遇到面依然要奚落他，可见当日一般比较有声誉的学者，处境是如何得困难了！所以鲁迅与嵇康不免有同感了。这是他校《嵇康集》的第一个原由。

"鲁迅的骨头是硬的"，这是谁都不可否认的事实，他与封建势力战，与买办资产阶级势力战，与帝国主义势力战，斗争，坚决地斗争！嵇康在当时对统治者以及一般帮凶们也是不肯妥协的，他与山涛绝交的信上说得最为明快："刚肠疾恶，轻肆直言，遇事便发。"又自认"有好尽之累"，刘良注："好尽，谓好尽发人之事机，是以为累也。"就是他对那些作威作福的反动统治者所耍的假把戏，所玩的阴谋诡计，尽量揭露，毫不留情。司马懿、司马师、司马昭父子兄弟，早在那里布置攫夺政权的局面，他们偏要把商、汤、周武捧出来，做自己的护符，用周公、孔子的学说，以装璜自己的门面；嵇康因此索性连汤、武、周、孔也都加以反对，使得他们没有利用的工具。所以他在信上又说："每非汤、武而薄周、孔，在人间不止，此事会显，世教所不容。"他明知其不利，终于不改，对于那班屠夫和帮凶者绝不低头，绝不假以辞色。《晋书·嵇康传》："初，康居贫，尝与向秀共锻于大树之下，以自赡给。颖川钟会，贵公子也，精练有才辩，故往造焉；康不为之礼，而锻不辍。良久会去，康谓曰：'何所闻而来？何所见而去？'会曰：'闻所闻而来！见所见而去！'会以此憾之。及是（康为吕安被诬事所连，时已系狱）言于文帝曰：'嵇康，卧龙也，不可起，公无忧天下，顾以康为虑耳！'因谮欲助毋丘俭，赖山涛不听。昔齐戮华士，鲁诛少正卯，诚以害时乱教，故圣贤去之。康、安等言论放荡，非毁典谟，帝王者所不宜容，宜因衅除之，以淳风俗。帝既昵听信会，遂并害之。"他们硬将破坏礼教的罪名加诸嵇康，竟科以死刑，鲁迅在《魏晋风度及文章与药及酒之关系》一文中，为之大鸣不平，他说："最引起许多人的注意，而且于生命有危险的，是《与山巨源绝交书》中的‘非汤武而薄周孔’。司马懿(《鲁迅全集》的编者注：据《晋书》，康为司马昭所杀，距司马懿之死已数年。先生或别有所据，志之以存疑)因这篇文章，就将嵇康杀了。非薄了汤武周孔，在现时代是不要紧的，但在当时却关系非小。汤武是以武定天下的；周公是辅成王的；孔子是祖述尧舜，则尧舜是禅让天下的。嵇康都说不好，那么，教司马懿篡位的时候，怎么办才是好呢？没有办法。在这一点上，嵇康于司马氏的办事上有了直接影响，因此就非死不可了。嵇康的见杀，是因为他的朋友吕安不孝，连及嵇康，罪案和曹操的杀孔融差不多。魏晋，是以孝治天下的，不孝，故不能不杀。为什么要以孝治天下呢？因为天位从禅让，即巧取豪夺而来，若主张以忠治天下，他们的立脚点便不稳，办事便棘手，立论也难了，所以一定要以孝治天下。但倘只是实行不孝，其实那时倒不很要紧的，嵇康的害处是在发议论。”(《鲁迅全集》第三卷第512页)又说：“后人就将嵇康阮籍骂起来，人云亦云，一直到现在，一千六百多年。季札说：‘中国之君子，明于礼义而陋于知人心。’……所以古代有许多人受了很大的冤枉。例如嵇阮的罪名，一向说他们毁坏礼教。但据我个人的意见，这判断是错的。魏晋时代，崇奉礼教的看来似乎很不错，而实在是毁坏礼教，不信礼教的。表面上毁坏礼教者，实则倒是承认礼教，太相信礼教。因为魏晋时所谓崇奉礼教，是用以自利，那崇奉也不过偶然崇奉，如曹操杀孔融，司马懿杀嵇康，都是因为他们和不孝有关，但实在曹操司马懿何尝是著名的孝子，不过将这个名义，加罪于反对自己的人罢了。于是老实人以为如此利用，亵渎了礼教……甚至于反对礼教。——但其实不过是态度，至于他们的本心，恐怕倒是相信礼教，当作宝贝，比曹操司马懿们要迂执得多。”(同上，第513页)这两段文章对嵇康的遭遇和心事说得太清楚太透彻了！为了要阐明嵇康在他当时所处的环境里的反抗性，这是他校《嵇康集》的第二个原因。

何幹之《鲁迅思想研究》一书中有一节论“文章风格”，以为鲁迅所以能用字精确、美丽、新颖、生动，计有三种因素，“精通古字古语”是其中之一。他说：“鲁迅是小学大家章太炎的弟子，对于中国古字古语是有过研究的，所以许多表情达意的古字，到了他的手里，经过一番洗炼功夫，就成为活字汇了。”我们再看《且介亭杂文末编》中《关于太炎先生二三事》一文，对于太炎晚年脱离群众渐入颓唐的境地是毫不讳言的，但对其卓越之处仍予以适当的估价：“考其生平，以大勋章作扇坠，临总统府之门大诟袁世凯的包藏祸心者并世无第二人。七被追捕，三入牢狱，而革命之志，终未屈挠者，并世亦无第二人。这才是先哲的精神，后生的楷范。”又说：“直到现在，先生的音容笑貌，还在目前。”鲁迅的思想是绝非其师所能囿限的，但在文学的语言上，尤其是早期，鲁迅多少是受着师承的影响。太炎论文，于魏晋推许备至：“雅而不核，近于诵数，汉人之短也。廉而不节，近于疆钳；肆而不制，近于流荡；清而不根，近于草野；唐宋之过也。有其利，无其病者，莫若魏晋。……魏晋之文，大体皆埤于汉，独持论仿佛晚周；气体虽异，要其守己有度，伐人有序，和理在中，孚尹旁达，可以为百世师矣！”（章太炎《论式》）所以鲁迅评论旧日文艺，对魏晋的文章极为重视，而对阮籍、嵇康的作品尤为称道，谓嵇更高出于阮：“阮籍作文章和诗都很好……嵇康的论文，比阮籍更好，思想新颖，往往与古时旧说反对。”（《鲁迅全集》第三卷第500页）这是他校《嵇康集》的第三个原因。

鲁迅雠校《嵇康集》，用力极勤，据其自述，以明代吴宽丛书堂抄本为主。宽字原博，号匏庵，于书无所不读，诗文均有典则，著有《家藏集》。尤长校勘，所校《墨子》及《嵇中散集》，皆为世所珍，其手校本《墨子》旧在海渊阁，今不知流落何许。其手校之《中散集》，鲁迅系从京师图书馆借阅，自以为幸。更取黄省曾本雠对，“知二本根源实同（指同出宋椠），而互有讹夺。惟此所阙失，得由彼书补正，兼具二长，乃成较胜。……既以黄省曾、汪士贤、程荣、张溥、张燮五家刻本比勘讫，复取《三国志注》《晋书》《世说新语注》《野客丛书》，胡克家翻宋尤袤本《文选》李善注及所注考异，宋本《文选》六臣注，相传唐抄《文选集注》残本，《乐府诗集》《古诗纪》，及陈禹谟本《北堂诗钞》，胡缵宗本《艺文类聚》，锡山安国刻本《初学记》，鲍崇城刻本《太平御览》等所引，著其同异。……而严可均《全三国文》，孙星衍《续古文苑》所收，则间有勘正之字，因并录存，以备省览。”（《嵇康集校序》）郑振铎曾述鲁迅先生的辑佚工作：“他曾经告诉过我，当他在教育部办事的时候，每天几乎无公可办，许多同事们都在看报、下棋、谈闲天；他的时间都耗费在翻译和古书的校勘上。”《嵇康集》跋下署“癸丑十月廿日周树人灯下记”。按癸丑为一九一三年；序文下署“中华民国十有三年六月十一日会稽序”，按中华民国十三年系一九二四年，应是先作跋而后作序，即此计算，《嵇谈集》之一校再校，先后当在十年以上。鲁迅生于浙东，对于乡邦文献，曾辑有《会稽郡故书杂集》，此书搜集的内容，虽限于唐以前，关于唐以后的名著，他就漠然置之了么？就不精心钻研了么？像章实斋的《校雠通义》，我想，对于他是不会全无关系的，也许会发生很大的作用。加之，那时，北京学术界讲版本讲校勘的风气很盛，这多少也要受些影响，再合上前面所述的三个主要原因，所以，鲁迅之校《嵇康集》不是不可以理解的。

不过，从思想领导方面说，在这里不得不声辩一下：鲁迅虽然对嵇康予以如此重视，但这不能就说嵇康近于鲁迅，倘若这样讲，便犯了很大的错误。因为各人所处的具体时代的关系，嵇康去鲁迅还有一个很长的距离。魏晋崇尚老庄，好谈虚无，因而嵇康就走上了师心自用、逃避现实的途径；鲁迅最初虽是位进化论者，到十月革命以后，得到许多新鲜事物的昭示，逐渐接近了马列主义，投身于火热的斗争中，成为一个最英勇的新文化战士。这是与嵇康最大的不同的一点。再讲两人不妥协的精神吧！鲁迅律己教人，始终是一贯的，爱憎是分明的，他在《死》这篇文章里说："还记得在发热时，又曾想到欧洲人临死时，往往有一种仪式，是请别人宽恕，自己也宽恕了别人。我的怨敌可谓多矣，倘若新式的人问起我来，怎么回答呢？我想了一想，决定的是：让他们怨恨去，我也一个都不宽恕。"他的斗争性是无间于死生的，这还是关于他的自身问题。他教人呢？我们看他所拟的遗嘱的第七条："损着别人的牙眼，却反对报复，主张宽容的人，万勿和他接近。"他教其亲属也是要保持着斗争性的，无间于人我，始终是一贯的。嵇康呢？便有些不同了！在其自身，还没做过丢人的软事，不过他在家诫里教他的儿子便判若两人了。如说："夫言语君子之机，机动物应，则是非之形著矣，故不可不慎！"又说："若会酒坐，见人争语，其形势似欲转盛，便当亟舍去之，此将斗之兆也。坐视必见曲直，党（古通傥）不能不有言，有言必是在一人，其不是者方自谓为直，则谓曲我者有私于彼，便怨恶之情生矣。"这与"有好尽之累"大相径庭了！这已不是老庄崇尚自然、率性而行的道理，而是一种世故很深的黄老哲学了。他的儿子嵇绍，长大竟做晋朝的侍中，为保护司马昭的孙子司马衷（史称晋惠帝）而把命送掉了，这不能说没受家诫的影响。这是鲁迅与嵇康不同的又一点。

末了，我还有点小意见：《嵇康集》经鲁迅详校以后，变为善本，成了可读的书，与社会上通行的本子显有不同，鲁迅在上面是用过一番心力的，收进《鲁迅全集》，自无不合。但是不是仍应叫它《嵇康集》呢？《嵇康集》是嵇康的作品，假使加两个字叫《嵇康集校本》，或《嵇康集新校》，便变成鲁迅所整理过的东西了。谨附于此，当否待正！

谈有关《阿房宫赋》的几个问题

《人民教育》于一九六一年十一月登载了臧克家同志的《阿房宫赋介绍》一文；又于今年二月登载了参原同志的《阿房宫赋译解》一文，两文对《阿房宫赋》的段落大意作了简要的说明，词语也作了必要的疏解。在个别词语的理会上，两文间不一致，但基本上是没有分歧的。两文发表后，对广大读者研究古典作品曾起了一定的作用。我想继两文之后，谈一些有关《阿房宫赋》的必备知识，野人献曝，未必有当，希望得到同志们的指教。

我只打算谈三个问题：一、《阿房宫赋》是文赋的开山；二、《阿房宫赋》在当日的现实意义；三、《阿房宫赋》是学习前人写作技巧的典范。现在依次谈下去。

一、《阿房宫赋》是文赋的开山

赋是旧文体之一，到了魏晋南北朝，逐步走上骈俪的道路。骈赋好似一束纸花，虚有其表而没有生命。后来文赋出来革了骈赋的命，它为赋带来了新生。一般说，文赋是创始于宋，欧阳修的《秋声赋》，苏轼的《赤壁赋》，皆是属于文赋的范畴。如果细加考按，则欧、苏所作，皆是步唐人杜牧的后尘，《阿房宫赋》便是文赋的开山。王芑孙《读赋卮言》说：

> 诗莫盛于唐，赋亦莫盛于唐。……百体争开，曷其盈矣。人徒以清疏之派，归宗于欧之《秋声》，苏之《赤壁》，不知实导源于唐也。

王氏又说，《阿房宫赋》是“变古开新”，合起来看，那就认为文赋是始于唐代杜牧的《阿房宫赋》了。林联桂《见星庐赋话》也说：“杜牧《阿房宫赋》，赋而近文者也。”不是显然承认《阿房宫赋》与文赋有关系么？周中孚在《郑堂札记》里也曾讨论到这一问题，语虽支歧，大体上还是正确的。他说：

> 宋人以文为赋，非宋人之创造也，远则宋玉《登徒子好色》，近则杜牧《阿房赋》。

《登徒子好色赋》是否出诸宋玉之手，前人早加怀疑。宋玉明明是辞人，偏偏要说他是赋手，恐怕也不符于事实。而且文赋是韩、柳古文运动以后的产物，不可能在这一阶段以前出现，它同骈赋伴随骈文而来是一样的。不先有骈文，则不可能有骈赋；不先有古文运动推行散体，则文赋的产生便是不可理解的事。所以说，文赋是由杜牧《阿房宫赋》开山，不应讲得过早，更不应远扯到宋玉的身上。

《秋声》《赤壁》诸赋，铺陈事物少，抒发议论多，与《阿房宫赋》同一格调，杜赋大似论体，一变骚赋、骈赋的面貌，欧、苏有作，杜步亦步，杜趋亦趋，迹象显然。关于苏轼爱诵《阿房宫赋》，元代陈秀明《东坡文谈录》曾作了比较详尽的记载：

> 东坡在雪堂，一日，读杜牧之《阿房宫赋》，凡数遍；每读彻一遍，即再三咨嗟叹息，至夜分犹不寐。有二老兵皆陕人，给事左右，坐久，甚苦之。一人长叹操西音曰："知他有甚好处？夜久寒甚，不肯睡。"连作冤苦声。其一曰："也有两句好。"其人大怒曰："你又理会得甚的！"对曰："吾爱他道'天下之人，不敢言而敢怒'。"叔党（苏过字，轼之次子）卧而闻之，明日以告。东坡大笑："这汉子也有鉴识。"

苏氏又尝手书《阿房宫赋》，字大经寸，现在尚可看到拓本。《赤壁》规遵《阿房》，固毋待申说；永叔追模前修，亦舍杜何属？韩、柳革骈文的命，杜牧革骈赋的命，先后若桴槌之相应。欧、苏皆服膺韩、柳，与杜轨辄自近。再以用韵论，《阿房宫赋》前中换了多次的韵；而由"呜呼"一直到篇终，则又无韵可言。《秋声》《赤壁》的用韵，亦仅寥寥数处，活泼自由，毫无拘束，这也是受了《阿房宫赋》的启示。

总之，杜牧的《阿房宫赋》打碎骈赋句排字比的枷锁，革除声律上不必要的禁忌，于铺陈事物之外，直抒胸臆，自由论议，使赋体得到了解放，无形中预为宋人文赋奠定了基础。肯定地说，《阿房宫赋》是赋体革新的里程碑之一。

二、《阿房宫赋》在当日的现实意义

《阿房宫赋》篇末有云："秦人不暇自哀，而后人哀之，后人哀之而不鉴之，亦使后人而复哀后人也。"语绝沉痛，作者对于近事不会没有影射的。无如历来的评注家和讲授者，罕能明言底蕴，确指是说的什么事，这不能不令人引以为憾。其实，毋庸远求，杜牧《樊川文集》第十六卷有《上知己文章启》一文，对此已吐露了端倪。他说："宝历大起宫室，广声色，故作《阿房宫赋》。"陈古刺今，何等明晰。宝历是唐敬宗李湛的年号。《旧唐书》说李湛"性好土木，兴作相继"。造竞渡船二十只，计用转运半年之费。令度支员外郎卢贞按视修东都宫阙及道中行宫。从长安到洛阳，沿途行宫遍布，如华阴有琼岳宫、金城宫，陕县有绣岭宫，渑池有芳桂宫，福昌有福昌宫，永宁有崎岫宫、兰峰宫，寿安有连昌宫、兴泰宫。若全然修建，真将所耗不支（按：后来中止了），又诏度支进铜三千斤，金箔十万翻，修清思院新殿及升阳殿图障。凡此皆是宝历年间有关土木的事。沉迷声色，时赐教坊钱帛，左拾遗刘栖楚尝进言："陛下富于春秋，嗣位之初，当宵衣求理，而嗜寝乐色，日晏方起。梓宫在殡，鼓吹日喧，令闻未彰，恶声遐布。"在这种情况下，谏官固属有言责，有正义感的文人又岂能默尔而息！杜牧作《阿房宫赋》来借题发挥，引秦戒唐，可算是"有的放矢"。

尝考晚唐之君，宪宗李纯、穆宗李恒和敬宗李湛，三人行事均与秦皇为近。杜氏虽言此文系针对宝历而发，而宪、穆亦未尝不在指责之中。秦皇生活糜烂，除兴土木、好声色外，更求神仙，喜游幸。李纯、李恒和李湛，他们生活的腐化也是属于全面性的。宪宗一朝，凿蓬莱池，浚龙首池，起承晖殿，修麟德殿，实开晚唐大兴土木之渐。穆宗一朝，浚鱼藻池，广芙蓉苑，作宝庆、永安诸殿。当时诗人王建在所作《宫词》里曾有"鱼藻宫中锁翠娥"之句。杜牧在《礼部尚书崔公行状》中亦有"穆宗皇帝春秋富盛，稍以畋游声色为事"之语。这是宪、穆两朝有关土木和声色的梗概，与宝历可谓如出一辙。谈到求神仙的事，李纯是由于服金丹而致死的，曾任方士柳泌为台州刺史，专替他去访神仙、采灵草。李恒饵金石之药，亦史有明文。宝历时，道士赵归真、方士周息元，皆出入禁中。至于游幸，他们虽不及秦始皇所到的地面广阔，但在穆、敬两朝，骊山温泉是异常热闹的。他们的荒淫生活，费用究从哪里得来？还不是取之于民。李纯重用聚敛之臣（见《旧唐书》卷十五），李恒任令狐楚为山陵使，纵吏刻下，不给工人佣值，收其钱十五万缗为羡余，献以取媚。李湛时，王播领盐铁，诛求严急，正入不充，而羡余相继，纵容爪牙在外面尽情搜刮，而他们用起来则挥金如土，所以杜牧在赋里便作出严切的指责:“奈何取之尽锱铢,用之如泥沙!”这是代表广大人民所发出的愤怒呼声。

杜牧生于唐德宗贞元十九年(803),卒于宣宗(李忱)大中七年(853),得年五十一岁。相传牧作《阿房宫赋》系在二十三岁,正当宝历元年(825)。李纯大兴土木系元和十三年(818)以后的事,杜牧这时已十六岁了,对于世情不是全然无知。由此更历穆、敬两朝,民困日深,而统治者的淫靡、横暴,则有加无已。杜牧目击心伤,怎能不借古讽今,对无道之君来痛下针砭呢?杜牧是唐代著名经济学家杜佑的孙子,秉承家学,一向对疾苦的民生是十分轸念的,赋中的激情警句,得来决非偶然。我们从字里行间,还能看到他哀时的泪痕。如把《阿房宫赋》仅当着是咏叹史事的作品,那就忽视了这篇文章深远的寓意,也就贬低了它的价值。

当然,杜牧在《阿房宫赋》里显然对于暴君还存在着幻想,希望他们能对人民让步,使人民能够活下去,而他们的皇图也可以得到巩固。杜牧出身于官僚地主家庭,这样想法是很自然的。而且,这一历史阶段中的知识分子的思想水平,不可能有更大的提高,所以,我们在这里对他也就不再求全了。

三、《阿房宫赋》是学习前人写作技巧的典范

学习写作,开始不免要借鉴他人;末了则贵能一空依傍,自立门庭。毛主席告诉我们:有借鉴和没有借鉴不同,这其间有文野、粗细、高低、快慢之分。主席又说,借鉴只是借鉴,不是替代,决不容许生搬硬套(详见《在延安文艺座谈会上的讲话》)。杜牧的《阿房宫赋》既知借鉴,又能自出心裁,不被古人所囿,所以他的艺术技巧有突过前贤之处。

杜牧的《阿房宫赋》与王勃的《滕王阁序》同为唐代有名的作品。但在学习前人方面,王勃只是模拟形貌,如“落霞与孤鹜齐飞,秋水共长天一色”,虽亦精采,然究系因袭庾信《马射赋》中“落花与芝盖齐飞,杨柳共春旗一色”的句式。杜牧《阿房宫赋》本是学杨敬之《华山赋》与卞兰《许昌宫赋》,但杜赋一出,杨赋、卞赋立见逊色,这说明杜牧在学习前人写作技巧上是获得提高的。

《华山赋》,杜佑曾屡加赞许,杜牧因而也从事揣摩。大家公认《阿房宫赋》以下面一节最为生动:

明星荧荧,开妆镜也;绿云扰扰,梳晓鬟也;渭水[一]涨腻,弃脂水

也；烟斜雾横，焚椒兰也；雷霆乍惊，宫车过[二]也；辘辘远听，杳不知其所之也。

这是从《华山赋》演变而来：

见若咫只，田千亩矣；见若环堵，城千雉矣；见若杯水，池百里矣；见若蚁蛭，台九层矣。……蜂窠联联，起阿房矣。……小星荧荧[三]，焚咸阳矣。

杨作所用的手法是将大缩小，杜作所用的手法是将小放大，杨意在显示华山之高，杜意在显示美人之众。可见杜虽效杨仍能自出机杼，别标风格。杜牧把这种手法又在《李长吉集序》中加以运用，他形容李贺的诗说：

云烟联绵，不足为其态也；水之迢迢，不足为其情也；春之盎盎，不足为其和也；秋之明洁，不足为其格也；风樯阵马，不足为其勇也；瓦棺篆鼎，不足为其古也；时花美女，不足为其色也；荒国侈殿，梗莽丘陇，不足为其恨怨悲愁也；鲸呿鳌掷，牛鬼蛇神，不足为其虚荒诞幻也。

同属比拟，赋里是用同程度的，序里则是不同程度的；赋里纯是两句一组，序里则有两句也有三句。于此，不难看出，杜牧在学习前人的基础上，能用自己种种不同的艺术形态来表达，使人有目迷五色之感。

《阿房宫赋》的另一出色处是：

歌台暖响，春光融融；舞殿冷袖，风雨凄凄。一日之内，一宫之间，而气候不齐。

这是学卞兰《许昌宫赋》中这几句的：

其阴则望舒凉室，其阳则[四]羲和温房，隆冬御絺，盛夏重裘，一宇之深邃，致寒暑于阴阳。

卞作用阴阳向背所形成冷暖不同的情况来形容许昌宫屋宇的深广。杜作不仅写台殿的高大、歌舞的曼妙，兼把宫人心理上不同的感受寓于其中，同居一宫，而炎凉异致，直做到情景交融，较之卞作，已细致深入得多了。

《阿房宫赋》里又有这样的警句：

一人之心，千万人之心也。

这是从《荀子·不苟篇》里的两句转化而来：

千人万人之情，一人之情是也。

荀文的原意，是“君子位尊而志恭，心小而道大”，善体民情，故能君民融洽。杜赋则翻一筋斗，显示君民不可调和的矛盾，所以下文紧接着说：“秦爱纷奢，人亦念其家。”杜牧学习前人，通过吸收、消化，掉转方向，而用别一艺术姿态出现，与那些食古不化、生搬硬套的人是迥然有别的。

而且，杜枚不是一味借鉴前人，也有自己独创的文境，如：

使负栋之柱，多于南亩之农夫；架梁之椽，多于机上之工女；钉头磷磷，多于在庾之粟粒；瓦缝参差，多于周身之帛缕；直栏横槛，多于九土之城郭；管弦呕哑，多于市人之言语。

钉头多于在庾的粟粒，瓦缝多于周身的帛缕，这与白居易诗中的“剥我身上帛，夺我口中粟”异曲同工。柱多于南亩的农夫，椽多于机上的工女，这不独说明人民的脂膏已尽，还说明统治者树敌实多。统治者如能细味此文，便会觉得每根柱子皆是怒目相视的农民，每根椽子皆是怒形于色的机女，不待读完，则已毛骨悚然了。这种锋利微妙的笔触，是基于充沛的正义的情感而来。看来，孤立地谈文艺技巧是不够恰当的。

《阿房宫赋》不独为后世传诵，在当日已得到极高的评价，受到一些人的重视。《新唐书·吴武陵传》：

大和(唐文宗年号)初，礼部侍郎崔郾试进士东都，公卿咸祖道长乐，武陵最后至，谓郾曰：“君方为天子求奇材，敢献所益。”因出袖中书搢笏，郾读之，乃杜牧所赋《阿房宫》，辞既警拔，而武陵音吐鸿畅，坐客大惊。武陵请曰：“牧方试有司，请以第一人处之。”郾谢已得其人。至第五，郾未对，武陵勃然曰：“不尔，宜以赋见还。”郾曰：“如教。”牧果异等。

据此，武陵、崔郾都成了杜牧的文章知己了。依我的臆测，真能欣赏《阿房宫赋》的，当仍在广大人民的队伍中，就这篇内容言，人民读了是最易引起共鸣的。黄巢起义在唐僖宗李俨的乾符二年(875)，去杜牧作赋仅五十年，我们如果说，这篇文章对唐末的农民起义曾起过鼓动的作用，似乎不是完全没有可能。但在没有史料证明以前，也不过只作一个问题提出罢了。

一种文体的革新，看似纯属形式方面的事，其实，也是与内容分不开的。

骈赋靠涂抹为工，为当时统治阶级的糜烂生活去推波助澜，文赋则粉碎骈赋的桎梏，发抒真情实感，对当时统治阶级的腐朽昏庸加以嘲讽讥刺，《阿房宫赋》便是实例。所以就文赋对骈赋来说，不仅是形式上的改变，同时在内容上也是一种革新。因此，我们明白，文学上的革命，是包括形式、内容两个方面的，以形式来适应内容，从内容来产生形式，不会是单线独进的。

【校记】

［一］水，《樊川文集》作“流”。

［二］过，《樊川文集》作“回”。

［三］荧荧，《文苑英华》作“奕奕”。

［四］其阳则，据《全唐文纪事》为衍文。

谈《醉翁亭记》一文用“也”字

欧阳修《醉翁亭记》，全文约四百字，就用上二十一个“也”字，后人对此有种种看法。《桑榆杂录》：“或言醉翁亭记用‘也’字太多，荆公曰：‘以某观之，尚欠一也字。’坐有范司户者曰：‘禽鸟知山林之乐，而不知人之乐，此处欠之。’荆公大喜。”王若虚则谓：“若如所说，不惟意断，文亦不健矣。恐荆公无此言。诚使有之，亦戏云尔。”（见《滹南遗老集》卷三十六）若虚对《醉翁亭记》非常赞赏，曾讲，醉翁亭记虽涉玩易，然条达迅快，如肺腑中流出，自是好文章。若虚和元好问同见《金史·文艺传》，在中国文学史上都高占一席。若虚考史辨文，素以精核著称，当无虚美，可见欧记早就受人珍视了。

宋代古文，欧阳修算是主要的开山者。《宋史·文苑传》：“国初杨亿、刘筠，犹袭唐人声律之体，柳开、穆修志欲变古，而力弗逮；庐陵欧阳修出，以古文倡，临川王安石、眉山苏轼、南丰曾巩起而和之，宋文日趋于古矣。”王、苏、曾年较晚，且先后受欧阳修奖掖，欧阳的人望，早似泰山北斗；他的作品，则如和璧隋珠，人人宝爱，加以诵读揣摩，亦步亦趋。就以《醉翁亭记》来说，学他如何善用“也”字来取胜，竟成了文艺界的一时风尚。如钱公辅的《越州井仪堂记》，其末段：“问其办之岁月，则嘉祐五年二月十七日也；问其作之主人，则太守刁公景纯也；问其常所往来而共乐者，通判沈君兴宗也；谁其文之，晋陵钱公辅也。”文章的格调与《醉翁亭记》几乎是一模一样。欧阳修、钱公辅是同时人，究竟谁在学谁？《醉翁亭记》作于庆历六年（1046），《越州井仪堂记》作于嘉祐五年（1060），相去十四年之久，钱在学欧，毋庸申说了。

王安石执政，厉行新法，欧阳修在某些方面有自己的主张，这叫各抒所见，并无妨于素昔的交谊。安石有《祭欧阳文忠公文》：“公器质之深厚，智识之高远，而辅学术之精微。故充于文章，见于议论，豪健俊伟，怪巧瑰琦。其积于中者，浩如江河之停蓄；其发于外者，烂如日星之光辉。其清音幽韵，凄如飘风急雨之骤至；其雄辞闳辩，快如轻车骏马之奔驰。世之学者，无问乎识与不识，而读其文则其人可知。”文中叙到修的死后：“然天下之无贤不肖，且犹为涕泣而歔；而况朝士大夫，平昔游从，又予心之所向慕而瞻依。”言为心声，不难看出安石之于修始终是尊敬的，始终是推崇的。安石的文章，谨严有法，是世所公认的。他悬格很高，不屑随人俯仰，但对欧文，尤其对《醉翁亭记》便不是如此了。安石有《葛源墓志铭》一文，与《醉翁亭记》同一机杼，步趋唯恐或失："葛，公姓也；源，名也；宗圣，字也。处州之丽水，公所生也；明州之鄞，后所迁也。"取法于欧，极为显然。中幅叙述葛源的治绩，每节煞尾皆用"也"字。末段："甲子四百三十五，公所享年也。至和元年六月乙未，卒之年月日也。润州之丹徒县长乐乡显阳村，公所葬也。嘉祐元年十月壬申，葬之年月日也。乡邑孙氏今祔以葬者，公元配也。万年县君范阳卢氏，公继配也。良肱、良佐、良嗣，公子也。妻太常博士黄知良曰金华县君，公女也。起进士，为越州余姚县尉，主公之丧而请铭以葬者，良嗣也。论次其所得于良嗣而为之铭者，临川王安石也。"取法于欧，至为清楚，欧、王在文学上的成就，可谓各有千秋。如以《醉翁亭记》和《葛源墓志铭》相较，则不是出蓝胜蓝，而是法上得中了。欧记骀荡自然，王志不免有些构牵扭捏。我无意论定两文的优劣，着重在证明欧记所发生的影响巨大。苏轼的《东坡酒经》连用十七个"也"字，有人以为也是在步欧阳的后尘。

下面拟探讨这一格调的来源。

王应麟谓本于《易经》的《杂卦传》（见《困学纪闻》），陈继儒谓出于《孙子》（见《妮古录》），我以为两说都有待商量。《易经·杂卦传》计用五十一个"也"。《孙子·行军篇》计用四十三个"也"字，两者都属释义，《醉翁亭记》则属写景、抒情。欧阳受朝中邪佞的倾轧，被贬谪到滁州，虽牢骚满腹，然有怨难诉，乃借《醉翁亭记》泄其不平之气。他是强为欢笑，表面像是个旷达者，实际上是忧患重重，暗里自知。若是在《楚辞》里，或是在《诗经》的变风、变雅里，有多用"也"字的篇章，欧阳修感于身世，加以模拟，那是丝毫不足奇怪的。乃在万分愁闷之中，竟去学《易经》的《杂卦传》，竟去学《孙子》的《行军篇》，于情于势，总是难以索解。《宋史·欧阳修传》："方是时，杜衍等相继以党议罢去，修慨然上疏曰：'杜衍、韩琦、范仲淹、富弼，天下皆知其有可用之贤，而不闻其有可罢之罪。……正士在朝，群邪所忌，谋臣不用，敌国之福也。今此四人一罢去，而使群邪相贺于内，四夷相贺于外，臣为朝廷惜之！'于是邪党忌修，因其孤甥张氏狱，傅致以罪，左迁知制诰，知滁州。"当此天地晦盲，君子道消，小人道长的时会，只得冷眼静观，除俟剥复。而心中怒火，究难压抑，不由自主地走上玩世不恭的一途。刚刚才四十岁，便自称起"翁"

来了；因为有时以酒自遣，更自称起“醉翁”来了。王若虚曾经说过：“宋人多讥病《醉翁亭记》，此盖以文滑稽。曰，何害为佳，但不可法耳。”这话倒有些分寸，有些见地的。欧阳修在滁州共写过两篇记，一是《丰乐亭记》，一是《醉翁亭记》。前者描绘时和年丰，百姓安乐，归功朝廷的治化。后者叙写作者在滁州的政余生活，徜徉山水，对客举杯，以得失萦怀，无形中突出自己清正骨气的形象。由于这两篇的内容不同，气象异样，因而悬想他执笔时的两种不同的情景：一是正襟危坐写出的；一是解带宽衣写成的。《醉翁亭记》用二十一个“也”字，不是仿效什么人而写出的复制品，而是作者根据自己的遭遇、心情创造出来的，无以名之，姑名之为“谐调”。就是以滑稽玩世的心情，构成诙谐生动的笔墨。人总是要人了解的，心有郁悒，常以倾吐为快。遭逢困厄，难以明言，也要露一鳞一爪，使明眼人一看便知其真意所在。《醉翁亭记》的作者不是也曾用过隐晦手法去吐出一些实情来的么！他说：“醉翁之意不在酒，在乎山水之间也。”又说：“禽鸟知山林之乐，而不知人之乐；人知从太守游而乐，而不知太守之乐其乐也。”尽管扑朔迷离，转折多端，而弦外之音，聪慧者一听就懂，诗有诗魂，文有文心，苟能抓住诗魂，摸着文心，则通篇词气相应，形成个有机体。所用的哪怕本是无意义的字，也能浃肌入理，透出神味来。否则，支解章节，不知求鱼兔，徒晓执筌蹄，结果，白忙一场，了无所得。散文不同于诗歌，不须严格讲究音调，但有时也要作适当的配合，就如《醉翁亭记》通篇用二十一个“也”字，虽谈不上音律、曲响，但令人感到这篇文章是有节拍的，于漫不经意之中，有舒卷自如之趣，役物而不为物所役，别具一种清刚不屈的意象。颊上添毫，传神阿堵，非达一定的火候是不能办到的，《醉翁亭记》之脍炙人口，绝非偶然。凡事必须深入里层，然后才能具有真知灼见，若专从表象比对，则难中肯綮，终属皮相之谈。李涂《文章精义》：“永叔《醉翁亭记》结云：‘太守谓谁？庐陵欧阳修也。’是学《诗·采蘋篇》‘谁其尸之？有齐季女’二句。”更是强作解人了。

《醉翁亭记》有消极颓废的一面，可是绵里藏针，也正是显示高抗的一面，这是文章的微妙境界。设使不明具体情况，贸然学步，把这篇文章的格调任意搬用，难免不有削足适履的现象发生。寿陵余子学步邯郸的故事，最好不要重演。

陆游为韩侂胄撰南园、阅古泉二记无碍晚节辨
——驳斥《宋史》对陆游所作的评论

一

赵宋一代，对于外族入侵，自始至终是抱着逆来顺受的态度，以求和为老成谋国，以主战为矜躁害事，日蹙百里，卒至蹈海而亡，这一惨痛的教训在宋史中并没有得到应有的体认。主战、主和是当时人物邪正的分水岭，而宋史多昧于斯义，左袒主和派，而对主战派则百端歧视，吹毛求疵，他们对于陆游所作出的评论便是这一谬误观点的具体反映。

《宋史·陆游传》："晚年再出，为韩侂胄撰《南园》《阅古泉记》，见讥清议。朱熹尝言：'其能太高，迹太近，恐为有力者所牵挽，不得全其晚节。'盖有知见之明焉。"篇末又说："陆游学广而望隆，晚为韩侂胄著堂记，君子惜之，抑《春秋》责贤者备也。"陆游是一位才气纵横而富有血性的人，生当南宋偏安之世，痛国土残破，志切匡复，慷慨之什，充满集中，世称他为爱国诗人，可谓当之无愧，他也曾以笔墨供职阁院，立朝正色，志节无亏，足与天下相见。晚年所作的《南园记》和《阅古泉记》，对韩侂胄有期勉之意，并无阿谀之辞，硬说白璧有瑕，真不知语从何起！《宋史》流布，到现在已有六百年，钦佩陆氏，代不乏人，而为他辩诬除谤的竟不多见，是不是修《宋史》的人把韩侂胄已列入奸臣传，吓得大家就不敢讲话呢？

宋王朝有三百年以上的历史，但对外一直是低着头过日子，始困于辽，中制于金，终灭于元。输币贬号，仍不得免，难道甘受屈辱、甘趋灭亡吗？不，是有其历史根源的。李唐骄蹇，向外拓地，结果引起了国内的藩镇之祸。五代更嬗，仍是唐代藩镇的继续。赵匡胤本是后周的部点检，忽然黄袍加身，做起宋太祖来了，这是唐末以来的老戏法。赵匡胤即位以后，一下子来个杯酒释兵权。这一措施从当日的形势讲，确也有此必要。但顾了这一边，却忘了那一边——忽视了国防，结果只有对外低头了。在宋室重文轻武的

政策下，防止将帅跋扈，是有过分敏感的；外族入侵，主战的人易于受到疑忌，这也是很可理解的。就南宋而论，力主抗金的，前有岳飞，后有韩侂胄（中间还有张俊），他们（岳与韩）在历史上的评价尽管尚有轩轾，而因抗金遭到杀身之祸则是相同的。前人有吊岳诗："宰相若逢韩侂胄，将军早作郭汾阳。"这虽是想象之词，但也可以看出他们意趣是相同的。徒以韩侂胄在当日与道学派政见不合，元修宋史，执笔的便是道学中人，于是韩侂胄就列入了奸臣传。韩侂胄毅然抗金，陆游委实是支持他的，《南园记》《阅古泉记》，本来皆是属于闲适性的文章，然其中也有期勉经武的意思。若以此便论定陆游是晚节有亏，那简直就叫"爱国有罪"。

与陆游同时尚有辛弃疾，以爱国词人著称。《稼轩集》有《清平乐》寿韩侂胄，词里有这样几句："如今塞北，传到真消息。赤地居民无一粒，更单于争立。维师尚父鹰扬，熊罴百万堂堂。看取黄金假钺，归来异姓真王。"词里讲金遭荒歉，其统治者内部又闹分裂，正是进兵的时候。放翁、稼轩皆志切匡复，他们皆想通过有力者来达到目的。我们应不应把稼轩这首词孤立起来看，说他谄媚权贵而丧失人格呢？

对于一个人的评价，看似小事，看似简单，但往往能借此反映出许多方面的问题。一室千灯，光光交映。我写本文，想先来做好下面三项工作：

（1）揭发《宋史》持论不公；

（2）指责道学诸人好立门户；

（3）说明韩侂胄的为人，瑕瑜互见，并非一无是处。

这三件事与论定放翁有着密切的关系，如能把这些搞得清楚，则放翁的评价问题也就迎刃而解了。因此，连带讨论这三件事，那就不等于是题外之文了。

二

元人修辽、金、宋三史，《金史》比较完善；宋、辽二史则取办仓猝，《辽史》病在疏略，《宋史》病在繁冗；而是非欠公，褒贬失当，《宋史》尤为显著。《四库提要》批评它说："其书仅一代之史，而卷页几盈五百，检校既已难解；又大旨以表彰道学为宗，余事皆不甚措意，故舛谬不能胜数。"这种评语是符合事实的。《宋史》所以为道学张目，我更以为有下列两点原因。

宋代理学家都是高语性天，对于当前实务，概以鄙俗视之，不屑过问。他们平日惯爱讲论的：什么正心啦，修身啦，安命啦，忠君啦，这些都有便于临民的野心家。元以蒙族入主中夏，对于这样可供利用的东西如何肯放松呢，很快就被采用为控驭术、麻醉剂了。所以理学家赵复一入燕都，元便建“太极书院，立周子祠，以二程、张、杨、游、朱六君子配食。选取遗书八千余卷，请复讲授其中”（见《元史·儒林传》）。更作“传道图”“师友图”以阐明道学的统绪，引导学者齐向这条路上走来，一入牢笼，则大元的皇图便可巩固。这是用学统来拱召政统的办法。一般被御用的词翰之臣，奉修正史，自当一秉宸谟了。这是《宋史》所以为道学张目的第一原因。

《宋史》作者虽标明托克托（或称脱脱），这只是大官遥领史职的惯例。考宋史书实出于虞集、欧阳玄诸人之手。虞氏习程朱之学，虞集的曾祖刚简在宋朝曾做过利州路的提刑，同魏了翁、李心传讲心性之学于成都。虞集的父亲汲与吴澄为友。澄以尊德性为主，而以道问学为辅，其学盖在朱、陆之间。集幼承母教，母杨是理学家杨栋的侄女。在室已尽通其说。集长，更从吴澄游。综集所学，自己家里和外家所传，乃至得之于师者，皆不出于道学的范围。欧阳玄也是治理学的，《元史》本传：“弱冠，下帷数年，人莫见其面，经史百家靡不研究，伊洛诸儒……尤为淹贯。……诏修辽金宋三史，召为总裁官，发凡举例，俾论撰者有所据依。史官中有悻悻露才论议不公者，玄不以口舌争，俟其呈稿，援笔窜定之，统系自正。”虞集、欧阳玄皆是《宋史》的主要执笔人，他们都浸沉理学、偏袒宋代道学诸人。《宋史》凡例既出于玄，史官之“论议不公者”，他复加窜定，使统系以归于正。所谓统系，是不是指理学家的“道统”说的呢？所谓论议不公，是不是有个别史官不揣圣意，很老实地斥责了道学派中人的过误呢？这是《宋史》所以为道学张目的第二个原因。

须知史官的注记，有似刑庭的判词，曲直荣辱，系于笔端。若好恶随心，任意扬抑，那就成为秽史。元修《宋史》，主政的人既怀着权术，秉笔的人又存着私心，于是庄严正大的一代史籍，竟变成了装点道学一家门面的专书。范尉宗的《后汉书》，于儒林传外，别立文苑传，不少人还有意见；而《宋史》则于儒林、文苑之外，更立“道学传”，特示钦崇，是否有这必要呢？道学诸人惯喜大吹大擂替自家捧场，如南宫靖一说：宋之南渡，为道学之功；宋之不能恢复，为伪学之禁（见《小学史断》）。曲说自文，徒增人们的厌恶而已。他们既把好事尽归诸已，坏事势不得不强加于道学对立的人，韩侂胄于是就被列入奸臣传了。根据他们的逻辑，韩侂胄既然是奸臣，替韩侂胄撰《南园记》《阅古泉记》的陆游，名节不保，那就毋庸再问。而且，如果不这样来论定，怎会证明理学大师朱晦庵"能有知人之明"呢！执笔的人也自知是深文，乃不得不赘上"《春秋》责贤者备也"一语，希望能见谅于人。其实，这正是自露马脚的地方。

三

宋人讲学，妄逞心说，不求物证，而又坚执己见，喜立门户，这是极其害事的。至于末流，不独空疏不学，言行也不能相顾，遭受指责，岂是毫无缘由？说者谓攻击道学起于庆元，韩侂胄是作俑者。按诸史实，并不如此，早在淳熙十年，吏部尚书郑丙就上疏说："近世士大夫有所谓道者，欺世盗名，不宜信用。"监察御使陈贾也讲："近世士大夫有所谓道学者，其说以慎独为能，以践履为高，以正心诚意、克己复礼为事，若此之类，皆学者所共学也，而其徒乃谓已独得之。夷考其所为，则大不然，不几于假其名以济共伪者耶？臣愿陛下明诏中外，痛革此习。"这不是早经有人在否定他们么？淳熙之后有绍熙，绍熙之后才是庆元，怎么说攻击道学是从韩侂胄开端的呢？

伪学之禁，是庆元二年八月的事；弛伪学之禁，是嘉泰二年二月里的事，皆在韩侂胄主政的时期。禁伪学的时间，实足算起来，只有五年半。当庆元五年，中书舍人范仲艺（《宋史》作张仲艺，误）劝韩侂胄对道学诸人宜从宽处理，侂胄说："诸公（指道学派）见迫，不容但已，吾岂好为之哉！"可见韩侂胄与道学派的冲突，是由道学派好立门户所酿成的。

国家受制外人，已是奄奄一息，而道学诸人还在那里大发谬论：见人理财，便斥为聚敛；见人练兵，便指为兴戎。他们既有这样不正确的观点，评论人的功罪，也就与众不同。岳飞，大家公认是民族英雄；秦桧，举世斥为狗彘不食的奸贼。然而朱晦庵竟薄飞而予桧，清人颜元曾加指责：

> 观《朱子语录》，见其于岳忠武也，虽从天下之公好称之，有隐忌焉，曰"岳飞诛"……曰"岳飞只是乱杀"；于秦桧也，虽从天下之公恶而贬之，有隐予焉，曰"秦老"，曰"士夫之小人"，何也？（《颜氏学记》卷三）

又说：

> 观《朱子语类》，秦桧爱与理学交，自谓“敬以直内，终日受用”，则当日理学之为小人假者固多矣。

秦桧虽非道学派中的人，他们却是沆瀣一气，流品之杂，不难想见。韩侂胄力图恢复失地，而道学诸人偏要说他是“开边启衅”，“开边”与“复地”涵义迥殊，开边属于侵略行为，复地属于反侵略的正义举动，哪容混为一谈！在外交政策上，他们的认识同秦桧可算没有两样。宋孝宗赵昚曾想湔洗国耻，晦庵上封事，首讲诚意正心，次乃言修攘之计，终谓“俟数年之后，国富兵强，徐起而图之”。欲行先却，实际上只是倡导不抵抗罢了。

放翁是不愿两派闹意见的，他与朱晦庵也有交往。但在外交上，则绝对支持韩侂胄的抗金政策。对那些采用忍让的人所唱出的低调，则深恶痛绝，掩耳而不欲闻。

四

韩侂胄是韩琦的曾孙，他父亲韩诚，是宋神宗赵顼的外孙，他的母亲是宋高宗赵构的吴后的妹妹，他的妻子是吴后的侄女；宋宁宗赵扩的韩后，又是他的同族。出于阀阅外戚之家，时而流于纵恣；又因赵扩之立，他有定策功，更不免有些好弄权威。他身上所存在的缺点，无疑是很多的。然而他不甘屈辱，坚决抗金，要保持国家的领土主权的完整，这点是应予肯定的。当时民族矛盾是主要的，要解决这主要矛盾，只有抵抗；凡是倡导和议的，不论他的动机如何，实际上皆是断送国家命运的。是非邪正，这便是一道鸿沟。

至于韩侂胄对于军事筹划得不够周备，这点毋庸讳言，不过其中也有是限于客观条件的。在主观方面，他是做过了一些：嘉泰四年，追封岳飞为鄂王；开禧二年，削秦桧王爵（桧在高宗朝，初封建康郡王，卒后赠申王），改谥谬丑（初谥忠献），用来风厉将领，激发士气。又令各军详度纯队法，并荐举将才。这些措施是十分正确的。及讨金令下，陈孝庆复泗州，又复虹县；许进复新息县；孙成复褒信县；田琳复寿春府。一时捷报频传。后遭顿挫，最大的关键是蜀口守将吴曦附金。论者谓吴曦附金，由于韩侂胄没有知人之明。这样说法是完全不明了当日川陕的形势。吴氏帅蜀，到了吴曦已有三代。他的伯祖玠、祖璘以及父挺，皆屡挫金师，威震邻国。玠、璘皆封王，挺开府仪同三司。西士言兵，必称吴氏。侂胄因势利导，岂可厚非！所幸安内，李好义、杨巨源等激于义愤，不久便诛了吴曦，把失去的西和、成、阶、凤诸州都收复过来。至于江淮之间，则有退有进，毕再遇不过是偏裨，到盱眙而盱眙收复，到淮阴而虏营摧毁，到六合而城守，到楚州而围解。惜乎将领未能尽如再遇耳。侂胄又曾输家赀二十万以助军用，他的钱也许原来是民脂民膏，但既经到手，还肯拿出来以济国家之急，从那个时代说，还是比较值得称许的。金人这时也内外多故，外强中干。布萨揆、穆延斯图赉及崇浩，皆是金国的宿将，一时相继殒殁。临阵易帅，乃兵家大忌，而宋竟不知乘时猛攻，略经小挫，便举朝惶惶，不惜杀韩侂胄以媚敌，使王柟函首求和。当时有题门者：

自古和戎有大权，未闻函首可安边。生灵肝脑空涂地，祖父冤仇共戴天。晁错已诛终叛汉，于期一人竟亡[一]燕。庙堂自谓万全策，却恐防胡未必然！

又云：

岁币顿增三百万，和戎又送一于期。无人说与王柟道，莫遣当年寇准知！

一时国内的公论如此。金人接到韩侂胄的头，加以礼葬，谥为“忠缪侯”。后来曾叫人引宋使到他的坟墓上去看，并加解释说：“此人忠于谋国，缪（通谬）于谋身。”这又代表了国外的公论。前有岳飞的冤狱，后有韩侂胄的头颅北传，民族的自信心大受影响。其后蒙势南侵，宋室君臣只有蹈海而死，历来亡国没有像这样悲惨的。后果根于前因，恐怕也叫“自作自受”了。颜习斋的《宋史评》说得最为痛切：

韩平原毅然下诏伐金，可谓为祖宗雪耻地下者矣。仗义复仇，虽败尤荣者矣。乃宋人必欲诛之以畀金也，尚有人心哉！……金主见平原首，率群臣哭祭礼葬。……则金非恶平原，而深笑宋室也可知矣。《宋史》乃入之《奸臣传》，徒以贬道学曰为伪学，犯文人之深忌耳。宋儒之学，平心论之，支离章句，沉痼释、老，而自居于直接孔、孟，欲人不贬之得乎！……而遂深疾之也。至于指数其奸，除贬伪学外，实无左验。徒曰姬媵盛，左右献媚而已。郭汾阳尤穷奢极欲，张曲江犹喜软美，而责平原以圣贤乎！且此等亦未必非珥笔文人媒蘖之也。

习斋，清人，去古已远，请更征诸宋人的笔录。周密《齐东野语》有《诛韩本末》一篇，切责时人捉风捕影，末述侂胄身后被诬说：

身陨之后，众恶归焉，然其间是非，亦未尽然。若《杂记》所载，赵师䍐犬吠，乃郑斗所造以报挞武学生之愤。至如许及之屈膝，费士寅狗窦，亦皆不得志抱私仇者撰造丑诋，所谓僭逆之类，悉无其实。李心传蜀人，去天万里，轻信纪载，疏舛固宜。而一朝信史，乃不择是否而尽取之，何哉？当泰、禧间，大父为棘卿，外大父为兵侍，直禁林，皆得之耳目所接，俱有家乘、日录可信。用直书之，以告后之秉史笔者。

周氏，宋人，他的祖父及外祖父皆侧身朝列，于韩事为亲见，比较传闻要真实得多了。《宋史》写韩传多据李心传的《建炎以来朝野杂记》。心传籍井研，记中于蜀人常加回护，而鄙薄东南之士（见《宋史》本传）。《宋史》虽把他列在儒林传，其实，他与魏了翁在成都大讲心性之学，也是道学派的人，对韩侂胄怎能不加歪曲呢？《四库提要》评李《记》说："掇拾群言，失真者固不免。"足证周氏所驳正是确当的。周氏更有《南园香山》一文：

事有一时传讹，而人竟信之者，阅古之败，众恶皆归焉。然其间率多浮诞之语，抑有乘时以丑名恶声，以诋平日所不乐以甘心者，如犬吠村庄等事是也。姑以《四朝闻见录》所载一事言之，谓蜀帅献沉香山，高五丈，立之南园陵风阁下。今庆乐园，即昔之南园也。所谓香山，尚巍然立于阁前，乃枯桥耳，初非沉香也。推此以往，人言未可尽信也如此。余尝戏赋绝句云："旧事凄凉尚可寻，断碑闲卧草深深。凌风阁下槎牙树，当日人疑是水沉。"（《齐东野语》卷五）

这是作者得之于目验的，可算是千真万确。《四朝闻见录》的作者叶绍翁，同真德秀交游，他们都是学宗朱子的，对韩侂胄会有好话说么？习斋谓"珥笔文人媒蘖人短"，可谓一语中的。韩诬既明，则《宋史》说陆放翁晚节有亏的话，那就根本失掉依据。

五

《南园记》和《阅古泉记》，两文俱收于《放翁逸稿》中，《阅古泉记》编列于前，称侂胄为太师，这篇作于嘉泰三年四月，时游居史院。《南园记》则写作年月未详，称侂胄为少师，时游居山阴故里，盖在第一次致仕以后（游两度致仕）。考《宁宗本记》：庆元五年九月加侂胄少师，封平原郡王；嘉泰二年十二月，加太师（本列传在三年）。《南园记》的写作时期，当在庆元六年、嘉泰二年之间（1200—1202），实比《阅古泉记》之作为先。两文除叙园、泉的位置和景色外，主要是在颂扬忠献王韩琦的功业，用以规勉韩侂胄，叫他绳其祖武。现在把两文分论为次：

《南园记》前叙得园的经过和园里的结构；中由园林的兴废说到韩氏家运的绵长，兼致期勉之意；末讲韩侂胄来信请他作记，以及他的一些体会。首尾两段似乎没有讨论的必要。中段赞叹韩氏之盛，是不是有溢美之处呢？我说，没有。

韩琦的事功，在当日已被肯定，一直到目前还没有人提出相反的意见。这段文章完全着根于韩琦，谈到韩侂胄，不过轻轻一点而已。至于再推论到韩侂胄以后，那更是属于虚笔，如不把两个“将”字看滑，便自然会理解的。

说韩氏子孙功业相继，这是事实。韩琦有五个儿子：忠彦、端彦、纯彦、粹彦和嘉彦，都有政声。忠彦曾登相位，子“治”做过太仆少卿，出知相州：后来儿子肖胄又替代他的职位。嘉彦尚宋神宗赵顼的女儿齐国公主，拜附马都尉，终瀛海军承宣使，这便是侂胄的祖父。侂胄的父亲韩诚，宦阁门使，谥忠定。其余不再繁叙了。

说韩侂胄“勤劳王家，勋在社稷，复如忠献之盛”。这主要是指“定策”讲的。宋仁宗赵祯，宋英宗赵曙，这两代是储，韩琦曾参预的。宋宁宗赵扩得立，韩侂胄是参预的。嘉泰元年十月，曾把侂胄定策的事迹宣付史馆。放翁怎能抹煞这一事实呢？定策算不算是功勋，在后人看来也许认为没甚要紧，可是，在当时则认为是天大的事情。论事要根据历史阶段的实际情况，若完全用我们今天的眼光去衡量，则得出来的结论，那就难保没有偏差。

说韩侂胄“谦恭抑畏”，这倒有些令人刺目，因为一般讲，韩侂胄是犯骄矜的毛病的。但史书上又说他延揽知名之上（见毕沅《续资治通鉴》卷一五六）；元代白珽的《湛渊静语》也说他礼接陈说的情形（标题为“叶水心”），则放翁所言又似未尝无据。我于此还有另一种体会：“谦恭抑畏”下，紧接便是“拳拳志忠献之志”，这似有深意寓于其中，《宋史·韩琦传》说琦“天资朴忠，折节下士，无贵贱，礼之如一。尤以奖拔人才为急，倘公论所与，虽意所不悦，亦收用之，故得人为多”。放翁的话是否是针对了韩侂胄的缺点而加以规讽呢？值得仔细玩味！

《阅古泉记》一文里有两点是值得谈的：(一)泉名是袭用韩琦的堂名。考《韩魏公集》卷一有《定州阅古堂记》一文，定州当现在河北省曲阳深泽一带，从北宋的版图看，是邻近边疆的地方，韩琦曾在那里坐镇过。《阅古堂记》里有这样几句话："会郡圃有坏亭，岁久不葺，于是广之为堂。既成，乃摭前代良守将之事实，可载诸图而为人法者，凡六十条，绘于堂之左右壁，而以阅古为堂名。"在放翁文中郑重地把泉名同堂名联系起来，并且说"泉可谓荣矣"，是不是暗示韩侂胄以经武守边的意思呢？(二)放翁讲自己"起于告老之后，视道士为有愧，其视泉尤有愧也"。这是什么心情？是很难作出确切的解释的。据我的推测：他伏处山林，仍是系心国事；到了朝廷，看外交一时还没有开展之象(对金用兵是开禧二年的事，离写《阅古泉记》尚有两年)，他不免有仕宦隐沦两不是之感了。他写这篇文章已是七十九岁了，一生所怀着收复失地的愿望，及身不能看到实现，真有些发急了，弦外之音，有待于解人来玩索。一般说，韩侂胄这次伐金，由于时间迫促，准备得很嫌不够，但从放翁说来，很早就急不可耐了，一面显出他虽老还带有几分稚气，一面也显出他有高度的爱国热忱，他对抵抗外来的侵略，自少至老，都是发的最强音。末了要表明自己早晚就要复归故山，显示自身的孤介，侂胄既不能以富贵傲放翁，放翁也未尝以侂胄富贵而有所阿谀，其言凛然，可以复按。

《南园记》和《阅古泉记》，《渭南文集》均未收录，据陆遹(放翁幼子)《渭南文集跋》，文集系嘉定十三年锓梓，虽然他声明说："凡命名及次第之者，皆出遗意。"但自开禧三年(1207)韩侂胄因为主战遇害后，政权便落到投降派史弥远的手中，史独相二十多年之久。嘉定十三年(1220)，还是投降派势盛之日，陆遹在刊行乃父文集时，怎能撄其凶锋，只得忍痛割爱了。今两文存《放翁逸稿》中，《逸稿》为毛晋所补辑。《四库提要》谓《渭南文集》中"不载此二记，惟叶绍翁《四朝闻见录》有其全文，晋为收入《逸稿》，盖非游之本志；然足见愧词曲笔，虽自刊除，而流传记载，于求其泯灭而不得者，是亦足以戒矣"。这不免以小人之心，度君子之腹了。《四库提要》在评刘克庄《后村集》云："谀词谄语，连章累牍，蹈雄邕之覆辙而不自觉。今检是集……较陆游《南园》二记犹存规戒之旨者，抑又甚焉。"四库执笔人对陆虽加曲解，但也不能否认二记"犹存规戒之旨"，可见这两篇文章是无损于放翁的清白的，而四库前后之矛盾其词不是很显然的么！放翁同韩侂胄是在抵御外侮收复失地这一基础上合作起来的。一般人竟不能理解，不独清人如此，就像元人刘埙的《隐居通义》里也记了一些无根之言，他说放翁本以肥遁自甘，晚年出山，完全是为了儿辈仕宦的关系。“一曰，有妾抱其子来前曰：‘独不为小官人地耶？’乃降从侂胄游。”按放翁幼子遹生于淳熙五年（1178），游作《南园记》时，遹年已逾冠，安有妾抱子前来之事，这一故事显然是出于虚构。

有人说：“南园筑城，韩侂胄曾嘱杨万里作记，万里回道：‘官可弃，记不可作。’可见杨万里的品格高于陆游。”我对杨诚斋没有意见，不过品评人物的高下，也不是这样简单的。诚斋固然清刚，放翁自也有他的伟大。如果从国家民族的角度来看问题，放翁也许要比诚斋站得高一点。放翁生平第一意念是为国家收复失地，为要达到这一目的，凡是可以团结的人，他都愿意加以团结。韩侂胄昌言恢复，放翁则认为不应太自狷介，是可以同他接近的，这不等于就承认韩侂胄的行事一无缺点。他的主要意思：大家团结起来同报国仇，私人嫌怨不应横梗胸中，他的《送辛幼安殿撰造朝》一诗里最能透露此义：

> 稼轩落笔凌鲍谢，退避声名称学稼。十年高卧不出门，参透南宗牧牛话。功名固是券内事，且葺园庐了婚嫁。千篇昌谷诗满囊，万卷邺侯书插架。忽然起冠东诸侯，黄旗皂纛从天下。圣朝仄席意未快，尺一东来烦促驾。大材小用古所叹，管仲萧何实流亚。天山挂旆或少须，先挽银河洗嵩华。中原麟凤争自奋，残虏犬羊何足吓。但令小试出绪余，青史英豪可雄跨。古来立事戒轻发，往往谗夫出乘罅。深仇积愤在逆胡，不用追思灞亭夜。（《剑南诗稿》卷五七）

辛弃疾同赵汝愚、朱熹素称友善，赵朱是韩侂胄的政敌，因此，辛弃疾屡次被言官弹劾，从绍熙五年到庆元二年，在这二年中，就把辛弃疾所挂着的虚衔集英殿修撰降为秘阁修撰，后来连一个“主管建宁府武夷山冲佑观”的空洞职名也削去了。嘉泰三年，起知绍兴府，兼浙东安抚使；明年，召见，临上京时，放翁就送了他这一首诗。放翁慨叹他是大材小用，希望他有机会去赶走金人。最要紧的，是劝他勿念旧恶，应该合力御侮，收复失地。万不可效法李广，奉令抵御匈奴，而先来对付灞陵尉的故事：从“深仇积愤在逆胡，不用追思灞亭夜”两句看，我们可以认为放翁是站在国家、民族的方面去考虑问题的，只要同为国家、民族效忠，一切可以容忍，私仇能够化除，更不必去吹求细故，因为不这样做，是会使内部力量抵消，是会给抗金带来损失的。这样高度的认识和恢弘的德量，恐怕在南宋还是第一人呢！他为韩侂胄做的《南园记》和《阅古泉记》，除勉励韩侂胄绳其祖武、捍御外侮，借以致其爱国的忠诚外，绝没有丝毫的阿谀攀附的意思，既清既白，何嫌何疑！而拘虚无识之徒，坚持门户之见，竟然借史笔以报私怨，深文周内，硬说放翁晚节有亏。我只有借韩昌黎两句诗来结束全文："蚍蜉撼大树，可笑不自量！"

【校记】

［一］一人竟亡，《齐东野语》作"未遗尚存"。

王勃作《滕王阁序》之年

《太平广记》谓王勃年十三作《滕王阁序》;《唐摭言》则谓在十四岁。两说均不可信。

序文云:“天高地迥,觉宇宙之无穷;兴尽悲来,识盈虚之有数。”此为阅历深透之言,勃虽天资高妙,然十三四岁亦不当有此语。又如:“屈贾谊于长沙,非无圣主;窜梁鸿于海曲,岂乏明时。”一面发泄官场失意之牢骚,一面又赞颂时君之圣明,又岂未涉仕途者所能道?据《新唐书·文艺传》,勃曾拜朝散郎,任沛王府修撰,补虢州参军,饱尝宦海升沉之味,故能有斯痛切之言。

勃作此序,当为二十三岁事。各家注本,谓咸淳二年洪州牧阎伯屿宴宾僚于滕王阁。按咸淳乃宋度宗年号,“淳”当为“亨”字之误,咸亨为高宗年号。杨炯《王子安集序》,谓勃殁于上元三年八月,春秋二十有八。炯与勃交往,闻见亲切,当属可信。上元三年为公元 676 年,咸亨二年为公元 671 年,以卒年二十八推算,咸亨二年,勃正二十三岁,即作《滕王阁序》之年也。

史可法《复多尔衮书》的作者问题

清摄政王多尔衮致明东阁大学士兵部尚书史可法书和史可法复多尔衮书，这两封信可谓针锋相对，也都一直为后所传诵。

多尔衮致史可法书，相传是范文程的手笔，而《啸亭杂录》则谓出于李雯，就情势而言，多尔衮乘明廷多事，以其精锐之师，长驱直入，势盛力强，书辞可以随心而发。而史可法处境艰危，复书以示不屈，措辞则须绵里藏针，于委宛之中，显刚劲之气，非有高度的文学修养是难于表达的。所以，复书在艺术上的成就，远在多尔衮的信之上。

史可法当日开府扬州，宾僚称盛，于军政旁午之际，复书未必为其亲笔。因此，这一复书究出谁手，历来传说纷纭，据我所知，有六种不同的说法。

一说出于王之桢。之桢字筠长，盐城人，有《青岩文集》。《盐城县志》称："史可法开府扬州，之桢诣军前陈十策，遂辟置幕中，掌机宜文字，军书羽檄，多出其手。"盐城故志相传，作复多尔衮书。

一说出于王纲。纲字乾维，乐平人，与彭士望后先参扬幕。士望，南昌人，与纲又同隶赣籍。士望著有《耻躬堂集》，中有关于王纲草拟复书的记载。

一说出于何亮工。亮工，桐城人，少有逸才，是宰相何如宠的孙子。见计六奇《明季南略》。

一说出于黄曰芳。曰芳，沔阳人，崇祯十三年进士，为人果于自信，既拟答书，史可法加以删改，曰芳乃自刻其原草。见谈迁《枣林杂俎》。

一说出于侯方域。方域在福王时，为阮大铖所拘，走依高杰。吴伟业诗"高家兵马在扬州"，高部固在史可法统驭之下，侯参扬幕，自有可能。

一说出于欧阳五敕和强惟良。五敕，新建人；惟良，江都人，皆练达世情，而又笔锋犀利，一初拟，一足成。见《借庵偶笔》一书。

我以为，六说都可信，但都不全面。当日南明军权，绝大部分集中在史可法手里。可法对清，为迎为拒，直接影响大局，取舍从违，完全靠这封回信来表示，因此，这封信的关系是非常重大的，拟稿时是万分审慎的。扬幕既人才济济，对这紧要任务，史可法不会委付于一人的。我想，他是召请群彦商量，期收集思广益之效，计议已定，推一人起草，再由大家推敲、润色，最后，由史可法核阅，作为定稿。上面所谈的七个人，当然是其中的主要参预者。

刘师培之死

刘师培，字申叔，江苏仪征人。刘氏累世传经，力之所注，尤在《左氏》。刘文淇辑《左传旧疏考证》，遍搜贾、服、郑三家注以及近儒补注，而以己意疏通证明，实视杜征南、孔仲达所著为胜。惜未尽稿而殁，子毓崧，孙寿曾，卒踵成之。寿曾弟贵曾，亦以家学有声东西，师培父也。师培颖悟过人，弱冠即知名，先后讲学两江优级师范学堂、四川国学院及北京大学。著有《春秋左氏传例略》《佚礼考》《庄子校义》及《老子》《荀子》《吕氏春秋》《贾子新书》《春秋繁露》诸书斠补。

师培专心述作，而与世情疏隔，易受欺罔。妻何才而悍，更为所制。袁世凯以大总统谋称帝，欲收士论，组筹安会，师培名厕其中，草《君政复古论》以劝进，世以扬雄《剧秦美新》目之。向传世凯使人先以重金馈何，师培缘是不得脱矣。

师培体素羸，然亦无显症，一九一九年十一月二十日暴卒，年三十六。师培亡，何忽癫，事乃不可究诘。侄张侯赴燕迎柩，邻人谓之曰："刘先生殓前，面紫，口鼻犹出血，其饮壶中有红果果，人莫知名。"又谓："有号叔雅其人者，常来问学，而与何特密。遗稿大半落斯人手。"张侯，寿曾之孙，师苍之子，江都胡季洪之姑丈也。师培死状，愚亲闻于季洪云。

张謇拟传

张謇，字季直，江苏南通人。少励学，夜倦，以竹夹发卧，反侧牵醒，复读。夏苦蚊扰，纳足瓮中，手批口诵不少辍。年四十二以甲午科一甲第一名及第。时清太后那拉氏虽归政，而专擅犹昔，北洋大臣李鸿章附之。翁同龢，清德宗师也，德宗事无巨细悉咨之，朝分翁、李之党。同龢，謇之座主，每为延誉。謇怀知遇，亦力为谋画。会东事起，鸿章主和议，士皆愤激。謇进曰："鸿章总海陆军权，而甘退缩，天下事尚堪问耶。公今主战，胜固国之福，且可以收人望。若败，咎则鸿章尸之。"同龢然其说。军败，鸿章果褫职。初，謇客庆军统领吴长庆幕，长庆优礼之。壬午，朝鲜有变，长庆度海镇慑，执政李昰应，乱旋平，论者以謇帏幄之功为多焉。长庆居东两载，日本不得逞其欲，而鸿章则削减其众，调屯金州，謇既斥其失计，复时为长庆不平。至是，疏劾鸿章，辞绝峻厉，不计危殆。戊戌，同龢开缺回籍，謇亦浩然南归。同龢殁，謇于黄泥筑虞楼，以同龢墓在常熟虞山，隔江遥瞩，临风涓涕，至老犹然，其重气谊尚节概多类此。謇起自寒素，生民服用，闾阎疾苦，夙所婴心。当其居京师也，一日，风雨大作，适那拉氏回銮，大臣匍匐泥淖中，莫敢仰视，而謇叹曰，此其志士所宜为耶？由是宦情弥淡，归以兴实业为己任。南通故产棉，日人贱得之，成布乃高价售我，謇慨然曰："此沥血以肥虎也，虎愈壮，其噬人愈猛，安可坐视之乎？"乃筹办纱厂，奔走宁、汉、沪、杭，敦劝公私集股，人以侪于贾竖嘲之，不顾，资斧尽，则鬻字，擘画四载，方具端绪，中国之有纱厂，自此始。海门而北，至于阜宁，滩堧衍阔，斥卤不宜稻麦，謇筑堤捍潮，辟以植棉，土人纷起效之。昔之黄茆白苇，人烟稀绝者，今则雪絮盈枝，成邑成聚矣。更设曲油丝铁诸厂及轮船公司，凡所以裕民生、利交通，思之所及、力之能举者，无不办。于是海内言实业者，咸以謇为宗师。謇既饶裕，更致力教育慈善诸端。光绪二十九年春，南通成立师范学堂，为举国先。医农纺织诸专校，亦次第兴设。而博物苑、气象台、公园、图书馆，及残废院、养老院，亦后先告成，凡文明国家地方所应有者，南通殆无不备。謇自少喜读潘季驯、靳辅诸家书，钻研水利之学。又创河海工程学校，造士以事实测。

尝倡疏江导淮，并有开串场大运河之议。其说自南通之吕四，北经东台、盐城、阜宁，以止于涟水之陈家港。东台角斜以南，旧有河，惟角斜以北，须施工，堤建省道，水利交通两得。隐与中山先生实业计划中主辟之新运河合，世多服其先见。謇以水利兴，而后耕织有所有赖，由是工商起，教学立，富强有序，不容或紊。经画平实，一洗书生迂浮之习。辛亥，义旗举，各方集附。清廷惶惧无所措，广征朝野意见，謇复电曰："自武汉事起，即持非从政治根本改革不能救乱之议。民主共和，最宜于土地寥廓、种族不一、风俗各殊之国家。今共和主义号召，甫及一月，而全国风靡，征之人心，尤为沛然莫遏。今为满计，为汉计，为蒙、藏、回计，无不以归纳共和为福利，惟北方少数官吏，恋一身之私计，忘全国之大危，尚保持君主立宪耳。窃谓宜此时顺天人之归，谢帝王之位，俯从群愿，许认共和，为中国开亿万年进化之新基，为祖宗留二百载不刊之遗爱，荣誉之美，何让尧舜。"謇电既出，顽庸诋为悖逆。謇曰："吾为中国公民，非清室之私臣，且计事常见其人，小忠小信，非夫也。"中山先生正位南都，以謇长实业部。时军旅征调频数，而饷糈匮竭，有拟以汉冶萍铁矿质日商，资权济者。謇持不可，继则拂衣去。中山先生谅其无它，且嘉其能直言，温谕留之，竟不得。二年，长工商、农林两部，旋兼全国水利局总裁。四年，帝制议起，力谏，不听。请辞，允解部职。袁世凯往与謇同客吴长庆军幕，尝从习制艺，称夫子；追督直隶，称先生；及为元首，称仁兄。至是，以徐世昌、赵尔巽、李经义为四友，锡嵩山图本以宠之。謇归以赠博物苑，语人曰："观此，足以解颐。"自此不复出，后虽任江苏运河督办、吴淞商埠督办，岁月至焉而已。謇少尝叩古文法于张裕钊，五四以还，新文学风行宇内，謇子孝若喜为之。朝鲜进士金泽荣见而造曰："父为状元，儿习俚语，如公家门何！"謇应曰："事理通，文理通；文言好，白话亦好，否则均无是处。"识者许为之言。孝若之生，謇年四十有六，老而期功名愈切。十年，江苏第三届议会选举，时孝若年二十四，意在得议长，拥者流品复不齐，益不厌人意，群起责让，及于謇身，謇闻而大愤，始禁孝若不使出。十三年，齐燮元、卢永祥交哄，时北方军人分直、皖二系，竞谋拓地。燮元为苏督，党直；永祥为浙督，党皖。上海隶苏，而护军使何丰林附浙，燮元不能忍，战衅既启，青浦、嘉定、太仓诸县靡烂不可问。苏为清议渊薮，佩虎符者亦不能无畏忌，而燮元敢冒不韪者，说者谓燮元尝使人示意謇，设复淞沪则畀孝若以显位，然亦无确据也。謇早岁刻励，晚而轶荡，军、剑、狼、黄泥、马鞍诸山，雄峙江上，一丘一壑,都出意匠,亭台池榭,各尽其胜。暑甚,向晓放舟,邀客共弈,伶工乘别舫,一局终,则歌声作。午憩山馆,为文酒之会。晚归,夕阳箫鼓,两岸童叟聚观,殆如神仙中人。吴县妇人余沈寿,以工绣名于世,謇创绣工传习所,延之为长,形迹之亲,有逾等伦。謇于其自订年谱记寿事甚详,所厚请芟剪,謇曰,吾不敢望圣贤,但愿作英雄,英雄无事不可对人言者。謇晚虽自放,州里起微词,然国遇大事,人常以其一言为从违,其负时望有如此。十五年八月廿四日卒,年七十四,著有《九录》行于世。

论曰:《白虎通义》云,士者,事也,任事之称也。自科举兴,人以浮文相尚,而莫究实务,士失其义久矣。謇于清季掇巍科,授修撰,世方健羡,而自视欿然,专其力于乡邦,既富之,又教之,礼俗清嘉,蔚为名邑。尝与沈曾植书云,愿成一分一毫有用之事,不愿居八命九命可耻之官,语虽偏宕,然练核有气骨,要非腐朽之儒所敢望也。民国纪元,讫于謇殁,北方政柄,操自武夫,顽横陵敚,罔解恤养,謇虽出,不能有所展布,仍归而治其乡。举国骚攘,而南通生聚教训,晏然独不知兵,微謇其孰致之。然是犹未足尽謇之用也。生平以田畴自况,时值汉末丧乱,入徐无山,营深险平敞之地以居,躬耕养亲,众庶归化。謇之识量,畴非其匹,彼特征其类耳,謇盖一不世出之杰也。至若急其子之用,与细行之不矜,君子不欲苛论焉。

唐大圆先生行述

天之生材同，人之所以自用者或异。审时趋，循俗尚，威临利导，轨范一世之人。即此以成勋业者，盖有之矣。超乎象外，神游诸天，视尘寰之荣辱得丧，如轻烟浮云之过眼，而不足顾睐者，盖亦有之。二者初无轩轾，所谓各适其适也。独有人焉，栖身云泉，寄心寥廓，而又俯念斯民，亟欲以其道振拔之，理境悬殊，心事违绝，终古无以餍其望，乃属可悲耳。乌乎，此武冈唐大圆先生所以郁郁而死欤！先生之殁，迄今三年矣，缅维平生风义，殊难为怀。去年春，其弟咏书自湘入蜀，访余于歌乐山，谓遗稿盈箧，携来陪都，便当送请理董，余旋考古敦煌，经行万里，及归，咏书已返湘矣。先生幼承庭训，年十九，为诸生，科举既废，游学预备科，民国初元，主湖南第一师范学校；二年夏，大病几殆，由是悟人世之幻化，潜心释典，治唯识，修净土，解行并运，精勤逾恒。初先生以诗文名噪乡邑，文法魏晋，诗近谢颜，其视唐宋蔑如也。至是学佛有得，更弘扬大教，海内缁流，时推印光为老宿，有向之叩法者，每曰："看唐居士书当有人。"吾乡有苾刍从先生游，归语余曰："圆公超淡，使吾辈出家人望之生愧。"其为人敬服多类此。武进蒋维乔长东南大学，延授印度哲学，余亦旅食秣陵，与先生同寓杨将军巷，时十四年秋也。一日，先生访欧阳渐归，余意两大师把晤，必有胜义可闻，往叩之。先生意态闲逸，徐徐言曰："吾太痴顽，今日触竞无居士怒。"问何因，曰："伊以《大乘起信论》非马鸣造，余曾撰《起信论解惑》，意与相左。"问其感想，曰："理愈辩而愈明，论难原非昔人所禁。惟儒以变化气质为先，佛以瞋为三毒之一，贤如竞公，而犹未证此耶。"余问："先生当时作何语？"曰："值彼恚愤，余何言乎？意其事过或追悔耳！"其雅量有如此。十八年，讲学武汉大学，不契，高谢待时，而利济之心弥切，时时形于楮墨间，思湔浊世，返之清醇，非仅坐皋比以典章付人也。综其一生，学凡三变，少以文辞自雄，壮而耽于禅悦，晚乃汇儒之仁、释之慈、道之清虚，以此欲拯天下之溺。四方诸侯亦有通简致殷勤者，然陈义高，人难信受，空山寂寂，有道穷之叹。二十四年春，出游京师，余趋谒于中国佛学社，翌晨，同登扫叶楼，论及身世，先生慨然曰："屈志从人，自爱者弗尚，称意而行，势又未许，子谓我何归乎？”凄然相对者久之。蕲春黄侃，时居南雍，邀共讲席，不可。至姑苏，访章太炎、李振源、金天翮暨释印光，欢然留旬日，归即不复出。三十年阴历二月二日卒，年五十又七。有《南岳微言》《唯识易简》《大圆文存》行于世。《庄子内篇诠义》待梓。

《平乐印庐稽古文字》序

日照王献唐先生行清学邃，海内胜流，雅相钦挹。屈指四十年前，同客蜀中，山居絮语，时或有类传经，解疑解惑，旷若发蒙。别后思慕，藉诗简吐积愫而已。迨先生谢世，顿有孤行无依之叹。顷者，国华世兄远道书来，请序先道《平乐印庐稽古文字》。呜乎！安敢以不文辞。

有清嘉、道之际，日照有许瀚印林者，深于训诂，好金石文字，校宋、元、明版书以精审著。龚自珍曾贻以诗云："北方学者君第一，江左所闻君毕闻。土厚水深词气重，烦君他日定吾文。"其为定庵倾倒如此。印林之学，散播其乡，师师相嬗不绝也。先生发轫于斯，而复拓其区宇，终则自立户庭，椎轮大辂，踵事增华，后来固应居上也。

昔戴东原诏其弟子："仆之学，不外以字考经，以经考字。"段懋堂谓："余之注《说文解字》也，盖窃取此二语而已。"（略见陈焕《说文解字注跋》）可见前贤治古文字囿于载籍，书本之外无余事矣。先生既博通典坟，遍颂仓雅，更取证于出土之器物，若甲文，若金文，若陶文，若币文，若印文，乃至封泥，无不广事搜罗，加以抉择，会其同，察其异，一一究其演变之由，通贯有得，取其用宏，所以能成其大也。

《说文解字》上探甲、金之阶梯，隶楷亦滥觞于此，承先启后，断不可废，然未始无疏失，实有待于补正也。兹姑就甲文有裨于许书者言之，据余所知：有正字体之讹者，有纠解说之谬者，亦有补收录之未备者。《说文》见部"㝵"字，许谓"取也，从见从寸"。段以为即古"得"字。按甲文有字，古以贝壳为货币，《汉书・食货志》载贝货有五品，值各不同，拾取贝货，"得"义自明，"见"与"贝"形近，爰以致误。此足正体之讹者也。又如"昔"字，小篆作，许谓"干肉也，从残肉，日以晞之"。按甲文"昔"有、、诸形，曲文俱肖水波。《法言・问道》："洪荒之世，圣人恶之。"字正似大浸稽天，禾稼荡然之象，事在远古，故以况昔日也。所谓残肉云云，显已不能自圆其说。此足纠解说之谬者也。更如许书只有一"商"字，朝名、星名、职业名以及动

词商讨之义，同用一字；而甲文则各有专字，朝名作，星名作，职业名作，商则惟作商讨、商量之用，四字初不相混也。叔重虽早于今千八百年，甲文实未寓目，此足补收录之未备者也。凡此仅就甲文一端而言，他文之足资参证者应亦不少。先生此书涉及符印为多，瑑刻之布局取匀称，笔势之萦纡重生姿，已一一道其故矣。论定时、地、人物，皆凿凿有据，无不怡然当理，卓然成章，可谓张皇幽眇，非仅补苴罅漏已也。

先生尝言：论学有不同见解，常事也，苟平心静气而比勘之，则真伪短长立见。若专己守残，嚣嚣然号于众曰：只此一家，别无分铺。如此，不惟蔽人，亦复自蔽，一手岂能遮尽天下耳目耶？述先生治学途径与心得意，附记其语，俾世之读先生书者知其所参循焉。

一九七九年八月二十一日，后学蒋逸雪谨序于扬州师范学院北舍。

《炎黄氏族文化考》序

近世治甲文而著声称者有四人焉，亦统名曰四堂。四堂者，上虞罗振玉雪堂，一也；海宁王国维观堂，二也；峨嵋郭沫若鼎堂，三也；南阳董作宾彦堂，四也。罗、王继其乡人孙诒让之《契文举例》而有作，咸具开拓之功，世无间言。郭氏杂治，披沙拣金，时亦有获。董氏晚起，亲履殷墟，所见益广，而务为条贯，其《殷历谱》一书，号称合作。一九四四年春，董氏五十初度，乞言于日照王献唐先生，先生酬之以诗："今古星星火一薪，上元调历若为神。已教张史无余艺，更觉平阳有替人。阅世龟书捭旧典，当前蚁酒对新春。与君且话名山业，五十年华自在身。"君子成人之美，盖褒之也。

犹记一九四二年冬，董氏访先生于史馆。翌日，先生语我："今夕，彦堂质疑，君有清兴乎？"余曰："愿厕末座而聆教焉。"董氏首立致辞："甲文所述礼制，与今史籍所载常不相应，乞先生教之！"先生曰："古史缅邈，中经改篡。发明制作者众矣，而多归美于轩辕；兴耕植者众矣，周以后多称后稷。盖弃为周之始祖，黄帝与周同为姬姓也。甲文中所述礼制与后史有出入，君何疑焉！"董氏闻言起立致敬者再，谓"闻所未闻，茅塞顿开"。明日董去，余请于先生："所答真可谓小叩小鸣，大叩大鸣矣。（《礼记·学记》："善待问者如撞钟；叩之以小者则小鸣，叩之以大者则大鸣。待其从容，然后尽其声。"）但先生不应前知董君所问，然有似预构者，何也？"先生莞尔曰："中岁曾草《炎黄氏族文化考》，迄今未暇修订，偶因其问，稍一引发耳。"余知天壤间有《炎黄氏族文化考》一书，盖自此始。

一九八〇年夏，叔子国华世兄受齐鲁书社之托，赍其先人手泽冒暑南来扬州，以校阅之任见委。余既以得读全书为幸，又以衰残学落难于胜任为惧。时手中有别制，实亦无暇及此也。明年，国华复来敦前请，乃摒弃冗杂而专事焉。友人李坦同志，盛年好学，愿为襄助，祁寒酷暑，伏案不辍，荏苒经年，粗具端绪。余入春以来，疾病缠绵，初患发背，继则左肢不仁，药饵是亲，笔墨久废，微李君乌克臻此！

司马子长于二千年前，即致慨于"百家言黄帝，其文不雅驯"（见《史记·

五帝本纪》),已疑古史之未可尽信。但语犹笼统,远不如先生此书之翔实也。十年蜀道,此稿独未置行箧。余尝谓他日梓行,将于古史中另启途轨,别开生面,展拓学者之心胸,创立求实之风气,厥功伟矣。先生曰:“故实犹存,此心未昧,能无言乎?且我纵不言,后人必有言之者,庸足自多乎!”余既服先生之智有出于人,闻斯言更钦其量之不可及也。今综观全书,叹为初凿鸿蒙,清光顿启,事事物物,真相毕呈。炎与黄本为不同之两氏族,东西异置,其主政之时,相去达数百载,竟谓同为少典之子,而以黄帝得道长生为解。畴昔迂诞不经之言,谁复听之!

书中叙炎族子姓迁徙之迹,至为详尽,绳以古音,固无不合,惜引史事说明者不多。先生之意,将俟他日地下有关资料出土,自可印证。如此,则先生之大业,仍将有待后贤之足成,企予望之矣!

一九八二年六月,后学蒋逸雪谨识于扬州师范学院,时年八十有一。

夏君佩白哀辞

余之知有夏佩白君，远在四十年前；识君，则近十五年事也。癸亥，将去淮阴，拜别先师徐公美先生，先生方与客论江苏师范教育。客谓："本省言造士，当以淮、扬两校（案指第五、第六两师范学校）为最。"先生谓："扬校优异，固由得长，而贾剑青、夏佩白二人（君任教务，贾任训导）亦与有力焉。"此余知君之始也。丁亥，耕牧京口菊花山下，君时已长镇江师范学校，猥以讲席见畀，至此识君，并相与共晨夕者达十载。

君治物理，有专著行世（大东书局出版）；而于诗文有特好，传其尊人观澜先生之学。观澜先生擅案牍，游幕四方，有声江汉间。君自幼濡染，所为文，字句精核，脉理密致，老于刑名者欲摘其疵而不可得。省遇大政，士有献替，多推君主稿，一纸流传，万口交誉，夫有所受之也。诗则乏韵致，每与余酬唱，下询短长，余尝笑谓之曰："君诗，申韩也。以申韩为文，仍不失为大家；以之为诗，则少蕴藉，诗与文体势本殊也。"君颔之，终不能易其格。

性方严，与人不稍假，心所然否，辞色无隐。有造蜚语谋中君者，而君之得任益专。说者谓君平日耿介坦荡之效，余则幸君暮齿之得逢明时也。君固果于自信，然遇名德，则肫肫拳拳，致其景慕。初，先师佐理江苏财政，时东台海滩新涨，从财厅领照，即分有其地，人以致富捷径目之，奔竞日众。或嬲君同谒先师，先师谢曰："诸君所图，原非规章所禁，但清流讵容作浊事！亲朋以此来者，吾必峻拒之。成人之美，尝闻其义，背斯敢相从乎？"君屡为我称述此事，深叹先师风操之不可及，其服善有如此。

余与君论事，合者十七八，不合者常十二三，稠人广座，或争持不相下，君不以为忤，转语所亲曰："谔谔者缓急可恃，诺诺者实未足置信也。"余自惭无似，君殆欲诱而进之欤？君齿德皆上余，顾相处日契。余奉调北来扬州，君不久亦专长镇江市政。岁时南渡，把晤必畅谈，疲茶不支，犹唯恐余之去也。己亥夏，重建多景楼于北固旧址，落成之日，邀与同游。余念君年事高，又当盛暑，不宜攀跻，遂辞焉。呜呼，孰知此即永诀之日耶！

君硁硁自守，履旧能不失其清；翼翼宣赞，践新能矢其忠勤。故其殁也，公葬于夹山之麓，礼也。余曾挽以联云："居旧社会卌年，清白乃躬，疾风方知劲草；在新中国十载，步趋唯党，生荣合得死哀。"盖纪实也。

自君长逝，每过其庐，辄不胜凄然之意。以语相知，靡不同感。噫，微君之行谊卓卓，焉能系人思至于斯耶！爰为辞以抒哀，其辞曰：

中有所主兮，不因物迁；出于污泥兮，未掩其妍；滔滔皆是兮，益见君子之贤。

果于自信兮，时有所偏；日月虽食兮，终无害于丽天。

逢盛世兮值华颠；矢忠勤兮得党专；"人间重晚晴"兮，诵义山诗句而每感輾然。

陟菊岭以遥望兮，佳城郁乎云烟；有德自不孤兮，赵墓（君坟去赵伯先墓数武）与之比肩；维遗爱之难忘兮，令名将照耀夫邑之简编。

祭吴克谦医师文(代)

维一九六四年十月二十五日，扬州市中医学会理办长□□率全体成员谨备清醴素果，致祭于　　故副理事长吴克谦同志之灵曰：

扬城幼科，北柳之杨。君早寄籍，所就堂堂。保赤是务，绩效孔彰。

解放以还，新知日开。著述授徒，益展长才。内经奥秘，君有别裁。训晦后进，桃李盈阶。庶得替人，慰其所怀。

公余之暇，间为诗词。服膺苏髯，时亦近之。良辰宴集，逸兴飞驰。佳句落纸，众口称奇。

君貌丰盛，志气如虹。虽值暮岁，犹矢勤忠。老成示范，一振宗风。

恢弘国医，正赖支持。如何淹化！顿失良规。蜀冈月冷，邗水风凄。追维生平，群焉泪滋。呜呼哀哉，尚飨。

读诗偶记

一

韩偓有“窗里日光飞野马”之句，“野马”二字殆误用。《庄子·逍遥游》：“野马也，尘埃也，生物之以息相吹也。”成玄英疏：“春时阳气发动，遥望薮泽中有如奔马，故谓之野马。”以愚目验，秋冬晴日，亦有气如奔马者，不限于春时薮泽。日穿窗隙，有无数微尘在强光中出现，此与游气有别，诗人不当昧于物理。

二

刘禹锡诗：“沉舟侧畔千帆过，病树前头万木春。”自叹仕途偃蹇，稍近衰飒矣。观“玄都观里桃千树，尽是刘郎去后栽”“种桃道士归何处？前度刘郎今又来”，并未以迭遭贬谪而稍减其气骨。迨其暮岁，仍以诗酒自娱，曾有句云：“莫道桑榆晚，为霞尚满天。”宜当时有“诗豪”之称也。

三

陈石遗《扬州杂诗》计六绝句，愚尤爱其第二首：“豆蔻微吟杜牧之，红桥肠断冶春词。最宜中晚唐人笔，此地来题绝句诗。”扬州景物清幽，初唐之浑朴，盛唐之高华，写此难臻调洽。惟中晚唐诗笔淡雅，抒发为宜，此老洵为里手。

四

陈三立，清末曾为吏部主事，同情戊戌变法，事败，永不叙用，乃筑室金陵，曰散原精舍，自称散原老人。其诗由韩、孟入，终乃瓣香山谷，专务荒疏萧索之境，殆同、光诗人之殿也。其与友人诗云："生还真自负，杂处更能安。意在无人觉，诗稍与世看。"盖深信其诗必能传也。《赠敬安上人还天童》云："汝来亦无事，两眼看闲人。了了廿年在，骎骎万态新。袈裟带海气，吟啸接花晨。夺我秦淮月，归防猿鹤嗔。"避熟就生，避滑就涩，于枯淡中见意趣，此散原本色也。

五

柳弃疾，字亚子，晚以字行，吴江人。清末，创南社于沪，以诗鼓吹种族革命。解放前，赋诗寄呈毛泽东，有"世界光明两灯塔，延安遥接莫斯科"之句。齐变至鲁，鲁变至道，亚子之谓也。早年才华纵逸，词尚藻丽。晚岁兼采常语、新辞入诗，益显挺劲，惟有时欠圆融耳。曾著《南北诗人点将录》，以《水浒传》中人物相拟，而自比于宋江，亦诗坛掌故也。晚清诗坛，同光体执牛耳，辛亥以后，犹存遗响，于南社诸人未加珍视，亚子不能平，起而斥之曰："诗派江西宁足道，妄持燕石诋琼琚。平生自有千秋在，不向群儿问毁誉。"又曰："闽赣纷纭貉一丘，何劳宗派费搜求。经生家法从来异，渭浊泾清肯合流！"赣指陈三立，闽指郑孝胥，故亚子又有"郑、陈枯寂无生趣"之评也。郑后入伪满，更无人道及矣。

六

元遗山诗："桃李深宫二十年，更将颜色向谁妍[一]？人生只合梁园死，金水河边好墓田。"蒋正子《山房随笔》：金国南迁后，国浸弱不支，又迁睢阳。其后不肯播迁，宁死于汴。元遗山有"桃李深宫"云云。按遗山此诗纯学唐人张祜。"深宫二十年"，本祜《宫词》旧句，遗山加"桃李"二字而已。祐诗："人生只合扬州死，禅智山光好墓田。"遗山易"扬州"为"梁园"，易"禅智山光"为"金水河边"而已。

七

元遗山《论诗》:“有情芍药含春泪,无力蔷薇卧晓[二]枝。拈出退之《山石》句,始知渠是女郎诗。”前半为秦淮海《春雨》诗中二句,遗山以昌黎《山石》诗中“升堂坐阶新雨足,芭蕉叶大栀子肥”校之,诮秦诗直妇人语。愚以为韩诗质壮,秦诗秀婉,各具特色。且《山石》为古体,《春雨》为近体,造语亦当有别。遗山豪健,无愧大家,然品人论事,终不应好恶随心。苏子瞻喜诵《山石》,重在意趣,如“人生如此自可乐,岂必局束为人鞿”,并非激赏“芭蕉叶大栀子肥”也。淮海自论其作,以“华弱为愧”(见李廌《师友谈记》),非无自知之明也。

八

作诗不易,为人改诗尤难;元遗山不惟善作,亦复善改。张橘轩与遗山至契,遗山每为改诗。张云:“富贵倘来良有命,才名如此岂长贫。”元改“倘来”为“逼人”,改“此”为“子”,意境既提高,又落实矣。张云:“半篙溪水夜来雨,一树早梅何处春。”元改“一树”为“几点”,顿见安详矣。张壬辰北渡寄元诗:“万里相逢真是梦,百年垂老更何乡。”元改“里”为“死”,改“垂”为“归”,倍见恳挚而又有呼应矣(略见元人盛如梓《庶斋老学丛谈》)。明人谢榛喜改唐人诗句:释无可送裴明府诗“山春南去棹,楚夜北归鸿”,谢易为“江春南去棹,关夜北归鸿”;周朴塞上行诗“巷有千家月,人无万里心”,谢易为“巷冷几家月,人孤千里心”,都较原作熨贴。刘长卿别张南史诗“流水朝还暮,行人东复西”,谢易为“旅思朝还暮,生涯东复西”,意重气促,转不如原作之超脱矣。

九

诗用歇后,人但知始于唐之郑綮,所谓郑五歇后体也。《石林诗话》:唐彦谦题高祖庙云:“耳闻明主提三尺,眼见愚民盗一抔。”虽是著题,而语皆歇后。”“提三尺”者,提三尺剑也。《史记·高祖本纪》:“吾以布衣提三尺剑取天下。”“盗一抔”者，谓发掘陵墓一抔土也。《史记·张释之传》：“假令愚民取长陵（汉高祖葬地）一抔土，陛下何以加其法乎？”綮为晚唐人，彦谦犹在其后，或受綮影响。若高适、吴筠皆盛唐人，已用歇后。高句“归来洛阳无负郭”，谓无负郭之田也。吴句“才胜商山四，文高竹林七”，“四”下省皓字，“七”下省贤字，语极别扭，且有凑韵之嫌。省文例所不禁。必须简而明，尤忌俳谐，否则，更在打油之下。綮惯于使用歇后，爰以歇后得名，一度辅政，并有“歇后宰相”之称。

十

人知王介甫、苏子瞻二人为政敌，而不知亦诗友也。子瞻《同王胜之游蒋山》诗，介甫见之，指“峰多巧障日，江远欲浮天”，语人曰：“老夫平生作诗，无此二句。”子瞻亦以衡文巨眼属之介甫，曾荐秦太虚，启云：“向屡言高邮进士秦观太虚，公亦粗知其人，今得其诗文数十首拜呈，词格高下，固无以逃于左右。”介甫答书：“公奇秦君，数口之不置；吾又获诗，手之不舍。”彼此惜才，沆瀣一气。介甫罢相，退居半山，恐遭不测，有句云：“我亦暮年专一壑，每闻车马便惊猜。”子瞻念其老病，特往探视，并次韵云：“骑驴渺渺入荒陂，想见先生未病时。劝我试求三亩宅，从公已觉十年迟。”互相关切，足当文字知己。

十一

苏子瞻谪南海，仅以陶、柳二集自随，向慕之情可见。然子瞻与二公得力处终有区别：陶真，苏旷；柳清，苏达。才性之不可强也如此。

十二

韩驹诗以清腴骏快著称，吕居仁列其名于《江西诗社宗派图》。韩传曾几，曾传陆游，至陆而堂庑益大。韩又尝受学于苏子由，视得涪翁法乳孰多？有待深考。

十三

吴承恩《舟行》："白鹭群翻隔浦风，斜阳遥映树重重。前树[三]一片云将雨，闲倚船窗看挂龙。"挂龙为淮郡方言，夏秋二季，云脚低垂，有一线直达湖面，俗谓之龙戏水，亦称挂龙，为将雨之兆。以方言入诗，摆脱明代前后七子诗必盛唐之说，不局于时尚，而能别辟蹊径。其《西游记》于小说中独创一格，非偶然也。

十四

明人李至清，跅驰自放，意不犹人，《题五柳图》云："凄惨江城柳万条，淡烟疏雨夜萧萧。轻柔不似先生节，一遇风来便折腰。"反题为说，不落恒蹊。专事循墙者应从此得悟。

十五

功夫熟时，笔墨流走，随意所之，无往而不宜。前辈相传，有请题鸡冠花于某诗人。诗人应手即书："鸡冠本是胭脂染。"其人曰："是白鸡冠。"诗人乃续书："洗去胭脂是[四]雪妆。只为五更贪报晓，至今犹带一头霜。"随时应变，且无斧凿痕，所谓熟能生巧也。

十六

李纲罢相后，曾有《病牛》之作："耕犁千亩实千箱，力尽筋疲谁复伤？但得众生皆得[五]饱，不辞羸病卧残阳。"鲁迅所谓"俯首甘为"者，纲殆无愧矣。

十七

胡铨为枢密编修官，上疏乞斩王伦、秦桧、孙近三人头，天下壮之。初贬韶州，再贬新州，铨有句云："梦入琼崖身亦[六]壮，烟销金坞臭空传。"张浚尝谓："秦太师（桧）专柄十九年，只成就得一个胡邦衡。"邦衡，铨字。

十八

某书局编辑所选注之宋诗，其释邵定翁《插田》"邱嫂拔秧哥去耕"之"邱嫂"，谓嫂"姓邱"，愚意非是。邱本作丘，丘嫂，长嫂之称。《汉书·楚元王传》："高祖微时，尝与宾客过其丘嫂食。"《史记·楚元王世家》作"巨嫂"，巨，大也。丘嫂其为长嫂明矣。惟应劭认邱为姓，早为张晏所不取，今日复加援引，何也？

十九

王之涣诗才高逸，与王昌龄、高适齐名，其《出塞》（一题《凉州词》）一诗尤脍炙人口，近见《唐诗三百首详析》一书，将《出塞》首句"黄河远上白云间"，易为"黄沙直上白云间"，且注云："此句是写风卷黄沙直上云中之景，一本作'黄河'，殊费解。"吾闻画师云：视平线下，愈远愈高；视平线上，愈远愈低；上下终将交于一点。苟通斯义，则"黄河远上白云间"何尝费解！此句前人誉为神来之笔，若如所改，尚复有何意趣！

二十

胶县柯劭忞凤荪，所著《新元史》，名闻殊域，日本京都帝国大学曾以博士衔赠之，世多钦其史学，而不知其亦大诗人也。《题江湖垂钓册子》云："蒻笠蓑衣一钓竿，白蘋洲渚写荒寒。不知渔夫[七]住何处，七十二沽烟水宽。"清深幽远，令人神往。七岁即有句云："燕子不来春已晚，空庭落尽紫丁花。"其诗得力于母教，母为掖县李长白之女，诗学三唐，《乱后忆书》云："插架五千卷，竟教一炬亡。斯民同浩劫，此意敢言伤？业废凭儿懒，窗闲觉日长。吟诗怜弱女，空复说三唐。"劭忞有《蓼园诗钞》。

二十一

金苍泽，朝鲜之名进士也，能诗。张謇随吴长庆军驻平壤，因与金稔。朝鲜一度并于日本，苍泽不甘作亡国大夫，乃至吾国南通州依謇以居，曾有句云："炉底死灰心共冷，天涯芳草首难回。"真可谓"哀以思"矣。

二十二

唐诗重言情，宋诗尚说理，大较如此，未尽然也。苏子瞻之《题西林壁》，朱晦庵之《观书有感》，皆即物见道，陈义显豁，斯乃宋诗本色。他若王逢原之《送春》："子规夜半犹啼血，不信东风唤不回。"唐人善言情，未必能驾乎其上。李义山"夕阳无限好，只是近黄昏"，世争传诵。程明道"未须愁日暮，天际是清阳"，世有真赏，宁能弃之！

二十三

《木兰辞》叙事近委琐，然转觉朴茂；《孔雀东南飞》篇幅更长，语更繁细，益显情真义重。于不要紧之处，说不要紧之话，而能楚楚有致，娓娓动人，别是一副笔墨。

二十四

杨诚斋妙造自然，能化俗为雅，盖得力于天趣为多。自云："炼句炉槌岂可无，句成未必尽缘渠。老夫不是寻诗句，诗句自来寻老夫。"又云："山思江情不负伊，雨姿晴态总成奇。闭门觅句非诗法，只是征行自有诗。"殆所谓不待安排总现成也。然服膺诚斋者往往束书不观，流于枵响。须知诚斋摆脱前人，自创高格，亦有个学习过程：初学山谷，旋学后山，后学半山，晚学唐人、晋人，终乃自成一体，所谓"黄、陈篱下休安脚，陶、谢行前更出头"也。至若关心人民之疾苦，痛念国家之残破，尤为其吃紧处，如"荒山半寸无遗土，田父何曾一饱来"（《发孔镇晨炊漆桥道中纪行》）；又如"白沟旧在鸿沟外，易水今移淮水边[八]”(《题盱眙军东南第一山》),慷慨之情,见于言表,岂一意追求风趣哉!

二十五

诗人遇胜境,每有怀古之作,如李白之《夜泊牛渚怀古》,刘禹锡之《西塞山怀古》,马戴之《楚江怀古》,皆是也。而傅山独以《金陵不怀古》为题,乃古今诗中所罕见者,其辞曰:“甚是金陵古,诗人乱有怀。自安三驾老,难暇六朝哀。曾道齐黄拙,终亏马阮才。肉髀愁不鼓,伧父过秦淮。”重在讥刺弘光有金陵之形胜而不能守。不赞齐泰、黄子澄之节义,而转谓其拙;不斥马士英、阮大铖之奸佞误国,而转谓其才。青主为明之遗民,非好为别调,盖伤心人语也。

二十六

世谓曾子固能文而不能诗,几于万口同声,愚观子固《谒李白墓》之作,又何其雅正而熨贴也!诗云:“世间遗草三千首,林下荒坟二百年。信矣辉光争日月,依然精爽动山川。曾无近属持门户,空有乡人拂几筵。顾我自惭才力薄,欲将何物吊前贤。”诗名特为文名所掩耳。其《享祀军山庙歌》,王介甫以为有雅颂之意。向声背实者,可以已矣。

二十七

《新唐书·韦皋传》:“李白为《蜀道难》篇以斥严武,(陆畅)更为《蜀道易》以美皋焉。”《严武传》:“(房)琯以故宰相为巡内刺史,武慢倨不为礼;最厚杜甫,然欲杀甫数矣。李白为《蜀道难》者,乃为房与杜危之也。”与皋传正相应。《旧唐书》两传,全未及此,即证旧书之疏脱,亦明宋子京、欧阳永叔诸公文士之习特重也。说者谓《蜀道难》本为古乐府题,太白自可沿用;达夫《蜀道易》,则出于臆造,致有不典之讥。愚以为或就题生义,或缘义定题,不必强加轩轾。乐府题目自少而多,创始岂可以作俑相拟。唐时吐蕃侵边,蜀尤遭其扰害,韦皋镇蜀二十余年,人民安堵,诗以归美,与谄谀何有?蜀势险峻，著于寰中，然道途难易，时或因人事而更。太白写蜀道之难，既如上述矣，其《上皇西巡南京（案至德二载，以蜀郡为南京）歌十首》，使人读之，顿生夷旷之感，其第四首尤突出："谁道君王行路难，六龙西幸万人欢。地转锦江成渭水，天回玉垒作长安。"视陆氏《蜀道易》何殊耶？所可惜者，《全唐诗》收畅诗三十余首，而《蜀道易》独未录，仅于遗句中载其起句："蜀道易，易于履平地。"岂至清初已失其全文耶？

二十八

惠洪《冷斋夜话》谓东坡渡海，惟朝云王氏随行，日诵"枝上柳绵"二句，为之流泪。愚案朝云没于惠州（苏轼《朝云墓志铭》"绍圣三年七月壬辰，卒于惠州，年三十四"），东坡谪海南，事在贬惠之后，朝云乌能随行！东坡在惠作《纵笔》诗，有"报道先生春睡美，道人轻打五更钟"之句，时宰闻之，复有儋耳之命，见宋曾季狸《艇斋诗话》。至朝云歌"枝上柳绵吹又少，天涯何处无芳草"，泣不成声，《林下词谈》备载此事。二句原意，在东坡本为旷达之言；而朝云歌之，则顿生秋扇弃捐之虑。但此为惠州事，非在海南也。

二十九

李杜优劣，论者纷纭。尚才者扬李抑杜，重学者褒杜贬李，各执一词，亦似难于判定者。李之所长，豪放也，杜何尝不豪放！太白《陪侍郎叔游洞庭醉后》："划却君山好，平铺湘水流。"子美《剑门》："吾将罪真宰，意欲铲叠嶂。"杜过剑门，鉴于桀黠凭险割据，故有感而发。不数年，段子璋、徐知道、崔旰、杨子琳辈果先后据险为乱，益证子美之有预见。李但抒一时之意兴，别无蕴藉。同属豪放，而一虚一实，孰优孰劣，毋待赘词。

三十

诗至萧齐，讲究声律、对仗，为近体创造条件。沈约、谢朓，当时号为巨子，而休文钦服玄晖，谓"二百年来无此诗"。杜子美《寄岑嘉州》亦云："谢朓每篇堪讽诵。"太白更推许备至："谁念北楼上，临风怀谢公"；"明发新林浦，空吟谢朓诗”;“蓬莱文章建安骨,中间小谢又清发”;“解道澄江静如练,令人长忆谢玄晖”。宜王渔洋谓李“一生低首谢宣城”也。然谢朓诗有佳句而少佳篇,“一章之中,自有玉石”,钟嵘早有定评。“大江流日夜,客心悲未央”;“朔风吹飞雨,萧条江上来”。情景交融,自得机趣,不失名句。独“澄江静如练”未见奇绝,每以为疑。顷读黄山谷诗:“凭谁说与谢玄晖,休道澄江静如练”,不啻助我张目矣。

三十一

欧阳永叔论梅宛陵诗:“譬如妖韶女,老自有余态。”苍秀之谓也。人之有作,或苍而不秀,或秀而不苍,兼之者难。近代诗人具苍秀之美者,其蜀人赵尧生乎?尧生名熙,清季曾官翰林院编修,转江西道监察御史,奏劾邮传部尚书盛宣怀借债卖路,直声满天下。居京与杨增荦、陈宝琛、陈衍诸人相倡和。增荦改官之蜀,尧生作《竹枝词》六十首送之,由鄂渚至锦官城,山水之胜,包蕴无遗矣。选用《竹枝》体,殊符土俗,盖《竹枝》本名《巴渝词》也。其诗有云:“送客魂销下里词,故人杨子最能诗。送[九]君一纵巴山棹,细雨迎秋唱竹枝。”又云:“千山万水三生约,好句亲题送子云。西向定将人日报,草堂花发最思君。”帆随湘转,纯任自然,笔秀气苍,足征火侯。新会梁启超曾就问业,其《寄怀诗》有云:“赵侯云中鹤,轩轩抚[十]高志。名节树藩篱,艺林厚根柢。”可谓不虚美矣。

三十二

郑燮题画云:“四十年来画竹枝,日间挥洒[十一]夜间思。繁枝[十二]削尽留清瘦,画到生时是熟时。”板挢画竹一生,此为总结,经历心得,统在二十八字之中。“繁枝削尽”云云,即昔人所谓能“损之又损”,方“玄之又玄”也。人到老年,多是由博返约,汰尽繁冗,惟存精粹,画家如此,诗家文家亦复如此。所谓“熟”,千篇一律之滥调也;所谓“生”,自创高格也。然非寝馈功深,难期别开生面,纵勉强为之,亦将流于疏野。诗家甘苦,正与画家相通,故诗境与画境不隔。且诗画发展,每成平行,山水画与山水诗尤为显著。《文心雕龙·明诗》:“宋初文咏,体有因革,老庄告退,而山水方滋。”魏晋以前,画以人物为主，并无衬景。顾恺之画谢混于岩石间，人以为奇（见《世说新语·巧艺》），可见晋末之风尚。刘宋宗炳结庐衡山，疾还江陵，凡所经履，图之于室，权当卧游。而谢灵运适与同代，"白云抱幽石，绿筱媚清涟"，笔触鲜明，诗里有画。山水诗与山水画相伴而兴，画理通于诗理，故板桥题词，说诗论文亦不妨借鉴也。明李东阳题柯敬仲墨竹云："莫将画竹论难易，刚道繁难简更难。君看萧萧只数叶，满堂风雨不胜寒。"试与郑诗互参，或能探得窍要。

三十三

建安七子，曹氏僚属也。除孔融外，余均俯首效命，形于诗歌者，间且语拟不伦，有干法纪，徒以当日曹氏势盛，无人敢纠绳耳。如刘桢《赠五官中郎将》："昔我从元后，整驾至南乡。过彼丰沛都，与君共翱翔。"李善注："元后，谓曹操也。至南乡，谓征刘表也。""丰沛，汉高祖所居，以喻谯也。君，谓五官（按曹丕曾任五官中郎将）也。"元后，天子也。《尚书·大禹谟》："汝终陟元后。"孔传："舜善禹有治水之功……终当升为天子。"曹操南征刘表，为建安十三年事，是年六月，操始为丞相，何得以元后称之！建安二十一年五月，操仍非天子也。或谓建安二十五年，曹丕篡汉，追尊其父为武帝，故桢称操为元后也。按建安二十二年，大疫，刘桢与徐干、陈琳、应玚皆病殁，其后曹丕与吴质书："昔年疾疫，亲故多罹其灾，徐、陈、应、刘，一时俱逝。"即谓此也。刘桢既殁于建安二十二年，乌能预知建安二十五年（亦即黄初元年）之事！又以丰、沛称其故乡，显以汉高相况。凡此皆与当时操之名位不符，而蹈于僭妄，其不遭诛戮，幸也。王粲《从军诗》："筹策运帷幄，一由我圣君。"吕向曰："圣君谓曹公。"其失与刘桢等。欲为曹氏篡政开路，竟不觉其言之悖也。

三十四

诗人阅世深，胸次广，然后语语有着落，而又自具意度，令人读之兴趣环生。韩魏公尝谓"保初节易，保晚节难"，故其晚年事事着力。《九日水阁诗》云："虽惭老圃秋容淡，且看黄花晚节香。"绝无颓废自放之象，且有清刚自励之诚，可谓雅与人称。其自中书出守相州，于居策作狎鸥亭，欧阳永叔以诗寄之："岂止忘机鸥鸟信，钧陶万物本无心。"魏公喜曰："余在中书，进退升黜，未尝置心于其间，永叔可谓知我。"六一固非其人不轻予也。魏公后判北京，作《园中行》，有"风定晓枝蝴蝶闹，雨匀春圃桔槔闲"之句，固属眼前景色，亦符胸中意象。魏公生平出将入相，外攘西夏，内主中枢，功业巍然。迨王陶、曾布、吕惠卿、曾公亮等先后揽政，力排耆旧，魏公乃行引退，而天下能苟安一时者，盖魏公之治绩犹未远也。二句纯以大气包举，义蕴无穷，毫无矜躁尤怨之意，真德人之音也。故诗人阅世深，胸次广，则意度自高，此境非可袭而至也。

三十五

唐人张祜诗："金陵津渡小山楼，一宿行人自可愁。潮落夜江斜月里，两三星火是瓜州。"后世钞本多题为《金陵渡》，因此常被妄指为南京江边之渡口。案南京去瓜州遥远，虽敏于视者，亦不能察照也。如以镇江西津渡当之，则近是矣，西津渡隔江与瓜州相对，本地风光，涉笔成趣，故此诗至今仍脍炙人口也。查臧励龢等《中国古今地名大辞典》，谓"今江苏丹徒县，唐时亦称金陵"，并引《野客丛书》"甘露寺在金陵山上"之语为证。指西津渡似更为有据矣。须知广义之金陵，原包有丹徒及今之镇江市也。设在南京，便无法构成诗中之画面矣。案《丹徒县志》卷四《舆地·关津》："西津渡在城西七里。"又《京口山水记》云："案《嘉定志》以为即蒜山渡，云'北与瓜州对岸，旧谓之蒜山渡'。"附注："唐李德裕为浙西观察使，于蒜山渡严敕渡逻，即今西津渡也。"准此，张祜所咏为今镇江市西津渡无疑矣。

三十六

明代前后七子诗主盛唐，结果袭貌遗神，了无意趣，其末流或蹈剽窃。徐渭出而排之，力主性灵，倡导妙悟，而和者寥寥。袁宏道曾为《徐文长传》以张之。至清，郑燮、章钰皆钦崇之，燮竟刻"徐青藤门下走狗郑燮"之私章（渭晚年自号青藤），以示折服。故钰题青藤小像云："抵死目中无七子，岂知身后得中郎。"又云："尚有一灯传郑燮，甘心走狗列门墙。"皆记实也。钰工诗善画,有《二树山人集》。

三十七

金农、罗聘、郑燮、李方膺、汪士慎、高翔、黄慎、李鱓,时谓扬州八怪,为清代书画界之魁杰,亦诗学之革新派也。不矜奇辞傲句,掇拾民间常语,而转见新鲜活泼,使杨诚斋复生,不能专美于前。如李鱓诗:“辕门桥上卖花新,有吏凶如马踢人。滚热扬州居不得,老夫归踏海边春。”衙役横暴,使人不可一朝居。“滚热”二字,极为通俗,一经用于诗中,不独不感粗鄙,而尘嚣沸腾使人难耐之情状跃然纸上,令人激动万分,别成一副笔墨。平日所谓秀词锦句者,顿觉其不足达意矣。此诗学之新路也,惜后人尚未能继起而拓广之也。

三十八

《涵芬楼文谭》一书,一九一一年初版,至一九二五年已十四版矣。其风行海内,被人誉为名著,不待言已。此书作者为闽侯吴曾祺,吴氏早蜚声于艺苑,人视之如山斗,语多精微,言无虚发。其论二名翦削为不可训云:“凡用人名,有二名而用其一者,如晋重、卫武见于《左传》是已。至班孟坚《幽通赋》,称重黎曰重,称王莽字巨君曰巨;嵇叔夜《琴赋》称王昭君曰王昭,晋之师旷字子野曰晋野;潘安仁《马汧督诔》,称齐万年曰齐万;《唐书·韩擒虎传》因避国讳,改为韩擒。故唐李太白亦本此法,送汪伦节诗,称之曰汪伦。古今相承如此,然究不可为训。”案《全唐诗》第一百七十一卷,录《赠汪伦》,下注云:“白游泾县桃花潭,村人汪伦常酝美酒以待白。”注当为太白原文,言汪伦,并未称汪伦节。曾祺既以老宿称,理不致杜撰汪伦节其人,特记于此,希与同道留心核定,共释此疑也。此诗为七绝,字数有定限,将“节”字省去,于势为便,问题专在有无汪伦节其人耳。

三十九

蜀中冬暖,桃树着花,常事也。犹记一九三八年岁除,寓渝州南岸野猫溪，见邻舍桃花已放，曾有诗云："川南景物腊前春，除夕桃花照比邻。欲折一枝聊寄意，故园风雪正愁人。"顷阅刘半农《双凤凰专斋小品文》(见《人间世》第六期)，其《跋钱云鹤画》(画以放翁绝句为内容)有云："题为《冬晴》，而诗中有桃花，冬日岂得有桃花耶？想放翁所觅者是桃树，桃树不宜入诗，故改为桃花耳。冬日枯桃，入画了无生趣，自以全易春景为是。"刘氏生平未曾入川，不稔蜀情，千虑一失，势自难免，故知意度之不如目验也。又案放翁原题为《冬晴与子坦子聿游湖上》，诗云："海山山下百余家，垣屋参差一带斜。我欲往寻疑路断，试沿流水觅桃花。"三四两句显用渊明《桃花源记》笔意，是半农之言更成蛇足矣。

四十

去蜀前夕，白沙表背室悬有王夫之石柘，诗云："凌云西岸古嘉州，江水潺湲绕[十三]郭流。绿影一堆漂不去，推船三面看乌尤。"凌云山高峙江浒，林木蓊郁，倒影入江，流急不变，"绿影一堆"句盖纪实也。船山入清不仕，大节凛然，读者于"漂不去"三字益钦其义，艺宁不以人重耶！

四十一

《孽海花》为章回小说，分三十五回，前五回出金天翮手，余三十回则由曾朴续之，曾殁，金挽以诗："使君曾赋杜秋诗，庐后王前总费词。袍笏三登君作宦，江湖一卧我为痴。名园寥廓仙乎境，小说虞初锦样思。香火缘深交似水，此情只有夜台知。"曾尝三度出仕，寥廓其园名也。

四十二

往与日照先生论诗，先生谓"愿以渔洋之缠绵，加放翁之大踏步，更益以梅村苍凉之境。"先生学梅村有显然者。梅村诗："念家山破定风波，郎按新词妾按歌。恨杀南朝阮司马，累侬夫婿病愁多。"(《题冒辟疆名姬董白小像八首》之一)先生诗："江干人上木兰舟，梦入明湖作月游。一笛西风宫换羽，念家山破小梁州。"(《嘉州即事》)先生之末句，全从梅村首句化来。念家山破、定风波、小梁州，皆词牌名。梁州为古九州之一。《禹贡》："华阳黑水惟梁州。"今陕西汉中及四川省皆其地。先生时客乐山，川西南一带俗亦称小梁州，用两词牌拼合成句，天衣无缝，岂仅功力过人，其资禀亦超妙罕俦矣。

四十三

况周颐旧藏李易安画像，曾影印《词学季刊》。明人吴宽题诗云："金石姻缘翰墨芬，文箫夫妇尽能文。西风庭院清[十四]如水，人比黄花瘦几分。"上有赵明诚题词："清丽其词，端庄其品，归去来兮，真堪偕隐。"吴诗上半盖咏此，下半则化用易安"帘卷西风，人比黄花瘦"之句。歌咏前代作家，摘其平生警句加以赞叹，最见熨贴。幅末并附李澄中(济南人，与易安同里)题："小窗帘卷早凉初，幸傍词人旧里居。吟到黄花人瘦句，买丝争绣女相如。"其一、三两句亦直从易安"帘卷"九字而来，末句又从第三句生出也。

四十四

诗人往往将彼此不相隶属之事物加以排列，而不用连贯词，使读者探索其意趣。此法疑自晚唐温庭筠开之："鸡声茅店月，人迹板桥霜。"两句十字，中列六种事物：鸡声也，茅店也，人迹也，板桥也，月也，霜也。组成两句，说明"客店中闻鸡而起，时月犹未落，自以为绝早登程，孰知行经板桥，霜上已有人迹，是更有先我者矣。"原题为《商山早行》，此种写法正突出"早行"。元人马致远《天净沙》："枯藤老树昏鸦，小桥流水人家，古道西风瘦马，夕阳西下，断肠人在天涯。"除"西下""在"数字外，亦纯为若干事物排列，竟能令人恍见旅人日暮途穷之象。与电影中不同事物之剪接而意自相属，同一技法。宋欧阳公《送张至秘校归庄》诗"鸟声梅店雨，柳色野桥春"，明葛一龙《送顾仲从》诗"落花野店酒，荒月断桥烟"，以及清人吴伟业诗"江城细雨碧桃村，寒食东风杜宇魂"，皆属此类。

四十五

陆务观《老学庵笔记》称江西诸人，每谓五言第三字、七言第五字要响。

吕氏《童蒙训》引潘大临之言:"七言诗第五字要响,如'返照入江翻石壁,归云拥树失山村','翻'字'失'字是响字。五言诗第三字要响,如'圆荷浮小叶,细麦落轻花','浮'字'落'字是响字。所谓响者,致力处也。"愚意既称为"响",自属声音问题。无论五言第三字、七言第五字,都须与落韵之字平仄相反,即如落韵之字系平声,则五言第三字或七言第五字宜用仄声字,否则读起来不响;设落韵之字系仄声,则五言第三字或七言第五字宜选用平声字,否则读起来亦不响。翻、失、浮、落诸字,其本身无所谓响不响也。世俗相传作诗法,有所谓"一三五不论",其言未可尽信。此虽小道,前人或认为不传之秘,不轻以授人。宋代李虚已得此法以授晏殊,殊以授宋庠、宋祁兄弟。其在清代,钱谦益曾以传同里冯班,赵执信读班论著悟得蕴奥,乃著《声调谱》一书。执信乃王士祯之侄婿,执信曾叩诗法于士祯,士祯靳不与,故执信又别著《谈龙录》以讥之。《声调谱》所及多端,上所论述,其尤要也。

四十六

刘梅先有《扬州杂咏》,分第一、第二两集,共约百余首。先诗后记,体似《南宋记事诗》。其咏文汇阁云:"藏书海内称三阁,劫后文澜复旧观。已见文宗重募集,独嗟文汇再兴难。"记云:"江浙三阁,杭州文澜于光绪初钞补恢复,镇江文宗于解放后由地方人士捐集图书数万册,规为绍宗楼于伯先公园,独扬州文汇百年来无好事过而问者。遗址在天宁寺东园。"此诗质朴少文,盖其体制如此。余识梅先,其人终身不娶,嗜书成癖,享年八十余。

四十七

文与诗,无不以意为主。前人设喻:意犹米也,文则炊米为饭,诗则酿米为酒,饭仍存米之形,酒则不见米之迹矣。饭使人饱,酒使人醉,故陶冶性情,莫尚于诗。然酒令人狂,是以作者不可不慎。

【校记】

［一］妍,《坚瓠集》作"怜"。

［二］晓,《遗山集》作"晚"。

[三] 树,《射阳先生存稿》作“村”。
[四] 是,《少室山房笔丛》作“似”。
[五] 但得,《梁溪集》作“但愿”。
[六] 亦,《尧山堂外纪》作“益”。
[七] 夫,《胶州今古诗选》作“父”。
[八] 边,《诚斋集》作“前”。
[九] 送,《唐振常文集》作“迟”。
[十] 抚,《梁启超全集》作“抗”。
[十一] 洒,《郑板桥题画诗文赏析》作“写”。
[十二] 繁枝,《郑板桥题画诗文赏析》作“冗繁”。
[十三] 绕,《船山诗草》作“抱”。
[十四] 清,《李清照集笺注》作“秋”。

南谷诗存

题野猫溪寓楼

一九三八年十二月

扬子嘉陵此汇流，先生赁屋对江头。旅怀郁结难成梦，夜夜潮声到小楼。

蜀江口占

一九三八年十一月(舟过酆都)

烟雨满江乡，一林橘柚黄。倚舷听人说：明日是重阳。

张江陵墓

一九三八年六月

小港轻桡细雨斜，墓门老树集昏鸦。牧童樵叟逢人说，我是前朝宰相家。
生前弱息萦朱紫，死后衰亲乏米刍。莫道功高能震主，权臣终与大臣殊。

客中岁除，邻人桃已放花

一九三八年

川南风物腊前春，除夕桃花照比邻。欲折一支聊寄意，故园风雪正愁人。

将去沙市，公园留影

一九三八年十月

老去情怀顾影羞，郢南小住忽经秋。园林信美非吾土，明日又乘入蜀舟。

三游洞

洞在宜昌西西陵峡上　一九三八年

洞天幽邃绿侵山，白傅坡仙手泽存。岩石嶙峋高士骨，谷花淡冶美人魂。峡云出没情如梦，涧水升沉岸有痕。多难登临唯此日，西风瑟瑟暗江村。

巫　山

一九三八年十一月

巫山缥缈几回肠，十二峰峦异样妆。胜地神仙原合住，怪他宋玉赋高唐。

夜泊巫山县，翌晨雾被南山，惟峰影隐约，矗立霄汉间，恍似岳阳楼上望君山

一九三八年

蒙蒙雾气被山阿，峰顶摩空自巍峨。百拟千万都不是，洞庭浮起一青螺。

春山独步

一九四〇年

长林一抹绿无涯，孤客行吟岁月赊。最是恼人三月暮，满山开遍杜鹃花。

午　梦

一九四一年

午梦方回日已西，身闲意懒絮沾泥。小僮饱食渐无事，报道新篁与屋齐。

东　皇

一九四一年

东皇作主百花开，偏有无情风雨来。毕竟乾坤成锦绣，柳腰杏靥总诗材。

归思一首示蒲圻盖讽之也

一九四二年

简傲轻狂一散儒，此生未合问蒲卢。秋风已动鲈鱼美，梦入吴江作钓徒。

送日照先生之南溪

一九四二年

（一）

蜀道崎岖独自吟，天涯何处觅知音。北栾南蒋空相许，下士疏狂感不禁。

（二）

公孙悬解直通神（先生著《公孙龙子悬解》一书，二十年代中华书局版），早岁瑰辞已等身。开府文章老更健，不凭仕宦作传人。

（三）

南华精诵久忘机，那管人间是若非。柱杖向湖成一笑，四山无语对斜晖。

（四）

骊歌唱罢便扬舲，大好江山伴注经。且喜太平方有象，他年北面访玄亭。

旅　怀

一九四二年

屡卜归期总误猜，眼看丛菊五回开。山河破碎心犹壮，岁月侵寻老欲来。举室稻粱难远济，先茔松柏未亲栽。黄昏孤馆风吹雨，不读江南赋亦哀。

读晋书阮籍传

一九四三年

嗣宗一醉六十日，天下聪明此第一。世人但笑晋人狂，那解壶中日月长。典午继魏比尧舜（典午，谓司马氏，按午属马，晋姓司马，故有是称），是非淆乱正论亡。清议危行遭不测，山林披发学倡佯。遇喜眼白遇康青，侠士入道意难平。咏怀诗犹盈八十，三缄未见尽如瓶。闻说七贤踪苦蒙（李耳，苦人；庄周，蒙人），何不掉臂上崆峒。世事浮云生死梦，手挥目送天际鸿。

留坝阻雨寄重言渝州

一九四三年

秋霖遮道客销魂，日日溪头看涨痕。江上故人应念我，重阳待举菊花樽。
西风又见雁行斜，两鬓星星感岁华。入蜀滞秦成一间，渝州虽好不为家。

庚　桑

一九四三年

雹打玻窗梦不成，华胥国里听弹筝。移灯就榻翻残卷，读彻庚桑天未明。

东海沱寒食

一九四三年

昼看花飞夜听莺，江村明日又清明。记曾乞得安心法，依旧春来百感萦。
兵际民生事可哀，西窗分得豆苗栽。雨余更植槐千树，不许骄阳影照来。
一身飘寄早无家，懒向东风问岁华。课罢新词闲闭户，药炉茶灶任烟斜。

上亭驿

唐明皇闻铃处也　一九四三年

夜雨闻铃梦不温，霓裳残影认前痕。崎岖蜀道君王惫，不念苍生念玉魂。

子云亭

亭在绵阳西郊　一九四三年

赋才扬马合同龛，晚岁玄言闭户探。子骏论交犹不识，解人终古属桓谭。
远望西山一抹青，扶筇独上子云亭。苍碑卧地无人问，断续风铃月下听。

渥洼地

一九四三年

边城盛夏似清秋，抛却儒冠汗漫游。独向渥洼池畔立，蒹葭倒影忆沧洲。四山环拱若云屏，水秀沙鸣说圣灵。自诵楚些还自证，数声清磬慰伶俜。

妙台子留侯词

一九四三年

公真无愧人生凤，我自深惭辕下驹。仕宦隐沦两不是，残书数箧又饥驱。紫柏坡前破晓寒，霞光红上曲栏杆。曾不一夜名山客，未得无情过法坛。

蒋琬墓

一九四三年

卧龙老去蜀才稀，衰祚能延仗护持。沉醉广都几不测，惠陵未许识清奇。麦饭年年祭故侯，公琰遗爱在绵州。我来刚值春三月，芳草萋萋引暮愁。

李广墓

墓在天水城南　一九四三年

老不封侯是数奇，高皇纵遇事难知。白头未应随年少，独爱南山射虎时。

记　梦

一九四三年

尝遍酸咸百味羹，漫天风絮不关情。相逢莫道人间事，且向前溪看月明。

既去史馆，假李氏宅，竟日看山，感赋一律

一九四三年

假屋看山且自娱，三年东观笑吹竽。群峰远近色浓淡，丛树高低声有

无。天末云烟恣幻化，阶前竹石证孤迂。休訾樗栎无人顾，亦有清荫到九衢。

剑门关

一九四三年

（一）

千峰高耸排如剑，一径中开裂若门。多少英雄酿浩劫，可怜事过了无痕。

（二）

书生橐笔走天涯，好景留连便是家。欲觅放翁题咏处，几回误认几停车。

嘉峪关

一九四三年

六月祁连雪映关，云山重叠尽秋颜。子如欲识云山界，动者为云静者山。

自塞外归行至酒泉作

一九四三年

春来秋去逐征鸿，陇蜀迢迢一线通。羸马也能行万里，逢人不必说途穷。

白草黄沙夕照迟，酒泉重到胜班期（班超在西域上书："臣不敢望到酒泉郡，但愿生入玉门关。"）。他年归共儿孙话，检付凄凉绝塞词。

塞外马群

一九四三年

一派寒流绕碧芜，天生此地长龙驹。嘶风践雪神偏旺，塞外由来是马都。

过华家冈时值陇南雨季

一九四三年

才过高冈又绝巅，行来处处与天连。剧怜下界多风雨，漫向人间作谪仙。

敦煌千佛洞

一九四三年

横绝流沙憩法坛，危崖古洞午生寒。魏人塑像唐人画，拭去浮尘仔细看。

郭节述赴美任领事索诗

一九四四年

子规声里别芝容，梦绕歌山第一峰。星使直追张博望，清芬远绍郭林宗。高怀落落篱边菊，峻节亭亭岭上松。此去海天盈万里，鳞鸿有便报行踪。

重过刘家冈寄情荷生

一九四四年七月

江津白沙东有刘家冈，姚荷生曾吹箫于此，途遥聆而异之，窃比王子猷听桓野王之笛。事有相类，不避僭越。荒崖中竟有此一段佳话。

荷生归去不闻箫，草满刘冈剩寂寥。千古风流桓叔夏，青溪三弄未须邀。

诸生结业他去，纷以纪念册索题

一九四四年

纷纷乳燕掠林梢，老燕颓唐伏旧巢。好向天涯夸健翮，莫将驹齿等闲抛。

秋深过王氏园

园在江津白沙东海沱　一九四四年

霜到小园百卉空，有人憔悴倚西风。行吟拾尽枫林叶，一片秋心寄冷红。

题白沙酒肆

一九四四年

一曲清江似若邪，石矶小坐看流霞。乱红阵阵迷人眼，检点春愁付酒家。

闲　来

一九四四年

闲来拄杖过西桥，眼底江山似六朝。满地斜阳浑无力，一村黄叶听寒潮。

自马项垭归，诸生送至驴溪，夜坐赋此

一九四四年

一声别矣过驴溪，回首长堤夕照低。十里归来还独坐，芭蕉露滴月华西。

寿荷生夫妇三十兼贺得子

一九四四年

与君同属乱离人，蜀道栖迟且自珍。青简各寻千载业，黄山共卜两家春。好偕婉淑赓梁孟，喜得宁馨作凤麟。三十功名何足算，荷花初放晚风新。

闻人述渝情感赋

一九四四年

电炬通明映画楼，曼歌妙舞几时休。王孙惨绿同无忌，神女嫣红尽莫愁。报急军书来雪片，消闲名士醉街头。薰风十里巴渝路，忍说杭州是汴州。

岁暮寄怀日照先生

一九四五年

小憩园林又一冬，日边未掩旧时容。岩栖人说支硎鹤，朝隐谁知李耳龙！十载兵戈添白发，千秋声响比黄钟。明年花发乘槎去，江上晴和数远峰。

江中遥望九华山

一九四五年

天际何来几朵莲，九华山色白云边。何当重鼓西江棹，直上层峦看翠鲜。

一九四六年端阳长沙作

潇湘才践已神伤，更值龙舟竞渡忙。自诵楚些三百遍，汨罗江上过端阳。

清　明

一九四六年

浃日连阴不放晴，随缘插柳过清明。山前高冢知何氏，野祭无人草自青。
歌哭无端说阮唐，麻姑几度阅沧桑。桃开李谢寻常事，蜂蝶纷纷又过墙。

新自蜀归喜西梧来晤

一九四六年

劫后重逢鬓已丝，淮壖蜀道两相思。从头诉说孤危日，促膝筹维共隐时。一盏浊醪黄菊径，半规明月白莲池。贫家深愧无长物，万卷藏书款子期。

苏　州

一九五〇年

过眼园林忆旧游，三生池馆梦苏州。孤亭临水思渔唱，巨塔摩空镇虎丘。狮子林中蕴妙道，灵岩山上起清愁。人间哀乐知多少，一任吴江日夜流。

遣静女嫁兼示其婿

一九五二年

养女二十年，一朝赴山右。凄凄父母心，永夜听残漏。二仪既判分，随之有婚媾。所贵在坚贞，惟好常如旧。雍雍相和鸣，即此同老寿。并地寒燠悬，衣著当应候。千里频寄书，知母为汝瘦。明发即登程，麦陇正朝雊。

晚　风

一九五四年秋

晚风阵阵拂窗纱，泥絮无心逐落花。木雁因时非易事，几回含泪诵南华。

望夕还山放歌

一九五四年

每逢三五行飘忽，丁卯桥边山水窟。可惜城中千盏灯，横遮岭上一轮日。闻说嫦娥曾语人，不放清光照俗尘。

恒如邀观荀慧生演红娘

一九五五年

榆叶经霜向晚红，只愁摇落有西风。歌台舞榭年轻事，老去登场便不同。垂暮痴肥斗楚腰，歌喉失润似鸣蜩。韶华一去终难补，看罢红娘意也消。

暮登寿丘

一九五五年春

帝宅僧寮又学宫(寿丘,在镇江东门内,刘裕曾家其上,南宋为普照寺[见陆游《入蜀记》],后为文庙),南朝往事问东风。登临每抑兴亡感,无奈苍烟落照中。

寿丘东畔水油油,沈括当年住上头。绝胜梦溪光邑乘(沈括,宋钱塘人,慕京口山水,因家焉。名宅畔之水曰梦溪,其《梦溪笔谈》一书,盖缘是得称),及今满目是蒿蒌。

中秋后二日邀夏佩白夜饮

一九五五年

昨晚待月升,今晨送月落。前宵月团圆,今夜月亏削。光阴似水流,感此意萧索。百岁世间稀,挑灯还自酌。幽人如未眠,鲁酒莫辞薄。

来　扬

一九五六年

偃卧南徐不计年,石帆楼下水连天。闲云忽被天风引,吹落绿杨城郭边。

六一风流小杜狂,前贤原亦爱维扬。西湖瘦削金山小,要借临川笔底光。

春　爵

一九五七年春

桃李艳后庭,常恐霜风作。松柏挺前冈,不憎冰雪恶。冬夏总青青,姿容何落落。性全质未亏,生意自磅礴。会斯天地宽,一笑弄春爵。

吴　讯

一九五七年

灵岩游罢又天平,往事如烟记不清。近日传来吴苑讯,微风细雨总关情。

春　归

一九五八年春末

又是绿肥红瘦时，留春无计弄金卮。践花风雨夜半急，自起开灯读楚辞。

汤庄杂咏

一九五八年冬作于江都汤庄

隔江圌蒋送青来（圌蒋，二山名），环渚芦萑似雪开。既爱村光成粉本，更看公社起楼台。

波光槐影出轻槎，清脆渔歌唱晚霞（渔歌有“晚霞酡，取鱼多，归饮几杯笑呵呵”之句）。举网得鲢长尺八，前年初放是鱼花。

呼朋下地运红苕，手挽轻车过板桥。根下累累数不尽，一犁翻去拾酸腰。

三犁耕透尽开颜，尺五算来已过关（深耕队每三人一组，以三牛三犁套耕，各深五寸，共达尺五）。待到明年夏熟后，当看二麦积成山。

家家屋后竹千竿，盛夏清凉似广寒。更羡居人有技术，斯须编得好筐箪。

镇呼张纲非偶然（张纲镇去汤庄二里，镇东有张太守祠。汉顺帝刘保委纵宦官，满朝秽恶，张纲奉使徇行风俗，埋车轮于洛阳都亭，叹曰：“豺狼当道，安问狐狸！”因劾大将军梁冀），广陵太守此惟贤。埋轮最足讥时宪，不宰牛羊烹小鲜。

乡居一月眼明多，坐困书城奈老何！正视当前新道路，犹能炳烛补蹉跎。

先严忌辰感赋

一九六一年六月二十日晓窗

茅屋三间护槿篱，瑚琏名器望娇儿。延师不惜衣衾典，督课常忌更漏移。论史每于剧散后，调音端在梦回时。蹉跎岁月人周甲，忆到趋庭泪自垂。

崔路鸣六十生辰，有作画为寿者，路鸣委题其上

一九六二年

寿带双栖百尺枝，博陵骨相本清奇。茅容犹有高堂在，图上萱花系我思（余与路鸣同庚，三岁失恃，题毕怃然）。

过业师张先生故宅

镇江师范所谓西花园也　一九六二年

西院曾觇物候新，画堂今已属成均。先生耽道原无累，得失何须问楚人。

题鲁迅《野草》

一九六二年

正始文章着意看，廋词隐语解人难。燕山粤海经行遍，豺虎纵横夜未阑。
乔木无存野草滋，沉吟捻断数茎髭。除残去秽平生志，嵇阮由来是大师。

访隋陵二绝

一九六三年

牙樯锦缆早成尘，炀帝坟前草不春。飒飒东风催暮雨，杨花如雪倍愁人。
一代兴亡付野烟，沉迷痴绝亦堪怜。凿通邗洛三千里，来占雷塘半亩田。

秋展西梧墓

一九六三年

钟期既逝琴当碎，郢士云亡斤亦空。独立苍茫无可说，年年菊岭哭西风。

一真重听、健忘，写此慰之

一九六五年

信有烟霞癖，宁无嬿婉情。相怜复相敬，白首证鸥盟。重听神偏旺，健

忘心更清。老来少物累，矜躁庶能平。南山饶药饵，服之令身轻。闲中试采撷，倘亦助长生。桑榆景正好，共君咏晚晴。

偶 成

一九六七年秋卧病镇江作

纷纷红紫斗新妆，病眼浮烟又一场。看到花开复花落，邯郸道上往来忙。

一九六九年仲春作

杏染胭脂花满枝，小窗非复似寒时。冰天残影心犹悸，春到人间总不知。

追怀业师张先生　先生名锡璜，字海愚，宝应人

一九六九年

富贵南柯性理真，画堂紫燕别依人。白头弟子童年事，乡老纷来问蒋珍。

坟草青青石碣苍，西窗时望鲁灵光。菊山不少高人冢，王艮朱先好共觞。（王艮、朱先皆明代人。艮，阳明弟子，学者称心斋先生。借指王西梧。先与胡宗宪交契，以节义称。借指朱恒如。西梧、恒如皆吾友也）

重过八字桥　桥在扬仪公路上

一九六九年

去年经过八字桥，水冷草枯风萧萧。今年又过八字桥，柳暗花明生意饶。桥形八字今何见？古往今来路一条。参得盈虚消长意，上天入地总逍遥。

为我国第一颗人造地球卫星发射成功而作

一九七〇年

（一）

辽廓无垠是碧空，探奇领异仗东风。中华儿女真能耐，一个卫星上太空。

（二）

嘹亮箫韶夺化工，人间传遍《东方红》。而今雅乐来天上，行见寰球唱大同。

归　思

一九七〇年

舍北辛夷又著花，春风几度滞天涯。故山松桂都盈把，好赋归欤玩物华。

寄怀陈超同志

一九七〇年

雨过见疏星，艰危记共经。莫愁头尽白，且喜眼终青。楚水萦清梦，皖山认旧铭。元龙豪气在，烂醉竹西亭。

春分后一日扶病观梅

一九七〇年

梅林如画傍东阿，九十韶华强半过。莫道今年花事晚，春寒人病两蹉跎。

邮佛雏

一九七〇年

琼林自是出瑶琴，焦尾偏能发好音。寄语潇湘谭石菊，手挥目送莫沉吟。

一真灯下索诗

一九七一年

昔日青丝一少年，今朝白发坐灯前。调糜量水人非俗，展卷同吟招隐篇。

岁除被酒

一九七一年

齿豁头童到眼前，感君为诵养生篇。岁除且饮千杯酒，一醉颠狂似少年。

嘲林彪天才论绝句四首

一九七一年

（一）

行为鬼蜮性枭鸱，折戟沉沙信有之。夙慧天才终戏论，从来实践出真知。

（二）

无才偏说是天才，丈六金身未始猜。天马行空徒自许，月明独上李陵台。

（三）

超越天才有小豚，林家万世永称尊。南柯醒后人何在？举室同为异域魂。

（四）

千古同心有孟轲，当今舍我更谁何！自拉自唱全无用，人事总从丹史过（末借陈子龙句）。

卧病梦佩白先生来探

一九七一年

（一）

交情岂以死生殊，冒雨浮江望病夫。听到夜台愁寂寞，枕中赢得泪痕粗。

（二）

当时矜傲喜平亭，廉蔺论交应负荆。折节忘年征契合，襟怀如海仰耆英。

行将退休，欣然命笔，计四言十六韵

一九七二年大雪

归处林下，白日悠悠。今我告退，未敢言休。壮岁飘泊，晚合潜修。广征坟典，科研斯求。或事诠释，或事校雠。倘具会心，如庖解牛。茫茫学海，不择细流。室中荆妇，堪共唱酬。商略文史，正讹阐幽。晨夕抱瓮，厨添时羞。乌鸣报晓，菊放知秋。欣逢盛世，山泽优游。夙钦卫武，老而弥遒。生也有涯，知无尽头。多歧亡羊，慎尔所由。念兹在兹，庶其无尤。

理书自嘲二首

一九七二年五月

自知痼癖是耽书，垂老惠施只五车。可叹齐桓堂上读，却忘轮扁在轩渠。

已陈刍狗那堪珍，腐朽神奇应在人。马义毛思诚解得，故枝花发也同春。

过吴克谦医师故宅

一九七三年

休沐常从此路过，高斋谈宴胜流多（吴君好客，自命座中无俗士。其实率游谈之人，急难鲜能相济）。岂期一夕闻薤露，门巷萧条雀可罗。

华屋山丘自古哀（曹植诗："生存华屋处，零落归山丘。"），车经腹痛几低徊（桥玄与曹操为忘年交，玄尝戏谓操曰："徂没之后，路有经由，不以斗酒只鸡相沃酹，车过三步，腹痛勿怨。"）。倘承史职传方伎，定写广陵吴普来（《三国志·华佗传》："广陵吴普，彭城樊阿，皆从佗学，普依准佗治，多所全济。"此则借喻）。

岁暮寄怀重言沩上兼邀明春南游

一九七三年冬

昆季之交君与我，五十年来一刹那。及今南北嗟睽离，我在维扬君山左。平生挚友多姓王，前有西梧后献唐。二公早作云霄客，剩吾与子论行藏。年来齿豁视茫茫，每因疾病视岐黄。养性澄心耽简放，晴窗低诵老和庄。训诂考据皆旧业，残编纵横堆满床。蠹鱼生活原堪笑，积习深重苦难忘。忆昔播迁资匡助，楚水巴山故意长。冷斋岑叔怀知己，临风遥望明湖旁。老去无营梦亦清，躬逢盛世乐升平。暮春三月江南好，愿伴高人听晓莺。

瑞　雪

一九七三年冬

残冬一夜银花开，玉宇琼楼遍九垓。锦绣江山资妙化，年丰人寿不须猜。

咏雀一首

一九七三年

冻雀迎朝阳，纷然集庭树。双双相偎依，脉脉互睇顾。老鹰破空来，冲散不知处。雄者复飞还，悲鸣求其故。啁啾不成声，如怨亦如慕。雌忽鼓翼归，交颈庆重晤。南枝度北枝，忭跃压惊怖。离合生悲欢，岂易达超悟。伊人去淞滨，眼看岁云暮。微物动人怀，抽毫爰为赋。

悼茹春浦先生三首

一九七三年春

成连一去海天空，流水高山曲已终。自叹俗尘犹未脱，几回徒想坐春风。

竹杖芒鞋绝世姿，谈言微中释惊疑。如何霄汉扪星手，坐老荒山雪染髭。

十载蚕丛每自哀，蓬莱独许有清才。晚年重聚虚前约，倘得灵氛入梦来。

春浦先生一九六七年病殁于北京，一九七三年始闻逝音。附记。

梦中吟

一九七三年七月二十八日夜

梦里相逢两白头，青梅竹马引闲愁。阿姨去后人间变，野渡舟横任水流。

读毛主席念奴娇昆仑词兼寿八十秩

一九七三年

昆仑裁轧为三截，遗欧赠美无匮竭。挹多注寡平生怀，所愿环球同凉热。少陵广厦香山裘，对此顿形成猥拙。硕人德量大如天，余事犹复作词杰。人既寿世世寿人，八千为秋八千春。偶伸巨掌扪星斗，坤转乾旋见精神。

梦回故里题塾壁

原为四首，醒后忘其后半。一九七三年一月二十三日夜

梅领春风菊傲霜，丰标异致事寻常。重来已是沧桑后，忆到儿时便断肠。

曲水桥南一草堂，天平（业师张海渔先生，宝应天平镇人）讲学正玄黄（时当辛亥革命）。鲰生小慧师颜雩，敢说河汾出杜房。

梦中闻鹃简一真海上

一九七三年六月八日

梦里子规啼，醒来人似醉。子规曰姊归（子规、子巂、姊归，异名而同物，亦称杜鹃或杜宇），词客心早碎。陌上花欲残（苏轼有《陌上花》诗，其序云："吴越王妃每岁必归临安，王以书遗妃，曰：'陌上花开，可缓缓归矣。'吴人用其语为歌，含思宛转，听之凄然。"），窗前树呈瘁（窗外双杏，其实离离，顷为群儿摘尽，断枝败叶满地）。触景百感生，愁多转自慰。情亲别意长，年老稚气贵。素衣能化缁（古诗："京洛多风尘，素衣化为缁。"），良计是返辔。夜月疑相调，孤照不成寐。

人日前夕寄一真海上

一九七四年

令节无亲懒举樽，晓灯寂寂似孤村。明朝海上逢人日，且喜归途有阿根（阿根，仁俊侄之乳名）。

九月杪，有客驱车见过，邀共登山。临别索诗，漫以二十八字应之

一九七四年

秋山清瘦见精神，杜牧停车是可人。转绿回黄饶异趣，心空野色四诗新。

农历十月初七为吾母生辰，初八为忌日，凄憾难遣，诗以志哀

一九七四年

母逝七十年，黄泉音讯杳。稚子虽长成，闻道苦不早。未识慈亲面，恍若无根草。或谓似阿姨，意度终缥缈。往昔叹屡空，饔飧每不饱。舂浣疲不支，欣然复乳抱。生者不自生，斯义就谁考。母殁灵位悬，攀跻奉通宝。孩提见赤心，重堂引悲恼。孺慕无尽时，怀恨何日了。闻人喊“吾妈”，垂暮心如捣。外家乏嗣续，诸舅墓待扫。北望胥夏村，白云常缭绕。静言思自来，呼天天难晓！

动物园新畜非洲乳狮吼声凄厉，怜而咏之

一九七五年二月

长林丰草日相思，抓碎金笼好横驰。直入炎荒三万里，吼声不断识儿啼。

寄一真

一九七六年春

阴多晴少天如醉，红瘦绿肥春近残。烂熟世情余感慨，归来把酒且相宽。

悼陈毅将军十三韵

一九七六年

邪途曲似钩，大道直如矢。佞忠各异趋，功罪标青史。赫赫陈将军，浩气吞虎兕。霆击原无私，此心盟白水。往事试回思，勋猷多足纪。率师绝大江，出任春申市。百年陷溷藩，一夕流芳芷。入都主坫坛，诸邦资燮理。正义克申张，强权遭世鄙。绩业何煌煌，长才犹未已。鬼蜮惯含沙，微疴遽至死！领袖为咨嗟，曹掾靡依止。百身赎斯人，九原倘可起。

总理千载人

一九七六年

开国数元勋，韶山自冠首。佐治仗魁奇，姬旦信高手。经纬有万端，一一碑在口。晚岁悲回风，鸿图遭掣肘。举世望升平，寄怀在山斗。总理千载人，四凶只小丑。历史无尽期，谁暂谁长久！

敬题周总理遗像

一九七六年

无私曰大，不矫曰醇。功高德劭，今古完人。

声　势

一九七六年

声势盖重闱，猖狂心事违。吕雉成典花，武曌嗣音徽。喜怒定功罪，升沉显福威。北门诸学士，同附后车归。

感　事

一九七六年

连云第宅忽榛荒，蒲柳居然作栋梁。不信神州竟暗澹，广栽松柏映高堂。

防震棚居口占

一九七六年

（一）

海啸山崩不用惊，地维摧折可重营。细参成毁为通律，数月棚居意渐平。

（二）

伐竹诛茅便作家，转从简素见清华。夜昏得月何须烛，枫老经霜即是花。

（三）

日近自然世味轻，常听天籁助聪明。油毡坚韧胶皮脆，小雨能为大雨声。

（四）

隔江岚影苦相招，带水拖泥岁月遥。寄语山灵休怅怨，茅蓬自搭在明朝。

七古一首应题朱江同志大唐扬城图

一九七六年

我爱朱君赋性真，述作宛然肖其人。唐代扬城成往迹，披至恍睹千年春。廿四桥边芍药艳，竹西亭畔琅玕新。四海骚人集淮左，万方贾舶系江湄。国家财富扬唯一，知君怀古非无因。故记胸罗经践勘，一丝不苟见精神。事无佐证发狂论，举世滔滔君所嗔。天生我材必有用，低徊三复请书绅。

卞孝萱以所著《刘禹锡年谱》见贻，钦其翔实，漫成二绝句寄之，期其续有佳制问世也

一九七八年

才调刘郎盖李唐，得君一谱倍真详。卞庄刺虎惊双获，此是开宗第一章。

淮南经训仰焦王，选学名家数阮汪。且喜流风犹未沫，有人述作忆维扬。

陶白同志息影扬州，曾闻謦欬，兹将重赴秣陵，诗以抒怀

一九七八年

（一）

邗上风光任漫游，楼头小住几经秋。如何闲却为霖手，且喜诗篇可汗牛。

（二）

谢傅东山物望高，东山再起众欢豪。眼前多少谈瀛客，谁解泾南白染袍（皖南事迹，陶老曾遭囚五阅月，后始得间脱险）。

观重言、献唐诸先生遗族所惠近影及镇宅所寄照片漫书二十八字

一九八〇年

故人子弟多才俊，绕膝孙曾亦婉顽。兰玉盈阶芳草远，一回展对一开颜。

戏题曾孙鼎生小影

一九八〇年

尔祖昨来扬，袖出好容光。双目何炯炯，耳大面又方。太母吻雏影，端详复端详。婴儿甫五月，那可论低昂。老人无私意，但望作栋梁。国家正需材，后生应自强。夜深万籁寂，太母喜犹狂。

杜鹃花开并蒂，柬一真海上

一九八〇年

阶下盆鹃并蒂开，无端逸趣逗人来。荣枯不假君平卜，与子同登抱朴台。

海会庵　庵在建湖县丁家河，舅氏中珍大师修禅定之所也

一九八〇年

晨钟暮鼓警人顽，似锦年华付等闲。更痛孩提吟陟屺，渭阳情重每朝山。湖水西来第几湾，禅堂夜坐听潺潺。记曾礼得坛经后，无住生心透一关。

献岁发春，外孙祁汉晋自太原寄词为祝，以二十八字付之

一九八一年

雏凤清音力未圆，依依孺慕扣心弦。并州岂是荒寒地，春到人间一例妍。

论　诗

一九八一年

诗到无人爱处工，放翁此语信豪雄。自家冷暖自家话，绝唱从来不尚同。

答友评诗

一九八一年

浮艳清奇正色捐，广眉半额赞神仙。浑金璞玉无人识，独向荆州抱石眠。

忆茹老

一九八二年

蹑矢追风未足多，澄心寂照邈山河。蓬莱一去无消息，垂老蹉跎叹逝波。

无　题

一九八二年

春兰秋菊两相宜，夏葛冬裘互济之。时节因缘随分说，论长道短总成痴。

虹桥两岸，木叶尽脱，垂杨则经霜未凋，猛忆老子弱胜强、柔胜刚之义，得二十八字

一九八二年

冬至垂杨影尚娇，临风摇曳映虹桥。高冈松柏多苍劲，弱质纤柔也后凋。

有　忆

一九八二年

此十八岁客袁浦一镜头也，其情其景，时隐时见，以诗记之，尘影或即此消逝欤？

曾卧元龙百尺楼，月光如水梦悠悠。何来池上更深笛？吹起心头一片秋！

偶　成

一九八二年

不矜两宋与三唐，吐语生来染桂姜。岁暮天寒霜叶下，闲情信步咏斜阳。

瘦西湖

一九八三年

湖上清吟似等闲，红桥诗社播人寰。渔洋去后风流歇，辜负城西水一湾。

渡江偈

一九八三年

风紧浪涌，风平浪静。浪缘于风，义非究竟。山峡江流，无风自劲。如如不动，证大圆镜。

《南谷类稿》后记

业师蒋逸雪先生，江苏建湖人。少孤贫，笃志励学，二十而有成。初应省立第九中学聘，得预西宾之席。中岁供职史馆，灿然有“史笔”之誉。嗣后，复执教于镇江师范并扬州师院，辛勤授业垂四十载，泽惠广被，沾丐后人，以道德文章著声江淮间，学林士子，咸钦伏焉。

先生之于学也，通经史，识音韵，沉酣考据，尤善古文。其文初从唐宋八家入，继则步武桐城，旋又规模魏晋，兼益乾嘉诸老之文。脱略恒蹊，唯清实浑朴之是务；转益多师，视精省厚重以为功。凡其心力所至，多有创获。间以余力为诗，不多作，亦不专主。以为唐人隽永，末流或失于肤廓；宋人清真，间亦蹈于刻露。汲其菁华，择善而从，复参以己意而融会变化之。此其作诗之大要也。

先生之为人，温而厉，谨而严，守正持平，宽厚不苛，乐以助人为务。庚申夏，故人王献唐先生子国华赍父遗稿《炎黄氏族文化考》谒先生，求为勘正。时先生方著述清代散文两大系，擘画经年，梗概初陈。是篇也，先生毕生心力所凝聚待以传世者也。及闻所请，慨然诺，遂摒己作而专事焉。暑往冬来，寻绎不倦，阅一载功始竣，而先生终以劳瘁致风疾。呜呼！王氏之言赖以传，先生之篇竟以湮，其间取予之义，得失之理，有逾于常人者亦远矣！而先生平生故旧，晚辈后学，并士林贤达，知与不知，莫不仰其风操。古谚云：“桃李不言，下自成蹊。”先生之谓也。

癸亥夏，先生扶疾归，憩影镇江南郊五凤口。越明年，尽发箧中诸稿授于余，嘱为编次，以类分：曰说经，曰辨史，曰解字，曰杂著，曰诗稿，曰诗评；其庐曰“南谷”，因名《南谷类稿》。草编初具，先生犹未亲裁，讵料长风遽逝，遂成绝笔，捧读遗篇，痛复何言！今值付梓，谨陈先生志业行事略如上述云尔。

乙丑夏李坦谨识于瘦西湖畔养拙斋

南谷类稿补遗

目　次

孔儒辨

自汉武抑黜百家、崇尚儒术，以推明孔氏，学者遂齐视孔儒，谓儒以外皆异端，非圣人之学。盖圣学之不明，迄于今二千有余岁矣。孔子集前圣之大成，为后世群言之宗祖，浩荡如天，民无能名，儒固不足以尽孔子也。

刘氏《七略》为典籍著录分部之始，后世目录家皆取其义。今书虽不存，然班《志》可考也。班《志》之序，首“六艺略”，次“诸子略”，次“诗赋略”，次“兵书略”，次“数术略”，次“方技略”。“六艺”居首何？明六艺为万学之源，群言之所从出。其后荀勖“四部”、王俭“七志”、阮氏“七录”，下及隋唐之“四库”，分部虽间有出入，然莫不先“六艺”以示尊异。世之学者，罕能明旨，又何也？经者，群言之君，孔子所述作也。百氏皆其流派，皆备于孔子。而儒特百家之宗子耳，以儒该孔，是以大宗为始祖也，乌睹其明知哉？

章学诚《文史通义》：“诸子之为书，其持之有故、而言之成理者，必有得于道体之一端，而后乃能恣肆其说，以成一家之言也。老子说本阴阳(孔、老并时，老长于孔，孔又尝向之闻礼。兹云老子出于易教，盖孔子之道，包涵万象，前乎孔子者，得孔子而传；后乎孔子者，得孔子而开，未可以时代先后为疑。)，庄列寓言假象，易教也。邹衍侈言天地，关尹推衍五行，书教也。管商法制，义存正典，礼教也。申韩刑名，旨归赏罚，春秋教也。”斯百氏源出六艺，而备乎孔子之说也。请更即孔门当时师弟子之言行为证。《史记·仲尼弟子列传》，孔子曰：“受业身通者，七十七人，皆异能之士也。”异能，则学各不同，百家之说也。子曰：“禹，吾无间然矣。菲饮食而致孝乎鬼神，恶衣服而致美乎黻冕，卑宫室而尽力乎沟洫。禹，吾无间然矣。”颜渊死，门人欲厚葬之，夫子不可，又曰：“礼与其奢也，宁俭。”又曰：“士志于道，而耻恶衣恶食者，未足与议也。”又曰：“弟子入则孝，出则悌，谨而信，泛爱众而亲仁。”斯墨家薄葬、尚俭、明鬼、兼爱之义。用夏之时，又曰：“不知命无以为君子。”将行，使弟子持雨具，已而果然。商瞿年长无子，子曰：“无忧，瞿年四十后，当得五丈夫子。”已而果然。斯阴阳、术数之义。老子著书，有《道德经》。《论语》，子曰：“志于道，据于德。”又称仲弓曰：“雍也，可使南面。”班《志》谓“道家清虚自守，卑弱自持，为君人南面之术，合于尧之克让、易之谦谦”，斯有合于道家之义。“听讼吾犹人也，必也使无讼乎?”又曰：“片言可以折狱者，其由也欤?”斯法家之义。季康子问仲由仁乎，子曰：“千乘之国，可使治其赋。”又曰：“善人教民七年，亦可以即戎矣。”又曰：“以不教民战，是谓弃之。”斯兵家之义。“必也正名乎？名不正则言不顺，言不顺则事不成。”斯名家之义。孔门四科，言语宰我、子贡。宰我，利口辩辞；子贡一出，存鲁、乱齐、破吴、强晋而霸越。十年之中，五国各有变，斯纵横家之义。足食、足兵，民信之矣。又曰：“吾岂瓠瓜也哉？焉能系而不食?”樊迟请学稼圃，斯农家之义。小说家记述逸事，或有所感而托事写怀，一近于《春秋》之纪实，一近于《诗》之比兴，要亦六艺之支流也。兹百家之学出于孔子，有可考者。荀卿师子弓，子弓师商瞿。韩非、李斯，法家也，而同出荀卿之门。孟子师子思，子思之学，盖出曾子、子夏之学，其后为禽滑釐、田子方(《史记·儒林传》：禽滑釐学于子夏)，子方之后，流而为庄周。故庄周之书，喜称子方之为人。樊迟农家，墨翟墨家，公孙龙名家，三子者，俱亲受孔子业(墨子受孔子术见《淮南要略》，公孙龙见《史记·仲尼弟子列传》)。其间师徒授受、推衍流传，典籍可稽，匪类臆说。其余诸家，以书颇散亡，师承远弗可考。然其旨义条贯、消息盈通，有可得而言者。《庄子·天下篇》：“《诗》以道志，《书》以道事，《礼》以道行，《乐》以道和，《易》以道阴阳，《春秋》以道名分。其数散于天下，而设于中国者，百家之学，时或称而道之。”《荀子·非十二篇》既摈斥六说，次则谓：“总方略，齐言行，壹统类，为仲尼之业。”百家称道六艺，是诸子源出于孔子也。仲尼总汇方略，是孔子兼包乎百家也。探讨源流，参验众说，确证真凭，讵容诬罔？奈之何二千年来，强以儒尽孔子而小孔子哉？

或曰：“汉《志》称‘杂家兼儒墨、合名法’。今子以孔子包百氏，是退孔子于杂家也。以儒尊孔子为小孔子，入孔于杂家，又岂崇弘孔子之道哉？其失均等，如之何龂龂而无已也。”曰：孔子含灵藏元，纯一无滞；杂家则短长兼收，醇疵互见。孔子，天地也，万物生育其间；杂家虽罗列众品，然风雨之扇润，雷霆之震发，霜雪之杀藏，阴阳二气之流转，造化之妙，盈虚之数，则非其所能知。故几希微渺之中，率然判别，每失其情，信非好学深思者，不能辨之而无惑也。

达巷党人曰：“大哉孔子！博学而无所成名。”刘彦和曰：“百家腾跃，终入环内。”愚谓百家于孔子，犹子孙之于父祖。学者果体斯义，则排抵争攻之端自息。一家之人，宗支繁衍，分析离散，一旦猝遇于疆场，徒以声音笑貌之不相识，执戈矛奋死力斗杀，而不知其为骨肉手足者，战国诸子之争竞也。挟父以逐季昆，曰："此吾父也，夷狄之人，来何为耶？"上则伤父母之心，下则乖手足之谊者，汉后儒者据孔子斥百家也。善乎班氏之言曰："今异家者，各推所长，穷知究虑，以明其指，虽有蔽短，合其要归，亦六经之支与流裔。"又曰："若能修六艺之术，而观此九家之言，舍短取长，则可以通万方之略矣。"天下之事，一则无争，歧则多乱，故春秋大一统，孟子言天下定于一，战国诸子驰骋其辞，不知宗本折衷，致演学术纷扰之局。汉后崇儒小孔，二千年不睹圣人之全。若夫不倚不偏，昭圣学之全量，暗者使明，郁者使发，教被万邦，德流罔极，以一尊之学，成大同之世，其在今之日乎？

（原刊于《经世报》第三卷第五期，1926 年）

附：1931 年版《孔儒辨》

自汉武抑黜百家、崇尚儒术，以推明孔氏，学者遂齐视孔儒，谓儒以外皆异端，非圣人之学。盖圣学之不明，迄今二千年有余岁矣。太史谈《论六家要旨》："儒者博明寡要，劳而少功。"《荀子·非十二子篇》诋子思、孟子（子思、孟子可称儒家领袖）曰："略法先王而不知其统，犹然而材剧志大，闻见杂博。案往旧造说，谓之五行，甚僻违而无类，幽隐而无说，闭约而无解。"王充曰："儒，术士之称。"由斯观之，儒之为道，如此而已。而孔子之量，岂仅此哉？孔子集前圣之大成，为后世群言之宗祖，浩荡如天，民无能名，吾知其不仅此也。

刘氏《七略》为典籍著录分部之始，后世目录家皆取其义。今书虽不存，然班《志》可考也。班《志》之序，首"六艺略"，次"诸子略"，次"诗赋略"，次"兵书略"，次"数术略"，次"方技略"。"六艺"居首何？明六艺为万学之源，群言之所从出。其后荀勖"四部"、王俭"七志"、阮氏"七录"，下及隋唐之"四库"，分部虽间有出入，然莫不先"六艺"以示尊异。世之学者，罕能明其旨，又何也？经者，群言之君，孔子所述作也。百氏皆其流派，皆备于孔子。而儒特百家之一耳，以儒该孔，是以丘陵齐崇岳、济浍等江河也，乌睹其明知哉？

章学诚《文史通义》:“诸子之为书,其持之有故而言之成理者,必有得于道体之一端,而后乃能恣肆其说,以成一家之言也。……老子说本阴阳(孔、老并时,老长于孔,孔又言向之闻礼。兹云老子出于易教,盖孔子之道,包涵万象,前乎孔子者,得孔子而传;后乎孔子者,得孔子而开,未可以时代先后为疑),庄列寓言假象,易教也。邹衍侈言天地,关尹推衍五行,书教也。管商法制,义存正典,礼教也。申韩刑名,旨归赏罚,春秋教也。”斯百氏源出六艺,而备乎孔子之说也。请更即孔门,当时师弟子之言行为证。《史记·仲尼弟子列传》曰:“受业身通者,七十七人,皆异能之士也。”异能,则学名不同,百家之说也。子曰:“禹,吾无间然矣。菲饮食而致孝乎鬼神,恶衣服而致美乎黻冕,卑宫室而尽力乎沟洫。禹,吾无间然矣。”颜渊死,门人欲厚葬之,夫子不可,又曰:“礼与其奢也,宁俭。”又曰:“士志于道,而耻恶衣恶食者,未足与议也。”又曰:“弟子入则孝,出则悌,谨而信,泛爱众而亲仁。”又曰:“大道之行也,天下为公。选贤与能,讲信修睦。故人不独亲其亲,不独子其子,使老有所终,壮有所用,幼有所长,矜、寡、孤、独、废疾者皆有所养,男有分,女有归。货恶其弃于地也,不必藏于己;力恶其不出于身也,不必为己。”斯墨家薄葬、尚俭、严父、兼爱、上贤之义。“用夏之时”,又曰:“不知命无以为君子。”将行,使弟子持雨具,已而果雨。商瞿年长无子,子曰:“无忧,瞿年四十后,当得五丈夫子。”已而果然。斯阴阳、术数之义。老子著书,有《道德经》。《论语》,子曰:“志于道,据于德。”又称仲弓曰:“雍也,可使南面。”班《志》谓“道家清虚自守,卑弱自持,为君人南面之术,合于尧之克让、易之谦谦”,斯有合于道家之义。“听讼吾犹人也,必也使无讼乎?”又曰:“片言可以折狱者,其由也欤?”斯法家之义。季康子问仲由仁乎,子曰:“千乘之国,可使治其赋。”又曰:“善人教民七年,亦可以即戎矣。”又曰:“以不教民战,是谓弃之。”斯兵家之义。“必也正名乎? 名不正则言不顺,言不顺则事不成。”斯名家之义。孔门四科,言语宰我、子贡。宰我,利口辩辞;子贡一出,存鲁、乱齐、破吴、强晋而霸越。十年之中,五国各有变,斯纵横家之义也。“足食、足兵,民信之矣。”又曰:“吾岂瓠瓜也哉? 焉能系而不食?”樊迟请学稼圃,斯农家之义。小说家记述逸事,或有所感而托事写怀,一近于《春秋》之记实,一近于《诗》之比兴,要亦六艺之支流也。兹百家之学出于孔子,有可考者。荀卿师子弓,子弓师商瞿。韩非、李斯,法家也,而同出荀卿之门。孟子师子思,子思之学,盖出曾子、子夏之学,其后为禽滑釐、田子方

(《史记·儒林传》:禽滑釐学于子夏),子方之后,流而为庄周。故庄周之书,喜称子方之为人。樊迟农家,墨翟墨家,公孙龙名家,三子者,俱亲受孔子业(墨子受礼之术见《淮南要略》,公孙龙见《史记·仲尼弟子列传》)。其间师徒授业、推衍流传,典籍可稽,匪类臆说。其余诸家,以书颇散亡,师承远弗可考。然其旨义、条贯、消息、盈通,有可得而言者。《庄子·天下篇》:"诗以道志,书以道事,礼以道行,乐以道利,易以道阴阳,《春秋》以道名分。其数散于天下,而没于中国者,百家之学,时或称而道之。"《荀子·非十二篇》既摈斥六说,次则谓:"总方略,齐言行,壹统类,为仲尼之业。"百家称道六艺,是诸子源出于孔子业。仲尼总汇方略,是孔子兼包乎百家也。采讨源流,参验众说,确证真凭,讵容诬罔?奈之何二千年来,强以儒尽孔子而小孔子哉?

或曰:"汉《志》称'杂家兼儒墨、合名法'。今子以孔子包百氏,是退孔子于杂家也。以儒尊孔子为小孔子,入孔于杂家,又岂崇弘孔子之道哉?其失均等,何断断而无已也。"曰:孔子含虚藏元,纯一无滞;杂家则短长兼收,醇疵互见。孔子,天地也,万物生育其间;杂家虽罗列众品,然风雨之扇润,雷霆之震发,霜雪之杀藏,阴阳二气之流转,造化之妙,盈虚之数,则非其所能知。故几希微眇之中,率然判别,每失其情,信非好学深思者,不能辨之而无惑也。

汉有天下,以儒术为治。承汉者,若魏,若晋,若六朝,若隋唐,若宋元明清,举不能逾越其法度,于是二帝三王之治迹,不复见于后代。学者囿于境地,知有儒,不知有百家,排百家以尊孔子。苟或告之曰:"百家亦在大成之所集,排之非所以尊孔子也",则群士议起,抵为异端夷狄之说。"力厚者说强,成俗者难入。"讵不信欤?故尊孔者,汉后之儒也;小孔者,亦汉后之儒也。儒尊孔子,非吾所禁;据孔子以排百家,则非吾所敢承。居人堂奥而毁其庭阶,用人四肢而去其身首,犹曰:"吾尊之,吾信之,吾膜拜之。"吾惟恐受尊信膜拜者,匪特不顾,且将曰:"彼非我徒也,小子鸣鼓而攻之可也。"隋唐而还又有贱丈夫焉,规行而矩步,言必称先王,冠进衣迭,号称儒者,以章句浮辞博取功名,与乡里小儿逐一日利,至今被其毒而未已,庄生曰:"圣人不死,大盗不止。"信哉!儒者尊孔子,而孔子小;章句之徒崇儒,而儒道绝。圣学之衰,有矣哉!达巷党人曰:"大哉孔子!博学而无所成名。"刘彦和曰:"百家腾跃,终入环内。"愚谓百家于孔子,犹子孙之于父祖。学者果体斯义,则排抵争攻之端自息。一家之人，宗支繁衍，分析离散，一旦猝遇于疆场，徒以声音笑貌之不相识，执戈矛奋死力斗杀，而不知其为骨肉手足者。战国诸子之争竞也，挟父以逐季昆，曰："此吾父也，夷狄之人，来何为耶？"上则伤父母之心，下则乖手足之谊者。汉后儒者据孔子斥百家也，诸子驰说而秦人坑焚之祸作；儒者据孔以排百家，而六经绝诵于近时。子曰："攻乎异端，斯害也已。"可不惕然深惧之乎？

善乎班氏之言曰："今异家者，各推所长，穷知究虑，以明其指，虽有蔽短，合其要归，亦六经之支与流裔。"又曰："若能修六艺之术，而观此九家之言，舍短取长，则可以通万方之略矣。"天下之事，一则无争，歧则多乱，故春秋大一统，孟子以天下定于一，战国诸子驰骋其辞，不知宗本折衷，致演学术纷扰之局。汉后崇儒小孔，二千年不睹圣人之醇德。若夫不倚不偏，昭圣学之全量，暗者使明，郁者使发，教被万邦，德流罔极，以一尊之学，成大同之世，其在今之日乎？

（原刊于《东方文化》第二卷第二期，1931年）

唐宋诸老抵排释老平议

学者凭着私见，没有从善服义的公心，“安其所习，毁所不见”，使真理暗郁，后世莫知适从，其影响于学术者至巨。凡遇到这类的事，我们须得加以辨正。

二千年前有一位高谈雄辩的孟老先生专替儒家保镖，把别派学说骂得狗血喷头、一文不值，并加以乱臣贼子的恶名，使其不能见容于社会，我们且看他说：

> 圣王不作，诸侯放恣，处士横议，杨朱、墨翟之言盈天下。天下之言，不归杨则归墨。杨氏为我，是无君也；墨氏兼爱，是无父也。无父无君，是禽兽也。……是邪说诬民，充塞仁义也。（见《孟子》）

这段话，假使是别人说的，我认定他是未尝学问，现在是孟老先生说的，我认定他是“故入人罪”。“杨氏无君，墨氏无父”，据我看来，全非事实。杨氏说：“损一毫，利天下，不与也。悉天下，奉一身，不取也。人人不损一毫，人人不利天下，天下治矣。”一国的人民，能竟如杨氏所说——损一毫利天下不与，悉天下奉一身不取——我敢必为领袖的人舒服极了，真可谓“无为”而治，又何尝是无君呢？墨氏说：“天下兼相爱则治，交相恶则乱。”因此孟老先生就说他“爱无差等”。“若使天下兼相爱，爱人若爱其身，犹有不孝者乎？”这岂是无父之言么？《小戴礼・礼运篇》里说：“人不独亲其亲，子其子。”试问这两句与墨子“兼爱主义”究有何别？我所以说：孟老先生“故入人罪”。而二千年来中国一般读书的人，皆打着为儒家保镖的旗号而不知悟，何等的无知，何等的可怜。

后来杨朱之学中绝了，墨氏书虽传，也无人去探讨（近世始有人以《墨经》与耶教相牵合）。为儒家保镖的先生们，于是将枪头移转方向，准对着释老放来。做这工作的人，以唐宋两代为最众。要是一一去批评、一一去驳斥，无这多的纸笔。只得采取“擒贼擒王”的手段。唐代做这种工作最力的，当推韩愈；宋代做这种工作最力的，当推朱熹，现在仅就这两位巨头加以批评罢。

退之的《原道》,在词章家奉为至宝。在不学的我看来,简直是“盲辞瞎说,颇似老妪骂街”。兵家说:“知彼知己,百战百胜。”退之于敌人的情形,全然不知,就举起枪来乱放,故虽至兵穷弹尽,对方未损毫毛。肆利口以谩骂,有何用处?《原道篇》上说:

> 老者曰:孔子,吾师之弟子也。佛者曰:孔子,吾师之弟子也。为孔子者习闻其说,乐其诞而自小也。亦曰:吾师亦尝师之云尔。

《史记》上明明载“孔子适周,问礼于老子”一段事,并且孔子回来当着他的弟子赞老子说:“鸟,吾知其能飞;鱼,吾知其能游;兽,吾知其能走。走者可以为网,游者可以为纶,飞者可以为矰。至于龙吾不能知,其乘风云而上天。吾今日见老子,其犹龙邪。”(见《老庄申韩列传》)而退之偏要为孔子讳,说老子不是孔子的老师。《原道》上又诋老子说:“老子之小仁义,非毁之也,其见者小也。坐井而观天,曰天小者,非天小也。彼以煦煦为仁,孑孑为义,其小之也则宜。其所说道,道其所道,非吾所谓道也;其所谓德,德其所德,非吾所谓德也。凡吾所谓道德云者,合仁与义言之也,天下之公言也。老子之所谓道德云者,去仁与义言之也,一人之私言也。”孔子听老子一席话,便赞老子为犹龙;退之转觉老子为不足重。退之不认识老子,且不去谈;恐怕连信奉孔子,也未必就认识孔子。苏子瞻云:“韩愈之于圣人之道,盖亦知好其名矣,而未能乐其实。……支离荡佚,往往自叛其说而不知。”可谓实获我心。至于佛者云云,吾未之闻(或者由于我少读书),大约经、律、论里都无此说吧。

最奇异的,退之指释老为夷狄(见《原道》及《论佛骨表》),而暗中却与夷狄相往还。请看他给孟尚书的一封信上说:

> ……潮州时,有一老僧号大颠,颇聪明,识道理。远地无可语者,故自山召至州郭,留十数日。实能外形骸,以理自胜,不为事物侵乱。……因与往来。及祭神至海上,遂造其庐。及来袁州,留衣服为别。

释氏之教,如不可信,则不应与大颠往来;若以大颠在和尚中是高超者,非庸俗之流可比。是退之所斥,皆凡僧也。秀才中亦有无学行者,即因此以抵孔子,可乎不可?

他送惠师的诗:

江鱼不池活，野鸟难笼驯。

《答道士寄树鸡》诗：

软湿青黄状可猜，欲烹还唤木盘回。烦君自入黄阳洞，直割乖龙左耳来。

据前一首诗，他以“江鱼”“野鸟”喻惠师，暗中是说惠师是奇人，不是受普通礼教所拘系的俗物。据第二首诗看，他也曾和道士过从，或还以礼物馈送。一面友其人，一面复施以攻击，真可算是进退失据。

谈到宋代一般儒家的大人，不但与释老之徒往还，简直是释老的变相。《庐山志·桑疏》：

初，宋元丰间，真净文禅师住归宗。时濂溪周先生自南康归老莲花之麓，黄太史（山谷）以书劝先生与之游甚力。故先生数至归宗，因结青松社，若以踵白莲社者。（卷四，第 46 页）

濂溪曾有《题莲》诗：

佛爱我亦爱，清香蝶不偷。一般清意味，不上美人头。

濂溪于佛，真是“步亦步，趋亦趋”，五体投地，拜服倒了。马贵舆曰：“晁氏说：‘朱震言：“程颐之学，出于周敦颐。敦颐得之穆休，亦本于陈抟。”’景迂云：‘胡武平、周茂叔同师鹤林寺僧寿涯，其后武平传于家，茂叔则授二程。……凡南宋诸儒，皆以得附希夷道学为幸。’”马氏等，均宋人，闻见亲切，所言当不虚妄也。

宋人攻击释老最甚者为朱晦庵，前已言之。但晦庵和释老往还最密，事迹亦最多，容我慢慢引来。

《读道书作》诗：

岩居秉贞操，所慕在玄虚。清夜眠斋宇，终朝观道书。……寄语狂驰子，营营竟焉如。

又《久雨斋居诵经》诗：

端居独无事，聊披释氏书。……了此无为法，身心同晏如。

又《诵经》诗：

坐厌尘累积，脱屣味幽玄。……世纷未云遣，仗此息诸缘。

上边几首诗，都是晦庵读释老两家的典籍有感而发的，不是他人代作、用来诬陷他的。《书周易参同契考异跋》，晦庵自署“空同道士邹訢”，我要问：“‘道士’两个字，是什么名词？‘邹訢’二字，又是什么玩意儿？”《四库全书提要》云：

> 邹本邾国，其后去邑而为朱，故以寓姓。《礼记》郑氏注谓“訢当作熹”；又《集韵》“熹，虚其切；訢，亦虚其切”，故以寓名。

世人多说宋人“阳儒阴释”，我们在此搜得有力的证据。《四库全书提要》接下去说得好：“殆以究心丹诀，非儒者之本务，故托诸廋辞欤？”我又于《庐山志·桑疏》里检出他与老氏之徒暗通消息的一首诗：

> ……二马果能为我驭，五芽应自长家园。明朝酒醒下山去，此语更从谁与论。（《赠刘虚谷》）

“二马”“五芽”，全然道家语。表面抵排释老不遗余力，暗中和刘虚谷在庐山开道家秘密会议。科其罪，起码要算是一个“通敌者”。“阳儒阴释”，此处又得了有力的铁证。

有人和我说：“《宋史》上明明说：‘程朱诸出入老释十数年，卒返之于六经。’你上边所说，是他早年的事，不足为据。”我听了这话，不得不引朱老先生晚年的文字和事迹，来证明他晚年与早年的态度是一样。

《寄陆子静书》云：

> 熹衰病益深，幸叨祠禄。遂为希夷直下孙，良以自庆。

这信是哪一年的事，我没有考，但就“衰病益深”四字看来，好像是暮年的语气。

《年谱》载“庆元三年，蔡元定将编管道州，与朱子会寒泉精舍，论《参同契》。”又与蔡书云：

> 《参同契》更无缝隙，亦无心思量，但望他日为刘安之鸡犬耳。

晦庵死在庆元六年，得年七十有一。与蔡元定寒泉精舍论《参同契》，是他六十八岁时的事，是在他未死的前三年，这还能算是早年么？

总而言之，韩朱皆是攻释老而久著盛名者。韩于释老之学，造诣本浅，虽力抨之，终未中其要害。朱则全然是释老的变相，彼谓不足信，实易于惑人。韩氏攻释老，而与释老未能绝缘；朱氏攻释老，而与释老有至亲极密的关系。究竟他们为什么要作此违心之举呢？他们是误中孟子“能言拒杨墨者，圣人之徒也”一言之毒。攻击释老，实在不是他们的本心！他们是因“要做圣人而攻击释老”！

十六、三、十，于盐城寄庐之苦湿斋

（原刊于《东方文化》第五期，1930 年）

焚书不始于始皇，始皇所焚为古文说

书之焚，不始于始皇。“有征乎?”曰：“有。”《韩非子·和氏篇》：“商君教秦孝公……燔诗书，而明法令。”此事《秦本纪》及《商君传》虽未载，然足证秦人焚书不自始皇始也。孟子曰：“诸侯恶其害己也，而皆去其籍。”是焚书之事关东六国遍行之，岂惟秦为然哉？班孟坚曰：“及周之衰，诸侯将逾法度，恶其害己，皆灭去其籍，自孔子时而不具，至秦大坏。”据是而论，燔灭典籍，东周之世已有之，盖又远在战国之前矣。夫人君之施政也，必求民顺而无违，苟有与之抵牾者，则严法以禁其说。此考之于古，验之于今，莫不皆然。春秋、战国之际，时君世主，壤地褊狭，所发禁令，仅及一隅，其为书籍之患也尚浅。始皇统一宇内，作天下之共主，南朔东西，声威四被，其为书籍之患也较深。然权势使然，其罪固与上世之君同等也。或又问曰：“刘海峰谓：‘诗书之亡，亡于项羽咸阳一炬。始皇虽焚书，书固无恙。’其言亦足信乎?”曰：“精审矣，犹未至也。”咸阳未火，古文书已早为灰烬矣。秦令曰：“非博士官所职，天下敢有藏诗书百家语者，悉诣守尉杂烧之。”博士所职今文也，今古学之名，虽成于汉，秦时实已启其端。伏子贱，汉初今文之钜儒也，故为秦博士是一证也。又许叔重谓：“七国文字异形，始皇兼天下，罢其不与秦文合者。”按秦文小篆也，孔壁古书字尽蝌蚪，当为秦世所禁。然则秦博士之所职，其为今文，明甚。马迁有言曰：“秦拨去古文，焚灭诗书。”不更足为吾说张目耶？刘氏第知博士之有书，而不知博士所掌惟限今文，吾是以谓其犹未至也。

十八、十一、十四，夜午于盐城太丘之上

（原刊于《东方文化》第二卷第二期，1931 年）

致唐大圆函

圆公我师慈鉴：

初夏一奉示谕，后连上数函，兼寄呈《国学讲稿》一册，俱入照否？兹已岁聿云莫，音问杳然，不稔吾师仍隐遁山中否？曷胜系念。《国学讲稿》，现改名为《国学概论》，秋间曾有友人为介绍于世界书局，商人以牟利为心，于稿费一再推敲，当即索回原著。且仓促成书，讹误难免，私心亦不欲遽以问世，得便尚拟就南京龙蟠里图书馆从事参补。当编“哲学”一类时，吾师历年所惠寄之作，适为友人借阅，以致无从征引，嗣后修正，敬当多事援据，藉增辉光。逸半年来，课务稀简，读书之时间至多，而心中之感发亦无尽。综观吾师前后惠赐之书，知盛世去今不远。否泰剥复，理势之常，本无所用其疑议。然逸窃以盛世之现，必在世界第二次大战以后，今者世界大通，五洲已打成一片，一国之盛衰兴亡，与其他各国息息相关，盖毫发之动，往往牵及全身矣。此崇忍让，彼尚攘夺；此言仁爱，彼施残暴，生存之不暇，乌睹其盛世哉？势必大众回头，方有办法。据今以观，各邦魁杰，科学之梦方浓，侵略之心未已。故海有舰而空有机，舰日犀利而机日精巧，举世才智之士，日以制造刑具为事，致大地之上，形成为一大屠场。然器械愈利，则破坏之力愈大，往时十年八年方能结束之战争，今则不期月而可了。现时各国战机已伏，不出兼旬，吾知巴黎也，柏林也，伦敦也，东京也，华盛顿也，莫斯科也，均成为瓦砾之场矣。至此人心厌乱，始知科学进步，止可利用于厚生方面。夫人与人相处，国与国相交，必须敦尚礼让，而吾东方文化，举世将奉为环瑰矣。吾师之所谓盛世，其在此时肇始欤？然逸凡夫肉眼，仅据势推测，吾师洞贯理数，所见几微，亦能详以教之乎？吾师今后肩担，似属司徒之职，今之教育，实造亡国灭种之因。学校多一学生，则社会增一流氓。乡曲之民，不入学校，尚可保其朴实古浑之质；一进学校，则诈伪百出，尖头锐面，在野则扰其邻里，在朝则乱及国政。其下焉者，则求衣食之精美，房屋之宏丽。究其所能，而不足以成一艺，致成社会国家之蠹。当事者不察，犹力倡教育普及之说，逸尝遇彼辈中人，而讽之云：“中国此时所以不即亡者，实食教育未普及之赐。”闻者不悦，逸则持此议如故也。前读两汉书，见彼时经师，不废力作，及其感化力之伟大，皆足为今后言教育者所取资。如匡衡、承宫、徐稚、吴祐、庾乘、周燮之伦，或耕作以为活，或工佣以自给，而弟子向往，户限为穿。至经师伏处闾里，闻风而被化者，更所在多有。如《郑玄传》：“还高密，道遇黄巾贼数万人，见玄皆拜。”《儒林传》：“孙期家贫，事母至孝。牧豕大泽中，以奉养焉。远人从其学者，皆执经陇畔以追之，里落化其仁让，黄巾贼起，过其里陌，相约不犯孙先生舍。”逸每谓君相与师儒，两者无分轩轾。君相政令入人之深，有时或不如师儒之言行嘉懿，感人于不知不觉中也。当路或以考试甄拔人才，为无上之良策，逸亦不敢苟同。不知其人心行如何，止求验之于口头笔端，吾未见其可信也。君子固不以人废言，然以言举人，抑岂君子之所许乎？吾师前致书何芸樵主席，嘱其旁求隐逸，乃深入肯綮之言也。尊著德化主义，虽所援引史事，然每于结处，另见深义。其中《南岳微言》一篇，语语精绝，置诸前人语录中，微特不愧之也。惟篇末有“能读我《平天下书》而信受奉行者，必为中国之大总统”一语，微觉露骨。但吾师或有所讽托，如孟子“不嗜杀人者能一之”同一用意，亦未可知，是则非逸之所敢妄测也。《平天下书》所陈纲目，果能一一施行，汉以后无是仁政也；而吾师品位，汉以后亦无人可拟矣。舍亲乔丈，前见此书，爱之不忍释手，于吾师“不事节流，而徒讲开源，则虽遍地黄金，而仍不足于用”数语针砭当世，尤为叹服，惟于首出庶物者，则不知何指。逸六龄受书，今已三十有二，平生所师事者，不过二三人。独于吾师所言，则拳拳服膺，亦莫知其所以。意欲寄托门墙，未卜能不见摈否？所怀万端，书不尽意，维赐察为幸！

敬请钧安！

弟子蒋逸雪谨上

（原刊于《震铎》1934 年 8 月，题为《江苏盐城中学来函》）

王凤洲晚岁耽禅

吾国文人好佛，唐有白乐天，宋有苏子瞻，清有彭尺木、罗台山，此皆吾人所夙闻者。王世贞，字元美，号凤洲，明之才士也。文规秦汉，与李攀龙、谢榛、宗臣、梁有誉、徐中行、吴国伦，号“嘉靖七子”，而向未闻其耽禅。

顷来太仓，教余，寻幽探胜，尤喜询张天如（溥）、吴梅村（伟业）、王凤洲诸贤事迹。同事王月如君，凤洲先生裔也。凤洲葬太仓牌楼市，有祭田七十亩，今即由月如掌管。一日，月如过余斋闲话，谈及凤洲临终说偈事。余曰：有证乎？应曰：有。明日，月如以其《家乘》示余，余翻阅之，信所言之非虚。偈云：“了了原非了，心心是宿心。寂然回首去，待月伴疏星。”（见凤洲遗嘱）临去洒然，此境殊不易证，非内观有得者不能也。

其《家乘》中又录《弇山园记》八篇，弇山园，凤洲营以娱老者。据记中所载：园有佛阁，满贮释典。景物命名，多含禅意，谓其桥曰西归津，谓其山曰百纳岩，颜其院曰小祇林。盖凤洲晚年生活，无异置身梵宫矣。此事世未尽知，特书而布之。

（原刊于《中央日报》1935年3月6日）

唐大圆服膺章太炎

曾与黄季刚互通缄札，备述钦慕之意，卒因黄介得晤太炎。

武冈唐大圆先生，历任东南大学、武汉大学、中华大学教授，所任课程，均为佛学，而诗文亦斐然可诵，知之者或不多。

先生文规晋宋，书法汉魏，纯缘自修，并无师承。生平极慕章太炎先生之为人，曾与黄季刚先生书云："太炎先生为朴学斗极，文章宗工，上不以谋肉食，下不以叩鄙夫，中亦未尝资章甫于倮国；得吾子和以天倪，因以曼衍，俾斯道揭日月而行，启幽谷而照，匪独先生之功臣，亦天下后世之指南也。欣慕何似！顷读章先生题足下《梦谒母坟图记》及《蕲黄母铭》，既钦其为人，又敬其为学，将亲炙如来而未得，唯有欢喜、随喜于阿难尊者之前，则多闻薰习之展转宏布，企予望之矣。狂者进取，未尝问学，问津荷丈，愿求神交，秩秩德音，勿吝金玉。"

黄氏答书云："奉读手教，只益惭惶，先生身遁空山，抗心玄古，兰蕙之质，芳于无人，桃李不言，自成蹊路，独往不惧，暗然日章，雒诵高文，弥增佩想。侃授经横序，自愧荒疏，世变频烦，心绪萧槭。本师章氏，以亢龙之德，遭幽絷之灾，虽渊默雷声，不亏昭质，而迷阳隙曲，尚有忧虞，凡在学人，谁不忾叹？顷玄冬凄厉，穷谷樠森，傥嗣玉音，以慰遐想。"

时黄氏方讲学于北京大学也。民国五年秋，先生游燕，始与觌面，相见恨晚，文存纪游："到京，寓宝庆会馆，初访黄季子于大学夹道之寓，一见倾盖。"曾有赠诗，序云："蕲黄子季刚，学宗许郑，文法晋宋，今世隐秀也。曾以文字神交于予，顷闻授经大学，北上相访，感其意气，赠之以诗。"诗云：

风雅去已遥，郑声相嘲弄。师旷腾云天，发音自惊众。里耳入玄籁，欢喜偶获中。斗室拟天问，龙蛇生飞栋。随风寄苏门，大啸和鸾凤。金石定神交，从兹得磨砻。切磋愧他山，惜予非伯仲。

索居苦无悰，驾言远行游。左顾揽云梦，右瞩黄河流。遵陆摄飞轮，燕赵序当秋。粲粲行车马，楚楚多蜉蝣。之子谧无言，授经追前修。

升堂便倾盖，欢慰各绸缪。问礼勤辩难，窃比于孔丘。柱史见若龙，今者方适周。

其后因黄氏绍介，卒得见章太炎。太炎弟子有汪东者，主编《华国月刊》，亦时向先生征稿，故先生与黄氏书中有云："章君峻极，足下高标，知希我贵，视在《华国》。汪君孤照，应亦可人。"此非好为标榜，实缘彼此文字流派颇相接近也。

（原刊于《中央日报》1936 年 3 月 5 日）

师范生与国文学科

师范学校课程，国文居其一，教育部早有标准颁定，举国同风，毋庸更有论列。惟著者往岁乡居，子弟读书小学，晚归自习，讹音误字，时有闻见，根究原因，其责或非儿童所能尽负；比年服务师范，耳目所及，感触益多；爰择数端，略事抒发。其中或为教部所已言，而复加申论；或为教部所未及，而别有所陈。敢云补苴之功，聊述所怀，用供商榷已尔。

文字为发表思想、抒写情绪、记叙事实之重要工具，而本国文字以环境关系，为用尤广，往日有“国文为各科之母”之说，虽未然，然已足见国文之重于社会矣。本国人不能不习本国文字，师范生于本国文字更有特殊之作用，而不容漠视。操笔为文，词旨晓畅，普通书籍，阅读无碍，此种通常能力，师范生固应具备；复有数点，尤当注意，兹分述于后。

一、关于文字构造之常识

文字学古称小学，周时八岁入小学之教也，读书之功，此为基础。语云：“先入为主。”文字学习，自不能例外，儿童入学，于文字初无相当之根基，纯以教师所授为依归，一经错误，改正为难。曩昔村居，子弟每晚散学归来，检视其文簿，原文中错字教师未订正者固多，而教师所增益之字其谬误间亦与儿童无殊，此非粗疏，实教师于字形犹未尽了了也。如：匈奴之“匈”作“匃”，刺激之“刺”作“剌”，轨道之“轨”作“軌”，束脩之“脩”作“修”，此类错误，不一而足，皆不合于文字构造之原理。按：匈，膺也，从勹，凶声，于六书为形声；匃，气也，乞义，逯安说：“亡人为匃。”于六书为会意。刺，直伤也，从刀，从朿，朿亦声，是会意而兼声也；剌，戾也，从束，从刀，徐锴曰：“剌，乖违也，束而乖违者，莫若刀也。”是纯会意也。轨，车辙也，从车，九声；而軌则初无此字也。脩，脯也，从肉，攸声；修，饰也，从彡，攸声；虽得音之部相同，而所从则异。他若膏肓之作膏盲，刚愎之作刚复，虽几微之差，然已令人不可索解，此皆由于未明文字构造之故。或谓：“究求文字构造之原理，为一种专门学问，段、王、朱、桂，号称大家，均注毕生之力于此。”不知西方文字，其母二十有六，中国文字，其母五百四十（章氏《文始》谓尚可减少），苟识其母，余字悉从拼合，再能明六书之条例，虽向所不识之字，一经寓目，便可思过半矣。故缘此以求，实为识字之捷径，慎勿转以简易为繁难也。夫中学生有错误，在一人；师范生有错误，则谬种流传，生生不已，实足为文字之隐忧，非细故也。

二、关于应用文件之练习

昔日教师所训导者，以生徒为范围；今日教师所指示者，以社会为对象。乡村人民，稚鲁无知，每视教师为万能，函牍之代拟，契券之替缮，甚至喜庆哀挽之联，亦有倩为撰作者，设却之不应，或应而中有纰缪，则社会之信仰全隳；甚或向其子弟明言教师之缺失，而教学之效能亦因以低减。世每有因小节而误大事者，此其一端也。应用文，部颁标准已列入国文选材中，然究嫌简略，似宜另设学程，俾资专习。夫应用之文，有定式，有术语，苟违其定式，易以新样，弃其术语，更以他辞，虽精雅视旧有加，而施用必多窒碍。邺下谚曰：“博士买驴，书券三纸，未有驴字。”（见《颜氏家训·勉学篇》）刘彦和云：“才冠鸿笔，多疏尺牍。”（《文心雕龙·书记篇）故应用之文，虽在硕彦，苟不研习，亦易滋笑柄也。曾于友人处见一明信片，上书“某某先生台启”字样，“启”，开拆也，函可开拆，明信片如何开拆？是仅知书牍之术语，犹未明其所以然而误用也。询诸友人，则其某校同事之所贻也。相与惋叹者久之。

三、关于乡村生活之作品

都市繁华，乡村冷寂，乐繁华而恶冷寂，常人之情也。然乡村面积视都市为广，小学设立乡村者必视都市为多，师范生毕业以后之服务乡村者人数必视都市为众，此亦自然之势也。但每见师范毕业生托人谋事，介至都市则欣然色喜，介至乡村则顿感不愉，盖彼视都市为乐国、乡村为畏途也。不知都市之儿童宜教，乡村之儿童独可弃置耶！且小学教师之待遇，至为清苦，薪俸所入，月得几何！都市生活，恒视乡村为高，无论为公为私，师范生均以服务乡村为是。此固在学校当局之多方训练，而文学上予以诱导，亦属紧要之事，乡村物质缺陷，当提倡精神修养以弥其憾。前人写野居之乐，佳制正多。如陶潜、王维、孟浩然、韦应物、储光羲、陆游、范成大之诗，秦观、姜夔之词，柳宗元、徐弘祖之文，均博揽物态，逸趣横生，令人读之悠然意远。习之既久，自感乡居之乐，而恶都市之嚣扰矣。

四、关于教学修养之论著

学校以师范名，其毕业生必言为世法，行为世表，方称名实相副，国文一科，具有潜移默化之力，关系匪浅。观乎汉代经师，常持刚劲之节，謇谔之操，有一种清介不可名状之风度。如郑玄、孙期、徐稚之伦，隐居讲学，而化及一方，虽寇盗亦知敬礼不敢犯，非其高风俊德有以化之欤？吾先民于教学之道，虽无专籍，然如《论语》《学记》、宋元明清《学案》，及正史中之《儒林传》，不乏嘉言良法，均宜择要阅览，身体力行，虽不能如孟子所谓过化存神，然其处己有道，教人有方，亦可抗颜称师而无愧矣。

上论四端，乃一时感想所及，既无系统之可言，复乏精义之足述，聊供参考，非谓师范国文所应注意之点尽于此也。惟更有不能已于言者：往岁中学生数理每优于师范生；师范生文史则优于中学生。近年以还，师范生不惟数理不及中学生，而文史渐亦视中学生有逊色，腹笥空空，何以为教！此不能不望于今后师范同学之黾勉矣。

（原文为讲座稿，载于《江苏学生》第八卷第二期，1937 年）

复性书院主讲人马一浮先生

三月二日，各报登载中央社的消息："蒋委员长鉴于抗战建国、教化为先，特商同行政院孔院长暨教育部陈部长，创设'复性书院'，并敦请马一浮氏主讲。"在抗战极度艰苦的现阶级，蒋委员长一日万事，而来创办这个书院，这书院所负的使命重大，不言而喻了。主讲是马先生，马先生是怎样一个人，对于学术向持怎样见解？这自然是社会上一般人士所急欲知道的了。

宜山会语

去年秋天，浙江大学里有一位朋友由宜山寄给我几张讲义，他并在信上说这是他们校里讲座马一浮先生的讲稿，马先生学有心得，迥异寻常，他们校里上自校长、教授，下至学生，无不对之心折。

讲义计九张，分三篇，统称《宜山会语》。只在题下附记"一""二""三"的数字，以示区别。细细地看了几遍，当时觉得马先生的学问是这样的。

近于陆王

（一）马先生所讲的，是理学，是近于陆王的理学，《宜山会语》，完全用前人的语录式已是露出一些消息。马先生深慨今人不治经，就是有治经，可惜又走错了路径。他说："学者要养成判断力，非从根源上入手不可。初机于此理凑泊不上，只为平日未尝治经。其有知经者，又只为客观的考据之学，方法错误，不知反求自心之义理，终无人头处。吾今所言虽简，却是自己体验得来。"

宋人义理

马先生讲学是站在宋人义理方面，旗帜是很鲜明的了，又说："某尝谓读书而不穷理，只是增长习气；察识而不涵养，只是用智自私。凡人心攀援驰逐，意念纷飞，必至昏昧。以昏昧之心应事接物，动成差忒。守一曲之知，逞人我之见，其见于行事者，只是从习气私欲出来。若心能入理，便有主宰。义理为主，此心常存，无有放失，气即安定，安定则清明。涵养于未发以前，察识于事为之际，涵养愈深醇，则察识愈精密。见得道理明明白白，胸中更无余疑，一切计较利害之私自然消失，逢缘遇境，随处皆能自主，皆有受用。然后方可以济艰危，处患难，当大任，应大变。”又说：“如今一般为学方法只知向外求事物上之知识，不知向内求自修之义理，不能明体，焉能达用？……体者何？自心本具之义理是也。”根据这许多话，我们知道马先生指示人，是专从宋人义理上下工夫，而反对汉学家的考据的，所以我说：“马先生所讲的，是理学。”为什么又说马先生所讲是近于陆王的理学呢？请看马先生说：“天下万事万物，不能外于六艺；六艺之道，不能外于自心。”又说：“一念回机，便同本得。”这种说法，与陆子静所谓“《六经》皆我注脚”，是一样的道理。洛闽“道问学”，象山“尊德性”，马先生论学，毫无疑问是与象山为近的。马先生又说：“天地一日不毁，此心一日不亡。”这和治王学的黄梨洲所说的“盈天地间皆心也”是一鼻孔出气，也就是他们当日所高呼的“心即理也”的口号了。

儒佛互证

（二）马先生与往日理学家态度不同，汉代以后，印度哲学流入中国，到了魏晋学术上便起了变化，到了唐代，佛学的力量更大，渐有喧宾夺主之势，所以韩退之出来卫道了。宋人的理学，“阳儒阴释”前人早经论定，可是他们是和韩退之取同一态度的，表面总是骂邹，总是说他们的学问上接佛鲁，与佛是绝对不同的。现在马先生便没有这种狭隘的见解，他平日讲学，儒佛互证，毫不讳饰。他解释《大学》上“知本”“知至”：知本，是知其所从出；知至，是指其所终极。《华严》所谓“无不从此法界流，无不还归此法界”，与此同旨。解释《中庸》上博学、审问、慎思、明辨、笃行一节：释氏以“闻”“思”“修”为三学，亦同《中庸》。闻该学问，思约思辨，修即笃行也。两相比证，不存主奴之见，这也和一般理学家态度不同。

先生经历

最近浙大竺校长来渝，我尝函托友人宋楚白先生代询马先生的经历。顷得复书，据云："马先生名浮，一浮其字，籍贯浙江。但生于蜀，五岁出川，今已五十五矣。向居杭垣，钻研宋明理学，于印度哲学造诣尤邃。"上所称说，证以此函，似乎不会发生过大的错误吧？

修身治国

有人说，敌人正在那里研究炮的射程如何可以更远，炸弹的威力如何可以更大，我们现在来办这个书院，言心言性，似乎寻求不出什么意义。讲这话的人，不免蹈近视的毛病了。以杀止杀，予打击者以打击，是治标的。治本当另有所在。中国历代的圣哲，对于"修身""治国""平天下"，有一贯的道理，绝非持狭隘眼光者所能了解，现在引本年一月牛津大学教授写给蒋委员长的信上几句话来作本文的结语："英国人士对于中国文化学术的真义与价值，过去还不免有些疑惑。但至今日……我们不再能怀疑谁是世界文化的领导者了。"

（原刊于《杂志》第四卷第三期，1939 年）

汉奸的前途

为要说明汉奸的前途，先来征引一则简短的故事：昔有少年，调笑邻之二女，一恼拒，一笑从。其后二女论嫁，少年娶恼己者，笑者责其薄幸，少年曰："昔之恼我者，今将为我恼人；昔之以笑报我者，安保其不更以笑靥他向耶？"笑者惭去。

苟且从人的女子，惨遭遗弃，这样收场，实为一般汉奸写照。苟且的女子既为家庭所不容，复为邻里所鄙视，就是调者也不过玩弄一时，心里却已映着不良的印象，到了相当时期便弃之如敝屣了。所以苟且从人的女子，罕见有好结果的。汉奸的身世，与此正同。既为国人唾骂，复为友邦姗笑，敌人因为要利用他，眼前不得不虚与委蛇，但深知这班无耻之徒，毫无信义，绝不可靠，一旦目的既达，还不是将他一脚踢开。我国在古代惩罚凶顽，往往"屏诸四夷，不与同中国"。现在一般汉奸不独本国不容，恐怕到结局，四夷也不收留，天地虽大，竟无若辈驻足处。这种况味，是人间最凄凉的了；这种谴责，是世间最严酷的了。他们的知觉如未尽失去，清夜自思，则其所感的苦闷，能不说是透顶么？

是非和利害，丝毫不相牵连，是非自是非，利害自利害，任何人不能以一己的利害，淆乱天下的是非。孟子说："是非之心，人皆有之。"世间就是极坏的人，也是具正义感的，纵因为非而得利，然其自身多少总要觉得有些不安。所以做汉奸的，不独外惭清议，亦复内疚神明。敌人对于汉奸的憎恶，对于我们英勇抗战的钦佩，离开利害，从纯是非而生的情绪，往往也会自然流露。请先举史事为证。

明末洪承畴经略蓟辽，松山之役，兵败被执，自分必死，清人百计诱之，遂降。清初规制，多出其手，论其功绩，可算是开国元勋了。然而到清高宗的时候，便请他上《贰臣传》了。史可法督师扬州，多尔衮致书劝降，严词峻拒，其后城陷殉职，而清廷赠谥美显，大加褒扬。本来天地间只有一个是非，公道之在人心，永远不会变灭，哪有汉奸抬头的日子！

再讲宋朝，伪楚帝张邦昌、伪齐帝刘豫，皆是借金人的威势，受金人的导演，拥号称尊，取娱一时。在今日伪组织中一般傀儡的眼中看来，自是先进典型了。然一则畏罪归来，一则旋遭废立。洪皓使金，粘没喝迫令改仕刘豫，皓曰："万里衔命，恨力不能磔逆豫，忍事之耶！不愿偷生狗鼠间，愿就鼎镬，无悔！"粘没喝怒，将杀之，旁一校曰："此真忠臣也！"目止剑士，为皓跪请。敬忠鄙奸，无殊夷夏，成败得失，往事昭然，现在一般甘心做汉奸的人，不独无耻，也太缺乏历史常识了。

现在敌方控制汉奸，手段益形毒辣，或纵或擒，时予时夺，种种桎梏，层层束缚，使之如鹰犬，防之如盗贼，既不乐其生，又不容其死，所以今日一般汉奸无不有"进退维谷""生死两难"之感！往日汉奸，譬遭斩决；今日汉奸，如受凌迟。汉奸可怜，今之汉奸更可怜。敌人对我志勇之士，态度就不同了。本年三月一日纽约《新民族》登载美名作家安联 Bmce Cller 氏一文，中述一可歌可泣之事：

> 中国一士兵，在河南某地，虽为日军所困，仍事奋斗，杀了八个日兵，后因伤被捕，日人喜其英勇，劝彼投降，而彼愿死不屈。死后，日军葬之，并题其墓曰："中国无名英雄之墓"。

感觉较灵敏的汉奸，听到这个消息，不知他们脑袋中要起如何的幻想了。从这里更可证明，是非不因空间而生异同，不因敌我而起变化。忠勇之士，无所谓失败；汉奸之徒，无所谓成功。所谓成功，亦不过成其为汉奸而已。踏上汉奸之途，便是走进他自己的墓道，"汉奸"永远是和"堕落""毁灭""失败"等词联系着的。

不必申说了，仍就近事来讲吧。平沪大小汉奸的被刺，南京许多傀儡的饮鸩，消息传出，举世腾欢，这就可看到人心的向背了。报载："汪精卫自抵沪后，行动全失自由，居倭某武官家中，行则由敌方派铁甲车随行，名为保护，实则监视。余如发表言论、接见宾客，无一不须先经敌方许可，限制之严，直同囚犯，故汪逆已陷于哭笑不得之境。"乐极则笑，苦极则哭，这是常情。人最好能笑，不能笑，而憾事迭遭，胸怀郁结，放声一哭，将烦怨积闷一泄无余，也尚痛快。但汪精卫此刻笑既不能，连哭也不许，真如吴梅村所说，"是世间第一等苦人"了。日本欲亡中国，最最忌的是国民党。汪精卫乃国民党里的老人，所以日本人要拉他。但汪精卫如果真能代表国民党，国民党尚何足畏！汪精卫最初向日本人夸口，他一过去，就有多少军队响应，多少党员附和。汪精卫投到日本人怀里,至今时候已不算短了,究有多少军队响应的?多少党员附和的?我们只见军人请求讨汪、各处党员请求缉汪。搅到现在,汪精卫仅是自拉自唱,演了一出空城计,诸葛亮当日坐在阳平城头观看山景,汪精卫此刻在上海只有登日本营最高处东向望洋兴叹了。王克敏、梁鸿志与汪精卫志同道合,应该水乳交融了。岂知汪精卫过去尽管有相当历史,失节以后,全无用处;讲到做汉奸,王、梁自觉是老资格,看汪精卫行辈尚晚。汪精卫要后来居上,他们如何肯低首呢!宜乎会谈多次仍无结果了。死的途径中哪里寻得出生路呢!

近来京沪一带有不少汉奸理论在宣播,这好像死囚绑缚刑场,遂放开喉咙高唱一曲,也不过假充好汉奸罢了,谁会睁着两眼跟他们去扮演悲剧呢?

(原刊于《民意周刊》第九十八期,1939 年)

儒家真精神：勇之阐发

“天地之大德曰生”，持生之道，曰养与卫。卫有广狭，或卫己卫家，或卫国卫族，而勇之大小判焉。鸟有爪喙，兽有蹄角，皆所以自卫也，何独于人而无之？人之自卫巨器，而其用在勇。勇也者，保身家、全国族之美德也，是以君子宝之！

吾国民德不竞，士风颓靡，举凡“畏怯”“退却”“柔弱”“屈辱”，顾诸恶劣之性行无不具，致成一死气沉沉之社会。国人于性行之缺失，不惟不思改悔，又从而为之辞：名畏怯曰谨慎；退却曰礼让；柔弱曰和顺；屈辱曰容忍。既善文饰，益忘其短，习非成是，恬然自安。国势阽危，民族震撼，岂无故哉？甚者，如唐娄师德之教其弟曰“人唾汝面，怒汝也，汝拭之，则逆其意而重其怒矣。夫唾，不拭自干，当笑而受之”耳。史以“宽厚清慎犯而不校”许之。呜呼！此亡国之哀音，千古之罪言也！唐以后，外族入主，两遭亡国之痛者，非师德之言导之欤？

刚强勇毅之德，吾先民竟未之言耶？未之行耶？抑后世子孙轻弃其祖宗瑰宝，而致蹈中落耶？秦以前，百家竞鸣，各擅其胜；汉后儒术独尊，世风民气，无处不受儒家学说之影响。然儒学始受秦皇坑焚之摧残，继因武帝推崇而失实，终蒙宋人曲解而晦暗，其真精神之丧失，已二千有余岁矣。儒之所宗，孔子也；孔子于刚强勇毅之义，屡言不一言。曰：“志士仁人，无求生以害仁，有杀生以成仁。”又曰：“君子不忧不惧。”又曰：“三军可夺帅也，匹夫不可夺志也。”又曰：“志士不忘在沟壑，勇士不忘丧其元。”又曰：“君子和而不流，强哉矫！中立而不倚，强哉矫！国有道，不变塞焉，强哉矫！国无道，至死不变，强哉矫！”又曰：“善人教民七年，亦可以即戎矣。”又曰：“以不教民战，是谓弃之。”其答鲁哀公问儒行，于刚毅自立之道，尤阐发无遗。故章炳麟与马通伯书曰：“鄙意儒行一篇，特宜发表，然后可以起萎，振罢软尔。”夹谷之会，折齐景公，复郓汶阳龟阴之田。三家有不臣之意，迫令堕郈堕费。外抗大国，内削强藩，当机立断，谓非大勇者能之乎？或谓卫灵问陈，孔子答以未学，是孔子薄军旅之事矣。曰：否！不观冉有克齐之事乎？《史记》：“冉有为季氏之将师，与齐战于郎，克之。季康子曰：'子之于军旅，学之乎？性之乎？'冉有曰：'学之于孔子。'"是则孔子知兵之证也。

自孔子之殁也，儒分为八：有子张之儒，有子思之儒，有颜氏之儒，有孟氏之儒，有漆雕氏之儒，有仲良氏之儒，有孙氏之儒，有乐正氏之儒（见《韩非子》）。八者之中，孟荀（孙卿即荀卿）二家，今犹有统绪可寻。孔门之学，传于后者，有二大脉：曰曾参，曰卜商。曾参重性行之传授，卜商重文化之绍述；孟出于曾，荀本于卜也。参之言曰："富以苟，不如贫以誉；生以辱，不如死以荣。辱可避，避之而已矣；及其不可避也，君子视死如归！"（《曾子·制言上》）又曰："士不可以不弘毅，任重而道远，仁以为己任，不亦重乎？死而后已，不亦远乎？"又曰："可以托六尺之孤，可以寄百里之命，临大节而不可夺也，君子人与？君子人也。"（并见《论语》）其谓子襄曰："子好勇乎？吾尝闻大勇于夫子矣。自反而不缩，虽褐宽博，吾不惴焉？自反而缩，虽千万人吾往矣！"（《孟子》）然后知发肤不敢毁伤，战战兢兢以求免难，乃不轻试其锋，而留作大用也。故曰："战陈无勇，非孝也。"（《曾子·大孝篇》）可以思其故矣。曾子传子思，子思传孟子。孟之言曰："生亦我所欲也，义亦我所欲也，二者不可得兼，舍生而取义者也。"（《告子上》）又曰："我善养吾浩然之气。敢问何为浩然之气？曰，难言也！其为气也，至大至刚，以直养而无害，则塞乎天地之间。"（《公孙丑上》）又曰："君天下之广居，立天下之正位，行天下之大道。得志与民由之。不得志，独行其道。富贵不能淫，贫贱不能移，威武不能屈，此之谓大丈夫。"（《滕文公下》）又扬雄《法言·渊骞》篇："或问勇。曰，轲。何轲也？曰，轲也者，谓孟轲也。若荆轲，君子盗诸！请（请，问也）孟轲之勇。曰，勇于义而果于德，不以贫富贵贱死生动其心，于勇也其庶乎？"由孟轲溯曾，上及于孔，无不尚勇；且其所言，后先同揆，无不吻合，亦可考见其授受之迹矣。朱晦庵有言："曾子之学，大抵如孟子之勇；若不勇，如何主张得圣道位？"（《语类》卷三十五）考亭竟亦参透此中消息矣。卜商一脉，虽重文化之绍述，然亦未曾不言勇毅。孟子："北宫黝之养勇也，不肤挠，不目逃，思以一毫挫于人，若挞之于市朝。不受于褐宽博，亦不受于万乘之君；视刺万乘之君，若刺褐夫。无严诸侯，恶声至，必反之！孟施舍之所养勇也，曰：视不胜，犹胜也。量敌而后进，虑胜而后会，是畏三军者也。涂岂能为必胜哉？能无惧而已矣。孟施舍似曾子，北宫黝似子夏。"（《公孙丑上》）子夏传曾申，申传李克，克传孟仲子，孟仲子子传根牟子，根牟子传孙卿子

(见《经典叙录》)。荀之曰:“义之所在,不倾于权,不顾其利。举国而与之,不为改视,重死持义而不挠,是士君子之勇也。”又曰:“畏患而不避义死,欲利而不为所非。”此又卜荀尚勇之一证也。至漆雕之儒,“不色挠,不目逃,行曲则违于臧获,行直则怒于诸侯”(见《韩非·显学》篇。王先谦谓“此漆雕为另一人”,非是)。仲良之孺,疑即公良孺也(按:仲古作中,中与公,音义并近)。《史记·孔子世家》:“孔子去陈,过蒲,会公叔氏以蒲畔,蒲人止孔子。弟子有公良孺者,以私车五乘从孔子。其为人长贤,有勇力,谓曰:‘吾昔从夫子遇难于匡,今又遇难于此,命也已。吾与夫子再罹难,宁斗而死。’斗甚疾。蒲人惧……出孔子东门。”子张亦有“见危致命,见得思义”之言。子思承曾启孟,观乎曾孟,即知其学,无待征引矣。颜子沉潜,默而不露,然其谓孔子曰:“夫子之道至大,故天下莫能容。虽然,夫子推而行之,不容何病!不容,然后见君子。夫道之不修也,是吾丑也;夫道既大修而不用,是有国者之丑也。不容何病!不容,然后见君子!”(《史记·孔子世家》)亦足以见其刚强不屈之概。故儒之为道,至大至刚,勇毅无匹,虽支派繁衍,而此德则同。世以柔懦文弱目之,岂不悖哉!

或曰:子路好勇,孔子少之,乌得谓儒家崇是耶?曰:夫勇,未易言也!天下之达德三,而勇居其一。知者不惑,仁者不忧,勇者不惧;勇位于末,又为究竟工夫。盖明足以烛理,方能辨是非,别邪正,而知所从事;情能祛私,饥溺为怀,始足为群众造福。不智而言勇,易流于横暴;不仁而言勇,易流于自私。故孔子戒子路曰:“暴虎冯河,死而无悔者,吾不与也。必也,临事而惧,好谋而成者也。”又曰:“仁者必有勇。”子路刚于表,忽略仁智之培养,故孔子正之。孔子观子路之“行行”而乐;又谓“千乘之国,可以治其赋”;又曰:“片言可以折狱者,其由也与?”孔子意在折其暴戾之气,而成其大勇,孰谓少之耶?《史记》:“楚昭王将以书社地七百里封孔子,令尹子西曰:‘……王之将率(率、帅同),有如子路者乎?’曰:‘无有。’……曰:‘夫文王在丰,武王在镐,百里之君,卒王天下。今孔丘得据土壤,贤弟子为佐,非楚之福也。’”《檀弓》谓孔子闻子路死,为之覆醢,其悼惜为何如哉?

昔德士尼采倡“超人哲学”,谓凡出类拔萃之人物,必具刚毅之精神,如拿破仑、俾士麦、贝多芬之伦,皆意志坚强,百折不挠,故能成不世之勋业;而深斥犹太人之谦让温和为罪恶。论者谓德国近世纪之强,不惟缘于科学发达,亦食尼采学说之赐也。犹太以谨慎谦卑为德,覆国以后,虽才智辈出(如马克思、爱因斯坦，均籍犹太)，而仍无补于兴复。何则？一国国民若无英勇之气，纵具高深文化，亦无以用之也。故勇乃立国之要素，有之则存，舍之则亡。举国无勇，则强邻来侵，其势有必然者。吾国自汉武采董仲舒卫绾之言，罢黜百家，专崇儒术，以柔为治，后之帝王承用其法，复有若干御用学者作应声虫，从而推波助澜，于是儒学愈兴，而儒之真义愈失。盖彼愿天下人皆为弱者，然后方可供其鞭策宰割，故曰："天下英雄尽入我彀中矣。"古之儒，文武兼资；汉后之儒，人第以文人目之。一著儒冠，则如待死之囚，奄奄欲毙；而二千年来之政教习俗，均笼罩于此愁云惨雾中，以致民气消沉，百事隳退，倭寇乘之，遂来今日弥天之祸。余感而痛于斯，爰掇拾儒家勇毅之语，果敢之行，辑为此篇。举先民之精英，会为异彩，或可一扫千载之阴霾乎？昔贤虽远，往事可师，呜呼，吾民族之"超人"可以兴矣！

(原刊于《欧亚文化》第二卷第一期，1940年)

读吴稚晖先生《精神物质应当并重说》以后

客中残腊，孤馆凄清，检阅旧报，藉以破寂，因得重读上年九月二十四日《扫荡报》所载吴稚晖先生之《精神物质应当并重说》一文，循环雒诵，感发百端，略抒所怀，以求匡益！

中国晚近之贫弱，其故虽非一端，而学术走入歧途，侧重精神研讨，忽视物质究求，则为主要因素，此点若不予更正，内即有贤明执政，外纵无强邻来侵，亦终成痼疾而不可治也！古初制器成物之士，即南面言治之人，《周易·系辞传》云："备物致用，立成器以为天下利，莫大乎圣人。"又引史事以实之，其略曰：庖牺结绳罔为罔罟，以佃以渔。神农斫木为耜，揉木为耒。耒耨之利，以教天下。日中为市，致天下之民，聚天下之货，交易而退，各得其所。黄帝尧舜垂衣裳而天下治，刳木为舟，剡木为楫，舟楫之利，以济不通。服牛乘马，引重致远。断木为杵，掘地为臼，重门系柝，以待暴客。弦木为弧，剡木为矢，以威天下。上古穴居野处，后世圣人易之以宫室。上栋下宇，以待风雨。古之葬者厚衣之以薪，葬之中野，不封不树，后世圣人易之以棺椁。上古结绳而治，后世圣人易之以书契。于此知古人即物言道，务使养生送死无憾，精神物质，两相附丽，所谓道在民生日用之间也。后世误为形上形下之说，鄙弃物质，高谈性天。孔向言足食足兵，孟亦讲衣帛食肉，至汉儒专详名物训诂，蔽障已多，至理学出，而变乱益剧，民愈困而国愈弱矣。程朱之徒，已属空洞，迨陆王出，直欲默坐观心，以为即此可穷宇宙之变。象山谓："学苟知道，则六经皆我注脚。"阳明谓："圣人之道，吾性自足，不假外求。"此不独不认精神生于物质，直以山、河、大地、虫、鱼、草、木皆从彼脑壳中迸出也。宋之亡，明之覆，不可谓非学术之祸天下。吴先生谓："精神必寄于物质，仅有烈火般之精神，而无油及灯带之助燃，烈火亦将熄灭。"岂非然哉！

吾意中国今后欲进入物质建设之途，有应行更革者数端。世俗恒言"士农工商"，古之所谓士，高于庶人而下于大夫，亦即贵族所役使之胥吏也；后世之所谓士，即摇笔鼓舌而获高官厚禄之人，而转以之居于生产之农工之上。迨科举兴，此辈与凡民涉讼，如触犯刑律，或革功名而不罪。凡民作奸，则径行惩治，于是世益视士为特殊阶级，聪敏巧智者群趋之矣。惟鲁者从事农工，农工之业亦难期进步，而大贫小贫之势成矣。此种狂悖之品评，其影响国人选业之潜势力极大，所急应革除者一也。中国又有似科学非科学之五行说，流传数千年，至今未替。星相堪舆，本之无论矣；即医学亦据此五行生克以立论。夫金、木、水、火、土五者，岂能代表一切物质而无遗耶？善乎严又陵先生之言曰："中国隆古之人，已分一切物质为五行矣。五行为金木水火土，意欲以此尽物。则试问：空气应归何类？或曰：'空气动则为风，应归属木。'易巽为木，而亦为风。则吾实不解气之与木，有何相类之处。又矿质金、石相半，血肉角骨自为一部，凡此皆将何属？且使火而可为'行'，则电又何为而不可？若谓厚行不收杂质，则五者之中，其三四皆离质也。是故如此分物，的成呓语，中国人不通物理，五行实为阻阶。"(《名学浅说》)此种似是而非为物物陈说，颇足阻挠中国科学之进步，所急应革除者二也。敝帚千金，文人积习。学究先生稍读旧籍，自以为于学无所不窥，及见外人发明犀利灵速之器械，空有机而陆有车，不禁震惊失措，然犹强颜自慰曰："吾先民尝有是也，不见《韩非子》'墨子为木鸢'、《三国志》'诸葛亮伐魏，以木牛流马运粮'之事乎？惜乎其法失传耳!"墨子明于物理，不容吾人否认，然其所为木鸢，究否同于今之飞机？不敢妄断。唐李亢《独异志》谓为侯景围台城，简文作纸鸢，飞空告急于外，窃疑木鸢之用，略类于此耳！若谓木牛流马如何神秘，更不值识者一笑。宋高承《事物纪原》："木牛即今小车之有辕者，流马即今独推者是，民间谓之江州车子。"按后汉《郡国志》："巴郡有江州县，是时刘备全有巴蜀之地，疑亮之创始，作于江州，故后人因以为名也。"今诸葛亮集中载木牛流马法，应为后人臆度增益。吾人应知物质文明，西人一优于我，惟有追踪迈进，方可免于落伍，讳疾忌医，妄自矜夸，绝非善策，此绝非牵强附会、臆测无据、欺人自欺之谈，所急应革除者三也。中国人食古不化，不知适应时变，往往为新时代所摒弃，如明末边情紧急，败耗时闻，德教士汤若望侨寓中国。崇祯知其精于格物，欲使之制火器以制满，而朝士竞谏，谓古之战具，戈、矛、弓、矢而已，火器乃夷物，不可用，用则有背仁政。崇祯格于众议，叹息而止。迂儒不解事情，贻误国政，竟至于此。昔人评明之覆灭："君非亡国之国君，臣乃亡国之臣。"即此一端以观，已使人深信不疑矣！此种拘泥不达时务之见解，所急应革除者四也。物质建设之障碍既除，然后方可得见欣欣向荣之气象，而国族跻于复兴也。

“工欲善其事，必先利其器”，利器所以善事，孔子固尝言之。先民功业之成，而得力于利器者，所在多有。史言蚩尤能作大雾，军士昏迷，黄帝为指南车，以示四方，遂擒蚩尤戮之，此因指南车而获胜也。晋楚世为仇敌，巫臣请于晋侯，乞通吴，合力以牵制楚师。巫臣聘吴，吴子寿梦悦之，巫臣乃教吴车战，使之伐楚，楚于是始疲于奔命，此因车战之法而克敌也。蒙人生长漠北，习于骑射，故当元代极盛之日，几欲统一欧亚矣。凡此皆足证明利器之威力，而不容吾人否决也。吾国海岸线长逾万里，今全在敌人封锁之下。若国人有能如德人之发明磁性水雷，则不少军舰，将为海底之碎铁矣！国人乎！其亦知今后应行努力之途径欤？

蒋百里先生谓：“吾国文化取攻势，武力取守势。”（见二十七年《大公报》）百里先生晚年文章，字字金玉，一文刊出，万众传观，余亦为服膺之一人，惟对此语则不能不有所申述！先生所论为过去之事迹，如北魏孝文帝之羡慕汉化，改族姓，断北语，禁胡服，故隋一天下，中原不复有胡人之迹矣。文化低等之民族，步趋文化较高之民族，为自然之势，胡不如我，故为我化，今以我之文化与列强较，高低之势何若？吾人若抱百里先生之言，沾沾自喜，吾恐结果正得其反也。昔胡林翼为帅，登高观察地形，有外轮由长江疾驶而过，胡遂昏厥，苏而语人曰：“洪殇不难平，吾所忧者，中国不久将为夷人制耳。”前贤远识，岂常人所及哉。曾国藩奠定东南以后，亦深知武器战术之有待改革，其言曰：“礼俗政教，邦有常典。前贤犹因时适变，不相沿袭，况乎用兵之道，随地形、贼势而变焉者也。岂有可泥之法，不敝之制！……器械财用，选卒校技，凡可迁而变革者，正赖后贤相时制宜，因应无方，弥缝前世之失，俾日新而月盛；又乌取乎颛己守常，姝姝焉自悦其故迹，终古不化哉？”（《金陵陆军水师昭忠祠祀》）曾胡皆有清中兴名臣，识解宏通，眼光锐利，洞悉西学之重要；然仅心知其意，未能引国人入于物质建设之坦途，是又美中不足矣。中国文化，至周而极盛，百家竞起，探奇显异，然皆偏于精神之探索，先秦典籍与物质有联系者，吾仅见《考工记》一篇而已。炎汉而后，佛说东来，给为细流，继成巨泽，缙绅先生阳斥阴容，举儒术与之牵合，于是理学生焉。夫性与天道，子贡所罕闻。赵宋以还，而圣人塞途矣。日人盐谷世宏有言：“先王之教，以六艺为先：礼乐，所以养仁也；书数，所以养智也；射御，所以就勇也。汉之学，得四而失二，其大坏者，礼乐而已，尚得射御书数焉。唐之学，得二而失四，虽失礼乐射御，犹兼书数焉。宋、元、明之学，得一而失五，专于验书，而附之佛理，性命之业高，而经纶之业疏，诛心之论深，而驭材之术失。”（见俞樾《曲园随笔》）前人纵有器物之遗留，彼亦不善利用，诚如吴先生所云：“程朱老夫子止懂使人静坐，体验喜、怒、哀、乐未发之中，彼之矢将以雍容投壶。”不能用于疆场以制敌矣。力之在于天壤也，两者均衡则不争，强弱相形必吞并，我弱人强，则外侮踵至，不可幸而免也。宋代迄今，迨近千岁，我国文化界之获得，宋、元、明、清四朝学案及数部语录而已（乾嘉之考证学，视理学虽高一筹，然亦不过百步五十步之差而已）。检视西史：十五世纪之末，哥伦布发现新大陆矣。十六世纪之初，麦哲伦环行世界一周矣。至十七世纪，笛卡尔之解析几何成矣，哥白尼之天体运行论出矣，牛顿万有引力发明矣。至十八世纪，蒸汽机经瓦特改良完善，纺织、印刷靡不引用矣。至十九世纪之初，脱来维雪克之火车头与福尔登之汽船，先后问世矣。我则言心性，如故也。西人蓄力既厚，其势不得不东侵矣！日人感觉灵敏，稍撄其锋，即事模拟，弃旧习，求新知，购械器，学技术，凡农业、铁道、汽船、邮电诸要政，无不备，不三十年，而甲午之战作，我则割地赔款矣。非物质建设之明效欤？其后外来势力益形猛烈，我则赤手空拳，无以为御端，于极端苦闷之中，异想天开，竟引用义和团，乞灵于诡秘不可解之符咒，于是八国联军直下津京矣。庚子之乱，在中国国耻上占一巨幅，然亦起死回生之关键也。盖义和团之惨败，乃迷信学说之总崩溃，亦物质战胜精神之实证。中国人经此棒喝，殆恍然乎宇宙之真相；然长夜漫漫，迄今犹在睡梦中者，未尝无人焉。呜呼！吾为此惧！

读者至此，将疑吾为偏尚物质之人矣，是则未敢承也。精神物质，平行前进，方为正轨；若侧重一方，成畸形发展，未有不流弊滋生者，此今日东西文明所以皆具危机而均待于修正也。东方偏尚精神，陈义甚高，然无物质附丽，愈说愈幽玄，愈来愈空洞。管子云：“仓廪实而知礼义，衣食足而知荣辱。”饥寒交迫，不得不铤而走险，放僻邪肆，无所不为。道德也，仁义也，礼法也，卒成古典之空文而已。纵有箪食瓢饮不改其乐之人，然不足代表一般群众也。西方钻研科学，一日千里，今日光辉灿烂之物质文化，孰不赞叹欣悦耶？然忽略精神，蹈于偏枯，物质愈进步，争夺愈剧烈，内而劳资之对抗，外而市场之攫取，往往酿成大规模之战事，终乃以物灭人，其幸福又安在耶？精神物质，有若双轮，并运则行，废一则覆，中国数千年来，专致力于精神文明，乌克有济。吾人若仍循旧径，孤往不返，结果必将由无物而至于无人，黄炎子孙，行将灭迹于天壤矣。故吾人不欲求生存则已，如欲求之，非改途易辙不可也，语云："差之毫厘，谬以千里。"不可不深长思之也。吾愿今之青年，将吾国固有之精神文明，且置一边，集举国有为之士，以治科学，努力于物质之建设，务使物质文明，能与精神文明等量齐观，收相得益彰之效。吾人从事物质之努力，正所以促进精神文明之施行，切勿有"扶得东来西又倒"之忧也。夫以中国人资质之优秀，何事而不可为！且世界物质文明，吾先民尝奠其基矣，火药也，印刷也，指南针也，均发之于我，惜后人未能百尺竿头日进耳。自今而后，取人之长，补己之短，精益求精，必能青胜于兰。吾书至此，觉十年后，文物并懋之新中国，已呈现吾前！

前读吴稚晖先生《精神物质应当并重说》，曾为文抒其所感，刊《欧亚文化》二卷二期中，兹觉此问题关系国计民生綦重，而意有未尽，爰更申论之。

吾国文化偏向精神，非自古即然，生存之道，必资于物，古之圣哲，多为工艺技术之发明者，人民便之，因加爱戴。《韩非子・五蠹》篇："上古之世，人民少而禽兽众，人民不胜禽兽虫蛇，有圣人作，构木为巢，以避群害，而民悦之，使王天下，号之曰有巢氏。民食果蓏蚌蛤，腥臊恶臭而伤害腹胃，民多疾病，有圣人作，钻燧取火，以化腥臊，而民悦之，使王天下，号之曰燧人氏。"伏羲亦称庖牺，以其发明家畜，进渔猎而为游牧，以充庖厨之用也。神农发明垦植，树艺五谷，进游牧而为耕稼，为中国提倡农业之始祖，人民歌颂其德，视之如神，故曰神农。下迨尧舜，尧使羲和作历象，以授民时，舜后登庸，然其初则耕于历山，渔于雷泽，陶于河滨。禹平以治水患，而得正位乎上，伊尹起于割烹，傅说尝为版筑。古之所谓圣君贤相，孰不缘发明器用而来耶？孟子谓"有大人之事，有小人之事"，不知大人之道，在此不在彼也！古初地广人稀，草木之实足食，禽兽之皮足衣，生计无虞，物质独为人重视若此；后代人口繁衍，往往终岁勤劳，不得一饱，而为政者专以精神之说维系人心，以求长治久安，此古今治术之一大变也：周秦以降，道器已分，其后陋习相沿，变本加厉，汉时斥工为逐末（《汉书・食货志》："末技游食之民。"），《唐律》明定工商不得与士比肩。在上者既任意抑扬，在下者则盲目趋舍，于是空言之徒多，成器之士少，而民生日困矣。夫人之行动，根于环境，富岁子弟多赖，凶岁子弟多暴，考诸前史，鲜有百年不乱者，盖太平既久，人口激增，而土地未拓，故一遇饥馑之年，干戈起矣。前贤知其如此也，仅主节用，而不提倡生产，不知无源之水，终有竭时。吾人试远去都市，深入乡村，民间生活，其愈于牛马者几希？俭约必有限度，至俭无可俭，则惟有相率作饿殍耳。离现实以高谈仁义，当为智者所深摒，程子谓“饿死事大，失节事小”，吾知圣人无此言也。吴先生斥其“偏重精神之哲理，蹴踢物质哲理使永不敢抬头，何其忍也”，可谓慨乎言之矣！

吾于此更有四事正告国人。

一、韩非云：“今民有五子不为多，子又有五子，大父未死，而有二十五孙，是以人民众而货财寡，事力劳而供养薄，故民争。”此正马尔萨斯人口论所忧者也，然此实不足为虑。吾以为人类之进化，初为人与兽争，继则人与人争，终则人与天（自然）争。人与兽争，为草昧时期；人与人争，为半开化时期；人与天争，乃可称为文明时期也。土地之面积相等，而收获有多寡者，此则完全视科学技术发展之程度如何矣。今之美洲，犹昔之美洲也，数百年前为土人所据，地广人稀，而生活低劣；自美国立国以来，家给人足，现为举世最饶裕之区。无他，则缘美人科学工艺远非土人所能望其项背也。故科学果能进步，以原有之空间，容巨倍之人口，亦无物质缺乏之忧。今之侵略国家，虑其人口日众，无地自容，而以武力掠夺他人者，皆半开化之行动，尚未入于文明之域也。生产之道，巧拙不同，成效斯异：体力不如物力，物力不如机械力。体力所能成者，易以物力，其效果或倍之，或十倍之；若进而易以机械力，则百倍千倍万倍而未始有极。我国今日之生产方式，尚介乎体力与物力之间，奈之何不贫且弱也？或谓机器生产，固为中国所需求，惟机器生产之结果，将见贫富悬殊、劳资对抗，难免不有新事件发生。曰，此外人之覆辙，中国不致再蹈，有孙先生之“平均地权”“节制资本”在，无庸怀此杞忧也。

二、中山先生谓人应立志做大事，不当想作大官，此语针对中国社会之病根，实起死回生之良药也。中国数千年来之所谓士大夫也，上焉者欲得位以行其道，下焉者欲得位以厚其禄，行道，以济众也，厚禄，以利己也，其中自有贤不肖之别，而其志在作官则一也。吾以为济众多端，非作官之外无他途。有超群之技术，精巧之发明，制器成用，亦未见逊于言道也。禹抑洪水，其功劳岂在尧舜下耶？昔人有言：“不为良相，当为良医。”良相固可治国，良医亦可活人，轩轾未易判也。且世之作官者，循吏固有其人，贪墨更滔滔皆是，功罪亦未易言也。故吾谓工人流品高于官吏，工人价值过于官吏，工人多则器用足，官吏多则奸民兴，作官不如作工之有利于世也。《考工记》云：

“知者创物，巧者述之。”子夏曰：“百工居肆以成其事。”《谷梁》论四民，工居其一，范宁注：“工民，巧心劳手，以成器物者。”《左传》言工心，《孟子》言工师；《汉书》：“禹贡奏方今三工官费五千万。”是古亦未尝轻工也。须知科学家之在实验室，技艺家之在工厂，挖心绞脑，足胝手胼，其对于人类之贡献，视官吏之案牍劳形，未多让也！吾国自嫘祖提倡蚕事以来，将五千岁矣，昔年输出之货，丝与茶为大宗，今则法意日等国丝业转盛于我。法之初仿我育蚕也，蚕病迭见，迨柏斯多发现细菌，更究求而得治疗蚕病之法，由法而意，由意而日，吾之丝业反瞠乎后尘。柏氏对其国家之贡献，岂在一官吏下耶？故吾愿今后国人从事科学工艺之研索，勿重弹昔人“得位行道”之老调也。

三、猿猴之灵于他兽，人又灵于猿猴，皆由善体事物而臻此。盖智识得于经验，火焚水溺，非生而即知也；石坚土松，必触而始晓也。儿童识解缺乏，而求知欲炽盛，故遇物欲究其缔构。间有将物毁损，而为父母者严词斥责，甚或殴打随之，不知此种动机由于求知而起，宜善导不宜阻遏也。中国人为人作传记，满纸谀辞，其写人儿时也，不曰“弱不好弄”，即曰“少年老成”。夫好弄，正缘实验以求知，不好弄，未足揄扬也。吾闻“大器晚成”，少年而言老成，其成就恐亦有限，未秋而凋，非贞干之材可知矣。吾意中国今后之家庭教育，除教儿童以义方外，并给予科学性、机械性之玩具，以启发其智慧，如此，数年后，或数十年后，中国物质文明或渐有可观欤？爱迪生，美之发明家也，今吾人所用之电灯，所乘之电车，所听之留声机，所观之影戏及有声电影，皆其一手创制，对于人类之贡献为何如？当其幼年，随时随地喜作试验，人何尝不以顽劣之童子视之，故其左耳为火车上之脚夫击聋也。夫尺有所短，寸有所长，儿童所见，未始无独到处也。昔孔子周游，遍于诸侯，圣言渊邃，人莫能难，而儿童问日，竟不能答。《列子·汤问》篇：“孔子东游，见两小儿辩斗，问其故。一儿曰：‘我以日始出时去人近，而日中时远也。’一儿曰：‘我以日初出远，而日中时近也。’一儿曰：‘日初出大如车盖，及日中则如盘盂，此不为远者小而近者大乎？’一儿曰：‘日初出沧沧凉凉，及其日中如探汤，此不为近者热而远者凉乎？’孔子不能决也。两小儿笑曰：‘孰谓汝多知乎！’”鲍彪注《国策》，谓即仲尼之所以师项橐也。成年人受环境囿限，蹈故习常，天机全泯，转不若儿童富好奇心，遇事究求，有时或有创获，未可以细故忽之也！

四、精神物质，应行并重，前已言之。但物质实为精神基础，是则不可不辨也!《语》云:“富而好礼。”物质完备,方有精神文明之可言。古人震于水火风雷,威力之大,不可抵抗,因而拜物。其后由认识自然,而利用自然,进而物为我役,孰文明?孰鄙陋?不待智者而辨也,亦可见精神文明之基于物质矣。国人每自诩为东方精神文明之古国,而鄙夷西方之机器工业。问其用以代步者,汽车也;夜以资明者,电灯也;传达消息,互倾情愫者,电报电话也。自欺欺人,可笑可悯!须知精神文明不能单独存在:非具物质文明者,即为无精神文明之表征;更非无物质文明者,即具有精神文明之应有现象也。吾国认为国粹之古玩书画,今多为外人收藏,敦煌石室之旧籍,今不在中国,而转在伦敦、巴黎。于此知必有物质文明,然后始有财力购置图书、翻印古籍,更由学者作有系统之研究而发扬光大。若灾鸿遍野,盗贼满里,救死不迭,奚暇以言高远哉!

兹更引吴先生之语,以殿吾文:“区区物质,如不视之为俗客,与之结为密友亦易。有如苏联,五年、五年又五年,居然左拥右抱。……青年乎!如其不愧为中山先生之信徒者,请迎头赶上去也!”

(原刊于《欧亚文化》第二卷第二、三期,1940年)

古代教育文武合一疏证

中华民国二十四年六月十七日至今，今军事委员会委员长蒋公考政成都，召川人谓之曰："古代教育，文事、武艺并重，人而不讲武艺，则失其所以自卫。晚近教育昧于此义，文人不学武艺，武人不讲文事，乃至养成重文轻武之恶习。古以六艺为教，六艺、文武兼包，今宜师效。"公语重心长，词盈五千言，而旨要则如此。迄今时阅七载，世乱愈亟，展诵前言，益叹精卓，夫动物以求生为第一义，鸟有爪喙，兽有触角，靡不有其自保之具，物失自卫，鲜有不绝灭者。先哲明其然，故尚武之言，充乎简册。

蜂虿挟螫而生，见害而校，以卫厥身者也。人生有喜怒，故兵之作，与民皆生。(《大戴礼·用兵篇》)

天生五材，民并用之，废一不可，谁能去兵？兵之设久矣，所以威不轨而昭文德也。(《左传·襄公二十七年》)

古者虽有文士，必有武备。(《谷梁传·襄公二十五年》)

兵者，百岁不一用，而不可一日忘也，是故人道先兵。(《鹖冠子》)

以不教民战，是谓弃之。(《论语》)

男子所以有鞶带者，示有金革之事也。(《白虎通》)

《诗》有干城之咏，《易》有行师之言，先民重兵，不可偻指。古之偏裨，间有擢自行伍者；至若将帅，则类多腹笥便便，渊雅博洽，非胸无点墨者所能任也。

晋文公作三军，谋元帅，赵衰曰："郤谷可，说礼乐为敦诗书。"乃使郤谷将中军。(《左传·僖公二十七年》)

齐景公时，晋伐阿、甄，而燕侵河上，齐师败绩。景公患之。晏婴乃荐田穰苴曰："穰苴虽田氏庶孽，然其人文能附众，武能威敌，愿君试之。"景公召穰苴，与语兵事，大说之，以为将军。……晋师闻之，为罢去。燕师闻之，渡水而解，于是追击之，遂取所亡封内故境。(《史记·司马穰苴传》)

郤谷之说礼乐敦诗书，穰苴之文能附众，皆智足以助勇，谋足以应变，其绾虎符、坐皋比则宜，亦古武人不废学之证也。他若吴起问业于曾参，仕鲁、仕魏、仕楚，皆以战功著，为世名将，则又文人知兵之证矣。或谓卫灵问陈，孔子答以未学，乌见古为文武合之教耶？曰：卫灵无道，孔子不愿长乱，故托词以却之。《史记·孔子世家》："冉有为季氏将师，与齐战于郎，克之，季康子曰：'子之于军旅，学之乎？性之乎？'冉有曰：'学之于孔子。'"又载："昭王将以书社七百里封孔子，楚令尹子西曰：'王之使使诸侯，有如子贡者乎？'曰：'无有。''王之辅相，有如颜回者乎？'曰：'无有。''王之将率，有如子路者乎？'曰：'无有。''王之官尹，有如宰予者乎？'曰：'无有。''且楚之祖封于周，号为子男，五十里，今孔丘述三王之法，明周召之业，王若用之则楚安得世世堂堂方数千里乎？夫文王在丰、武王在镐，百里之君，卒王天下，今孔丘得据土壤、贤弟子为佐，非楚之福也。'昭王乃止。"又载："孔子去陈，过蒲，会公叔氏以蒲畔，蒲人止孔子。弟子有公良孺者，以私车五乘从孔子。其为人长贤，有勇力，谓曰：'吾昔从夫子遇难于匡，今又遇难于此，命也已。吾与夫子再罹难，宁斗而死。'斗甚疾。蒲人惧……出孔子东门。"是则智勇辩力，孔门无不具，宁非文武合一之征耶？孔门弟子，衍其师说者，计有两派：曰曾，曰卜商。曾重性行之传授，卜尚典籍之绍述，似皆偏于文事矣。然《孟子》有言："北宫黝之养勇也，不肤桡，不目逃，思以一毫挫于人，若挞之于市朝，不受于褐宽博，亦不受于万乘之君，视刺万乘之君，若刺褐夫，无严诸侯，恶声至，必反之。孟施舍之所养勇也，曰：'视不胜犹胜也，量敌而后进，虑胜而后会，是畏三军者也，舍岂能为必胜者，能无惧而已矣。'孟施舍似曾子，北宫黝似子夏。"（《公孙丑上》）曾、卜虽不以勇力名，而自具刚毅不可夺之概。世见曾子最终启足启手，以示身体发肤之不敢毁伤，因疑其怯退，然吾观曾子《大孝篇》："战阵无勇，非孝也。"又《孟子》引曾子谓子襄曰："子好勇乎？吾尝闻大勇于夫子矣。自反而不缩，虽褐宽博，吾不惴焉？自反而缩，虽千万人，吾往矣。"（同前）夫言非一端，义各有当，唯君子善观识其主旨之所寄，而后可无惑焉。《周礼·保氏》养国子以道，教之六艺，六艺者礼、乐、射、御、书、数也。书、数属文，射、御属武，礼以检身，乐以和心，斯则二者共之。文武兼习，孰见其偏主耶？

古者百家竞鸣，学者分途并进，秦一天下，崇尚法治，而儒生特众，咸阳一地，有声称者已数百人。始皇坑儒，长子扶苏谏曰："天下初定，远方黔首未集，诸生皆诵法孔子，今上皆重法绳之，臣恐天下不安。”可见尔时儒说之盛矣。然孔子初未以儒自命，其谓子夏曰：“汝为君子儒，无为小人儒。”许叔重训“儒”为“柔”，亦未得其本谊。《周礼·天官》言九两：“回曰儒，以道得民。”郑注：“儒，诸侯保氏有六艺以教民者。”六艺初非偏于文柔者。汉武之世，魏相以文吏至丞相，诸吏奏事必带剑，忘者借剑佩之，始敢入。是文武合一之风，至汉武未尽泯也。其后始有经师之名，更后复有文人之目。《汉书·平帝纪》：“校学置经师一人。”后汉之末，魏昭对郭泰曰：“经师易遇，人师难遭。”其时说经教人，判为两事，案《荀子·儒效》为：“四海之内，若一家，通达之属，莫不服从，夫是之谓人师。”注：“言儒者之功如此，故可以为人之师长。”荀言推重，统摄多方，称许虽同，量不相埒，强行划割，咎在教人。文人之名，《诗》《书》并见。《诗》云：“告于文人。”（《大雅·江汉》）《书》曰：“追效于前文。”（《文侯之命》）注家皆谓此“文人”为文德之人；或谓《诗》指文王（朱熹《诗集传》），《书》指唐叔（蔡沈《书经传》），皆与今说异趣。曹丕谓文人相轻。刘挚谓文人无足观，则符于后世之所言矣。文人但举兴会，藻俪为工，上者妄自矜伐，下者谀媚取容人以俳优见畜，且犹才隽自多，困于世情，惮理实务，风云月露，徒骋虚辞。积之既久，轻浮柔弱，凡诸挫败，悉皆归之，而文武之界严若鸿沟矣。

夫人而以文儒自甘，病弱是尚，务于恬靡，精神日竭，太平岁月，犹可苟延，一经丧乱，无所依待，荆棘载途，举步不得，彷徨待死而已，扶危定倾，艰难宏济，安足语于斯人哉？《颜氏家训·涉务篇》：

> 梁世士大夫皆尚褒衣博带，大冠高履，出则车舆，入则扶侍，郊郭之内，无乘马者。周弘正为宣城王所爱，给一果下马，常服御之，举朝以为放达。至乃尚书郎乘马，则纠劾之。及侯景之乱，肤脆骨柔，不堪行步，体羸气弱，不耐寒暑，坐死仓猝者，往往而然。建康令王复性既儒雅，未尝乘骑，见马嘶喷陆梁，莫不震慑，乃谓人曰：“正是虎，何故名为马乎？”其风俗至此。

吾闻兵家言，人民服用，与战时生活近者，国恒强，反是则弱。法兰西人耽于逸乐，灯红酒绿，酣歌嬉戏，巴黎一市，尤以萎靡著称，迨希特勒西向一呼，阖境俯首，往之高唱自由，自谓为天之骄子者，至是宰割由人，隶于臣仆。殷鉴不远，可为寒心。

宋惩唐末五季藩镇之祸，杯酒释兵权，偃武修文，以成风尚。然屈于契丹，困于西夏，辱于金，灭于元，终宋三百年，无日不在外势凌胁之下。卒至退守崖山，君臣蹈海。明以八比取士，举世习为无用之学，迨其末叶，外困于东胡，内扰于流贼，朝臣束手，思宗殉国，各州县所谓忠义士夫，登明伦堂，北面悬梁，安边无计，一死谢君，呜乎，于世究何裨哉？教育之道，其机甚微，及其至也，国之兴衰存亡系焉，讵可忽耶？

秦火以后，书籍残缺，汉人收拾理董，习为考据，其弊也，琐碎支离，遗弃精要，学术事功，歧而为二，已启文武分途之渐。魏晋六朝，玄言炽盛；宋人杂糅儒佛，高语性天；明人游谈无根，直同禅子；经纶世务，转以鄙俗视之，彼时所谓教育，不过为枉死城中铸造新鬼而已。清儒有颜元者，孤军崛起，举汉宋壁垒而摧残之，独主即事言学，即物求道，振衰起废，慨然有拯救天下之志，漫漫长夜，突启曙光，宁非豪杰之士耶？元评前人治学之失曰：

> 朱子语国势之不振，感慨以至泣下，亦悲愤之至矣。则当时所急，孰有過于兵机者乎？正宜诱掖及门，成就数士，使得如子路、冉有、樊迟者，相与共事，则楚囚对泣之态可免矣，乃其居恒传心，静坐主敬之外无余理；日烛勤劳，解能书修史之外无余功；在朝莅政，正心诚意之外无余言……三代圣贤，躬行政绩多实征；近今道学，学问德行多虚语。（《性理书评》）
>
> 秦汉后千余年间，气数乖薄，求如子路、冉有尚不可得。何独以偏缺微弱，兄于契丹，臣于金元之宋，前之居汴也，生三四尧孔六七禹颜；后之南渡也，又生三四尧孔六七禹颜？而乃前有数十圣贤，上不见一扶危济难之功，下不见一可相可将之才，拱手以二帝畀金，以汴京与豫矣。后有数可将之才，推手以少帝赴海，以至玺与元矣。多圣多贤之世，而乃如此乎？（同前）
>
> 宋人但见料理边疆，便指为多事；见理财，便指为聚敛；见心计材武，便憎恶，斥为小人。此风不变，乾坤无宁日矣。（李塨《颜先生年谱》）
>
> 观《朱子语录》，见其于岳忠武也，虽从天下之公好称之，有隐忌焉，曰“岳飞诛”，曰“岳飞亦横”，曰“岳飞则是乱杀”；于秦桧也，虽从天下之公恶而贬之，有隐予焉，曰“秦老”，曰“士大夫之小人”，何也？（同前）
>
> 宋家每论人，先取不喜兵，能作文读书，不可疗之痼疾也。殃及一代君臣，毒流异世，殇哉！（同前）

其论教学也，语尤警策，理明法备，闻者称焉。

衣冠之士，羞与武夫齿，秀才挟弓矢出，乡人皆惊。甚至子弟骑射武装，父兄便以不才目之。独不思孔门无事之时，弓矢剑佩，不去于身也，武舞干戚，不离于学也。身为司寇，堕三都，会夹谷，无不尚武学也。子路战于卫，冉、樊战于齐，其余诸贤气象皆可想也。(《性理书评》)

阅《家语》，至游农山，叹曰：观于子路、子贡，则赵奢、李靖、仲连、陆贾皆吾道所不摈矣。(《年谱》)

安州陈天锡来问学，谓程朱与孔孟隔世同堂，似不可议。曰：请画二堂子观之。一堂坐孔子，剑佩系决杂玉，革带深衣，七十子侍，或习礼，或鼓琴瑟，或羽籥舞文，干戚舞武，或问仁孝，或商兵农政事，服佩亦如之。壁间置弓矢、钺戚、箫磬、算器、马策及各礼衣冠之属。一堂上坐程子，峨冠博带，垂目坐如泥塑。如游、杨、朱、陆者侍，或返观静坐，或执笔吾伊，或对谈静敬，或搦笔著述。壁上置书籍、字卷、翰砚、梨枣。此二堂同否？天锡默然笑之。(同前)

师之所教，弟之所学，官之将治，不容一致。(同前)

如天不废予，将以六字强天下："人皆兵，官皆将。"(同前)

建正厅三间，曰"习讲堂"。东第一斋，西向。榜曰"文事"，课礼、乐、书、数、天文、地理等科。西第一斋东向，榜曰"武备"，课黄帝及太公、孙吴、诸子兵法，攻守、营阵、水陆诸战法，并射、御技艺等科。东第二斋，西向，日经、史，课十三经、历代史、诰制、章奏、诗文等科，西第二斋，东向，日艺能，课水学、火学、工学、象数等科。(同前)

颜氏作教，文武合一。理事互融，坐言起行，非仅腾诸口笔。元游中州，商水大侠李子青馆之，见佩短刀，曰："子亦擅此乎？"谢不敏。子青固请与试，乃持竹为刀，数合中子青腕，子青惊服。王源欲从学，辞不受。固请，则问曰："闻子知兵，其要云何？"对曰："源何足知兵要，但以为不过奇正而已。"又曰："假以乌合数千，使子治之，何法为先？"对曰："莫先束伍。"元跃然曰："子真其人矣。"次日，率源行释莱礼。源著有《兵治要略》二十二卷。吴三桂起滇南，天下骚动，或以问源，源笑曰："无事也。三桂鼓行而前，直抵中原，上策也。顺流而下，以取金陵，跨江而守，中策也。徘徊荆襄，延日引月，此成擒耳。驽马恋栈，安知图远。必无事也。"卒如其言，世以知兵许之。故颜门人才，龙腾虎跃，非闻敌股战之文士所敢望其项背也。《年谱》又载："率门人行射，中的六，门人各二，因思孔子曰'回之仁，贤于丘；赐之辩，贤于丘；由之勇，贤于丘'，此圣道之所以光也。汉高祖曰：'运筹，吾不及子房；攻战，吾不及韩信；给饷守国，吾不及萧何。'此汉代所以兴也。今从吾者，更不吾若，吾道其终穷矣乎？"元胸襟开拓，眼光锐利，不为汉以来学说所囿，舍断港绝潢，以航乎江海，出学者于迷途，纠政教之阙失，求之儒林，求之道学，有敢与颉颃者乎？孔孟以后，一人而已。设使元早生数十年，得位行道，其说展布于天下，明之亡不亡，未可知也。惟元之所言，未脱古人六艺之窠臼，居今而言六艺，以求尽物之用，诚迂腐不达世情。然当明清之际，尔时科学东来，仅张天算，其用未昌；元若生于今日，究否采用科学？固不可知，而其精神与科学为近，是则不容厚诬者也。善乎，蒋公之言曰：放枪，发炮，皆曰射；开汽车，驾飞机，皆曰御。可谓镕冶新旧，师古不泥者矣。元刻苦自励，以身为教，颇类墨子，其学不数传而中绝。此岂仅一人之不幸？世运否塞，国族永沦于阴暗沉郁之中，为可叹也。

今者烽火连天，举世震荡，当四郊多垒之日，正君子思旧之时，政治机枢，端在教育，车辙有达，更张是急，既有以文武合一、德术双修之教倡于上者，凡在励保，应依宏纲，补纲目，远取古人之良规，近参域外之新法，斟酌损益，务臻至当。人才国运，息息相通，致富跻强，于焉是赖，此不能不切望于多士之有以自效矣。

（原刊于《中央日报》1942 年 10 月 4 日）

西北纪行

避地渝州，忽焉五载，乡音久寂，庾哀日深。兹更有西北之行，友好爱我，群加沮尼。余曰："'暮春三月，江南草长'，固宜欣赏，以益神思；'凉秋九月，塞外草衰'，亦当经历，以壮胸怀。且余夙治史事，汉唐经边之遗迹，后魏唐宋之雕绘，北地犹有存者。近顷国家开发西北，需材孔多，鲰生狂简，不甘自弃。自渝至肃，阅时二十有三日，依次排叙，藉留鸿爪，倘亦有志西北之同志所乐教欤?"三十二年六月，蒋逸雪记于嘉峪关外。

五月六日

下午三时发歌乐山，过璧山后，车行丛山中，竹绿猗猗，弥望皆是。间见乡姑三五，各手杜鹃一束，布衣楚楚，可称古艳，视城市中牵狗女郎，顿有雅俗之判。夜宿温峡镇，渝人所谓西温泉也。

七日

晨浴于温泉。旋参观铜梁纸厂，近山多竹，采以造纸，盖已历有年所矣。二十九年改为官(政治部)商合办，增购新式机器，日产米色报纸、单面道林纸、黄表古纸、拷贝纸、香烟纸，共量约一吨，亦战后新兴事业之一也。过潼南县，车傍潼江行，农人颇知利用水力，以之碾谷磨粉及灌溉。晚抵遂宁，市面繁荣，为西来数县所仅见。棉布业尤发达，其他物资亦无枯竭之象，深喜吾蕴藏之富也。

八日

早发遂宁，近郊沟渠纵横，柳汀芦洲，萧疏有致，宛然江南风光。稍前，野阔天低，平畴一片，又恍似中州景色矣。高原宜棉，故遂宁之布，销行邻邑。午饭于太和，太和属射洪，转视其县治繁华，而物价低廉，尤所罕见。红烧鱼一盘，量极丰盈，价只十四元，饥肠得此，殊觉幸运。射洪东南有射江县以得名。《益州记》：娄偻滩东六里，有射江，西魏因置县，土人讹江为洪，后周从俗，改县为射洪云。更前，经三台而至绵阳，绵阳西山有子云亭，中塑扬氏像。有联云："白凤余神留奕叶，元经深致寿名山"。当日一代词宗，及今只剩荒山废阁，西风夕照，增人感喟。余有诗云：

早年诗赋动天南，晚岁玄言闭户探。子骏论交犹不识，解人终古属桓谭。

远望西山一抹青，扶筇独上子云亭。晚风瑟瑟桐花落，只见长空几个星。

南去百余步，蒋琬墓在焉，翁仲犹存，威仪未替。惟附近丛冢累累，殊碍观瞻，应由地方当局派员切实整理，以符政府保存古迹之明令。余亦有诗：

麦饭年年祭故侯，公琰遗爱在西州（绵阳旧称涪州，每年正月初九，州人联袂吊恭侯墓）。我来刚过春三月，芳草萋萋引暮愁。

城东有富乐山，相传刘备入蜀，刘璋迓之于此。宋哲元墓在城北，亦略具规模。往赴西北，车行必取道成都，今日璧山分途，至绵阳合路，新线较旧线短百八十五公里。

九日

午前修车，午后四时抵梓潼，城垣虽小，然实古城，汉元鼎元年置，倚梓林而枕潼水，故名。城西南有神山，山有司马相如读书窟，唐玄宗幸蜀，因改称长卿山。城内设有国立师范学校一所，学生日两餐，书籍数人合用一册，上级读了，留交下级。水利未兴，乡民多以玉蜀黍果腹。县北近筑宏仁堰，以资灌溉，深望早日建成。

十日

晓发梓潼，凉风侵面。十里，上亭驿，唐玄宗闻铃处也。二十里，七曲山文昌庙有一塑像，莫能指名，土人传为张献忠，献忠亦有德政系人思耶？午抵剑阁县，依山为城，其小如斗，然实巨防也。志称：蜀先主以霍峻为梓潼太守，始置剑阁县。六十里，剑门关。左右峰峦特起，高耸入云，远望如剑戟之排列，下仅一径可通，真可谓一夫当关，万夫莫开。赵宋伐蜀，克剑门县，以县隶剑门关，关都监得专奏事，可知其为形胜矣。有诗：

群峰竞耸排如剑，山势中开裂若门。多少英雄酿浩劫，可怜事过了无痕。

书生橐笔走天涯，好景流连便是家。欲觅放翁题咏处，几回误认几停车。

自梓潼至剑门，一路古柏参天，三四人合抱，俗传张翼德手种，实则明剑州刺史李璧所植，已由梓潼、剑阁两县各于辖境以木牌编号，禁止砍伐矣。暮雨，达广元已万家灯火矣。

（原刊于《中央日报》1943年6月27日）

西北纪行(续)

十一日

上午访姜锦生君,锦生知余有嗜古癖,导游城北千佛崖。夕在嘉陵江东岸,旧则悬崖架木,作栈而行。唐开元三年,剑南道按察使韦抗凿石为路,并作千佛功德。余观北崖所刻,神采朗然,栩栩如生。南崖诸像,但得形似而已。知非出于一手,甚或非刊于一代。顷开辟公路,刬削其半,识者惜焉。午后,出西门,渡江,游皇泽寺。寺建于唐武后时,用以供其父母者。今寺旁仍多武姓,盖则天,广元产也。寺有石像,已毁损。另有石刻,似天女散花图,后世画工想象为之也。但拓者居奇,每张索价三十圆。

十二日

迁锦生处候车,骄阳暴人,竟日枯坐。晚与锦生登千佛崖,共话家乡近事,不胜沧桑之意。隔江牧童,指抟如意,"麾之以肱,毕来既升",不啻为《小雅·无羊》写照也。

十三日

早发广元,二十九公里,朝天驿,顾名思义,知其高峻。更前,山路迂回,过西秦第一关,便入陕西宁强县境矣。宁强,古白马氐羌之地,原名宁羌,三十一年一月始改今名。治北九十五里嶓冢山,即《禹贡》"嶓冢导漾"处也。半山有碑,字迹不易识辨,相传大禹治水所遗云。市有拓本出售,购数份邮贻师友。城东玉石滩,其石光洁,可治印章。晚宿新运招待所,夜雨,檐溜有声。

十四日

早发宁强,三十里,五丁关,有峡曰五丁峡,亦曰金牛峡。《水经注》谓:秦惠王欲伐蜀,而不知道,作五石牛,以金置尾下,言能屎金,蜀王令五丁引之成道。又《蜀王本纪》谓:秦王献美女于蜀王,王遣五丁迎之。于此可见曩昔秦蜀间道途之险阻，秦不惜诱蜀以美女，给蜀以金牛，使启山林，然后以求遂其大欲也。今汽车行驶，电闪风驰，越岭翻山，如履平地，智巧日进，地失其险矣。更前，大安驿，以宋置大安军而名，已入沔县境。沔县有新旧二城，旧城相传即诸葛演空城计处，所谓西城也。新旧城间，有马超墓。更前，黄沙镇，《三国志·诸葛亮传》"劝农于黄沙"，即此。午抵褒城，褒城古为褒国，周幽王得褒姒于此。沔县有汉惠渠，褒城有褒惠渠，陕人李仪祉生前所经画也。忆去岁《说文月刊》出水利专号，邀为李氏作传，顷已刊布，或无溢美之诮欤？褒城而北，六十四公里，留坝县。更十四公里，庙台子。张子房佐汉既定天下，自请封于留，即今之留坝县。庙台子，则子房修真处也，今有祠，宿焉。

十五日

晨起，历遍祠宇，宏敞为西来第一。正殿尤雅深肃穆。右有园，小轩回廊，流泉处处。上有传道台，名流过此，多有题咏。有七绝二首，但志所感，非敢效颦也。

公真无愧人中凤，我自惭为辕下驹。仕宦隐沦两不是，残书数箧又饥驱。

紫柏坡前破晓寒，霞光红上曲栏干。登台别有悠然意，莫作清吟一例看。

征程催迫，不克久留。过柴家岭、酒奠梁，以达双石铺，是日才行六十一公里。数年前双石铺仅有居户三，今竟成为闹市，以两公路交于此也。自渝北来，物价之高，以此地为顶点，夜宿工业协会招待所，茅茨土阶，瓦灯浊水，宿费四十八元。

十六日

早发双石铺，三十五公里，两当；四十四公里，徽县；百五十公里，天水。是日共行二百二十九公里。两当置县，始于后魏。县之命名，以有两当水。或谓：两当东至开封，南至成都，旧皆三十六程，故名。两当、徽县间，居民项生瘰瘤，患者数代即绝嗣，故两县之民，大都由晋陕陆续移来。卫生当局宜于此设所研究，有关民族问题，非细故也。徽县有中国文化服务社分社；架上除冰心《寄小读者》一书外，余均为本地木刻本之七字唱词，令人齿冷。昔人有言："唯器与名，不可以假人。"主其事者其慎诸！天水为陇南重镇，又名秦州，周孝王封秦非子于此，其后奄有丰、岐。东汉隗嚣据此，妄欲希踪西伯，皆以形胜故也。南关外有井曰灵湫，岁旱不竭，天水之名自此起。时晏，旅社均告客满，乃下榻县立初级中学，与校长萧祖贻君谈甘省教育，据称：自郑通和氏长甘教以来，中等学校已达七十二所。按区设校，不似往日漫无计划。该校学生体格颇好，惟年龄不乏在二十以上者。双石铺而西，时见穴居，层栖复室，别有洞天。昔人诗云："人家半凿山腰住，车马多从屋顶过。"往以为异，至此则释然矣。

（原刊于《中央日报》1943年6月28日）

西北纪行(再续)

十七日

少读《史记·李将军传》,心仪其人,昨闻谭君云,李广墓在南关外,绝早即往。墓绕长垣,中有享堂,颇壮丽。大门两侧有屋,备守者居。墓前有碑,上勒“汉将军李广之墓”七字,二十五年夏季所修建也。门额有“飞将佳城”四字,胡宗南题。旁有联云:“虎卧沙场,射石昔曾传没羽;鹤归华表,树碑今再赋招魂。”则其邑人贾缵绪作也。余曾题一绝:

> 老不封侯是数奇,高皇纵遇事难知(文帝谓广曰:“令子当高帝时,万户侯岂足道哉!”)。白头未应随年少(指卫青),独爱南山射虎时。

返南关,憩于公园,园遍植榆树,树下设茶社,绿阴宜人,移时始去。午后一时启行,五十七公里至秦安。县北闻有成纪故城,相传为伏羲诞生地,时晏未往。秦安出毛呢,价视天水、兰州为廉,外货断绝,为制短装之上品矣。

十八日

晨发秦安,七十五公里,通渭。通渭出毛线,车停,争来兜售。四十八公里,华家岭,西兰公路于此合途。六十五公里,定西。定西,汉勇士县地,唐为渭州,元称安定州,清为安定县,民国二年始改今名。水咸而苦。寓新运招待所,主持人费君,皖籍。自云:将助地方行政当局,于平民教育、公共卫生诸端,力求改进。出川以来,林木渐稀,红土黄尘,殊少生意。因念《秦风·小戎》之篇,原有“在其板屋”之咏,西北古代林业发达,于斯觇之。后人只知砍伐,罔事滋培,以致气候剧变,旱灾时闻。法相阿尔脱尔勃云:“亡法国者,非敌国外患,乃在山林之荒废。”三复斯言,不寒而栗。

十九日

晨发定西,过甘草店后,西南远山,皑然照眼,虽值初夏,其巅犹积雪未销也。午后抵兰州，兰州古西荒地，秦陇西郡，汉金城郡，州名始于隋，以州南有皋兰山也。皋兰山下，地势平旷，霍去病曾屯兵于此。兰州控河为险，隔阻羌戎，自汉以来，河西雄郡，金城为最。以我国版图论，兰州适为陆上中心，往日视为边徼者，今为心脏地矣。过黄河铁桥，洪流滚滚，皮筏如鸥，两岸白杨，萧萧成韵。经金城关，至十里店宿。

二十日

至兰市购物，以无合吾意者，遂返。

二十一日

写信十数封。晚与王庆华君至黄河边看水车。归途参观西北师范学院。夜忽呕吐。

二十二日—二十四日

连朝静卧，间披西北图籍以自遣。

二十五日

早发十里店，枣林舒叶，菜花吐黄，余离渝郊，二麦早登，已闻秧歌矣。川东暮春，似河西之盛夏。四十公里，河口。赴青、赴新，于斯分途。道旁时见老柳婆娑，大有志士暮年，未甘蛰伏之概。左文襄总督陕甘军务，饬令植树，当日东起潼关，西至迪化，绿阴无绝，行旅撰歌。客有献诗者："大将筹边未肯还，湖湘子弟满天山。新栽杨柳三千里，引得春风出玉关。"文襄戡平回乱，晚年时露满假之色，虽远略鸿图，亦何可菲薄也。六十七公里，永登县。永登原名平番，民国十七年改今名。境内公路两旁树木森蔚，固由土性之宜，亦足征地方行政当局之注意林业。土司多鲁姓，为元脱欢之后，明时赐姓为鲁。雉堞完整，榆柳成行，颇有绿杨城郭之象。

二十六日

早发永登，百零四公里，古浪。中经乌沙岭，山高积雪，寒气袭人，身著絮袍，轻如无物，遥念陪都人士御单衫犹汗也。岭有韩祖庙，文襄西征时所建度流俗传会，神话滋多。是处数十里无人烟，余意文襄建此，或用以休士马者。古浪以南有古浪水而名，唐于此曾筑和戎城。五十公里，武威。武威，周时为狄地，汉初为匈奴休屠王地，武帝元狩二年，休屠王降，置武威郡。前凉张轨，后凉吕光，皆据其地。后魏置凉州。水草丰美，自古以为牧场，所谓“凉州之畜为天下饶”也。城内街道宽阔，居户稠密，营药材者极多。城西有西夏碑，访而未得，怅然归。

廿七日

早发武威，出城不远，一片砂砾。时有小溪，清冽可饮，祁连积雪所融也。农舍多作碉堡式。七十一公里，永昌。元至元十五年置永昌路，以永昌王宫殿所在而名。夫秋新设初级中学一所，学生只七人，小学男女犹分校。公私屋宇，有倒塌者，闻受地震影响。自周幽王迄今，陕甘地震约二百六十余次，亦云烈矣。百零六公里，山丹。沿途不见川流，黄羊成群，奔驰迅疾。燕支山产红土，研之可为染料。霍去病既逐匈奴，匈奴歌曰：“失我燕支山，使我妇女无颜色。”即指此也。六十五公里，张掖。汉初为匈奴昆邪王地，武帝设河西四郡，此其一也。西魏置甘州，取州东甘浚山为名。张掖为产米名区，唐陈子昂云：“凉州岁食六万斛，甘州所积四十万斛，地广粟多，仓庾丰衍，瓜肃以西，皆仰其餫，一旬不往，士已枵饥，是河西之命，系于甘州矣。”今欲规划西北，首须解决经济问题，汉武经边，厥功固伟，然《西域传》称：“军旅连出，师行三十二年，海内虚耗。”宜以西北所产，用之于西北，经始之际，自当别论，解决西北经济，第一则为水利，此为生产之源。西北水利，非不可讲：以陕西言，秦汉曾收其效矣。以甘肃言，人皆以为嘉峪关外，一片戈壁；不知见于史籍者，汉有效谷之城，魏有宜禾之县。《唐书·徐邈传》：“邈为凉州刺史，开广水田，以足边储。”昔贤虽远，往事可师，清儒刘献廷云：“西北非无水利也，有水利而不能用也，不为民利，乃为民害，旱则赤地千里，潦则漂没民居。”埃及文明，古有声称，则以导引尼罗河有方，能尽灌溉之利。其后水工不职，致成荒漠。近英人安修英从而整治，则又渐呈起色。谚曰：“事在人为。”此语虽浅，实饶深意。夜宿东关，大风。

二十八日

晨发张掖，不卅里积沙成冈，残砖塞路，土人指为古黑水国。按《通典》：“张掖县西北有汉张掖郡故城。”较可信也。更前至临泽。临泽原名抚彝，民国十七年三月改今名。县无城郭，以旧堡为之。更前为高台，张掖至此，计八十公里。更西，平沙浩瀚，罕睹人烟，默念法显、玄奘诸人当日赴印，皆由此道，担簦步行，艰苦备尝，吾人今日适边，有汽车代步，为幸多矣。百三十六公里，酒泉。东关有泉，其味如酒，因名。汉以前为月支国地，后为匈奴所据，武帝太初元年，置酒泉郡。隋废郡，置肃州。兰州而西，经武威、张掖而至酒泉，时人称为“河西走廊”。海通以前，由此经敦煌取道南疆，为往印度、中亚细亚、阿拉伯、罗马之国际路线。元时，马哥孛罗亦尝经此。当日之酒泉、敦煌，在交通上之价值，不减于今之上海、天津也。夜宿南关，明日更出嘉峪而西矣。

（原刊于《中央日报》1943 年 6 月 29 日）

敦煌之行

敦煌入吾版图，远在有虞之世。《舜典》："窜三苗于三危。"谓三危之山，在今敦煌西南四十里。《左传》襄公十四年，晋范宣子数戎子驹支曰："秦人迫逐乃祖吾离于瓜州。"杜预注："瓜州地在今燉煌。"此《尚书》《春秋》可征者。汉武拓边，敦煌为河西四郡之一，辖县凡六：曰敦煌、曰冥安、曰效谷、曰渊泉、曰广至、曰龙勒。幅员之广，实非武威、张掖、酒泉三郡可与伦比。玉门关在其西，阳关在其南，二者为通西域之孔道。玉关为汉时所由之路，故班超在西域上书有"但愿生入玉门关"之语也（《汉书·西域传》虽两关并举，然《后汉书·郡国志》于"敦煌郡龙勒县"下只云有玉门关，而不及阳关，知尔时玉关为通道，阳关尚少人行也）。阳关为唐时所由之路，故王维有"西出阳关无故人"之句也。敦煌一地，彼时实为文物所萃，观摩互融，特呈异彩。海通以还，情势顿易，往时重镇，渐沦荒漠。迨乎清末，斯坦因、伯希和先后来华，劫掠莫高窟之宝藏，分陈于伦敦、巴黎二市，于是世有所谓"敦煌之学"；而边徼孤城，亦寝有东南人士之踪迹矣。余顷假游，往返七日，援笔记之，名曰"敦煌之行"。

七月二十三日

晨发石油河，细雨清尘，微风送爽，车行戈壁中，轮轧砂砾，作海潮音，宛若置身普陀千步沙矣。六十公里，赤金峡，赤金亦作赤斤，明置赤斤蒙古卫，以处鞑靼之降者。五十三公里，玉门县。阚骃云："汉罢玉门关屯，徙其人于此。"城中居民数百家，但街道宽阔，汽车可并驶。县府修洁，门有联云："国难方殷，愿边关同胞，卧薪尝胆；民智待启，以中山主义，发聩震聋。"于时于地，皆称贴切。百二十二公里，安西。安西，清本为府，旋降为直隶州，民国始为县。城滨疏勒河，颇得灌溉之利。惟大风频作，东城已不辨内外，想见积沙之厚矣。自甘赴新：往北疆者，由此经星星峡以至哈密、迪化；往南疆者，由此经敦煌以至若羌、于阗；固亦交通之枢纽也。是日共行二百三十五公里。

二十四日

朝发安西，出城随入戈壁。七十里，瓜州口，昔为闹市，今剩居户二，腴壤变为沙漠，人烟遂告稀绝。又七十里，甜水井，苦咸不可入口，但饮驼骡而已。又七十里，疙瘩井，更前为草地，蒙民以为牧场，羊马成群，全无羁勒，偃仰鸣啸，一片天机，塞外之大观也。男女均矫健，善骑射，元代武功赫赫，盖非偶然。行近敦煌，林木郁蔚，青苍照眼，恍入江南。郊垌麦黄，农收大有，昔人有"秋成麦熟"之语，至此证其非诬。塞外气候，早寒迟暖，二麦入春播种，秋初收获，土著初不以为异也。西瓜甫上市，乃恣意饱啖，杜林云："敦煌古瓜州，地生美瓜。"颜师古云："其地今犹出大瓜，长者狐入瓜中食之，首尾不出。"闻再经月，梨枣俱熟，城中全为瓜果市场，一年最好之季候也。敦煌为甘肃最大之县，面积约八万七千五百方里。东至甜水井，计百四十里，与安西毗连。南至阿鲁柴滩，计五百七十里，与青海为界。西至九个白石头，计千六百里；北至博罗台，计三百六十里；西北均与新疆接壤。据最近调查，全县人口为二万七千五百四十五人，计汉人二万六千一百三十五人，回人九百一十六人，蒙人四百三十七人，哈萨人五十有七。土广而民不众，固由生产技术落后，而丧乱屡遭，关系尤巨。清石之瑛《开设沙州记》谓敦煌于明季沦为异域，雍正四年，招甘州无业穷民二千四百户来垦，给沿途口粮、皮衣、盘费，并借与牛具、籽种。西北辽阔，战后复员，此法可资参考。连朝山洪暴发，党河水声，直达枕上。

二十五日

鸣沙山距城南门十里而遥，为敦煌名胜之一，策杖而行，村村枣树，户户梨园，竟忘疲劳。山势环抱，有池作半月形，土人呼为月牙泉。池水澄清，中不见底，产铁背鱼及七星草，服之闻可延年。昔汉武得天马于渥洼水，渥洼水即月牙泉之前称。山高数十仞，积沙而成，晴空烈日，有声如雷，故曰鸣沙。《耆旧记》："水有悬泉之神，山有鸣沙之异。"即指此也。《楚辞·招魂》："西方之害，流沙千里些。旋入雷渊，靡散而不可止些。"渊，《文选》作泉，洪兴祖补注引《山海经》云："雷泽中有雷神，龙身而人头。"池畔有祠，中祀雷神，一如《山海经》所说，《招魂》所言，非尽无据也。风雨间作，境益凄清，枨触百端，爰赋二绝：

边城盛夏似清秋，抛却儒冠汗漫游。独向渥洼池畔立，蒹葭倒影忆沧洲。

四山环抱若云屏，水秀沙鸣说圣灵。自诵楚些还自证，天外无语助驼铃。

二十六日

千佛洞在城东南四十里三危山下，公路新成，由县府梁君导往，中央社龚君为摄影以留纪念，盖汽车直驶千佛洞，自吾辈始也。首访国立敦煌艺术研究所筹备委员会秘书李香亭君，承介住雷音寺上院。寺分上中下三院，研究所借用中院，下院（一名报恩寺）驻军。行装甫卸，即周览各洞。洞之编号，始于法人伯希和，敦煌县政府继之，近岁张大千氏复事更改。如张氏所编之第一一八洞，伯希和作 P135，敦煌县府则以朱笔作“九十五”。张氏所订，计三百有九，今皆依用。观览情形明日综叙。夜赋两绝志感：

千年文物付东流，碧眼人儿作狗偷。恨杀麻城王道士，青蚨闪烁上香钩（说见后）。

横绝流沙憩法坛，危崖古洞午生寒。魏人塑像唐人画，拭去浮尘仔细看。

二十七日

午前续观佛洞，午后访研究所史岩君，得悉该所详情。晚回敦煌，夜草《莫高窟考览记》，文录如次。迦蓝塑画，释氏所谓象教也；山林岩穴，修士所栖止也。敦煌莫高窟之开凿，据唐李怀让《重修莫高窟佛龛碑文》，始于苻秦建元二年(366)，《沙州志》则谓肇于晋穆帝永和九年(353)，先于李记所称者一十有三载。初则比丘造居，继则信士祈福，各称其赀财厚薄，愿力大小，遂有广狭华朴之异。洎乎李唐，已盈千矣。惟植根砂冈，年久崩塌，故今之可指数者，才三百有奇耳。介在边陲，远不如云冈、龙门之为世珍视。迨夫清季，敦煌卷轴，安阳甲文，同时耀彩。孔壁之书，汲冢之竹，并斯为学术四大发现。宋世，有夏跳梁，西土昏垫，方外之士，亦难自全，于是缄藏宝典，结伴远扬，岁月淹久，丧乱未平，客死他乡，来者莫省。其后雨零壁裂，突放曙光，道士王园箓，湖北麻城人，启得密室，琳琅万卷，复呈人间，时光绪二十五年五月二十五日也。阅八年，英吉利人斯坦因来此；明年法兰西人伯希和闻声踵至。二人皆以利啖园箓，于是莫高窟之宝藏，乃入伦敦、巴黎二市；北平图书馆所得，仅属残余而已。综秘室所藏，其可贵者约有六端：所出书卷，文学种类繁夥，有“中文”“突厥文”“西夏文”“梵文”“藏文”“土耳其文”，可谓东方文字之宝库。其可贵一也。斯坦因《西域考古记》谓其所得印卷中，有载明开雕于咸通九年者，定为中国最古之版籍。余案陆深《河汾燕录》谓隋文帝开皇十三年敕，废像遗经，悉令雕版。《敦煌石室书录》有《大隋永陀罗尼本经》，足证陆说之确。咸通为唐懿宗年号，咸通九年，为公元868年；开皇十三年，为公元593年，又早于斯坦因所说者二百七十五年，此真吾国雕版之最古者矣。其可贵二也。今日流行之韵书，以《广韵》最古。《广韵》本于孙愐《唐韵》，《唐韵》本于陆法言《切韵》。敦煌所出《切韵》唐本残卷，虽仍难窥其全豹，然已可略见一斑。其可贵三也。《诗·齐风·南山》毛传：“襄公使公子彭生乘公而搤杀之。”“乘公”之“公”，极难解诂，段玉裁因疑为衍文。今敦煌所出唐冯本“乘公”作“乘车”，疑滞即释矣。《魏风·葛屦》：“掺掺女手，可以缝裳。”郑笺：“言女手者，未三月，未成为妇。”今写本妇下有“之礼”二字，语意始足。《小雅·杕杜》：“征夫不远。”郑笺：“不远者，言其来喻路近。”写本“喻路近”三字作“愈近也”，词理浃当矣。类乎此者极多，均不待烦言而自解。其可贵四也。印度暑湿，书易霉损，故世人訾其为无史之国。莫高窟地极高燥，物品经久不腐，斯坦因所得，有梵文大贝叶本，保存完好，当为印度现存书籍之最古者矣。其可贵五也。李唐以与老子同姓，而推崇道教，浅薄可哂。惟敦煌所出道教经卷，纸质坚致，楷法工整，书品古雅，一时无出其右，亦书林之盛事也。其可贵六也。其他关于文学宗教各方面之材料尚夥，未暇尽举，稀世之珍，尽入外人之手，可不惜哉！今莫高窟之堪供研讨者，壁画、雕塑而已。寺观之有壁画，其来已旧，《传灯录》：“裴休入大安精舍烧香，因观壁画，问：‘是何图相？’对曰：‘高僧真仪。’”是唐有壁画矣。《颜氏家训·杂艺篇》：“彭城刘岳，才学快士，而画绝伦，后随武陵王入蜀，下牢之败，遂为陆护军画支江寺壁。”骆宾王诗：“铭书非晋代，壁画是梁年。”是梁有壁矣。今以所见于莫高窟者证之，或东晋之末，南北朝之初，已有之矣，图案变化极多，或以人物，或以花卉，或以卍字，或以浮屠（塔），边缘陬隅，殊少空隙，可见当日之竭尽匠心。画有完全用西方作风者，如第八十三洞，第一百七十八洞，第一百九十洞，第二百洞，均满绘飞仙；第一百九十七洞，藻井且有飞马；第九十三洞，供养人身着西装，笔调设色，无不与今之欧画为近，窃疑作者乃西来之人。唐画镕冶中外之长，别成高格。宋人有作，颇见逊色。张大千剔去壁上宋画，期现唐人作品（宋人往往以泥掩没壁上唐画，加涂白粉，另行自作），灰泥凝固，层次难分，卒之宋画已毁，而唐画又未尽清晰，人或议之，然其动机固未可厚非也。唐末，甘、沙诸州，与回鹘杂处，摩尼教不容于波斯本土，转而东来，回鹘虔奉之，今第二百四十九洞至二百五十一洞，有摩尼像，四周以火焰为图案，盖其教本由拜火、基督及佛教组合而成。其禁肉食，与佛教为近，故能并行不悖。第四十洞供养人有题"女甘州回鹘国可汗天公□□供养"者，可证当日回鹘于佛教摩尼教并事，其错综情形，壁画上犹可见其迹像也。于供养图中，并可考见各代衣着之不同，仪仗之异样及风俗习惯之演变。如第三百洞所绘张议潮夫妇出行图（议潮夫妇为此洞之供养人，右壁画议潮出行状，左壁画其妻出行状，上题"宋国河内郡夫人宋氏出行图"十二字，右壁字迹已模糊），仪仗极盛，有武士，有乐人，有舞女，有陈百戏者，真可谓洋洋大观，盖议潮在唐大中时为归义军节度使也。志称李、张、曹、索为敦煌四大姓，史不尽详，今于各洞壁画上所题供养人可得不少史料。罗振玉有《张议潮》，张大千有《瓜州曹氏考》，仍有堪资掇拾者，斯在有志之士之探索理董矣。往游吴县角直，得观唐塑，深觉艺之上者，必通乎道，盖非有学养者不能显示精神也。今周览各洞，平凡之作，所在多有；足称精绝者，亦不下二三十洞。如第十四洞，所塑佛证涅槃像，俗称卧佛，身长五丈，肌肉衣折，均臻上乘。弟子及邻国赴吊者，环立其测，虽同属哀悼，而情态各各有别。列邦复可觇不同之人种及异样之衣制，非大匠不办也。第三十五洞中座佛像，似经近代改修，其余六侍者，肌肉有力，脉理朗然，殊为名贵。第四十四洞之巨像，高约二十余丈外建九层楼护之，规模之大，为各洞冠。第三百零一洞，中亦塑有释迦涅槃像，视第十四洞局小，技巧间或过之。凡此所论，仅举其代表作而已。总之，敦煌莫高窟之雕塑壁画，除具艺术上之价值外，复可考寻历史演变。北魏迄宋，各时代之资料，随处可以取证；此又不惟艺术为然，举凡宗教民俗器物，均可获睹其一鳞一爪。故莫高窟之塑像壁画，一方面可由专家作分析研究，一方面又宜由通人作综合探讨，庶大小兼包，巨细靡遗也。

二十八日

昨闻梁君云：南疆公路已测定，由敦煌经阳关达若羌，长约八百公里，嗣后当复有伸展。今晨检《汉书·西域传》，其中有云："自敦煌西至盐泽，往往起亭，而翰台渠犁皆有田卒数百人，置使者校尉领护，以给使外国者。”是汉通西域，置舍以憩行人，屯田以供粮秣，设施周至，成规可师。安西东南百四十里有万佛峡，缔构略同莫高窟，地处僻远，外人足迹罕至，故壁画独能完整。现存四十余洞，以第十七洞为最精致，时迫，未能前往，不免怅怅。

二十九日

归自安西，雨后雾气氤氲，时幻作湖沼林峦，大类海市蜃楼之像。三道沟附近，土壤湿润，而蒿蒌满目，农民往避苛杂，弃此他适，战后移民，此为理想地也。

（原刊于《中央周刊》第六卷第四期，1943年）

三十年来国史馆筹备始末记

史官建置，肇始轩辕，仓颉沮诵，并掌斯职。迨于姬周，权称弥密，非仅小大之别，且有外内之殊。自是以降，罕见废阙。蜀居西土，年祚短促，国未置史，陈寿犹讥诸葛政有不周。况当中夏混一之际，声教远逮之日，不有史馆之设，则美制宏规，文物礼俗，后世何观焉。中华民国成立，业逾卅载，内忧外患，踵接而起，艰危之深，古所未有。马迁有言，拨乱世，反之正，莫近于《春秋》，是则史馆之建立，居今更不容缓忽矣。溯自开国以来，史馆兴废靡定，大政常典，任情弛张，有识之所嗟叹。兹搜维三十年中筹备国史之文记，依次排辑，藉明颠末。事异论撰，聊存故实而已。

民国初建，硕彦毕集南都，远瞩高瞻，立本植要，于是胡汉民、黄兴等九十七人合词请设国史院。

汉民等呈云：溯自有文字，遂有记载，古称史官，肇于沮苍，历代相沿，是职咸备。盖以纪一时之事，昭万世之鉴，甚盛典也。顾概观中国前史，《春秋》《史记》而外，多一人一家之传记，无一足称社会史，可以传当时而垂后世者。抑典午东渡而还，中原涂炭，自时厥后，国统殽杂，殊方入主，尤间代相闻，以云正史，不足十六。而所称正史者，亦复狃于君主政体，其典章制度人物文词见于纪传表志者，多未能发挥民族之精神，方诸麟经迁史，去之犹远。若藉为民国之借鉴，犹南辕北辙，凿枘不能相容。诚以立国之政体不良，而记载遂不衷于至当耳。今我中华聿新，民国前自甲午而后，明识远见之士，怵于国之不可以见辱，而政体之不可以不改变也，于是奔走号呼，潜移默迁，垂二十年。兹者民国确立，以前之艰巨挫折，起蹶兴踬，循环倚伏，不可纪极。若非详加调查，笔之于书，著为信史，何以彰前烈而诒方来，正史裁而坚国本。为此连同众意，合词呈请大总统速设国史院，遴员董理，刻日将我民国成立始末调查详彻，撰辑中华民国建国史，颁示海内，以垂法戒而巩邦基。如蒙俯允，即请作为议案，提交参议院议决。并祈从速特委专员筹办一切，民国幸甚。（见《临时政府公报第四十一号》）

国父时为临时大总统，许之，时元年三月十七日事也。

批云：呈悉。查中国历代编纂国史之机关，均系独立，不受他机关之干涉，所以示好恶之公，昭是非之正，使秉笔者据事直书，无拘牵顾忌之嫌，法至善也。民国开创，为神州空前之伟业，不有信史，何以焜耀宇内，昭示方来。该员等所请设立国史院之举，本总统深表赞同，应候提交众议院议决。至请先行派员筹办一节，俟遴选得人，即行委任，可也。（见《临时政府公报第四十一号》）

十二月二十九日，临时大总统袁公（元年二月十四日，国父请参议院改选临时大总统，并荐袁世凯为候补者。翌日，世凯被举。二年十月六日，国会又举世凯为正式大总统。均属合法，故不名。自三年一月十日，擅停两院议员职务后，则名之）颁《国史馆官制》。

《国史馆官制》

第一条　国史馆掌纂辑民国史历代通史，并储藏关于史之一切材料。

第二条　国史馆置职员如左。

馆长　特任

秘书　荐任

纂修　荐任

协修　荐任

主事　委任

第三条　馆长一人，掌全馆事务，直隶于大总统。

第四条　秘书一人，承馆长之命，掌理文书事务。

第五条　纂修四人，协修八人，分任编辑事宜。

第六条　主事二人，承馆长之命，掌会计及庶务。

第七条　国史馆荐任官，由馆长呈请大总统任命，委任官，馆长专行之。

第八条　国史馆为缮写文件及其他庶务，得酌用雇员。

第九条　本制自公布日实施。（见《职员录》所附《官制》）

十二月十一日，以王闿运为国史馆馆长。闿运，湘潭人，往参曾国藩幕，及国藩开府秣陵，闿运趋谒，未报，乃携装乘小舟去，归撰《湘军志》，笔伐不稍假。至是，闿运年八十，称老宿，袁公震其词锋，畀以史职。闿运久不至，欲改任章炳麟，藉以羁縻，炳麟不受。

> 炳麟《与袁公书》曰：前上一书，未见答复。迩者宪兵虽能据副司令陆建章言，公以人才阙乏，必欲强留，炳麟不能受此甘言也。若有他故，能议公者，岂惟一人。舆论纵不振于中土，若外人之烦言何。炳麟本以共和党独立来相辅助，亦傥至而相行干，而大总统羁之不舍，既使赵秉钧以国史相饵，又欲别为置顿。炳麟以深山大泽之夫，天性不能为人门客。游于孙公者，旧交也。游于公者，初交也。既而食客千人，珠屦相耀，炳麟之愚，岂能与鸡鸣狗盗从事耶。史馆之职，盖以直笔绳人，既为群伦所不便。方今上无奸雄，下无大佞，都邑之内，攘攘者穿窬摸金是也。纵作史官，亦倡优之数耳。窃闻史迁、陈寿之能谤议，而后世乐于览观者，以述汉魏二武之事也。不幸而遇朱全忠、石敬瑭，虽以欧阳公之叹息，欲何观焉。今大总统圣神文武，咸五登三，簪笔而颂功德者，盖以千亿，亦安赖于一人乎。属有武汉人士，招往讲学，北方亦有一二人耸之。愚意北方文化已衰，朝气光融，尚在江汉合流之地，不欲羁滞幽燕也。若必蔑弃约法，制人迁居，知大总统恪守宪法，必不为也。饱食终日，无所用心，以与朋辈优游谑浪，炳麟亦不为也。苟图其大，得屈此身，以就晦冥之地，则私心所祈向者。独考文苑一事，经纬国常，著书传世，其职在民而不在官，犹古九两师儒之业。迩者方言、国音、字典、文例、文学史、哲学史等，皆未编成，而教育部群吏又盲瞽未有知识，国华日消，民不知本，实愿有以拯济之。同苑须四十人（仿法国成法），书籍镌版、印刷之费，数复不少，非岁得数十万元不就。若大总统不忘宗国，不欲国性与政治俱衰，炳麟虽狂简，敢不从命。若絷一人以为功，委弃文化以为武，凤翱翔于千仞，览德辉而下之，炳麟其何愧之有。设有不幸，投诸浊流，所甘心也。

三年，闿运北上，五月二十五日，国史馆成立。然费绌，又不时得。任职者更驰心外骛。宋育仁，闿运门下士也，闿运引之入馆。时顽民犹作复辟想，劳乃宣著《共和解》，妄附古谊。育仁联史馆中之腐朽者应和其说，谓总统□□公，其下为卿大夫士，公之上则如春秋时之有宗周者然，盖指清室也。夏寿康弹之，育仁遂押回原籍，交地方官约束。

黄远庸远生遗著《顽民之谬说》：最近主张复辟说之著名者，则劳乃宣之《正续共和解》，宋育仁公然联名之呈请。其见于公牍辟之最力者，则夏肃政史寿康之《杜乱防变保全清室》之呈文。其见于官事者，则总统之批交内务部置办是也。劳乃宣作《共和正解》于辛亥之冬，又作《续共和正解》于甲寅六月，今合印为一册，名为《正续共和解》，送布于其知交。据其书中所自言，谓曾交赵故总理秉钧呈大总统阅之。其书不足备言，下附以章梫一跋，在今日国体上，公然倡此等谬论者，已犯《刑律》一百零三条或一百零一条之罪状。所谓"共和正解"者，据周宣王故事，谓为君幼不能行政，公卿相与和而修政事，故曰"共和"。故"共和"云者，乃君主政体，非民主政体。不学之流，乃用为民主之名词耳。因历言中国不能行民主之制，是为《正编》。其续编因自诩其前此有先见之明，而揣测今之总统于皇室初似不甚尊崇，继乃异常推戴，谓为有伊尹之志。因主张创行一种宪法，谓宜名为"中华国共和宪法"，以"共和"立名。谓合于彼所谓共和之正解也。谓名"中华国"，不名"民国"，示行君主制。然则何以不称"帝国"？谓"帝国"为日本名词，今之俄罗斯、德意志皆君主国，而不称帝国也。谓所以不称"大清"而称"中华"者，以"中华"地名而"大清"乃代名也。以咬文嚼字之故技，而议论国事也如此。宋育仁之呈交，尚未之见，据闻系联合国史馆一派旧派而为之者。宋时已扬言谓将运动吴帅、王帅复辟。章梫者，号一山，浙人，前清翰林，邮传部参议上行走。风闻王闿运亦颇谬发议论，但此人于曾左时，已无论大事小事，专以开顽笑为事，此想亦一种顽笑耳。（见卷四，第98页）

萧寿昌《袁世凯纪略》：世凯改参、众两议院为参政院，征聘名士及清名吏，劳乃宣误会其意，上《共和正解》劝退之贽，由国务卿贰臣徐世昌转呈，世凯笑置度外。肃政史夏寿康妒忌之，以乱党弹劾。请命诛戮，世凯弗听，而段祺瑞助纣为虐，饬兵捕拿，幸先逃脱，仅获其党宋育仁，欲行绞毙，世凯恐激成内变，况育仁系前清翰林，为王湘绮门下士，如加杀戮，尤恐失天下人心，姑含容之，诬以佯狂，用兵护送回籍，实行递解，交地方官严加约束。

附:国史馆职员录

馆职	姓名	籍贯
馆长	王闿运	湖南湘潭
副馆长	杨度	湖南湘潭
秘书	陈嘉言	湖南衡山
纂修	阔普通武	满洲正白旗
	周大烈	湖南湘潭
	宋育仁	四川富顺
协修	景褑	满洲镶蓝旗
	林世焘	广西贺县
	陈庆慈	湖北荆门
	汤用彬	湖北黄梅
	邓起枢	湖南湘乡
	左绍佐	湖北应山
	曾广钧	湖南湘乡
	胡元玉	湖南湘潭
主事	王代懿	湖南湘潭
	陈兆璇	湖南桂阳

四年,帝制议起,闿运雅不愿称臣,中华门改新华门,闿运过之,叹曰,新莽门也,乃假故自劾去。史馆之设,世凯本承旧案,应故事,初未明其蕴奥,故视为冷衙闲曹,无足轻重,短其奉稍,致使人浮于食,此亦闿运求去之一因也。

《后孙公园杂录》:项城因筹议帝制,先整饬纲纪,官眷越礼,时有所闻,甚为厌恶,思痛惩之,密谕肃政史夏寿康具摺整饬风俗,严警效尤。夏寿康乃上封事。湘潭王湘绮先生,一老名宿也,项城聘为参政,主持国史,尊为馆长。其恋老女仆周妈一事,全国传为“老荡子行”,湘绮处之晏如也。周妈在国史馆把持开支,干涉用人,大有招权纳贿之意。谋职员支薪水者,皆求周妈密语湘绮,得邀一命为荣。自夏寿康整饬官眷风纪摺上，内有“帷薄不修，有玷官箴”等语，寿康虽意不在周妈，湘绮则认为语侵此老。加以洪宪元旦，自上大夫以上，皆须称臣上头，参政院参政咸授少卿上大夫，适合体制，湘绮为避免在京称臣之嫌，毅然于民国四年十一月辞参政国史馆馆长职，携周妈南归。又恐项城帝国告成，无将来见面地，乃假托周妈事件，根据夏摺为辞。其《辞参政院参政国史馆馆长呈》曰：“为帷薄不修，妇女干政，无益史馆，有玷官箴，应行自请处分，祈罢免本人各职事。”内述“闿运年迈多病，饮食起居，需人料理，不能须臾离女仆周妈。而周妈遇事招摇，可恶已极，致惹肃政史列章弹奏，实深惭恧。上无以树齐家治国之规，内不能行移风易俗之化”云云。章太炎先生曰：“湘绮此呈，表面则嬉笑怒骂，内意则钩心斗角。不意八十老翁，狡猾若此。”如周妈者，直湘绮老人之护身符也。

《湘绮楼日记》：十一月十四日，晴。过武胜关，又寐未觉。辰刻到汉口，寻神州旅馆暂住。作书与袁慰庭：“前上启事，未承钧谕。缘设立史馆，本意收集馆员，以资修访。乃承赐以月俸，遂成利途，按期支领，又不时得，纷纷问索，遂致以印颁抵借券，不胜其辱。是以陈情辞职，非畏寒避事也。到馆后，日食加于家食，身体日健，方颂鸿施。故欲停止两月经费，得万余金，买广厦一区，率诸员共听教令，方为廉雅。若此市道，开自淑生，曾叔孙通之不如，岂不为天下笑乎。前拟将颁印暂存夏内史处，又嫌以外干内，因暂送存敝门人杨度家，恭候询问，必能代陈委曲，闿运于小寒时，由汉自还湘，待终牖下。奉启申谢，无任愧悚。”

黄远庸远生遗著《围炉杂话》：王壬秋先生之弃印潜归，中有一段趣事。先是王君以湘人谭启瑞荐充国史馆办事，谭忽有不得意处，上书当道，谓王庇乱，引王用宋育仁及保黄汉湘事为证（黄因姚捷勋案，牵连被逮者）。当道固悠悠置之，而王大怒，即上书总统，谓史馆品类太杂，请整顿。大总统即派人问以如何整顿之法，王谓我惟无法，故以请于总统，今奈何问我有何法耶。不数日即辞去。先交印于曾广钧君，曾不受，乃交某君，某君又不受，遂交于其媳，即杨皙子之妹，杨之妹乃交于杨，杨遂呈于总统，请示办法。总统遂即以杨暂任副馆长事，以为结束。其优礼之者，亦云至矣。

继袁者尤碌碌，罔解大体，六年四月十九日，史馆遂告停。六月，又并入北京大学，前古无此例也。八年，附设国史编纂处于国务院。

国史编纂处简章(八年八月三十日国务院呈准)

一、国史编纂处附属于国务院，掌编纂国史并征集保存关于国史之一切材料。

一、本处置处长一人，总编纂一人，主任编纂四人，编纂若干人，主任事务员三人，事务员若干人，缮校员若干人。

一、处长一人，由国务院总理就国务院简任职遴派兼任，掌理本处事务。

一、总编纂一人，由国务总理聘任，掌规定编纂条例及鉴定史稿。

一、主任编纂、编纂均由国务总理聘任，分任纂辑编译事宜。

一、主任事务员、事务员均由国务院派充，分理本处文牍、庶务、会计事宜。

一、缮校员分任缮写、校对事项。

一、本办事细则另定之。

一、本简章自呈准公布日施行。(见现行《法令大全》)

附：国史编纂处职员录

官职	姓名	字	籍贯
国务院参事兼处长	涂凤书	子厚	四川云阳
总编纂	王树枬	晋卿	直隶新城
编纂主任	屠寄	敬山	江苏武进
	李经畬	新吾	安徽合肥
	黄维翰	申甫	江西崇仁
编纂	钱恂	念劬	浙江吴兴
	陈浏	亮伯	江苏江浦
	刘慎诒	□夫	安徽贵池
	吴敬修	菊农	河南固始
	宾玉瓒	楷南	湖南湘潭(见《职员录》)

迨国民政府定都南京，内政、教育两部于二十年八月呈准行政院，设国史馆筹备处。

国史馆筹备处组织规程(二十年八月六日内政、教育两部会令公布)

第一条　本处受内政、教育两部之指挥监督,在国史馆未正式成立以前,负责筹备关于国史馆一切进行事宜。

第二条　本处筹备期限,暂定为三个月。如届期未能完竣,得由内政、教育两部会呈行政院,核准延长之。

第三条　本处设筹备员十五人,除由内政、教育两部会聘国内硕学通儒五人外,余由内、教两部各派本部职员五人充任之。

第四条　本处设筹备主任一人,副主任一人,由内政、教育两部就聘任之筹备员五人中指定二人充任,综理本处一切事务。

第五条　本处设职员六人,掌理文书、会计、庶务等事宜,由内政、教育两部各派本部职员三人充任之。

第六条　本处因缮写文件,得雇用书记四人。

第七条　本处筹备员及职员,除由内政、教育两部会聘之五员,每月得酌给车马费外,其余均为无给职。

第八条　本处经费,由内政、教育两部造具预算,呈由行政院校准指拨之。

第九条　本处办事总则另定之。

第十条　本处于国史馆成立时撤销之。

第十一条　本规程自行政院核准公布之日施行。如有未尽事宜,得由内政、教育两部临时会呈修正之。(《中华民国法规大全》)

二十三年一月,中国国民党第四届中央执行委员举行第四次全体会议,委员邵元冲、居正、方觉慧等提请《重设国史馆案》,决议通过。

元冲等提案原文:为提议重设国史馆,俾修史事业不致中断事。查吾国数千年来文化之特色,在有数千年继续不断之记事及断代之历史,并一切典章制度文化之史料,为世界任何国家所不能及。而总其成者,实为历代中央政府所设之国史馆为之中枢。乃自北京政府时代,将国史馆停止,其原有国史馆之职务,则交北京大学办理,然北京大学亦未尝进行,因之国史大业,停顿多年,等于中断。夫吾国之历史,不中断于千年来君主之时代,而乃中断于民国时期,不特将来之一国文献无征,而民国创造之艰难,与夫开国之丰功伟烈,亦将渐就湮没,实可深惆。

夫民族主义之精神，即在民族有悠久之历史，为国民兴盛之资。而本党现负建国之大任，对此与民族精神关系至切之国史机关，自应从速重设，俾国史不致中断，关系实异常重大。兹略举原则如下：

一、国史馆直隶于国民政府。

二、国史馆掌理中华民国国史及特种史料之纂辑审订，编刊一般史料，及历史图书之征集、整理、保管事宜。

三、国史馆除规定之职务以外，得承国民政府之命，办理特种史料之审查、订正及修辑事宜。

四、现有关于史料征集、整理及保管之各机关，除由国史馆委托代办者外，概划归国史馆办理之。

五、国史馆之组织大纲及经费概算，由中央政治会议定之。是否有当，静候公决。（见《中国国民党第四届中央执行委员会第四次全体会议纪录》）

国民政府令行政院转饬内政、教育、财政三部，会拟办法，呈备采择。三部合订《国史馆组织法草案》及《经费概算书》，并具《附带建议》二项。

（一）国史馆组织法草案

第一条　国史馆直隶于国民政府，为国家史乘机关。

第二条　国史馆掌理国史之搜集、整理、编纂等事宜。

第三条　国史馆设馆长一人，荐任，总理全馆事宜。

第四条　国史馆置秘书二人，荐任，承馆长之命，掌理全馆行政事宜。置干事四人至六人，委任，分掌文审、会计、庶务、图书、档案等事宜。

第五条　国史馆置总纂一人，总理纂修事宜。纂修三人，协修六人，名誉纂修若干人，分掌纂修事宜。探访四人，分掌采访、调查等事宜。均由馆长聘任之。

第六条　国史馆缮写文件，摄取真迹，及其他庶务，得酌用雇员及技师。

第七条　国史馆于必要时，得呈由国民政府令行各机关，调用各专门人员。

第八条　国史馆得向各机关调阅有关史料之各种档案文件。

第九条　本法自公布日施行。

(二) 本年度概算书(从略)

(三) 重设国史馆案附带建议

窃查重设国史馆案,既经四中全会通过,自应照案筹设。惟究其性质与事实,尚多困难问题,此不能不先顾虑及之。兹略举数端如下:

一、在现代潮流上,旧式国史馆之意义,已甚微薄。盖在学术发达、言论公开之今日,含有保守性之国史馆,工作必难期完善。民国以来,曾有清史馆与国史馆之成立,除清史馆完全利用清室遗老撰成一稿,至今未发布外,国史馆则毫未有工作之表现。

二、即用新式科学方法编撰国史,则必非专掌功勋人物之立传。而有关国史史料之档案,皆在整理研究之列。此类档案,范围十分广泛,除一极小部分在党史编纂委员会外,其他皆散在于各机关。因为时较近,各机关在行政与事业上须临时参考,断不能集中一处,致妨碍现有工作之进行。

三、各机关历年所积累之档案,类皆有专门性质,以组织繁复、分工细密之今日,欲事整理广泛之档案,殊非若干但擅文墨之士人所能为力。

四、今日之调查报告、行政报告以及年鉴等类,皆旧史中之志表也。教育部编《教育年鉴》,实业部编《经济年鉴》《劳工年鉴》《中国实业志》,有专家为之主持,需时需费,已属可观(北京大学、故宫博物院、中央研究院整理旧档案亦然)。以现在国家之财力与人材而论,官撰新式国史,尚非其时。即雄于财力,而又备备科学人材之先进国家,亦未能有是举。

以上困难情形,皆系事实。窃以为今日在国史整理上之需要从事者,不在国史馆,而在下列二事:

一、抄索史料,以及整理在时间上已可公开之档案,应委托学术机关从事,作为一种科学工作。

二、未到公开时期,而不再专属任何机关,或现属某某机关而堆积不用之档案,应设立直隶于行政院之国立档案库,将之分类编目、庋藏高阁,以保存国家文献,减少将来学术工作必经之预备手续。

因审查国史馆案,附陈管见,敬祈鉴核。(统见《国府档案》)

行政院旋又召内政、教育两部，并函邀中央研究院派员参加会商，结果拟具《办法》四项。五月二十四日，国民政府据以颁布《整理国史及档案办法》。

整理国史及档案办法

一、由中央图书馆搜集民国以来官书私著，分类储藏，并由行政院呈请国府通令各机关，所有新旧刊物，均应检送一份于该馆。

二、先由行政院于院内及内政、教育两部，故宫博物院调派人员，并邀中央研究院参加，组织国立档案库筹备处，计划库房之建筑及保存、储藏与便利研究各事宜。

三、中央及地方政府暨其附属机关并公共团体所有档案卷宗，均应每年登记一次，呈报上级机关，转送国立档案库存查。其有档案卷宗应销毁时，应先呈由上级机关，送经国立档案库核定。

四、由教育部通令各大学及各学术机关。

（一）于国立档案库筹备处成立时，派专家参加整理工作。

（二）其有近代中国史科目之各大学及各学术机关，应充分注意近代史料之搜集，并应随时与国立档案库密切联络。（见《中华民国法规大全》）

十一月二日，行政院成立档案整理处，并公布《组织条例》。

档案整理处组织条例

第一条　行政院为整理本院及所属各部会档案，以为设立国立档案库之准备，特设档案整理处。

第二条　本处之职掌如下：

（一）拟具院部会处理档案划一办法，呈请行政院院长核准施行，并监督指挥院部会办理档案人员依照办法规定处理档案。

（二）拟具院部会整理旧案划一办法，呈请行政院院长核准施行，并监督指挥院部会办理档案人员依照办法整理旧案。

第三条　本处设处长一人，副处长一人，承行政院院长之令，综理处务，指挥监督处内职员，并协同各机关长官指挥监督各级机关办理档案人员办理关于档案事务。

第四条　本处设常任干事三人至五人，兼任干事若干人，雇员三人至五人。

第五条　处长由行政院效率研究会筹备处主任兼任之。副处长由行政院院长就专门人员中荐任之。常任干事由处长以考试方法取录委任之。兼任干事由各部会主管档案人员兼任之。雇员由处长以考试方法录用之。

第六条　本处于行政院及各部会档案整理完竣之日，即告结束。

第七条　本处《办事细则》另定之。

第八条　本条例自公布日施行。（见《国府档案》）

二十八年一月，第五届中央执行委员会举行第五次全体会议，委员张继、吴敬恒、邹鲁等十三人提《建立档案总库、筹设国史馆案》，决议原则通过，交国民政府妥筹办理。

提案云：中国国史不可自吾党而绝，犹中国国祚不可自吾党而亡，良繇民族之所以悠久，国家之所以绵延，全赖国史为之魂魄。美洲之红种，非洲之黑人，中国之蛮蛩，日本之虾夷，惟其无历史，所以不能建立国家，繁衍种族。周之猃狁，汉之匈奴，唐之突厥，清之准噶尔，其建国不可谓不大，其种性不可谓不强，惟其无历史，所以故国永沦而不复，人种华离而日衰。中国在宋末曾灭于元，不百年而复，在明末又灭于清，不三百年而复，盖吾族自有其历史，决不甘屈服于他族之下。是故亡史之罪，甚于亡国。国亡而国史不亡，则自有复国之日。何则？其魂魄永存，决不能消灭也。自古以来，灭人之国，必以其历史为先务，端繇于此。古人有言，国必自伐，而后人伐之，则史亦必自灭，而后人灭之。自灭者，蔑弃史料，不修国史，如猃狁以至准噶尔是也。人灭者，尊重史料，常修国史，虽为数国禁毁，而终者副本流传，不可终灭，如清乾隆禁毁明季历史以及史料是也。德国大哲黑格尔不喜读中国历史，以其笃守旧常，不务进化，人类迈进之精神，读此反为其阻滞，此则吾人当改革群化，创造新史，以一雪此耻。然黑格尔之撰历史哲学，则又以吾国为首创历史，排列有史国家，终擢吾国为第一。且谓蒙古虽统一亚洲，侵蚀欧土，然于历史无其地位，印度之亡，亦以不重历史。惟中国绵延不绝者，端赖历史悠久，取精多而用物宏，其势然也。然则自吾祖宗缔造历史，历代赓续，未有中绝，垂四五千年而光昭天壤，世界各国无与伦比，国土之大，人口之众，皆受历史精神融铸，断然不可分割，为子孙者，岂可妄自菲薄，不为之继续撰述，传之无穷，而自侪于无史国家乎！夫欲续历史，不可不设国史馆，欲保存史料，不可不设档案总库。盖国家档案，为史料之渊海，国史之根柢，实为至高无上之国宝，当局缔造经书之苦心寄焉，国民劳苦建设之精神系焉。故保存之方，尤宜尽力讲求，今分别规划如左。

中华建国以来，南北政府档案，以不甚重视，散佚不少。国民政府成立以后，行政院曾在南京特设档案库，以收藏北政府之内阁及各部残存档案。抗战以来，行都设于重庆，当仓皇播迁之时，自国府以及各院部会档案闻亦有散佚弃去者，沦陷区之省府档案，更无论矣。其北平旧阁部档案，恐又不免遗失。以国家如此重宝，付之于不知爱惜者之手，宜其弃之如敝屣也。吾国历代史官制度，史籍撰辑，记载颇详。惟平日保存政府档案，以为史料渊源者，略而不记。惟《宋史·职官志》有主管架阁库，掌储藏帐籍文案，以备用，选择人有时望者为之。旧有管干架阁库官，宣和罢之。绍圣十五年，复置，吏、户部各差一员，礼、兵部共差二员，刑、工部共差一员，以主管尚书某部架阁库为名。嘉定八年，又置三省枢密院架阁官。案“架阁库”，即今所谓档案库，各部档案，共设一库，所以使专职保存，迁移无失。盖南宋当绍兴初年，金人南侵，行都播迁无定，故有此制，诚善法也。惜其制度尚未完备，盖是时三省枢密院文书尚未加入也。嘉定八年，虽增设三省枢密院架阁官，然与六部架阁官，各司其事，未尝并为一库。金之尚书省架阁库管勾，元之中书省架阁库管勾，清之内阁典籍，皆仅管宰辅文书，其他各部院文书，皆别设官掌之，其保管之法，皆未尽善。惟《周礼·春官》“天府”一职，掌祖庙之守藏（案：老聃为周守藏室史，即为此官所属书记官）。凡国之玉镇大宝器藏焉，凡官府乡州及都鄙之治中受而藏之，以诏王察群吏之治，案“治中”之“中”，即册字之篆写省文。册篆作，省作，即今文书案卷也。后人误认为“中正”之“中”，非是。郑注，谓“治中”，谓其治职簿书之要，其说是也。汉有治中官，即后世之主薄。若迁宝则奉之（案：王者迁都，则宝亦迁，所藏文书案卷亦奉以俱迁），此则为保存档案最善之法。档案保存于祖庙之守藏，与国之大宝器同掌于天府，则视档案亦如国之重宝，尊之至重之至也。若迁都，则档案与国之大宝器随祖庙之迁移，则莫敢不视为先务，而有遗弃散佚之事也。且其档案保存之范围甚广，数量甚多。所谓凡官府乡州及都鄙之治中受而藏之者，贾公彦疏，谓此至王国以至四疆，皆有职司治事文书，群吏，即百官府通内外乡大夫士言之。又各官府档案，至少必录二本，一本登于天府，一本藏于本署。如小司寇，大比，登民数及讼狱之中（案：此“中”字，亦“册”之省文），皆登于天府也，则户口册、讼狱册既藏于小司寇，又藏于天府也。司勋注，谓功书亦藏于天府，则考功书既藏于司勋，又藏于天府也。又有多录副本，藏于他官府者，如乡大夫云，乡老及乡大夫群吏献贤能之书于王，王再拜受之，登于天府，内史贰之（案：“贰”谓藏其副本），则贤能书既藏于乡大夫，又藏天府，又别藏于内史也。大司寇云，凡邦之大盟约，莅其盟，书而登之于天府，大史、内史会及六官皆受其贰而藏之，则大盟约既藏于大司寇，又藏于天府，又别藏于大史以下诸官府也。副本既多，则此官府之档案失，尚有他官府之副本或正本存，则其保存之法，可谓周密之至矣。由今观之，周官保存档案之术，虽可师法，然尚嫌太繁，宜采英国“蓝皮书制度”，将全国重要案件分为二期，一为当时可发表者，即印于蓝皮书（案：“蓝皮书”之名，可取唐宋政记之名易之，说详下）而公布发表，使国民咸知，则此类档案已保存于蓝皮书，藏于图书馆，可以不烦再为录副，特别保存。一为秘密档案，一时不可发表者则存于特别档案库而严密保存，将来即可用为史料。如此，则保存档案之法简而易守，今拟取英国蓝皮书之法，将多数可发表之档案，即于时政记公布。又取周官天府之法，设一总档案库，将少数秘密及重要案卷藏入此库，既易严密保守，又易全部迁移。特拟具条例如下。

总档案库设于国民政府，所藏皆各院都会之机密重要档案正本，国府文官掌管其钥。更师古代金匮石室遗意，特造钢骨水泥之地下库，而以铁匮藏其中，国之重宝可同藏焉。各院都会自藏其副本，俟特效已过，或取出发表于时政记，或终藏于档案库，将来择其宜者，作为史料。

至于国史，则中华建国廿八年矣。国史之馆，未尝设立。然而政府命令，每当大员捐馆，必云宣付国史馆立传，夫既无史馆，于何宣付？既无史职，谁为立传？原当局之意，未尝不知国史馆之重要，尝冀建立，以扬耿光，故必垂之命令，岂欲徒托空言。徒以倡导无人，规划无术，贻误蹉跎，遂成缺典。及至抗战，又视为不急之务。不知存亡绝续之交，史务尤宜重视，捐躯报国，毁家纾难，以及内政外交，军务战绩，非有专职记载，何以鼓舞群伦，宣征来祀？宋高宗艰苦中兴，不废史职，绍兴二年，诏汪伯彦等编《类元帅府事迹》，以付史馆。六年，史馆修纂《大元帅府事迹》十卷，上之。其他巨著，咸有可观。南明弘光、隆武、永历，崎岖南国，亦设史臣，多所撰记。是以南宋、南明，史迹最多，流传至今，不致中绝，类皆发愤于夷狄之侵，奋笔于兵兴之际，扬腥臊之秽迹，表忠烈于千秋，国家至急之务，孰有过于此者。今国体改革，史职亦宜变通。吾国史务之最完备者，莫如唐宋，书榻而论议之辞，则有时政记（案：今中央党部重要会议录及行政院重要会议录，足以当此）。记柱下见闻之实，则有起居注，类而次之，谓之日历，修而成之，谓之实录。于是宣付史馆，汇为史料，旁稽野史外记，博采文集表疏，分朝撰进，谓之国史。今起居注、实录宜废，时政记、日历国史宜复。惟有二事宜顾虑者，史官位望较轻，高级衙署不受约束，难以取会史料，一也。事关机要，须守秘密，行政当局，不敢尽情供给史料，二也。此类史例，史不绝书。是以唐宋二代，多以宰相监修国史，时政记房、日记所、国史院，往往直隶于中书、门下二省。今拟时政记、日历国史统归国史馆撰辑，而国史馆直隶于国民政府，其馆即设于府内，与总档案库相近，而以监察院院长为监修国史。诗云："既立之监，或佐之史。"虽诗所咏别为一事，然"监"与"史"性质稍相近，可相辅而行，且位尊而事易集也。惟国史与党史必宜划分界限，盖二者性质迥不相同，必不可混而为一。今拟具体条例于下。

时政记，仿宋三省与枢密院各撰汇送史馆之例，可由五院及军事委员会各撰辑重大政要可以发表者，月成一册，各送史馆，其事简之院，可季成一册送之。史馆综合其事迹，月撰一册或二册，由监修核定排印，公布发卖，使国民咸知此即英国蓝皮书之成法，且可代替每月报告之政绩书。其机密重大事件，俟时效已过，则每季或每年总撰一册或二三册以补之。党史编纂处所编纂党部重要史记，亦宜月送或季送、年送国史馆，以备采入于时政记及日历国史。唐宋时政记，亦有月送、季送、年送三种。至于时政记之体例，当别拟。唐宋时政记之流传于今者，惟有宋宰相李纲《建炎时政记》，可参考其成法而变通之。

日历，按日记载军国政要，积而成编年史，与国史为正史体裁，分为纪传表志者不同。然二者各有所长，故前代未尝偏废，今国史体裁，或宜参酌新史，略为变通。盖本纪之名，今不适用也，而日历则不能变。唐史二代，每汇集时政记及起居注而成日历，起居注月成二册，日历则倍之。今既废起居注，则撰日历者，除凭借时政记外，必宜日访政要而记录之，月终呈于监修核定。发表时期，当有规定。

国史体例，已如上述，平日编纂典章制度，如前代之会要、会典等，以备纂修史志。日记职官除授及统计提要，以备纂修史表。撰宣付国史馆所立名人传，以备撰修史传，除党史编纂处所送党史及本馆所撰时政记日历外，内采国民政府总档案库之档案为史料，又当特设史馆藏书所，以采集政府各种公报及内外日报、周报、月报，以及私人笔记、日记、文集、诗集，与夫统计年鉴、私史、外史（外国人记载中国史籍）、专史（如中国外交史、财政史之类）等，以补公家史料之不足。前代如唐宋两朝，每一帝必修一正史，今当以十年或二十年修一正史，国民元年以来，至国民政府成立前之国史，必宜先修。其体例视旧史必须变通，当别拟。

国史馆既特设监修官，以修国史日历及时政记，其下当设修撰官若干人，编修官若干人，纂修官若干人，以分修国史日历时政记。以明于政治，深于史学，优于文艺，而有声望之人充之。其制度职掌，当别拟。

上列保管档案方法及监修国史条例，谓宜将总档案库及时政记二事急速先行创办，以减少档案之数量，改轻保管之繁重，即偶有迁移，亦轻而易举，而机要档案必宜分录副本，各司收藏，以备万一之遗失。其次划清党史、国史界限，俾各尽其职。否则，党史或过于庞大，或过于狭小，必茫无头绪，无从措手。除各项略有端倪，规模初立，然后规划日历及国史，如此则次序井然，有条不紊，实施既易，成效可期，是否有当，伏请公决。

十一月，中央执行委员会举行第六次全体会议，国民政府提出报告，主席并请改党史编纂委员会会名为国史编纂委员会。决议，先设国史馆筹备处。十二月二十六日，国民政府开临时会议，决议设立国史馆筹备委员会，以张继、邹鲁、叶楚伧、邓家彦、胡毅生、王伯群、杨庶堪七人为委员，并以继为主任委员。二十九年二月，本会成立于重庆，延聘人员，购设器物。四月杪，迁歌乐山。五月，正式办公，时值艰危，百端草创，计审支开办费一千九百九十四元七角，极知简陋贻护，未敢过靡国币。二十九年度实支经常费七万七千六百二十三元六角二分，平均月支七千五十余元（以十一个月计）。

三十年度实支经常费十二万六千七百四十九元七角六分，平均月支一万五百余元。本年度经常费十六万九千三百三十七元，平均月支一万四千一百余元。然同人初未因经费拮据，而怠其职责，首先草拟《组织大纲》，呈请备案。

国民政府国史馆筹备委员会组织大纲

第一条　国史馆筹备委员会直隶于国民政府，掌理国史馆成立前各种筹备事宜。

第二条　本委员会设主任委员一人，委员六人，由国民政府主席就国民政府委员中指定之。

第三条　本会委员每月开会一次，开会时以主任委员为主。主任委员如有事故，得推请其他委员代理之。

第四条　本委员会设总干事一人，副总干事一人，由委员会聘定之。承主任委员之命，处理本会一切事务。

第五条　本委员会设第一、第二两组，每组设主任一人，干事三人，由主任委员派充之。承主任委员之命及总干事、副总干事之指导，分掌各组事宜。

第六条　第一组掌规划国史体例史料整理，及起草有关国史馆法规，并采访事宜。

第七条　第二组掌文书会计庶务，及不属于第一组事宜。

第八条　本委员会设顾问六人，由委员会聘请之，掌审拟第六条所列各项重要稿件，及主任委员嘱托事项。

第九条　本委员会开会时，顾问均须列席。

第十条　本委员会因事务需要，得酌用事务员六人至十人。

第十一条　本委员会办事细则，另定之。

第十二条　本大纲自呈请国民政府核准备案后施行。

昔孔子欲书夏殷之礼，叹杞宋之文献难征，修史必资史料，非可向壁虚构。本会最大之任务，为搜求史料，俾开馆后秉笔者有所依据。既登上海、香港、桂林、西安、昆明、成都、重庆各地日报，广事征求，又制一《简则》，备人索阅。

国民政府国史馆筹备委员会征编史料简则

第一章　史料之范围

第一条　本会征集之史料，其史实所占之时间，上起清之同治，下迄当代。

第二条　本会征集之史料，其史实上之人物，以中华民族为限。但记载外族人之活动，而有直接影响于吾民族者，亦在征集之列。

第三条　本会征集之史料，其史实发生之地域为中华民国疆土。但记载海外侨胞者，亦在征集之列。

第四条　本会征集之史料，其史实之性质，不论政治、军事、经济、教育、实业、学艺、党会、社团，以及其他种种，凡可以征验吾民族此时期之活动者，均在征集之列。

第五条　本会征集之史料，其记载史实之文字，不限于汉文。

第二章　史料之类别

第六条　本会征集之史料，其类别略分如左。

（一）政府机关之文书

1. 清廷与中华民族史有关之档案。2. 民国元年以来，各级政府重要档案。3. 民国元年以来，各级政府已失时间性或不用之档案。4. 清季邸抄。5. 民国元年以来，府院都会及各省县之公报（包括《洪宪公报》《民国六七年广州大元帅府公报》《民国十年广州大总统府公报》在内）。6. 会议记录。7. 调查报告书。8. 计划、法规。9. 统计图表。10. 其他编著。11. 曾经明令褒扬或宣付立传者之事迹记录及报告行述等。

（二）公私国体之记载

1. 重要档案。2. 报告或记事录。3. 概况或统计图表。

（三）私人之撰述

1. 各种有关历史著作。2. 函牍。3. 文集。4. 传状、碑志、行述、年谱。5. 日记。6. 杂记、随笔。7. 抗战重要记事，及殉难死节者之行状。8. 其他撰述。

（四）地志

1. 通志。2. 县志。3. 乡镇都邑志。4. 其他专志。

（五）其他刊物

1. 日报。2. 杂志。3. 年鉴。

第七条　日报系指其重要者，如《中国日报》、《民国日报》、上海《申报》、《新闻报》、《时事新报》、《民立报》、《民权报》、《新申报》、《中华日报》、南京《中央日报》、《朝报》、天津《大公报》、《益世报》、北平《京报》、《世界日报》、《晨报》、香港《循环报》、《南华日报》、广州《广州日报》、汉口《武汉日报》。杂志，多战时及时事专题研究者，如《民报》、《新民丛报》、《东方杂志》、《申报月刊》、《国闻周报》、《时事月报》、《中央时事周刊》之类。

第三章　征集之方法

第八条　本会征集史料，得随时向各机关团体实地采访。

第九条　本会为征集史料便利起见，得随时函商各机关团体或个人，请其随时赠送出版刊物。

第十条　本会征集史料，于必要时得函请各机关团体指派专员协助办理。

第十一条　本会为求史料正确计，除征文字记载者外，得随时延请党国勋贤及熟语掌故之时彦为史实之讲演，或派员前往访问，录存参考。

第四章　应征之秩序

第十二条　本会征集史料办法，分捐赠、售让、借抄、寄存四种。

第十三条　凡以史料捐赠本会者，即依照史料之价值，专函申谢，或酌酬赠品。

第十四条　凡以史料售让本会者，请先开具名称内容数量及最低价格，以便商洽购买。

第十五条　凡以史料借供本会抄录者，本会于收到后，即制发收据。借抄时期，由本会与史料所有者商定。如附有条件者，请先阅示，以便洽办。

第十六条　凡以史料奉存本会者，经本会同意后接受，其办法如左。

一、凡寄存史料，须由寄存者填写寄存单，同式两份，一份存本会备查，一份由本会收到史料后，盖章奉还寄存者，俟寄存期满，凭单领回原件(《史料寄存单》备索)。

二、寄存时期，至少以一年为限，期内不得取回。但有特殊原因，商经本会同意者，不在此限。期满如愿继续寄存者听便。

三、寄存史料，如本会有特殊原因，不能代为保管时，得通知寄存者领回。

四、寄存史料，如期满尚未来会领回，又未经续商寄存期限者，即作为继续寄存。

第十七条　凡应征史料，如与本会库存史料重出，或其他原因认为无须收受者，得于收到后一月内退还。

第十八条　凡应征史料，不论全部或一部分及未出版者，均所乐受。

第十九条　凡应征史料，数量过多，或特别珍贵，有须往返运送包装等特别费用者，得与本会商洽办理。

第二十条　凡以史料应征及来函接洽者，请注明详细地址，挂号寄交重庆歌乐山向家湾二十号本会收，并请封面上注一“征”字。

第五章　附则

第二十一条　本简则经主任委员核定后施行。

第二十二条　本简则如有未尽事宜，得随时呈请主任委员修改之。

更派专人采访。近之如重庆、江津，远之如西安、成都，先后往购，颇多采获。两年以还，计入图书杂志一万二千九百零一册，单页报章四千零二十份。新由西安、南郑等地方访得者，载运在途，未划列计。档案为重要史料，第五届中央执行委员会第十八次全体会议，本会主任委员提请由国府通令所属，以废存档案移交本会保存一案，通过后，即由国府颁行办法。

拟请国府通令所属以废存档案移交国史馆
筹备委员会保存案(《提案第四十三号》)

查国史馆筹备委员会业于去年奉令成立，筹备事有多端，以搜集国史史料最为重要。史料范围亦广，既为国史，由政府官修，必以政府官文书为主要根据。官文书类别不一，如已印行之公报、年报等等，该会自能设法征集。其蕴藏最富，功用最巨者，厥为档案。凡国家要政，对内对外，自中央以达各省县市，原委本末，大备于是，尤史料之渊薮，会中所必收。昔在汉代，以天下计书，先上太史，副上丞相。后唐厘定尤严，正有见于此。历代史馆秉笔，其所取材，如日历、起居注、实录、时政记，亦皆出于政府。非是，则所收只为共见共闻之一般图书，与公私图书馆何异。所据亦只为共见共闻之一般图书，私家皆能纂述，非国家开馆官修之意也。惟目前状况，使政府机关公文，如前代故事，别缮送会，势所难能。即旧存档案，有需不时调阅者，亦难完全移会。现拟只将过时失效之档案，由国府通令所属，交该会整理妥存，备修史采用。办法略订如左。

一、从前各机关无用档案，每过若干年，即焚毁一次，应通令嗣后不得再毁。

二、政府各部院会及各省市政府旧存档案，不限年代、类别及文件残完，凡已失效者，概移交该会保存。

三、档案移运，由会派员办理，各机关须随时尽力协助。

四、各机关档案，有暂难归会，欲托由会中代为保存者，得酌量情形办理。

综上四事，计各机关档案积存必多，检集移运，已感不易。运会之后，整理编目保藏，一切程序，尤为繁累。但为国史史料计，信今传后，不能畏难。际此抗战期间，史料易于损失，更应及早为谋，拟请转由国府通饬遵行。是否有当，敬求公决。

各机关保存档案暂行办法（三十年十月二十五日颁布）

一、各机关应切实保存档案，不得任意焚毁，其管理办法，由各机关自定之。惟须自本办法施行之日起，六个月内，将全部档案造具有录由之登记目录一份，送国史馆筹备委员会备查。以后新归档案卷，每半年造送目录一份。

二、各机关认为无须保存之档案，应先造具清册二份，送国史馆筹备委员会查核（《清册式样》附后）。

三、国史馆筹备委员会接到各机关之清册，应即详予审核，凡认为与国史有关者，分别在册内注明，一份存查，一份退回各原送机关。

四、各机关接到国史馆筹备委员会退回之清册，应即将册内注明与国史有关之各案检出，通知国史馆备筹委员会派员接收。

五、国史馆筹备委员会退回清册内注明与国史有关之案卷，可由各该机关主管之官派员点明焚毁之。惟登记此类案卷之目录仍须保存，以备查核。

六、各机关认为无须保存之档案，经国史馆筹备委员会接收后，一切保管整理事宜，概归该会负责。惟各机关仍可向该会调阅，其调阅办法，由该会规立之。

七、各机关认为必要时，得将一部分档案委托国史馆筹备委员会代为保管，此类档案之保管办法，可由原送机关与国史馆筹备委员会商订之。

八、本办法自核准之日施行。

本会复拟定档案管理会简则及办事细则并档案调阅规则，又以保藏旧卷，须法参邻邦，未可以成规自圆，特移译欧美档案规章九种：曰《美国中央档案馆概况》、曰《美国档案馆考察报告》、曰《美国中央档案馆法案》、曰《美国移交档案馆之档案管理条例》、曰《美国中央档案馆中档案之修整及保藏》、曰《普鲁士档案学教育之养成》、曰《柏林普鲁士史学专科及档案学学院规程》、曰《普鲁士国家档案馆档案学术服务人员录用法》、曰《欧洲档案之编制》，共约五万言。仿徐梦莘《三朝北盟会编》体例，纂辑《国史史料长编》，计分四期。自国父创兴中会，至中华民国建元之日，为第一期。自民国元年，至国民政府成立，为第二期。自国民政府成立，至七七事变，为第三期。抗战以后，为第四期。每期指定专人担任编辑，分工合作，期能早观厥成，初稿已达二百一十九册。又就宜付史馆立传之人暨勋贤之已即世者，搜访其平生事迹，撰为拟传。聊资参取，已成多篇。复为保存史料及便于参考起见，仿《直斋书录解题》及《四库全书总目》体例，就本会所藏民国史籍作为《提要》。分别部居，著录篇目，标其旨趣，评其短长，纲要所在，展卷即得，已成三百五十余则。《清史稿》中多纰缪，早经明令禁售，其有悖国体、政体之处，尤应纠绳。兹以清代史料，后方难求，订正补罅，势须有待，乃先行签注其违碍字句。纪志已检正一部，本年内当可竣事。至史馆之重要法规及筹备时期应有之章则，业拟定数十种。《国史馆组织法》《国史体例史官登用法》等，虽规模初具，而仍在精审修润中。盖兹事体大，不容轻率，须详考往古得失之例，细究当前因革之宜，斟酌至当，方敢布众。此本会二年来工作之大致情形也。刘知几云："史之为用，其利甚溥，乃生人之急务，为国家之要道。有国有家者，其可缺之哉。"（《史通·史官建置》）龚自珍云："灭人之国，必先去其史。隳人之枋，败人之纲纪，必先去其史。绝人之材，湮塞人之教，必先去其史。夷人之祖宗，必先去其史。"（《定庵文集·古史钩沉论二》）昔人以靖康之祸，归咎于崇宁禁史，史之不可缺，盖昭昭矣。矧当此千古未有之剧变，外则盗寇凌辱，内则奸伪未平，严华夷、诛暴乱，舍史何属？且抗战以还，忠勇之士，临阵捐躯，节义之民，蹈死不屈，前仆后继，不可偻指。政令颁施，及于一时，载籍赞许，被乎千载。故史册之予夺，常是鼓舞群伦，蔚成风教，而彼邪佞者，亦可知所戒惧也。本会受命筹备，深懔责任重大，虽限于经费，未能多所展布，然夙夜兢兢，不敢不勉。尚望海内贤达，匡所不逮，俾史馆宏开，国典美备，夫岂仅同人之幸哉。

附本文参考书籍

一、王闿运《湘绮楼日记》
二、黄远庸《远生遗著》
三、章炳麟《太炎文录》
四、刘成禺《洪宪纪事诗本事注》
五、半粟《中山出世后中国六十年大事记》
六、许师慎《中华民国国史馆案资料》
七、民国四年、九年印铸局两次所印行之《职员录》
八、本会所存文卷

（原刊于《说文月刊》第三卷第八期，1942 年）

李仪祉传

李协，字宜之，后改仪祉，晚以字行，陕西蒲城人。儿时作《无鬼论》，惊其长老。清光绪二十四年，捷岁试，被拔入崇实书院，究心经世之学，不屑为举子业。三十年，入京师大学堂，攻德意志、法兰西诸国文字，以科学兴于欧洲，不通其文，则无由阶而入也。宣统元年，西潼铁路局选士赴德留学，仪祉遂肄业柏林工业大学，初习铁路、水利二科，寻乃专攻水利，研精覃思，远人啧啧。武汉起义，欣然遄返。民国既建，复学，四年归。南通张謇，有知人之目，时创河海工程学校于南京，初聘为教授，继则推为长。历时八载，栽成多士，今海内言水利者，半出其门。我国自昔治水学者，贾让以下，类以书生骋臆说，辞烂而无质。自仪祉始挹西人科学之长，以匡陈说之不逮；而旧论之无悖者，亦弗摈，中外咸叹服焉。十一年，任陕西水利局局长，自是一意规营关中水利。其所治之渠凡八：曰泾惠，曰渭惠，曰梅惠，曰织女，曰洛惠，曰汉惠，曰沣惠，曰黑惠。拟治之渠凡四：曰牧惠，曰汧惠，曰湑惠，曰褒惠。皆即固有之水而利导者也。泾惠渠引泾溉醴泉、泾阳、三原、高陵、临潼五县；渭惠渠引渭溉郿、扶风、武功、兴平、咸阳五县；梅惠渠引斜峪关石头河水溉岐、郿二县；织女渠引无定河水溉榆林、米脂、绥德三县；洛惠渠引洛溉蒲城、大荔、朝邑、平民四县；汉惠渠引汉溉沔、褒、南郑三县；沣惠渠引沣溉长安、鄠、咸阳三县；黑惠渠引黑河清水以灌盩厔之田；此陕人所谓八惠也。渠各建闸，时其宣节；雨量流率，俱有确计。它如壤性所宜，水力大小，靡不求尽其用。八渠半蒇事于仪祉生前，半告竣于其卒后，灌溉所被，达三万顷，以是秦中比年饥馑罕闻。而牧、汧、褒、湑诸渠，方事疏凿，犹不兴焉。仪祉尝先后任华北水利委员会委员长、导淮委员会工程处处长、黄河水利委员会委员长、扬子江水利委员会顾问，悉心擘画，凡有陈献，皆蒙嘉纳。惟或以费绌弗克施其言，或遭乱未能尽其功，世共惜之。亦尝长陕西教育、建设二厅，均不久去。勘测川原，终岁跋涉；国内水政遇疑滞，又咸就商决。二十七年三月八日，以积劳卒，年方五十有七。十五日，葬泾惠渠畔；泾阳、三原、高陵之民，不期而会者五千人。二十八日，国民政府令曰：陕西省水利局局长、前黄河水利委员会委员长李仪祉，德器深纯，精研水利。早岁倡办河海工程学校，成材甚众。近年于开渠、浚河、导淮、治运等工事，尤瘁心力，绩效懋著。方期益展所长，弼成国家建设大计，永资倚畀，遽闻溘逝，悼惜良深！李仪祉应予特令褒扬，着行政院转饬陕西省政府举行公葬，考试院转饬铨叙部从优议恤，并将生平事迹存备宣付史馆，以彰邃学而资矜式。仪祉接物以诚，诲人不倦，卒后，及门悼奋，矢继其志，期毋负于师教云。

论曰：关中膏腴，周秦斯兴。后稷教稼穑于邰，公刘行地宜于邠。《豳风·七月》有“八月其获”之语。《周礼·稻人》具灌溉之法，姬氏之起，其迹固彰彰矣。郑国凿泾，原欲疲秦，转以致其富强。汉世白公凿渠，民饶裕而讴思之。盖关中自古宜农，水利丕著之地也。迨后水工不职，沟洫湮塞，一隅丰欠，常系九州安危，明季张、李之祸，足验其故。仪祉既奋迹其间，经画且视前人为密，方诸郑、白，可无多让。顷者国家垂注西北，辟发富源，陕则豫奠其基，经边大业，获助匪鲜。仪祉之功，殆益不可灭已！

（原刊于《说文月刊》第三卷第九期，1943 年）

孔祥榕传

孔祥榕，字仰恭，山东曲阜人，孔子第七十五世孙也。父繁淦。母劳，娴诗礼，门庭肃然。清季以高第毕业译学馆，分发度支部以七品小京官试用，人未之异也。中华民国十四年，永定河告急，永定河者，无定河也，《元史》名小黄河，号称难治，京兆尹王芝祥举为河务局局长，在职四载，年庆安澜，有《修治永定河方略》行于世，此为祥榕殚精水利之始。十七年，任扬子江水道整理委员会总务处处长，兼技术委员会委员。十八年，内政部聘为河道水利专门委员。逾岁，升任扬子江水道整理委员会委员，仍兼处长。二十二年秋，河决长垣，冯楼口最阔而流最急，堵者久无功。冬，被辟为黄河水灾救济委员会委员，翌年，兼工振组主任，负堵口责，三月，龙合，复简派为黄河水利委员会委员。是年秋，贯台又决，口门刷深至三十公尺，祥榕奉命主办补救工程。翌年四月，蒇事，被聘为全国经济委员会水利委员会常务委员，兼督察豫冀鲁三省河防，旋又膺黄河水利委员会副委员长之命。先是国际联盟所派水利技术专员蒲得利等视工贯台，询合龙期，祥榕以三周应。蒲得利讶曰："使吾治之，百日犹难，君欲兼旬了之耶！"意在夸诞。及期，卒如祥榕言，中外莫不叹异。二十四年七月，鄄城董庄再决，漫衍苏鲁，群工束手。甚者谓河将即此改道，非人力所能挽拯。祥榕犹挺然以杜塞自任，短衣芒履，杂斯役中，指挥督励，日不暇给。明年三月，河复正流，特派为黄河水利委员会委员长。初祥榕之供职黄灾救济委员会也，其族兄祥熙为委员长，人或以为言。祥熙曰："举贤不避亲，吾不能以其为吾弟也，而没其材。"祥榕亦兢兢，惟恐有负。至是，人皆服焉。祥榕豁达大度，心无滞执。幕中济济，自欧美留学生，远至外籍顾问，靡不罗致；而熟于往日河务者，亦宾礼焉。冯楼合龙，而未闭气，水犹自石隙出，乃外建围池，以水御水，采用旧法，竟奏肤功。其择善而从，坦然无成见多类此。祥榕又以河患在下游，正本清源，必从上游根治，手订标本兼治计划。其要：上游造林防沙，中游拦洪缓沙，下游减水分沙，海口束水攻沙。书出，新旧言水利者莫能难。河工向例，各省分疆修守，权不一，责不明，驯至连年决口，民不聊生，祥榕请颁统一河防办法，政府嘉纳。凡此并有关治河大计者也。二十六年冬，敌舰溯江西侵，奉令封锁马当江面，匝月工就。明年，固辞黄河水利委员会委员长职，二十八年，复任，兼督导川黔清水江、青衣江、大渡河诸工务。以积劳婴疾，三十年七月二十三日卒，年五十二。九月八日，国民政府令曰："黄河水利委员会委员长孔祥榕，持躬清慎，莅事精勤，历任水利要职，督治有方。以前黄河冯楼、贯台、董庄三次决口，工程艰险，殚心堵塞，卒获如期告成。抗战军兴，于水道要区设防阻敌舰队，贡献尤多。综其生平，从事水利历二十年之久，经验宏富，绩效昭然。兹闻积劳病逝，殊深轸惜。应予明令褒扬，交考试院饬铨叙部从优议恤，以彰忠荩。"祥榕性宽厚，而见义勇为，十六年冬，奉晋交哄，涿州围两月不解，民无由得食，祥榕缒城施振，全活甚众，涿之人至今思之。

论曰：仲尼有言，"君子不器"。陆九渊云："学苟知道，则六经皆我注脚。"斯并以士贵知要，执简驭繁，毋事琐屑为。然非赋性高明者，乌足以语此哉？水利之学，祥榕初未以是名家，然虚以受之，勇以赴之，卒乃所任功无不集，褒奖非幸致也。吾以是知天地间事物万殊，而理无疏隔，心诚求之，其道弗远也。抗战以还，祥榕于防务多所施设，时值非常，不悉书，待补正焉。

（原刊于《说文月刊》第三卷第九期，1943 年）

中国文化与战后新世界

——读美国斯退丁纽斯论文感言

三十三年一月九日，纽约路透电："美国租借法案执行人斯退丁纽斯顷在纽约时报撰文，称：'此次战后之新中国，将为各联合国家之道德领袖；由其人民与领袖均系高瞻远瞩，而为建立严正合作世界之所需。'"斯氏于中国文化研究至如何程度，余一时无从悬拟，观其言中肯綮，议时契窍，确信虽沉浸于中国学术极久者，莫之能过也。

中国科学落后，物质建设远逊他邦，毋庸讳言。至论做人立国之道，则精神美备，殊无遗憾，推诸四海皆准，质之百世不惑。淑世行道，犹无所让也。典籍浩繁，猝难罄述，姑就战后各国之所需，与吾人向有而未失者，粗举四端，证以前言，明吾说之非诬，冀世人之共信，世有君子，幸惠教焉。

一曰讲信修睦

"信"之为字从人言，于六书采会意，意谓人言必信，不信则非人之言。字之缔构，即隐寓立身涉世之道。故国父有言：

> 中国古时对于邻国和对于朋友，都是讲信的。就我看来，就信字一方面的道德，中国人实在比外国人好得多。在什么地方可以看得出来呢？在商业的交易上，便可以看得出。中国人交易，没有什么契约，只要彼此口头说一句话，便是很大的信用。比方外国人和中国人订一批货，彼此不必立合同，只要记入账簿，便算了事，但是中国人和外国人订一批货，彼此便要立很详细的合同；如果在没有律师和没有外交官的地方，外国人也有学中国人一样，只记入账簿算了事的，不过这种例子很少，普通都要立合同。逢着没有立合同，彼此订了货，到交货的时候，如果货物的价格太贱，还要去买那一批货，自然就亏本。譬如定货的时候，那批货价订明是一万元，在交货的时候，只值五千，若是收受那批货，便要损失五千元。推到当初定货的时候，没有合同，中国人本来把

所定的货，可以辞却不要，但是中国人为履行信用起见，宁可自己损失五千元，不情愿辞去那批货，所以外国人在中国内地做生意很久的，常常赞美中国人，说中国人讲一句话比外国人立了合同的，还要守信用得多。但是外国人在日本做生意的，和日本人订货，纵然立了合同，日本人也常不履行。譬如定货的时候，那批货订明一万元，在交货的时候，价值跌到五千元，就是原来有合同，日本人也不要这批货，去履行合同，所以外国人常常和日本人打官司。在东京住过很久的外国人，和中国人与日本人都做过生意的，都赞美中国人，不赞美日本人。（民族主义第六讲）

中国人认“信”为处事之基本条件，近在一乡一邑，远在边徼域外，乃至对文化低落之民族，亦不事欺罔。孔子云：“言忠信，行笃敬，虽蛮貊之邦行矣；言不忠信，行不笃敬，虽州里行乎哉？”（《论语》）自清末迄今，中国之外交官无不奉此为圭臬。《礼运》云：“讲信修睦，谓之人利。”“人利”者，全人类之福利也，人与人处，国与国交，均知“讲信修睦”，则争夺不起，天下清平，人尽安乐，此理之无可疑者。孟子云：“爱人者，人恒爱之；敬人者，人恒敬之。”中国人惯以君子自处，同时亦惯以君子待人。交游先施，尤所尚也。《尚书·尧典》首言“协和万邦”。《左传》谓：“亲仁善邻，国之宝也。”（隐公六年）又云：“救灾恤邻，道也。”（僖公十三年）近数十年中，日本震灾时闻，中国虽在困乏，仍事振助。一九三一年，中国罹空前水患，日本所回报之者，乘机发动沈阳事变是也。其袭击美之珍珠港，突攻英之黑嘉波，实系惯技，无足为异。中国往昔更有“继绝世”“存亡国”之事，此由外人视之，或訾为迂阔；而中国人不尚智巧，守一诚拙，唯以求理之无悖，心之所安。近数年中，世变纷纭，动荡不定，瞻顾徘徊，□虎狼以自保者，不乏其国。而中国本其一贯之道，以常应变，重正义，轻利害，明辨是非，认清友敌，今之获睹曙光，非幸致也。

二曰务为豁达

一国国民度量之狭隘宏阔，常系之于国运之隆替、天下之安危。盖胸怀褊仄者，只知有己，不知有人；即号称昌明者，亦不过爱其国而仇视他国，厚其族而薄他族，仍不免为祸乱之萌，日本眼前即显著之例也。中国国民之胸襟，务为豁达，先哲言此，不一而足。孔子曰："大道之行也，天下为公。"又曰："天下一家，中国一人。"（并见《礼记·礼运》）又曰："四海之内，皆兄弟也。"（《论语》）《家语·好生篇》曾载：楚恭王出游，亡乌嗥之弓，左右请求之。王曰："已之！楚人失弓，楚人得之，又何求焉？"孔子闻之，犹病其未广，曰："何不曰，人失之，人得之。"张载西铭："民吾同胞，物吾与也。"吾先民誓愿之弘，直欲包举宇内，与万物同登春台矣。此种人我两忘私念尽泯之象，释氏之所谓慈悲，耶教之所谓博爱，亦不能驾乎其上。然中国人视此为当然，认为应有之态度，初未以斯自矜也。

三曰尚德鄙力

"武"之为字，从止戈，以戡乱为武，不以侵略相尚也。力而离德，为中国之大戒。老子曰："兵者不祥之器，非君子之器，不得已而用之。"孔子曰："仁者无敌。"《檀弓》："师必有名。"《左传》："师直为壮，曲为老。"孔子云："善人教民七年，亦可以即戎矣。"唯"有名"，唯"直"，唯"善人"，始可以用兵，反是罪也。孟子云："以力服人者，非心服也，力不赡也；以德服人者，中心悦而诚服也。"又云："得道者多助，失道者寡助，寡助之至，亲戚畔之。多助之至，天下顺之。以天下之所顺，攻亲戚之所畔，故君子有不战，战必胜矣。"孔子云："仁者必有勇。"去仁之力，则谓横暴，不得以勇名。国父以"成功""成仁"昭示军人，实同斯旨。世间之事，专欲难成，吾尝谓德意志不强则已，苟强矣，则必自杀。盖彼强则杀人，而人亦还击，此即孟子所谓"杀人之父者，人亦杀其父，杀人之兄者，人亦杀其兄。然则非自杀之也，一间耳。"中国人之特性，崇拜圣贤，而不崇拜豪杰。凡以豪情自恣，压抑他人，以取快逞一时者，绝不为众所称许，征诸史籍，盖昭昭矣。中国人不尚力，不轻事兵戎，然于绝种存亡之交，忍无可忍之际，一朝奋起，流血不辞，殊死除暴，不抵于成不止，此所谓哀兵必胜也。

四曰推己及人

中国文化与他邦文化之分野，一则以情，一则以理。同为研究一种事物，他邦多以理剖析，中国每以情体认。中国文化以"情"为出发点，一以之立言行事，常顾虑遗于人群之影响，利他则加勉，损人则不为。子贡问："有一言而可以终身行之者乎?"子曰："其恕乎。"此即推己及人之义也。兹分消极、积极两方面言之。孔子曰："忠恕违道不远。施诸己而不愿，亦勿施于人。"（《中庸》）子贡亦曰："我不欲人之加诸我，我亦欲无加诸人。"（《论语》）《大学》云："所恶于上，毋以使下；所恶于下，毋以事上；所恶于前，毋以先后；所恶于后，毋以从前；所恶于右，毋以交于左；所恶于左，毋以交于右。此之谓絜矩之道。"一言以蔽之，凡己所不乐为者，亦绝不以之强人。白圭治水，注之别城，孟子斥其以邻为壑。利己而损人，为吾先民之所耻。凡此消极之恕道也。晏子云："饱而知人饥，温而知人寒。"其关切人类何如哉? 孟子云："老吾老，以及人之老；幼吾幼，以及人之幼。"孔子云："仁者己欲立而立人，己欲达而达人。"董仲舒云："仁之法在爱人。"又云："仁者，爱人之名也。"（《春秋繁露·义法》）窃谓仁乃天地之生机。果实之核粒可以复生者曰仁（如桃仁、杏仁），尤能显示此意。人体枯萎曰不仁，不仁即将死之征。故"仁"字在中土为无尚之美名，而为人所不可欺者。凡此皆积极之恕道也。综之：推己及人之道，在消极方面为不害人，在积极方面为助人。循此而行，时无论古今，地无论中外，未有阻塞不通者也。

上陈四义，未尽中国文化之万一，以其为止乱弥战之良剂，姑举说之。中国文化自尧舜禹汤文武周孔而下，至于国父，继继绳绳，赓续不绝，今主席蒋公，则又秉承遗教以求实践者也。中国文化与外来文化接触，常取人之长，益成其大。如汉以后之佛教东被，明清以来西方科学之输入，中国亦尝探讨而援用之，然中国文化之质，实未大变，植根于本土者深，雨润风吹，更增其繁茂而已。中国文化虽千头万绪，然基本实质在于情：知有己，同时知有人，害之来不愿委诸人；利之来，不愿全归于己。不尚褊狭之变以造乱，恒崇信义以睦邻，世态万变，守正不移。日本既袭中国文化，转而向国际宣传以污蔑中国，邻邦之为所欺蔽，昧于真相者，盖有年矣。今斯氏识解超群，发此议论，中国人士既许其为知言，复喜世界福音之将至。盖中国文化将奠定世界和平之柱石，发扬光大，普遍信受，足增人类之福祉。乐无新旧，疗病为善。世界无中国文化以为维系，科学愈进步，则遭摧毁愈惨酷。有好学深思而复关心世运者，必不斥矜夸，而好为危言以耸听也。

为免除外人对我之误解，宜将古籍中文化精粹之处，及立国精神所寄之点，先行提要钩玄，然后再事选译，实为宣传，以增加外人对我之认识。此项工作，亦甚繁剧，非私人所能务任。深盼中央主持文化运动者纠合众力，限期完成，此实中国文化对于世界至大至急之贡献也。

（原刊于《文化先锋》第三卷第九期，1944 年）

《老残游记》考证

《老残游记》,清丹徒刘鹗铁云识其客鲁时之闻见也。鹗学漫衍,于水利、方技、工矿,旁及碑帖、版本之细,靡不通,故书中包罗万象,轶事遗闻,往往而在,不惟治说部者所不能废,间亦史氏之所宜取资。鹗诗有“胸中文字鲁春秋”之句(《登太原西城》),非夸词也。惟喜言谶纬,自矜前知,食肉不食马肝,即为不知味耶?清政不纲,百事堕坏,避时忌,不能直书,虽有隐讳,犹幸影射以法,终仍有迹可循,与架空虚构,羌无故实者,有异也。比与琅玡王献唐先生同寓蜀中歌乐山,先生渊雅博洽,胸罗故记,间有请益,如梃撞钟,小叩小鸣,大叩大鸣。一夕论及《老残游记》,清言亹亹,悬河不竭,空谷细雨,漏残未休,亦播迁以来一乐事也。长夏无俚,聊次所闻,更旁征它书以广之,成《老残游记考证》一卷。致远恐泥,君子弗为;然流连光景,玩物丧志之诮,则非所敢蹈也。辛巳小暑。

一、绪言

刘鹗著《老残游记》,初意在以笔资济其友连梦青。梦青与沈虞希同居京曹,而均善于《天津日日新闻报》主笔方若药雨,虞希语若以朝事,若揭诸报端,清孝钦后见而大怒,严究泄露者,虞希杖死,更缉同党,梦青惧,遁走上海,鹗为介爱文义路眉寿里马建忠宅以居。梦青既仓皇南逸,资装尽失,卖文为活。时商务印书馆刊行《绣像小说》,月出一册,梦青作《邻女语》投之,每千字得银五元,书中描写之侠义人,盖影射鹗也。梦青性狷介,处困不受馈赠,鹗知其然,乃语之曰:“吾亦欲效君为稗官家言,稿入请为太夫人寿。”梦青有母,而菽水时不继,至是,感其意,许焉。此鹗著《老残游记》之起因也。梦青亦以之售载《绣像小说》,惟订约不得增损一字。鹗暇草数纸,不加圈点,即付家塾童子师汪铭业誊送连寓。登至第八章,原稿回目为“桃花山下遇狐”,主编擅改狐为虎(今普通刊本多依之),梦青往诘难,主编以今方破除迷信,岂容语怪!梦青则谓约中并无语怪之禁。其后复有窜易,第十章末，“子平问是好是坏，自然是坏”句起，直至第十二章开始处，“看那集上人烟稠密”前一句止，中间全行删去，另插一节为接榫文字。以是刊至第十四章，即不复续。明年，鹗赴析津，若为《日日新闻》征稿，促赓作，乃撰足二十章，即今之《老残游记初编》也。

鹗旋营海北公司，制炼精盐，南北奔驰，不遑执笔。业败，乃更有《二编》之作，《日日新闻》为刊布，已成十四章矣。继阅闽侯林纾琴南所译《迦因小传》，善之，惟不满其结局(迦因自沉)，乃废《游记》不作，而拟《迦因别传》，亦未成。鹗之草《游记》也，始甲辰(光绪三十年)，讫丁未(光绪三十三年)(据其子大绅言)，人事栗六，作辍靡常，未获竟其业，然鹗固未尝斤斤于斯也。近岁其孙厚源举家藏剪存之二编付林语堂梓行，所收仅六章，末有铁孙跋。铁孙，厚源字，以鹗字铁云故也。

《老残游记》既脍炙人口，销行弥广，利之所在，人争趋之，于是伪作杂出，坊间称续集者不下三数种，惟胶东傅某所托之续集，差胜。

世之读《老残游记》者，析之约有两种见地：书中预测世变，间有征验，因有以“推背图”“烧饼歌”目之者；有激赏其文字隽永，谓可供后生习艺之助者。兹编所论，专重史事考证，而与二者殊科，范围则姑以《初编》为限。

二、海源阁

鹗嗜宋版书，家有旧藏，行旅必自随，张君房刻本《庄子》，尤所珍爱。

高绍殷来访，见桌上罗列着几卷残书，随手揭开一看，惊讶道：“这部宋版张君房刻本的《庄子》，从何处得来？此书世上久不见了，季沧苇、黄丕烈诸人俱未见过，算希世之宝呢！”老残道：“不过先人遗下的几本破书，又不值钱，随便带在行箧解解闷儿，当小说书看罢了，何足挂齿。”再望下翻，是一本苏玉局手写的陶诗，就是毛子晋仿刻的祖本，绍殷再三赞叹不绝。(《老残游记》第三章)

喜宋版书，行旅亦携带，有宋版《南华经》，视若拱璧；且熟读此书，其人生观与此书大有关系。(刘大杰《刘铁云轶事》)

喜收古版书及考古材料，钱大半耗于此。(同上)

齐河寓所被火……老残道：“物件到没有值钱的，只可惜我两部宋版书是有钱没处买的。”(《老残游记》第十五章)

闻人有好书，千里走访。尝至聊城，欲观杨氏海源阁所藏，不获见，废然而返。

风餐露宿，经两三天到了东昌城(聊城清代为东昌府治)。……寻了许久，只有一家书铺……掌柜的说：“你老来访朋友，是哪一家呢?”老残道：“我访那柳小惠家。当年他老太爷在敝地做过漕督，闻他家收藏古书最多，刻了一部书，名叫《纳书楹》，就是宋、元版本。我想广广眼界，不知道可有法看得见么?”掌柜的道：“柳家是俺这里第一个大人家，怎样不知道呢！只是这柳小惠大人早已去世，他们小爷叫柳凤仪，是两榜。在户部做主事的。听说，他家里书很多，用大木箱装着，只怕有好几百箱，堆在大楼上，永远没有人去看它。他有个近房柳三爷，是个秀才，常到我们这里来坐的，我问他：家里那些书，是什么宝贝，可讲给我们听听? 他说：也未尝见过怎么样子。”(《老残游记》第七章)

住了两天，访知这家书锁在大箱子内，不但外人见不着，就是他族中人亦不能见。闷闷不乐，提起笔来，在墙上题一绝道：“沧苇遵王士礼居，艺芸津舍四家书。一齐归入东昌府，深锁嫏嬛饱蠹鱼。”(《老残游记》第八章)

杨氏藏书，经三世而始备。杨以增，字益之，一字至堂，或作致堂，道光二年进士，知贵州荔波县，后官江南漕河总督，驻清河(清河即今之淮阴，属淮安府，鹗虽籍丹徒，自其父子恕已寄居淮安，故记中有在敝地做过漕督之语)。好藏书，喜文士，泾县包世臣慎伯，上元梅曾亮伯言，均从之游。当时江南(江南省)藏书之家，除常熟瞿氏铁琴铜剑楼外，则推吴县黄氏、长洲汪氏、常熟钱氏及泰兴季氏。

黄丕烈荛圃，自号佞宋主人，得宋刻百余种，颜其室曰“百宋廛”，刊《士礼居丛书》，为收藏家所重。丕烈既老而贫，乃以所藏归汪士钟阆源，士钟有《艺芸精舍宋元本书目》，摹刻宋本《孝经义疏》《仪礼单疏》《刘氏诗说》《郡斋读书志》诸书，雠校精审，为世所珍。钱曾遵王，少学于族祖谦益，谓能绍其绪，绛云楼烬余书籍及诗文稿，悉付藏弆。所居述古室，多善本书，撰《读书敏求记》，识其源委。季振宜诜兮，家饶裕，喜善本，故家之书多归之，有《季沧苇书目》。此四家者，丕烈及身已不能保其所有，余至道、咸之际，子孙式微，亦不能全其旧物。精者多为以增所得，建海源阁藏之，所谓“一齐归入东昌府”者也。天水旧籍，辟室庋藏，名曰宋存。宋版之最佳者，为《诗》《书》《春秋》《仪礼》《史记》《两汉书》《三国志》，则又别贮，颜曰“四经四史之斋”。桐乡陆敬安《冷庐杂识》，许为艺林佳话。当时海内私家藏书，常熟瞿氏铁琴铜剑楼、归安陆氏皕宋楼、钱塘丁氏八千卷楼与聊城杨氏海源阁，合称四大家，其后八千卷楼归江南图书馆，皕宋楼售诸异域，向之号称四家者，乃减为二。所谓南瞿北杨是也。所刊《海源阁丛书》，鉴审勘校，包、梅之力为多。子绍和，字彦合，一字协卿，同治四年进士。更得清怡亲王府乐善堂所藏于北京，合以增旧得，著《楹书隅录》行世。专称楹书者，袭晏子故事，尊父之道也，中载宋本八十有五，金元本三十有九，明本十三，校本七，钞本二十四，都二百六十八种。江标所刻《海源阁藏书目》，则载三百六十余种，然犹未尽其所藏也。绍和即《记》中所称“小惠”，《楹书隅录》，即《记》中所谓“纳书楹”也。孙保彝，零收散获，久而弥多。故杨氏之书，经三世而益富。保彝字凤阿，同治九年举人，《记》中所谓柳凤仪是也，保彝无子，临殁嘱其妻妾，善葆所藏，否则他日毋相见于地下。仍恐来日之致散失也，举而公诸其族，子孙不得变卖。请于县，县详于府省，省又为咨于学部存案，故海源阁阁上庋书，下则为家庙也。保彝既死，书由妻妾掌之，虽戚族欲一睹，不得也。夏曝书，必键院门，妻妾更迭守，其严慎如此。太仓姚鹏图柳屏，名士也，抚鲁者与稔，畀以显职，不受。求为聊城县，意在得纵观杨氏书。秩满，未得入海源阁一步。历城解元徐金铭，求为杨氏童子师(教保彝嗣子敬敷)，岁终亦无所见而去。鹗往东昌，留三数日废然返驾，则又未足为怪矣。诗之末句，“深锁嫏嬛饱蠹鱼”，乃鹗一时激愤语，非事实也。胡适治墨学，欲得明铜活字本，吴宽手抄三卷本，以校今本，知一人往不易见，特组观光团，仍为所拒云。

民国十七年，山东省政府，有收归公有之议，杨氏(保彝嗣子敬敷，或敬甫)检其精要百三十余种，星夜辇出，运存天津租界。旋售出四十种，分归李盛铎、邢之襄及大连图书馆，余九十余种，后以十五万元质于交通、金城等四银行，期满，转以售诸张学良，价四十万元，已成议。忽沈阳变起，遂罢。江安傅增湘沅叔，以赏鉴名于时，曾见杨氏书。其言曰：税驾津沽，雅意延访，请于主者，始得寓观，如入嫏嬛之府，登群玉之山，目不暇给，美不胜收，举其珍秘，别与左方：

宋本毛诗(大字精善，极少见)。

宋本尚书蔡氏传(大字精善，极少见)。

宋抚州本礼记(初印,纸洁如玉,墨光如漆,张敦仁所刊之祖本)。

宋严州本仪礼(明邢氏来禽馆藏)。

宋乾道本史记(刻工秀劲,《史记》三注合刊,此为第一,生平所未睹。蔡梦弼刊本,十二行,二十一字)。

宋本汉书(大字妍美,铁画银钩,八行,十六字)。

宋本后汉书(秀劲与《史记》同,建刊之精者。十三行本,只日本曾见一部)。

宋本三国志(《国志》,宋椠最罕见,此精印,尤难得)。

宋本诗说(海内孤本)。

宋本春秋名号归一图(汲古旧藏,精善)。

宋本大戴礼记(最为罕秘,恐世无二本)。

宋本朱文公家礼(大字严整)。

宋本礼书(精雅可玩,原题误为元本)。

宋本汉书。

宋本后汉书(二书虽有元修,然完整者极不易得)。

宋本资治通鉴考异(南宋初佳刻,薄纸精印)。

宋本两汉博闻(古雅罕见)。

宋本方舆胜览(是书多残损,此本独初印,完善可贵)。

宋本证类本草(蜀刻,古劲,世所稀有)。

宋本离骚草木疏(孤本秘籍,版式高阔,十行,二十一字)。

宋本韩昌黎集(十二行本,特为精雅)。

宋本骆宾王集(北宋蜀刻,古雅绝伦,钞亦精)。

宋本元丰类稿(大字雅劲)。

宋本宝晋山林集(世无第二本,刻尤古雅,大版,十行,十六字,华氏真赏斋物也)。

宋本刘后村集(精结完善)。

元本乐书(精整,颇疑是宋刊)。

元本尔雅(精印初刊)。

毛钞右药尔雅。

毛钞汉简。

毛钞西昆酬唱集(以上三书,汲古精写,当与宋刻同珍)。

十九年秋，匪王冠军陷聊城，以海源阁为巢穴，万本琳琅，复随剑戟以俱去。后分见保定、济南两地：在保定者，今归北平图书馆；在济南者，归山东图书馆。至是，海源阁之书，散失无复道者矣。

三、毓贤

国之兴替，所关非一，而吏治所系最重。有清之际，吏治之坏极矣！保民者转而扰民，甚者诬民、杀民。以伪饰治绩而求禄赏；《记》中所写曹州知府毓贤，即其人也。识者固知清祚之不永矣。毓贤初仅为害一隅，终乃祸及全国，庚子拳乱，实由斯人，非细故也。《记》作玉贤，吾以玉贤即毓贤，其证匪一。

> 那日又在北柱楼吃饭，是个候补道请的，席上右边上首的人，是王佐臣，已挂曹州府缺了。左边下首与老残上首的人说道："他班次甚远，怎样会补缺呢？"右边的人道："因为他办强盗很好，不到一年，有路不拾遗之风，宫保赏识非凡。……所以办的专摺保他的。"左边的人又道："佐臣人是能干，可惜太残忍了，不到一年，站笼站死两千多人，硬做成这个美名，不知冤枉多少人！"旁边一人道："冤枉二字，不消说了。大凡酷吏的政治，外面都是好看的，诸君记得常剥皮做兖州府时，何尝不是这样？总做到人人侧目而视就好了。"……左边的人道："……此人虽名震一时，将来的果报也不爽。"(《老残游记》第三章)
>
> 午后，雪越大了。……树上有几只老鸦缩着颈项，抖战不住，身上翎毛几乎被雪堆满。……因想：这些鸟雀不过暂受饥寒，撑到明年开春，便快活不尽了。若像曹州府的百姓呢，近几年的年岁也很不好，又有这等酷虐的父母官，动不动就提当强盗办，用站笼站杀，连一句话也不敢说，于饥寒之外，又多一层苦处，岂不比这鸟雀还要受罪么？想到此地，落下许多泪来。又见那些老鸦有一阵刮刮的叫了几声，仿佛不是啼饥号寒，却是为有言论自由的乐趣，来骄这曹州百姓似的。想到此处，不觉怒发冲冠，恨不得立刻将玉贤杀掉，方泄心中之恨。(《老残游记》第六章)

案《清史稿·毓贤传》："毓贤，字佐臣，内务府正黄旗汉军监生，以同知纳赀为山东知府。"《记》称"玉贤"，玉与毓同音。其称"王佐臣"，则直指其字，故"玉贤""王佐臣"实一人，皆毓贤也。《传》又谓："光绪十四年，署曹州，善治盗，不惮杀戮，以巡抚张曜奏荐，得实授。”此与《记》中宫保赏识，专摺保荐正相吻合。后毓贤伏诛，伤颈未殊，连呼求速死，其仆怜之，助断其颈，与《记》果报不爽之言，亦极符验。常剥皮即长庚，兖人至今仍举其名以止儿啼，其酷虐可想。

《清朝野史大观》有“曹州知府”一则，系记毓贤事。

> 浙东某太守，署大名府时，尝捕盗至边境，其地距山东之曹州府境才数十里。时曹州知府某公甚有干名，某太守因欲往谒之，甫至署门，见左右各列站笼四架，睹其枷人颈处，油腻厚殆寸许。盖必站死人百数，始有此状，太守心为战凛。入大门，则两旁刀枪森列，威严可畏。延坐花厅，见案卷累累，颇怪此公见客处，何必亦堆置公事。久之主人始出……某曰：“君客座尚理公事，足见贤劳。”某曰：“此皆盗案须杀者，非盗案则不在此。”太守曰：“然则君办盗案若干？”某曰：“殊不多，凡归案办者，才杀千余人。”太守讶问曰：“岂尚有不归案者乎？”某曰：“盗多，得辄杀之，何暇悉上闻。”太守又问其数，某曰：“亦无几，不过七千余人耳。”时某公到任才二年，太守怪曰：“计时安得办如许？”某曰：“吾治此类事，皆有简法，不必尽烦刽子手也。”太守叩其法，曰：“除站死外，余则以四人仰置一条凳上，翻出其腹，以数人分捽其头足，又一人持枣木棍，方上而圆下，其末锐，力洞其腹，洞四人讫，辄弃去；又举棍易洞他凳之人，顷刻数十人，易易也。”太守闻之，身颤魂悸，不复得语，遂兴辞去。太守后为候补道，某则已为巡抚矣。

古之酷吏，虽深文周纳，不足语于道德齐礼之教，然引是非，明曲直，争天下大体，严峻而无伤焉。后之所谓酷吏，舞文弄法，杀人以利己，但知宰（宰，屠也，与常解不同）民而已。故鹗以毓贤直在郅都、宁成之下。《记》中述毓贤诬良民于朝栋为盗，一门冤死，无非欲来日得为大官而已。

> 稿案走到签押房，见了大人。把……民间求禀乞恩的情形，说了一通，玉大人笑道：“你们倒好，忽然的慈悲起来了。你会替于家慈悲，你不会替你主人慈悲么？这事无论冤枉不冤枉，总不能够半途而折的，放他去了，恐不甘心，替父兄伸冤，不但没有保举，反连前程都保不住呢！此番申文一到，张宫保必替我拜个专摺，八月里，潮惠道缺出，就可以先署后补了。这蓝顶子也血红了。”（《老残游记》第五章）

老残闷坐着，不禁有所感触，在墙上题诗一首，专咏玉贤之事。诗曰："得失沦肌髓，因之事急功。冤埋城阙暗，血染顶珠红。处处鸺鹠雨，山山虎豹风。杀民如杀贼，太守是元戎！"下署"江南徐州铁英题"七个字。（《老残游记》第六章）

案《毓贤传》："累迁按察使，权布政使，（光绪）二十四年，阙补湖南，署江宁将军。"明年，拜山东巡抚（见《清史稿·疆臣年表》），位愈高，祸愈烈矣。鹗自署"江南徐州铁英"者，今之江苏，在清称江南，鹗籍丹徒。丹徒今为镇江，古亦称京口。案《宋书·地理志》："文帝元嘉八年，以江南为南徐州，治京口。"刘从金，故以铁为姓。鹗俗称鱼鹰，鹰英声同也。《清史稿》之书毓贤之署曹州也，谓"善治盗，不惮杀戮"，不惮杀戮，贬词也，而仍以善治盗许之何耶？吾以《老残游记》所述，足以补其缺而正其失，未可以说部薄之也。金梁《四朝佚闻》谓毓贤补曹州府，鹗游其幕，绝无其事也。所述《银鼠谚》，亦影射毓贤事。

《银鼠谚》

东山乳虎，迎门当户。明年食獐，悲生齐鲁。（一解）
残骸狼藉，乳虎乏食。飞鹰上天，立豕当国。（二解）
乳虎斑斑，雄据西山。亚当子孙，横被摧残。（三解）
四邻震怒，天眷西顾。毙豕殪虎，黎民安堵。（四解）

银鼠，庚子也。庚，西方之位，五行属金，其色白，故称银。世以动物十二种分配十二支，子则为鼠（王充《论衡》已有此说，沈炯且有十二属时。宇文护母贻护书曰："昔在武川镇生汝兄弟，大者属鼠，次者属兔，汝身属蛇。"以十二畜配十二支，由来旧矣）。此庚子指清德宗光绪二十六年，是年拳匪作乱，八国联军破津京，拳乱酿于毓贤，彼固为首恶也。

毓贤以山东曹州府知府，至藩司，继李秉衡为巡抚。山东大刀会仇视西教，毓贤奖借之。匪首朱红灯倡乱，以灭教为名，毓贤命济南府卢昌诒查办。匪击杀官兵数十人，自称"义和拳"，建保清灭洋旗，掠教民数十家，毓贤庇之，出示改为"义和团"。匪树"毓"字黄旗，掠教民，焚教堂，教士屡函乞申理，总署令保护，毓贤均置不问，匪势愈炽。（罗惇曧《拳变余闻》）

第一解指光绪二十四年，毓贤署江宁将军，已任方面，所谓迎门当户也。毓贤性残暴，故以虎为喻，乳虎即毓贤，鲁人读毓乳二字，其音无殊也，又按《后汉书·酷吏传》："陇右不安，拜樊晔为天水太守，政严猛，人有犯其禁者，率不生出狱，吏人及羌胡畏之，凉州之歌曰：'宁见乳虎穴，不入冀（冀，天水县也）府寺。'"注："乳，产也。猛兽产乳，护其子，则捕噬过常，故以喻也。"则乳虎为酷吏之代称，以指毓贤，更无不合。明年承上言，指二十五年，山东巡抚李秉衡奖刀会仇教，杀德教士二人，革职去，毓贤继，官位崇高，如虎得肉，故曰食獐，然纵匪一如秉衡时，尝语其属曰："义和团魁首有二，其一鉴帅，其一我也。"鉴帅者，秉衡字鉴堂，故称之。以是山东益多事，故曰悲生齐鲁也。

匪势浸炽，法使诘总署，乃征还。至则谒端王载漪、庄王载勋、大学士刚毅，盛言拳民忠勇，得神助。（《清史稿·毓贤传》）

拳匪之人入京师，刚毅实导之，刚毅识字不多，以清正自诩，由部曹外任巡抚，内召为尚书，入枢府，后眷甚隆。奉令江南查案，旋之广东，敛浮赋，括四百万，历东南诸省，括千万，归于京师，得梁启超所撰《清议报》进于孝钦后，后大怒，愤外国之庇康梁，必欲报此仇。益恨德宗，思废之，立端王载漪之子溥俊为大阿哥，将于庚子正月行废立，刚毅实主之，力引载漪居要职，宠眷在诸王上。后命荣禄告李鸿章，私以废立意询各国公使，皆不协，后益大恨。刚毅日言仇洋，见谈洋务者，皆斥为汉奸。过金陵，见刘坤一所立之储才学堂，立命闭之。董福祥以杀洋人自任，刚毅立誉于后前，恩宠日渥。及拳匪据涿州，朝议剿抚不决，乃命兼管顺天府事尚书赵舒翘偕府尹何乃莹驰往解散，刚毅虑舒翘或戾己意，自请继往。舒翘至，召匪首，谕朝廷德意，令解散。匪首坚请褫聂士诚职，舒翘难之。刚毅至，许以先退聂军。乃复命，力言团民忠勇，有神术，若倚以灭夷，夷必无幸。舒翘本以刚毅力贵显，益附刚毅说，后乃命刚毅导拳匪入京。旬日至数万人，坛场遍内外，王公贵人，争崇奉之。渐出入宫禁，莫敢究诘。刚毅与载漪合疏请用团民，乃奉统率团民之命。董福祥率武卫军攻使馆，刚毅日坐城楼观战，曰："使馆破，夷人无噍类矣，天下自此当太平。"舒翘起为寿曰："自康有为倡乱，天下扰扰，公起而芟夷之。上病失天下心，幸继统有人，定策之功，公第一。"刚毅大喜。（罗惇曧《拳变余闻》）

第二解前二句，谓山东匪势日炽，生民涂炭，毓贤之禄位亦不保，故曰乏食。后二句谓刚毅主政，群匪用事，合立豕则成毅之左偏旁，义尤显豁也。

毓贤盛夸义和团忠勇可恃，载漪等信之，据以入告，遂拜巡抚山西之命。毓贤至，任卫军数十人，皆拳党也。自称义和团统领，拳卫渐被于山西。浸猖獗，平阳府教堂被毁，府县以闻，称曰团匪。毓贤痛斥之，郡县承风，莫敢诋拳匪矣。毓贤命制钢刀数百柄，分赐拳童，勉以杀洋人。大师兄出入抚署，若贵宾。五月，朝旨令保护教民，毓贤承刚毅旨，仍置不问。六月，匪焚教堂，毓贤登高观之曰："天意也。"营官将施救，毓贤不许。英教士逃出，号于众曰："昔晋省大祲，吾输财五六万，活数十人。今独不能贷一死耶？"卒戕之。一英妇挟儿出，跪言："吾施医，岁活数百人，今请贷吾母子。"语未绝，一兵以挺击之仆，推置火中。复奋身出，仍推入，与其子同烬焉。毓贤以兵守城门，禁教士出入，复移教士老幼于铁路公所，以兵守之。他日，复驱入抚署，毓贤坐堂皇，命行刑，杀英教男女老幼三十余人，服役二十余人，枭首示城门，剖心弃尸，积如丘山。又驱法天主堂教女二百余人，至桑棉局，迫令背教，皆不从。令斩为首二人，以盎承血，令诸女遍饮，有十六人争饮尽之。毓贤令缚十六人悬高处，迫其余背教，皆不从，求死益坚。兵士择貌美者，掠数十人去，皆不屈，死焉。各属教民，富者均为拳匪掠夺，其被逼背教抗而死者，先后数千人。被祸最惨者，为大同、朔州、五台、太原、徐沟、榆次、汾州、平定，匪势蔓全省矣。（《拳匪余闻》）

第三解指毓贤抚晋大杀西教徒也。犹太神话：上帝抟土造人，名曰亚当，为人类之始祖。《旧约·创世纪》采其说，亚当子孙，耶稣教徒之确训也。

七月二十日，黎明，北京城破。……二十一日，天未明，太后青衣徒步，泣而出，帝及后皆单夹从。……京师盛时，居民殆三百万，自拳匪暴军之乱，劫盗乘之，所过一空，无免者。坊市萧条，狐狸昼出，向之摩肩击毂者，如行墟墓间矣。……岑春煊为甘肃布政使，率兵来勤王，奉命往察哈尔防俄，至于昌平，入谒，太后对之泣。……春煊于危难之中，竭诚扈从，以达西安。（罗惇曧《庚子国变记》）

至太原，帝稍发抒，一日，召载漪、刚毅痛呵，欲正其罪。西后曰："我先发，敌将更要其重者。"帝曰："论国法，彼罪不赦，乌论敌如何。"漪等额亟稽。时王文韶同入，西后曰：“王文韶老臣，更事久，且帝所信，尔谓如何？”文韶知旨，婉解之。帝退，犹闻咨嗟声，漪等出，步犹栗栗也。未几，刚毅恚而死。（酬鸣《书庚子国变记后》）

两宫西幸，毓贤遇诸途，遂随扈行。和议成，联军指索罪魁，中外大臣复交章论劾，始褫职，戍新疆。十二月，行抵甘肃而正法命下。（《清史稿·毓贤传》）

第四解指八国联军破津京，德宗及孝、钦西幸关中。迨刚毅恚死，毓贤伏诛，拳乱平，外兵撤，人民始获安枕也。

观明年食獐一语，则《银鼠谚》当出于光绪二十四年，先乎庚子二年。案鹗之著《游记》，始于甲辰，后乎庚子四年，岂鹗早闻其语耶？亦追造斯谚，故弄玄虚耶？

四、治河

鹗负经济才，尤以治水自许。光绪十三年八月，河决郑州，大溜沿贾鲁河、颍河入淮，正河断流。明年，鹗往投效，短衣杂徒役间，指挥策励，十二月，得庆安澜。河督吴大澂列案请奖，鹗名居首。大澂设局绘豫、直、鲁三省黄河图，以鹗董其事。是为我国参用新法测绘黄河之始。时鲁已有河患，巡抚张曜见豫工奖案，檄调鹗往，以同知任鲁河下游提调，时光绪十七年也。

奔走江湖近二十年，这年刚刚走到山东古千乘地方，有个大户，姓黄，名叫瑞和，害了一个奇病：浑身溃烂，每年总要溃几个窟窿。今年治好这个，明年别处又溃几个窟窿。经历多年，没有人能治得这病。每发都在夏天，一过秋分，就不要紧了。那年春天，刚刚老残走到此地，黄大户家管事的问他，可有法子治这个病？他说：“法子尽有，只是你们未必依我去做，今年权且略施小技，试试我的手段。若要此病永远不发，也没有什么难处，只须依着古人方法，那是百发百中的。别的病是神农、黄帝传下来的方法，只有此病是大禹传下来的方法。后来后汉有个王景得了这个传授，以后就没有人知道此方法了。今日奇缘，在下倒也懂得些个。”于是黄大户遂留老残住下，替他治病。说也奇怪，这年虽然小有溃烂，却是一个窟窿也没有出。为此，黄大户家甚为喜欢。看看秋分

> 已过，病势今年是不要紧的了。大家因为黄大户不出窟窿，是十多年来没有的事，异常快活，就叫了个戏班子唱了三天谢神的戏。(《老残游记》第一章)

案光绪十六年五月，河决齐河北岸之高家套。十八年，利津县南岸张家屋，章丘县南岸之胡家岸，均有漫溢，独十七年无事，盖是年鹗莅鲁之效也。所谓大户，姓黄，名瑞和，古称圣人出则黄河清，故黄河称瑞和，河和同音，黄则不待训释。又谓：他病神农、黄帝可治，此则大禹独传之秘，禹善治水，天下所共晓也。吾国言水利者，每称颂贾让之治河三策，让以放河入海，徙民之当水冲者，为上策；多穿漕渠，分杀水怒，为中策；缮完故堤，增卑培薄，为下策。此纵水说也。王景治水，用堰流法，直截沟涧，防遏冲要，疏决壅积，十里立一水门，令更相洄注，此束水攻沙说也。自汉以来，言水利者，不出此二途。明潘季驯、清靳辅称治水能手，皆依景法而奏敷功，鹗亦主其说。

> 宫保坐了便问道："听说补残先生学问经济都出众的很。兄弟以不学之资，圣恩叫我做这封疆大吏，别省不过尽心吏治就完了，本省还有个河工，实在难办，所以兄弟没有别的法子，但凡闻有奇才异能之士，都想请来，也是集思广益的意思。倘有见到的所在，能指教一二，那就受赐得多了。"老残道："宫保的政声，有口皆碑，那是没有得说的了。只是河工一事，听得外边议论，皆是本贾让三策，主不要与河争地的。"宫保道："原是呢。你看，河南的河面多宽，此地的河面多窄呢。"老残道："不是这么说。河面窄，容不下，只是伏汛几十天；其余的时候，水力甚软，沙所以易淤。要知贾让只是文章做得好，他也没有办过河工。贾让之后，不到一百年，就有个王景出来了。他治河的法子，乃是从大禹一脉下来的，专主'禹抑洪水'的'抑'字，与贾让之说正相反背。自他治过之后，一千多年没河患。明朝潘季驯，本朝靳文襄，皆略仿其意，遂享盛名。宫保想必也是知道的。"宫保道："王景是用何法子呢？"老残道："他是从'播为九河，同为逆河'，'播''同'两个字上悟出来的。《后汉书》上也只有'十里立一水门，令更相洄注'两句话。至于其中曲折，亦非倾盖之间所能尽的。"(《老残游记》第三章)

宫保为张曜，曜起于行伍，御史刘楠尝劾其目不识丁，"不学之资"，非仅套语也，议礼如聚讼，治河亦然，纵水、束水两说，主事者依违莫决，鹗故未能尽其能。盖自来言治水者，大都为书生，鲜能实地勘验，但凭理推断，奋笔骋词而已。钱大昕云：

> 禹之治水也，使由地中行，无所谓防也。言防而劳费无已，遂为国家之大患矣。……今之言河防者，以潘季驯为师，季驯治河之法，不过曰：清水可蓄不可泄，黄河宜合不宜分而已。夫清水之当蓄，固不待言；黄河之宜合，则季驯一人之言，非古有是言也。禹之治水，壅为二渠，疏为九道，顺其性而导之注海，何尝不可分乎！塞其支流，束之使归于一，欲藉河水之力，以刷海口之沙，其计固已左矣。古人云："川壅而溃，伤人必多"，谓河不宜分，而增堤以御之，一朝溃溢，堤不能御，又靡国币以塞之，侥幸成功，而官吏特受重赏。此国之巨蠹也。季驯之法，守之百五十年，而其效如此，谓之习知河务，吾不信也。(《养新录》)

晓征虽一代大儒，然非能知水利者，而好事论列，不可谓非通人之病。有清之际，科学渐盛，鹗得此凭藉，故其说视前人为切要。虽自云绍述王景，然究与景不同。居鲁三载，积劳异得保知府，著《黄河变迁图考》《勾股天元草》《弧角三术》诸书，更有《治河七说》，尤为世所称焉。

五、太谷教

黄龙子、玙姑与申子平论道一节，语虽怪诞，然实有其背景，不可粗略看过也。黄龙子、玙姑二人之真姓名，不可考，要皆黄崖教中人(即太谷教之北派)，与鹗同源异流。其详有可得而言者，请先述黄崖教之颠末。

黄崖山在山东肥城西北六十里，峰峦环拱，地势险峻，清咸同间，张积中设教于此，以地故，人称曰黄崖教。

积中字石琴，江南仪征人，世为扬州大族。兄积功，山东临清州知州，咸丰三年，太平军陷临清，积功全家殉难，积中以子绍陵为兄嗣。积中少困场屋，郁郁不得志。时当道光纪元，扬州风物繁华，学士文人，下及江湖术数之流，亦寄迹焉。石埭人周星垣，字太谷，明阴阳奇赅，能练气辟谷，从游者众，积中事之尤虔。时两江总督满人百龄，恐酿乱，击星垣于狱，旋病死。

星垣既死，积中与乡人李平山绍其学。积中以《论》《孟》《大学衍义》《近思录》讲贯，间以参附《参同契》《道藏大全》《仙灵实录》《云霄指掌》诸书，时亦援引佛典，受者有深契于心、口不能言之慨，一时名士，马远林、周韬甫、钱东平、吴雪江、杨蕉隐辈，亦与之结纳，咸称异人。咸丰六年，太平军陷苏浙，积中以故里不可居，避地入鲁，以黄崖险峻易守为家焉。积中有中表吴某，由历城知县升首府，称积中之学于巡抚清盛，清盛信之，于是山东官民争率为师。同治二年，捻匪窜鲁，积中率其徒众，筑堡垒，购火器，密事防御，远近来者逾千家。黄崖地本偏僻，荒落少人烟。积中来后，数年成市，群呼七先生，且有称圣人者。置文学房，待宾客。设武备房，讲守御。更建祭祀堂，以敬礼神圣。著《指南针》以示规范。五日一开讲，听者袒右臂，年一祭天，夜深参拜，礼节繁重，二甥女素馨、蓉裳（一说素馨为其孙媳）盛装捧剑左右侍，香雾迷漫，烛光冲天，数十里外见之，皆曰："张圣人祭天矣。"积中精符箓术数，占风角雨候多验，党徒所布，自肥城之孝里铺，济南城内外，东阿之滑口，利津之铁门关，海丰之埕子口及安丘潍县诸处，皆辟市肆，取名泰运、泰通、泰来、泰祥、泰亨等号，千里之外，指挥使令，脉络贯通。绅民只知有张七先生，而不知有地方官吏，威望竟如此。

同治四年九月，潍县民王小花变产治装，率全家徙黄崖，知县靳昱拘小花，究询其事。巡抚阎敬铭、委员孙禧与肥城令郑馨往察虚实，至则见积中鬓眉翯翯，言论娓娓，比户耕读相安，俨如世外桃源，遂禀复无事。五年，益都知县何毓福秘闻县民冀宗华等纠众谋乱，捕鞠宗华，搜检得兵仗文告，事发，各县均捕教党，皆供结盟师事张琪，不讳。时北方有洪、杨再起之谣，敬铭恐日后为患，调兵围剿，黄崖居户达数千家，仅存妇孺数百人，余皆歼焉，天下冤之。

黄崖虽焚，其教授受则未绝，山东民间相传，多谓积中遁脱未死。大兵围黄崖，积中覆其中表吴某书，有云："本欲引剑自决，无如及门在外者甚多，闻予冤死，定不甘心，一旦逞彼凶顽，则各处生灵俱遭涂炭。"可见积中其徒党分布各地，难尽剪灭，则授受固自若也。鹗游鲁，犹得亲接彼道中人，而托于申子平以发耶？观黄龙子、玙姑所论，符于黄崖教者，又何多耶！

子平抬头看见北墙上，挂着四幅大屏，草书写得龙飞凤舞，出色惊人，下面却是双款：上写着"西峰柱史正非"，下写着"黄龙子呈稿"。草字虽不能全识，也可十得八九。仔细看去，原来是六首七绝诗，非佛非仙，咀嚼起来，倒也有些意味。既不是寂灭虚无，又不是铅汞龙虎。看那月洞窗下书案上，有现成的纸笔，遂把几首抄下来，预备带回衙门去当新闻纸看。你道是怎样个诗？请看，诗曰：

曾拜瑶池九品莲，希夷授我《指元篇》。光阴荏苒真容易，回首沧桑五百年。

紫阳属和《翠虚吟》，传响空山霹雳琴。刹那未除人我相，天花粘满护身云。

情天欲海足风波，渺渺无边是爱河。引作园中功德水，一齐都种曼陀罗。

石破天惊一鹤飞，黑夜漫漫五更雷。自从三宿空桑后，不见人间有是非。

野马尘埃昼夜驰，五虫百卉互相吹。偷来鹫岭涅槃乐，换取壶公杜德机。

菩提叶老《法华》新，南北同传一点灯。五百天童齐得乳，香花供奉小夫人。

……

子平问道："这屏上诗是何人做的？看来只怕是个仙家罢？"女子道："是家父的朋友，常来此地闲谈，就是去年在此地写的。这个人也是个不衫不履的人，与家父最为相契。"子平道："这人究竟是个和尚，还是个道士？何以诗上又像道家的话，又有许多佛家的典故呢？"女子道："既非道士，又非和尚，其人也是俗装。他常说：'儒、释、道三教，譬如三个铺面挂了三个招牌，其实都是卖的杂货，柴米油盐都是有的，不过儒家的铺子大些，佛、道的铺子小些，皆是无所不包的。'又说：'凡道总分两层：一个叫道面子，一个叫道里子。道里子都是同的，道面子就各有分别了，如和尚剃了头，道士挽了个髻，叫人一望而知，那是和尚、那是道士。倘若那和尚留了头，也挽个髻子，披件鹤氅；道士剃了发，着件袈裟，人又要颠倒呼唤起来了。难道眼耳鼻舌不是那个用法吗？'又说：'道面子有分别，道里子实是一样的。'所以这黄龙先生不拘三教，随便吟咏的。"（《老残游记》第九章）

此积中讲学所以合《论》《孟》《大学衍义》《近思录》《参同契》《道藏大全》《仙灵实录》《云霄指掌》诸书，并及于释典者也。

子平道："贵姓，台阁，还未请教，尊公在何处做官？"女子道："敝姓

涂氏，家父在碧霄宫值差，五日一班。”（见《老残游记》第九章）

此黄崖教成例，五日一开讲也。

> 子平道：“宋儒错会圣人意旨的地方，也是有的。然其发明正教的功德，亦不可及。即如‘理’‘欲’二字，‘主敬’‘存诚’等字，虽皆是古圣之言，一经宋儒提出，后世实受惠不少，人心由此而正，风俗由此而醇。”那女子嫣然一笑，秋波流媚，向子平睇了一眼。子平觉得翠眉含娇，丹唇启秀，又似有一阵幽香，沁入肌骨，不禁神魂飘荡。那女子伸出一只白如玉、软如棉的手来，隔着炕桌子，握着子平的手。握住了之后，说道：“请问先生，这个时候，比你少年在书房里，贵业师握住你手，‘扑着教刑’的时候何如？”子平默无以对。女子又道：“凭良心说，你此刻爱我的心，比爱贵业师何如？圣人说的：‘所谓诚其意者，毋自欺也。如恶恶臭，如好好色。’孔子说：‘好德如好色。’孟子说：‘食色，性也。’子夏说：‘贤贤易色。’这好色乃人之本性。宋儒要说好德不好色，非自欺而何？自欺欺人，不诚极矣！他偏要说‘存诚’，岂不可恨？圣人言情言礼，不言理。欲删《诗》，以《关雎》为首，试问‘窈窕淑女，君子好逑’‘求之不得’，至于‘辗转反侧’，难道可以说这是天理，不是人欲吗？举此可见圣人决不欺人处。《关雎》序上说道：‘发乎情，止乎礼义。’发乎情，是不期然而然的境界，即如今夕嘉宾惠临，我不能不喜，发乎情也。先生来时，甚为困惫，又历多时，宜更惫矣，乃精神焕发，可见是很喜欢，如此亦发乎情也。以少女中男，深夜对坐，不及乱言，止乎礼义矣。此正合圣人之道。若宋儒之种种欺人，口难罄述。然宋儒固多不是，然尚有是处。若今之学宋儒者，直乡愿而已，孔、孟所深恶而痛绝者也！”（《老残游记》第九章）

此积中祭祀常以女子随侍也，《山东军兴纪略》记黄崖被焚事，谓“所存只妇女幼稚四百余，妇有形色洒然、笑语如平常者。获弟子韩美堂等数辈，皆愿从师死，讯无它词，吁！可异矣”，此正可与《记》中对照也。

积中、平山同师星垣，鹗则平山弟子也，与积中门徒，自有渊源可溯，故述其道，如数家珍也。平山字晴峰，世称龙川先生，有《李龙川诗集》，中附积中送其北上诗十首。其一云：“岁在辛卯，日维仲冬。与子偕往，往投崆峒。伤哉逝矣，于悒师终。”辛卯为清宣宗道光十一年，是年冬，星垣卒崆峒（一作空同），星垣之别号也。积中、平山同出周门，此诗之作，盖志其心丧也。鹗丙申（光绪二十五年）述怀诗：

余年初弱冠，束脩事龙川。虽未明道义，洒扫函丈前。无才学干禄，乃志在圣贤。相从既已久，渐知叩两端。孔子号时中，知时无中偏。万事譬诸物，吾道为之权。得权识轻重，处各循自然。因物以付物，谁为任功愆。此意虽浅近，真知良独难。灵台有微滓，一跌千仞渊。

玩其旨义，纯然阳明、心斋一派，故世亦疑龙川为泰州之绪余也。鹗登太原西城有句云："尼山渺矣龙川逝，独立苍茫岁月遒。"凡此皆为鹗执业于平山之铁证。

平山、积中虽同师，而资禀有异。积中喜事功，重力行；平山工文辞，衍说学理，于是世有南派、北派之分。自积中败，平山亦韬晦，弟子多一时知名士，王启俊、吴慕渠、赵明湖、蒋文田、黄葆年，皆其选也；而葆年尤杰出，宰泗水十年，治行在山东称第一。后寓金阊，从游寒门，人称黄老师。嗣其绪者，闻为平山之孙，其传至今不衰。

章士钊《孤桐杂记》："近有人创救世新教会，以儒释道耶回五教合一为旨，募赀刊报，颇涉张皇，成立之日，愚宴于吴自堂宅，见同人多往磕头。……光绪年间，有泰州人李晴峰（逸雪案：晴峰仪征人，章说误），云是教主，年八十余，曾有人迎至京师说教。后李化去，传者黄姓，近亦死矣，而教仍有力江湖间，门户甚谨，非严介不得人。"

平山临殁，遗嘱有二巳传道之语。"二巳"指葆年与鹗也。鹗生于清文宗咸丰七年，其年丁巳；葆年生于清宣宗道光二十五年，其年为乙巳也。然鹗学务广博，不以一端名，故语星垣之学者，多不之及云。

六、刘鹗年略（凡他章所已及者，不复详说，故曰年略，但作知人论世之一助云尔）

清文宗咸丰七年，丁巳（1857）。一岁。

九月初一日，生于江苏六合。

原名孟鹏，字云抟；后更名鹗，字铁云，又字公约。刘氏本出保安军籍（保安军当今陕西省北境保安县）。世为将家，《宋史》有《刘延庆传》（卷三五七)，乃其远祖之可考者。延庆子光世(《宋史》亦有传，见卷三六九)，于高宗之世，驻军江淮间，时往来庐州、楚州(淮安)、镇江。丹徒清为镇江府治，刘氏之徙丹徒，盖远在南宋之初，光世即始迁之祖。历二十二世至成忠，以御史出官河南，颇著循声。娶六合朱氏，生二子：长孟熊，字渭卿；鹗其次也。

- 延庆—光民……成忠
  - 孟熊
  - 鹗(原名孟鹏)
    - 大章—厚骞
    - 大黼—厚培
    - 大缙
      - 厚源
      - 厚濡
      - 厚沐
      - 厚沛
      - 厚洛
    - 大绅
      - 厚滋
      - 厚泽
      - 厚祜
      - 厚禄
    - 大经
      - 厚嘉
      - 厚复
    - 大纶—厚□

咸丰八年，戊午(1858)。二岁。

咸丰九年，己未(1859)。三岁。

咸丰十年，庚申(1860)。四岁

咸丰十一年，辛酉(1861)。五岁。

从姊氏识字。

初从包氏姊识字，未久，即能背诵《唐诗三百首》。《辛丑题旧诵诗本》云："阿姊停针每见怜，小时指授绣灯前。而今此本犹传世，回首沧桑四十年。"由辛丑逆推至辛酉，正四十载也。

穆宗同治元年，壬戌(1862)。六岁。

同治二年，癸亥(1863)。七岁。

从同邑赵君举读。

过目成诵，惟不喜时艺。性尤脱略，不规规于小节，时人未之奇也。

同治三年，甲子(1864)。八岁。

同治四年，乙丑(1865)。九岁。

同治五年，丙寅(1866)。十岁。

山东巡抚阎敬铭焚黄崖山，张积中死。

同治六年，丁卯(1867)。十一岁。

同治七年，戊辰(1868)。十二岁。

侍父河南任所，交一时才俊。

刘大绅云："先祖本治理学，由御史出官河南，时捻匪未平，先祖历任繁剧，军报簿书日不暇给。先君随侍任所，蒿目时艰，隐然有天下己任意，故所在辄交其才俊，各治一家言。"成忠游宦河南，其始末不可考，但捻匪之灭，东捻肃清于同治六年十二月扬州之役，西捻荡平于同治七年六月茌平之役，案诸"捻匪未平"之语，成忠官豫，至迟须在同治七年六月以前，此时鹗年不过十二岁，大绅谓其"蒿目时艰，隐然有天下己任意"，不免有过彰先德之嫌。成忠幕中多才，或为事实，大绅谓："先君当时交游中，如柴某专治财赋，贾某专治推步，王某专治兵略，又一王某专治拳勇，均造诣深邃。"鹗与亲近，于学自有裨益，惟财赋、兵略诸端，或头绪繁剧，或变化难测，其奥义终非幼童所能领略，或成忠官豫久，此为后事耳。

同治八年，己巳(1869)。十三岁。

同治九年，庚午(1870)。十四岁。

同治十年，辛未(1871)。十五岁。

同治十一年，壬申(1872)。十六岁。

同治十二年，癸酉(1873)。十七岁。

同治十三年，甲戌(1874)。十八岁。

德宗光绪元年，乙亥(1875)。十九岁。

光绪二年，丙子(1876)。二十岁。

正月归自河南。

《忆丙子岁二十六韵》："岁纪丁红鼠，冲寒返故乡。征途逾晋宋(晋字疑误)，驿路指淮扬。"初春寒威犹厉，下有"五月到金阊"之句，故知绝非岁暮也。

光绪三年，丁丑(1877)。二十一岁。

家居肆力于学。

成忠乞病解组，归寓淮安，鹗侍养之余，肆力于学。家传者：有治河、天算、乐律、方技、词章诸学，均臻绝诣。复纵览百家，不立门户，藩篱既撤，妙悟现前，用是所见不同于俗，观察时事尤犀利，一时有狂人之目。

光绪四年，戊寅(1878)。二十二岁。

交罗振玉。

振玉籍上虞，时寓淮安，倾谈之际，相见恨晚。时人论治河，莫不以让河为是，鹗独主束水攻沙之法，振玉和之。其后鹗遣子大绅从振玉学，振玉以长女妻之。鹗智烛极先，而遭时忌，振玉勉其敛抑，语极痛切，鹗钦畏之。晚岁几至避面。振玉有《刘铁云传》，见《五十日梦痕录》，振玉后以治甲文知名，鹗之《铁云藏龟》，乃其先导也。

光绪五年，己卯(1879)。二十三岁。

光绪六年，庚辰(1880)。二十四岁。

师事李平山。

丙申《述怀诗》："余年初弱寇，束脩事龙川。"平山字晴峰，龙川其号也。平山与张积中俱出石埭周星垣之门，其学诡异自珍，世因亦多以神奇相测。鹗既师平山，穷究内典，而归宗于《易》，于是稍变绚烂为冲简，而悲悯之愿特切；其后横遭疑谤，身死极边，则又此济世一念累之也。鹗执业平山，为父殁后事，诗句中之"初"字，勿泥看。失怙之年，当在二十岁与二十四岁之间也。

光绪七年，辛巳(1881)。二十五岁。

光绪八年，壬午(1882)。二十六岁。

与黄葆年、蒋文田订交。

葆年、文田与鹗同出平山之门。二人纯谨，独鹗时仍矜傲，好短长时政，所谓侠士入道，终余杀机者也。二人时加规谏，鹗心感之而不能改。其后皆申以姻亲，鹗长女归葆年次子寿彭，文田女孙归鹗孙厚泽。厚泽，大绅次子也。

光绪九年，癸未(1883)。二十七岁。

营烟草于淮安南市，年终，以亏折收业。

烟肆无字号招认，惟榜书"八达巴菇"，隐寓"关东烟草"四字，淮人目为狂。孟熊喜弟之有业，特简练达之人为佐，鹗一以任之，已则时一至焉而已，年终亏折几尽，其人不自安，除夕夜自刎死。遗书禁妻孥索诈，烟肆遂歇。

光绪十年，甲申(1884)。二十八岁。

春悬壶于扬州。

光绪十一年，乙酉(1885)。二十九岁。

设石昌书局于上海。

为我国市廛间有石印之始。

光绪十二年，丙戌(1886)。三十岁。

光绪十三年，丁亥(1887)。三十一岁。

石昌书局旋以讼累歇业。

戚属盗售人印书，致讼累；讼解，书局亦败。

光绪十四年，戊子(1888)。三十二岁。

赴豫，投效河工。

河决郑州，龙久不合，数易督工。至则短衣匹马，与徒役杂作，凡同僚所畏惮不能为之事，悉任之，十二月，得庆安澜。河督吴大澂喜，列案请奖，鹗推功于兄孟熊，人以是益多之。

光绪十五年，己丑(1889)。三十三岁。

董绘豫、直、鲁三省河图事。

光绪十六年，庚寅(1890)。三十四岁。

光绪十七年，辛卯(1891)。三十五岁。

春，任鲁河下游提调。

罗振玉《刘铁云传》："河图成，时河患移山东，吾乡张勤果公(曜)方抚岱方，吴公为扬誉，勤果乃檄君往东河。勤果故好客，幕中多文士，实无一能知河事者。群议力主贾让不与河争地之说，欲尽购滨河民地以益河身，上海善士施少卿(善昌)和之，将移海内赈灾之款，助官方购民地。君至，则力争其不可，而主束水刷沙之说，草《治河七说》上之。幕中文士谋所以阻之，苦无以难其说。"

冬，至东昌访杨氏海源阁藏书，未获见。

光绪十八年，壬辰(1892)。三十六岁。

光绪十九年，癸巳(1893)。三十七岁。

积劳异，得保知府。

光绪二十年，甲午(1894)。三十八岁。

十月，日本陷我大连、旅顺。

甲午之役，鹗忧敌从金、复、海(海城)、盖(盖平)进兵，旅顺、大连将沦，海军且覆。人尽嗤其妄。至此，竟不幸而言中。罗振玉《刘铁云传》："岁甲午，中、东之役起，君方丁内艰，归淮安，予与君相见，与君预测兵事。时诸军皆扼守山海关，以拱京师。予谓东人知我国事至熟，恐阳趋关门而阴捣旅大，以覆我海军，则我全局败矣。侪辈闻之，皆相非难。君之兄且引法越之役，法将语，谓旅、大难拔，以为之证。独君意与予合，忧旅、大且旦夕陷也。乃未久竟验。于是同侪皆举予与君齿，谓二人者，智相等，狂亦相埒也。”

光绪二十一年，乙未(1895)。三十九岁。

山东巡抚福润以奇才异能荐，保送总理衙门考验。

光绪二十二年，丙申(1896)。四十岁。

应湖广总督张之洞召，赴鄂，建议兴筑芦汉路，与盛宣怀所见不合，仍归京。

兴筑京汉路(今称平汉路)，倡议于鹗，初名芦汉路，即由芦沟桥至汉口也，鹗主用外赀，自行建筑，时国家设立铁路总公司，以盛宣怀为督办，宣怀与鹗见左，鹗仍归京。

建议兴筑津镇路，为同乡京官所攻。

鹗以国之有铁路，犹人体之有血脉，为致富图强之先务。离鄂北还，更建议兴筑津镇路，即由天津至镇江也。时问政者，大都犹守故常，恶闻新知，同乡京官闻鹗议群起攻之，至除其乡籍，不认为丹徒人。

光绪二十三年，丁酉(1897)。四十一岁。

应外商聘，主办山西煤矿。

鹗以当道所见凡近，不足与图远大，凡所建议，罕见采纳。同僚亦聩聩，鲜足与言，愤而弃官就贾。会英人某组福公司，筹采山西煤矿，已与晋抚胡聘之有成议，聘鹗为华经理。鹗见草约，非之，削去有碍邦交者，某殊不悦。往返北京、太原三次，约始成。鹗以治国不外养教二字，而养尤先，生平以养民自任，《登太原西城》诗：“摩天黄鹄毛难满，遍地哀鸿泪不收。”《宿明月店》诗：“百年经济起关西。”均感于此事而发。尝与友人书云：“蒿目时艰，当世之事，百无一可为。近欲以开晋铁谋于晋抚，俾请于朝。晋铁开，则民得养，而国可富也。国无素蓄，不如任欧人开之，我严定其制，令三十年而全矿路归我。如是，则彼之利在一时，而我之利在百世矣。”而时议不谅，然英人求于鹗不得者，径商之总理衙门，无不许，于是晋矿之开，乃真为国病矣。刚毅不知也，斥鹗卖国，电请明正典刑。而英人亦不惬于鹗，以其护国权，不为公司地，故不久即解聘去。

十一月，德意志强占我胶州湾。

先一月，山东曹州府巨野县乱民毁德国教堂，并杀其教士二人。至是，德国派舰东来，强占我胶州湾。更一月，朝廷始谕各省切实保护各国教会。

当时朝野多不明国际情形，不谙外交手续，往往取快一时，转予人以口实，鹗于所著《老残游记》中备致讥切。

光绪二十四年，戊戌（1898）。四十二岁。

八月，捕新党。康有为、梁启超逃，杨深秀、杨锐、林旭、谭嗣同、刘光第、康广仁死之。

刘大钧（鹗之从子）谓鹗"与保皇党联络，希光绪帝得复政权，保皇党实力不充，计划未能实现"。足征鹗与维新诸人意气相通也。

光绪二十五年，己亥（1899）。四十三岁。

五月，山东义和团起，揭扶清灭洋之帜。

光绪二十六年，庚子（1900）。四十四岁。

春，出京南下。

秋，八国联军陷我京师。北上办账，全活极众。

兵时粮运阻，京民乏食，鹗北上办账。时俄兵据我仓，往说之，发米济民，全活实众，而议者竟指谓通夷。

购王氏龟甲、陶印、封泥等物。

福山王懿荣濂生为金石之学，汇罗龟甲、古印、泥封、陶器等物至夥。时为祭酒，京师陷，与妻同投井死，遗物归鹗，故鹗有《铁云藏龟》《铁云藏印》《铁云藏陶》《铁云封泥》问世也。罗振玉为得知有殷墟文字，实由铁云，语详《五十日梦痕录》。赵万里所为《王静安先生年谱》，谓国维得见甲骨文字，亦自此始。惟"藏龟"之事，为光绪二十八事，国维《最近二三十年中中国新发见之学问》一文云："庚子，王文敏公殉难，其所藏皆归丹徒刘铁云鹗。铁云复命估人搜之河南，所藏至三四千片，光绪壬寅，刘氏选千片影印传世，所谓《铁云藏龟》是也。"

光绪二十七年，辛丑（1901）。四十五岁。

十月，联军撤去。

光绪二十八年，壬寅（1902）。四十六岁。

共戚属集赀购浦口九袱州地。办汽机织布厂于上海。

光绪二十九年，癸卯（1903）。四十七岁。

与李少穆拟办炼钢厂于株洲，未成。

光绪三十年，甲辰（1904）。四十八岁。

始著《老残游记》。

《老残游记》之作，虽在以稿费资其友连梦青，然穷愁著书，乃为主因。当清之末叶，新旧思潮不相衔接，鹗独具远识，欲湔涤旧章，援用新法，而流俗以恶声相向，不得已，乃弃绝仕途。观《游记》第一章蓬莱阁所见，可谓寄慨遥深，灵均《离骚》，子长《史记》，皆藉以抒其抑郁者也。

光绪三十一年，乙巳(1905)。四十九岁。

创设海北公司于天津，制炼精盐。

光绪三十二年，丙午(1906)。五十岁。

秋，东赴日本。

有记游诗十余首。

《崔敬邕墓志铭》，魏碑之杰出者，鹗用日本写真版印行，跋文下书："光绪丙午八月二十五日，丹徒刘铁云记于日本东京芝区乌森町吾妻屋旅馆。"是鹗东游之证。

光绪三十三年，丁未(1907)。五十一岁。

六月，《老残游记》不复再续。

是年，袁世凯以宿憾，欲藉故逮问，丁宝铨为说于庆亲王奕劻得解。

初，鹗与戚党集赀购地浦口，谓是处来日必为商货吐纳所，勿待外人索辟商埠，先自经营。至是，津浦路兴工，浦口适为终点，一时地价大起。江浦人陈浏，以言官致仕家居，强欲得地，拒之。浏乃致书言官吴某，诬鹗为外人购地。时世续、袁世凯俱入军机。两人素衔鹗。鹗往与世凯同在山东巡抚张曜幕，世凯为曜故交子弟，久留不外遣，世凯殊不耐，倩鹗代请。曜曰："世凯才可爱，而性未定；资可造，而识不纯；留之左右，欲其多经验，将来可大用也。"鹗举以报世凯。世凯疑鹗不为助，憾焉。世续为鹗父成忠之故人子，当其新举于乡，持墨卷砚石请谒，成忠训之曰："少年前程无限，奈何效世俗所为？需膏火，书来，我自相济。"故事：场屋报捷者，刊卷分赠亲友，受者必致贶，璧者为轻慢。世续由是大恚。两人借浦口购地事，密令逮问。会姻故丁宝铨(刘大绅谓宝铨时为晋抚，不确，宣统元年十月，宝铨始调晋)谒庆亲王奕劻，奕劻询曰："刘鹗为汉奸，汝知之乎？"宝铨对曰："汉奸之名，忌者诬加，王爷久知之，何以今日又相问。"曰："汝与为亲戚，确知其不为汉奸乎？"曰："少同学，长同游，即不为亲戚，亦敢保其不为汉奸也。"曰："知否刘鹗现为外人在浦口买地，汝敢保乎？"曰："决无此事，虽令以全家相保，亦敢任之。"事得暂寝。

光绪三十四年，戊申(1908)。五十二岁。

五月，被诬逮，旋戍新疆。

袁世凯罪以擅散太仓粟及浦口购地事，密电两江总督端方缉捕。端方与鹗素有过从，暗示人令之去；未得通其意，乃被逮，远戍新疆。外传端方与鹗有争执古玩之憾，狱缘是起，殊失实。鹗之南也，于扬州旧肆以五百文购一孤本刘熊碑，事闻于端方，请相让，鹗初不予，后亦赠之。端方报以千金，不受，相持经年。后王孝禹出为调停，以鹗所藏之宋拓道因碑，宋拓王书圣教序，宋拓醴泉铭及秦汉玺印，并归端方，共价七千金。此本无所谓争执，更无所谓私憾也。刘大绅告兄弟子侄书云："先人之陷，祸固成于陈、吴，作于世、袁，然当年遍地怨家。……先人之受祸，实缘于运会使然。"故鹗之及祸，半由于仇怨之中伤，半由浅见之盲目攻讦，纵使世无陈、吴、世、袁，鹗终难免于难也。林语堂云："时代之不了解，乃先觉之常刑。"可谓一语破的矣。

逊帝宣统元年，己酉(1909)。五十三岁。

七月初八日，卒与迪化。

毛庆蕃时官甘肃，闻耗，解组护其丧以归，庆蕃为鹗次子大黼之外舅，亦师事李平山。鹗圆面浓眉，目炯炯有光，耳极小。通相术，自云"晚年灾厄不可免"，竟如其所言。

七、余论

鹗印行之书，有《铁云藏龟》《铁云藏印》《铁云藏陶》及《铁云泥封》("泥封"附"藏陶"中)，数者皆福山王懿荣濂生旧物。庚子，懿荣殉难，身后萧条，其家举而售诸鹗，鹗乃拓以问世。藏龟之拓，影响于近世学术尤巨。初，懿荣居京师，妻黄氏病。方有龙骨，其甥周汉光检视，乃有刻纹之甲片，不与常质同，命仆持问药铺。回言无误，此药新由河南安阳运到，货极地道。闻于懿荣，懿荣亦疑不能释，亲往同仁堂(药铺名)查询。其所谓龙骨者，其形大小不一，上皆有刻纹，暗合数小片成一大片，而形似龟板，其文更若有意义之可寻者，虽不能悉识，而断为古代书契无疑，乃罄同仁堂所有以归，并嘱代向安阳搜购，后亦续有所得。此汉光亲为献唐先生言者。世之首收龟甲者，懿荣也；拓以行世者，鹗也；考释文字者，孙怡让仲容也(怡让有《契文举例》一书)。今甲文研究，如日中天矣，斯三人者，筚路蓝缕，以启山林，经始之功，不可没也。

鹗又喜收碑版，有正、文明两书局所印行者，往往有其题跋。鹗所藏，得诸唐鷦庵云。

有署名雨生者，谓闻顾随（羡季）言："白妞名王小玉，系影射著名鼓妓谢大玉，大玉灌有老式钻针唱片，名黑驴段云。"（见《宇宙风》乙刊第二十二期）按白妞即王小玉，确有其人，非影射谢大玉。大玉今年五十余，当鹗之游鲁，才值孩提之年，似未登歌场倾座客也。予闻清季以来，女子称山东鼓书之王者三人，王小玉、谢大玉、鹿巧玲是也，小玉音响激越，大玉情辞缠绵，各尽其致，巧玲则与小玉为近。大玉、巧玲今均健在，大玉嫁吕秀文。赵尔萃《旧学庵笔记》云："光绪初年，历城有黑妞、白妞姊妹，能唱贾凫西《鼓儿词》，尝奏技于明湖居，倾动一时，有红妆柳敬亭之目。端忠敏题余《明湖秋泛图》，有句云：'黑妞已死白妞嫁，肠断扬州杜牧之。'即谓此也。白妞亦名小玉，《老残游记》摹写其歌时之状态，亦可谓曲尽其妙，然亦只能传其可传者耳。其深情远韵，弦外有音，虽师旷未必能聆而察之，腐迁未必能写而著之也。"可谓推许无以加矣。

鹗自述摇串铃，游食江湖，其子大绅谓："先君之扬州，无以为生。乃悬壶为人治疾，依然门可罗雀也。"鹗明于岐黄，书中所言，非尽讽喻也。

北柱楼，取名无甚意义。李炳南先生曾语予，"柱"字疑为"渚"字之讹，杜甫《陪李北海宴历下亭》诗："东藩驻皂盖，北渚凌青荷（荷一作河，一作浒）。海内此亭古，济南名士多。"炳南历城人，当可信也。

鹗之鲁在光绪十七年，《记》中明言春日至鲁（见第一章）。《游记》第十二章写黄河结冰，并有"眼见斗杓东指"之语，此时显属冬末，其下接叙解救贾魏氏之冤，以书抵巡抚，覆函下署"弟曜顿首"（见十七章）。案《清史稿·疆臣年表》，张曜于光绪十二年五月抚鲁，十七年七月卒于任。以时日考之，十七年冬季，曜已作古，乌能有覆书？年久追记，前事模糊，铨次难尽审耳。

鹗于《记》中标名英，号补残，谓慕懒残和尚煨芋故事。名英之由已见前释。其号补残者，案唐李泌在衡，狱有僧明瓒，号懒残，泌察其非凡人，夜往谒之。瓒发所煨芋嚼之，曰："勿多言，领取十年宰相。"此所谓煨芋故事也。瓒去玉则为赞，鹗盖欲用其明智以赞补当时衰残之政也。或谓：鹗好收古籍、字画及龟甲、泥封、碑版之类，欲以补学术之残缺，故号补残。斯说也，案之亦有意趣，惟与《记》中自表有异，故不从。《记》中第一章蓬莱阁所见帆船，喻中国；船长二十三四丈，喻行省数；管舵四人，喻军机大臣人数；八桅，喻总督人数；东边三四丈破坏之处，喻东三省；船上扰乱情形，喻戊戌政变；高谈阔论之辈，喻当时自命为志士者；为船众目为汉奸者，则鹗以自喻也。鹗主利用外资，开矿筑路，时人指为汉奸，故《记》中述鹗等以罗盘及纪限仪器呈船主，群斥为夷物不可用也。

刘大杰《刘铁云轶事》："喜狎妓，一招十数。"鹗有《忆丙子岁二十六韵》，自述少年征歌选色之事颇详。"瀹茗烹邗水，寻碑纵蜀冈。初聆弦索语，乍餍绮罗香。菱姐饶憨态，青儿爱淡妆。琵琶真荡魄，钗钏烂生光。"绝似杜牧之之扬州。下云："江湖愁日下，风雨返山阳。南河寻故址，西坝访新庄。忽见双珠出，聊探一骊尝。优昙光易远，橄榄味弥长。"西坝为淮盐集散地，夙著繁华，鹗亦涉足焉。丙子为光绪二年，鹗年二十，彼时意兴正盛。此诗作于晚岁，故末谓："烟花今满眼，无复少年场。"鹗自谓不尚道学，不吃生猪肉（见《游记》第十三章），不事隐饰，自是英雄本色。

喜与寡妇昵，有咏寡妇诗十数首，中有"雨后梨花最可怜，飘零心事倩谁传"之句。

京寓满贮大小佛像，铁、铜、玉石之质均备，题为"万佛堂"。拳乱起，化为灰烬。

数年前，南京市浚秦淮，掘得玉插山一座，报章喧腾，谓发现六朝古物。实乃鹗当日案头所置，罹祸后，其长子大章于冤愤之余，投诸河中者也。

刘仁甫疑系影射大侠大刀王五，当时南起清江浦，北至燕市，得五表识，虽运珍宝，群盗不犯也。与《记》中所述情形颇相似。且"甫"与"五"音近，"王"与"仁"义近，刘又从刀也。鹗寓北京半壁街，与五为邻。五妻营饭馆曰元兴堂，鹗宴客多于斯。拳乱，五罹祸，鹗倍伤之，鹗于维新六君子，备致称颂，戊戌之变，五尝欲护谭嗣同出京，故嗣同临刑有诗云："望门投止思张俭，忍死须臾待杜根。我欲横刀向天笑，去留肝胆两昆仑。"两昆仑，说者：一为康有为，一则五也。窃疑五之欲为嗣同助，或缘鹗之介也。

《游记》第九章中七绝六首，刘大绅谓其父述自身学道经历，其言曰："第一首，曾拜瑶池九品莲一绝，述自己从龙川受学，得明至理，曾几何时，已光阴不再。第二首，紫阳属和《翠虚吟》一绝，述归群约己讲学，自谦学力不纯，有时尚不能超然一切。第三首，情天欲海足风波一绝，述一般学子虽狃于世见，但得人引导，立证天人。第四首，石破天惊一鹤飞一绝，述太谷之学，绝世不群，如长夜惊雷，震醒迷梦，自己从龙川得受以后，已莹明朗照。第五首，野马尘埃尽夜驰一绝，述光阴迅速，世界众生，扰扰生灭，及自己研学境界，由寂静入于冲纯，不形朕兆。第六首，菩提叶老《法华》新一绝，述蒋、黄两先生在苏州讲学，南北弟子合宗二师，更不分别，欢喜赞叹也。”与予所论太谷北派黄崖教中人所为者不尽同，然仅一间耳，录此存参。

鹗秉性豪迈，志在利济，视官爵则蔑如也。有随笔一则：“归寓与各人言得志后快乐，沈虞希愿得钱报效十六万，得三品京堂。客曰：‘余资奈何？’曰：‘为子捐京堂，为孙捐京堂。’余应之曰：‘无衣衣京堂，无饭吃京堂，无屋住京堂，睡觉抱京堂。’一座大笑。” 高志洒落，与虞希直有仙凡之隔。鹗初颇困乏，经办福公司以后，起居迥异于前，世乃有微词。

《游记》第十一章，论世事演变，读者多惊服其前知，不知自同治三年甲子起，甲戌为同治十三年，甲申为光绪十年，甲午为光绪二十年，甲辰为光绪三十年，甲寅为中华民国三年，鹗著《游记》，在甲辰以后(光绪三十年至光绪三十三年)，十之七八，系举往事，与历数配合，明明为追溯之言，而故作预测之论，读者乃迷惑不悟，至论北拳南革一节，拳匪之乱，为光绪二十六年事，前乎鹗著《游记》已四五载。革命大义，倡于孙公，公之自传云：“予自乙酉中法战败之年，始决倾覆清廷、创建民国之志。由是以学堂为鼓吹之地，借医术为入世之媒。”乙酉为光绪十一年，前乎鹗著《游记》几二十载。光绪二十年，先生创立兴中会于檀香山，亦前乎鹗著《游记》十载，其后惠州之役，广州之役，先后发作，革命势力日张，清廷为之胆寒，亦皆鹗著《游记》以前事也。彼时清社之必覆，革命之必成，虽妇孺亦知之矣。当时国人之思想，约有三派：遵循常轨，一成不变，欲与世界潮流相违抗，而高标复古者；有倡君主立宪，就清廷改造，变法图强，以维新号召者；更有扑灭清廷，推陈出新，以全力建国，与列强并驾齐驱，而倡革命大义者。鹗与维新诸人接近，自以为中道而处，无过不及之弊。其实革命之义，顺天应人，虽有大力，莫之能逆。鹗平生以识大知远自许，而竟智不及此，故《记》中于革命有贬词，吾乌能为之讳耶？

(原刊于《东方杂志》第四十卷第一期，1944 年)

校注朝鲜《宣庙中兴志》后记

——三百年前中韩合兵败倭之光荣史

一、得书缘起及校注义例

《宣庙中兴志》，朝鲜史家记明室助其退倭事也。倭酋平秀吉既得志于三岛，欲犯中国，乃先侵朝鲜。时朝鲜承平久，人不知兵，其王李昖，沉酣弛备，倭因得据釜山，渡临津，陷汉城，焚其宗庙，毁其先墓，王子、陪臣，多侪俘虏。昖奔平壤，复走义州，八道几尽没，国脉之不绝如缕。明数遣援师，综十六万六千七百余人，朝鲜亦先后征兵二十二万，耗银八百八十三万两，历时七载，倭始退去，盖亦亚洲史上一大事也。《志》称昖宣祖，出其国私号，非制，明但赐谥昭敬而已。依时系事，起明神宗万历十五年，迄三十五年，计二十有一载。于倭之蓄谋寇扰及请救，靡不详。卷分上下，都十万字，堪补中夏史文之阙略。沧州张溥泉先生继，往游扶桑，道经斯土，缅箕子之流风，慨政教之匪旧，爰访遗逸，托搜秘藏。有俞镇泰者，三韩名士也，以《皇明陪臣传》及本书相贻。《皇明陪臣传》，黄景源作，而本书撰者姓氏独不著。观其书法矜慎，华夷较然，深得春秋之义，文亦浑朴有度，信非名手不办。书乃钞本，在彼邦似亦未尝梓行，盖书成于晚明，不久满人主政，中论当日边事，有触忤清廷者，自不能出。甲午战后，情势益殊，寖假而服属于人，坐是眢井长埋，不能放光芒于天壤，为可叹也！虽然，吾闻朝鲜典籍，晚近多遭日人窜乱，形骸虽具，精神全非。此书以屡避时忌，封贮岩壁，转能葆其本来面目，物之幸不幸，盖难知也。惟辗转传抄，讹误滋甚，日照王先生献唐，屡事理董，俾其流布方来，不致终古湮放，义不容不勉也。原本经俞氏校阅，地名人名，间加眉注。蒲圻但植之先生焘，于错脱亦复多所订正。余既录副，举与原钞校：有所疑则细书附于下，但识管见，仍存其真；与他书有违异者，则引次不同之说，以资考证；事有疏略未尽显者，则后详别记，不惮文繁，重尚翔实；遇隐僻之典，稍加诠释，或有便于初学。今者夷氛涨天，山河破碎，展绝域之遗书，痛前朝之恨事，益憬然于当前祸难之作，非一朝一夕之故，其所由来旧矣。白日在公，未遑理此，每笺校于灯火青荧之候，山馆寂寥，夜风凄厉，掩卷沉思，岂惟唇亡齿寒之叹！邦之君子，观于此书，其惕然惧，奋然兴，御辱扶危，进而存亡继绝，修我藩篱，植兹外服，庶金瓯无缺，禹甸重光，则斯《志》之流入中土为不虚，而沧州海外搜访为不徒劳也已。

二、与《明史》异同

吾尝举《明史》与此志互勘，其中有极大出入。《明史》泛记朱明二百七十六年典制人物，此志专载万历时朝鲜御倭事迹，详略有别，体性使然，无足怪也。惟品人述事，往往抑扬倒置，异同之故，有可言者。

《明史》记刘綎之援朝鲜曰：

> 朝鲜再用师，诏綎充御倭总兵官，提督汉土兵赴讨。又明年二月抵朝鲜，则杨镐、李如梅已败。经略邢玠乃分军为三：中董一元，东麻贵，西则綎，而陈璘专将水兵。经营水源，倭亦分三路，西行长据顺天，壕砦深固。綎欲诱执之，遣使请与期会。使者三反，綎皆单骑俟道中。行长觇知之，乃信，期以八月朔定约。至期，綎部卒泄其谋，行长大惊，逸去。綎进攻失利。监军参政王士琦怒，缚其中军。綎惧，力战破之。贼退不敢出。诸将三道进，綎挑战破之，驱贼入大城。已贼闻平秀吉死，将遁。綎夜半攻夺粟林、曳桥，斩获多。石曼子引舟师救，陈璘邀击之海中。行长遂弃顺天，乘小艘遁。班师，进綎都督同知，世荫千户。(见《刘綎传》)

记述劳绩，绝少贬词，似无愧边将选矣。然《中兴志》书其恇怯庸懦，且无偏裨才，拥兵自保，视它军危厄而不救，直贺兰进明之流耳。

> 倭围晋州，倡议使金千镒遣幕下士梁山璘赍书乞于刘綎，书乃高从厚所撰也；词旨激烈，继以山璘辞气慷慨，綎不觉敛衽改容，然畏贼不敢出师。……一日，千镒、庆会(崔庆会，时为庆尚右兵使)登楼，望遥野一阵旌旗，漫漫大至，相顾而言曰："必援兵也！"诸将大喜，即鸣钟以应之。俄而谛视之，乃贼添兵也，众皆愕然。千镒曰："天若助顺，使吾等济功朝阙，贺兰之肉，可切而食之也！"贼遂围城百匝，大小营阵，山迤棋铺，

弥漫百余里，蚁千不通。（见《中兴志》万历二十一年六月）

卒至晋州城陷，千镒、庆会与忠清兵使黄进、复仇义兵将高从厚均死于难，不谓睢阳之劫，复见于三韩也。且妒功嫉能，作误机宜，败坏大局，其罪盖不可以一二数。

初行长合诸营兵数万屯于顺天曳桥，筑砦数重，綎进军顺天故城。……陈璘亦率水军千余艘，以李舜臣为先锋，进屯顺天前洋，船舰填咽，悉以黑布为帆，列竖杂彩旗，飞扬炫耀，岸上兵耸观。当是时，水陆连阵，军威甚盛，见者咸谓指期可破贼。义兵将林欢入见綎，出语人曰："刘公无战心，必以和退也。"綎令造云梯、飞楼炮车，旷日讫工。甲寅，綎乃令进兵攻城，陈璘亦率水军协攻，鼓噪齐进。飞楼炮车，重不得速运，贼从城上放丸如雨，天兵多中毙，皆屏缩依楼车立，綎意沮，不复号令。诸军久立疲倦，或入车而睡。潮水渐落，璘军亦退。贼潜从挂窗下，纵百余人斫副总兵吴广军，广军乱遁，贼入车斩数十人，尽焚飞楼炮车，天兵皆望风退，贼遂恣睢跳荡，杀天兵八百余人。……綎命拿吴广，广愤不受命。綎与陈璘约明日夜攻，璘及期乘潮急攻，而綎不出兵，但鼓噪相应。璘军以为陆兵已入城，争先腾进，自初昏战至二更。李舜臣以潮退白璘，璘意气方锐，督战益急曰："今夜尽贼乃还。"夜潮忽落，天兵船二十余艘，一时胶浅，贼出兵围击，尽焚之。是夜贼城几陷，行长所居屋，三中大炮，贼悉聚东北面，奔走拒战，岸上兵略望见水兵千炮沸海，火光中剑戟竞发，莫不跃跃思奋；而被掳人又越城奔告曰："此面空矣！"李德馨、权栗驰诣綎帐，亟请杀入，綎不从，军中愤叹！璘大怒，驰入綎营，手裂帅字旗，责以心肠不美，即具咨军门。綎面色如土，但叩胸吁叹，归咎诸将而已。綎既攻城不克，又闻中路败报，乃议退兵，李德馨力止之；綎佯许，而先令权栗撤兵，遂焚营继退，遗弃甲帐牛马无算，失军粮九千石。是日舟师乘潮而进，则岸上军已空矣。（见《中兴志》万历二十六年十月）

不宁唯是，更受贿以纵敌，杀民以邀功，是可忍，孰不可忍！《明史》赞其勇略冠诸军，又谓武人不惜死，綎无惭于斯言，失察甚矣！

李舜臣至顺天，召诸将问计，军官宋希立曰："贼已据形便，难以力取，今天兵、我军水陆俱下，若以陆军进迫曳桥，水军扼獐岛以遏岭南海

> 途，使贼内外俱阻，腰膂中断，则泗州之贼，必不能助。设欲相助，彼此号令不通，则无以相应，待其师老粮竭，气挫势窘，然后四面薄之，行长可成擒也。”舜臣喜曰：“正吾意也。”遂与陈璘进据獐岛洋口，烧其积聚，使庆尚右水使李纯信截露梁水路，刘綎、权栗亦据曳桥西北，而分兵截蟾津陆路，以断泗州声援。相守数月，行长果粮竭势窘。璘、舜臣连日进攻，水军皆捷，行长大恐，潜遣人于刘綎，请假道归国，綎从之，信使赠遗不绝。贼遂与綎兵贸粮，而綎不为之禁，使人语璘曰：“行长将撤归，可无阻也。”行长乃先发十余艘出猫岛，水军尽攻杀之。行长大怒，出綎使二人，断臂送之曰：“提督欺我如此，我必不去也。”綎答曰：“乞和陈公，可无事也。”行长乃以银货、宝剑遗璘曰：“兵贵不血，愿假我道。”璘许之，且令舜臣借道。舜臣责璘曰：“将不可言和，仇不可纵遣，此贼亦天朝难赦之贼，而大人反欲许其和耶？”璘默然。行长又发前锐十余艘出海，舜臣又攻杀之，行长乃遗舜臣宝货，舜臣怒却之曰：“仇贼何敢乃尔！”行长计穷，募人以千金，将告急于岛中诸屯，先请于璘曰：“愿送入诸屯，同约渡海。”璘亦许之，贼小艓乃出。……岛津义弘与南海贼将平调信等合兵来援。……日午，贼兵大败，追焚二百余艘，贼兵烧溺，俘斩殆尽，义弘等仅以余兵五十艘脱走。行长乘其间，潜出猫岛西梁，向外洋而遁。刘綎犹敛兵不动。……璘追入南海，得粮万余石，牛马不可胜计。刘綎入曳桥，取行长所留首级，并杀我国(朝鲜)被掳人遗置者以充之，称以西路大捷，以报军门。(见《中兴志》万历二十六年十一月)

是役也，綎按兵观变，而朝鲜统制使李舜臣，我副总兵邓子龙，俱力战死。子龙年逾七十，意气弥壮，曩与綎分统腾冲、姚安二营，不相能，綎殆借此一逞宿怨耶？

《明史》记李如松东援有云：

> 朝鲜人以贼弃王京告。如松信之，将轻骑趋碧蹄馆。距王京三十里，猝遇倭围数重，如松督部下鏖战。……官军丧失甚多。……乃退驻开城。……四月十八日，倭弃王京遁，如松与应昌(宋应昌)入城，遣兵渡汉江尾倭后，将击其惰归。倭步步为营，分番迭休，官军不敢击。(见《李如松传》)

《中兴志》则谓其缓追逸贼，且忌刻不允他军进，倭从容部署，因以坐大。

李如松既还开城，无意进取，士气遂不振，马疫又起，殒毙万数。柳成龙在坡州，日遣人请兵，而皆不应。时有讹言云："清正欲绕出阳德孟山，袭取平壤。"如松乃曰："平壤乃根本也，若失平壤，是无归路也，不可不救。"遂回军向平壤，留王必迪守开城，查大受守临津。柳成龙遣从事官辛庆晋陈不可退者五，曰："先王坟墓皆在畿甸，而沦于贼薮，神人亡望切，不忍弃去，一也；京畿以南，流民日望王师，忽闻退去，无复固志，相率归贼，二也；我国尺寸地不可容易弃去，三也；将士虽力弱，方欲倚仗天兵，以图进取，一闻撤退，则必皆怨愤离散，四也；一退而贼乘其后，则虽临津以北亦不可保，五也。"如松默然。上亦遣左议政尹斗寿请勿退兵，斗寿涕泣苦争，如松不听。遗民老弱望见大军引去，号哭震城。时柳成龙令巡边使李薲及高彦伯、李时言等分屯坡州，遮截抄击，金命元屯临津，金千镒又与京圻水使李薲、忠清水使丁杰，进军杨花渡，水陆分剿，俘斩相继，贼不敢出城刈草，马死者不知其数。全罗监司权栗、忠清监司许顼亦屯京圻，以为声援。柳成龙贻书王必迪曰："贼方据险固，未易攻，大兵当进住东坡坡州，蹑其尾以牵缀之。选南兵一万，从江华出于汉南，乘贼不意击破诸屯，则京城之贼归路断绝，必向龙津而走，因以后兵覆诸江津，可一举灭也。"必迪深然之。李如松，北将也，恐南军功成功，沮之。（见《中兴志》万历二十一年二月）

李如松有撤兵之意，而沉吟不决，幕下士郑文彬、赵如梅亦劝讲和罢兵。适平秀家等投书倡议军中乞和，柳成龙得见其书献于督府，如松遂与宋应昌决意讲和。应昌遣谢用梓等扮作天使，同沈惟敬使入倭营议和。……尹斗寿、李恒福以为决不可和；上从其言，乃移咨于宋应昌、李如松，力言不可许和，皆不听。……平秀家许还王子、陪臣，撤其兵三十七营，大屠都氏，挟沈惟敬、谢用梓等渡江南下。金千镒先入京城，诣宗庙墟，恸哭再拜，继往宣陵、靖陵奉审，以兵奉卫。二十日，甲辰，李如松及柳成龙、金命元等次第入城，宗庙宫阙，荡然灰烬，骷髅满城，人皆惨目。成龙告如松曰："贼兵去不远，急进兵蹑之，胜之必矣。"如松无意追贼，佯令李如柏出兵，若将渡江者；日暮，如柏忽称疾还。权栗将勒兵追贼，如松谓诸将曰："全罗布政慷慨善战，今若悉众追蹑，败我和事矣。"令游击将军戚金收江船，使不得渡。金千镒告如松曰："倭奴狡诈

> 难信，释此不击，是自贻后患也。"不从。（见《中兴志》万历二十一年三月）
>
> 平秀家等既渡江，而后无追兵，遂徐徐逾岭，渡龙宫河丰津，与毛利辉元尽撤岭南中路诸屯。……宋应昌闻贼弃京城，进至平壤，始出牌促李如松出追，贼去已数十日矣。如松在途徐行，或留止延日，才逾岭而还。贼遂屯海边，自蔚山、西生浦至东莱、金海、熊川、巨济数十屯，皆依山凭海，筑城掘壕，为久留计。（见《中兴志》万历二十一年五月）

谢用梓扮作天使，其为矫命可知，虽宋应昌遣之，而如松无一言规诤，谓为协谋，非深文也。《明史》以和款之咎，尽委诸沈惟敬，惟敬诚小人，然天下之恶皆归之，讵足以昭公允？收江船，不使权栗渡，恐其追贼败和事，抑惟敬为之耶？不责如松之纵敌，转谓倭步步为营，故为如松地，非曲笔耶？

沈惟敬，《明史》无传，朝鲜传中曾及之：

> 八月，倭入德、丰等郡，兵部尚书石星计无所出，议遣人侦探之，于是嘉兴人沈惟敬应募。惟敬者，市中无赖也。是时秀吉次对马岛，分其将行长等守要害为声援，惟敬至平壤，执礼甚卑。

《中兴志》则赞惟敬出使，机智有威，侃侃而谈，倭亦起敬。

> 初，祖承训既败，贼愈骄，声言将饮马鸭江，行朝震惧。惟敬本浙人，素习倭情，兵部尚书石星假以游击将军号，使来觇贼。二十五日，辛巳，惟敬至顺安，先遣一家丁于倭营，以皇旨责问："朝鲜有何亏负于尔，敢兴师旅耶！"平行长见书，回报求面见议事。惟敬将往，人皆危之，多劝止者，惟敬笑曰："彼焉能害我也！"从三四家丁驰赴之。行长等严兵迓之，剑戟森列，惟敬从容上座，责行长等曰："尔等为何虔刘我属国耶？天朝以此方发百万众来压境上，尔等命悬朝夕。"行长玄苏曰："敝邦欲假道朝鲜，以求封贡，而彼反集兵拒我，以致纷纭，此非我等之罪也。"惟敬曰："尔等悉诚思顺，何惜封贡也。然此是天朝之地方，尔可退屯，以待天朝后命。"行长出示地图曰："此明是朝鲜地。"惟敬曰："常时迎诏于此，故有许多宫室，虽是朝鲜地，乃上国界，不可留此！"行长请待更报退去，惟敬许之。日暮，惟敬还，众倭送之甚恭。翌日，行长遣书致问，且曰："大人在白刃中，颜色不变，虽日本人无以加也。"惟敬答曰："尔不闻唐朝有郭令公乎？单骑入回纥万军中，曾不畏慑，吾何畏尔也？"因与约

曰："吾归告圣皇，当有处分，以五十日为期，倭众无得出平壤西北十里外，朝鲜人毋入十里内。"乃立木为禁标而还。（见《中兴志》万历二十年九月）

惟敬既归，将过五十日不至，行长等疑之，大修攻城之具，人心恟惧。至是，兵部复以札付授惟敬，令谕贼尽数退去，还朝鲜城郭土地、王子、陪臣，则当许纳款；否则，当以百万众往灭之。惟敬入倭营，留数日还。且以小帽子数万顶而遍赐诸倭，因知兵额多少，告于皇朝，将用二倍众击之。（见《中兴志》万历二十一年十一月）

其实《明史》亦言万历二十五年九月，倭至汉江，杨镐遣张贞明持惟敬手书往（时惟敬已被逮），责其动兵有乖静候处分之实，清正乃退屯井邑，而麻贵乃以战捷闻（略见《明史·朝鲜传》）。足征倭之畏服惟敬，第《明史》不愿归美之耳。尝闻吾友朱建章先生言：当惟敬年少时，倭犯嘉兴，人皆闻风远避，惟敬独操舟，载酒迓之，遇贼，乃舍去。贼狂饮，死者相枕云。其行虽不轨于正，然未始不权奇可喜。《明史》斥惟敬私奉秀吉莽玉翼善冠、地图、武经、良马，《中兴志》亦议之，且谓其娶狗里麻女，并不稍为隐讳。善恶悉书，短长并记，非若《明史》之预存成见也。

朝鲜连年被寇，邑里荡然，加之大兵临境，征发供应，民力益殚；而将帅攘人之功，掠人之美，又所在多有。此种关系舆情民瘼之处，《明史》只字不道，亦见其疏于史料之征取矣。

时诸道新经兵燹，邑里萧然，而惟两湖一隅安堵如故，专责诸军粮饷，输刍挽粟，千里不绝。列邑守宰奔走于天将支供，不暇为征剿计，民力遂大困。（见《中兴志》万历二十一年五月）

璘（陈璘）领水军五千人南下全罗道，上幸铜雀津以饯之。璘性悍鸷，士卒暴横，供给少不如意，辄捽捶官长，廷中忧之曰："李舜臣军必为此军所挠，又将败矣。"上亦虑之。舜臣闻璘将至，预令军人大佃渔，积鹿豕海错，备千瓮酒以待之。至则盛兵仪远迎，大设宴犒，璘甚喜，士卒皆沾醉相顾曰："果良将也。"然犹抢夺闾店，舜臣忽令军士毁屋庐，搬衣裳下船，璘惊怪，使人问之。舜臣曰："天兵之来，如仰父母，今见暴掠，士卒不堪，各自遁避他岛，我为大将，岂能独留？"璘大惭惧，愿倒谢，且力挽之。舜臣曰："大人听我言，我即留耳。"璘曰："何敢违。"舜臣曰：

"天兵以陪隶视我人，即无忌惮，大人幸许以便宜禁断，则两军无事也。"璘许诺。……舜臣遣宋汝琮偕天兵击贼，破之，获六艘而还；天兵无所得，璘方对舜臣饮酒，闻甚惭怒。舜臣曰："大人来统我军，我军之捷，即天兵之捷，何敢私焉？谨尽纳所获，大人悉以奏闻。"璘乃大喜。（见《中兴志》万历二十六年七月）

盖朝鲜人民身受酷虐，故能言之慨切。张廷玉等之修《明史》，以王鸿绪之《明史稿》为蓝本，乃复加取夺。外事之入中土，一凭官文报告，一凭道路相传。官吏弄墨，世情之常；以耳代目，中多难信。更经秉笔者之好恶随心，去取任性，往往重要史实，竟什不一存，恐亦不惟《明史》为然也。《明史·李如松传》，谓师次肃宁馆，倭将平行长以为封使将至，遣牙将二十人来迎，如松檄游击李宁生缚之，倭猝起格斗，仅获三人，余走还。《中兴志》则谓查大受诱倭饮酒，伏甲擒之，惟三人逸去。如来者确为二十人，依《中兴志》则被缚者为十七人，逃脱者为三人，《明史》实得其反。此虽小事，亦足见两书出入之大矣。

杨镐经略朝鲜军务，《明史》谓其一无足取，岛山一役，以左袒李如梅，致使功败垂成，罪尤不可赦。

倭乃退屯蔚山。十二月，镐会总督邢玠、提督麻贵议进兵方略，分四万人为三协，副将高策将中军，李如梅将左，李芳春、解生将右，合攻蔚山。先以少兵尝贼。贼出战，大败，悉奔据岛山，结三栅城外以自固。镐官辽东时，与如梅深相得。及是游击陈寅连破贼二栅，第三栅垂拔矣，镐以如梅未至，不欲寅功出其上，遽鸣金收军。贼乃闭城不出，坚守以待援。官兵四面围之，地泥淖，且时际穷冬，风雪裂肤，士无固志。贼日夜发炮，用药煮弹，遇者辄死。官兵攻围十日不能下。贼知官兵懈，诡乞降以缓之。明年正月二日，行长救兵骤至。镐大惧，狼狈先奔，诸军继之。贼前袭击，死者无算。副将吴惟忠、游击茅国器断后，贼乃还，辎重多丧失。是役也，谋之经年，倾海内全力，全朝鲜通国之众，委弃于一旦，举朝嗟恨。镐既奔，挈贵奔趋庆州，惧贼乘袭，尽撤兵还王京，与总督玠诡以捷闻。诸营上军籍，士卒死亡殆二万。镐大怒，屏不奏，止称百余人。（见《杨镐传》）

《中兴志》则书其督战勇毅，岛山收军，由于陈寅中丸，并无它故。

庚辰，镐悉引大军齐进，镐躬披甲胄督战，诸军鼓噪奋击，炮声震天，火箭数百枚齐发，风迅火烈，乱爇贼幕，一日连拔三窟，烧斩万余人。天兵方抢首级，而清正已入保岛山矣。明日，镐进兵仰攻，斩迟延者二人，众皆争奋，而城形绝险，备亦密，不可拔。游击将军陈寅中大丸，镐乃收兵而退。明日，镐令权栗、李德馨率我军及降倭攻之，又不克，死伤甚多。贼水军又屯蓝江，欲逼海岸，天兵用大炮却之。岛山无水，贼每夜出城汲，辄为我军所获，一夜擒百余人，城中危迫，降者相继。会大风雨，天兵冻馁不振。（见《中兴志》万历二十五年十二月）

余案《明史·李如梅传》亦谓镐曲袒如梅，致岛山不克，赞画军事丁应泰劾镐，并劾如梅，当斩者二，当罪者十，言之凿凿，非尽无据。而《中兴志》终回护之，且记朝野仰戴之状：

军门赞画丁应泰为人凶狡，巧于诬捏，游击将军陈寅中（中字疑衍）、周陛，性亦狡诈，岛山之役，得罪于杨镐，心衔之，潜于应泰曰："岛山之役，多折军士，以带来杂役、买卖人补阙，不给诸军粮饷。"应泰遂诬奏杨镐、麻贵贪猾丧师，欺罔天听。镐闻之，大笑曰："诸将不能办事，我欲裁之以法，而谗言至此，作事亦难矣！"遂上辞本，请罪求回。上闻之，亟遣陪臣崔天健等陈奏岛山战阵始末，以明其诬，诸将亦上本，合辞申救。于是镐归咎周陛，囚之。（见《中兴志》万历二十六年七月）

镐将还，上出饯于弘济院，为之泣下，镐亦惨然动容。诸臣献诗为别，都中士民皆出祖，垂髫戴白满郊。镐疏宕有侠气，遇事敢为，不拘小节，持身浚洁，国人服之。（见《中兴志》万历二十六年七月）

大约镐与朝鲜人士情款颇洽，镐之缺失，朝鲜人不尽闻，闻亦不尽记。良史之难，中外同感！所异者，《明史》谓朝鲜人多怨镐，或据当日劾疏言耶？

右所列举，为《中兴志》与《明史》抵牾之最显者，余不备论，即此已足见信史之不易求矣。

三、朝鲜与中国

朝鲜为箕子旧封，入我国版图极早：或谓尧命义仲宅嵎夷，嵎夷当今东土，若是，其为时益尚矣。故朝鲜于我，虽号外藩，而事同内服，五官百骸，合为一体，不容割折也。吾观其《中兴志》，言明廷必曰天朝，称吾邦则曰上国，或突起高书，或另行示敬，仰戴之诚，形于楮墨，从来以小事大，未有如是之悃款也。且其臣民言议，多忠悫恭肃，令人感念，不能去怀。

> 大司宪权克智谏与倭通信曰："此贼诿以讲和要，观我国勇怯虚实；又以射天之凶谋，求以假道同逆，是人臣所不忍闻！"（见《中兴志》万历二十七年七月）
>
> 上会诸臣，以倭情奏闻当否议之。大司宪尹斗寿曰："事系上国，机关甚重，殿下至诚事大，天日在上，岂可隐讳？臣意当上闻为是。"又曰："君臣父子之间，何事不可达也，必须直陈无隐，然后可免后日之责也。"（见《中兴志》万历十九年五月）
>
> 玄苏平调信请见李德馨议和，德馨以片舸会于江中。玄苏曰："吾欲假道入大明，而朝鲜不许，譬如将入人家，不得不先撤藩篱也。今若借我一条路，则两国无事矣。"德馨怒曰："尔欲犯我父母之邦，而胁我假道，国可亡，道不可假，自此两国之好绝矣，何和可议！"玄苏等语亦不逊，遂各罢归。（见《中兴志》万历二十年六月）

于此可见我国以德化民，无问遐迩，朝鲜沾丐既久，宜其有是美俗也。明室不惜以倾国之师东援，盖亦非偶然矣。吾独恨当时之为言官者，不明远略，不谙世情，端拱于朝堂之上，诡辩舞文，务为周内。于经边大计，必多方阻挠，使忠勇之士，瞻顾而不敢前。当兵部尚书石星之倡议东援也，或谓："只防中国界，不必多发兵马，先庇中国。"朝鲜独非中国地耶？朝鲜告急，神宗赐马价银三千两，备买弓角火药，或谓："高皇帝法，军器火药，禁赐外国。"其不知权变，竟至于此！甚者如兵科给事中侯庆远云："为属国勤数道之师，我与倭何仇？"穴见管窥，妄议天下大事，其颟顸庸顽，尤足令人骇叹！朝鲜冲要，多未设防，杨镐建议筑城为备，有疏劾之者，谓："坚城得志，启朝鲜异日之患。"吾不知当日经边之人，如何可以措手足也？幸也秀吉殂殒，余倭归航，倘天未厌乱，凶顽永年，朝鲜固不可问，辽蓟一带，岂能安枕耶？秀吉致朝鲜王李昖书，有"天下归朕一握"之语，又曰："一朝直入大明国，贵国先驱。"与彼邦今日所呼之"大陆政策"及"东亚共荣圈"，称说不同，其为侵略政策，则一脉相承，初无二致。秀吉欲先据朝鲜，后侵中国，当时未遂其愿。然历三百年而朝鲜亡，更二十年而辽、吉陷，又数岁而卢沟桥畔烽烟起矣。近三十余年之惨变，不出其三百年前之阴谋。犹幸明神宗力排众议，乾断不疑，出师东援，卒能摧遏凶锋，克保箕壤，否则毒焰早遍神州矣。朝鲜乃我之前卫，贼欲入吾堂奥，必先毁吾藩篱，藩篱既撤，堂禁大开，乃欲保其所有，乌可得耶？今血战逾六载矣，疾风暴雨，不可终朝，落日崦嵫，陨坠不远，来日不仅洗涤夷尘，且将何以助三韩复国？时机不待，宜早筹维，使朝鲜更有《中兴续志》之作，是则吾所拭目以俟者也。

三十年十一月作于歌乐山中，三十二年十月改订于白沙

(原刊于《新中华》复刊第二卷第一期，1944 年)

戴安澜传

戴安澜，字海鸥，安徽无为人。家世业农，父兄均力耕，安澜英异，乃遣就傅。弱冠为童子师，乡闾交誉之。其宗老名端甫者，独惜其材，每以班超立功异域相期许，安澜感奋，入黄埔军校，卒业后，初任连长。二十二年，日本既陷热河，更犯平津，陆军第二十五师师长关麟征遏之于古北口，时安澜隶关部，任团长，论绩为最，此为安澜对外作战之始。二十六年七月，卢沟桥变起，升任第七十三旅旅长，击敌于漳河。明年，鲁南会战，安澜火攻陶墩，计取朱庄，两地皆遏冲要，以是而有台儿庄之捷。台庄一役，敌以重兵争此弹丸地，血战经旬，死伤盈万，终以败退。欧美人士始晓然于我军之强韧，而日本初非无敌也。当敌之犯中山也，历时四日夜，猛扑数十次，终未获逞，退而广播曰："中国部队有一俄籍军官，指挥有度。"安澜体貌魁梧，神采奕奕，智勇兼济，赏罚无私，每战身先，士乐为用，以故收指臂之效，敌惊慑失措，乃有斯误传焉。五月，以功擢任第八十九师副师长。八月，武汉会战，奉命于瑞昌阳新间阻敌。敌第九师团以顽悍称，然自九江而上，九经补充，其精华亦尽矣。二十八年一月，升第二百师师长，手著《磨砺正续集》训练部属，军事委员会许其军事教育为全国各师冠。十二月，攻昆仑关，拔之。昆仑关为桂南隘害，宋狄青破侬智高于此，名震边疆，因是人目安澜为狄将军复生云。安澜于斯役尝负创，人或劳之，安澜慨然曰："流血，军人分也，恨未能扬威于国外耳。"三十年十二月，日本袭珍珠港、吕宋、马来亚、香港等地，英美诸国乃邀我入盟，协同制敌，至此，我独力作战，盖已四年有半矣。日本既据马来亚，复陷新加坡，缅甸岌岌不可保。我海岸线自遭封锁，物资端恃由缅输入，而英军在彼者寡，我爰有援缅之举。统帅部以出国远征，须慎选将士，特命罗卓英统第五、第六两军往。第五军素号劲旅，而第二百师于第五师为精锐。安澜既被命，欣然曰："今酬吾愿矣。"军抵滇边，英示沮尼。事急，始速我。三十一年三月，安澜率部首达缅之东瓜，敌之侵缅，初分东西中三路：西路沿伊拉瓦底江而上，英军当之；东路沿萨尔温河而上，我第六军当之；中路由仰光沿铁路线而北，我第五军当之。中路既御正面之敌，复策应东西两路，任最艰；而东瓜居前冲，安澜独以一师守之。布署粗定。即预立遗嘱，示必死。士卒感泣，咸曰："艰危与共，不敢负将军也。"十九日，敌来犯。甫一交绥，或死，或伤，或成擒，生还者寥寥。数度增援，众倍我，仍败北。世共钦异，曰："日本，虎狼也，中国竟能制之乎？"日本之图南洋，远在三十年前，僧侣云游，络绎于道，名为参方，实通谍报。缅人佞佛，莫之疑也，以是知其山川阨塞，道里远近。二十四日，突由僻径窜城北之克容冈，于是我南北西三面受困。二十七日，复以飞机更番轰炸，且放毒气，我阵地终屹然不动。军事委员会委员长蒋公，电致嘉勉，安澜逊谢，复词备具礼度，人争传诵。迨二十九日，遵令退守平蛮。是役敌死五千人，伤称是，其大佐横川尸身所遗之日记谓："南进以来，从未遭遇若是之劲敌，劲敌为谁？即头顶青天白日徽之支那军也。"其为敌所慑畏盖如此。敌知由中路之不易得手也，乃阴出暹罗之景迈，横渡萨而温河，以袭腊戍，图断我后，东路告警，安澜驰援，四月二十四日，克棠吉。旋又奉命蹑北扰之敌，五月十八日，于西摩公路郎科地区皮之，躬自督励，激战一日夜，敌尸枕藉，安澜腹亦中弹，部属扶护，安澜曰："个人生死轻，全局安危重，诸君奋勇杀敌，胜救我也。"二十六日，卒于□关，年三十有八。灵榇入国，所过城邑，官民致奠。十二月三十一日，明令入祀首都忠烈祠。安澜娴杂技，尤擅歌剧，尝逢庆典，粉墨登场，连长某致书切谏，诘期，会官佐于堂。自陈律己之无状，握某谓众曰："此吾诤友也。"人益服其雅量云。

论曰：缅甸本我藩封，其被迫而他属也，才五十余载耳。倭毒南天，我往救解，主客异势，事多拘牵，缅土卒不免于腥膻，此其中盖有难言者焉。安澜投笔即戎，以偏裨转战南北，能以功绩显，斯足多矣。终更立威遐，所杀逾常，殁有余荣，未可以成败论也。若假以年，充其才力所至，抑以班超、马援之亚欤？

（原刊于《龙凤月刊》第一期，1945 年）

诗三首

春郊独步[①]

长林一抹绿无涯，孤客行吟岁月赊。最是恼人三月暮，满山开遍杜鹃花。

嘉峪关即景示树民

六月祁连雪映关，云山重叠尽秋颜。子如欲识云山界，动者为云静者山。

送郭节述赴美任纽奥利安副领事

子规声里别芝容，梦绕歌山第一峰。星使直追张博望，清芬远绍郭林宗。高怀落落篱边菊，竣节亭亭岭上松。此去海天盈万里，鳞鸿有便报行踪。

（原刊于《中央日报》1946 年 4 月 28 日）

① 文集编者按：三首诗皆见于《南谷诗存》，但诗题不同，且作诗时间不一，故另作收录。

三代释名

古人质朴，因事立名，义取平实，不似后世之徒尚藻饰，专务矜夸也。后人以其习尚，训释古称，义非不美，惜远真际，三代名词之解诂，其一例也。《白虎通·号篇》："夏商周者，有天下之号也。"愚则以为三代之名，皆袭用各民族之本称，非别命国号；其民族之本称，又各据其实际生活状况之特点而定，初无取于嘉名也。

《尚书·舜典》："蛮夷猾夏。"伪《孔传》："夏，华夏。"孔疏："夏训大也，中国有文章光华礼义之大。"《左传·定十年》："夷不乱华。"孔疏："中国有礼义之大故称夏，有服章之美谓之华。"《尚书·武成》："华夏蛮貊，罔不率俾。"伪《孔传》："冕服采章曰华，大国曰夏。"孔疏："华夏为中国也。"诸说皆以夏为中国，而复具大义。许叔重释夏为中国之人，谓其形从、从页、从；，两手，，两足也。案华古音读若敷，敷读重唇音应若铺，入鱼部；夏古音读若濩，亦入鱼部。顾、王诸家，并同此说。王师献唐则谓华夏二字古皆为喉音，应入麻部。而治古音者皆谓古无麻部，但师别有说。总之，"华夏"二字古音同隶一部，声同则义假。初称华，继或称夏，后乃华夏并称，但此非夏字本义也。至许以其具首具两手两足，定其为中国之人，吾未闻蛮夷之头与四肢与华异数，说殊未安。叶玉森氏释为夏，谓其变体为、等形，并状緌首翼足，与蝉逼肖。疑卜辞假蝉为夏，蝉乃最著之夏虫，闻其声即知为夏(《殷契钩沉》)。唐兰氏则释此诸字为蘁，而以页为夏，举金文"顼"字作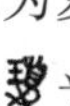为证(见《古文字学导论》)。以夏为季节，乃属音假，至于以页为夏，考从页诸字，罕见有夏字涵义者，单字作法偶合，未足援据。夏小篆作，金文作(秦公敦)，其形皆与为近。《说文》："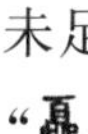，贪兽也，似人，从页，巳止其手足。""夔，即魖也，如龙一足，从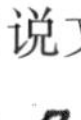，象有角手人面之形。"夏字既与、夔等字形近，亦当为类似之异物，夏民族以之为图腾，故称夏族；迨其有天下也，遂称夏朝。夏人于神奇之物，特感兴趣，《左

传·宣三年》记王孙满之言曰:“昔夏之方有德也,远方图物,贡金九牧,铸鼎象物,百物而为之备,使民知神奸。故民入川泽山林,不逢不若,螭魅罔两,莫能逢之。”鼎为宝器,置于王庭,黎庶势难遍观;满之言,为对楚子之讽辞,乃权语也。鼎铸异物,当是一种图案,即此可觇夏俗之所尚。黄帝号有熊,亦为图腾之表征,史称鲧为黄帝之曾孙。《史记·夏本纪》记舜殛鲧于羽山,《正义》:“鲧之羽山,化为黄熊,入于深渊。束皙《发蒙记》云,鳖三足曰熊。”案《说文》无熊字,今字书亦只收附熊下,不予单列。张守节,唐人,束皙,晋人,张志所闻,复引束解。但张之所闻,由来已旧,其说似在晋前。束氏以有入渊之语,乃从而为之说,而不知鲧为有熊之后也。神话固不可尽信,然每有一部分事迹为之骨干,斯在学者之善于参验矣。惟初以熊为图腾,何时始转而为夏,尚无显迹可稽耳。《说文》:“禹,虫也。”段注:“夏王以为名,学者昧其本义。”《尚书·尧典·疏》引谥法“渊源流通曰禹”,斯实无根之谈。禹禺原属一字,遇古或作遇,寓或作寓(见《古籀篇》卷六)可证。篆文禹作,禺作,形极相似。许谓禺“头佀鬼,从由从内。”按鬼字亦从由,因疑鬼原为人种之名,商之鬼侯、鬼方,皆其类也。《礼记·明堂位》:“昔殷纣乱天下,脯鬼侯以飨诸侯。”《易·既济》:“高宗伐鬼方,三年克之。”此经籍之可征者。鬼方为夏后,方犹邦也,鬼方犹言鬼国,初非詈辞。《史记·匈奴传》:“匈奴,其先祖夏后氏之苗裔也,曰淳维。”《索隐》:“张晏曰:‘淳维以殷时奔北边。’又乐彦《括地谱》云:‘夏桀无道,汤放之鸣条,三年而死。其子獯鬻妻桀之众妾,避居北野,随畜迁移,中国谓之匈奴。’其言夏后苗裔,或当然也。”近人王国维氏谓“鬼方、混夷、獯鬻、猃狁、匈奴皆同号”(见《观堂集林》),足与《史记》互发。《说文》列禹于内部,按禹萬诸字下均从“九”。许谓“九为昜之变,象其屈曲究尽之形”,此依《易》数为说,非字之本义。九小篆作,金文作(盂鼎)、作(曾伯霥簠)、作(仆儿钟)、作(宅敦),甲文作、作(见《殷墟文字类编》),无不肖爬虫形。九之为虫或噬人,遇之必罹灾厄,《易》无咎之咎,或本即作九,犹恙之为人害,迄今故旧相逢,每问无恙,尚沿古之习也。许君释“咎”,谓“灾也,从人各;各者,相违也。”说似未谛。《方言》:“咎,谤也。”此字应为从人口,九声,谓人以口造谤,必获灾殃;犹言字从口,䇂声,出言不慎,将召过尤,同具警惕之意。《史记·殷本纪》:“纣以西伯昌、九侯、鄂侯为三公。”《集解》引徐广曰,一作鬼侯。《正义》:“《括地志》云:

‘相州洛阳县西南五十里有九侯城，亦名鬼侯城，盖殷时九侯城也。’”无论为鬼侯为九侯，皆取禹字一部，示从此出。沈约曰：“禹观于河，有长人白面鱼身，出曰：‘吾河精也。’呼禹曰：‘文命治水。’言讫，授禹河图，言治水之事，乃退入于渊。”（见《竹书纪年》注）斯自不经之谈，然与鲧化为熊入渊互参，当可寻绎其异说之所自。自启而后，旧习寖疏，而夏之名无改。夏亡以后，其民族分南北二支：北为鬼方，南则为越。《史记·越世家》：“越王勾践，其先禹之苗裔，而夏后帝少康之庶子也，封于会稽，以奉守禹之祀。文身断发，披草莱而邑焉。”贺循《会稽记》：“少康少子号曰于越，越国之称始于此。”下逮汉世，闽越王无诸，东瓯王摇，又皆勾践之后。故太史公叹曰：“越虽蛮夷，其先岂尝有大功德于民哉，何其久也！历数代常为君王……盖禹之余烈也。”亦有留居中原而未去者，周武王封东楼公于杞是也，惟势微无足数。孔子云：“夏礼吾能言之，杞不足征也。”盖深致慨焉。

商，许君以之隶㕯部，并指上半从章省，两皆非是。此字虽用法歧异，错综纷纭，而递变之迹至显，约经四个阶段：初作□，主火之意，后用为地名，更后又用为朝代名，此第一阶段也。既加口作商，为商量之商，此第二阶段也。更后作□，星名，即参商之商，此第三阶段也。末又有□字，即商贾之商，此第四阶段也。此四种各有其作法，各有其专义，本不相混；今统用一“商”字，而□、□、□皆废，此后世所以误，解滋多也。请申说之：□字，《说文》未收，甲文作□、□、□、□等形，金文作□（鑁文）、□（束卣）等形，缔构一致。下从□，□为丙字，丙，火也。上从辟省（甲文辟作□、作□），辟，君也，主也（《尔雅·释诂》：“皇、王、后、辟，君也。”），□谓主火也。《左传·昭元年》：“迁阏伯于商丘，文辰。”注：“辰，大火也。”《史记·殷本纪》司马贞《索隐》又引《左传》云：“昔陶唐氏火正阏伯居商丘，相土因之。”古人取火，不似后世之利便，国家设专官以主之，《孟子》有“舜使益掌火”之言，阏伯为陶唐氏火正，则更在益前，故□为主火之义。古既得火困难，必有终年不熄之火原。任民引取。火原所在，必为高燥之地，此阏伯之所以居商丘也。丘以商名，义更可想。□之祖先既都于此，其后奄有天下，便以为国号，其都城虽屡经迁徙，然独多称“大邑□”，是并以始都之地名名其都也。□加口而为商，此以口商量之商，初非□代之□之本字。商后又作□（籀文）作□（商䖒敦）者，此为星名，《左传·昭元年》记子产之言："昔高辛氏有二子，伯曰阏伯，季曰实沈，居于旷林，不相能也，日寻干戈，以相征讨。后帝不臧，迁阏伯于商丘，主辰，商人是因，故辰为商星。迁实沈于大夏，主参，唐人是因，以服事夏商。"按星小篆作，古文作，皆从生得声，上象星形。参小篆作，㐱声，上为星。鱼鼎匕作，下从彡得声，上亦为星。以此例之，知、从商得声，其两旁皆为星也。神话产生，多依类似之人事而加渲染，世谓兄弟不相能曰参商，即原于此。而子产所云，其说之起，当在商汤放桀之后。在汤以前，夏商两民族虽亦不免衅端，但至汤裂痕始大著。《史记·五帝本纪》，帝尧下《正义》云："徐广云，号陶唐。《帝王纪》云：尧都平阳，于《诗》为唐国。徐才《宗国都城记》云：唐国，帝尧之裔子所封；其北，帝夏禹都，汉曰太原郡在古冀州太行、恒山之西，其南有晋水。"谓迁实沈于大夏，而禹都之所邻，虽谓唐，实指夏也。更以列宿所当之区域论，《周礼》春官保章氏郑注云："九州诸国之封地，于星亦有分焉，今其存可言者，十二次之分也。星纪，吴越也；玄枵，齐也；娵訾，卫也；降娄，鲁也；大梁，赵也；实沈，晋也；鹑首，秦也；鹑火，周也；鹑尾，楚也；寿星，郑也；大火，宋也；析木，燕也。"大火当于宋，宋都于商丘，故大火亦称商星；商丘为发火之处，故商星亦称大火。星象之定名，完全依乎人事。因实沈之迁于晋，即名当其地之星曰实沈，亦称晋星，亦曰参。又因据此两地者为互相侵伐之两民族，一为商，一为夏，由夏商之不相能，便以参商二星之不相见为比况。其虽若即若离，有合有不合，然其演变之迹，历历可睹。天空星象之命名既与地应，因星之当于商丘而称商，又因商丘为发火之地而称星为大火，主火者古有专司，然则商代之名起于所居之地，所居之地名又原于主火之人，彰彰明矣。验之于文字，验之于史事，验之于幻化之天象，固无不合也。阏伯之身世不可详考，子产谓其为高辛氏之子，高辛即帝喾，契母为简狄，简狄为帝喾之次妃，是阏伯与契为昆季，为同一血缘之人，是之族其先为主火之官，迨其子孙之有天下，以商为号，固其宜也。至于商贾之商，其字本作，从贝，声。亦有从商者，传卣作是也。今经典赏赐字作赏，而金文多作。贝古用为通货，以为赏赐之物，以为买卖之资，均无不可。

周为农业国家，其祖先多精治田事者，其名周之故，实基于此。甲文周作、、诸形，金文作（公中鼎）、（散氏盘）、（免敦）、（公伐郐

鼎)、(格伯敦)、(盂爵)诸形，观于甲文及金文之初文，周字本象田中有谷物之形，此因周民族生活之方式与生产之特长而立此名而制此字也(古人于字之空处有任意加点之习，但周字初文之有点，确具有意义，与常例不同)。周之始祖为弃，弃任后稷之官，后者，君也，稷者，五谷之长也，后稷，谓一国中掌管五谷生产之最高人物，犹今之农林部部长也。《史记·周本纪》:“弃为儿时，屹如巨人之志，其游戏，好种植麻菽，麻菽美。及为成人，遂好耕农相地之宜，宜谷者稼穑焉，民皆法则之，帝尧闻之，举为农师，天下得其利。”上古多世守其业，故弃之子孙多耕稼著称。三传至公刘，克光先德，黎庶怀之。窃以为公刘于农业上之最大贡献，在以铁造田器，使民得深耕易耨。《诗·大雅·公刘》:“笃公刘，于豳斯馆，涉渭为乱，取厉取锻。”《毛传》:“锻，石也。”孔氏《正义》:“锻者，冶铁之名，非石也。”《说文》:“锻，小冶也。”《广韵》:“锻，打铁也。”故朱晦庵《诗传》直训为铁矣。公刘似非本名，疑为时人归美之辞，后世相沿未改。刘，古典多训杀，有锋锐之意，彼为发明犀利农具之人，故谥之曰刘，而尊之曰公，犹称发明巢居者为有巢氏，发明火食者为燧人氏也。近人认周、秦之际为青铜时代，由秦而后，始转入铁器时代，似溯说过晚。《孟子·滕文公上》曾记孟子与陈相问答之语:“‘许子以釜甑爨以铁耕乎?’曰:‘然。’”玩其辞气，战国时以铁为犁，已成普遍现象。《管子》一书，自系后人追述，然其所载事迹，未必尽出诬托。《海王篇》已有铁官之名。《国语·齐语》亦载夷吾之语:“美金以铸剑、戟，试诸狗、马;恶金以铸锄、夷、斸、斤，试诸土壤。”说者谓美金为铜，恶金为铁，是以铁为农器尚在铁为兵器之前。以铁为农器最先之人，其公刘欤? 十二传至古公亶父，自豳迁于岐下。古父之迁徙，计有二因:一为避狄之侵凌;一为选择肥沃之土壤。孟子、史公均言前者，而不及后者，未免疏漏。《诗·大雅·绵》:“古公亶父，来朝走马，率西水浒，至于岐下。”次章又叙述岐下农作物之盛美:“周原膴膴，堇荼如饴。”豳当今陕西邠县境，滨于泾水;岐当今陕西岐山县境，滨于渭水。泾清渭浊，渭水所挟之泥沙甚多，其两岸之冲积地带，自成沃野，而宜于农植。汉人讴歌白渠，有“泾水一石，其泥数斗;且溉且粪，长我禾黍”之言，若移以形容渭水，则更切合。此古公迁徙之主要原因也。弃精于耕植，公刘首以铁造田器，古公辨别壤性，选择膏腴之地，皆古之农业专家，而皆为周之先世。周为此民族之专名，而亦为此民族之专字;翦商以后，方隅之称，变为天下之号。此三代之通例，非仅周为然也。

夏商周各代之命名，各原其独特之习俗，独特之官守，独特之生产法。各有其悠久之历史为之依据，然后名由此立，而字由此生。一言以蔽之，如宝而起也。后人以其矫饰之习，训释旧称，陈义愈高，去实愈远，不惟厚诬古人，亦非所宜诏后学也。

（原刊于《东方杂志》第四十三卷第四号，1947年）

评张溥《五人墓碑记》

张溥《五人墓碑记》一文，叙写明代末年苏州市民抗击逆阉残暴势力的一次大规模运动，既揭开群众运动的场面，又突出五位烈士慷慨就义的形象，着墨不多，而虎虎有生气，歌颂了正义的斗争，也歌颂了正义的胜利。此文当日脍炙人口，近来还被选为范文供人研读（见人民大学《历代文选》下册）。它在明代散文中属于比较好的一篇，历来是无异辞的。

也只能说"属于比较好的一篇"，因为它不是没有缺点，而且存在的问题还很严重，应行郑重地指出。至于在作法上、用字遣词上间有不为人理解之处，也当作一些必要的说明。

先谈存在的问题。凡是大规模的抗击性运动，必与广大群众的切身利害相关，否则是不易爆发的。毛主席教导我们："世上决没有无缘无故的爱，也没有无缘无故的恨。"马克思主义者认为：不是人们的意识决定人们的存在，而是人们的社会存在决定人们的意识。也就是说，用社会存在来解释社会意识，才是科学的做法，才能真正说明问题。假使认为有人稍具清望，一旦遭受迫害，大家便不约而同地攘臂而起，代鸣不平，虽流血牺牲在所不惜。这是形而上学的逻辑，缺乏有力的依据，实际是站不住脚的。本文一开头就说："五人者，盖当蓼洲周公之被逮，激于义而死焉者也。"张溥写《五人墓碑记》显然是误沿上述的途径去行进的。明代宦官之祸，不下汉唐，逆焰熏天，流毒全国，而苏州市民敢于同他们搏斗，这绝不是偶然的。根据资料看，苏州广大群众对朱明王朝一向是没有好感的，其中有历史关系，也有经济关系，而历史关系又增剧了经济上的矛盾。由于经济矛盾的加深，必然又导致政治斗争的激化。万历、天启之间，宦官窃柄，为所欲为，苏州素称富饶之区，到此更成了搜刮的对象。老百姓深感切肤之痛，忍无可忍，乃群起与恶势力周旋，这是苏州常常爆发反阉事件的主要原因（当日反阉不止一次，见下文）。像《五人墓碑记》所叙述的苏州市民痛殴缇骑的事件，周顺昌被逮，仅仅是个导火线，张氏竟指认为唯一原因，那就不免落于皮相了。

明王朝剥削苏州人民最突出的有两点：（一）田赋之重，甲于全国；（二）于苏州特设织造官，以太监充任，专掌织造彩缯，以供宫廷的服用与赏赐。农民、手工业工人都遭受惨重的剥削，怎么能不激起民变呢？现在先讲田赋，丘濬早在《大学衍义补》里说过：

> 考洪武中，天下夏税秋粮以石计者，总二千九百四十三万余，而浙江布政司二百七十五万二十余，苏州府二百八十万九千余，松江府一百二十万九千余，常州府五十五万二千余，是一藩三府之地，其民租比天下为重，其粮额比天下为多。……自宣德、正统以来，每择任有心计重臣巡抚其地，以司其岁入，盖以此地为朝廷国计所资故也。窃以苏州一府计之，以准其余，苏州一府七县，共垦田九万六千五百六顷，而居天下八百四十九万六千余顷田数之中，而出二百八十万九千石税粮于天下二千九百四十余万石岁额之内，其科征之重，民力之竭，可知也已。

苏州一府七县的垦田约当那时全国垦田的八十八分之一，而赋税竟居全国的十分之一，苏州的老百姓怎能负担得了！由欠租而逃亡，那便是常见的事。据陆世仪《苏松浮粮考》讲，苏州一府，宣德中，"逋赋至七百九十余万石，督使相继，终不能完"。农民完不起租，官吏则加紧追逼，追逼不已，农民只有逃之夭夭了。据顾炎武《日知录·苏松二府田赋之重》一则讲，"每里有逃去一半上下者"，这简直是官逼民反，一碰到足以引起群众义愤的事，如周顺昌的被逮，逆阉立时遭到沉重的反击，不是很自然的么！

苏、松、常、嘉、湖五郡土地肥沃，复得太湖的水利，农产丰盛，因而引起明王朝涎垂三尺，加重了这些地区的田赋，这只是一个方面。更重要的还有它的历史原因。元末，群雄并起，张士诚据苏州，常、松、嘉、湖都在他的辖境之内，朱元璋派兵争夺，士诚得地方人士的撑腰，朱军师老无功。后来费了九牛二虎之力，才把吴地削平。祝允明《野纪》："太祖愤其城（案指苏州城）久不下，恶民之附寇……故苏赋特重。"《续通考》也有类似的记载。明廷既极端仇视吴民，吴民自会有一定的反应，替周顺昌打不平，乃是旧仇新恨，一时并发，直接打击魏阉，间接打击朱明。

再讲织造，也就是说明廷掠取苏州丝和丝织品的情形。《苏州府志》（乾隆时修刻本）卷八谓："洪武初，夏税丝二十五万四千三百二两九钱三分三厘四毫八丝五忽。""弘治十六年，夏税丝三十二万八千四百六十两有奇。"每年又增加了苏州人民七万四千多两丝的负担。这还不算，宫廷衣着又责成苏州人民供应，而且供应量越来越大。从《明史·食货志》看，明初，苏杭织造，间行间止；后来变成固定的岁贡；更后则于定额之外，复加指派。英宗天顺四年(1460)强迫增造彩缎七千匹；武宗正德元年(1506)增造一万七千余匹；到了神宗万历年间(约在1600年左右)，派造达十五万匹。不仅如此，还要吹毛求疵，好中求好，不知耗费了多少人力物力。《苏州府志》卷十二纻丝下有云："织造府所制上供平花云蟒诸缎，尤极精巧，几夺天工。"绢下有云："织造府所制上供绢，另置机杼，三人连杼，有阔至二丈者。"一人花团锦簇，千万人劳瘁艰辛。派往苏州管织造的太监还节外生枝，苛索无已。孙隆、李寔先后都出过事，孙隆几乎被苏州人民打死。蒋瑞藻《小说考证续编》卷五引《花朝生笔记》云：

> 明万历辛丑，内监孙隆以织造至苏……六门设税吏，担负出入，必税泉数文，闾阎骚动。吴人葛诚(逸案诚或作成，或亦作贤，实为一人)激于义愤，以蕉扇招市人，杀其参随，隆走杭得免。……吴人义之，呼为"葛将军"，并作《万民安传奇》以张之。

钱氏《初学集》卷十有《葛将军歌》：

> 葛将军，万夫雄，我昔遇之娄水东。魋颜虎鼻眉目古，蕉扇飒拉吹秋蓬。死骨穿近五人冢，生魂啸动五两风。葛将军，今死矣，权奇俶傥谁与拟……

《明实录》里也记载这回事，说孙隆妄议每机一张，税银三钱，人情汹汹，葛贤乃率众包围织造衙门，缚税官五六人投之于河。在这事发生的早一年，凤阳巡抚李三才已感到剥削过甚，必将酿成事端，他上疏说："陛下为斯民主，不惟不衣之，而并其衣而夺之；不惟不食之，且并其食而夺之。征榷之使，急于心火；搜括之令，密如牛毛。"礼部尚书冯琦上疏更是说得露骨："夫以刺骨之穷，抱伤心之痛，一呼则易动，一动则难安。"他们早为朱明王朝敲起了警钟。"万历辛丑"，即明神宗万历二十九年，公元为1601年，葛诚的事，发生于周顺昌被逮二十五年之前，可见苏州人打击阉人、反抗明廷由来已久了。但葛诚死在颜佩韦、马文元等五人之后，晚年傍五人墓以居，这是义气相感的表征，也显示反阉、抗明的深刻。凡是大规模运动的形成，群众必有共同的矛盾未能得到解决，然后才会遇机触发。"外因是变化的条件，内因是变化的根据，外因通过内因而起作用。"周顺昌是个廉介正直的人，但在朝不过做了一个文选员外郎，本来就是闲曹，况且业已致仕退居林下。由于他的被逮，竟掀起苏州一场轰轰烈烈的反阉运动，若不跟苏州人反剥削、反压迫的积恨联系起来，便不能看出事情的本质。从写作来说，那就不能探源立论了。可是，张溥偏偏撇开根本性的和带有普遍性的问题不谈，而专门夸大封建士大夫个人的声望和他在社会上所起的影响、作用，这与实际情形是有很大出入的。列宁在《卡尔·马克思》一文里说过：

> 把唯物主义运用于社会现象，就消除了以往一切历史理论的两个主要缺点。第一，以往一切历史理论，至多是考察了人们历史活动的思想动机，而没有考究产生这些动机的原因，没有发现社会关系体系发展的客观规律性，没有看出物质生产发展程度是这种关系的根源；第二，过去的历史理论恰恰没有说明人民群众的活动，只有历史唯物主义才第一次使我们能以自然史的精确性去考察群众生活的社会条件以及这些条件的变更。

张溥在《五人墓碑记》里没能摆脱以往的历史理论的两个主要缺点，这是可以理解的。奇怪的是，至今还有人支持张溥的看法，他们唯一的依据是《明史·周顺昌传》，传里说："顺昌好为德于乡，有冤抑及郡中大利害，辄为有司陈说，以故士民德顺昌甚。及闻逮者至，众咸愤怒，号怨者塞道。至开读日，不期而集者数万人。"《明史》的这种形而上学的写法，同张溥走的是一条路。从时间来考虑，《明史》不会把错误观点带给张溥，张溥的不恰当议论倒能影响《明史》。我想，不论是万斯同，还是王鸿绪，或是张廷玉，当他们写到周顺昌的传，都少不得要拿《五人墓碑记》作为参考，所以，用《明史·周顺昌传》替张溥作辩解，只能加重张溥的文责，此外什么也捞不到的。对异常复杂的事件，不去研究分析，只见现象，不求本质，这不止是写作的方法问题，主要还是立场的问题。

明代中叶以后，江南地区的工商业和城市经济都有一定程度的发展和繁荣，市民因而日渐活跃，对政治不是全无所知了。张溥见不及此，还是抱着"士农工商"的老框格去品鉴人物。五位烈士都是苏州的市民，文中虽然颂扬他们的义烈行为，实际却仍缺乏应有的认识，如说："五人生于编伍之间，素不闻诗书之训，激昂大义，蹈死不顾，亦曷故哉？"又说："是以蓼洲周公忠义暴于朝廷，赠谥美显，荣于身后；而五人亦得以加其土封，列其姓名于大堤之上，凡四方之士，无有不过而拜且泣者，斯固百世之遇也。"言外之意，五人是因为附了骥尾才能得到士绅们的礼重，本身则愚昧无知，是微不足道的。由于作者的立场成问题，文中凡是对五人褒处，同时隐含贬意，显然是受了《曲礼》“礼不下庶人”的毒害的反映。张氏对这一巨大运动的主要起因，漫不经意，虽然笔酣墨饱，一唱三叹，只不过表面堂皇，终未能搔着痒处。由于有了阶级偏见，便看不到历史的真实，更不可能获得正确的结论，张溥的《五人墓碑记》恰恰为我们提供了例证。

现在谈它遭受误解的地方和应行注意之点。《五人墓碑记》对魏忠贤并没作较多的批评，对附魏的一群士大夫转而诛伐不遗余力，这是极易引起误会的，认为作者不知擒贼擒王，竟把枪口向着次要人物扫射。这是属于误解，我们有责任为张氏申辩。请看《明史·阉党传》：

> 明代阉官之祸酷矣，然非诸党人附丽之，羽翼之，张其势而助之攻，虐焰不若是其烈也。……庄烈帝之定逆案也，以其事付大学士韩爌等，因慨然太息曰：“忠贤不过一人耳，外廷诸臣附之，遂至于此！”

宦官之祸，汉、唐都闹得厉害，但还不像明代的猖獗，明代宦官又以魏忠贤为罪大恶极。可是，魏忠贤目不识丁，坏主意皆出于依附他的士大夫所谋画，如顾秉谦、崔呈秀、王绍徽、霍维华、阮大铖等人，都是著名的为虎作伥者。所谓阉党，其绝大部分的人是出卖灵魂的士大夫。魏忠贤利用他们，他们也利用魏忠贤，同恶相济，狼狈为奸。许多阴谋诡计都是他们想的，许多灭绝人性的事情都是他们干的，不过要得到魏忠贤的认可而已。我这样讲，并无为魏忠贤谋求开脱之意。即张氏原文对魏忠贤的态度也是严肃的，只是着墨不多罢了。贬词的轻重与所占篇幅的长短不是绝对要保持什么比例的。魏忠贤穷凶极恶，人所共知，毋庸多说。倒是幕后的那班牛鬼蛇神，兴风作浪，对他们进行无情地揭露，才能使人彻底明白真相。张溥在《五人墓碑记》中挖苦他们，还不是理所当然！举例来说吧，阉党的顾秉谦、崔呈秀，他们都是万历年间的进士，后来都以谄附魏忠贤入参机务，一个做到礼部尚书，一个做到兵部尚书兼左都御史。魏忠贤失败，秉谦家被乡人焚毁，由昆山乘渔船逃到太仓，又遭太仓士民驱逐。忠贤既死，呈秀自知不免，“列姬妾，罗诸奇珍异宝，呼酒痛饮，尽一卮则掷坏之”（见本传）。《五人墓碑记》中所写的“今之高爵显位，一旦抵罪，或脱身以逃，不能容于远近；而又有剪发杜门，佯狂不知所之者”，都是实有所指，并不是在空发议论。这是应加说明的一点。

还有涉及用字遣辞方面的争论。文中有这几句:“夫五人之死,去今之墓而葬焉,其为时止十有一月耳。夫十有一月之中……”有人以为两“夫”字用得太靠近,嫌碰头,不免为文章的瑕疵。鄙意以为两“夫”字为用不同:第一“夫”字是发语辞;第二“夫”字应作“此”解、“这”解,“夫十有一月之中”,就是“这十一个月里”。《论语》“夫人不言”,《左传》“微夫人之力不及此”,两“夫人”皆作“这人”讲。《礼记·祭义》:“忌日不用,非不祥也,言‘夫日’志有所至,而不敢尽其私也。”注:“亲以此日亡,其哀心如丧时。”陈澔《集说》:“夫日,犹此日也。”第二个“夫”字作“这”讲,扣定上句“其为时止十有一月耳”,倍见紧凑有力,与第一个“夫”字的用法显然是两样。文中又有这样几句:“慷慨得志之徒,其疾病而死,死而湮没不足道者亦已众矣。”慷慨在此属贬词,与通常用以显示意气激昂,或表示毫无吝啬者,迥然有别。因此,也有人感到怀疑。案陶潜《拟古诗》有云:“古来功名士,慷慨争此场。”慷慨,有热中功名的意思,与本文的用法是相似的。这是应加说明的又一点。

《五人墓碑记》一文,充满激情,词语峻厉,这与作者当时的政治倾向是分不开的。周顺昌是东林党的成员之一,王绍徽在《东林点将录》里称他为“天究星没遮拦”,是以《水浒》中的穆弘相比拟的。张溥是应社的倡导人,是复社的领袖。应社是复社的主要组成部分,复社是继承东林的。《明亡述略》:“顾泾阳、高景逸讲学东林,海内士大夫多从之游,故魏忠贤诬为东林党;而复社则杨维斗、张天如倡之,以踵东林者也。”杨维斗就是杨廷枢,《明史·徐汧传》:“周顺昌被逮,缇骑横索钱,汧与廷枢敛财经理之。当是时,汧、廷枢名闻天下。”徐、杨都是应社、复社的主要成员,所以张氏在记中说:“吾社之行为士先者,为之声义敛赀财以送其行,哭声震动天地。”在篇末又说:“予与同社诸君子哀斯墓之徒有其石也,而为之记。”文中的激情绝不是无缘而至的。再明代散文主要分秦汉、唐宋两派,张溥是倾向秦汉派的,观其所辑《汉魏六朝百三名家集》可知,他在这书的叙文说自己是“嗜秦汉文字”。《五人墓碑记》夹叙夹议,并且唱叹之笔特多,参看《史记》的《伯夷列传》和《游侠列传》,便可领会其间的关系。但这篇在《七录斋集》中为别调。张氏实近魏晋。名为秦汉,只是就一代风气而言,大同之中,仍有小异,文学史常会有这样的现象出现,并不奇怪。涉及文情和流派的问题,不打算多谈了。

(原刊于《扬州师院学报[社科版]》1978 年第 3 期)

建国三十周年有作

“世”缘三十构成字(许慎解说“世”字:三十年为一世,从卅而曳长之),三十人生入壮年。“必世后仁”词义重,“三十而立”志行坚(“必世而后仁”,“三十而立”,均见《论语》)。“中国人民今站起”,韶山宣告震乾坤。弹指光阴惊卅载,绕梁犹似在耳边。四化宏图怀总理,施为展布看今天。华岳擎天光禹甸,邓芝宏毅荷仔肩。皤然一老钦叶适,助力万机邺侯贤(唐李泌以功封“邺侯”)。老成谋国群依仰,如泉始达火始然(《孟子》:“若火之始然[燃],泉之始达。”)。炎黄裔胄多聪慧,造福人间贵领先。躬逢盛节情欢畅,羸散也思猛着鞭。

(原刊于《扬州师院学报[社科版]》1979 年第 4 期)

《李白与杜甫》一书读后

郭沫若同志的《李白与杜甫》，是一部探讨古籍的作品，为研究古典文学树立了良好的范例。

我对这部书仅是粗略地看了两遍，还说不上有什么心得。但它给我的印象却是很深的，现在谈谈我的一些感想。

先谈应行取法的几点：

本书开宗明义第一章便标明我国大诗人"李白出生于中亚碎叶"，并以足够的史料证成其说，意义深远，已有不少的作家加以阐发，我就不再重复了。

本书自始至终用阶级观点评人论事，如谓杜甫是地主家庭，李白是商人家庭，因此，他们同情人民都是有一定限度的，有时甚至还是反动的。就谈杜甫吧，唐代宗广德元年，杜甫在梓州写了《喜雨》诗，有句云："安得鞭雷公，滂沱洗吴越。"自注："时闻浙右多盗贼。"他所谓盗贼，是指当时以袁晁为首的农民起义军。晁有众二十万，纵横浙赣，李光弼派其部将张伯仪硬把起义军镇压下去，对杜甫来说，正中下怀，他本想用大雨洗净吴越，也就是想把农民起义军一个不留地杀光。这是什么立场？文艺界有不少知名人士惯把"人民诗人"的头衔送给杜甫，显然是轻率的。郭老站在无产阶级的立场，对杜甫反人民的一面既进行揭露，同时对某些人对历史人物所作出的不确当的估价也给以批评，在原则问题上绝不让步，这是我们应行取法的一点。

郭老对李杜两家的作品钻研得很深很细，并参考很多有关的资料，所以才能旁征博引，左右逢源，解决了好些从来未得其解的问题。如李白《上安州裴长史书》，中有"白本家金陵"一语，李白祖居西北，为什么说"本家金陵"呢？有的注释家认为必有误字，有的谓金陵为"金城"之论。金城是现在的兰州，从未闻李白是兰州人。千余年来，一直当着悬案搁在那里。郭书一出，情况不同了。郭说："书（指《上安州裴长史书》）中所说金陵是指李暠在西凉所设的建康郡，地在酒泉与张掖之间。其所以命名建康，有意表示对于东晋首都的眷念。东晋都建康，别号金陵，故李白对于西凉之建康亦称之为金陵而已。”情节虽然曲折，道理却极显明。问题到此，可谓涣然冰释，怡然理顺，千载悬案，一朝宣告解决了。又如李白《南奔书怀》诗，中有句云：“秦赵兴天兵，茫茫九州乱。”这里的秦赵二字，旧注虽多，从未得到确解。郭说：“今案《史记·赵世家》云，‘赵之先与秦共祖’。中衍之后飞廉有子二人：一曰恶来，其后为秦；一曰季胜，其后为赵。故秦与赵乃兄弟之国。秦自指肃宗集团，赵则喻永王军势。”李亨、李璘兄弟火并，竟把外寇丢在一边，李白是多么痛心，所以不禁有“秦赵兴天兵，茫茫九州乱”之叹！旧注对“秦赵”二字，或不加诠释，纵然有注解，也是迹近猜谜，不足以服人。郭注一出，人无异言了。要探讨古籍，先得读通古籍，然后才能去糟取精，接受遗产中真正有用的东西。从今天来讲，要探讨古籍，就先得攻克文字关，扫清拦路虎。否则，便无从下手。既要多读多看，又要善找窍门。囫囵吞枣，望文生义，不行；全无佐证，乱贴标签，也不行。做学问容不得半点假，纯是攻坚战，不使尽平生之力，是难以取胜的。郭老这部书之所以卓越，一方面是由于读书多，有坚实的基础；另一方面是善于思维、善于分析。这是我们应行取法的又一点。

此书可供学习的地方还多，暂谈这几点。下面想谈谈我个人读本书所存在的一些疑点，好与同志们进行商量。

李白有《为宋中丞祭九江文》，郭说：“祭九江，其实就是祭长江。”“长江何以又称九江?”“我揣想，应该是指长江上游的九条大支流，即泯江、大渡河、金沙江、沱江、嘉陵江、黔江、湘江、汉水、赣江。是这样的九条大水综合成为长江，故长江又称为九江。”九江是长江中游的一段，祭长江而称为祭九江，以特称为全称，从逻辑学来讲，可能算是犯错误的；但从文学的惯例讲，也可以通权运用的。问题倒是在九江是否就是郭老所说的那九条大水！《史记·河渠书》：“太史公曰，余南登庐山，观禹疏九江。”司马迁已为我们指出九江所在的地带，离开庐山总是不会过远的。毛主席《登庐山》诗的颈联：“云横九派浮黄鹤，浪下三吴起白烟。”诗意以九江（指九江市）而上，至于江汉之间，云气横空，遥想黄鹤楼头的黄鹤正在云端翱翔。浮想联翩，诗情纵溢，既富有浪漫性，也包含了写实，下句是向东望的，上句是向西看的。这就更为我们圈定了九江所在的范围。《禹贡》：“江汉朝宗于海，九江孔殷。”大江出峡以后，洞庭湖以湘、资、沅、澧诸水来汇，汉水又合淅川、唐河等水入注，以此江流汹涌，乃分九派以杀其势，至桑落洲复合而东注于海。“孔”是甚,“殷”是盛,江流浩瀚,分为九派,水势犹盛,可见分九江以疏导,乃是出于不得已而为之。这与黄河在中游播为九河是一样的道理。九河就是徒骇、太史、马颊、覆釜、胡苏、简、洁、钩盘、鬲津,现在这九条水多半湮废了。九江之名也是有记载的,张须元《缘江图说》:“一三里江,二五州江,三嘉靡江,四乌土江,五白蚌江,六白乌江,七箘江,八沙提江,九廪江。九江参差,随水长短。始于鄂陵,终于江口,会于桑落洲。”桑落洲在今九江市东北与安徽宿松县西南大江中,当日九江于此合流,分流始于鄂境,与主席诗意所言之地望极为吻合。郭璞《江赋》“流九派乎浔阳”是确有所据的。写作贵乎有些想象力,但要划好确切的范围,如其超越应有的范围去想象,那就不易得出可信的结论。这是我所怀疑的第一点。

解诗既不容轻率从事,也不宜刻意求深,求深不已,必将导致穿凿。“新松恨不高千尺,恶竹应须斩万竿。”这是杜甫由梓州将赴成都草堂的诗句。郭老作了解说:“新松指有品格的士大夫,恶竹指多逾牛毛的外寇或是盗贼。”不知有无根据?鄙意最好以杜证杜,以杜解杜,这样做,容易得出真相。杜甫初营草堂,除筑室外,曾托人分觅各种花木,集中有《肖八明府实处觅桃栽》《从韦二明府续处觅绵竹》《凭何十一少府邕觅桤木栽》《凭韦少府班觅松树子栽》《诣徐卿觅果栽》诸诗可证。于觅松尤为致意:“欲存老盖千年意,为觅霜根数寸栽。”后来松树只存活四株,集中有《四松》诗:“四松初移时,大抵三尺强。别来忽三载,离立如人长。”经历了几年,才同人体一样高,宜乎有“新松恨不高千尺”之叹。竹的情况便不是这样,滋生极易,《营屋》:“我有阴江竹,能令朱夏寒。……爱惜已六载,兹晨去千竿。萧萧见白日,汹汹开奔湍。”《草堂》:“入门四松在,步屧万竹疏。”疏,扶疏,谓枝叶繁茂。竹多,隐天蔽日,近则户牖昏暗,远则遮蔽江光,一经砍伐,顿然清朗,江流呈现眼前,所以有“恶竹应须斩万竿”之句。本自明白,何事别求!黄山谷曾说过这样的话:“于所遇林泉人物,草木鱼虫,以为物物皆有所托,如世间商度隐语,则诗委地矣。”这段话很值得玩味。这是我所怀疑的第二点。

李杜二人,新旧《唐书》皆有传。旧书杜甫传以大量篇幅录元稹褒杜贬李的空论,剪裁既不匀称,且有左袒之嫌。新书虽亦向杜,但结语谓:“昌黎韩愈于文章慎许可,至歌诗独推曰‘李杜文章在,光焰万丈长’,诚可信云。”态度是比较公允的。李、杜各有优长,用绘事来打比,李精工山水,杜擅长人物,各极其致。李诗多得天趣,杜作深谙世情;李独标超逸,杜自负沉雄,各有千秋，难定高下。至于沾染封建士大夫的陋习，两人均未能免，只有轻重之殊，并非有无之别。元稹褒杜贬李，本书扬李抑杜，致成两个极端。评李时露维护之情，论杜常用尖刻之语，甚而流于谩骂。杜甫给韦济的诗："老骥思千里，饥鹰待一呼。"郭老下按语说："虽然在以鹰骥自拟，其实是比于禽兽。"这就太令人有金刚怒目之感了！曹孟德"老骥伏枥，志在千里"用以喻"烈士暮年，壮心未已"。从来没听到有人指责他以兽自况。《诗·大雅·大明》："维师尚父，时维鹰扬。"人们只感到诗人是在歌颂吕尚的威武，并不意味着是在以禽拟人。看来，作者对于杜甫似乎怀有成见，心有忿懥，因而口不择言，辞流偏宕。这是我所怀疑的第三点。

疑点的产生，未必都是本书带来的，或许有的是由于我阅读不够细心，领会不够深刻所致，还请大家讨论。

此外，还有一些琐细问题：(一) 李白的儿子名伯禽，范传正作的墓文里是这样说的，李白自己也是这样说的(见《送萧三十一之鲁中兼问稚子伯禽》和《寄东鲁二稚子》)，郭老于此竟提出疑问："伯禽本是西周初年周公旦的长子鲁公的名号，李白何至以古人的名字来名自己的幼儿?"我看，这是不成问题的问题：战国有蔺相如，西汉有司马相如；东汉有张纲，南宋有李纲；晋有张载，宋也有张载。南朝萧子显曾作过统计，历史上有九张良、五韩信、四王敦。至于异姓同名，那就更用不到大惊小怪了。(二) 李白《戏赠杜甫》："饭颗山头逢杜甫，顶戴笠子日卓午。借问别来太瘦生？总为从前作诗苦。"郭老说："'别来太瘦生'是李白发问，'总为从前作诗苦"是杜甫的回答。"这样一来，便不是李白戏赠杜甫，而变成杜甫自嘲了。同时，这首也不是单纯的绝句诗，而成了二人的联句了。李思敏捷，杜惯沉吟，成诗有迟速，这是事实。李是个豪爽的人，同老朋友开开玩笑，这是极其寻常的事，决不会就因此贬价。郭老诚恐有损于李白，乃曲意辩解，一则曰，"戏"字是后人误加的；再则曰，末句是杜甫自答的。这许多圈子本来是可以不兜的。(三) 杜审言的儿子杜并，年十三，手刃仇家于宴席之上，新旧《唐书》说法是一致的。本书独作"十六岁"，不知有无别据？类似这样的地方还有，因为无关宏旨，所以就略而不再谈了。

1972 年 11 月于扬州

(原刊于《扬州师院学报[社科版]》1980 年第 2 期)

谈韦尔斯《世界史纲》中涉及中国之几点

英人韦尔斯《世界史纲》一书，号称名著，久已风行宇内，我国亦早有译本。间事披览，觉其所写中国史事，有异于平昔之所闻者，姑举数端，用供商榷。

六十九叶（据商务印书馆印行之汉译第三版）："纪元前一五〇〇年前，世界上惟印度、缅甸林中有鸡……按之史乘，纪前一一〇〇年乃至中国。"公元前一千一百年当周成王十六年，似溯说较晚。《尚书·牧誓》："古人有言，牝鸡无晨；牝鸡之晨，惟家之索。"周武王军于牧野，临战誓众，引此以斥纣之宠信妲己。其称"古人有言"，则中国之有鸡，其来旧矣。《六韬》："西伯拘羑里，散宜生求鸡斯之乘，以献商纣，得免其难。"又申说马之得名曰："文身朱鬣，眼若黄金，项若鸡尾，名曰鸡斯之乘。"以鸡拟马名，则尔时之有鸡可知。《周礼·春官》："鸡人掌共鸡牲，辨其物。大祭祀夜嘑旦以嘂百官。"郑注："物，谓毛色也。辨之者，阳祀用骍，阴祀用黝。"周人既以鸡为祭品，复用以报时。司尊彝更有"祼用鸡彝鸟彝"之语。注："鸡彝鸟彝，谓刻而画之为鸡凤皇之形。"则并以鸡为器物上之图案。鸡之为用既广，则中土之有鸡，当非一朝一夕。甲骨文出土，鸡字亦屡见（原文编者按：原稿中有五个甲骨文例，因制版困难略去，读者可阅《殷虚书契前编》卷一第三十六叶，第三十七叶，卷四第四十三叶，卷七第二十三叶）。或疑《六韬》乃后人依托，非吕尚作；《周礼》书亦晚出，未可尽信。然据贞卜文字以定殷商之有鸡，此则千真万确，不容置疑者也。又《礼记·明堂位》："灌尊，夏后氏以鸡夷。"注："夷读为彝。"是鸡夷即鸡彝也。斯言若信，则夏已有鸡，甚或夏以前即有之。共和以前，历数难稽，依近人推测，夏之初叶，约当公元前二千二百年，先于韦氏所认为世界上最初有鸡之时已七百年，更先于韦氏所认为中国最初有鸡之时千余载矣。

一百二十五叶："铁不知何时输入中国，然约在纪元前五百年，以铁铸兵器之法始盛行，盖后于亚述、埃及、欧洲用铁器者已二三百年矣。铁之输入中国，或北部匈奴为之媒介也。"窃以为中国之有铁，在夏之初；用制农具，似在商之中叶。今人考论古代器物之质;或谓三代纯属铜器时代;或谓商为铜器时代。亦有谓为新石器时代者;或谓周为青铜器时代,亦有谓为铁器时代者。议论纷纭,莫衷一是。欲论定此事,须先明二义:(一)器用新旧之更替,类分三期:一曰创造期,二曰试用期,三曰通用期。创造只限于先知先觉之一二人,试用仍属少数人,至通用期则多数采用矣。惟新器已通行,而旧器往往仍沿用不废。世已入铁器时代,而部分社会用铜灯铜锅石椎石磙自若,未可即目为铜器时代或石器时代也。(二)迷信古籍,抹杀出土之实物,固属不可;胶执出土之实物,而尽斥古籍为不足据,亦属非是。书有真伪,疑所当疑,信其可信,不宜师心自用,厚诬古人,转而自罔也。此节论铁,姑舍石器铜器不论。《禹贡》谓梁州"贡璆铁银镂砮磬"。不惟有铁,且有镂,镂坚于铁,可以刻镂。世有疑《禹贡》者,《禹贡》诚非当日作品,然其内容亦必有所依据。王国维曰:"虞夏书中,如《尧典》《皋陶谟》《禹贡》《甘誓》,文字稍平易简洁,或系后世重编,然至少亦必为周初人所作。"又曰:"近世知孔安国本《尚书》之伪,乃并尧舜禹之人物而亦疑之。其于怀疑之态度及批评之精神,不无可取;然惜于古史材料,未尝为充分之处理也。"(《古史新证总论》)持论允洽,吾人当奉为准绳。《史记·周本纪》载武王以黄钺斩纣首,以玄钺斩纣之嬖妾首。裴骃《集解》:"司马法曰:'夏执玄钺。'宋均曰:'玄钺用铁不磨砺。'"崔豹《古今注》:"金斧,黄钺也;铁斧,玄钺也;三代通用之断斩。"案玄元通,黑也。《说文》:"铁,黑金也。"司马法之所谓"夏执玄钺",与古今注之所谓"三代通用",词意虽稍有出入,然证明夏代以铁铸兵则一。周室之兴,缘于农业,后稷、公刘,皆其祖也,而公刘之关系尤巨。司马迁有言:"公刘复修后稷之业,务耕种,行地宜,行者有资,居者有积,百姓怀之,多徙而保归焉。周道之兴自此始,故诗人歌乐思其德(略见《周本纪》)。"《诗·大雅·公刘》:"笃公刘……取厉取锻。"毛传:"锻,石也。"孔颖达《正义》:"锻者,冶铁之名,非石也。"《说文》:"锻,小冶也。"《广韵》:"锻,打铁也。"故朱晦庵诗注,直训为铁矣。窃以为公刘于农业上之最大贡献,在以铁造田器,使民得深耕易耨。公刘似非本名,疑为诗人归美之词,后世相沿未改。刘,古多训杀,有锋锐之意,彼为发明快利农具之人,故谥之曰公刘,犹称发明巢居者为有巢氏,发明火食者为燧人氏也。桓宽《盐铁论·水旱篇》:"农,天下之大业也;铁器,民之大用也;器用便利,用力少而得作多,农夫乐事劝功。"于此见铁之有助于农事为何如!《孟子》:"许子以釜甑爨,以铁耕乎?曰,然。"从孟子、陈相问答之辞气中，足窥战国使用铁犁，已成普遍现象，而创始则公刘也。公刘至文王，计十二世，姑以一世作三十年计，合三百六十载。商有天下，六百余岁，故曰，以铁为田器，始于殷之中叶也。至周，铁之为用益广，鉴别矿苗之法于焉渐兴。《管子·地数篇》："出铜之山，四百六十七山；出铁之山，三千六百九山；弋矛之所发，刀币之所起也。"又引伯高对黄帝之言曰："上有丹砂者，下有黄金；上有慈石者，下有铜金；上有陵石者，下有铅锡赤铜；上有赭者，下有铁。"语纵不出伯高，管子时必有相传之说。铁在周代已引起一般之注意，殆无疑问。《周礼》有矿人，可案也。韦氏以欧洲在公元前一千年为铁器时代之开始（见八十四叶附表），谓中国用铁又视欧洲为晚。不知周武王用玄钺，已为公元前一千一百余年之事；公刘之用铁铸田器，更先于武王三四百年；若据《禹贡》而论，则为时益远矣。其称铁之输入中国，或以匈奴为媒介，本作疑词，自可不论。

一百五十九叶："汉高祖未尝采用始皇之轻儒政策。"兹但征引《史记》数节，便知所言全非事实。

"郦食其闻沛公将兵略地陈留郊，沛公麾下骑士，适郦生里中子也。沛公时时问邑中贤士豪杰。骑士归，郦生见，谓之曰：'吾闻沛公慢而易人，多大节，此真吾所愿从游，莫为我先。若见沛公，谓曰：臣里中有郦生，年六十余，长八尺，人皆谓之狂生，自谓我非狂生。'骑士曰：'沛公不好儒，诸生冠儒冠来者，沛公辄解其冠，溲溺其中。与人言，常大骂，未可以儒生说也。"（《郦食其传》）

"陆生时时前说称诗书，高帝骂之曰：'乃公居马上而得之，安事诗书！'陆生曰：'居马上得之，宁可以马上治之乎？且汤武逆取而以顺守之，文武并用，长久之术也。……乡使秦已并天下，行仁义，法先圣，陛下安得而有之！'高帝不怿而有惭色。"（《陆贾传》）

"叔孙通儒服，汉王憎之。乃变其服，服短衣，楚制，汉王喜。"（《叔孙通传》）

汉高赋性疏狂，未尝学问，儒术迂阔，更非所好，三五文臣，虽加延揽，中心实未引为同调。间事揄扬，亦不过用人之权术耳。且张良、陈平实近道家，萧何原属刀笔吏，俱非习儒说者。若叔孙通与时俯仰，屈志从人，斯又儒家所羞道者矣。秦禁藏书，为世诟谇，终汉高在位之年，暴令未尝废也（至惠帝四年，始除挟书之禁）。惠帝日浅，文帝信黄老，景帝尚申韩，至武帝始广求天下遗书，立博士。用董仲舒之言，罢黜百家，专崇儒术，后此二千年中国之政教，鲜有逾越，人事上纵有纷更，施政精神，大体未变也。然与汉高何预焉！因汉高之灭秦，便谓汉高所行者，为反秦轻儒之策，此种粗疏之推断，治史者所大忌也。

四百八十四叶："中国开始用茶，在纪元后第六世纪间。"第六世纪主要当梁、陈两代。张华《博物志》论"食忌"，已有"饮真茶，令人少眠"之语。《尔雅·释木》："槚，苦荼。"郭璞注："今呼早采者为荼，晚取者为茗，一名荈，蜀人名之苦荼。"张、郭同为晋人，虽一作茶，一作荼，而实为一物，可证尔时业已用茶。郝懿行《尔雅义疏》："今茶字古作荼，至唐陆羽著《茶经》，始减一画作茶，今则知茶不知荼矣。"愚案《汉书》已有茶字，不始于《茶经》也。《汉书·王子侯表》虽作"荼陵节圻侯"，然《地理志》长沙国辖县下则作"茶陵"。文字缘于应用而生，必汉时已有用茶者，而后始有此字。班氏著书，乃随俗采用。彼固深明小学之人，岂有任情增减点画耶！如是，则中国之开始用茶，当较韦氏所说早数世纪矣。

四百九十八叶："唐太宗欲请此渊博之佛教徒（指玄奘）用其梵文智识将老子之书译出，以惠印度之学者。盖太宗之意，以为不如是不足以报印度，而使各宗教根本上之佳处交相为利也。"谓太宗命玄奘译《老子》，意在以此酬印度文化之惠我，殊未洞达此事之窍要也。唐承魏晋南北朝重视门阀之习，而皇族自身则出诸外族，观其上世李初古拔李买得，及高祖母独孤氏，太宗母纥豆陵氏，高宗母长孙氏，胡名胡姓，初未尽掩（详见陈寅恪《唐代政治史述论稿》）。既以是自惭，复恐中外之离心，于是假托李耳为其先世。李石《续博物志》："武德三年，晋州人吉善行于羊角山见白衣父老，呼善行曰：'为吾语唐天子，吾为老君，即汝祖也'。高祖因立庙。高宗追尊玄元皇帝。明皇亲注《老子》，令学者习之。两京及诸州各置玄元皇帝庙，京师号玄元宫，诸州号紫极宫。寻改西京为太清宫，东京为太微宫，皆置学生。"《玄奘传》："贞观十一年，有敕曰：'老子是朕祖宗，名位称号，宜在佛先。'时普光寺大德法常、总持寺大德普应等数百人于朝堂陈诤，未蒙改正。"是则唐初数君，冒认老子为始祖，欲以掩饰其外来族氏之迹，为一贯作风；而太宗持之尤力，观其敕语坚劲可知。其使玄奘以梵文译《老子》，直欲压倒释迦，且令远人知大唐天子为高华之裔胄也。历史上往往一平淡之事，而具极繁杂之背景，此其一端矣。

一百四十一叶："口出气而为言"，此论中国文字之缔构者。案"言"当作

“曰”，盖“言”，从口，䇂声，于六书为形声；“曰”，小篆作曰，从口，乚象口气出，于六书为指事。必改言为曰，方能与字体之组织相符。此书第十六章系专论“文字”，故略予校核，非好为苛细也。

刺刺不修，忽已六则，得暇细检，可议或不仅此。虽然，世界史之作，艰巨之任也，时既绵邈，地复辽阔，以有涯之生，述无穷之事，欲求铢两悉称，巨细靡遗，虽有贤豪，亦将逊谢。韦氏为赫胥黎之高足，学有所本，胸襟豁达，意不犹人，诚有粗疏纰缪之嫌，然亦颇具大刀阔斧之象，倡导进化，期臻大同，自有其不朽者在，倘所谓小疵而大醇者欤？

（原刊于《教学与进修》1982年第2期）

经今古文学之争，系学术问题抑政治问题[①]

荀悦云：“仲尼作经，本一而已，古、今文不同，而皆自谓真本经。古、今先师（谓说经者），义一而已，异家别说不同，而皆自谓真本说。仲尼邈而靡质，昔先师而无闻，将谁使析之者？……一源十流，天水违行，而讼者纷如也。”（见《申鉴·时事篇》）荀氏生于汉末，亲见今、古两家互相攻讦，势同水火，故慨乎言之也。然荀氏于今、古两派源头未能全部探明，盖彼误以孔子统摄古、今，竟不知古宗周公，孔子仅为今文家所专主耳。昔人论学，往往周、孔并举，但周自为周，孔自为孔，二者诚有交光互映之处，但各具特点，不宜混同。周公制礼作乐，为周初创建文化之伟人；孔子删定修赞，为周末整理经籍之巨擘。周、孔皆有功于文化，而施为不尽相同。古者政教合一，周公以摄政之尊，其说为官学；孔子以布衣述作，专恃门徒流播，其说为私学。及至于汉，武帝所立五经博士，皆今文也，于是私学变为官学；而周之所谓官学，西汉仅流传于民间，以其与今文异趣也，转而降为私学，汉与周适成倒置。周之官学，汉古文家之前身也；周之私学，汉今文家之大本也。源头不同，流派各异，相互竞立，歧中有歧。何休解《公羊》，斥治古学为俗儒；杜预注《左传》，谓仲尼从周公之志。既存门户之见，难免不高下随心。司马子长既闻经义于董仲舒，复从孔安国问故，兼通今、古两家之说。曾云：“不离古文者近是。”又云：“孔子布衣传十余世，学者宗之。自天子、王、侯，中国言六艺者，皆折中于夫子。”持论前后颇不一致，盖其时，其势使之然也。汉武当位，学术定于一尊，太史执笔，岂容与政令相左！洞明真相，则不惑于字、词间矣。

西汉为今文全盛时期，哀帝时，刘歆请立《毛诗》《逸礼》《古文尚书》及《左氏春秋》于学官，博士诸儒悉反其议，盖歆所欲立之书，皆古文也。歆移书责让太常博士，辞极峻切，拥护今文之光禄大夫龚胜忿而以去就争，大司空师丹奏

---

① 文集编者按：本文内容即《南谷类稿》中《经今古文学述评》之第三章，因其曾以单篇论文刊行，故单列。

歆“改乱旧章，非毁先帝所立”，情势汹汹，歆乃自请外补。歆为汉之宗室，王莽崇信古文，歆不惜屈身事之，为其国师，受封为嘉信公。歆虽位高势盛，公孙禄指歆“颠倒《五经》，毁灭师法”，请诛之以谢天下。可见今、古相争之剧烈矣！东汉以后，虽维持今文传统，然古文浸盛，势已不可遏抑。光武时，尚书令韩歆奏请为《费氏易》《左氏春秋》立博士，诏下其议，博士范升对曰：“《左氏》不祖于孔子而出于丘明，师徒相传又无其人，且非先帝所存，无因得立。”与韩歆及太中大夫许淑等互相辩难，日中乃罢。升又奏《左氏》之失凡十四事，陈元又与升争论。光武卒立《左氏》学，以李封为博士，公卿哗然。会封死，《左氏》复废。章帝时，贾逵条奏《左氏》之长，而李育作难《左氏》四十一事，旋又争辩于白虎观。桓灵之际，何休著《春秋公羊解诂》，复作《公羊墨守》《左氏膏肓》《谷梁废疾》，申《公羊》而难二传，郑玄作《发墨守》《针膏肓》《起废疾》以批驳之。今、古之争，断断未已，此汉代学术史上长期难解决之公案也。

学术聚讼，往往牵连政治。汉当立国之初，与儒殊为疏远，高祖恶见着儒服者，甚且抛儒冠而溺之。叔孙通与鲁儒生为订朝仪，殿廷秩序赖以稍定，其后，高祖以太牢祀孔子。惠帝主政日浅，文帝好黄老，景帝尚申韩，武帝任法，而常引经训以资点缀，立《五经》博士，大扬儒风。非有癖好，盖鉴于汉家往事，迫之使然也。景帝之世，七国为乱，一度有分崩离析、藩属割据之忧，而《春秋公羊传》开宗明义即讲“大一统”；匈奴久为边患，既有白登之围，复有谩后之书，《公羊》讲“复九世之仇”。斯皆触动武帝心事，而《公羊》遂成汉室佐治之工具矣。《公羊》乃今文最特出之书也，汉惯以《公羊》折狱，喜以经义饰吏治，有背其道者，非所能忍也。河间献王刘德，与武帝为兄弟行，而论学则与武帝异趣，独好古文经传。《汉书·景十三王传》记河间云：

> 修学好古，实事求是。从民得善书，必为好写与之，留其真，加金帛赐以招之。由是四方道术之人不远千里，或有先祖旧书，多奉以奏(进也)献王者，故得书多，与汉朝等。是时，淮南王安亦好书，所招致率多浮辩。献王所得书皆古文先秦旧书，《周官》《尚书》《礼》《礼记》《孟子》《老子》之属，皆经传说记，七十子之徒所论。其学举六艺，立《毛氏诗》《左氏春秋》博士。修礼乐，被服儒术，造次必于儒者。山东诸儒多从而游。武帝时，献王来朝，献礼乐，对三雍宫及诏策所问三十余事。其对推道术而言，得事之中，文约指明。

“得书多，与汉朝等”，又“所得皆古文先秦旧书”，复以区区藩国，竟为《毛诗》《左氏传》立博士，显然贰于朝廷矣。杜业，西汉人也，曾云：

> 河间献王经术通明，积德累行，天下雄俊众儒皆归之。孝武帝时，献王朝，被服造次必于仁义。问以五策，献王辄对无穷，孝武帝艴然难之，谓献王曰：“汤以七十里，文王百里，王其勉之！”王知其意，归即纵酒听乐，因以终焉。（见王先谦《汉书补注》引）

二人以骨肉之亲，徒以今、古之好恶不同，武帝横生疑忌，竟置河间于死地，此岂仅学术之争，实乃政治上之迫害也。

西汉今、古之争，今文居压倒之势，东汉今、古之争，呈平分之局，异军苍头特起，则有谶纬，以谶说经，经学蒙羞矣。古之方士，权奇自憙，所言虽不中绳墨，而他家或有取焉。方士渗入道家而符箓出，渗入儒家而谶纬出。“纬”与“经”对文，说者谓有经必有纬，于是因有六经六纬之名。《庄子·天道》：“于是翻十二经以说。”陆氏《释文》：“《诗》《书》《易》《礼》《乐》《春秋》六经加六纬，合为十二经也。”谶近预言，其起又晚于纬。汉自哀平以后，谶纬渐行，经师或加征引。光武中兴，曾借谶力，因亦笃信不疑，名谶纬为内学，六经为外学，不惟喧宾夺主，抑且后来居上。《后汉书·郑兴传》：“帝尝问兴郊祀事，曰：‘吾欲谶断之，何如？’兴对曰：‘臣不为谶。’帝怒曰：‘卿之不欲谶，非之邪？’兴惶恐曰：‘臣于书有所未学，而无所非也。’帝意乃解。”同书《儒林传》：“帝以敏（尹敏）博通经记，令校图谶……敏对曰：‘谶书非圣人所作，其中多近鄙别字，颇类世俗之辞，恐疑（原文如此）误后生。’帝不纳。敏因其阙文增之曰：‘君无口，为汉辅。’帝见而怪之，召敏问其故。敏对曰：‘臣见前人增损图书，敢不自量，窃幸万一！’帝深非之，虽竟不罪，而亦以此沉滞。”同书《桓谭传》：“是时帝方信谶，多以决定嫌疑……谭复上疏曰：‘……今诸巧慧小才伎数之人，增益图书，矫称谶记，以欺惑贪邪，诖误人主，焉可不抑远之哉！……其事虽有时合，譬犹卜数奇偶之类。陛下宜垂明听，发圣意，屏群小之曲说，述《五经》之正义，略雷同之俗语，详通人之雅谋……’帝省奏，愈不悦。其后有诏会议灵台处所，帝谓谭曰：‘吾欲谶决之，何如？’谭默然良久，曰：‘臣不读谶。’帝问其故，谭复极言谶之非经。帝大怒曰：‘桓谭非圣无法，将下斩之。’谭叩首流血，良久乃得解。出为六安郡丞，意忽忽不乐，道病卒。”综观以上三节，知光武迷惑谶记为何如！郑兴议谶而仅免，尹敏议谶而终身沉滞，桓谭议谶则外谪而道死。盖光武之起，标榜高祖九世孙继汉，示天下以名正言顺，更师陈胜篝火狐鸣之故技，既有“刘氏复起”之谣，又传“白水真人”之谚，以此为精神支柱，其视谶为瑰宝，无足怪也。谶与经原不相容，而竟强经以就谶，斯乃经学之厄运，其为政治迫害，视西汉又加等矣。

学术影响政治，政治指导学术，两者息息相通，汉代经学足证其事，《公羊》立说，恰符武帝需要，《公羊》，今文也，故西汉今文为特显。光武好谶，谶本野言，而东汉经师多以引谶为贵，一成风尚，难以究诘。《左氏春秋》体例不同二传，而又师承不明，以是久久不得立。章帝时，贾逵奏曰：“五经家皆无以证图谶明刘氏为尧后者，而《左氏》独有明文。”李贤云：“春秋晋大夫蔡墨曰：‘陶唐氏既衰，其后为刘累，学扰龙，事孔甲，范氏其后也，范会自秦还晋，其处者为刘氏。’明汉承光后也。”按此分见《左》昭二十九年、文十三年，隋刘焯谓：“《左氏》称在夏为陶唐氏，其处者为刘氏，非鲁史本文，乃汉儒欲其传，特为此语，以汉出尧后，独《左氏》有明文，以此求重于世。”唐孔颖达亦云：“《传》说处秦为刘氏，未知何意言此，讨寻上下，其文不类，深疑其句或非本旨。盖以汉室初兴，捐弃古学，《左氏》不显于世，先儒无以自申，刘氏从秦从魏，其源本出刘累，插注此辞，将以媚于世。”刘、孔二氏，异口同声，所见不谋而合，异哉！盖古文之于汉，久处落寞，其经师乃异想天开，篡改《传》文，假托圣哲之裔，空颂朝廷之德，冀博宠信，取代今文。诡计纵售，文德何存！汉代今、古之争，自来视为学术论难，今观武帝之于河间献王，光武之于桓谭、尹敏，以及经师之作伪篡易，是属于学术问题者少，而属于政治问题者多也。聊贡所疑，有待论定。

（原载于《中国历史文献研究[一]》，华中师范大学出版社 1986 年版）

记从王先生受诗

自知才拙，不好为诗。入史馆后，日照王先生时以所作相示，间令酬和，且曰："孔氏诗礼传家，诗以敦性情，礼以端行止，揆以诚中形外之义，诗道岂可忽乎哉！"余闻而憬然，历时既久，渐有感发。1944 年，旅食江津白沙，有《枕上闻江声作》一绝："陵谷沧桑无尽头，年来万事任悠悠。可怜忙煞东流水，日夜滔滔不肯休。"邮呈先生，先生许为合作，盖慰其旅情之激越也。1964 年，定居京口，又有《涉江》一绝："江汉朝宗去不还，化云早又入西山。劝君莫作劳生叹，鱼跃鸟飞亦等闲。"自觉年事日增，性情渐趋平易，于体物似亦稍有悟入。惜先生已作古人，末由呈教耳。犹记抗战胜利之际，先生寓山洞林园，余曾有寄怀之作："小憩林园又一冬，萧然未掩旧时容。岩栖人说支硎鹤，朝隐谁知李耳龙。十载兵戈添白发，千秋声响比黄钟。明年花发乘槎去，江上晴和数远峰。"先生酬以诗云："老去寒蝉肯作声，年来心迹尚清清。世间甚物能传久？一任君诗说姓名。"显承嘉勉矣。顷者，国华世兄从先生日记中钞示《酬逸雪》七律一首："挥手嘉陵放棹行，两肩才卸便身轻。风来波上帆先饱，云过天空路最平。对酒无人思蒋历（唐蒋偕三世为史官，修唐历，世称蒋氏日历），游山有梦话王笙。与心已是偷闲惯，爱听灵璈一两声。"疑亦出于此时。盖离蜀东归，先生本后于我也。先生诗篇，将有专集发布，届时当再详论之。

（原刊于《文教资料简报》1983 年第 1 期）

江苏省立联合中学校歌[①]歌词[②]

江水悠悠，江水东流，
流到瓜洲古渡头。
倭焰掀天，苏省涂炭，
回首乡关无限愁。
志士羞蛰伏，综会以西行，
经鄂转蜀，身若萍浮。
多难可兴邦，敬圣唯殷忧；
勖尔智能，强尔体魄，
毋忘九世仇！[③]

（原刊于《扬中日报》2015 年 9 月 12 日）

---

① 原注：江苏省立联合中学校址设在重庆南岸的野猫溪。词作者蒋逸雪，盐城湖垛乔家舍（今建湖县颜单镇）人，生于光绪二十八年（1902）2 月。1943 年 5 月，敦煌考古之行，著《敦煌考古纪程》。1946 年耕隐于镇江南郊菊花山，应夏佩白先生延聘，遂得重履教坛。1956 年调扬州师范学院（现扬州大学）讲授古典文学，任教凡 25 年，副教授，1960 年入党，1981 年退休。同年被山东齐鲁书社聘为顾问，审文稿、备咨询，拒收报酬。1985 年 8 月 6 日长逝。

② 文集编者按：此歌词内容亦见于汤杰《怀念业师蒋逸雪先生》文中。

③ 原注：校歌及作者简介，均由八桥中学退休教师姚广进收集提供。

附　录

目　次

《题画》等三首

王献唐撰　蒋逸雪跋

逸雪道兄五十初度，远道来乞言。久病瓠落，日卧鞍山赁庑，度无以寿逸雪也。旧蓄南阜石刻，友人见谓有石无木，以南阜木刻见赠，并置几案。颜所居曰“木石庵”。木为巨瘿，大类余，下镌文曰：一琴一鹤。鹤者大年之仙客，岂即逸雪耶？钤以寄之，共发笑于千里之外。

辛卯西海王献唐并记

谁道苍茫已化烟，向湖往事夜谈玄。一杯落叶声中酒，半偈狂华悟后禅。似觉笑言才昨日，不堪离绪是中年。淋漓醉墨鸿泥影，忆到生平只惘然。①

酒后为逸雪道兄写《向湖清话图》，媵一长律希两正。弟王献唐。

跋

十年浪迹在天涯，马帐相从到日斜。蜀道留诗钦杜甫，玄亭问字忆侯芭。春来同赏山前杏，秋去空闻塞上笳（是年余有玉门之行）。承惠向湖图一幅，此身常得侍烟霞。

右诗为癸未客蜀酬献唐先生绘赠《向湖清话图》之作，昨岁先生已归道山，而画犹存于箧笥，偶一展视，不禁泫然。辛丑小暑，逸雪谨识。

① 文集编者按：此诗又见于张书学、李勇慧撰《王献唐年谱长编》（华东师范大学出版社 2017 年版）1944 年 10 月 23 日，诗题为《题〈向湖清话图〉》。

绝句二首

梦里逢君醒似真，向湖一别雨如尘。相思渐逐春潮长，又唱阳关送故人。

扛鼎争传笔一枝，更从剑外揽雄奇。平凉羯鼓金城柳，万里春声出塞时。[①]

与逸雪道兄别两月矣。顷闻有西北之游，中宵揽衣，枨触弥襟，口占二绝句，篝灯写之，时三十二年(1943)四月十一日。明晨即付驿使去矣。希教正之。弟王献唐南溪栗峰写记。

(原刊于淮阴师专编《活页文史丛刊》153期)

① 文集编者按：此诗又见于《王献唐年谱长编》1943年4月17日，诗题为《寄别逸雪》。

和《见怀诗》

王献唐

块垒难浇酒当斟，虚堂诗到已沉沉。如来藏里平生意，逗起成连海上琴。

也知风月半消磨，抵死虫鱼眼下过。一味清凉分两地，任人低唱饭牛歌。

（见载于《王献唐年谱长编》1944 年 2 月 16 日）

酬逸雪

王献唐

挥手嘉陵放棹行，两肩才卸便身轻。风来波上帆先饱，云过天空路最平。对酒无人思蒋历(唐蒋偕三世为史官，修唐历，世称蒋氏日历)，游仙有梦话玉笙。与心已是偷闲惯，爱听灵璈一两声。

(见载于《王献唐年谱长编》1944 年 12 月 4 日)

寄赠扬师院中文系蒋逸雪、谭佛雏教授

江树峰

邗江金山秀，梅花桥畔香。
乾嘉风骨在，唐宋赋诗长。
古散知功力，铭文镌道旁。
何当治尊酒，共泛昆池央。①

（见载于《江树峰诗文选》，凤凰出版社 2014 年版）

① 曾读蒋逸老有清代朴学风的考证文章及佛雏同志对老友书法家孙龙父所撰之碑记铭文。此诗作于一九七九年夏返京寓之时。

金缕曲·赠蒋逸雪[1]

谭佛雏

投老归林壑，算人生，酸甜苦辣，尽堪咀嚼。嚼到平平淡淡处，蓦见本来面目。尽沧浪水清水浊[2]。我送公归无别语，只一生俯仰差无怍。人到此，亦云乐。　　虹桥梦绕金山脚。喜相从，扁舟一叶，隔江相约。山雨潇潇春夜永，漫忆生平述作。又一一，从头笔削。还继张刘双谱后[3]，把阳湖文派细敲琢[4]。我有酒，为公酌。[5]

（见载于《扬州现代诗抄》，中国旅游出版社 1986 年版）

---

① 蒋逸雪，江苏盐城人，扬州师范学院中文系副教授，时年逾八旬，归老京口田园。

② 沧浪水清水浊：语本《孟子·离娄》：“沧浪之水清兮，可以濯吾缨；沧浪之水浊兮，可以濯吾足。”

③ 张刘双谱：指蒋逸雪编著的《张溥年谱》《刘鹗年谱》。

④ 阳湖文派：即阳湖派。清代散文流派，为恽敬、张惠言所开创。蒋著有《清代散文两大系》（文集编者按：原有此计划，惜未终稿）。

⑤ 作于一九八三年五月。

怀念蒋逸雪前辈

王　骧

去年8月12日上午,居住本市南郊五凤口的姚云夫同志忽然来访,他是特地赶来告知我蒋老逸雪的死讯的,其时已在蒋老遗体火化之后。回想起蒋老生前的音容笑貌以及他卒前两三年内的惨痛境遇,不禁为之凄然神伤,不怡累日。当即撰了一副挽联以表哀悼:

文章诚博雅,经史淹通,江淮南北尊耆宿;
晚年胡不幸,灾眚屡降,亲朋四海痛斯人。

一、好学深思的一生

蒋老原籍江苏盐城,生于光绪二十八年正月初五(公历1902年2月12日),卒于1985年8月7日(农历乙丑六月二十一),终年八十四岁。他毕业于江苏省立第六师范学校,校长徐公美爱其才,毕业后即留为附小教师。后为苏北各地的中学语文教师。教学之余,精研文史,著有《国学概论》一书,在《东方杂志》上发表过若干学术性论文。抗战期间远历大后方,曾在旧政府的国史馆任编修之职,并到过敦煌考察古迹与民情,写有游记。抗战胜利后,前镇江师范校长夏佩白,聘请他为国文教员,自此便卜居镇江了。他将历年薪金积蓄,在南郊五凤口购置了山田十亩,结茅屋三间安顿妻小,打算老来于此归隐。他只有一个儿子,而并未使其接受充分的学校教育,欲其长为农夫以没世。这可以见出蒋老的性情高洁不同于常人。

蒋老与夏佩白校长,尽管所习不同(一个习文,一个习理),而交谊深厚,互相敬重,因此蒋老在镇江深感得所,专心教学。由于他根基深厚,热心助人,受到全校师生的推崇。

宋末民族英雄陆秀夫是盐城人，早年生长丹徒，蒋老特为写了《陆秀夫年谱》一书，为史学界所重视。后来蒋老在扬州师范学院任教期间又写成清末丹徒籍小说家兼研究龟甲文的学者刘鹗的年谱，由山东齐鲁书社出版。从这些事上体现出蒋老对第二故乡镇江的挚爱程度。

逸雪前辈是1956年暑后，从镇师调到扬州师院任教的，那时我刚从溧阳中学调回镇江分配到师范来，而蒋老适已调出，没有机会与蒋老共事一堂、向他学习，实在感到遗憾。

逸雪先生进入高校，当然更能发挥其所长，果然为时不久，便誉满扬州，并且被吸收为中共党员。蒋老前妻死去多年，六十岁以后与上海的沈一真女士结婚。沈夫人原是蒋老的女弟子，对蒋老一向爱敬，而又嗜读诗文，老夫妇相敬如宾，这一阶段蒋老的生活是相当幸福愉快的。

扬州师院早有晋升蒋老职称的打算，却为十年浩劫所耽搁，后自请退休。“四人帮”覆灭后，师院重又请其复职，不久便晋升为副教授，其先进事迹，《新华日报》上曾有专文报道。

逸雪先生一生无他嗜好，惟有爱书如命。在镇江期间经常跑书店，不惜倾其所有以购古旧书籍。有一次竟将身上穿着的呢大衣卖去，买了一批书本回家。出差上海、苏州等地，也是满载而归，装书的行李重达百斤左右。在扬州购书更为方便。蒋老家藏古旧书籍约有万册，“文革”期间损失不多。

二、不幸的晚年

蒋老在扬州师院退休后，想迁回五凤口家宅终老，将原来的三间茅屋改建为六间瓦房，内有宽大院落，题名“南园”。齐鲁书社特聘为顾问，约其整理已故山东著名学者王献唐先生的遗著五十万言，以及蒋老本人的论文集三十万言，准备出版。蒋老终日兀兀书斋，极少活动，因而右腿肌肉萎缩，不良于行，但他仍坚持将两书稿编校完成，交与出版社。

蒋老有一儿一女，其女远嫁北方，亦年老患病，特将她接至镇江，住院治疗，终于亡故。前年老妻沈夫人自上海返镇，下车后跌了一跤，腰骨断碎，不得不送到上海疗养，至今仍卧床不起。去年春初，其独子蒋子光，方当壮龄，任南郊某中学会计，不幸于官塘桥浴室洗澡时堕入头池活活烫死。种种伤心不幸，使一向豁达乐观的蒋老陷于无法排遣的境地，精神肉体顿然崩溃，终于在一个炎热的夏夜溘然长逝。我听到姚云天同志传来的噩耗，恍惚如丧慈父，只恨城乡远隔，未得最后一次展拜遗体，襄助丧仪，实在有负于先生。

三、待人接物，古道热肠

蒋老非常念旧，很富有人情味。上面提到的徐公美先生是他的恩师，他对徐特别尊敬。徐留学日本，在1927大革命前任师范校长，桃李满天下。大革命后做过省扬中师范科国语教师、江都县教育局长、省财政厅主任秘书等职，虽然厕身政界，但名声很好。解放初期，病卒于扬州北柳巷本宅，年逾九十。公美先生虽然没有什么著作传世，但平时很喜欢作诗。蒋老在徐生前常到徐宅问候，徐死后又搜集其遗诗，油印成册，分赠同好，并寄送国内各大图书馆保存。蒋老家中凡有宴集，必邀徐的孙子同席，以示关怀。有一次蒋老对我谈起徐与他的师生关系（徐也曾做过我的老师），说到动情之处，不觉泫然泣下，哽咽移时。蒋老对夏佩白先生也是这样。夏老五十年代后期，担任镇江市副市长，死后，夫人及一子居住蛤蟆院，在我家附近，蒋老每次从扬州返镇，必去看望夏太太，送些礼品。每次我去扬州拜望蒋老时，他一定向我探听夏太太生活情况并托我带问好口信。蒋老与山东王献唐先生也是很有交情的，他尊王为前辈，王亦赠蒋自撰自书的对联。

北京的鲁迅研究专家王士菁同志是蒋老早年的学生，对蒋老永怀师门之敬。有一年蒋老将其一篇文稿寄王，王收稿后立即私人给蒋老一笔稿费以表尊重。“文革”期间，王下放广西劳动，后安排在广西大学任教，从桂林寄了一首诗与蒋老，内容是抒发被迫劳改的感受。其时我正在扬州师院蒋老家中，他给我看了王的来信和诗，但不允许我抄录这首诗，从这件小事上可以看出他对王的爱护。前几年王因事经过镇江，特地下车一宿，借用师专车辆去五凤口拜访，蒋老设家宴款待，并邀我作陪。

原在镇师任教的青年教师李百功，小学教师出身，并无什么学历，但肯虚心向蒋老请教，学问大有长进。解放后不久，李即任苏州教师进修学校中文教研组长。李后来被错划为右派，纠正后特地从苏州来到五凤口姚家借住数月陪伴蒋老。

蒋老与我并无直接的师生关系，也没有一日共事，但他对我还是相当关怀与鼓励的。记得在五十年代末，镇师有一位教师，对蒋老极为崇拜。他有一次误会我不知尊重蒋老，向蒋老反映，蒋老听了，付之一笑。蒋老来镇日，特地光临寒舍下访，谦谦有礼。我每年返回扬州，必去师院敬谒，蒋老夫妇俩或是恳求留饭，或以茶点款待，热情可感。有一年正月初五，适值蒋老的诞辰，我不知而往，硬被留住家宴，并又邀了师院中文系主任谭佛雏同志和另一位历史系教师作陪。蒋老向他俩介绍我是“京江才俊”，颇令我惶恐不安。由此可觇蒋老对于后进是如何提携奖掖。

我曾向蒋老请教西汉的曹参和盛唐的岑参，两人都单名参，何以知道前者读 chān，后者读 shēn 的问题。蒋老复信指教我，古人的名与字往往有意义上的联系。曹参字敬夫，故知其名为参拜之参；岑参虽然没有留下字号，但其姓为岑，岑有高竣之意，故其名参，可与参辰相应。蒋老的指点顿使我大开茅塞，恨相从之晚。镇江师专成立后，我曾受中文科委托邀请蒋老来校讲学，又约其为我科刊物《教学与进修》撰稿，他都欣然允诺，惠予支持。

1976 年秋，蒋老寄示我一首他新作的《浣溪沙·渔父词》，并要我推测其真实的词意。词云：

> 蓑笠随身好自将，任他风雨满寒塘。扁舟稳系柳堤旁。　　昨日赌棋输一局，今朝沽酒饮千觞。不寻皤叟话行藏。

我反复诵读了此词以后，隐约地感觉词意与时局及蒋老个人的行止有关，但难以具体解释其究竟，只能以极其笼统模糊的意思来答和一番，我的和词是：

> 雨笠烟蓑自携将，不辞风雨下寒塘。孤舟独系钓矶旁。　　一局楸枰遗得失，四时云物供樽觞。忘筌亦是好行藏。

其实，以我的浅怀薄学怎能忖度出蒋老的雅量高致？这种模糊的答复，恐怕要使蒋老失望和见笑了？

总之，逸雪先生确实是一位德高望重、宏才硕学的老辈学者，他的不幸逝世，是文教界的一大损失。

安息吧，尊敬的蒋老！您的肉躯虽然离开了人世，您的精神遗产永远为后人所宝重。

（原载于《镇江史志通讯》，1986 年）

蒋逸雪同志传

孙达伍

蒋逸雪同志是一位史学造诣精深的学者，毕生从事教育事业，辛勤育人凡六十载，以道德文章著声江淮间。世居江苏省建湖县颜单镇乔家舍，生于一九〇二年二月，家境贫寒，刈荡草谋生。幼好学，苦读不辍，十五岁即能诵《史记》《左传》《汉书》。每于午夜诵读，无油燃灯，焚线香照之，乡人称为“香读子”。一九二四年毕业于江苏省立第六师范，后考入南京国学专修馆，成绩优异，为全馆冠，校长姚明晖等前辈交口称道。一九二六年，以通讯研究生卒业于福建厦门大学国学研究院，在学期间勤奋力学，刻意求知，训诂、词章乃至甲骨、钟鼎文无不窥，享有上乘雷同之誉。尔后，在盐城县中学、淮安师范、太仓师范、镇江师范等校执教多年。教学之余，潜心研治中国古散文和古代史，著述甚丰，有《国学概论》《陆秀夫年谱》《刘鹗年谱》《张溥年谱》和《南谷类稿》传世。其单篇专论，亦多有创见，屡为旧中国权威性刊物《东方杂志》所采用，引起了海内外汉学界的重视。退休后，应聘山东省齐鲁书社学术顾问，审文稿，备咨询，拒受酬劳，尽义务职。又允其所请，为国内著名学者王献唐先生校订其遗著《炎黄氏族文化考》，阅一寒暑功始竣，终以劳瘁致风疾，而己之力作《清代散文两大系》，本已积稿十余万言，因此束笔置箧中，竟不传，知者多惜之。逸雪同志一生，不为名利囿，不为外物围，清廉自守，直至最后一息。一九二八年，盐城邑绅胡启东先生（孙中山就任非常大总统时期国议员）修订盐城县志，拟将逸雪同志列入县志《时贤传》，嗣因另一士绅争夺修志领导权，散发《攻错录》中止。抗战时期，逸雪同志避居四川歌乐山，为当时史学界耆宿荐入国史馆修史，因坚持《春秋》义笔，见忤国民党当局，被辞退，几断衣食。一九五六年，来扬州师范学院中文系任教，倾其所学，授业解惑，凡经其口传指画，人人皆有会心。莘莘学子，咸相敬佩，迄今犹称道不衰。

逸雪同志是一位正直的文化人，他目击旧中国的黑暗和新中国的光明，从新旧社会对比中，逐步认识到只有社会主义才能救中国的伟大真理。他仰慕荷花“出淤泥而不染，濯清涟而不妖”的高贵风姿，并以此励人和自勉。一九五四年，他加入中国民主同盟，一九六〇年加入中国共产党。在党的教育下，认真学习马克思主义，学习社会发展史，为党和人民的教育事业，鞠躬尽瘁，恪尽职守。在历次政治风浪中，始终表现出共产党人的坚定立场和崇高气节。逸雪同志谢世五年多了，每当我想起他谨严朴实的治学风格，想起他耿介清廉、爱好真理的品格，怀念之情，油然而生。

逸雪同志游学外地，鲜为人知。我同他总角交，熟悉他的生平经历、文章人品，有责任将他生前的志业行事如实介绍给桑梓之乡。逸雪同志虽然是个平凡的人，但他在世时默默无闻的奉献，共产主义的信念，培育青年一代之热忱，留下的一些嘉言懿行，却值得后世尊敬、景仰、学习。是为传。

（原载于《建湖文史选辑》第四辑，1991 年）

怀念业师蒋逸雪先生

汤　杰

已故扬州师院中文系副教授蒋逸雪先生，去世距今已有十年了。先生辛勤育人与刻苦治学垂六十载。一生不慕荣利，淡泊自甘，在教育与治学的领域里默默耕耘。“桃李不言，下自成蹊”，经他培育的青年学子，遍布海内外，不少人且成名成家。士林贤达，无论识与不识，莫不仰其风操。他的学术文章、懿言嘉行，永远值得人们怀念。

一

先生原名连城，盐城湖垛乔家舍人（今属建湖县颜单镇）。生于清光绪二十八年（1902）2月，家境贫寒，父母以刈割荡草勉维家庭生计。先生幼年，聪悟过人。七岁时，塾师出“槐夹道”命题嘱对，先生不假思索脱口而应曰“竹穿霄”，里人咸目为神童。长成后，益勤敏好学，常苦读至深夜不辍。年十五，即熟读《左传》《史记》与《汉书》。1924年毕业于淮阴江苏省立第六师范，同年考入南京国学专修馆，力学不倦，成绩居全校冠，深受校长姚明晖等前辈的交口称誉。但先生仍以所学未广为憾。其时，适厦门大学国学研究院招收通讯研究生，先生报考经录取，遂于课余兼习函授课程，得以尽窥训诂、钟鼎、甲骨文的堂奥。先生时寓南京杨将军巷，得与武冈唐大圆先生为邻，当时，唐膺东南大学校长蒋维乔之聘，教授印度哲学，先生时与过从，因得兼习“因明”“唯识”之学。于此足见先生求知面的广泛与向学心的殷切。

1926年，先生于国学专修馆及厦大国学研究院函授部相继毕业，先生先后膺江苏省立盐城中学、淮安中学、太仓师范之聘，执教多年，以道德文章名著大江南北。

日寇侵华，先生间关楚蜀，在江苏省立联合中学为高二、高三两个年级讲授国文与美术文。先生身处艰苦的环境，面对敌机的威胁而毫不气馁，倾其所学，授业解惑，鼓舞同学，励志学习。同学们受其熏陶，群思奋发，弦诵不衰。

1941 年，先生经史学界耆宿的荐举，供职于重庆歌乐山的国史馆，与日照王献唐先生共秉史笔。这两位先生的国学功底与史学才识，久负时誉，因此相得益彰。时有名人学者来馆向他们求教请益。1943 年 5 月，先生有敦煌考古之行，经剑门，入张掖、武威、出嘉峪关而抵敦煌。探山川雄奇之胜，验古今嬗替之迹，沿途悉系以诗，历两月而返渝，著《敦煌考古纪程》以纪其事。先生在史馆日，素持《春秋》义笔，不阿附以求容，不曲笔以媚世，以致见忤于当局，遂于 1944 年辞职而转往江津白沙的一所学校任教，直到胜利复员。

1946 年，先生怀着抗战胜利的喜悦，漫卷诗书，买舟东下，耕隐于镇江南郊的菊花山，并将家人从家乡接来团聚。镇江师范校长夏佩白先生得知先生自蜀归来，欣然延聘，先生遂得重履教坛。先生与夏佩白相处，甚为契合。然论事，常在稠人广众之间，争持不下。以致夏佩白先生曾对人说："谔谔者缓急可恃，诺诺者实未足置信。"同仁们对先生的正直不阿与夏先生的涵容无忤，同致赞美。

1956 年，先生调扬州师范学院任教，讲授古典文学。在首堂课上，先生以其渊博的知识、坚实的功底与惊人的记忆力，口讲指画，娓娓而谈，听者无不折服。洪式良先生在他课后，向他拱手赞叹不置。先生在师院期间，常年孜孜兀兀，辛勤治学，诲人不倦，院党委书记陈超同志曾要青年教师们"学习蒋老一样地下功夫"。

先生在扬州师院任教凡 25 年，他仰慕荷花"出淤泥而不染，濯清涟而不妖"的风姿，常以此励人与自勉。平居素以谦抑为怀，有一次，调整工资，由于名额的限制，先生因谦让而未调增，谭佛雏先生说："蒋老不加，于心难安！"而先生终不以为悔。

先生于 1954 年加入中国民主同盟，1960 年，加入中国共产党。在历次政治风浪中，始终站稳立场，坚定不移。"文革"初，他怕自己珍爱的一些线装古籍被无辜地抄没或毁弃，煞费苦心地捆成若干小包，分期分批地运至我的寓所，畀余代为保管，直至两派联合、局面粗安以后，他始雇车取回，于此足见他视书如命的性格。

"文革"中，他被打成"反动学术权威"，受到不公正的审查与批判。但他毫无怨言，且坚持真理，实事求是，既不妄自菲薄，也不违心取容。1970 年，他以古稀之年，被派往宝应参加大汕子隔堤劳动，虽在天寒地冻之际，睡茅棚、拔芦根，而不以为苦。

先生于 1981 年办理退休手续，同年应山东齐鲁书社聘为顾问，审文稿、备咨询，但拒受报酬。1980 年，故人王献唐先生的哲嗣王国华自山东持其先人遗稿《炎黄氏族文化考》来谒，求为整理与勘证。其时，先生正从事于《清代散文两大系》的撰写，先生以笃于与献唐先生的情谊，又念及《炎黄氏族文化考》一书的学术价值，未忍搁置，毅然放弃了自己的著作，扑全力于此书的校证与编审，暑往寒来，寻绎不倦，阅时一载，始克竣事。而先生终以昼夜劳瘁，感染风疾。正如他的入室弟子李坦先生在《南谷类稿・后记》中所云："王氏之言赖以传，先生之篇竟以湮。"于此益证先生的风义高古，迥非常人所能企及。

1983 年，先生因已退休，不愿再占住公家的宿舍，在一个风雨淅沥的春晨，偕续娶夫人沈一真女士举家登车，毅然迁往镇江南郊五凤口。在他迁居以后，不幸的是，长女静，病逝于太原，哲嗣子光先生又因入浴被烫伤而去世。老人经此双重打击，遂致沉疴不起，于 1985 年 8 月 6 日溘然长逝。扬州师院委派周顺生与李坦两先生往镇江经纪其丧。同年 9 月，扬州师院在"教工之家"礼堂，召开追悼会，悼念这位为育人与治学而默默贡献一生的老师与学者。

二

我得列先生门墙是在 1938 年，当时，苏南地区已大部沦陷。我原就读的江苏省立镇江中学于 1937 年 11 月初日军攻陷上海的次日，校长沈亦珍先生召集全校师生员工沉痛地为大家上了"最后的一课"，宣布"学校奉令暂时解散，各人返家待命"。时隔不久，江苏省教育厅迁往淮阴办公，并拟在大后方筹办江苏省立联合中学。1938 年 3 月，我接省厅通知，持原校证件赴淮阴报到，经省厅将来自各个不同的省中学生临时编组后，便乘小火轮沿古运河到达陇海路上的运河站，转乘火车。那时，台儿庄的战火正殷，日夜都清晰地听到隆隆的炮声，校方为了同学们的安全，每节车厢都派有老师带队，而我所乘车厢的带队老师正是蒋逸雪先生。

先生朴实无华的衣着、和蔼可亲的态度以及学识渊博的谈吐，使全车厢同学无不倾慕与敬爱。一路上经过商代故都的商丘、北宋都城的开封与曹魏建都的许昌，每经一站，先生都向我们指点江山，谈今论古，俨然像在行旅中为同学开讲起史地课程来了。车抵武汉以后，我们才知道省厅选择的校址是在湖北沙市，便改乘江轮西溯。学校在全体师生到达沙市以后，便开始复课。担任我们班级的国文老师正是蒋逸雪先生，同学们莫不欢欣鼓舞。

学校在沙市复课仅有一个学期，便因武汉战局的紧张而西迁重庆。当时因川江航道尚难直达，我们于沙市登轮后，必须在宜昌与万县两地换船西溯，先生依然是我们座舱的带队老师。只要先生走出船舱，不论是立在船舷上，还是站在甲板上，总有七八个同学聚拢在他的身边，听他口讲指画沿岸的山川形胜与一些名城的历史沿革，甚至还向我们口诵前人咏述这些胜迹的有关诗词和名句。同学们都为这次行旅能有先生带队而感幸福，因此，他是同学们最为爱戴的一位好老师。

迁校后的校址设在重庆南岸的野猫溪，开始有了我们的校歌。校歌的歌词就是先生创作的：

江水悠悠，江水东流，
流到瓜洲古渡头。
倭焰掀天，苏省涂炭，
回首乡关无限愁。
志士羞蛰伏，综会以西行，
经鄂转蜀，身苦萍浮。
多难可兴邦，敌圣唯殷忧；
勖尔智能，强尔体魄，
毋忘九世仇！

这首校歌，不仅记述了建校的艰辛历程，洋溢着师生们怀乡爱土的情感，更充满了爱国主义的思想，激发青年抗敌复仇的意志，因此最为同学们所爱唱。每当晨曦东升，或值夕阳西下，人们总会听到这些激昂慷慨的歌声，在雾都南岸的山谷里起伏、回荡。

先生在教学中，更加体现与发挥着他的爱国主义思想。他不以部颁的国文教材为意，总是密切结合着时局的变化、环境的转移、同学们的情感等因素而自选教材。先后向我们讲授屈原的《哀郢》与《怀沙》、王粲的《登楼赋》、庾信的《哀江南序》、李清照的《金石录后序》……犹记先生在讲授李清照的这篇课文时，慷慨激昂地吟诵了她的另一首五言绝句："生当作人杰，死亦为鬼雄。至今思项羽，不肯过江东。"紧紧地扣住每位同学的心弦，使同学们意识到国破家亡的痛楚与自己应尽的责任。先生的铿锵语调，燃烧起每颗跳动的心，全班同学不约而同地霍然起立，振臂高呼："打倒日本帝国主义！"其教学的感染力之深，于斯可见。学校迁重庆后，他针对当时汪精卫出走河内、发表"艳电"的叛国行径，为同学选授了丘迟的《与陈伯之书》、胡铨的《请斩秦桧疏》、郑所南的《一是先生传》、谢翱的《西台痛哭记》、史可法的《报多尔衮书》……激励同学发扬中华民族正气，树立誓与敌寇、奸伪不共戴天的决心。

先生在作文教学中，同样贯穿着上述的精神与宗旨，或则结合时事的变化，或则结合同学们的亲历和感受而命题，借以增强同学们在抗战洪炉中的忧患意识与奋发精神。至今我还记得他曾出过《故乡》《向武汉空军祝捷电》《三峡纪行》《讨汪檄》等命题，借以培养学生分析与应用的写作能力。

先生讲课从不携带讲义或备课笔记，仅拿两支粉笔便步入课堂。不仅能把课文从头至尾地记得一字不差，即连一些典故的出处和前人的注疏，也说得毫厘不爽。其记忆力之强与功底之深，尤为全校师生所叹服。

为使同学们能够触类旁通地自习古典经籍，先生在串讲课文中，特别注重两个方面的讲解：一是对古汉语的句子结构与词性变化，不厌其烦地广征博引，举例阐释；二是从文字学的角度，经常向同学启示一些训诂方面的基础知识。对字源、字义的引申和通假，助词、多义词，莫不详尽解说而毫无倦容，而同学们也无不全神贯注地聆听与记录。犹记班上有位同学在作业中经常把"漆"字写错，在一次校方组织的荆州远足中，途经一处漆园，漆农们正在割漆，先生不失时机地向这位同学说："你看！漆字右上端的'木'，象征着漆树，中间的八字，象征插向漆树躯干的两根取漆用的竹管，下面的'水'，则是象征淌下来的漆液，这是一个象形而兼会意的字。"经过先生的这次形象教学，激起许多同学对字源学的研究兴趣。

三

先生的成就不仅表现在教学方面,他对经学、史学、训诂诸领域的研究,更具精深的造诣。早在抗战以前,先生即于教学之余,撰写《国学概论》《陆秀夫年谱》《张溥年谱》诸书行世。关于先生撰写这两部年谱的动机,由于其时国难方殷,日本帝国主义正虎视眈眈地妄想灭亡中国,先生在那风雨如磐的环境里,怀着"天下兴亡,匹夫有责"的理想与抱负,振笔力书,以期振聋发聩,稍尽一个知识分子的拳拳报国之心。先生与宋丞相陆秀夫同一里闬,先生详考乡邦文献,并据陆秀夫长子陆繇的《叙事谱源》,钩沉与纠正了《宋史·陆秀夫传》的多处疏略和讹误,颂扬了谱主鞠躬尽瘁、蹈海殉国的高度民族气节,此书出版后,给予国人的影响至深。1933 年,先生执教于太仓师范,由于太仓是明代复社领袖张溥的珂里,先生对张溥"生当阉势熏天之日,不计危殆,挺身揭抗,见义勇为"的风节,素怀敬仰,可是明季的私家著述"所记当时人物,互为抵牾,或蔽于见闻,或怀有恩怨,以致同传一人,此褒彼贬,同咏一事,甲美乙刺",由于太仓的特殊条件,"考献征文,便于他邑",先生因慨然有《张溥年谱》之作。通过爬梳整理,几经研核,客观地记述了张溥一生的学术思想和社会活动,揭示谱主在当时"振臂一呼"所起的影响及沾溉后人的作用。此书曾经先生多次修订,犹忆我在重庆野猫溪的先生寓所里还为他誊抄过这部书的修订稿。此后,齐鲁书社又于 1979 年再版行世。

先生寓居重庆时,经常为《东方杂志》与《新中华》撰写稿件,曾有一篇关于《老残游记》本事的考证与抉微,对书中影射的人物和史实,作出信而有征的论证,常为一些研究《老残游记》者所援引。在此基础上,先生又撰写了《刘鹗年谱》,详细论述了刘鹗与太谷学派的传承关系,以及其经世致用的维新思想。

先生潜心于训诂学的研究,历有年所,惜其论述,多经散佚,今存于《南谷类稿》中的仅有《数字探源》《释四方》《释蚕》诸篇,然仅就这几篇硕果仅存的论述而言,已足觇其"多能发前人之所未发"。他曾评论许慎的《说文》,"正讹指疵,厥功甚伟",然"或不免于谬误",盖因许慎所处的时代,甲骨文尚未曾发现,"昧于文字之源,其说乃难中肯綮",加之"汉尚谶纬,阴阳五行之说,弥漫朝野,士大夫受其浸润,蹈虚涉妄,其势使然"。先生从甲骨、钟鼎以及小篆诸体的衍变，科学地从字源学的角度论证许慎解说“东”“南”诸字的错误，他认为“东”系“动”的本字，象征以轴贯轮，转之使动，后遂借为方位之名；而“南”字在甲骨文的写法上则“酷肖磁针之指南”，是“托指针以见义”的象形而兼会意的字。先生见解的新颖，深受当时学者们的推许。

先生长期浸淫于清代桐城与阳湖两大古文派系的研究，曾撰《谈有关桐城文派的几个问题》《论阳湖文派》等论著。对两派的源流、传承、异同、得失以及界予当时及后世的影响，均作了详尽的探讨与公允的评价。其后，先生曾拟撰《清代散文两大系》的专著，惜因老病，未竣其功，“琴爨竟成焦尾断”，令人惋惜不置。先生认为桐城文的文体“字句简洁，结构严谨，以及给人指示门径和阅读方法，颇值得参考汲取”，但就其内容说则“平庸陈腐，了无足述”。先生认为阳湖文渊源于唐荆川的轨迹，是“学人之文，而不是文人之文”，桐城重“义法”，而阳湖重“气识”。所谓气，是指的格调和辞藻；所谓识，是指通博的知识和独到的见解。因此阳湖文重视事功，强调经世致用，惜其末流，质而无文。但先生对阳湖派邵长蘅的传记文，则备致赞许。认为他的《阎典史传》《八大山人传》《明翰林院修撰金公传》以及《侯方域魏禧传》等，处于“清廷的淫威之下，能把这些人的民族气节表达出来，这是很难得、很难得的。即从史料价值讲，也都是极其珍贵的”。先生正因服膺邵长蘅这些作品所表现的弘扬民族正气的内容，其所以在抗战中经常选授这类课文给同学们研读，不是没有缘由的。先生在扬州师院教学期间，曾应常州市学者们邀请讲学，所讲的课题正是这篇《论阳湖文派》的内容，听者莫不叹服先生学识的赅博与持论的精辟。

先生的著作散见于海内的报刊杂志很多，惜因几经流离转徙，致多不存。1985 年，先生于病中尽发箧中剩稿，付与李坦先生整理，编成《南谷类稿》行世。分说经、辨史、解字、杂著、诗稿、诗评六类，虽非先生著作的全豹，然而，即此一斑，已足使人窥见先生的积学之深与用力之勤。

四

先生撰写的多为学术性的论著，诗赋词章，仅其余事。犹记 1942 年我因避寇，寓居江西会昌县的筠门岭，曾寄去一首《奉怀业师蒋逸雪先生重庆》的诗：

巴山楚水两神驰，风雨平生负所知。四载盐车悲道路，一肩行李愧书诗。传经有意从刘向，扬誉无人说项斯。何日程门重立雪？舞雩咏罢独归迟。

先生时奉职国史馆，接信后，复我一函，并附其近作《旅怀》诗示我：

屡卜归期总误猜，眼看丛菊五回开。山河破碎心犹壮，岁月侵寻老欲来。举室稻粱难远济，先茔松柏未亲栽。黄昏孤馆风吹雨，不读江南赋亦哀。

此诗现已收入《南谷类稿》，展读遗篇，回忆往事，使我不禁泫然！

先生自镇江奉调来扬以后，我曾去先生的寓所师院北舍探望。他以打印好的一篇近作散文示我。问我："此文像谁的文气？"我说："颇似归有光。"先生竟惊讶地说："昨日，你在渝的同学王士菁来扬讲学，我以此文示彼，他也说文气似归有光，不意你二人的所说相同乃尔！"盖先生所写的散文，出入于桐城、阳湖之间，而这两派的文风，又皆奉震川先生为圭臬的缘故。所惜先生的多数诗文作品，散佚不存，未免是人间憾事。白发门生，仅余涕泪，敬掇此文，以尽哀思。

（原载于《扬州文史资料》第15辑，1996年）

蒋逸雪和他的藏书

徐　苏

蒋逸雪(1902—1985),江苏建湖人。因建湖原属盐城,也有人称他为盐城人,后到镇江定居,住在镇江南郊五凤口一带。他的出身很苦,很小的时候母亲就去世了。虽然家境贫寒,但他立志好学,先在宝应文士张海渔学塾读书,后入淮阴省立第六师范学校。曾先后在淮安省立第九中学、盐城中学、太仓师范等校任教。他在经史方面的研究颇深,擅长音韵和考据学,精通古文,早年著有《国学概论》一书,撰写的学术专论《释四方》等文章在《东方杂志》发表后,在学术界渐渐地有了声誉。他编撰的《张溥年谱》,为史学界所称道。抗战初,他随江苏联合中学西迁四川。不久,他担任了国史馆编辑主任,与金石学家王献唐关系密切,有深厚的友谊。他还担任过玉门油矿局秘书,去过敦煌考察,著有《敦煌考古纪程》。抗战胜利后,他应镇江师范学校夏佩白的邀请,回到江苏担任镇江师范学校文科首席教师。1956 年调任扬州师范学院中文系任教中国文学,是研究扬州学派的主要学者之一,以 60 岁高龄光荣入党。"文化大革命"中被迫退休,后恢复教职,被授予副教授职称。退休后归居镇江旧宅,从事著述。他的著作有《陆秀夫年谱》《刘鹗年谱》《南谷类稿》等。又发表过《数字探源》等专论。

蒋逸雪一生辛勤授业 40 载,待人温和,治学严谨,守正持平,宽厚不苟,乐于助人,和他交往的师友都敬重他的人品。有一年夏天,好友王献唐之子王国华拿来他父亲的遗稿《炎黄氏族文化考》,请他帮助勘正。这时候,他正在研究著述清代的散文两大系,即清代文学桐城、阳湖两派的研究课题,经过数年的积累、整理和分析,已经拿出了撰写的纲要。这项课题研究是他花费了多年的心血,准备成书以传后世的,用现在的话来说,是课题研究正在出成果的阶段。然而接到王国华的请求后,蒋逸雪一口承诺下来,决定停下自己的研究项目,把精力集中到为亡友王献唐整理 50 万字的《炎黄氏族文化考》遗稿上去，这种为人做嫁衣、助人为乐的精神实在令人感动。暑往冬来，手不释卷，以至于书成而心力已竭，终以劳瘁致风疾，不久就去世了。求学的学子需要他的帮助时，他也是尽心尽力地为他们提供便利。有个叫田健东的文学博士，曾……在一篇回忆当年求学过程往事的文章中，写过他的导师石承告诉他查鲁迅资料向蒋逸雪求助的事情："他说要我先到镇江，找退休在家的蒋逸雪先生，请他写信给时任鲁迅博物馆馆长的王士菁，因为蒋先生是王的私塾老师，而且曾经资助过王念书。这样可以通过王的关系查阅鲁迅的藏书。"田健东在文章中写道："我依次而行。先坐船到镇江，找到病卧在床的蒋逸雪先生，请他写信。蒋先生旧学功底极好，除了出版过《刘鹗年谱》外，他对经学，特别是扬州学派深有研究。可惜那时研究经学几无可能，又因为扬州地方小，关系复杂，他一气之下自愿退休，回到距离镇江不远的一处乡间度日。深秋荒郊，蒋先生的家在一个稍高的土坡上，有绿树掩映。我找到那儿，进到屋里，昏暗的房子里躺着蒋先生夫妇，都在病中。我说明来意，转达章先生和我母亲的问候，蒋先生在床上草就给王士菁的信。我告别出来的时候已经是黄昏，登上破旧的公共汽车，看着车后扬起的尘土，心里有些沉重。因了蒋先生的信，加之王得后先生的帮忙，我顺利地查阅了鲁迅博物馆的鲁迅藏书。"①

由于读书治学的需要，蒋逸雪花费了不少心血在藏书上。他是一个爱书如命的知识分子，家藏书籍万册，其中线装古籍不多，主要是民国和新中国成立初期的书籍。其中如朱光潜的《我与文学及其他》开明书店 1947 年版；1957 年的《魏晋玄学论稿》封面；50 年代《文艺理论论丛》第一辑、第二辑的封面及内页，新文艺出版社；《中医名词术语选释》封面；《韩非子集释》(上下全 2 册)；1978 年版《老子新译》；1950 年版《鲁迅思想研究》等，都有蒋逸雪的藏书印。

（原载于《京口书史》，江苏大学出版社 2016 年版）

① 文集编者按：以上两段文字出于汪晖先生《明暗之间》一文，故而"田健东"应为"汪晖"。

意象浑然境自高

——蒋逸雪先生诗九首笺释

李　坦[①]

蒋逸雪先生是我父亲的业师，也是我尊敬的师爷爷。父亲常跟我说起1982年蒋老离开扬州回镇江归老田园的那天，父亲说那是一个初夏，下着大雨，师院准备了搬家的汽车。但所有送别的人都很不舍，包括蒋老的同事、好友、邻居、弟子。搬家的汽车几番鸣笛催促启程，与蒋老做了多年邻居的周伯骅老很不高兴地说：不要催蒋老，这里也是他的家！

1983年暑假，刚上高一的我陪父亲过江去镇江五凤口看望他，蒋老住在农田之中的一栋平房里，周围都是一派郊野的景象，我感到环境和起居状态都不如在扬州，但看到我们蒋老很高兴。又过两年，就传来蒋老离世的消息。父亲非常推崇蒋老的道德文章，他曾说，师院中文系的任中敏和蒋逸雪二位先生，其学问是他最为钦服的。任老狷洁执着，不辞小让，他的学问最终大显于世。蒋老谨言笃行，内敛隐忍，他的成就和才华未能全部彰显。我也许未能完全表达父亲的意思。但听到包括父亲在内的诸多蒋老的知交故旧都说：蒋老晚年不该离开扬州师院！

小时候常去北宿舍蒋老家做客，也很怀念沈一真奶奶做的肉圆。小学时，用的就是蒋老给我起的名字。很惭愧，我未能达到师爷爷的期望！但我常想起敬爱的师爷爷蒋逸雪先生。

——海滨　按

业师蒋逸雪先生（1902—1985），江苏建湖人。博学深思，谨言笃行，以

① 原注：作者系扬州师范学院1958级学生，蒋逸雪先生之弟子，原师院中文系副主任。

道德文章著声江淮间。先生三十八岁时，为国史馆编辑主任，撰《张謇拟传》始成稿，馆内同仁交相称美，因有"史笔"之誉。1956年奉调来扬，执教师院中文系20余年，为十大名师之一，学子仰为山斗，以得列门墙为荣。著有《国学概论》《张溥年谱》《陆秀夫年谱》《刘鹗年谱》及《南谷类稿》，于经学、史学、古典文学、旧体诗文造诣尤深，诚乃国学之重镇，诗坛之健者也。

先生于诗，不多作，亦不专主，用力之勤，不稍逊于为文。究其特色，约略有三：

一曰起点高。先生家境贫寒，三岁失恃，慈母见背，乃随父受教。家无纸笔，间或画地认字，状极凄苦。七岁入塾，受业于宝应名宿张海渔先生。未及一年，已能粗解音律，识字逾千。张师大奇，某日以对句相试，出句为："槐夹道。"先生应声对曰："竹冲霄。"属对工整，平仄谐协，隐然有凌云之志。张师惊视良久，目为神童，于乡里广为延誉。此为先生平生快事，未尝一日稍忘。

六十年后某日夜，先生梦回故里，重游书塾，乃援毫题壁，成诗四首，醒来忘其后半。其一云："曲水桥南一草堂，天平讲学正玄黄。鲰生小慧师颜霁，敢说河汾出杜房。"（见《南谷诗存》）首二句写当年入塾之时间与处所，三句言师生联句事，末句以名儒王通与名相杜如晦、房玄龄相拟，自谓服膺儒者，悉心向学，不求仕进。知先生于九岁之龄，其所知所能，已然度越常人，而平生志向，亦可略窥端倪。

二曰转益多师。前人论诗，多以唐宋为尚，言唐则必宗李、杜，言宋则必称苏、黄。先生以为，唐宋大家如奇峰耸峙，绝难跻越。太白与子瞻，其诗若天风海涛，归趣难求，学无着笔之处；少陵与山谷，律细格高，壁垒森严，固可摹形学步，势必终老难工。初学者宜从高（适）、岑（参）入手，深植根基，然后转益多师。歌诗本乎性情，效法前代诗家，可以不拘一格，不宗一体，务为广搜约取，师其意不师其句，肖其神不肖其形，学于彼而出于彼，始得有自家之面目。

先生清逸恬退，闲适自持，其目光所注，六朝则陶渊明、谢灵运，唐则韦应物、白居易，宋则梅尧臣、陆游；而陶之醇厚，谢之清新，韦之闲淡，白之晓畅，梅之幽清，陆之闲放，悉在斟酌取舍间。于斯浸淫日久，乃有会心，终得自具特色，即所谓平淡自然也。先生尝言，作诗要"妙造自然，能化俗为雅，盖得力于天趣为是"（见《读诗偶记》）。此乃陶、谢诸家之神髓，亦先生学诗之真谛也。

三曰独辟蹊径。先生之诗，多作于中年之后，阅历既广，感悟亦深。其于诗法之道，要在去其繁复，只拈出“意”“象”二字。意为情志、意兴、旨蕴，象为景象、物象、气象。当年杜甫有云：“诗清立意新。”又云：“赋诗分气象。”谓诗能意象相兼，浑然一体，方为好诗。苏轼评王维诗画云：“味摩诘之诗，诗中有画；味摩诘之画，画中有诗。”“有画”之画即“象”，谓其形象鲜明；“有诗”之诗即“意”，谓其旨趣遥深。二人说法虽异，理则同归。先生于此体悟尤深，《读诗偶记》云：“诗家甘苦，正与画家相通，故诗境与画境不隔。”而意之与象，既各尽其用，又主次有别：象乃诗之形，意乃诗之魂；象为意之表，意为象之骨。故《读诗偶记》又云：“文与诗，无不以意为主。”细究其由，盖有二端。

就作诗言，关乎境界。先生曾说：“功夫熟时，笔墨流走，随意所之，无往而不宜。”(同上引)是知意之所在，诗之所存，“随意所之”，乃诗之上乘。且以李白《静夜思》论之，此诗语言明白如话，却能“妙绝千古”(见胡应麟《诗薮》)，何哉？先生尝语我曰：“诗中所言‘明月’，非弦月，乃圆月，明月之后藏一‘圆’字，正是诗人匠心所在。月已圆而人未圆，故乡之思则油然而生，乃至低头长思，长思无语，情思无尽，愈显得真切、深挚、感人。”全诗尽去雕饰，纯出天真，以寻常语道普世情，意与象浑然一体，物与我妙合无痕。此为诗之高境界，个中奥蕴，惟先生能得其真趣。

就做人言，关乎节概。诗品即人品，而诗之菁华，亦可滋润人之精神。先生重于此，亦志于此。尝谓作诗如酿米为酒，“酒使人醉，故陶冶性情，莫尚于诗”(《读诗偶记》)。赋诗因以律己，赠诗亦以勉人，亲仁尚义，老而弥坚，尤视晚节为重。先生平素于北宋韩琦深相推许，以为可以垂范后人。韩琦尝谓“保初节易，保晚节难”，故于晚年事事着力。《九日水阁诗》云：“虽惭老圃秋容淡，且看黄花晚节香。”绝无颓废自放之象，但有清刚自励之诚。先生评之曰：“诗人阅世深，胸次广，则意度自高，此境非可袭而至也。”其称许仰慕竟如是(1987年《南谷类稿》获江苏省第二次哲学社会科学优秀成果二等奖)。

1978年10月，全国“毛主席诗词教学研讨会”于韶山揭幕，先生好友、系副主任谭佛雏先生应邀前往，行前先生赠诗二首，其一曰：“昼锦名堂思魏国，天章会讲到韶山。独怜卅载离乡客，今日归来两鬓斑。”首句“魏国”即指韩琦，琦曾受封魏国公，致仕后，归建昼锦堂，乡里共荣之。佛雏先生为湖南津市人，此次赴会韶山，亦属荣归。先生引韩琦故事，以佛雏先生与之相拟，是美其行，亦美其节概也。佛雏先生抗战后加入共产党，为中共地下党员；治学博综今古，融汇中西；持身恬淡自适，清光照人。逸雪先生与之相惜相知，终身不渝，乃至举步同趋，于老壮之年，毅然加入中国共产党。二人既君子友于，更携手以同志相称，亦文学院十大名师之佳话也。

先生《南谷类稿》中存诗150余首，兹录9首，略加笺释，以飨读者。

午　梦

午梦方回日已西，身闲意懒絮沾泥。
小僮饱食渐无事(1)，报道新篁与屋齐(2)。

［解题］

此诗作于1941年，时先生在国史馆。诗中咏物感事，语意闲适，而讽世之音，自在言外。

［笺注］

(1) 小僮：年轻工勤员。

(2) 新篁：新竹，以喻新贵。人在檐下，而竹与屋齐，自是高出人上者。先生昔日曾语我云：国史馆发行部某，出身权门，放浪无行，惟以溜须拍马为能事，至为主事者倒溺器，终得赏识，骤升为部门主管。此事一经传出，举馆为之哗然。

归　思

简傲清狂一散儒(1)，此生未合问蒲卢(2)。
秋风已动鲈鱼美(3)，梦入吴江作钓徒(4)。

［解题］

此诗作于1942年，先生在国史馆任，目睹国民党当局钳制言论、排除异己、消极抗日诸般恶行，由愤世牵动乡愁，引出归思。

［笺注］

(1) 散儒：不守礼法、不拘世俗之儒生，此先生自指。

(2) 未合问蒲卢：不适合过问政治。蒲卢：本为蒲苇，丛生水中。古人以为施政之易成犹如蒲苇之易长，故以蒲卢喻政治。《礼·中庸》："夫政也者，蒲卢也。”

(3) 鲈鱼美：晋人张翰为官洛阳，某日秋风忽起，因念及吴中菰菜羹、鲈鱼脍，触动乡思，遂辞官归。见《世说新语·识鉴》。

(4) 钓徒：指严光。光字子陵，东汉高士。会稽余姚人。少与汉光武刘秀善，秀称帝，光变姓名隐遁。秀派人觅访，征召至京，与共寝，光酣睡，以腿置秀腹上，秀亦不怪。授以官，光坚辞不受，乃归耕于浙江之富春山。其垂钓处，后人名为严陵濑。见《后汉书·隐逸传》。

东海沱寒食(1)（三首之三）

一身飘寄早无家，懒向东风问岁华。

课罢新词闲闭户(2)，药炉茶灶任烟斜。

［解题］

诗作于1943年，先生已去职国史馆，于江津白沙场闲居授徒。先生漂萍无寄，感伤乱离，闲适背后，尽是家国情怀。

［笺注］

(1) 东海沱：地名，在四川江津县白沙场附近。寒食：农历清明前一日或二日为寒食节。

(2) 课罢新词：完成新讲授之课程。课：教书，教学。

剑门关(1)

书生櫜笔走天涯(2)，好景留连便是家。

欲觅放翁题咏处(3)，几回误认几停车。

［解题］

此诗作于1943年，时先生由江津北上玉门，赴油矿局秘书任，途经剑门关前，欲访陆游当年题诗处，几回误认，几回停车，寻觅不舍之情状毕现于诗。

［笺注］

(1) 剑门关：四川剑阁县北有大剑山，周遭为剑门七十二峰，峭壁中空，两崖相嵌，远望如剑戟之排列，故曰剑门。下仅一径可通，为关隘险阻，相传诸葛亮曾在此置剑门关。见《华阳国志》和《元和郡县志》。

(2) 橐笔:持橐簪笔。橐:用布或皮所制之口袋。古时书史小吏,常手持口袋,插笔颈后,侍立于帝王或大臣左右,以备随时记事。后指文人之笔墨生涯。

(3) 放翁题咏处:放翁,即陆游。游字务观,号放翁。宋孝宗乾道八年(1172),陆游自南郑(今陕西汉中)调任成都安抚司参议官。途经剑门时作《剑门道中遇微雨》诗,末二句云:“此身合是诗人未,细雨骑驴入剑门。”

闻人述渝情感赋[1]

电炬通明映画楼[2],曼歌妙舞几时休。
王孙惨绿同无忌,神女嫣红尽莫愁[3]。
报急军书来雪片,消闲名士醉街头。
薰风十里巴渝路,忍说杭州是汴州[4]。

[解题]

此诗作于1944年,先生在玉门油矿局秘书任。闻人述及重庆官绅于国难当头之时,犹文恬武嬉,纸醉金迷,乃愤而赋此,以申挞伐。

[笺注]

(1) 渝:重庆。

(2) 电炬:电灯。

(3) 王孙二句:王孙惨绿:即惨绿少年,本指衣着淡绿之少年,后指酷爱打扮、衣服光鲜之青年男子。神女嫣红:本指衣着红艳、装扮入时之妓女,此亦指权门富家女子。无忌与莫愁,非指魏公子无忌与石城女莫愁,只用词之本义,无忌即无所顾忌,莫愁即不解忧愁。此二句似典非典,传神之极。

(4) 熏风二句:南宋林升《题临安邸》有句云:“暖风薰得游人醉,直把杭州作汴州。”先生化用此句,谓国民党当局偏安重庆,醉生梦死,早把首都南京沦陷之耻忘于脑后。熏风:暖风。

来扬(二首)

偃卧南徐不计年[1],石帆楼下水连天[2]。
闲云忽被天风引[3],吹落绿杨城郭边[4]。

六一风流小杜狂[5]，前贤原亦爱维扬。
西湖瘦削金山小[6]，要借临川笔底光[7]。

［解题］

此诗作于1956年，时先生由镇江师范奉调苏北师专中文科，来扬之兴奋与喜悦，尽发于心，溢于言表。

［笺注］

(1) 偃卧：仰卧，谓隐居。南徐：南徐州，此指镇江。南朝宋元嘉八年(431)，以江南竟陵(今江苏常州市)一带为南徐洲，州治在京口(今江苏镇江市)，至隋初始废。

(2) 石帆楼：楼名，在镇江北固山后峰之西。楼中有联曰："槛前碑版留三国，天下江山第一楼。"

(3) 闲云：先生自谓。天风：指国家相关政策。

(4) 绿杨城郭：指扬州。王士禛《浣溪沙·红桥怀古》三首其一有云："北郭清溪一带流，红桥风物眼中秋。绿杨城郭是扬州。"

(5) 六一：指欧阳修，欧公晚年自号六一居士。风流：风度俊朗。小杜：指杜牧。

(6) 西湖句：句中着"瘦""小"二字，乃瘦西湖名胜点睛之笔，可谓妙绝时伦。日后扬州国画院院长李亚如先生，又撰得名联一副："借取西湖一角，堪夸其瘦；移来金山半点，何惜乎小。"与逸雪先生诗异曲同工，俱是神来之笔。上溯1997年，余与中国文联组联部合作，参编《中国当代书法名家手书扬州历代诗词》，因去亚如先生府上约稿，先生颔首示允。闲谈中，先生言及此联，以上下句末字皆为仄声为憾，余唯唯，躬身告退。退休后，又忆及此事，拟于两句后各增一字，庶使平仄相协，待赴李公府上请教，而先生已驾鹤西去矣。今不避续貂之嫌，谨录出，聊备方家一哂。联曰："借取西湖一角，堪夸其瘦也；移来金山半点，何惜乎小哉。"

(7) 临川笔：谢灵运之文笔，亦泛指当代才学之士。王勃《秋日登洪府滕王阁饯别序》："邺下朱华，光照临川之笔。"钟嵘《诗品》："宋临川太守谢灵运，其源出于陈思(曹植)。"

汤庄杂咏(七首选一)

呼朋下地运红苕[1],手挽轻车过板桥。
根下累累数不尽,一犁翻去拾酸腰。

[解题]

诗作于1958年冬。时先生在江都汤庄劳动锻炼,即景赋诗,当日之劳动情状,丰收景象,俨如画图,系先生“化俗为雅”典范之作。

[笺注]

(1) 红苕:甘薯,俗称山芋。

邮佛雏[1]

琼林自是出瑶琴[2],焦尾偏能发好音[3]。
寄语潇湘谭石菊[4],手挥目送莫沉吟[5]。

[解题]

诗作于1970年。时先生偶染风寒,于镇江家中养疾,闻悉好友谭佛雏先生已获解放,重执教席,喜而赋此,以申勖勉之忱。

[笺注]

(1) 佛雏:即谭佛雏先生(1919—1997),当代中国古代文艺理论与文艺批评研究著名学者,王国维诗学研究、毛泽东诗词研究领军人物之一。曾任扬州师院中文系主任、名誉主任。1960年5月出席全国文教群英会。1993年10月起享受国务院特殊津贴。

(2) 琼林:北宋时设琼林苑,为皇帝赐宴新科进士之处所。此借指当代高等学府。瑶琴:玉饰之琴,喻佛雏先生音声俊朗,乃高校杰出之士。

(3) 焦尾:即焦尾琴,东汉蔡邕所制。《后汉书·蔡邕传》载:吴人有烧桐为炊者,邕闻火中爆烈之声,知为良木,乃求归,制为琴,“果有美音,而其尾犹焦,故时人名为焦尾琴焉”。佛雏先生在“文革”中被造反派揪斗、挂牌、关进牛棚,人身倍受摧残,“焦尾”云者,亦指此。

(4) 寄语:异地传话,与诗题“邮”字相应。潇湘:泛指湖南地区。谭石菊:以石菊称美佛雏先生。石菊即石崖之菊,傍水凌空,其花乃菊之尤洁者(见沈竞《菊谱》)。

(5) 手挥目送：手挥五弦琴，目送南归雁。嵇康《赠秀才入军》诗之四："目送归鸿，手挥五弦。俯仰自得，游心泰(太)玄。"本谓手眼并用，意趣自得，后喻做事可两面兼顾。此乃逸雪先生劝勉谭公语：既要宁静自处，亦宜放手教学科研。后来佛雏先生在日记中写道："彼时'文革'已经五年，开始复课，我又获得重登讲席，编写讲义。蒋丈以此勖之耳。"真可谓高山流水，知音情深，譬以钟期、伯牙，不为过也。

以上所录诗，凡 9 首，虽非全貌，亦可窥其大概。先生之诗，务为意象相兼，意到笔随，其味在平淡，其趣在自然，读来如微风拂面，明月在天，看似无迹可求，却又余音袅袅，不绝于耳。当年刘辰翁评韦应物《长安遇冯著》诗，云："不能诗者，亦知是好。"则先生之诗，宜与韦诗同美，读者诸君以为然否，幸能有以告之。

（原载于《扬州发布》公众号 2018 年 5 月 5 日）

谭佛雏与蒋逸雪的友道真情

谭一青①

蒋逸雪先生生于1902年，比父亲大17岁，然而他们是无话不谈的至交好友。父亲在时一直称其为“蒋老”，我也跟着叫“蒋老”。

逸雪先生青年时代毕业于江苏淮阴省立第六师范，后相继在淮安第九中学、盐城中学、太仓师范任教。先生主治历史考证研究。1946年即在民国商务出版社出版了《张溥年谱》，以其内容细致、推论精当为史学界所称道。1949年前后在镇江师范学校任教，1956年调入扬州师范学院。蒋老是一位道德高尚、学养深厚的教育家，对于友情一道尤其珍视。他在晚年曾经放下自己一直从事的清文桐城、阳湖两派研究，拿出宝贵时间，为亡友王献唐整理完成《炎黄氏族文化考》遗著。

我不知道父亲是什么时候与蒋老成为好朋友的。只记得“文革”当中，父亲经常去蒋老家坐一会儿。刚上初中的我也被带到蒋老家去过许多回。蒋老家住在扬州师院内的北宿舍，两室一厅。中间是客厅，左边住着蒋老的孙子，右边是老两口的卧室兼书房。每次会面都在蒋老的书房内。蒋老不抽烟，因此父亲在蒋老家也从不抽烟。他们一谈就是半天，也不知道当时烟瘾很大的父亲是怎么坚持下来的。

那时父亲已经不写文章了，蒋老因为已经退休，故而还在做一些古典文学的研究。他们仍然讨论学问。记得蒋老在与父亲的交谈中常常去书架上拿出书来翻给父亲看。偶而说到我，父亲告诉蒋老我在学校的考试成绩，不少课程得满分。蒋老却说：“他们这些孩子吃不饱呀！”言下对“文革”时期的教育荒废极为惋惜。记得有一次父亲向蒋老提起我的志愿是当老师，表示十分忧虑，蒋老便笑道：“听其自然吧。”

① 原注：作者系谭佛雏先生之女，博士，大校军衔，军事理论与军史研究学者。

那时，蒋老经常邀请我们一家到他家吃饭，母亲常常不肯去，我就陪着父亲去吃。蒋老的夫人沈一真师母，父亲喊她“沈老”，原来是上海一女子中学的校长，文学功底也很深厚，能烧得一手好菜。在蒋老家饭桌上吃到的肉丸子鲜嫩可口，我和父亲一致认为这道菜比母亲的手艺高强。蒋老也喜欢与年轻人交往。当时的青年教师周顺生先生、李坦先生等都曾是蒋老家的常客。

蒋老谦谦儒者风度，阅历既广，心胸豁达。在“文革”十年中，蒋老的友情肯定是父亲的一个精神支柱。在那些日子里，因为那种特殊的背景，父亲与过去的老同学、老朋友几乎都断了联系，怕连累别人。父亲每有烦恼必到蒋老家对其倾诉，而蒋老总能温和细致地为父亲分析情况，排忧解困。因此，说他们在精神上“相濡以沫”是一点也不为过的。每次父亲从蒋老家谈话回家都显得较为轻松愉快。

有一次，父亲带我去蒋老家做客，他们谈到天黑才出来。沈老对我说：“别看你父亲非常温和随意，他其实是个硬骨头！你要了解，他是个不屈服的硬骨头！”当时我不太明白沈老的意思，但对这句话的印象十分深刻。

1970 年，父亲从“批斗”状态转入“帮助改造”阶段，学院让他重新给学生上课。蒋老知道以后，从内心里为父亲高兴，赠诗一首以增父亲的信念：

琼林自是出瑶琴，焦尾偏能发好音。寄语潇湘谭石菊，手挥目送莫沉吟。

这首诗收入蒋老的著作《南谷类稿》内，直到 1987 年蒋老已经去世两年以后才出版。父亲在 1989 年才在书店买到这本书。他在日记中写道：“记彼时‘文革’已经五年，开始复课，我又获得重登讲席，编写讲义。蒋丈以此勖之耳。此诗将随《类稿》而长在，而故人墓木拱矣！悲夫！”

1978 年，“文革”结束后，父亲重开“毛主席诗词讲疏”专题课，并应邀去韶山参加“毛主席诗词教学研讨会”，临行，蒋老赠诗二首：

昼锦名堂思魏国（韩琦封魏国公），天章会讲到韶山。独怜卅载离乡客，今日归来两鬓斑。

骚情赋意溯湖湘，继轨韶山最擅场。眼下诗坛多寂寞，文星萃集放光芒。（全国高校为研究毛主席诗词集会于韶山，佛雏兄应邀前往，口占二绝句送之，工拙弗计也。逸雪，一九七八年十月）

父亲在参加会议期间作《回乡偶咏四首，兼酬逸翁见赠二绝》。其中一首为《韶山毛主席诗词教学座谈会上口占》：

霜桔半红认楚天，韶峰潇洒出云间。千人诺诺一夫谔（会上安徽大学某君，力主研究毛主席诗词须实事求是，言之侃侃），始信“天章”解也难（逸翁赠诗中有“天章会讲到韶山”之句）。

1983年，82岁的蒋老决定返回镇江老家安度晚年，临别之际，父亲写下了《金缕曲》，深情相送：

《金缕曲》

蒋丈逸雪今年八旬有二，归老京口田园。从丈问学近三十载，十年浩劫，濡呴与共，临歧不觉黯然。予决意从丈后退归林下。京口广陵，盈盈一水，仍得时相过从。晚年优游之乐，度无逾于此矣。

投老归林壑。算人生，酸甜苦辣，尽堪咀嚼。嚼到平平淡淡处，蓦见本来面目。侭沧浪，水清水浊。我送公归无别语，只一生俯仰差无怍。人到此，亦云乐。　　虹桥梦绕金山脚。喜相从，扁舟一叶，隔江相约。山雨潇潇春永在，漫忆生平述作。又一一，从头笔削。还继张刘双谱后，把阳湖文派细敲琢。我有酒，为公酌。

公所著《刘鹗年谱》《张溥年谱》及《清代散文两大系》等，考证精审，立论坚确，为艺林所重。其《南谷类稿》一书，将公在建国前后所有单篇论著，合编一集，以贻天下后世。谭佛雏。一九八三年五月十四日，逸翁南归前，于扬州。

蒋老回镇江以后，父亲曾两次过江探望，不料到1985年蒋老便因病去世了。父亲十分悲痛，写挽联道：

执教五十年，淡泊自甘，一生俯仰差无怍；
过江才几日，眚灾频见，两度晤谈总怆神。

1987年，父亲的《王国维诗学研究》由北京大学出版社出版。父亲送了一些书给亲朋好友，而特别将三本书寄给了已故老友的亲属。他在日记中说：“我特别增加对三位已故老友的赠书：一、蒋丈逸雪，寄给上海沈一真老人；二、刘洛，寄给南京王泽芬（刘洛夫人）老友；三、孙龙父，寄给孙放侄（龙父先生的儿子）。如此，对三位故友表示了一点情分，此心得以宁贴也。”

父亲在致沈老（蒋老夫人）的信中说："最近寄上我的一本书稿《王国维诗学研究》，想收到了。这是一个小小的纪念物，请您留下。假令逸翁在世，他看到他自己的《南谷类稿》和我的这本《研究》，他将显得何等欣喜，欲共浮一大白！而今，北宿舍老屋犹在，而故人杳不可见矣，伤哉！附寄《岳麓诗词》，因其中载有我那篇小词《金缕曲》。当时逸翁颇首肯此词，想您也还记得彼时情景，又一纪念物也……"

沈老在回信中说："一日，渠（蒋逸雪翁）从您老处归，喜形于色曰：佛雏正下功夫写有关王国维诗学研究，约在廿万字以上，估计五七年后始可成书，此乃不朽之作。呜呼！逸雪，汝之挚友佛雏不朽之作问世矣。死而有知，当会笑于九泉矣。""逸雪虽去世数年，您老犹念念不忘，谁说人在人情在？诚不复见于今之人矣！"

1990年除夕夜，父亲忆及蒋老，致信沈老说："龙年刚刚过去，蛇年春节来临。我在此谨祝您春节清吉，诸事顺遂！前些天，式东带着新媳妇回扬探亲。如果蒋老还在，肯定会让小两口拜见蒋老和您。想来您二老也会欣然色喜的。可惜已不可能了！近几年，老友一个个凋零。我的唯一的老姐姐，承您和蒋老热情款待过的，也在前年谢世了。我自己也老态日增，记忆急遽衰减。我不搞'体检'，只在每早坚持慢跑800米，锻炼一小时。每早散步中，我都默诵《桃花源记》及诗一遍，我的《王静安像赞》和赠蒋老的《金缕曲》一遍。早上空气好，感到心胸恬适。也算我对自己敬爱的老友的纪念。一直如此，渐成一种很自然的习惯了。今天除夕，怀念故人，草此数行。"

父亲对于蒋老的思念已成一日一念，世间友道真情实难以逾此了。

（原载于《扬州发布》公众号2018年4月2日）

《王善业日记》中所载与蒋逸雪先生有关的内容[①]

王善业

1957 年

1957 年 12 月 5 日　周四　晴

与姚芸谈谈，便访逸雪，晚欢送会。

1958 年

1958 年 6 月 2 日　周一　晴

晚检查会(蒋)。

1958 年 6 月 6 日　周五　晴

午后检查会(蒋)；接刘文兴信。

1959 年

1959 年 4 月 5 日　周日　晴

仍感头昏，不能多看书写字；望逸雪病。

1960 年

1960 年 2 月 3 日　周三　晴

---

① 文集编者按：《王善业日记》尚未出版，承蒙赵非先生慨然相助，得以公布相关内容，谨致谢忱！

接风信，盖留置办公室逾旬日矣；与蚌埠师专吴为杰谈汉语教学；晚逸雪约看电影《风筝》，乃中法合摄儿童片，因叫阿多同去。

1960年3月27日　周日　晴

午前评选先进工作者；午后偕逸雪游园。寄家明片。

1960年6月5日　周日　晴

午前偕逸雪小金山茶；午后偕瑞、阿多上街买书，寄风信。

1960年7月24日　周日　晴

逸雪于皂庄请吃午饭；晚义春来谈谈。

1960年8月29日　周一　霁

午后偕同逸雪、同坤游平山堂。

1960年10月3日　周一　小雨

偕逸雪及光信父女皂庄午饭；午后偕阿多上街买配给品，寄雪皓信、风信。

1960年10月5日　周三　阴

劳动小半日；组主任会，谈理论学习事；午后学习，订《增产节约规划》；晚偕逸雪、同坤散步至公园小坐，月为云蔽，亦自有一片清光也。

1960年10月6日　周四　晴

午前上语音实习课两节；晚请逸雪饭。

1960年11月8日　周二　晴

午前古汉语两节；午后偕逸雪、光信小金山茶。

1960年12月13日　周二　晴

晨欢送下放师生大会。偕逸雪、同坤法海寺素餐；寄家信并汇款。

1961 年

1961 年 2 月 24 日　周五　晴

午前组会，讨论新学期教学问题；晚邀逸雪、同坤、光信共饭。

1961 年 3 月 27 日　周一　晴

午逸雪家饭后组会，谈"二百"方针。

1961 年 3 月 29 日　周三　晴

午后偕逸雪小金山茶，听"二百"方针报告。

1961 年 5 月 7 日　周日　晴

晨偕逸雪同视同坤病，未果；午后看《乒乓赛》电影（下集）；给风信（阿多写）。理发。

1961 年 8 月 19 日　周六　晴

与逸雪共邀同坤冶春早点。

1961 年 8 月 27 日　周日　风雨

应同坤邀赴冶春早点，逸雪同去，克谦先到。

1961 年 10 月 18 日　周三　晨雾

重九。同坤邀逸雪与余午饭，晚祖蓉来学英语；阿多到附中看电影《红鹰》；修整窗前瓜蔬。

1961 年 11 月 3 日　周五　晴

午后偕逸雪到医院望同坤病，归途到徐小白家看盆景。蚕豆下种。

1961 年 12 月 26 日　周二　晴

午前与程书记谈工作，午后讨论逸雪关于桐城派论文。寄淡信。

1962 年

1962 年 3 月 2 日　周五　晴

午前讲课两节；傍晚偕逸雪、光信湖亭小坐。寄瓒妹小包明片；接王纪棠信，风信，附珠珠周岁小照。

1962 年 3 月 10 日　周六　晴

午后听段熙仲讲学，逸雪请段、徐两先生晚饭，邀余作陪。接士煃信。

1962 年 5 月 26 日　周六　晴

整天开院委会。晚偕逸雪公园小坐。

1962 年 6 月 12 日　周二　晴

寄家信附致亨甥信及书单；午后炳昌来谈谈；晚偕逸雪双桥步月。接亨甥寄来《文学大纲》三册。

1962 年 8 月 19 日　周日　阴

晚请吴克谦饭，逸雪作陪。

1962 年 9 月 11 日　周二　晚阵雨

午前讲课两节；晚逸雪小吃部请客，陈、谭同席。

1962 年 11 月 18 日　周日　晴

午前偕瑞上街买得奶粉一磅，即以寄奉岳母并寄瓒妹信；午后偕逸雪游园，克谦亦来琴室茗坐，吃生煎肉包子。

1962 年 12 月 5 日　周三　晴

午前讲课两节后系内讨论教学计划，午后偕逸雪公园散步，晚备课。

1963年

1963年2月15日　周五　晴

午前讲课两节，午逸雪邀至小吃部饭，同席有巨川、克谦等；午后学习。

1963年4月4日　星期四　晚小雨

午前讲课两节，午后偕逸雪游平山堂。

1963年6月20日　星期四　晴

读《少仪》；晚偕逸雪湖亭小坐。

1963年7月4日　星期四　晴

看有关《马氏文通》论文；寄修哥信；晚偕逸雪步月，田间农民犹有未收工者。

1963年8月5日　星期一　霁

看逸雪文稿；夜来月色甚好。

1963年8月18日　星期日　晴

午前偕瑞上街，午后看逸雪文稿；项脊木强未已，颇感不适。

1963年9月10日　星期二　晴

整日院委会。晚逸雪于小食堂请吃饭。

1963年9月11日　星期三　晴

午后组会，丁让他调，晚饯别，逸雪作陪；接淡信。

1964年

1964年3月1日　周日　雾霁

午前偕瑞上街，复折往医院，望蒋老病。看两部人民公社纪录片。

1964年3月5日　周四　晴

午前讲课两节，组主任会；午逸雪请饭；夜大学陈本杰来谈些现代汉语教学问题；寄九照片。

1964年3月11日　周三　晴

午前讲课两节，午后修订教研组计划；晚逸雪邀看电影，乃两种木偶片，均极好；接柷信。

1964年3月24日　周二　雨

劳动后赴院视瑞，蒋师母亦来。

1964年5月4日　周一　晴

晚克谦来饭，逸雪新丧偶，因未能来也；接士熿信、风信；东房挂帐。

1964年5月21日　周四　阴

寄人鉴信并汇款；午邀逸雪饭，以久咳嗓音失润颇不舒服；瑞自菜市买得一株小黄杨归。

1964年6月4日　周四　晴

午后系会，谈教改事；晚逸雪请饭；寄锡鹏信。

1964年8月16日　周日　小雨

午前听周总理报告录音；逸雪游宜兴善卷洞归，以曼生壶见贻；接祖蓉信，谓将往教业余工大。

1964年8月22日　周六　晴

与克谦、逸雪、绍光于湖上作竟日游，午莲性寺素斋，晚皛庄面饭；接资料卡账单；门西茑萝开第一朵花，迟开半月许也。

1964年9月28日　周一　晴

午逸雪邀至莲性寺素斋，绍光同去，饭后湖上安步归，颇觉高爽也！

1964年12月6日　周日　晴

集中,各自准备放包袱,逸雪等下乡。

1965年

1965年2月1日　周一　晴

午前偕瑞游园,午后偕逸雪同访蔚老后至公园茗谈。理发。

1965年4月18日　周日　晴

午前偕瑞上街买菜,午在逸雪家饭,晚邀逸雪、绍光、世昌饭。

1965年6月16日　周三　晴

午逸雪家饭;树威来研究教材;接克威信。

1965年6月27日　周日　晴

午前偕瑞上街,乘车归;午后看援越抗美展览后,丁让邀至其家晚饭,逸雪、华鹏同去;石承送月季赤城露来。

1965年6月28日　周一　晴

整日读书;傍晚偕逸雪游园。

1965年8月7日　周六　晴

晚偕逸雪桥东步月,与老周闲谈。

1965年8月11日　周三　晴

晨偕瑞买菜,今日中元,农民买肉颇多;晚与逸雪五亭桥赏月;接克威信。

1965年8月12日　周四　晴

读《革命史稿》;晚与逸雪闲步至倚虹园旧址。

1965年8月24日　周二　晴

午前偕逸雪同访念纯；阿多写、寄淡信、风信。

1965年8月28日　周六　晴

午前听军区戴夫政委作《关于形势、备战民兵报告》；午后偕逸雪、绍光、寅官莲性寺素斋后游平山堂，坐船往返；接仁寿信。

1965年8月29日　周日　雨

人鉴谈谈；午到寅官家饭，同席为逸雪、绍光、明孝、念纯、（陈）亦舟诸人，饭后到念纯家小坐，借得曲谱数种；寄仁寿信。

1965年9月5日　周日　雨

午前逸雪邀至富春早点，生客有夏雨生医师焉，归时见源潜在，为看译文两篇；始服血安平药片；瑞发风疹。

1965年9月10日　周五　晴

中秋；晚偕逸雪、绍光泛舟湖上，瑞亦结伴出游。

1965年9月16日　周四　晴

看《选文注释初稿》；晚偕逸雪间步至湖亭小坐。

1965年9月19日　周日　晴

午前偕瑞游史公祠，然后上街买些零星归；午后将窗玻璃遍擦一通；晚偕瑞到老周处看昙花，折得一朵归，供水盆中；绍光夫妇及逸雪同去。

1965年10月10日　周日　雨

与瑞先后进城，瑞旋搭车归；午邀念纯、逸雪、绍光、明孝、寅官富春饭；晚关南气窗；今起临睡服蓝色糖面利血平一颗。

1965年10月13日　周三　晴

午前组会，讨论教材；后与逸雪附近走走；午后偕逸雪、绍光、买棹游湖，于鉴楼茗坐；适值观音诞，颇多进香者，归来已黄昏矣。紫竹林有金银桂各一，开花数日半已糁地。

1965年10月24日　周日　雾、晴

与逸雪同邀绍光平山堂素斋，祝六十寿也，搭车往返；午后偕瑞看电影《霓虹灯下的哨兵》；接士煃信。

1965年11月1日　周一　晴转雨

逸雪、绍光邀我夫妇莲性寺午饭，祝瑞六十寿也；午后树威来谈教学；寄祖蓉信，接图片社信，附帐单。

1965年11月7日　周日　霁

午前上大街一转，瑞则集体参观阶级教育展览；午应明孝邀，去莲性寺素斋，同席有逸雪、绍光、念纯、寅官、廷先，后小金山走走并登风亭眺远焉，归即偕瑞看电影《反空袭斗争》。夜复有雷电。今日立冬，于节气殊不相应也。

1965年11月14日　周日　晴

晨偕瑞出门，瑞上菜场，余到大街买些零星归也；午邀逸雪、绍光饭，后看电影《女跳水队员》，瑞、阿多亦去。

1965年12月28日　周二　晴

逸雪续弦，于富春公宴之；寄祖蓉信附贺片，接世昌贺片；腰略酸痛；瑞再看《革命赞歌》。

1966年

1966年1月9日　周日　雾晴

午前偕瑞上街买些零星；傍晚逸雪夫妇来小坐；理发；接枋信。

1966年1月14日　周五　晴

学期结束。午逸雪邀饭，同席九人，多系内同仁；晚老周送天竹、水仙

来;接风信,谓寒假不拟南归。

1966年2月16日　周三　晴

午后政协选举,闭幕后偕逸雪到达士巷古旧书店书库看看;接风信;寄图片社明片。

1966年4月1日　周五　晴

阅逸雪文稿;莲台移植菖兰,晚香玉分根。

1966年4月19日　周二　晴

午后逸雪邀至公园茗坐;寄兰娣信;瑞腰、脚酸痛。

1968年

1968年8月23日　周五　晴

午前班级斗蒋逸雪,午后向党员提意见。

1969年

1969年9月24日　周三　阴

午前听李指导员再动员;午后偕逸雪到邗江医院看眼、量血压90/160;归途红园小吃。

1969年10月2日　周四　晴

傍晚偕雨生、逸雪到红园小吃。

1972年

1972年5月9日　周二　晴

整日看材料。晚饯逸雪夫妇。寄风信。

1973 年

1973 年 2 月 5 日　周一　雨

午逸雪邀饭。

1978 年

1978 年 5 月 24 日　周三　晴

看逸雪《今古文学述评》;寄风信。理发。

1980 年

1980 年 9 月 14 日　周日 晴

午前明孝、逸雪先后来;午后小班夫妇、□□来;来寄元、亨信。

（节选自《王善业日记》[稿本]）

扬州历代名贤录跋

李　坦

《扬州历代名贤录》由筹划而成篇，费时二年。余本驽骀，又怠惰，赖老友周顺生兄并刘方明兄时加督勉，策我前行。所为诗，方明兄促成之；所为文，顺生兄促成之。微二君之力，未克有此也。

斯编凡一百八人，时代久远，资料难详。幸架上所储，可检得十之六七；书店、图书馆及网上可采信者，又酌取十之二三。尚有六七人，承友人顾一平兄、祝竹兄、许建中君、黄俶成君悉心匡助，祝竹兄更以稿本见示，云天厚谊，感何如之！弟子宋君波波、季君德斌，知余不习文传，一以打印、勘校为己任，酷暑祁寒，伏案不辍，亦余之强助也。

吾友束有春君，早年毕业于扬州师院中文系，以学者从政。念我老病，《扬州历代名贤录》甫脱稿，即施以援手，后续诸多事宜，皆亲为运筹，免我往返商洽之劳；于书中之文字体例，亦每有匡正。书稿付印承江苏人民出版社优予惠渥，又获教良多。感荷至深，一并谨表谢忱。

二十世纪六十年代初，余自扬州师院中文系结业留系，忝领教席之末。"文化大革命"后，又师从经史名家蒋逸雪先生，从受古文，兼学诗。间有所作，趋前奉先生，先生为指授，命予改易；犹不堪，则亲为删定之。以是，久而受益良多。越数年，先生遽归道山，余大恸，而检己所学，得先生之传者，尚不足二成，但惭朽木之质，未可雕也。

今谋是篇，益觉心劳力绌，难荷斯任，以名贤之所为，亦扬州历史文化之实录也。虽云梗概粗陈，犹未探步于鸿蒙，遑论钩致其旨奥。聊为片瓦之投，以俟夫荆山圭玉云尔。

甲午仲夏日李坦谨记于瘦西湖畔养拙斋

（原载于《扬州历代名贤录》，江苏人民出版社 2014 年版）

寸草集跋

李　坦

余之习诗，承师教也。教余习诗者，先师蒋逸雪先生也。

二十世纪七十年代中期，余得重操教业，先生督课益严。嘱余为习诗（近体）文（文言），务以知、能合一为要，且譬言之，曰："不能书，何以讲书论；不能画，何以讲画论；不能歌，何以讲乐论。汝不能诗，何以教人为！以己昏昏，使人昭昭，未之闻也。"余谨受教。间有所作，每奉先生披阅。亲承指画既久，受益良多。后十年，先生遽归道山，余亦以别故远离讲台，而往日习作，皆随手弃之矣。

及至退休归来，赋闲无事，复思先师遗训，而往日诗稿已荡然无存。愧悆之余，日后偶有所咏，辄为录存。以是积十余年，始得300余首，皆五、七言律绝而已。他如七言歌行，余不敢作，才力不足耳；五、七言排律，余不敢作，功力不逮耳。先生平生不为词，不敢悖其德，亦付阙如。今为编次，以"寸草"名之。谨将小草一束，权作旷日迟交之一份答卷，幸先生垂鉴焉。

草编既竟，初拟打印数册，留以自娱，经老友石明辉兄几番劝勉，周顺生兄亦期之甚般，始萌成书之意。某日，友人李昌集君来访，于案头见得此稿，余乘间请为序，君慨然诺。弟子沈君星河，自巴黎游学归，欣然为撰文，封面以茜草写意诸端，皆出其手。诸君雅意拳拳，悉心护持，云天高谊，何敢忘怀。

余不敏，学识疏浅，于近体律绝，粗堪初涉廊庑，遑论堂奥之趣。今付版梓行，幸读者诸君有以教之，以启我鸿洞之未凿也。跋予望焉。

丁酉春日　李坦

谨识于瘦西湖畔养拙斋

（原载于《寸草集》，团结出版社2017年版）

祭呈南谷先师
——录赠同门T君

李　坦

高行教我敢争锋，拂袖矜颜角两雄。
白眼向天谁索笑，青蝇扑面自从容。
只缘亲不防宵客，孰意人偏昵蠹虫。
毛羽老来堪爱惜，好留清节慰诗翁。

（原载于《寸草集》）

明暗之间

——记石承先生

汪　晖

白天还在北欧的夜空挣扎，不肯退入黑暗。我知道很快又是黎明。斯德哥尔摩的夏日，天长夜短，其实并没有真正的夜，不过是明暗之间。这景象让我想起鲁迅的谶语，我最喜欢的句子："我不过一个影，要别你而沉没在黑暗里了。然而黑暗又会吞并我，然而光明又会使我消失。"

我于是想到那些曾经在"明暗之间"彷徨的老人，那些早已退入黑暗的影子的故事。

得到章石承先生的死讯是一九九〇年夏天，那时我正在秦岭深处的商洛山"了解国情"。也在那一年春天，我的另一位导师唐弢先生病重住院，没有再清醒过来，一年多以后病殁于北京。我的硕士导师和博士导师先后辞世。我在这个世界上继续流浪，过着没有导师的生活。

石承先生是江苏海安人，一九一〇年生，原名章柱，号澄心词客。我在少年时代就知道他工于填词，因为我们是邻居，都住在扬州师院新北门宿舍的大院里，他和我的母亲同在扬州师范学院中文系教书。我上小学的时候，正是"文革"时代，那时知道他是"历史反革命"，又不甚严重，究竟为的是什么，并不确切，我也从未问过他。虽然历经各种政治运动，但他的风度依然。听我母亲说，章先生年轻时曾在东京帝国大学留学，我于是觉得他那种谦恭的姿态得自他的留洋经历：躬身，颔首，一丝不苟。"文革"之后自然没有问题，我的印象中，即使是在"文革"期间，他也总是风度翩翩，他的夫人夏云璧女士总说，石承先生像个外交官。

我在一九八二年成为他的硕士研究生，专业是中国现代文学和鲁迅研究。那时他七十二岁，头脑尚清楚，只是记忆力已经不甚好。即使如此，看起来也仍然鹤发童颜，带着金丝眼镜，穿藏青色哔叽中山装，走路的姿势有力而端正。老人爱说过去的事，我于是知道他早年就读上海暨南大学外文系，却又在中文系选修中国古典文学的课程。三十年代在东京时，学过外国文学和电影，也是中国诗词的研究生。一九三七年抗战全面爆发，他为了抗议日本的侵略，辍学回国。他慨叹说，那时没想到这一走竟再无缘日本，可惜的是许多书托给了房东，终于如泥牛入海。章先生的藏书在扬州是有名的，我每次到他的书房，看着四边堆积的书，一天天压迫起来，最终先生的书桌仅剩一小块可以写作的地方。也是在那时，我知道他在三十年代开始发表新诗和旧诗，出版过《石承的诗》《藕香馆词》和一些抗战小说，与石灵等诗人相熟。上海"孤岛"时期，他离开上海，回到他的家乡海安曲塘，创办成达中学，从事文学和文化活动。许多从上海逃出来的文化人就在他的中学里教书。我所知的有周煦良（外国文学学者，扬州"小盘谷"主人）、孙石麟（即诗人石灵）、许逸民（历史学者，后任教扬州师院，"文革"中冤死于狱中）等人。那时他的学校的位置在国、共和日本人三方地盘的交界处，所谓明暗之间，国、共两方面与他都有联系。我记得他说起过当时"联抗"的领导人如彭柏山、黄逸峰，他们有秘密的交往和公开的合作。比如他曾与彭柏山将军（"联抗"政委）合作编辑文学刊物《文学者》，与黄逸峰将军（"联抗"司令）的叔岳李俊民（后任上海古籍出版社社长）共事，担任教育委员会副主任（李为主任）。可能因为这样的经历，他在五十年代初期曾任镇江《大众日报》社社长，兼镇江文联主席。不过，我猜想，也因此，自那以后，特别是"文革"期间，他颇受疑忌。我曾读过他的一首《声声慢》，是五十年代末重回当年学校旧址时的情景：斜阳衰柳、冷落鸥盟；数椽茅屋，遍长苍苔；全没有旧时豪情，多的是袖染缁尘，凭添双鬓的慨叹。最后是："倾浊酒，且浇愁，沉醉未醒。"

石承先生是现代文学专业的导师，我也读过他写的《鲁迅作品中若干问题的初探》，但他自己更喜好的是古典诗词。除了故世后才刊行的《扬州诗词》（与夫人夏云璧女士合作）外，他还著有《李清照年谱》《陆游诗选》等，但迄未刊行于世。他不单诗词写得好，而且与学生谈话，也总爱说些"寒鸦数点，流水绕孤村""叶上初阳干宿雨，水面清圆，一一风荷举"之类的意境，念起来抑扬顿挫。他也特别喜欢中国的女作家的作品，古代的如李清照，现代的如萧红，也许这些女性的身世之感让他感动罢。他喜欢的多是婉约一派，也合乎他温文尔雅的气质。记得任二北先生到扬州师院任教时，石承先生告诉我，他幼年时曾得到过吴梅先生的指导，大概是给他改过诗。我当然知道任二北、唐圭璋、万云骏先生等诗词学巨子都是吴梅先生的高足，吴先生在中国近代词学方面的造诣，几乎无人比肩。我又知道他与章太炎先生有点远房本家或是别的渊源(他在外文系的老师陈麟瑞是柳亚子的女婿，与太炎先生熟悉)。我见过他收藏的太炎先生的一横幅，上录《荀子·荣辱》一章曰："憍泄者，人之殃也；恭俭者，屏五兵也。虽有戈矛之刺，不如恭俭之利也。"意思是，戒骄慢，事恭俭，律己待人，以远耻辱。我有时想，石承先生颔首鞠躬的姿态，多少得自太炎先生的教诲。恭肃而俭约，也是在动荡而崩坏的时代里，保护自己，以远耻辱的唯一法门罢。那幅字一笔不苟，篆书，太炎先生真是古文家法。

石承先生的真正的老师其实既不是太炎先生，也不是吴梅先生，而是龙榆生先生。龙先生也是词学大师，他早年参与编辑的《词学季刊》是近代词学研究的重要刊物。他的《唐五代词选注》是我大学时最喜欢的读本之一。但不知为什么，石承先生一直没有说起这段师生缘，直到一九八三年我北上京城访学，才知道他在暨南念书时，是龙榆生和卢冀野(曲学专家，著有《饮虹簃五种》等)两先生的得意门生，且时有诗词唱和。因诗词深得老师的赏识，竟以外文系学生的身份，而在中文系给冀野先生代课。临行前，他说有事要交代，让我去他家。我敲门进屋，先生端坐在客厅，显然是在等我。我问他有些什么要交代。他说要我先到镇江，找退休在家的蒋逸雪先生，请他写信给时任鲁迅博物馆馆长的王士菁，因为蒋先生是王的私塾老师，而且曾经资助过王念书。这样可以通过王的关系查阅鲁迅的藏书。而后又说，有件事相托，但不要对别人说起，是私事。我颇有点惊奇，章先生竟有私事托我，而且如此正式。这私事说来简单，后来我才觉得不寻常。章先生说，他是龙榆生先生的学生，但四十年代以后两相暌隔，而今龙先生已经不在人世。他颇想到北京扫墓，但身体如此，只能拜托我到墓上鞠躬致敬。他特别叮嘱说，要鞠三个躬。可是，章先生并不确切知道龙先生葬在哪里，于是又要我到北京图书馆去找龙先生的女儿龙顺宜，从她那里打听龙先生墓的地点。

我依次而行。先坐船到镇江，找到病卧在床的蒋逸雪先生，请他写信。蒋先生旧学功底极好，除了出版过《刘鹗年谱》外，他对经学，特别是扬州学派深有研究。可惜那时研究经学几无可能，又因为扬州地方小，关系复杂，他一气之下自愿退休[①]，回到距离镇江不远的一处乡间度日。深秋荒郊，蒋先生的家在一个稍高的土坡上，有绿树掩映。我找到那儿，进到屋里，昏暗的房子里躺着蒋先生夫妇，都在病中。我说明来意，转达章先生和我母亲的问候。蒋先生在床上草就给王士菁的信。我告别出来的时候已经是黄昏。登上破旧的公共汽车，看着车后扬起的尘土，心里有些沉重。因了蒋先生的信，加之王得后先生的帮忙，我顺利地查阅了鲁迅博物馆的鲁迅藏书。似乎不久之后，我也就得到蒋逸雪先生的死讯，据说是洗澡时无人照管、不慎落入烫水中烫伤后身亡[②]。

在北京除了查阅鲁迅博物馆的藏书外，就是到北京图书馆找资料，我也就便在那里打听龙顺宜的下落，却遍访不得。后来见到一位老馆员，他告诉我说，龙顺宜早已退休，这里的工作人员多是年轻人，自然不知道。从他那里，我得到龙顺宜的地址。我已经记不得在哪一条街了，反正是一处北京寻常巷子里的大杂院，周围有许多人家。室内昏暗，那时已是年底，屋子里烧着炉子，仍觉得冷。龙顺宜和她的丈夫都在家里，听说我是石承先生的弟子，既觉惊奇又觉感叹，因为时空睽隔，一晃几十年，当年章先生做龙先生的弟子时，龙顺宜还是个姑娘。那天的谈话，我至今仍然记得很清楚。龙女士先问我学的是什么专业，我说是现代文学；她有些诧异，说，章先生是学词学的，怎么带的是现代文学研究生？又问：你对周作人怎么看？那时学界对周作人在"五四"时期的贡献开始重新评价，至于汉奸一节，虽然在十年之后也未能翻案。我自然也如是说。记得他们夫妇听罢长叹一声，说：老一代快死完了，年轻的一代就更不能理解了。我知道我的回答让他们感到悲哀，可也无话可说。因为我并不知道他们想得到的是什么答案，又为什么感到悲哀。但那叹息的声音我一直不能忘怀。总觉得自己少不更事，伤了老人的心，是不该的。

直到一九九〇年我在商洛山中读钱理群先生的《周作人传》，这才略知龙家与周作人的渊源。写到战后周作人被关押一节时，钱理群在注释中引了龙顺宜在香港《明报月刊》一九八五年三月号上的文章《知堂老人在南

① 文集编者按：蒙李坦先生告知，蒋逸雪先生退休之事，实非其自愿，乃当时造反派之强令。后又因其他原因，得以复职。

② 文集编者按：又据李坦先生言，烫伤而逝者乃蒋逸雪先生之子蒋子光先生。

京》。一九四六年六月，周作人被押解至南京老虎桥监狱后，周作人的儿媳张炎芳给龙顺宜写信，托她照管周作人。此后龙氏姐弟每月或每十天便给周作人送些肉食、饼干、糕点之类，有时手头实在拮据，时间也会隔得长些。每年的冬天，龙顺宜为周作人拆洗棉衣、棉被。以后废名曾寄给周作人百元，也由龙顺宜转交。周作人在狱中翻译的英国劳斯的《希腊神与英雄与人》就是龙顺宜姐弟帮忙弄来的，自然还有其他的书。想必龙顺宜也读过周作人在狱中所写的那些诗歌，其中许多是托古自况。虽然说是“大声叫荒野，私语埋土穴”，但他吟咏“忍耻逾十载，遂尔破强吴”的范蠡，“吁嗟七十叟，投身饲酷儒”的李贽，再加上“投身饲饿虎，事奇情更真”的自辩，对于龙氏姐弟而言，大概“了解之同情”是一定会有的。这些事使我知道龙家与周家的瓜葛，也使我知道为什么他们问起周作人的评价问题。使我隐约觉得，龙女士的问题背后还有些别的隐忧，是什么呢？

龙榆生先生的墓在西山的万安公墓，那时没有公共汽车通那里，需要坐车到一处，而后步行走过去。那时已是十二月，天色灰冷。我找到那里时，离公墓关门的时间大约还有两个小时。万安公墓面积很大，一片片坟场。龙顺宜大概说了个方向，但并不确切。天色渐晚，我沿着一块块墓地慢慢地辨认。绝望之际，在一块极小墓碑上意外地看到一行小字，上面写着“江西九江龙七之墓”，再无别的标记。我记得章先生说过龙先生排行老七，又是江西人，这定是龙先生的墓无疑了。不写出墓主的名字，大概是因了某种历史因由，“文革”时代这类事很多，我也见怪不怪。暮色中，北风里，我站直了，面对凄清的墓碑，向我从未谋面，也不知就里的墓中人，鞠躬凡三次。其时衰草瑟瑟，坟场无边，一片沉寂。那年我二十三岁。

回到扬州后，我去石承先生处报告，特别说到去龙先生墓上的经历。我记得先生的面色平静，什么也没说。对于龙先生的生平行述，我至今不是很清楚。不过，渐渐知道龙榆生与汪精卫是至交诗友，时有唱和。上海“孤岛”时期，如同周作人没有逃离北平一样，他没有离开“孤岛”，后来竟应召去了南京，就任博物馆馆长。他虽曾拒绝出卖文物，但这点个人的清高，掩不住大节有污，在那样的历史情境中，不可能成为获得原谅的理由。他以汉奸罪入狱，先关在南京，后来迁至苏州。获释后，在上海音乐学院教书。当年石承先生在曲塘创办成达中学时，曾潜至上海邀请文化人去沪赴苏北任教，其中就有他的榆师，却没想到龙先生已离沪赴宁。我终于知道石承先生不愿多说的原因。怎样叙述这样的历史，对于极重师道，又明白大义所在的先生，当然是艰难的。我记得曾经与唐弢先生谈起“孤岛”时期的上海，那时他为了不给日本人做事，辞去了工作，贫病交加之下，一年间他失去了妻子、孩子和母亲等四位亲人。唐先生是位善解人意的人，性情也温厚，提及那段历史，语调仍是愤激的。那样的历史氛围，不可能提供理解其他选择的语境。而今一切已远。一个普通的文人，生当乱世，即是不幸。是非由历史决断，个人行为的后果却不能以无奈了结。时间的流逝并未改变是非的存在，但在这之外，也许还有对于飘摇的个人命运的悲悯？对于曾想恳请龙先生离开“孤岛”的石承先生而言，大义与私谊在历史之中如此相悖，心绪之迷乱是可想的。他有一首词，题为《燕山亭·寄怀榆师》，先说“秋老霜枫，凝赤乱霞，衬染悲凉天气”，又叙写“凭记当日追随，望云树苍苍，遣愁无计”，最后是“满眼兵戈，星尽散、旧游词辈。憔悴、常盼取、平安相寄”。感时挂念，无以相寄，只能遥祝平安，不过是难以言说中的人之常情。石承先生并非不知大义，但“指引，记娓娓长谈，夜深更灯晕”的师弟情谊，又如何安置？他所能解释的，也许就是用所谓时代的悲剧含蓄地诉说个人的无奈，在这无奈中还存有的个人品德的另一面：“叹浪翻波滚，溅白璧，岂损冰清玉润……”（《丁香结·悼榆师》）我偶然悬想石承先生苍颜白发，引颈北望，念远伤怀，而又无缘展墓的情景，心中不能忘怀的正是他的人之常情。暌隔四十年后，他嘱我在龙先生的墓前为他鞠躬，那礼仪中蕴藏的，是一位后辈对自己的恩师的怀念之情，而我也在糊里糊涂中尽了一个弟子对老师的责任。

石承先生的晚年是悲凉的。在我毕业之前，他的脑子已经开始糊涂，后来发展到老年性痴呆。发病的初期，人们并不把他当作病人看待。我的故乡那时关系复杂，近乎冷酷，石承先生起初是记忆力大坏，但还勉力支撑，不过得不到体谅。我从北京回家探望父母时，也去看他，他虽然认得我，却迟迟叫不出我的名字。此后又因早年离异的婚姻而弄得家庭破裂，即使在老年痴呆的状态中也未得安宁。听说有一次他手提雨伞，作长征状走失，据见过他的一位孩子回忆，石承先生脸色严峻，给了他一个橘子后说，要留心坏人。后来许多邻居出动，终于在远郊找到他：他依然手提雨伞，如同持枪的战士，埋头行路，面色凄苦。此后石承先生一病不起，终至残红褪尽，至死没有摆脱人生的是是非非。先生长我半个世纪，一生行述，不是我这样的学生所能判断，但我的心里总觉得章先生是善良的，在一个变化剧烈的时代里，像他这样敏感、自尊而又软弱的书生，能够闯过这样多的生活的裂缝，能够保留着那样的人之常情，已经是非常不易的事。他面对别人时，即使是自己的学生，也总是面带微笑，谦恭有加，颔首鞠躬，现在想起来，除了习惯之外，也是一种对人、对己的敬畏罢。这样的敬畏之情，而今的世界里确乎是越来越少了。

白天在夜中奔驰，照拂着明暗之间的人们。对于石承先生，所能记起的也多是匆匆的人影，我觉得我似乎从未真正进入他的内心。也许明暗之间的人，也就是些影子罢。但究竟是什么力量，使这样的文人，终至成为影子的呢？

（原刊于《读书》1996 年第 1 期）

王献唐在四川

魏敬群

1937 年 12 月 27 日，济南沦陷。同一天，41 岁的山东图书馆馆长王献唐，携先期转移到孔府的五大箱古籍、文物珍品（计古籍珍善本 2659 册，历代名贵书画 182 件，金石器物 734 件），离开曲阜南下，同行的有省图编藏部主任屈万里（字翼鹏）和工友李义贵。王献唐对屈万里说："无论如何，亡国奴帽子至海枯石烂，兄决不戴也。"还说："津浦车时遇敌机袭击，往即冒险，然欲为吾鲁存兹一脉文献，又不容苟辞。"一行人或陆路，或水路，数遇空袭，备尝艰险，行程 7000 余里，于 1938 年 11 月 24 日抵达乐山，僦居于天后宫大佛寺下院。

在万县西山

进入四川，他们曾在万县寄住近 10 个月，为了书物安全起见，他们选择在西山安家。"拈得灵山方寸地，劫来净土已无多。"山村茅屋一椽，窗外老梅一株，又有桂花、枇杷、桔柚及婆罗树之属。"献唐先生，肆力著述，晨兴握管，恒至中宵不辍。每得新义，辄喜相告语，余或未达，则呶呶致辩。有时互争，至于声色俱厉。结习难空，沧桑都忘矣。"王献唐与屈万里，或静对治学，或登峰远眺，几忘身世之痛。王献唐绘《山居图》赠屈万里，并题三首绝句，其三曰："茅堂静对日为僧，伏案摊书冷似冰。我已无家君亦尔，空山风雨老行縢。"不知沦入异域之故乡何如，更不知已陷入水深火热之师友何如，二人"引领河岳，不由泪潸潸落，肠寸寸断矣"。

1938 年 10 月，王献唐在万县觅得"平乐亭侯"涂金古铜印一枚，特撰《曹魏平乐亭侯印考》，自刻"平乐印庐"白方，并喜以名室，黄炎培、孔德成先后为其书匾额。时任教于成都华西坝金陵大学的古文字学家、金石篆刻家商承祚给王献唐来信说:“献唐兄鉴:事变后每以为念,昨读手示,知亦入川,喜甚! 蜀地金石除碑刻外毫无所见……‘平乐亭侯印’极佳,川中此物几乎绝迹,今得此,真因缘会。”并垂问:“贵馆携来精品当不少,能示一二否?”商承祚与王献唐除早有通信联系,还曾面晤谈学。王献唐迁乐山后,商承祚曾至其寓所拜访。他还在1943年元旦为王的“那罗延室”题匾,并作记:“佛典‘那罗延’为金刚不坏意,献唐兄取以自勖,属为书之。”

王献唐与屈万里之所以暂羁万县,是由于当时国立山东大学迁至万县开课,而王献唐被山大校长达林济青聘为中文系教授,主讲文字学和版本目录学。王献唐预支了800银元薪水,以解决书物迁移经费和生计问题。本以为能靠山吃山,却不料山东大学又奉令解散。此时,适在成都的挚友黄炎培来信建议:“万县亦非安全,最好更西行。如嘉定(乐山)实最方相宜。”并且说成都行辕主任兼四川省主席张群是他的旧交,“昨日谈及,极为关念,如有意迁移,彼可为力”。恰巧,王献唐又在此时被管理中英庚款董事会聘为史学研究员,得享最高档次每月200元的资助。此事系中央研究院历史语言研究所所长傅斯年之功,同为山东学人兼老友,傅斯年主动伸出援手,多次与管理中英庚款董事会董事长朱家骅和总干事杭立武联系,凭借与他们的熟络关系,将事情催促办成。但是,按规定,受聘者必须在大学工作,而万县已无大学,国立武汉大学却已在1938年初迁到乐山开课。王献唐又到重庆求助其文字学和经学老师、国民党元老丁惟汾,请这位日照同乡前辈托王子壮向教育部常务次长张道藩说项,同意将馆中物品存放乐山,解决王献唐挂名武汉大学问题。王子壮乃济南人,曾执教山东法政学校,时任中央监察委员会秘书长,铨叙部政务次长。他自然愿意给同乡帮忙,为桑梓出力。当年10月,接管理中英庚款董事会通知,王献唐被派往武汉大学。其所携馆中书物,当局亦准移乐山保存。同年11月下旬,王献唐等携书迁至嘉州(乐山)。

在嘉州凌云山

王献唐在凌云山大佛寺并不寂寞,时在武汉大学任教的高亨(字晋生)亦住大佛寺。高毕业于清华大学国学研究院,师事梁启超、王国维,是一名先秦文史研究专家、文字训诂学家。还有一位清华大学国学研究院毕业的吴其昌(字子馨),从梁启超治文化学术史、宋史,亦从王国维治甲骨文、金文及古史，此时也在武汉大学历史系任教授兼系主任。据吴令华《诗书友谊渡时艰》一文所记，他们三人都国学根基深厚，于文字学更是有深入研究，经常在一起探讨学问，诗酒唱和。

乐山是不设防的城市，生活尚算平静。不料，随着国民政府已迁乐山的传言，日军大规模空袭古嘉州。1939 年 8 月 19 日，36 架敌机投下 100 多枚炸弹和数不清的燃烧弹，整个乐山城被炸去三分之二，到处墙倒屋塌，火光熊熊。这次轰炸，死伤几千人，上万人无家可归。王献唐在致已去重庆的屈万里的信中说："此次轰炸，仆居山中，幸安全。……自抗战以来，仆所经不少，从未目睹耳闻如此之惨。敌机卅六架同时投弹。仆立大佛头旁看之，烟火矗天，全城通红，哀号四起。迄今思之，欲坠泪而发欲冲冠也。"

就在轰炸发生的前几日，王献唐与时在武汉大学任教的叶圣陶有过书画之交，中间人是高亨。叶氏民国二十八年(1939)七月二十九日日记云："晋生来，携来为余丐王献唐君所作画，高岩红树，茅亭绿蕉，略写凌云之景也。笔墨甚工，得之喜极。王君并题二绝句于其上云。"八月二日日记云："作成和王献唐赠余画题韵两绝，他日将书以素纸，托晋生致之，借伸谢意。"叶圣陶所作诗题为《王献唐以所绘山水相赠题二绝依韵酬之》，中有"耕烟妙笔何修得，图写凌云静读书"句，恰是王献唐当时生活的写照。叶、王后来相识相熟，叶曾开玩笑呼王"地头蛇"，意思是王献唐搜集、守护山东文献，传承山东文脉，无人能匹敌也。

王献唐在乐山期间，黄炎培作为国民参政会"川康建设视察团"副团长考察川南时，曾于 1939 年 3 月下旬到凌云山大佛寺看望王献唐，询问书物保管情况，并由王献唐陪同游览毗邻的乌尤寺。黄炎培是江苏川沙人，杰出的职业教育家和著名的社会活动家，多次到过济南。黄、王重逢异乡，把酒晤谈甚欢，炎培留赠"奉陪献唐道兄游乐山"的书画扇面。并于当年 12 月下旬再度来乐山时，写有《留赠王献唐》一诗。

1939 年 9 月，现代思想家、理学大师马一浮来乌尤寺开办复兴书院，聘熊十力、谢无量、梁漱溟等任讲座。乌尤山上的乌尤寺与凌云山上的凌云寺(大佛寺)并立相望，路程只有一里。王献唐与吴其昌常到乌尤寺拜访马一浮，在藏经阁读经，于寺里吃斋饭。马一浮和王献唐都是佛学家，马请王绘《维摩室图》。维摩是维摩诘的省称，早期佛教著名居士、在家菩萨。维摩诘乃梵文音译，无垢的意思。王献唐在《维摩室图》上题识："湛如先生雅属，廿八年(1939)秋琅邪王献唐嘉州作。”翌年三月，王献唐又为《维摩室图》题写七律一首，有“纸上须弥藏芥子，画中丈室是君家。焚香欲启维摩问，晚息如何住法华”等句。马一浮命人将《维摩室图》和题诗刻于碑石，嵌在弥勒殿后行道之侧壁上。

王献唐时与成都金陵大学中国文化研究所主任、图书馆馆长李小缘教授联系甚多，书信来往多系李为《金陵学报》索稿，或王因文献资料匮乏而向李求助。李小缘在信中说：“先生侨寓乐山，闭门读书。山东文献战前经先生征集保存，不遗余力；战后经先生救护保管，辗转入川，先生寝馈于斯，劳而无怨，功诚伟矣。遥忆山东先贤遗墨剩稿，潜德幽光，不可无所表彰。”王献唐十分赞成，回信时说：“敝省先哲著作能就学报发表，使薪火一熄得以永传人间，感幸曷已。”他将清末山东莱阳学者周悦让(孟白)的《倦游庵椠记》推荐给李小缘。

1940年3月，王献唐被设在重庆歌乐山巅向家湾(向湖)的国史馆筹委会聘为顾问，但他迟迟未赴任。同年8月，王献唐在馆方一再催促下欲前去履职。这时，高亨也从武汉大学辞职，要去川北三台县的东北大学任教。友朋离散，临行，王献唐取出他珍藏的两册《清儒手翰》(收有清代戴东原、章学诚、何子贞等18家朴学大师的遗翰)，写了题识及两首绝句，诗中有“珍重儒林尺素书”“论交如见故人心”等句。他约请高亨、吴其昌二人题咏。高亨题曰：“揖峨庐中，三峨曦曜，孤塔月华，九峰秋云，两江春雨，相与啸傲，时而商讨古籀，摭谈经史，杂以谐言，共为拊掌，亦避寇旅居之胜概也。异日千佛山边，大明湖上，重开此帙，当别有会心也。”20世纪50年代初，王献唐与执教山大的高亨重逢于青岛。山东大学教授赵俪生请自济到青的王献唐吃饭，“探问以何人陪席为妥，他冲口而出：‘高亨！’他二老在酒席上说的全是李庄历史语言研究所的往事，把我都给听傻了。酒至多半酣，忽然问有手杖没有，并且还要两枝，原来他二人要表演在李庄用手杖打架的情况。文人之酸状、之天真状，真是表演得活龙活现了”。由此看来，乐山分手后，王献唐与高亨在李庄又有交集。

在重庆歌乐山

王献唐行前一年，屈万里已由其老师吕今山推荐为奉祀官孔德成的伴读兼秘书主任，前去重庆歌乐山的猗兰别墅(后又去国立中央图书馆任职)。藏入山洞的书物，王献唐便交由李义贵看守，并按时寄予生活费。到重庆后，王献唐先是住在张家槽房丁惟汾租住的三间平房内。1940 年年底，他迁往歌乐山云顶寺。云顶寺与孔德成的猗兰别墅只有三里，他经常与孔德成、李炳南、吕今山、邢仲采等论学谈文，喝酒吟诗。李炳南、吕今山都是孔德成的教读先生，邢仲采(蓝田)是王献唐的知交，曾任济南市财政局局长、山东省政府秘书长，藏书家、古籍鉴定家，诗文俱佳，有名的北方才子。李炳南撰文回忆当时情景："卢沟桥之役，从孔上公走渝州。迨市遭空袭成焦土，遂迁渝西歌乐山之野，曰猗兰别墅。政府枢衡，多散居山麓左右。献唐时主国史馆事，馆在山左向湖，距兰墅三里许，频往还，或集文酒之会。……献唐治汉学，兼精内典，人有平仲之敬，且蕴之谐，凡公偶不在座，众不乐也。"

王献唐在国史馆曾任副总干事兼第一组(包括设计、编纂、采访三股和图书室)主任，后因事烦辞去而专任纂修。当时，因负保护山东图书馆书物重责，并为管理中英庚款理事会撰写《中国货币通考》，王献唐无暇他顾，并无意参与国史馆事务。国史馆筹委会主任张继(字溥泉)是他的老友，一再出面力邀，王献唐才勉强应允。他在会内主要是编撰《国史金石志稿》，以历代出土的金石考证历史正讹，书中著录之器共 4854 件，包括乐器、酒器、水器、食器和其他杂器，以及铜镜、印玺、梵像等。他在馆中工作情形，其日记有所反映，如"至溥泉处共商本年度预算"，"午饭后，与同人商讨搜访史料事"，"晚间与溥泉、植之(但焘)先生商讨会务"，"代溥泉先生拟提案，请以各机关无用档案，移会保存"，"偕植之同与溥泉先生商会务进行，拟编纂《国史史料图谱提要发凡起例》，并拟步骤，嘱春浦先行试办"，"开第一组组务会议，通过《编算国史拟传计划草案》，又拟《各机关日历纲要》"等。1940 年 6 月 10 日，王献唐接到国史馆筹委会开会通知，并收到总干事(不久即辞)、著名史学家朱希祖(字逷先)来函，嘱托访借《清史稿》。笺注《清史稿》是王献唐的一项重要工作，他和但焘各分担一部分。为此，他阅读并笺注了《宣统本纪》《光绪本纪》《刘永福传》等。

张继与王献唐同是书虫，交往颇密，他在民国三十一年(1942)四月二十四日的日记中写道："由亚光寺来国史馆，料理会务。借《剿闯小史》及《偏安排日事迹》，王献唐君嘱山东图书馆寄来者。"王献唐还应张继之请，为新出土的康季鼒作考释，撰成《岐山近出土康季鼒铭读记》，发表在《西北文化周刊》。国立西北图书馆馆长刘国钧函谢王献唐，称其考论之文“光诸敝馆馆刊，曷胜荣宠”。

王献唐与会内干事蒋逸雪深交，蒋是江苏学者，接替王任第一组主任。两人整日诗酒酬唱，聊解无家思乡之苦。王献唐1960年辞世之后，蒋逸雪倾注极大心血整理王之《炎黄氏族文化考》，并由齐鲁书社于1985年出版，以其告慰老友于地下。

1942年10月，国史馆筹委会编印了由著名考古学家、历史学家卫聚贤主编的《说文月刊》第三卷第八期，取名《史蠡》，王献唐在上面发表了《汉书食货志订议》和《新出土汉熹平春秋石经校记》。曾与高亨、吴其昌同在清华大学国学研究院就读的卫聚贤，时在重庆中央银行任职，著有《中国考古学史》《中国货币演变述略》《古钱年号索引》《古今货币》等。他所主持的考古民间学术团体“说文社”，不仅有编辑部、门市部、印刷厂，还有一家名叫“聚贤楼”的茶楼，郭沫若、周谷城、顾颉刚、马衡、胡小石、常任侠、杨仲子、金静庵、傅振伦、王献唐等常来聚谈。王献唐与其为货币学同道，交流甚多。一山东，一山西，两位北方学人，惺惺相惜，结下厚谊。后来，王献唐从李庄回到重庆，就住在卫聚贤家中。

1943年3月，他离开重庆国史馆筹委会，应傅斯年之邀，到南溪李庄板栗坳史语所从事研究著述。这次离开，并不是一件愉快的事情。金石书画家石可在《忆尊师王献唐》一文中披露：“国史馆筹备委员会成立之始，由辛亥革命元老张继（字溥泉）任主任委员，湖北但焘任总干事，献唐先生任纂修兼副总干事。献唐先生是山东大汉，身高1.86米。但焘先生是江南秀士，身高1.5米多。他们之间并不协调，不是因为南方、北方，身矮、身高，而是因为史学观点上的分歧，道不同难以共事。一次争论起来，献唐先生大发脾气，先是争论，继而拍案，后是把但先生推倒在地（其时我尚未到该会工作，传说献唐先生把但先生像叼小鸡似的，一把提起又摔倒地下云云）。”与这位民国开国功臣闹翻之后，献唐先生便拂袖而去。不过，他并没有从国史馆辞职，只是换了一个地方，继续为国史馆工作。

在李庄栗峰

王献唐本打算重回乐山，之所以改选南溪李庄，是因为这里有战时后方最大的图书馆。他去后住在史语所图书馆后面的院子里,图书馆斜对面是傅斯年居住的桂花院。傅斯年时已辞去中研院代理总干事职务,全家从重庆迁来栗峰(板栗坳)史语所。他常去重庆聚兴村中研院办事和以参政员身份到国民参政会开会,每次回到栗峰,都要到王献唐处看望。王献唐民国三十四年(1945)二月十七日的日记载:"午饭后,孟真来,以所作《殷历谱序》见示,细阅二过,交翼鹏……归后,孟真来谈。"一日两次见面,可见其亲密。傅斯年给烟瘾极大的王氏送烟,或为患有脑疾的王氏买药,请其吃饭喝酒,还与其下象棋,说说笑笑,其乐融融。

王献唐与傅斯年同年同庚,又同为基深学人,相聚放谈,互启神智,自然没有什么隔阂。文献学泰斗王绍曾之《日照王献唐先生事略》说:"先生与孟真交最笃……凡先生所为,孟真均竭力助成之。"王献唐时在撰写两部大部头著作,一部是向管理中英庚款董事会提交的研究成果《中国古代货币通考》(50 多万字,成稿于 1946 年),一部是民国政府国史馆所编国史的组成部分《国史金石志稿》(80 多万字,成稿于 1945 年)。屈万里在《王献唐先生事略》中说:"先生精力所萃,尤在《货币通考》《国史金石志》二书;然卷帙繁重,复值世乱,竟未付梓。"直到几十年后,这两部书才由齐鲁书社和青岛出版社分别于 1979 年和 2004 年印行。

傅斯年见王献唐焚膏继晷,忘我工作,总寻思助一臂之力。他暗自为其争取到美国哈佛燕京社一笔数目颇丰的研究补助费,帮其解决了大问题。当时,王献唐买书开支甚大,仅一部《古钱大辞典》就花了 200 元。著述之余,王献唐与董作宾(彦堂)、李济(济之)、王仲武、那简叔、萧轮徽、劳干、梁思永、张政烺、芮逸夫、陈槃庵、李孝定、石璋如、逯钦立、夏鼐、王叔岷等往还论学或交游。时屈万里由王献唐修书向傅斯年力荐,已于前一年进入史语所三组,跟随董作宾整理甲骨文。分别几年之后,王、屈相聚一起,喜悦之情难以描述。

李济任史语所考古组主任、中央博物院筹备处主任,被称为"中国考古学之父"。王献唐与其是老朋友,1930 年成立的"山东古迹研究会",二人同为委员。在李庄,他们常有来往。在民国三十二年(1943)九月十四日的日记中,王献唐记曰:"夜间微受凉,又失眠,至济之处,看其所研究之殷墟各种陶器及陶器上花纹文字,伊方撰陶器专书也。"此专书名为《殷墟器物甲编·陶器》。

民国三十三年(1944)二月二十九日,董作宾由李庄带回吴其昌因肺病去世的消息,王献唐十分痛心,连说哀哉,并“与孟真、济之诸人去电吊挽”。祸不单行,“及晚,又接莘农电,裕华死矣!晚间未进饭,只饮酒数杯”。尹莘农是山东省立医专校长兼附属医院院长,与王献唐乃青岛礼贤书院同学,两人为至交,王献唐携省图书物南下,就是由尹莘农安排医院车辆护送的。这时,山东医专已迁四川,王献唐最为钟爱的次子王裕华是该校学生,患肺炎医治无效逝世,葬在学校所在的万县山上。王献唐三月二日的日记云:“晚间翼鹏来劝慰,饮酒至醉。”

王献唐在生活上不讲究,总是一袭长衫,一双布鞋,抽劣质烟,喝茶叶末。唯烟抽得很凶,一天只用三根火柴,早晨醒来用一根,午饭后用一根,晚饭后用一根。也就是说,除了睡觉和吃饭,他就一支接一支地吸个不停。不仅嗜烟,他还好酒,在其日记和书信中,不乏醉和大醉的记载。当地朋友知其喜杯中物,遂携川中好酒以赠,故有傅斯年、李济、梁思永、董作宾都来品尝的轶事。王献唐在国史馆时,傅斯年给他的信中有语:“先生须好好静养,既已止酒,还须戒烟。”可见,王献唐因病曾断过酒,只是时间不长,烟则始终没有戒过。

虽然写作艰苦,生活拮据,王献唐在李庄的青山绿水中,精神是愉快的。王献唐自入川之后,身体多病,每况愈下,脑疾、目疾外加失眠,已到不能见风、见光地步。他在民国三十四年(1945)八月五日致张继的函中说:“弟目疾经打针服药之后迄今不愈,此病牵及神经,长此以往,将成痼疾……弟病大抵出于风湿,由川中气候所致,能回北方或能痊愈。现只早盼敌人无条件投降矣。”

1945年8月15日,日本宣布无条件投降,抗战胜利。王献唐于9月11日乘船离开李庄,前往重庆;1946年9月,他随国史馆人员乘船出三峡,离开四川,不辱使命的王献唐,心中的愉悦如长江浪花奔腾不息。

(原刊于《春秋》2015年第6期)

后 记

蒋逸雪先生(1902—1985)是扬州大学文学院(其前身是扬州师范学院中文系)的前辈名师,学问淹通,行事清简,一生之中执教前后有四十余年,道德、文章皆为世之型范,启悟后学尤多。先生一生笔耕不辍,著述甚丰。自以"蒋连城"之名发表《孔儒辨》(刊于《经世报》第三卷第五期,1926 年)始,至刊发《释蚕》(刊于《教学与进修》1983 年第 4 期)止,学术探求更是长达 57 年,所积成果堪称丰硕。虽然,先生在世即有《国学概论》《陆秀夫年谱》《刘鹗年谱》《张溥年谱》等四部专著的出版,身后又有《南谷类稿》(出版于 1987 年)的问世,但相较于一生的实有成果,遗珠之憾仍是未免。如《南谷类稿》的编订启动于先生之暮年,因多种缘故,早年文章颇多未录。以先生成果泽惠学林之意义相衡,尽早汇其著述于一处乃必要且迫切事。2018 年 4 月,扬州大学启动"文脉工程"建设项目,《蒋逸雪文集》申报获选,文集编订工作由此正式展开。三年间,本项目致力于先生著述的搜求,在已出版专著外复辑得散见文章 32 篇,以及他人寄赠、怀念、述及等重要文字 15 篇,合有 17 万余字。于此,先生五十余载学术追求历程基本廓清。

一

蒋逸雪先生一生坎壈崎岖,但从旧时代到新社会,先生始终将个体生命价值与时代需求相系,在学术研究与诗文创作上虽几经转折,但每每皆有突破。从历时角度而言,其探求之迹大致可勾稽如下。

1924 年,23 岁。毕业于江苏省立第六师范学校。

1926 年,25 岁。先后从南京国学专修馆、厦门大学国学研究院毕业,入盐城中学任教。同年,于《经世报》第三卷第五期发表《孔儒辨》一文,署本名"蒋连城"。

1930 年,29 岁。于《东方文化》第五期发表《唐宋诸老抵排释老平议》一文。彼时《东方文化》的主编为唐大圆先生。1925 年蒋逸雪先生在南京求学时寓居杨将军巷,曾与唐先生比邻而居,朝夕请益,故对唐先生素执弟子礼。

1931年,30岁。于《东方文化》第二卷第三期发表《焚书不始于始皇,始皇所焚为古文说》一文。《孔儒辨》一文经润色修改后,再刊于《东方文化》第五期。

1934年,33岁。于《震铎》之八月号刊发《江苏盐城中学来函》,寻求联络唐大圆先生,时唐先生入山隐修。

1935年,34岁。于道南学社出版《国学概论》。于3月6日之《中央日报》(本文提及的《中央日报》,所指皆为民国时期出版的报纸)发表《王凤洲晚岁耽禅》一文,由此可知,先生此时已执教于太仓师范。

1936年,35岁。于商务印书馆出版《陆秀夫年谱》,此书乃何炳松先生主编"中国史学丛书"之一种。于3月5日之《中央日报》发表《唐大圆服膺章太炎》一文。《江苏学生》第八卷第二期发表《师范生与国文学科》演讲稿。

1938年,37岁。3月奉命赴大后方参与筹建江苏省立联合中学,带领学生转移并任教员。先在湖北省沙市复课,后因战事紧张,学校迁往重庆。为学校创作《江苏省立联合中学校歌》歌词,激发青年学子抗战复仇的斗志与决心。《题野猫溪寓楼》等8组诗作于此际。

1939年,38岁。《汉奸的前途》一文发表于《民意周刊》第九十八期;《复性书院主讲人马一浮先生》发表于《杂志》第四卷第三期。

1940年,39岁。《儒家真精神》一文发表于《欧亚文化》第二卷第一期;《读吴稚晖先生〈精神物质应当并重说〉以后》一文分为两篇,刊于《欧亚文化》第二卷第二、三期。《春山独步》诗写于是年。

1941年,40岁。供职于国史馆筹备委员会,与王献唐先生同事。《午梦》《东皇》二诗作于此年。

1942年,41岁。于10月4日的《中央日报》发表《古代教育文武合一疏证》一文。发表《张謇拟传》于《说文月刊》第三卷第八期。《思归一首示蒲圻盖讽之也》等三组诗作于是年。

1943年,42岁。4月辞去国史馆筹备委员会第一组主任之职,"就肃州甘肃油矿局职"(《王献唐年谱长编》,第839页),遂有西北之行,并顺道赴敦煌考古。《中央日报》6月27—29日连载《西北纪行》。《敦煌之行》刊载于《中央周刊》第六卷第四期。《说文月刊》第三卷第八期刊载《三十年来国史馆筹备始末记》一文，此刊第三卷第九期又载《李仪祉传》和《孔祥榕传》两文。是年尚有《读晋书阮籍传》等十八组诗。

1944年，43岁。从西北回到重庆，在白沙某学校任教。发表与《老残游记》相关的研究成果：先于《东方杂志》第四十卷第一期刊发《〈老残游记〉考证》一文；后于《文史杂志》第四卷第一、二两期发表《〈老残游记〉一集考证》，刘大均有《关于蒋逸雪先生所作〈刘鹗年略〉》的商榷文章。发表《心史辨伪》一文于《东方杂志》第四十卷第二期。《校注朝鲜〈宣庙中兴志〉后记》一文刊于《新中华》复刊第二卷第一期。《中国文化与战后新世界》一文发表于《文化先锋》第三卷第九期。此年作《唐大圆先生行述》，并《郭节述赴美任领事索诗》等九组诗。

1945年，44岁。在《龙凤月刊》第一期发表《戴安澜传》一文。《殷商拓地朝鲜考》发表于《东方杂志》第四十二卷第二十一期。是年尚有《岁暮寄怀日照先生》和《江中遥望九华山》诗。

1946年，45岁。出版《张溥年谱》，分别有商务印书馆“中国史学丛书”版和上海书店版。东方文学社重印《国学概论》。买舟东归，返乡后得镇江师范学校之聘。有《新自蜀归喜西梧来晤》等九组诗。

1947年，46岁。发表《三代释名》于《东方杂志》第四十三卷第四号。发表《商代迁都考》于《松辽文化》第二期。

1950年，49岁。有《苏州》诗。

1952年，51岁。有《遣静女嫁兼示其婿》诗。

1954年，53岁。据张须赠诗，《〈孔雀东南飞〉的写作年代问题》一文应成稿于此年三月之前。有《晚风》和《望夕还山放歌》诗。

1955年，54岁。有《恒如邀观荀慧生演红娘》等诗三组。

1956年，55岁。奉调至苏北师专中文科任教，教授古典文学。有《来扬》组诗。

1957年，56岁。有《春爵》和《吴讯》诗。

1958年，57岁。赴江都汤庄劳动，有《汤庄杂咏》诗一组。

1959年，58岁。《刘铁云年谱》一文刊于《扬州师院学报》1959年第3期。

1961年，60岁。5月，任讲师。参加学术会议，提交论文《谈有关桐城派的几个问题》。有《先严忌辰感赋》诗。

1962年,61岁。有《崔路鸣六十生辰,有作画为寿者,路鸣委题其上》等三组诗。

1963年,62岁。《论阳湖文派》一文完成。是年《谈有关桐城派的几个问题》一文被收录于《桐城派研究论文集》中,由安徽人民出版社出版。有《访隋陵二绝》等二组诗。

1965年,64岁。有《一真重听、健忘,写此慰之》诗。

1967年,66岁。有《偶成》诗。

1969年,68岁。有《一九六九年仲春作》等诗三首。

1970年,69岁。有《为我国第一颗人造地球卫星发射成功而作》等诗五组。

1971年,70岁。有《一真灯下索诗》等诗四组。

1972年,71岁。有《行将退休,欣然命笔,计四言十六韵》等诗二组。

1973年,72岁。有《过吴克谦医师故宅》等诗九组。

1974年,73岁。有《人日前夕寄一真海上》等诗三首。

1975年,74岁。有《动物园新畜非洲乳狮吼声凄厉,怜而咏之》诗。

1976年,75岁,有《寄一真》等诗八组。

1978年,77岁。被评为副教授。《评张溥〈五人墓碑记〉》一文发表于《扬州师院学报(社科版)》1978年第3期。发表《数字探源》一文于《扬州师院学报(社科版)》1978年增刊。据《王善业日记》,今年完成《经今古文学述评》一文,曾多与友人商订。有《卞孝萱以所著〈刘禹锡年谱〉见贻,钦其翔实,漫成二绝句寄之,期其续有佳制问世也》等诗二组。

1979年,78岁。《建国三十周年有作》发表于《扬州师院学报(社科版)》1979年第4期。完成《〈张溥年谱〉后记》和《〈平乐印庐稽古文字〉序》两文。

1980年,79岁。被聘为扬州师范学院中国古代文学硕士生导师,先秦文学研究方向。发表《〈李白与杜甫〉一书读后》于《扬州师院学报(社科版)》1980年第2期。发表《读诗偶记》于《扬州师院学报(社科版)》1980年第4期。《刘鹗年谱》由齐鲁书社出版。《陆秀夫年谱》由台湾商务印书馆再版,书名为《宋陆君实先生秀夫年谱》,收录于《新编中国名人年谱集成》中。有《观重言、献唐先生遗族所惠近影及镇宅所寄照片漫书二十八字》等诗四组。

1981年,80岁。《读诗偶记(续)》发表于《扬州师院学报(社科版)》1981年第1期。发表《谈〈醉翁亭记〉一文用“也”字》于《教学与进修》1981年第1

期。发表《释四方》于《扬州师院学报(社科版)》1981 年第 4 期。发表《关于〈孔雀东南飞〉的写作年代问题》于《教学与进修》1981 年第 4 期。应王献唐先生哲嗣之请,校阅《炎黄氏族文化考》一书。有关刘鹗研究的成果,引发日本学者的关注,樽本照雄在《日本清末小说研究会通信第八号》上有介绍。有《献岁发春,外孙祁汉晋自太原寄词为祝,以二十八字付之》等诗三首。

1982 年,81 岁。发表《谈韦尔斯〈世界史纲〉中涉及中国之几点》于《教学与进修》1982 年第 2 期。写作《〈炎黄氏族文化考〉序》一文。齐鲁书社出版《张溥年谱》。有《忆茹老》等诗五首。

1983 年,82 岁。《记从王先生受诗》一文发表于《文教资料简报》1983 年第 1 期。发表《释蚕》一文于《教学与进修》1983 年第 4 期。有《瘦西湖》等诗二首。

1985 年,84 岁。逝世。

1986 年,《经今古文学之争,系学术问题抑政治问题》一文,被收录于《中国历史文献研究(一)》一书中,由华中师范大学出版社出版。

1987 年,《〈那罗延室稽古文字〉序》被收录于《鲁版图书序跋集》一书中,山东人民出版社出版。从内容来看,此文即《〈平乐印庐稽古文字〉序》。《南谷类稿》一书由齐鲁书社出版。《南谷类稿》荣获江苏省第二次哲学社会科学优秀成果二等奖。

二

蒋逸雪先生国学功底深厚,为学自觉以经世致用为尚,亦即着眼于为民族复兴、国家兴旺而贡献心力。而其生活的二十世纪,中国社会风云变幻之巨实为史之罕有:从半封建半殖民社会步入新民主主义革命时期,又由新民主主义革命而建立新中国,进入社会主义革命和建设的伟大时代。故而个体“为国为民”价值追求的实现,必须以了解时代进程、解答时代命题为前提,亦即个体必须首先对自身进行革命——以深刻的自省、自新为先导。在一系列时代命题的解答中,蒋先生既从未落伍,也从未过激。限于篇幅,此处仅以其在抗战时期的精神自新为例,稍作阐述。

纵观蒋老一生的学术产出,最旺盛期非寓居重庆时莫属。1938 年至 1946 年间,确知的学术产出活动即有:出版《张溥年谱》、再版《国学概论》;

刊发《汉奸的前途》《心史辨伪》等政论、史论文章二十余篇。此外作有《题野猫溪寓楼》等诗歌四十四组。学术发表、时政评论、文学创作等三者齐头并进，留下了一位知识分子在国家危难之际寻求救亡的种种思考与努力：既有意在振奋民心、鼓舞士气的大声疾呼，也有反思中国的传统文化、在中西对比参证下仍能从民族文化中寻到出路的谔谔直言。所以，这一丰产的背后实际是蒋先生对向之所学、所持的自我批评与重新调适。如何在理性审视后重估儒家文化的现代价值，如何继承辉煌史学传统以振起民意等，都是此时的蒋老殚思极虑并努力践行的。

《汉奸的前途》一文是蒋逸雪先生入渝后公开发表的第一篇文章。首篇文章即以大是大非的政治立场问题为焦点，批判矛头直指以汪精卫为首的卖国汉奸。从伪楚帝张邦昌、伪齐帝刘豫到明贰臣洪承畴，蒋先生从历史潮流角度谈个人政治操守，批判出卖民族利益的行径，全文气盛言宜、不容辩驳。论及一时之社会阴霾："近来京沪一带有不少汉奸理论在宣播，这好像死囚绑缚刑场，遂放开喉咙高唱一曲，也不过假充好汉奸罢了，谁会睁着两眼跟他们去扮演悲剧呢?"所作亦为积极的、驱散迷雾式的舆论引导，直言宵小必然覆灭的可耻下场。

在《儒家真精神：勇之阐发》一文中，作者痛心于侵略者恣意寻衅、不少国人却意志消沉的现实，转而从儒家原始经义中寻绎刚强勇毅之脉："勇乃立国之要素，有之则存，舍之则亡"；并对汉武帝之后，罢黜百家、专崇儒术、以柔为治的灰暗历史痛下针砭。对比德国尼采的"超人哲学"，蒋先生大声疾呼："意志坚强，百折不挠，故能成不世之勋业"，救弊之心拳拳。一介书生，以一支健笔而作振聋发聩之音，其胸胆真可谓壮哉！

1940 年吴稚晖先生发表《精神物质应当并重》一文，就中国社会的未来出路作出思考。蒋先生随即应和，撰写 7000 多字的长文，阐明对未来中国的建设性意见，言明需革之弊有三、需守之志有四，理性客观，甚少偏颇。其于文末又复写道：

> 夫以中国人资质之优秀，何事而不可为！且世界物质文明，吾先民尝奠其基矣，火药也，印刷也，指南针也，均发之于我，惜后人未能百尺竿头日进耳。自今而后，取人之长，补己之短，精益求精，必能青胜于兰。吾书至此，觉十年后，文物并懋之新中国，已呈现吾前！（见于《读吴稚晖先生〈精神物质应当并重说〉以后》）

在抗战最为艰苦卓绝、暗如长夜时作此设想,先生对民族的光明未来,是抱持了何等诚挚的向往与坚定的信念!

1941 年至 1943 年间,先生参与国史馆之筹备工作。人生有此转向,一方面是因为先生的学养深厚,时望甚隆,为贤所荐,另一方面也是因其自身甚有“灭史甚于亡国”的担忧,故而希望利用史馆的筹建,在鼓舞群伦、蔚成风教、彰表忠烈、鞭挞奸佞等方面贡献一己之力:以国史为魂,绵延我中华之浩然正气。此间蒋逸雪先生发表《三十年来国史馆筹备始末记》一文,用近两万字的篇幅详述国史馆的历史沿革、组织构架、规章制度,资料之翔实、表达之准确,都显示出先生超乎常人的学养境界与擘画能力。同时利用掌握的信史资料,撰写并刊发了《张謇拟传》《戴安澜传》《李仪祉传》《孔祥榕传》等数篇勋贤传记。为民国历史上的贤德之辈、抗战英雄树碑立传,其意即在褒忠贬奸、告慰英灵,弘扬为国为民的社会正气,以此干预现实。王献唐先生据此曾有“扛鼎争传笔一枝”之赞,蒋先生因此获得“史笔”之美誉,诚为实至名归之论也。但终因人事纷争、观念相左,以及不堪腐败现状,1943 年 4 月,蒋先生辞去了史官之职,良史之愿,憾未得遂。

1944 年,世界范围的反法西斯斗争呈现胜利曙光。面向未来,中国应该作何规划? 蒋先生为此发表《中国文化与战后新世界》的文章,认为“中国科学落后,物质建设远逊他邦,毋庸讳言。至论做人立国之道,则精神美备,殊无遗憾,推诸四海皆准,质之百世不惑。淑世行道,犹无所让也”,预先提醒国人,文化自信成竹在胸才能真正屹立于世界民族之林。文章从“讲信修睦”“务为豁达”“尚德鄙力”“推己及人”等四端揭示中国文化的独特价值,阐述“中国文化将奠定世界和平之柱石,发扬光大,普遍信受,足增人类之福祉。乐无新旧,疗病为善。世界无中国文化以为维系,科学愈进步,则遭摧毁愈惨酷”的深刻道理,诚为至明之言。

《校注朝鲜〈宣庙中兴志〉后记》刊于 1944 年的《新中华》杂志之上。《宣庙中兴志》乃朝鲜官方记述明代万历年间、中朝双方在朝鲜境内合力抗倭史实的典籍。因第一手资料居多,且记述甚为详明,蒋老认定此书可补清人修撰《明史》时重要材料匮乏、相关判断不确等方面之罅漏,故而特予重视。初校此书时,先生方供职于国民政府之国史馆,与日照王献唐先生在歌乐山下共秉史笔,朝夕切磋,于“良史”之职,每自谨守。再订此书时,逸雪先生已离开国史馆,于重庆城外之白沙谋得教席。然而此时的先生于旧日精神之所系仍未放弃，尚思再谋缮补。无论穷达，先生心之所系皆在国事，皆在抗战之大趋势。故由《宣庙中兴志》中古代的外交关系而至彼时的中日关系、中朝关系，追溯前缘，检讨当世，抚今追昔，激励时人，皆不蹈空立论，殷殷忧虑，拳拳赤诚，皆达于史笔，文中所显之襟抱与器识，尤其令人钦服。

史学在中国人精神世界中占据至上地位，几与信仰等同。司马迁在表彰孔子的文化贡献时，曾言其“论《诗》《书》，作《春秋》，则学者至今则之”，即特别表彰其在史述上“法则”的创始意义。史之一脉实为中国人之精神图腾，意义之重大，不言而喻。尤其是在国家危难、民族存亡的大关口，更是不能倒伏的精神旗帜。清人龚自珍曾言：“灭人之国，必先去其史；隳人之枋，败人之纲纪，必先去其史。”（龚自珍著《龚自珍全集》，上海人民出版社 1975 年版，第 22 页）即指出失去历史之民族，其族人即成精神上的难民。蒋逸雪先生于国家危难时秉笔史馆，修撰年谱（《陆秀夫年谱》《张溥年谱》《刘鹗年略》三种，实皆成于抗战时期）、写作传记，笔下人物皆是于国于民有大贡献者，其史述的“当代性”是十分明确的：将那些在时间流逝中有可能退场离席的精神观念与历史人物，以记述与反思的方式重新带入“现时”里，在历史法则的淘洗中构建起激励民族精神的共同记忆。这是枪林弹雨现实战场之外的又一种战斗，蒋先生用强烈的自新精神，在民族文化信仰上守住了自己的那块阵地。

三

蒋逸雪先生一生所执之业，以教职为最长，故其于育人一道，实践既久，付出心力尤多，留下的精神文化财富亦甚丰厚。

先生从国学院毕业后，先后执教于江苏省立盐城中学、淮安中学、太仓师范，为此积累下丰富的一线教学经验。1935 年出版的《国学概论》，即为其针对现实之需而编写的普及性国学知识读物。此书阅读门槛虽低，但编纂水平却高：以五编三十五讲的篇幅，从经学、小学、史学、哲学、文学等五部分进行构架，要言不烦地勾勒了中国传统文化的概貌，实际是为初学者展开了数千年学术的百里画卷，气势恢宏又纲举目张，颇见编撰者的国学功底和举重若轻的本领。从时代背景而言，这一时期以“国学”或“国故”为名的书籍多至 200 余种，此书终因品质上乘得市场青睐，而在 1946 年得以重印。

时至今日，学术界在盘点这股“国学热潮”时，还会对这本书许以赞辞：“清末民初，面对西方文明的冲击，中国传统文化研究被提高到了一个重要的位置，‘国学’渐热，涌现了众多的国学大师与国学著作，蒋逸雪先生的《国学概论》就是其中的佼佼者”(陈汝双《蒋逸雪〈国学概论〉述略》，载《湖南科技学院学报》2019 年第 2 期，第 18 页)。

1937 年发表在《江苏学生》的《师范生与国文学科》一文，乃其对自身教学实践的思考与总结。如文中提出用文字构造常识教学、练习应用文写作、关注乡村生活、重视教学修养等实践主张，即是对彼时师范教育理念不清、方法不当等存在问题的改进之思。

日本全面侵华战争爆发后国势危急，1938 年国民政府要求在大后方筹建“江苏省立联合中学”，蒋先生随校西迁。其时，师生乘坐火车，由陇海线一路往西南而下。在台儿庄战火的隆隆炮声中、在头顶敌机的密集轰炸下，蒋逸雪先生与同仁一道履行带队老师之职。在照顾学生日常起居、确保安全的前提下，蒋先生讲解沿途风光：商代古都商丘、北宋故都开封、曹魏新都许昌，皆为史地课的鲜活教材。蒋先生渊雅的学识、蔼然的风范，让当时只有十几岁的学生们暂时忘记了颠沛之苦、离乡之痛，转而为祖国的悠久历史、丰美人文所深深折服，从此在心底深埋下爱国的种子，立下积聚报效英力的志向。回首那段艰难却又壮美的岁月，谁能说教育不是达到了它的最高境界——真正着眼于“为人生之健壮”与“为民族之自强”？蒋老为江苏省立联合中学《校歌》所写歌词，即为此种理想之承载：

> 江水悠悠，江水东流，流到瓜洲古渡头。倭焰掀天，苏省涂炭，回首乡关无限愁。志士羞蛰伏，综会以西行，经鄂转蜀，身若萍浮。多难可兴邦，敬圣唯殷忧；勖尔智能，强尔体魄，毋忘九世仇！

铿锵的字词、不屈的气概、爱国的激情、复仇的坚志，今日读之，犹然令人血脉偾张！在其后的教学实践中，先生更是时时以爱国主义教育为己任，讲授屈原、王粲、庾信、李清照等人作品时，常以国破家亡之痛为切入点。又以《故乡》《向武汉空军祝捷电》《三峡纪行》《讨汪檄》等为题，教授作文之法的同时，也培养学生关注现实、议论时政的意识，引导他们恰当地抒发爱国激情，以此鼓舞更多的民众。

抗战时期的蒋老，甚至对中国家庭教育中积延已久的陋习也作了反思，比如他曾批判“弱不好弄”“少年老成”等传统观念的落后与贻害，提出顺应天性、发展个性的幼儿保育改良之法：

> 吾意中国今后之家庭教育，除教儿童以义方外，并给予科学性、机械性之玩具，以启发其智慧，如此，数年后，或数十年后，中国物质文明或渐有可观欤？（见《读吴稚晖先生〈精神物资应当并重说〉以后》）

在1942年发表的《古代教育文武合一疏证》一文中，蒋先生从中国古代教育经验出发，梳理武艺与文事并重的历史脉络，进而呼吁：

> 今者烽火连天，举世震荡，当四郊多垒之日，正君子思旧之时，政治机枢，端在教育，车辙有达，更张是急，既有以文武合一、德数双修之教倡于上者，凡在励保，应依宏纲，补细目，远取古人之良规，近参域外之新法，斟酌损益，务臻至当。人才国运，息息相通，致富跻强，于焉是赖。

这份吁请既立足本国实际，又放眼世界经验，看到他国之所长的同时更思古人良法，诚为开明通达之见。其中对教育与国运关系的论断更是睿智之评，诚为不刊之论。

蒋逸雪先生对自己的学生寄予厚望，每每鼓励他们以家国为念，为民族、为人民贡献力量，曾以“好向天涯夸健翮，莫将驹齿等闲抛”等诗句劝勉毕业生，传达为师者的殷切期盼。在学生的眼中，蒋先生不仅是德高望重、学问一流的泰山北斗，更是勤学苦读、从不懈怠的身边榜样。据其当年的学生吴周文老师回忆，二十世纪六十年代，扬州师院轮流值夜的师生间谈论较多的话题之一就是蒋老家窗口凌晨四点的灯光，以及蒋老灯下读书的身影。他与学生的课余交流也以读书为中心，读书之所得、读书之新见等，都是他最为津津乐道的内容。对于虔心求教的学生，蒋老总是不吝指示门径，如曾耳提面命当时刚刚本科入学的李昌集先生：“《汉书·艺文志》非常重要，要好好读。”这是今日谈起，都令昌集先生动容不已的教导。

蒋逸雪先生是扬州大学早期的“教学名师”，他在教学工作中的成就，尤其是在立德树人方面矢志践行的坚定信念，无疑是我们今天继承与学习的重要内容。大学之大，在于有大师；大师之伟，在于教化传承，倾己之力为国培养栋梁。文脉传承的意义不仅在于汇辑诉诸文字的学术成果加以研习与推进，而且也在于追忆可为世范的懿德嘉行，通过记录与整理，使之得以弘扬与光大。相对来说，后者不仅更为紧迫，而且也更为困难，因为那些未能得文字注脚的人生信条，其命运常常是不绝如缕。为此，以对历史负责的审慎态度将口耳相传的懿德嘉行记录下来，通过反复温习、不断践行，使之内化为集体信念，“传承”方不致蹈空，“传统”也才会被赋予强大的生命力，得以绵延久长。这既是“大学文脉”的独特之处，同时也是它的题中应有之义。

四

关于本书的编校，尚需说明一二。

第一，已经出版的五种蒋著，分别采用以下版本为据：

《国学概论》，道南学社 1935 年版；

《陆秀夫年谱》，商务印书馆 1936 年版；

《刘鹗年谱》，齐鲁书社 1980 年版；

《张溥年谱》，齐鲁书社 1982 年版；

《南谷类稿》，齐鲁书社 1987 年版。

第二，《南谷类稿》未收的散见文章，此次汇辑为“南谷类稿补遗”，按彼时公开发表的顺序予以排列。收录时尽量避免了重复，但也注意保留历史的可循之迹。比如本次收录的《西北纪行》与《敦煌之行》，实为《南谷类稿》中《敦煌考古纪程》的主体，但因 1943 年见诸报刊的文章有颇多时事方面的鲜活记载，今日来看不无史料意义，故在“补遗”中作分别呈现。再如收录的《〈老残游记〉考证》一文，虽与《刘鹗年谱》有内容上的部分重合，但其最初是以小说考证的由头发表，可扩蒋先生“学术版图”之域，故作另文处理。而且，即便是与《刘鹗年谱》相重的内容，亦不乏学术考察价值。文中的“刘鹗年略”原是助读内容，“凡他章所已及者，不复详说，故曰年略，但作知人论世之一助云尔”，后为《刘鹗年谱》的研究起点。甚可留意者，《〈老残游记〉考证》中“年略”只得 4000 余字，而至 1980 年《刘鹗年谱》以单行本面世时，内容已增至 37000 字，三十六年间，篇幅增加近 9 倍。蒋逸雪先生在此项研究中一直不懈努力，这份执着也得到海外汉学界的关注：“由魏绍昌编的《老残游记资料》中所收的蒋逸雪的《刘铁云年谱》，经作者亲手修订，题目改为《刘鹗年谱》，一九八〇年六月由齐鲁书社以五十八页的单行本出版。据我所知，蒋氏这是第五次对年谱进行修订了。”（樽本照雄撰，汉祥译《日本学术界关注蒋逸雪等的刘鹗研究活动》，《扬州师院学报[社科版]》1981 年第 2 期，第 90 页)言辞之中满是敬意。事实上,《刘铁云年谱》原文刊于《扬州师院学报》1959 年第 3 期,1962 年编入《老残游记资料》时又作修订,此有编者文末注释为证:"原刊《扬州师范学院学报》第三期,1959 年十二月出版。本书转载时,经作者根据刘厚滋同志的材料,作了较大的修订和补充。"(魏绍昌编《老残游记资料》,中华书局 1962 年版,186 页)故而今日所见,至少有四个版本的刘鹗年谱内容,蒋先生对自我要求之严格、学术目标之高远,由此皆可略见。

第三,"附录"部分所收为与蒋先生有关的文章,或寄赠,或怀念,或述及,皆为有助于了解其所处时代及与交游的相关著述。因作者联系之不便,故这一部分文章未能尽数获得授权。在此特作说明:敬请作者或家属与我联络,以便奉上此书并致谢意。另外,特别鸣谢赵非先生从其整理的《王善业日记》中,辑出了与蒋逸雪先生相关的记述并慨然相赠。有此部分之内容,蒋逸雪先生在学术文章中多次提及之事,如"此节论音,承王善业同志增补例证,信多闻之益友也"(蒋逸雪《数字探源》);"本文的每一章节,王善业同志都曾过目,订正了讹脱"(蒋逸雪《论阳湖文派》)等,皆有了呼应与互证。而且,不惟蒋、王两先生的交往细节更加生动可感,推论开来,那些良善灵魂在历史深处痛痒相关、休戚与共的真挚情感,不也赖此才穿越了岁月的迷雾、扑面而来的吗?此等人性的触手之温,自具恒久的动人魅力。

第四,文集编订原则主要有三。一是已经出版的专著,除校正明显错讹外,大体尊重原书风格。二是文集中的文字改动一律从简,非必要不改,所出"校记"亦主要针对原文征引中的诗词、史实出入。直接引文中有略引、节引等情况,亦不作调整。蒋先生当日著述时,尚无今人学术规范之严格要求,故在遵守当下通行规范的同时也兼顾历史语境的特殊,是本书编订中的重要立场。三是文责自负,"附录"中个别与事实有出入的表述,亦尊重原文原作。

将蒋逸雪先生的著述与学校文化建设事业相联,使之成为"传承和发展扬州大学文脉,展现扬州大学文化标识,强化扬州大学文化记忆,建设与高水平大学相适应的大学文化体系"的重要构成,乃文集编纂出版的现实意义指向之一。为实现这一目标,本项目汇集了众人力量与智慧:校、院及职能部门领导甚为关心和重视;耆宿如钱宗武、许建中等先生曾鼎力支持并屡加督勉；蒋老的门人弟子、家人后辈等，亦曾予以大力支持。其中以李坦老师的助力最多——从选题申报到项目实施，李老师都有实质性指导。在多次请益交流中，李老师不仅提供了珍贵的文献资料，而且描述了蒋先生的生动形象，使得先生道德、文章等方面之事迹多有耳闻，高山仰止之感与时而增。本书的全部文稿皆得李老师寓目、定夺，因此李坦老师乃文集编纂工作的实际参与者。文集初成后，曾奉田汉云老师审读，并有求序之请。汉云老师于百忙中倾力为之，综述蒋先生之成就，及其在学科文脉传承中之价值，尤其是考述其经学研究方面的先河意义，皆为高屋建瓴之论。业师李昌集先生亦全我之请，欣然为文集题写书名，让我备受鼓舞。此番文集能在凤凰出版社付梓，实遂我愿。责任编辑许勇与逸雪先生同乡，乡谊甚浓；且其学养深厚、执事谨严，对文集高质量出版助力尤多，故此特致谢忱。

戴 健

辛丑仲夏，谨笔于砚池染翰堂